भारतीय दर्शन
(INDIAN PHILOSOPHY)

डॉ॰ शोभा निगम

मोतीलाल बनारसीदास
दिल्ली, मुम्बई, चेन्नई, कोलकाता,
बंगलूरू, वाराणसी, पटना

छठवाँ पुनर्मुद्रण: दिल्ली, 2019
चतुर्थ संशोधित संस्करण: 2011
प्रथम संस्करण : 1988

ISBN: 978-81-208-2415-7 (सजिल्द)
ISBN: 978-81-208-2416-4 (अजिल्द)

मोतीलाल बनारसीदास

41 यू.ए. बंगलो रोड, जवाहर नगर, दिल्ली 110 007
49, 8th एफ मेन, III ब्लॉक, जयनगर, बंगलूरू 560 011
1-बी, ज्योति स्टुडियो कम्पाउन्ड, केन्नेडी ब्रिज, नाना चौक, मुम्बई 400 007
203 रायपेट्टा हाई रोड, मैलापोर, चेन्नई 600 004
9 पँचानन घोष लेन, फर्स्ट फ्लोर, कोलकाता 700 009
अशोक राजपथ, पटना 800 004
चौक, वाराणसी 221 001

आर.पी. जैन के द्वारा एन ए बी प्रिंटिंग यूनिट,
ए-44, नारायणा, फेज़-1, नई दिल्ली 110 028 में मुद्रित
एवं जे.पी. जैन द्वारा मोतीलाल बनारसीदास
41 यू.ए., बंगलो रोड, जवाहर नगर, दिल्ली-110 007, के लिए प्रकाशित

आमुख

अत्यन्त प्राचीन काल से आज तक भारतीय चिन्तन की एक गौरवशाली परम्परा है और इस विषय पर अनेकानेक ग्रन्थों की रचनाएँ होती रही हैं; फिर भी भिन्न-भिन्न दृष्टिकोणों से अलग-अलग काल में नये ग्रंथों के लिखे जाने की आवश्यकता अनुभव होती रही है और दार्शनिक भी इस विषय पर अपना योगदान देते रहे। डॉ० शोभा निगम ने इस ग्रंथ में भारतीय दर्शन के विभिन्न मत-मतान्तरों का सम्यक् विवरण एवं विवेचन प्रस्तुत किया है।

भारतीय दर्शन के सामान्य स्वरूप का परिचय प्रस्तुत करने के उपरान्त वैदिक और श्रमण परम्पराओं के वर्गीकरण के अन्तर्गत षट्-दर्शनों तथा श्रमण परम्परा के विभाजन का औचित्य प्रतिपादित किया हैं। इसके पश्चात क्रमशः वेद एवं उपनिषद् में विवेचित परमसत् ब्रह्म, कर्म एवं ज्ञान, जैन दर्शन के अनेकान्तवाद, स्याद्वाद और सप्तभंगीयनय का आलोचनात्मक परीक्षण प्राप्त हैं और बौद्ध-दर्शन के चार आर्य सत्य, प्रतीत्य-समुत्पाद, क्षण-भंगवाद, अर्थक्रियाकारित्व आदि प्रमुख सिद्धांतों का विवेचन किया गया है। साथ ही जैन और बौद्ध मत में दर्शन तथा धर्म में भेद तथा इनका ऐतिहासिक विकास दिया गया है। सांख्य-दर्शन के सत्कार्यवाद, प्रकृति, पुरुष एवं विकासवाद तथा योगदर्शन के अष्टांग योग और उसकी व्यावहारिक उपयोगिता पर प्रकाश डाला है। बौद्ध एवं नैयायिकों के बीच हुए संवादों की ऐतिहासिक पृष्ठभूमि एंव ज्ञान की प्रकृति, साधन तथा प्रामाण्य पर इनके विचार प्रस्तुत किये गए हैं। अंत में वेदान्त के प्रसंग में शंकर तथा रामानुज के दार्शनिक सिद्धांतों का सम्यक् तथा मध्व, निम्बार्क एवं वल्लभ के सिद्धान्तों का सामान्य विवेचन किया है।

भारतीय दर्शन में भाषा की दुरुहता, इसके जिज्ञासुओं के लिए एक समस्या के रूप में उपस्थित हो जाती है। विद्वान लेखिका ने प्रस्तुत ग्रंथ में कठिनाई से बचने का सफल प्रयास किया है। हिन्दी भाषा में लिखी गई अपने ढंग की यह एक अच्छी रचना है। इस कार्य के लिए डॉ० शोभा निगम साधुवाद की पात्रा हैं। मुझे विश्वास है कि दर्शन छात्र-छात्राओं तथा जिज्ञासुओं के लिए यह ग्रंथ उपयोगी सिद्ध होगा।

डॉ० जगदीश प्रसाद शुक्ल
पूर्व कुलपति
रानी दुर्गावती विश्वविद्यालय, जबलपुर

भूमिका

मानवीय ज्ञान को समृद्ध करने में प्राचीन भारतीय दार्शनिकों का योगदान निश्चय ही अतुलनीय है। किंतु इनके ज्ञान का लक्ष्य मानव के भौतिक जीवन का समृद्ध करना नहीं था। दरअसल भौतिक समृद्धि के परे भी कोई समृद्धि होती है जिसके बिना भौतिक समृद्धि व्यर्थ हो जाती है, इसे हमारे विचारकों ने सदियों पूर्व समझ लिया था। इसीलिए हमारे देश में बड़े-बड़े राजा-महाराजा भी दार्शनिकों को नमन करते थे और शास्त्रार्थ द्वारा दार्शनिक विचारों को सत्यता तक पहुँचाने में रुचि लेते थे। उल्लेखनीय है कि प्राचीन भारतीय दार्शनिक सम्प्रदाय, चाहे वह सांख्य-योग, न्याय-वैशेषिक, मीमांसा और वेदांत दर्शन हो अथवा जैन या बौद्ध दर्शन, सभी के संस्थापक महर्षि थे जिन्होंने कठोर तपस्या के द्वारा दार्शनिक सत्यों की उपलब्धि की थी और उसे उनके शिष्यों ने भी उतनी ही तपस्या, लगन और साधना के द्वारा ग्रहण कर सम्प्रदाय के रुप में आगे बढ़ाया, जिसका विशाल भंडार आज हमारे समक्ष उपलब्ध है। यह अप्रमित भंडार यद्यपि प्राचीन काल में चीनी और यूनानियों के सम्पर्क से अन्य देशों के विद्वानों तक पहुँचा और अत्यन्त समादृत भी हुआ किन्तु मध्य काल में इसकी आभा दब सी गई थी। स्वयं अपने देश में ही यह जनजाना हो चला था। सौभाग्य से विगत दो शताब्दियों से इसने विदेशी विद्वानों को अपनी ओर आकृष्ट करना प्रारंभ किया और भारतीय मनीषियों ने भी इसे नये सिरे से लोगों के समक्ष प्रस्तुत करने का बीड़ा उठाया। इसी क्रम में भारतीय दर्शन पर अनेकानेक पुस्तकें प्रकाशित हुई हैं और आज भी लगातार प्रकाशित हो रही हैं। इनके समक्ष मैं अच्छी तरह से समझती हूँ कि मेरा यह प्रयास अत्यंत लघु है किन्तु फिर भी मुझे इस बात का संतोष है कि मेरी इस पुस्तक से भारतीय दर्शन पढ़ने वाले सामान्य विद्यार्थी को तथा दर्शन में रुचि रखने वाले किसी भी पाठक को भारतीय दर्शन समझने में आसानी होगी। वस्तुतः दर्शनशास्त्र रुचिकर होते हुए भी दुरुह विषय है। अपने वर्षों के अध्यापन काल के दौरान मैंने महसूस किया कि इस विषय को यदि सहज-सरल भाषा में विद्यार्थियों को पढ़ाया जाये तो वे इसे बड़ी आसानी से समझ लेते हैं। ऐसी ही सहज सरल भाषा में यह पुस्तक लिखी गई है।

यद्यपि किसी भी रचना के साथ मुख्यतः उसके रचयिता का ही नाम जुड़ा होता है किन्तु रचयिता अच्छी तरह से जानता है कि वह अकेला उस रचना को कभी भी पूर्ण नहीं कर पाता यदि उसे प्रत्यक्ष या अप्रत्यक्ष रूप से अन्य लोगों अथवा ग्रंथों की सहायता न मिली होती। प्रस्तुत पुस्तक की रचना में भी मुझे इसी प्रकार की सहायता मिली है। उन सबके प्रति मैं हृदय से आभारी हूँ।

सर्वप्रथम मैं डा॰ जे॰ पी॰ शुक्ल (पूर्व कलपति, रानी दुर्गावती विश्वविद्यालय, जबलपुर) को धन्यवाद देती हूँ जिन्होंने इस पुस्तक को लिखते सम मेरी शंकाओं का समुचित समाधान किया तथा इसका आमुख लिखकर मुझे विशेष रुप से अनुग्रहीत किया। डा॰ अर्जुन मिश्र

(सेनानिवृत आचार्य एवं अध्यक्ष, डा॰ हरिसिंह गौर विश्वविद्यालय, सागर) के प्रति भी आभार व्यक्त करती हूँ जिन्होंने इस पुस्तक को लिखते समय मुझे बराबर उत्साहित किया था।

अपने पति डा॰ एल॰ एस॰ निगम (रीडर, प्राचीन भारतीय इतिहास, संस्कृति एवं पुरातत्त्व, पं॰ रविशंकर शुक्ल विश्वविद्यालय, रायपुर) के प्रति भी मैं आभारी हूँ जिन्होंने इस पुस्तक को तैयार करने में मुझे बराबर सहायता दी है।

इस पुस्तक का प्रथम प्रकाशन संन् 1988 में युगबोध प्रकाशन, रायपुर से हुआ था। इसके प्रकाशक श्री लालचंद अग्रवाल की मैं आभारी हूँ जिन्होंने इसके अन्यत्र प्रकाशन की अनुमति प्रदान की है। पुस्तक के पुनर्प्रकाशन का कार्य प्रतिष्ठित प्रकाशन संस्थान मोतीलाल बनारसीदास, पटना द्वारा स्वीकार किया गया, एतद् हेतु मैं उनके प्रति हृदय से आभार व्यक्त करती हूँ।

रायपुर

—शोभा निगम

चतुर्थ संशोधित संस्करण की भूमिका

भारतीय दर्शन का चतुर्थ संशोधित संस्करण विद्यार्थियों के हाथ सौंपते हुए मुझे प्रसन्नता हो रही है। आशा है इस संशोधित एवं संवर्द्धित संस्करण से जिज्ञासु पाठकों एवं विद्यार्थियों को लाभ होगा। पाठकों की प्रतिक्रिया एवं सुझाव का स्वागत है।

फौवारा चौक, बैरनबाजार,
रायपुर (छत्तीसगढ़)
25, फरवरी, 2011
मो॰ नं॰ 9826947776

शोभा निगम

विषय-सूची

❑

अध्याय 1

भारत में दार्शनिक चिन्तन की परम्परा

यह हमारे लिये अत्यन्त गौरव की बात है कि सदियों पूर्व जब विश्व के अधिकांश देश अज्ञान के अंधकार से घिरे आदिवासियों जैसा जीवन बिता रहे थे, तब हमारी इस भारत-भूमि पर ज्ञान के अनेकानेक दीप जगमगा रहे थे। ज्ञान के इन दीपों को प्रज्वलित करने वाले हमारे मनीषी केवल सामान्य घटनाओं का कारण ही नहीं ढूँढ़ते थे, वरन, जीवन की मूल समस्याओं, यथा—सुख-दु:ख, जीवन-मृत्यु तथा जगत् का भी कारण ढूँढते थे और इस तरह सत्य की खोज करत थे। सत्य की खोज की उनकी इस जिज्ञासु प्रवृत्ति ने ही भारत-भूमि पर दर्शन के बीच बोये, जो फिर कालान्तर में विशाल वट-वृक्ष के रूप में परिणत हुआ। निश्चय ही इस दर्शन-वृक्ष की छाया में आज भी जीवनयात्रा से थके हुए क्लांत पथिक को शीतलता प्रदान करने का सामर्थ्य है।

यहाँ उल्लेखनीय है कि भारतीय दर्शन का तात्पर्य केवल हिन्दू धर्म के दर्शन, वैदिक-दर्शन अथवा आर्यों के दर्शन से नहीं है। भारतीय दर्शन का तात्पर्य सम्पूर्ण भारतवर्ष के किसी भी धर्म, सम्प्रदाय एवं जाति द्वारा चिन्तन, मनन किये गये दर्शन से है।

यहाँ यह जिज्ञासा उठना स्वाभाविक है कि भारतीय दर्शन का प्रारम्भ कब हुआ तथा भारतीय चिन्तन कौन-कौन-सी धाराओं में बहा अर्थात् भारतीय दर्शन के कौन-कौन-से सम्प्रदाय थे। किन्तु इस पर विचार करने के पूर्व हम देखेंगे कि दर्शन का क्या अर्थ है।

दर्शन का अर्थ

दर्शन शब्द 'दृश' (देखना) धातु से बना है। व्युत्पत्ति के अनुसार दर्शन का अर्थ है—**'दृश्यते अनेन इति दर्शनम्'** अर्थात् जिसके द्वारा देखा जाय वह दर्शन है।

प्रश्न उठता है कि यहाँ किसे और किसके द्वारा देखने की बात की जा रही है?

सामान्यतया हम आँख द्वारा बाह्य जगत् के पदार्थों को देखते हैं तथा इसे ही दर्शन कहते हैं।

किन्तु यहाँ हम जिस दर्शनशास्त्र की चर्चा कर रहे हैं उसका उद्देश्य आँख द्वारा सामान्य वस्तुओं को देखना नहीं, वरन् सूक्ष्म दृष्टि द्वारा सामान्य वस्तुओं और घटनाओं के भी पीछे छिपे सत्य को देखना है। इसे ही दार्शनिक चिन्तन कहते हैं। यहाँ उल्लेखनीय है कि सूक्ष्म दृष्टि में **अन्तर्दृष्टि** तथा **तार्किक परीक्षण** भी सम्मिलित है।

इसे हम एक उदाहरण द्वारा समझेंगे। मान लीजिये हम अपनी आँखों से किसी को मरते देखते हैं। यह मृत्यु का सामान्य दर्शन हुआ। किन्तु इसी मृत्यु पर, मृत्यु के पीछे सत्य पर, जब हम सूक्ष्म दृष्टि से, गहराई से चिन्तन-मनन करते हैं, जैसे—हम सोचते हैं कि मृत्यु क्या है, क्या यह अनिवार्य सत्य है, क्या इससे किसी तरह बचा जा सकता है, क्या मृत्यु के बाद भी जीवन रहता है, आदि, तो इससे दर्शनशास्त्र का जन्म होता है। यही

दार्शनिक चिन्तन है। दर्शनशास्त्र में हम इसी तरह गहराई से जगत् एवं जीव के अस्तित्व के प्रश्न पर, उनके निर्माता ईश्वर के प्रश्न पर, कर्मफलों के प्रश्न पर, दुःख के कारण के प्रश्न पर तथा और भी इसी प्रकार के अन्य प्रश्नों पर गहराई से विचार करते हैं।

एक और बात। दर्शनशास्त्र गहन चिन्तन द्वारा जिस सत्य की खोज करता है, वह केवल बौद्धिक खोज नहीं होती, न इसका उद्देश्य बौद्धिक वाक्विलास होता है......दर्शन में जिस सत्य की खोज की जाती है उसकी सार्थकता उसके साक्षात्कार में होती है अर्थात् दार्शनिक सत्य की साक्षात् अनुभूति प्राप्त करना चाहता है।

भारतीय दर्शन की मुख्य विशेषताएँ

भारतीय दर्शन की कुछ मुख्य विशेषताएँ निम्नलिखित हैं—

1. विचारों की स्वतन्त्रता—भारतीय दर्शन की एक बड़ी विशेषता यह है कि यहाँ बिना किसी दबाव के चिन्तन हुआ है। इसीलिये यहाँ परस्पर विरोधी विचार भी साथ-साथ प्रस्तुत हुए हैं। विरोधी विचारों को भारतीय दार्शनिकों ने कभी तुच्छ नहीं समझा बल्कि अपना पक्ष प्रस्तुत करने के पूर्व वे विरोधियों द्वारा लगायें गये अथवा लगाये जा सकने वाले आरोपों को अपने सामने रखते थे और तब उनका खण्डन करते हुए आगे बढ़ते थे। शास्त्रार्थ की भी हमारे यहाँ स्वस्थ परम्परा थी। इसमें शास्त्रार्थ में पराजित विचारक विजयी के दर्शन को सहर्ष अंगीकार कर लेते थे। ऐसे शास्त्रार्थ राजदरबार में भी हुआ करते थे और विजयी के मतों को स्वयं राजा भी स्वीकार करते थे। यह बात हमें पाश्चात्य दर्शन में नहीं दिखाई देती हैं। इससे वैचारिक स्वतन्त्रता को तो बल मिला ही, वैचारिक विविधता भी भारतीय दर्शन में आई।

2. मोक्ष का महत्त्व—भारतीय दर्शन की एक मुख्य विशेषता यह है कि यहाँ दार्शनिक केवल जिज्ञासा की तृप्ति के लिए दार्शनिक चिन्तन नहीं करता। जीव, जगत् ईश्वर आदि की सत्ता पर विचार वह केवल इनके विषय में अपने अज्ञान को दूर करने के लिए नहीं करता, वस्तुतः इसके द्वारा वह जिस सत्य का साक्षात्कार करता है, उसे जीवन में उतारना भी चाहता है। दर्शन, उसके लिए जीवन-दर्शन है, जो उसे सत्य की जानकारी ही नहीं देता, सत्य की उपलब्धि भी कराता है। जैसे—मृत्यु के उपर्युक्त उदाहरण को ही लें। यहाँ मृत्यु पर चिन्तन करने वाला दार्शनिक यह भी चिन्तन करता है कि किस प्रकार मृत्यु को पार कर अमरत्त्व की ओर बढ़ा जा सकता है। बृहदारण्यक उपनिषद् में उल्लेख है कि याज्ञवल्क्य मुनि जब अपनी पत्नी मैत्रेयी को उसके हिस्से को धन देने लगते हैं तो वह पूछती है, **''क्या धन से मैं अमर हो जाऊँगी?''** ऋषि द्वारा ''न।'' कहने पर वह कहती है, **''तब इसे लेकर मैं क्या करूँगी? मुझे तो, आप वह ज्ञान दीजिये जिससे अमर हुआ जा सके।''** भारतीय दर्शन न केवल इस जन्म में आने वाली मृत्यु से, वरन् अगले जन्मों में होने वाली मृत्युओं से; और इस तरह सम्पूर्ण जन्म-मरण के चक्र से ही मुक्ति का आश्वासन देता है। इसे ही **मोक्ष** कहा गया है। वस्तुतः मोक्ष-विषयक चिन्तन ही समस्त भारतीय दर्शन की धुरी है। सारे भारतीय दर्शनों का लक्ष्य मुक्ति की प्राप्ति है, एकमात्र चार्वाक दर्शन को छोड़कर।

पाश्चात्य दर्शन से तुलना—पश्चिम का दर्शन, जिसे 'फिलॉसफी' कहते हैं, भारतीय दर्शन से यहीं पर अन्तर रखता है। 'फिलॉसफी' का उद्देश्य केवल सत्य की खोज

है, बुद्धि द्वारा रहस्य का अनावरण करना है, जीवन और जगत् के सम्बन्ध में विशुद्ध ज्ञान प्राप्त करना है। यह बात फिलॉसफी के शाब्दिक अर्थ **'ज्ञान के प्रति प्रेम'** (फिलॉस = प्रेम, सोफिया = ज्ञान) से भी स्पष्ट होती है। इसके विपरीत भारतीय दार्शनिक दर्शन को जीता है, यह उसके लिए जीवन शैली या विधि है।

किन्तु यहाँ हमें याद रखना चाहिए कि समूचे पाश्चात्य दर्शन पर हम यह आरोप नहीं लगा सकते कि यहाँ दर्शन का लक्ष्य केवल ज्ञान-पिपासा को तृप्त करना रहा है, जैसा कि अनेक भारतीय विद्वान प्रायः रट लगाते हैं। महान् यूनानी दार्शनिक सुकरात ने सद्गुण को जानना ज्ञान का लक्ष्य बताया था किन्तु 'ज्ञान' से उनका तात्पर्य बौद्धिक ज्ञान नहीं वरन् **'सत्य के प्रति आत्मा की आँख का खुलना'** था।

इसी तरह प्लेटो के लिए भी **दर्शनशास्त्र आत्मा का परिवर्तन** था। वह कहते थे कि **केवल दार्शनिक ही नित्य तथा अपरिवर्तन को समझने में समर्थ है और जो अनेक तथा परिवर्तनशील के प्रदेश से विचरते हैं वे दार्शनिक नहीं हैं।**

3. आत्मा के अस्तित्व में विश्वास—अधिकांश भारतीय दर्शन आत्मा के अस्तित्व में विश्वास रखते हैं जो शरीर से पृथक् हैं, अजर अमर हैं और जो मनुष्य का वास्तविक **'मैं'** है। अपने इस वास्तविक स्वरूप को जानकर अर्थात् आत्मा को प्राप्त कर मनुष्य मोक्ष की प्राप्ति कर सकता है। इसके विपरीत शरीर और मन को 'मैं' मानकर वह तरह-तरह से दुख उठाता है। सच कहा जाये तो भारतीय दर्शन मनुष्य को उसके वास्तविक रूप से परिचित कराने का एक प्रयत्न है। वेदान्त दर्शन में तो आत्मा को इतना महत्त्व दिया गया कि उसे ही 'ब्रह्म' कह दिया गया। यह विचार निश्चय ही मनुष्य को उसकी एक नई पहचान से अवगत कराता है—कि वह कोई दीन-हीन मरध-धर्मा प्राणी नहीं है, **'अमृतस्य पुत्र'** है, परमात्मा का ही अंश है, उसी का एक रूप है, अथवा वही है।

4. भारतीय दर्शन आशावादी है—कुछ लोग[1] भारतीय दर्शन पर निराशावादी होने का आरोप लगाते हैं। उनका कहना है कि भारतीय दर्शन जीवन के दुःखद पक्ष पर जरूरत से ज्यादा जोर देता है, अतः वह निराशावादी है। किन्तु क्या यह आरोप सच है? आइये हम इसकी समीक्षा करें।

निश्चय ही यह सत्य है कि भारतीय दार्शनिकों ने 'जीवन में सर्वत्र दुःख है', इस सत्य को बड़ी गहराई से महसूस किया है और स्पष्ट शब्दों में उसे स्वीकार भी किया है। वस्तुतः इस सत्य ने ही उनमें आध्यात्मिक असन्तोष उत्पन्न किया और वे दार्शनिक बने। इस तरह जगत् की दुःखदायी स्थिति भारतीय दर्शन को जन्म देती है किन्तु इससे यह नहीं सिद्ध होता है कि भारतीय दर्शन निराशावादी है। बुद्ध जब कहते हैं कि सर्वत्र दुःख ही दुःख है, तब यह भी कहते हैं कि हमें इस सर्वत्रव्यापी दुःख से निराश होने की आवश्यकता नहीं है। दुःख अकारण नहीं होते। उनके कारण होते हैं जिन्हें दूर कर दुःखों को भी दूर किया जा सकता है। अपने-अपने ढंग से सभी दर्शन इस दुःख के कारण की खोज करते हैं और इसमें सफलता का दावा भी करते हैं। अतः इन्हें हम निराशावादी नहीं कह सकते। निराशावादी तो वे होते हैं जिन्हें आशा की कहीं कोई किरण दिखाई ही नहीं देती जबकि भारतीय दार्शनिक जिस सत्य का साक्षात्कार करता है वह न केवल इस जन्म-

---

1. *''निराशावाद समस्त भारतीय भौतिक और आध्यात्मिक जीवन में व्याप्त है।''* —रोनाल्ड शे

जन्मान्तर के दुःखों से भी मुक्ति का आश्वासन देता है। इससे अधिक आशावाद और क्या हो सकता है?

5. आनन्द को महत्त्व—भारतीय दर्शन 'मुक्ति' में न केवल सभी प्रकार के दुःख, भय, सन्देह आदि से मुक्ति की बात करता है वरन् उस आनन्द की प्राप्ति की भी आशा दिलाता है जो असीम है, अपरिमित है, नित्य है, जिसके सामने न केवल सांसारिक दुःख वरन् सांसारिक सुख भी तुच्छ हो जाते हैं।

उपनिषदों में ब्रह्म को आनन्दस्वरूप कहा गया है जिसे जान लेने पर विद्वान किसी से भयभीत नहीं होता **'आनन्दो ब्रह्मणो विद्वान न विभेति कदाचन्'**।

6. कर्मफल मिलने में विश्वास—भारतीय दार्शनिक एक और विषय में एकमत हैं, वह है, कर्मफल का सिद्धान्त, जिसके अनुसार कर्म अपना समुचित फल अवश्य देते हैं। 'जो जैसा बोता है वैसा काटता है' यह अटल सत्य है।[1] बबूल बोकर आम की आशा करना व्यर्थ है। हमारी वर्तमान उपलब्धि, चाहे वह सुखदायी हो या दुःखदायी, हमारे भूत के कर्मों का ही फल है और भविष्य में हम जो पाने जा रहे हैं उसका निर्धारण हमारे वर्तमान के कर्म करेंगे। चन्द भौतिकवादी दार्शनिकों को छोड़कर शेष सभी भारतीय दार्शनिक, चाहे वे वैदिक हों या अवैदिक, कर्मफल के सिद्धान्त पर गहरी आस्था दिखाते हैं। जैन और बौद्ध-दर्शन यद्यपि ईश्वर के अस्तित्व को जगत् के निर्माता के रूप में नहीं मानते, पर कर्मफल के सिद्धान्त पर पर्याप्त बल देते हैं। उनका मत है कि कर्मफलों में इतनी शक्ति होती है कि अपना फल वे स्वयं दे लेते हैं।

भारतीय दर्शन का यह सिद्धान्त मनुष्य मात्र को आशा का सन्देश देता है। यह हमें एक ओर जहाँ अपनी वर्तमान परिस्थितियों को पूर्व-कर्मों का फल कहकर सहने का सामर्थ्य देता है, वहीं वर्तमान में हमें अच्छे कर्म करने को प्रेरित भी करता है ताकि आने वाले कल को हम संवार सकें।

7. पुनर्जन्म में आस्था—भारतीय दर्शन का कर्मफल का सिद्धान्त न केवल इस जीवन को, वरन मृत्यु के बाद के जीव को भी सँवारने का सन्देश देता है क्योंकि इस सिद्धान्त के अनुसार कर्मफल मृत्यु के साथ ही समाप्त नहीं हो जाते, वे मृत्यु के बाद भी जीवात्मा के साथ लगे रहते हैं और अगले जन्म में जीव के सुख-दुःख का हेतु बनते हैं। कर्मफल का यह सिद्धान्त एक तरह से दुष्कर्म करने वाले को चेतावनी भी देता है कि अपने बुरे कर्मों से मृत्यु के बाद भी वह नहीं बचेगा, वे अवश्य अपना फल उसे देंगे। इस तरह यह पुनर्जन्म में आस्था उत्पन्न करता है।[1]

8. दुःख का कारण अविद्या—भारतीय दर्शन में जन्म से लेकर हमारे समस्त दुःखों और कर्मफल के रूप में अगले जन्म में मिलने वाले दुःखों का भी कारण **अविद्या** को बताया गया है। वैदिक-अवैदिक सभी दर्शन इस विषय में एकमत हैं कि अविद्या ही सभी दुःखों की जड़ है। गौतम बुद्ध 'जरा-मरण' (दुःख) के हेतु की खोज में कार्य-कारण की

---

1. *''यूनान के प्रसिद्ध दार्शनिक प्लेटो को भी कर्मफल के सिद्धान्त में पूर्ण विश्वास था। इसी आधार पर उन्होंने आत्मा की अमरता की पुष्टि की थी। अपने 'फीडो' नामक संवाद में वे कहते हैं कि यदि आत्मा अमर न हो तो मृत्यु दुष्टों के लिए वरदान सिद्ध होगी क्योंकि ऐसी स्थिति में वे जीवन-भर किये गये अपने दुष्ट कर्मों से मृत्योपरांत मुक्त हो जायेंगे, किन्तु ऐसा नहीं होता है। अगले जन्म में अवश्य उन्हें अपने कर्मफल भुगतने पड़ते हैं।*

12 कड़ियों की जो एक शृंखला पाते हैं, उसमें अन्तिम (अथवा प्रथम) 'अविद्या' को बताते हैं। इस तरह उनके अनुसार भी अविद्या ही समस्त दुःखों की जड़ है।

पर यह अविद्या आई कहाँ से? इसका उत्तर देने में दार्शनिक असमर्थ हैं। वे इसे अनादि कहते हैं।

9. अविद्या का नाश सम्भव—अविद्या अनादि होते हुए भी अनन्त नहीं है। **विद्या** अथवा **ज्ञान** के द्वारा इसका अन्त हो सकता है। सांख्यकारिका में कहा गया है, **''ज्ञानेन चापवर्गो विपर्ययादिष्यते बन्ध''** अर्थात् मुक्ति ज्ञान से मिलती है बन्धन का कारण अज्ञान (अविद्या) है। इसी प्रकार उपनिषदों का कथन है, **''ऋते ज्ञानात् न मुक्तिः''** अर्थात् ज्ञान के बिना मुक्ति नहीं है। एक अन्य स्थान पर भी कहा गया है, **''ज्ञानदेव मुक्तिः''** अर्थात् ज्ञान से ही मुक्ति मिलती है।

किन्तु यह 'ज्ञान' क्या है? निश्चय ही इस विषय में भारतीय दार्शनिकों में मतभेद है। शंकर का अद्वैत दर्शन इसे आत्मा और परमात्मा की एकता का ज्ञान कहता है तो सांख्य दर्शन इसे पुरुष (जीवात्मा) और प्रकृति के वास्तविक स्वरूप का ज्ञान मानता है। बौद्ध-दर्शन में ज्ञान का अर्थ चार आर्य सत्यों के ज्ञान से है, जबकि जैन-दर्शन में ज्ञान का तात्पर्य द्रव्य के वास्तविक स्वरूप के ज्ञान से है। न्याय दर्शन में तत्त्व ज्ञान का अर्थ प्रमेयों, पदार्थों तथा प्रमाणों के ज्ञान से लिया गया है।

10. नैतिकता को महत्त्व—यहाँ उल्लेखनीय है कि भारतीय दर्शन में ज्ञान का मतलब 'कोरा ज्ञान' अथवा 'शाब्दिक ज्ञान' नहीं है। प्रत्येक दर्शन मुक्ति की प्राप्ति हेतु व्यावहारिक मार्ग भी बतलाता है। यह पूर्णतः नैतिक मार्ग है। भारतीय दार्शनिक मोक्ष हेतु चित्त की शुद्धि आवश्यक बताते हैं जो एक ऐसे योगी को ही उपलब्ध हो सकती है जो जितेन्द्रिय हो। इसे जैन विचारक **'जिन'** कहते हैं, जिसने शंकर के शब्दों में, **''न केवल इस लोक के वरन् परलोक के भी समस्त भोगों का त्याग कर दिया हो।''** जैन और बौद्ध दर्शन के शब्दों में जो **'सम्यक कर्म'** करता हो अथवा गीता के शब्दों में **'निष्काम कर्मी'** हो।'' वस्तुतः यह 'ज्ञान' ही है जो मनुष्य को सम्यक् कर्म अथवा निष्काम कर्म करने को प्रेरित करता है और इस तरह उसे मुक्ति दिलाता है। किन्तु यह तभी सम्भव है जब व्यक्ति अनीति से बचे और नीति के मार्ग पर चले।

डॉ॰ राधाकृष्णन के अनुसार, **दैवीय ज्ञान की प्राप्ति के लिए आचार-शुद्धि पहला कदम है।**

11. धर्म और दर्शन में समन्वय—भारतीय दर्शन केवल बौद्धिक व्यायाम के लिए प्रस्तुत नहीं हुआ है, इसका लक्ष्य मोक्ष-प्राप्ति है। धर्म का लक्ष्य भी मुक्ति की प्राप्ति है। इसीलिए हम भारतीय धर्म और दर्शन में गहरा सम्बन्ध देखते हैं। यहाँ प्रायः सभी धर्म दार्शनिक विचार रखते हैं। जैन धर्म और बौद्ध धर्म क्रमशः जैन और बौद्ध दर्शन की आधारशिला पर खड़े हुए हैं, वहाँ हिन्दू धर्म, वेद, उपनिषद और वेदांत-दर्शन से अनुप्राणित है। इससे एक बड़ा लाभ यह हुआ कि भारतीय धर्मों को बौद्धिक आधार मिला। उसे रूढ़िवादिता के चंगुल से मुक्ति मिली। जहाँ कहीं धर्म में रूढ़िवादिता रही है वहाँ इसका कारण निश्चय ही धर्मावलम्बियों एवं धर्म के पंडितों, पुरोहितों में दार्शनिक दृष्टि का अभाव रहा है।

12. प्रमाणशास्त्र और तर्कशास्त्र को महत्त्व—भारतीय दर्शन में तत्त्व-विषयक सैद्धान्तिक चर्चा की अपेक्षा उसकी अनुभूति महत्त्वपूर्ण मानी गई है। किन्तु इसका मतलब यह नहीं कि यहाँ प्रमाणशास्त्र और तर्कशास्त्र को महत्त्व नहीं दिया गया अथवा उस पर गम्भीर विचार नहीं हुआ है। सच तो यह है कि प्रत्येक भारतीय दर्शन की अपनी ज्ञानमीमांसा रही है और सबने सत्य की खोज में प्रमाणों पर गम्भीरता से विचार किया है। इससे भारतीय तर्कशास्त्र भी अत्यन्त समृद्ध हुआ है। न्याय दर्शन तो मुख्यतः तर्कशास्त्र ही है। पर यह भी सत्य है कि भारतीय दर्शन में तर्कशास्त्र एवं प्रमाण मीमांसा का उद्देश्य उस ज्ञान की प्राप्ति रहा है जो मोक्ष की प्राप्ति कराये।

यहाँ उल्लेखनीय है कि अनेक पाश्चात्य विचारक भारतीय दर्शन को इस आधार पर 'दर्शन' मानने से इनकार करते हैं कि वह तर्कनिष्ठ न होकर शब्द प्रमाण पर आधारित केवल श्रद्धा या विश्वास मात्र है। किन्तु यह असत्य है। प्रो॰ दयाकृष्ण इस विचार का खण्डन करते हुए कहते हैं कि, *भारतीय दाशनिक परम्परा बुद्धिनिष्ठ ही नहीं है, बल्कि बुद्धि के स्वरूप को अपने में इस प्रकार समाहित करती है जिस प्रकार पश्चिम की दार्शनिक परम्परा में कहीं भी दृष्टिगोचर नहीं होता— यदि इस देश में बुद्धि या तर्क की कोई स्थिति ही नहीं थी तो दर्शन की इतनी लम्बी परम्परा क्यों और कैसे बनी और उसके इतने सम्प्रदाय किस प्रकार से हुए—इतना खण्डन मण्डन क्यों हुआ?*[1]

भारतीय दर्शन प्रधानतः शुद्ध दर्शन न होकर 'थियोलॉजी' का ही एक रूप है, यह कहने वाले पाश्चात्य विचारकों को दयाकृष्ण जवाब देते हैं, *''यह मान्यता कितनी भ्रमपूर्ण है यह तो इससे ही सिद्ध हो जाता है कि भारतीय दर्शन की परम्परा में ईश्वर का स्थान बहुत गौण है। यहाँ तक कि बहुत सारे दर्शन, जो ईश्वर को स्वीकार करते हैं, वे भी उसे गौण रूप में ही करते हैं।''*[2]

भारतीय दर्शन का वर्गीकरण

भारतीय दर्शन रूपी वृक्ष में अनेकानेक शाखाएँ प्रारम्भिक काल से ही रही हैं। यह हमारी संस्कृति की एक बड़ी विशेषता है कि हर एक ने अपने विरोधी के विचारों को बाकायदा सुना है। यदि उसकी आलोचना की है तो उसका सम्मान भी किया है। यही कारण है कि हमारे देश में एक ही समय में परस्पर विरोधी विचारधारा वाले दर्शन भी समानान्तर रूप से फले-फूलें हैं।

भारत-भूमि में पनपे इन अनेकानेक दर्शनों को सामान्यतया **आस्तिक** और **नास्तिक** इन दो वर्गों में बाँटा जाता है, किन्तु इस विभाजन में अनेक असंगति हैं, इसीलिए कुछ विद्वानों ने इन्हें **वैदिक** और **अवैदिक** (अथवा ब्राह्मण और श्रमण) इन दो वर्गों में बाँटा है। यहाँ हम दोनों ही प्रकार के वर्गीकरण पर प्रकाश डालेंगे।

आस्तिक और नास्तिक दर्शन

सामान्यतया भारतीय दर्शन को आस्तिक और नास्तिक इन दो वर्गों में बाँटा जाता है। षड्दर्शन, जिसमें सांख्य, योग, न्याय, वैशेषिक, वेदान्त और मीमांसा दर्शन आते हैं, आस्तिक वर्ग में आते हैं तथा जैन, बौद्ध और चार्वाक, ये नास्तिक वर्ग में रखे जाते हैं।

1. दयाकृष्ण, भारतीय दर्शन नई दृष्टि, पृ. 13
2. वही, पृ 5

आस्तिक और नास्तिक का अर्थ

सामान्यतया आस्तिक का अर्थ ईश्वर में विश्वास रखने वाले तथा नास्तिक का अर्थ ईश्वर में विश्वास न रखने वाले से लिया जाता है किन्तु भारतीय दर्शन के सभी आस्तिक दर्शन ईश्वर के अस्तित्व को स्वीकार करते हों और नास्तिक अस्वीकार करते हों, ऐसी बात नहीं है। वस्तुतः यहाँ आस्तिक और नास्तिक का अर्थ दूसरा है। यहाँ मनु की परिभाषा, **''नास्तिको वेद निन्दकः''**[1] के आधार पर नास्तिक उसे कहा गया जो वेद-निन्दक है अथवा जो वेद की प्रामाणिकता स्वीकार नहीं करता। इसके विपरीत आस्तिक वह है जो वेदों का भक्त है और इस तरह वेदों की प्रामाणिकता को स्वीकार करता है। इस तरह भारतीय दर्शन में वेद-विरोधी नास्तिक तथा वेद-समर्थक आस्तिक कहलाये। यहाँ उल्लेखनीय है कि सांख्य और मीमांसा दर्शन ईश्वर को नहीं मानने के बाद भी आस्तिक वर्ग में रखे जाते हैं क्योंकि वे वेदों की प्रामाणिकता स्वीकार करते हैं।

अन्य दृष्टि से नास्तिक और नास्तिक का अर्थ

एक अन्य दृष्टि से पाणिनि ने आस्तिक और नास्तिक की परिभाषा दी है। उनके अनुसार, **''अस्ति नास्ति दिष्टं मतिः''**[2] अर्थात् **परलोक है**, ऐसी जिसकी मति (विचार) है, वह आस्तिक और **परलोक नहीं है**, ऐसी जिसकी मति है, वह नास्तिक है। यहाँ परलोक का तात्पर्य पुनर्जन्म से लिया गया है। किन्तु इस अर्थ में तो केवल भौतिकवादी चार्वाक को छोड़कर शेष सभी भारतीय दर्शन आस्तिक कहे जाएँगे क्योंकि सभी पुनर्जन्म में विश्वास रखते हैं।

यहाँ उल्लेखनीय है कि बौद्ध और जैन दर्शन, जिन्हें वेद-विरोधी होने के कारण प्रायः नास्तिक कहा जाता रहा है, अपने को ''नास्तिक'' कहलाना पसन्द नहीं करते हैं। बुद्ध ने अपने संवादों में नास्तिकवाद को 'मिथ्या दृष्टि' कहकर गर्हित किया है।[3] बौद्ध दार्शनिक नागार्जुन नास्तिक की भर्त्सना करते हुए कहते हैं कि वह नरकगामी होता है।[4]

आस्तिक और नास्तिक सम्बन्धी उपर्युक्त विवाद के कारण निश्चय ही भारतीय दर्शन का उपर्युक्त प्रकार का विभाजन उचित नहीं लगता। इसके बजाय भारतीय दर्शन का **वैदिक और अवैदिक** अथवा **ब्राह्मण और श्रमण** में वर्गीकरण अधिक उचित लगता है। वैसे दोनों प्रकार के विभाजन में केवल शब्दों का अन्तर है, वैदिक दर्शन आस्तिक दर्शन है तथा अवैदिक दर्शन नास्तिक दर्शन है।

अस्तु, हम आगे वैदिक और अवैदिक इस वर्गीकरण पर प्रकाश डालेंगे।

वैदिक और अवैदिक (श्रमण) दर्शन

वैदिक दर्शन

भारतीय दर्शन का मूल वेद हैं। वेद, न केवल भारतीय दर्शन के वरन् प्राचीन भारतीय सभ्यता, संस्कृति, आचार, नीति, धर्म और साहित्य के भी मूल हैं। इन वेदों की प्रामाणिकता को स्वीकार करते हुए जो दर्शन आगे चलकर प्रस्तुत हुए हैं वे वैदिक दर्शन कहलाये। इन्हें

1. *'मनुस्मृति*, 2/99
2. *'पाणिनी व्याकरण'*, 4/46
3. आचार्य नरेन्द्र देव, *'बौद्ध धर्म-दर्शन'*, पृ० 2
4. एन० अय्यास्वामी शास्त्री, *'श्रमण ऑर नॉन-ब्राह्मनिकल-सेक्ट' कल्चरल हेरिटेज ऑफ इण्डिया'*, खण्ड-3, पृ० 389

ही आस्तिक दर्शन भी कहा गया। ये वैदिक दर्शन मुख्य रूप से छः हैं—(1) सांख्य, (2) योग, (3) न्याय, (4) वैशेषिक, (5) मीमांसा, (6) वेदान्त।

भारतीय दर्शन के इतिहास में उपनिषदों के बाद का काल सूत्रकाल कहलाता है क्योंकि इस काल में छोटे-छोटे सूत्रों के रूप में दर्शन को प्रस्तुत करने की परम्परा प्रारम्भ हुई। इस काल में अनेकानेक सूत्र-ग्रंथों का प्रणयन हुआ। अनेक ऋषियों ने अनेक प्रकार से दर्शन के बीज बोएँ और इस तरह महर्षि कपिल का 'सांख्यसूत्र', पतंजलि का 'योगसूत्र', गौतम का 'न्यायसूत्र', कणाद का 'वैशेषिकसूत्र', जैमिनी का 'मीमांसासूत्र' तथा बादरायण का 'वेदांतसूत्र' प्रस्तुत हुआ। ये सूत्र-ग्रंथ ही वैदिक षड्दर्शनों, सांख्य दर्शन, योग दर्शन, न्याय दर्शन, वैशेषिक दर्शन, मीमांसा दर्शन तथा वेदान्त दर्शन के आधार-ग्रन्थ हैं। कालान्तर में इन सूत्र-ग्रन्थों पर बड़े-बड़े भाष्य, फिर इन भाष्यों पर वार्तिक, टीका, टिप्पणी आदि लिखे गये जिससे ये दर्शन लगातार फलते- फूलते रहे।

अब हम इन दर्शनों के मुख्य विचारों पर संक्षेप में प्रकाश डालेंगे।

सांख्य दर्शन

संस्थापक—सांख्य दर्शन के संस्थापक महर्षि कपिल माने जाते हैं। इनके द्वारा रचित 'सांख्य-प्रवचन-सूत्र' सांख्य दर्शन का मूल ग्रन्थ है किन्तु अब वह अनुपलब्ध है। इस सूत्र पर ईश्वरकृष्ण की 'सांख्यकारिका' ही सांख्य दर्शन का प्राचीनतम् ग्रन्थ है।

उद्देश्य—सांख्य दर्शन का लक्ष्य सम्यक् ज्ञान द्वारा दुखत्रय (आध्यात्मिक, आधिभौतिक और आधिदैविक) से जीव को मुक्त करना है।

सांख्य दर्शन के अनुसार यह सम्यक् ज्ञान जीव का त्रिगुणात्मिका प्रकृति से भेद तथा जीव के वास्तविक स्वरूप का ज्ञान है।

प्रमुख विचार—सांख्य दर्शन प्रकृति और पुरुष, इन दो तत्त्वों को मूल तत्त्व कहता है। इनमें से पुरुष शुद्ध चैतन्य स्वरूप है, निर्गुण, निष्क्रिय, दृष्टा मात्र तथा सुख-दुःख, आदि से परे है। सुख-दुःख, पाप-पुण्य, धर्म-अधर्म, बुद्धि एवं अन्तःकरण के गुण हैं जो वस्तुतः प्रकृति का विकार है। सांख्य दर्शन के अनुसार प्रकृति हमारे शरीर, मन, बुद्धि समेत समस्त जगत् की जननी है। पुरुष अर्थात् जीवात्मा इन सबसे अलग है। हमारे दुखों का मूल कारण यह है कि हम अज्ञानवश मन, बुद्धि, अहंकार तथा शरीर को, जो प्रकृति है, ''मैं'' याने आत्मा मान बैठते हैं, और फिर तरह-तरह के दुःख उठाते हैं।

सांख्य दर्शन विकासवाद का समर्थक है। उसके विकासवाद के अनुसार पुरुष और प्रकृति के संयोग से जगत् का विकास होता है। इस विकास के फलस्वरूप 23 तत्त्व उद्भूत होते हैं—महत् (बुद्धि), अहंकार, पंचतन्मात्र, पंचमहाभूत, पंच ज्ञानेन्द्रिय पंच कर्मेन्द्रिय तथा मन। इन 23 तत्त्वों में प्रकृति और पुरुष, इन दो तत्त्वों को जोड़ देने से 25 तत्त्व होते हैं। सांख्य दर्शन मुक्ति हेतु इन पच्चीस तत्त्वों का ज्ञान आवश्यक बताता है।

मुख्य बात है, पुरुष प्रकृति से सर्वथा पृथक् तत्त्व है। इन्हें एक समझना अज्ञान है, जो समस्त दुःखों की जड़ है तथा इन्हें पृथक् समझना ज्ञान है जो समस्त दुःखों को निर्मूल करने वाला है।

सांख्य दर्शन न मुक्ति हेतु न जगत् के निर्माण हेतु, ईश्वर का अस्तित्व आवश्यक बतलाता है। किंतु बाद में सांख्य दर्शन में ईश्वर को प्रतिष्ठा मिली है।

योग दर्शन

संस्थापक—योग दर्शन के संस्थापक **महर्षि पतंजलि** माने जाते हैं। उनका **'योग-सूत्र'** इस विषय का प्राचीनतम् ग्रन्थ है। वैसे योग दर्शन के बीज वेदों में स्पष्ट दिखते हैं।

उद्देश्य—योग दर्शन का उद्देश्य मनुष्य को मोक्ष प्राप्त करने का व्यवहारिक मार्ग बताना है। यह सांख्य दर्शन की तत्त्वमीमांसा केवल इस अन्तर के साथ स्वीकार करता है कि तत्त्व 25 न होकर 26 हैं। यह छब्बीसवाँ तत्त्व 'ईश्वर' है। यह ध्यान में सहायक होता है।

मुख्य विचार—वैसे तो योग का अर्थ जोड़ना होता है पर योग दर्शन में योग का अर्थ आत्मा का प्रकृति से वियोग बताया गया है। योग का अर्थ समाधि भी कहा गया है। वैसे योग समाधि में सहायक होता है।

योग दर्शन में बन्धन का कारण 'अविद्या' को बताया गया है जिसके कारण चित्त की विभिन्न वृत्तियों से आत्मा घिर जाती है और चंचल चित्त को ही 'मैं' मानने लगती है और इस तरह नाना प्रकार के दुःख उठाती है। योग इन 'चित्तवृत्तियों के निरोध' का ही व्यवहारिक मार्ग बताता है।

अष्टांग योग—यह योग दर्शन द्वारा मुक्ति हेतु बताया गया क्रियात्मक प्रयत्न है। इसके आठ अंग है।

(1) **यम**—अहिंसा, सत्य, अस्तेय, ब्रह्मचर्य और अपरिग्रह, ये पाँच यम हैं।

(2) **नियम**—नियम भी पाँच हैं—शौच, सन्तोष, तप, स्वाध्याय और ईश्वर-प्रणिधान।

(3) **आसन**—ध्यान के लिए सुखपूर्वक बैंठने का सही तरीका आसन है।

(4) **प्राणायाम**—श्वास-प्रश्वास की गति पर नियन्त्रण प्राणायाम है।

(5) **प्रत्याहार**—इन्द्रियों को वश में करना प्रत्याहार है।

(6) **धारणा**—चित्त को देश विशेष (ध्येय) में बाँधना धारणा है।

(7) **ध्यान**—ध्येय में वृत्ति का एक-सा बने रहना ध्यान है।

(8) **समाधि**—मन को समस्त विक्षेप से हटाकर एकाग्र करना, जिससे चित्त की समस्त वृत्तियाँ रुक जाएँ और चित्त आत्मा में लीन हो जाए, समाधि है। इसी के बाद मोक्ष की प्राप्ति होती है।

योग दर्शन को **'सेश्वर सांख्य'** भी कहा जाता है।

न्याय दर्शन

संस्थापक—महर्षि गौतम इसके संस्थापक थे जिनका **'न्यायसूत्र'** इस दर्शन का मूल ग्रन्थ है। भारतीय दर्शनों में न्याय दर्शन काफी लम्बे समय तक जीवन्त बना रहा है। 12वीं शती एवं उसके बाद न्याय दर्शन पर कुछ नये ढंग से विचार हुआ। इसके बाद का दर्शन **नव्य न्याय** और 12 वीं शती के पहले का दर्शन **प्राचीन न्याय** के नाम से प्रसिद्ध है। नव्य न्याय में **गंगेश उपाध्याय** (तत्त्वचिन्तामणि के रचयिता) सर्वप्रमुख हैं।

मुख्य विचार—न्याय दर्शन में यथार्थ ज्ञान की प्राप्ति के साधन को 'प्रमाण' कहा गया है। प्रमाण के चार प्रकार बताये गये हैं—प्रत्यक्ष, अनुमान, उपमान, और शब्द।

प्रमाण के द्वारा जो विषय जाने जाते हैं वे प्रमेय हैं। प्रमेय 12 हैं—(1) आत्मा, (2) शरीर, (3) पंच ज्ञानेन्द्रिय, (4) अर्थ (इन्द्रियों के विषय), (5) बुद्धि, (6) मन (अन्तःकरण), (7) प्रवृत्ति (मन, वचन तथा शरीर का व्यापार), (8) दोष (राग-द्वेष एवं मोह), (9) प्रेत्याभाव (पुनर्जन्म), (10) फल, (11) दुःख (इच्छा की पूर्ति न होने पर होने वाला क्लेश), (12) अपवर्ग (दुःखों से पूर्ण मुक्ति की अवस्था)।

उद्देश्य—अन्य दर्शनों के समान न्याय दर्शन का भी लक्ष्य (विशेषकर प्राचीन न्याय का) दुःखों से मुक्ति का मार्ग ढूँढ़ना ही है।

न्याय दर्शन के अनुसार मुक्ति तत्त्वज्ञान से अर्थात् उपर्युक्त 12 प्रमेयों के ज्ञान से मिलती है। तत्त्वज्ञान से मिथ्याज्ञान नष्ट होता है जिससे दोष अर्थात् राग-द्वेष नष्ट होते हैं। दोष के नष्ट होने से प्रवृत्ति नष्ट होती है और प्रवृत्ति के नष्ट होने से जन्म नहीं होता। जन्म ही तो सारे दुःखों की जड़ है, अतः पुनः जन्म का न होना ही मोक्ष है।

न्याय दर्शन में शरीर से आत्मा को सर्वथा पृथक् बताया गया है। अविद्या के कारण उसका शरीर से संयोग होता है और वह तरह-तरह से दुःख उठाती है। मोक्ष के बाद शरीर हमेशा के लिए छूट जाता है। यह निःश्रेयस की अवस्था है। मुक्तात्मा सभी प्रकार के सुखों (आनन्द से भी) से रहित होती है। मुक्ति **अभय** और **अमृत** पद है।

न्याय दर्शन में कर्मफल के सिद्धान्त में भी पूरा विश्वास व्यक्त किया गया है। यहाँ जगत् के रचयिता तथा कर्मफल दाता के रूप में ईश्वर को भी स्वीकार किया गया है।

वैशेषिक दर्शन

संस्थापक—वैशेषिक दर्शन के संस्थापक **महर्षि कणाद** हैं। उनका **'वैशेषिक सूत्र'** इस दर्शन का मूल ग्रन्थ है।

जिस तरह सांख्य दर्शन के साथ योग का नाम जुड़ा है उसी तरह न्याय के साथ वैशेषिक का नाम जुड़ा हुआ है। दोनों ही वस्तुवादी हैं। दोनों के आत्मा, मोक्ष और ईश्वर सम्बन्धी विचार लगभग समान ही हैं। दोनों में अन्तर यह है कि न्याय दर्शन जहाँ 'प्रमाण मीमांसा' पर अधिक ध्यान देता है वहाँ वैशेषिक दर्शन 'प्रमेय' के विश्लेषण पर अपना ध्यान केन्द्रित करता है।

मुख्य विचार (पदार्थ)—वैशेषिक दर्शन के अनुसार 'प्रमेय' 7 पदार्थ हैं—**द्रव्य, गुण, कर्म, सामान्य, विशेष, समवाय** और **अभाव**। इनमें से प्रथम 6 भाव पदार्थ कहे जाते हैं और अन्तिम एक **अभाव पदार्थ।**

द्रव्य—ये 9 हैं, **पृथ्वी, जल, अग्नि, वायु, आकाश, काल, दिक्, आत्मा** और **मन।** इनमें से **पृथ्वी, जल, अग्नि** और **वायु** इन चार द्रव्यों की उत्पत्ति परमाणुओं के द्वारा होती है, जो शाश्वत एवं जड़ होते हैं। **मन** एक अतीन्द्रिय है जो नित्य है पर सर्वव्यापी नहीं है। **आत्मा** शाश्वत, अनन्त, सर्वव्यापी है। यह चेतना की सभी अवस्थाओं का आश्रय है। **आकाश, देश** और **काल** ये नित्य एवं अप्रत्यक्ष द्रव्य हैं।

गुण—ये द्रव्यों में पाये जाते हैं। ये 24 हैं—रूप, रस, गन्ध, स्पर्श, शब्द, संख्या, परिणाम, पृथकत्व, संयोग, विभाग, परत्व, अपरत्व, द्रवत्व, स्नेह, बुद्धि, सुख, दुःख, इच्छा, द्वेष, प्रयत्न, गुरुत्व, संस्कार, धर्म तथा अधर्म।

कर्म—ये भी द्रव्यों में ही पाया जाता है। कर्म 5 प्रकार के होते हैं—उत्पेक्षण, अवपेक्षण, आकुंचन, प्रसारण, गमन।

सामान्य—किसी भी वर्ग के सामान्य धर्मों को 'सामान्य' कहते हैं; जैसे, 'गोत्व' गाय का सामान्य है। यह नित्य है।

विशेष—नित्य द्रव्यों के पार्थक्य के मूल कारण को **विशेष** कहा गया है। विशेष को पदार्थ कहना वैशेषिक दर्शन की अपनी विशेषता है, सम्भवतः इसी से इसे 'वैशेषिक' नाम दिया गया।

समवाय—नित्य सम्बन्ध को 'समवाय' कहते हैं; जैसे वस्त्र और उसके तन्तु में जो सम्बन्ध है, वह समवाय सम्बन्ध है।

अभाव—'नहीं रहने को' अभाव कहते हैं। यह चार प्रकार का होता है—प्रागभाव, ध्वंसाभाव, अत्यन्ताभाव तथा अन्योन्याभाव।

परमाणुवाद—परमाणु मूल तत्त्व हैं। ये सृष्टि के आधार हैं।

मीमांसा दर्शन

संस्थापक—महर्षि जैमिनी इस दर्शन के संस्थापक माने जाते हैं। उनका **'जैमिनी-सूत्र'** इस दर्शन का मूल ग्रन्थ है।

उद्देश्य—मीमांसा दर्शन का उद्देश्य अन्य आस्तिक दर्शनों से थोड़ा हटकर है। इसका मुख्य उद्देश्य वैदिक विधि-निषेधों का अर्थ समझना तथा वैदिक कर्मकाण्ड का तर्कपूर्वक प्रतिपादन करना है।

मुख्य विचार—मीमांसा दर्शन पूर्णतः वेदों पर आधारित दर्शन है। इसके अनुसार वेदों द्वारा बताये गये कर्मकाण्ड को करना ही धर्म है। इस कर्मकाण्ड से इस लोक तथा परलोक में कल्याण की प्राप्ति होती है। किन्तु हमें निष्काम भाव से कर्त्तव्य समझकर वेदों के आदेशों का पालन करना चाहिए।

मीमांसा दर्शन भी आत्मा की अमरता, पुनर्जन्म, कर्मफल तथा मोक्ष पर विचार करता है और इनमें विश्वास प्रगट करता है। यह जगत् को सत्य मानता है क्योंकि इसका हमें प्रत्यक्ष ज्ञान होता है। मीमांसक ईश्वर को नहीं मानते।

ज्ञानकाण्ड के पूर्व कर्मकाण्ड पर विचार करने के कारण इसे 'पूर्व मीमांसा' भी कहा जाता है।

वेदान्त दर्शन

संस्थापक—महर्षि बादरायण इस दर्शन के संस्थापक आचार्य माने जाते हैं। उनका 'ब्रह्मसूत्र' इस दर्शन का आधार ग्रन्थ है। वेदान्त के आचार्यगण ब्रह्मसूत्र के अतिरिक्त प्रमुख उपनिषदों तथा भगवत्गीता को भी आधार ग्रन्थ स्वीकार करते हैं। ये तीनों वेदान्त दर्शन के प्रस्थान हैं, इसलिए इन्हें **प्रस्थान-त्रयी** कहा जाता है। 'ब्रह्मसूत्र' वस्तुतः उपनिषदों के आधार पर ही, उपनिषदों के विचारों में एकरूपता दिखाने के लिए महर्षि बादरायण द्वारा रचा गया था।

भारतीय दर्शन में वेदान्त दर्शन सर्वाधिक समृद्ध हुआ है। वेदान्त के प्रमुख आचार्यों में **शंकर, रामानुज, निम्बार्क, मध्व, वल्लभ** आदि आचार्यों के नाम उल्लेखनीय हैं।

उद्देश्य—उपनिषदों में जिस ब्रह्म को जगत् का कारण, आत्मा का आधार तथा मुक्तिदाता कहा गया है, उसी की और भी विस्तृत व्याख्या करना वेदान्त दर्शन का मुख्य

उद्देश्य है। मीमांसा दर्शन जहाँ वेदों के कर्मकाण्ड की व्याख्या करता है वहाँ वेदान्त दर्शन उपनिषदों के ज्ञानकाण्ड की व्याख्या करता है। उपनिषद् वेदों के उत्तर-भाग (बाद का भाग) है, इसलिए इसे **उत्तर-मीमांसा** भी कहा जाता है।

इस तरह वैदिक कर्म के बजाय वैदिक ज्ञान की व्याख्या करना और इसी 'ज्ञान' के आधार पर मुक्ति की व्याख्या करना वेदान्त दर्शन का मुख्य उद्देश्य है।

प्रमुख विचार—वेदान्त दर्शन 'अद्वैत दर्शन' है। बादरायण के ब्रह्मसूत्र का पहला सूत्र है, **''अथातो ब्रह्म जिज्ञासा''** अर्थात् अब ब्रह्म की जिज्ञासा प्रारम्भ होती है। इस ब्रह्म को वेदान्त दर्शन में 'अद्वैत' कहा गया है। यह अद्वैत (ब्रह्म) न केवल जड़ जगत् का वरन् हमारी चेतन आत्मा का भी आधार है। वेदान्त दर्शन का मुख्य प्रयोजन ब्रह्म तथा आत्मा और जड़ जगत् में क्या सम्बन्ध है, यह जानना है क्योंकि यह ज्ञान मुक्तिदायक है।

किन्तु इनमें आपस में क्या सम्बन्ध है, इस विषय पर वेदान्तियों में मतभेद है। इसी आधार पर वे मुक्ति का पृथक्-पृथक मार्ग बताते हैं। शंकाराचार्य आत्मा और ब्रह्म में तादात्म्य सम्बन्ध मानते हैं। इस सम्बन्ध का **ज्ञान** (अहं ब्रह्मास्मि) ही उनके अनुसार मोक्ष-प्रदाता है, किन्तु वेदान्त के अन्य आचार्य दोनों में तादात्म्य सम्बन्ध नहीं मानते। जैसे रामानुज के अनुसार आत्मा ब्रह्म नहीं, ब्रह्म का अंश है। इसी से जीव अल्पज्ञ है जबकि ब्रह्म सर्वज्ञ है। अतः मुक्ति हेतु आत्मा और ब्रह्म के तादात्म्य ज्ञान की नहीं वरन् ईश्वर के प्रति उपासना या भक्ति सहित ज्ञान की आवश्यकता है। रामानुज इस तरह भक्ति मार्ग को मुक्ति का साधन बताते हैं। वेदान्त के अन्य आचार्य भी भक्ति मार्गी हैं।

यहाँ उल्लेखनीय है कि शंकर के अतिरिक्त वेदान्त के अन्य सभी आचार्य जगत् को सत्य कहते हैं तथा शंकर के जगत् मिथ्यात्व की कड़ी आलोचना करते हैं।

वेदान्त दर्शन में शंकर का दर्शन '**अद्वैत**' रामानुज का दर्शन '**विशिष्टाद्वैत**' मध्व का दर्शन '**द्वैतवाद**' निम्बार्क का दर्शन '**द्वैताद्वैतवाद**' तथा वल्लभ का दर्शन '**शुद्धाद्वैतवाद**' के नाम से जाना जाता है। इन सभी ने न केवल भारतीय दर्शन को वरन् हिन्दू धर्म को भी अत्यन्त प्रभावित किया है।

वैदिक दर्शन के उपर्युक्त सिंहावलोकन के बाद हम श्रमण दर्शन पर विचार करेंगे।

श्रमण दर्शन (अवैदिक दर्शन)

वैसे तो यह सत्य है कि श्रमण एवं ब्राह्मण, ये दो सांस्कृतिक परम्पराएँ भारत में प्राचीन काल से चली आ रही है, किन्तु सामान्यतया यही माना जाता है कि वैदिक यज्ञों के विरोध में ही श्रमण दर्शन एवं संस्कृति अस्तित्व में आई। यह घटना ई॰पू॰ छठवीं शती की मानी जाती है।

वस्तुतः ई॰ पू॰ की छठवीं शती भारत में धार्मिक क्रान्ति की शती थी।[1] इस काल में आश्चर्यजनक रूप से वैदिक धर्म के विरोध में अनेकानेक साधुओं, संन्यासियों और परिव्राजकों के संगठन बने। ये भिक्षा माँगते हुए सारे भारत में पैदल घूमते थे तथा तर्क द्वारा प्राचीन अंधविश्वासों, कर्मकाण्ड तथा अन्ध श्रद्धा के विरुद्ध लड़ाई लड़ते थे। एक प्रकार की उत्तेजना इनके कारण चतुर्दिक फैल गई थी।[2] ये ही श्रमण कहे गये।

1. यहाँ उल्लेखनीय है कि इस शती में केवल भारत में ही नहीं वरन् कई देशों में धार्मिक क्रान्ति हुई। इसी शती में चीन में लाओत्से और कनफ्यूशस, यूनान में पारमेनाइडिज और एम्पीडोक्लीज, फारस में जरथुस्त्र तथा इजराइल में अनेक पैगम्बर हुए।
2. विमलचन्द पाण्डेय, *'प्राचीन भारत का राजनैतिक तथा सांस्कृतिक इतिहास'*, पृ॰ 276

श्रमण का अर्थ—वैसे तो **श्रमण** शब्द **श्रम** धातु से बना है, जिसका अर्थ परिश्रमी होता है किन्तु यहाँ श्रमण उसे कहा गया जिसने परिश्रम किया है और फलस्वरूप शान्ति-लाभ प्राप्त किया है।[1]

श्रमणों का उद्देश्य वस्तुतः शान्ति लाभ अथवा मोक्ष प्राप्त करना ही था। कालान्तर में 'श्रमण' शब्द साधु, संन्यासी परिव्राजक के लिए प्रयुक्त किया जाने लगा जो कर्मकाण्डी ब्राह्मण से अलग होते थे।

प्रमुख श्रमण—भारत में श्रमणों के अनेक संगठन थे[2], किन्तु उनके अपने साहित्यिक ग्रन्थ न होने के कारण हम सबके विषय में विशेष नहीं जानते हैं। इनमें केवल दो श्रमण संगठन, जैन एवं बौद्ध अत्यन्त प्रसिद्ध हुए। इनका भारतीय जनमानस पर गहराई तक प्रभाव पड़ा। इनके साहित्य का भी विशाल भण्डार है। अन्य श्रमणों के विषय में हमें इनके ही ग्रन्थों से जानकारी मिलती है।

आगे हम जैन, बौद्ध तथा अन्य श्रमण सम्प्रदायों के मतों की चर्चा करेंगे, पर उसके पूर्व श्रमण का ब्राह्मण अर्थात् वैदिक दर्शन से क्या विरोध है, इस पर प्रकाश डालेंगे।

श्रमण का वैदिक दर्शन से विरोध

श्रमण दार्शनिकों का वैदिक दर्शन से निम्नलिखित मुद्दों पर विरोध था—

(1) यज्ञों को लेकर विरोध—वेदों के द्वितीय भाग ब्राह्मण में जिस यज्ञ की देवताओं को प्रसन्न करने के लिए स्थापना की गई थी, कालान्तर में उसका प्रचलन अति तक पहुँच गया। इन यज्ञों में दो मुख्य बुराई थीं—

(अ) एक तो यज्ञ अत्यन्त खर्चीले हो गये थे। यज्ञ में हवन हेतु यजमान को तरह-तरह की सामग्री एकत्र करनी पड़ती थी जिनका खर्च आम आदमी वहन नहीं कर सकता था।

(ब) दूसरे, यज्ञ में दी जाने वाली बलि से हिंसा अत्यन्त बढ़ गई थी। हालाँकि वैदिक ऋषि कहते थे कि, "यज्ञ की हिंसा हिंसा नहीं होती" किन्तु जनमानस समझने लग गया था कि पुरोहित वर्ग यज्ञ के नाम से निरीह पशुओं की हत्या अपनी क्षुधा-पूर्ति हेतु की करता है। अतः यह हिंसा भी लोगों को अखरने लगी थी। लोग इसका विरोध करने लगे थे।

(2) वर्णाश्रम व्यवस्था से विरोध—ब्राह्मणों की वर्णश्रम व्यवस्था का भी श्रमण विरोध करते थे। उस काल में ब्राह्मणों का वर्चस्व था। शूद्रों की दशा अत्यन्त हीन थी। उनके लिए मुक्ति का कोई मार्ग नहीं था। श्रमण इसका विरोध करते थे तथा शूद्र को भी मुक्ति का अधिकारी कहते थे। बुद्ध का कथन, "जाति मत पूछ आचरण पूछ"[3] सभी श्रमणों को स्वीकार्य था। श्रमण दर्शन की प्रसिद्धि का यह एक बड़ा कारण था।

वर्ण व्यवस्था के समान ब्राह्मणों की **आश्रम व्यवस्था** को भी श्रमण महत्त्व नहीं देते थे। इनके अनुसार व्यक्ति को संन्यासी बनने के पूर्व गृहस्थ बनना आवश्यक नहीं था जैसा कि ब्राह्मणों के अनुसार आवश्यक था। व्यक्ति जब चाहे संन्यासी बन सकता था।

---

1. राधाकुमुद मुकर्जी, *'हिन्दू सभ्यता'*, पृ० 252
2. *बौद्ध ग्रन्थों में इनकी संख्या 63 और जैन ग्रन्थों में 363 बताई गई है।*— राधाकुमुद मुकर्जी : *'हिन्दू सभ्यता'*, पृ० 211
3. **'संयुक्त निकाय'**, 7/1/9

(3) देवी-देवताओं तथा ईश्वर का विरोध—श्रमण, ब्राह्मणों के विभिन्न देवी-देवताओं का भी विरोध करते थे। इसी तरह सृष्टि के किसी रचियता ईश्वर को, जो जीवों को उनके कर्मानुसार फल देता है, भी श्रमण नहीं मानते थे।

(4) प्रवृत्ति-मार्ग का विरोध—वैदिक दर्शन प्रवृत्तिमार्गी था। प्रारम्भिक वैदिक ऋषि तो प्रायः भौतिक एवं स्वर्ग के सुख की लालसा से ही देवताओं की स्तुतियाँ तथा अनेकानेक प्रकार के कर्मकाण्ड करते थे। इस तरह वे प्रवृत्तिमार्गी थे। इनके विपरीत श्रमण निवृतिमार्गी थे। ये संन्यासी होते थे, अतः कम-से-कम में गुंजारा हो सके इस बात पर बल देते थे। तपस्या, काया-क्लेश और वैराग्य—ये प्रमुख श्रमण-धर्म थे। किन्तु सभी श्रमण निवृत्तिमार्गी नहीं थे।

आगे हम प्रमुख श्रमण दर्शनों के मतों का उल्लेख करेंगे। जैन और बौद्ध इनमें सर्वाधिक प्रसिद्ध हुए, अतः पहले इनका वर्णन करेंगे तत्पश्चात् उस काल में प्रसिद्ध अन्य पाँच श्रमण मतों का उल्लेख करेंगे।

जैन दर्शन

संस्थापक—वैसे तो जैन-दर्शन अत्यन्त पुराना दर्शन है जिसके संस्थापक ऋषभदेव माने जाते हैं, किन्तु जैन श्रमण संघ के रूप में इसे संगठित करने का, इसे प्रसारित और प्रचारित करने का पूरा श्रेय छठवीं शताब्दी के महावीर स्वामी को है। वे जैन धर्म के 24वें तीर्थंकर माने जाते हैं।

जैन श्रमण इन्द्रियविजय पर सर्वाधिक जोर देते हैं। 'जिन' अर्थात् जितेन्द्रिय तीर्थंकरों के द्वारा प्रचारित होने के कारण यह जैन दर्शन कहा जाने लगा। प्रारम्भ में यह निग्रन्थ (भगबन्धन की ग्रन्थियाँ खुलना) धर्म कहा जाता था।

उद्देश्य—अन्य दर्शनों के समान जैन दर्शन का भी उद्देश्य मुक्ति प्राप्त करना है। इसके लिए पहले वह बन्धन पर विचार करता है। जैन दर्शन के अनुसार शरीर ग्रहण करना ही बन्धन है।

मुख्य विचार—किन्तु हम शरीर ग्रहण क्यों करते हैं? जैन धर्म के अनुसार इसमें पूर्व जन्म के फल हेतु (कारण) होते हैं। ये कर्मफल ही जीव की ओर पुद्गल (जड़ द्रव्य) को आकर्षित करते हैं, जिससे जीव शरीर धारण करता है और इस तरह बन्धनग्रस्त हो नाना प्रकार के दुःख उठाता है। हमारे व्यावहारिक जीवन की सारी स्थितियाँ, यथा—शरीर का रूप, रंग, आकार, आयु, ज्ञान आदि पूर्वजन्म कृत कर्मों के कारण ही प्राप्त होते हैं।

जैन दर्शन के अनुसार बन्धन को तोड़ने का उपाय जीव के पुद्गल कणों का नष्ट होना तथा जीव की ओर नए पुदगल कणों का आकृष्ट न होना है। इसके लिए **सम्यक् दर्शन, सम्यक् ज्ञान** तथा **सम्यक् चरित्र**—ये त्रिरत्न हमारे पास होना आवश्यक है।

सम्यक् दर्शन का अर्थ है, धर्म-उपदेष्टाओं के प्रति सच्ची श्रद्धा।

सम्यक् ज्ञान का अर्थ है, जीव तथा अन्य द्रव्यों का सत्य ज्ञान।

सम्यक् चरित्र का अर्थ है, सही आचरण जिससे कि कर्म-बन्धन से मुक्ति मिले।

सम्यक् चरित्र के लिए निम्न पंच महाव्रतों का पालन आवश्यक है—

(1) **अहिंसा**—किसी भी प्रकार की हिंसा न करना। (2) **सत्य**—जो वस्तु जिस

रूप में विद्यमान हो उसे उसी रूप में कहना। (3) **अस्तेय**—चोरी न करना अर्थात् दूसरे के धन का हरण न करना। (4) **ब्रह्मचर्य** सभी प्रकार की कामनाओं का त्याग करना। (5) **अपरिग्रह**—संसार की विभिन्न वस्तुओं से सच्चा वैराग्य।

अनेकांतवाद—जैन दर्शन अनेकांतवादी है। उसके अनुसार वस्तुओं के अनन्त धर्म होते हैं। केवल **केवली** ही वस्तु के समस्त धर्मों का ज्ञान प्राप्त कर सकता है। सामान्य व्यक्ति एक समय में एक ही धर्म का ज्ञान प्राप्त कर सकता है। अतः जैनी कहते हैं कि सामान्य व्यक्ति को किसी भी वस्तु के विषय में किसी प्रकार के कथन के पूर्व 'स्याद' (किसी दृष्टिकोण से) शब्द जोड़ देना चाहिए।

जैन सम्प्रदाय—महावीर स्वामी की मृत्यु के बाद जैन धर्म के दो सम्प्रदाय अस्तित्व में आये—(1) श्वेताम्बर एवं (2) दिगम्बर। दोनों में विशेष सैद्धान्तिक मतभेद नहीं है, केवल व्यावहारिक मतभेद हैं।

दिगम्बर सम्प्रदाय अधिक कट्टर है। जैसे दिगम्बर साधु शरीर पर वस्त्र धारण नहीं करते हैं जबकि श्वेताम्बर में साधुओं को उजले वस्त्र धारण की आज्ञा है। दिगम्बर स्त्रियों को मुक्ति का अधिकारी नहीं मानते जबकि श्वेताम्बर मानते हैं।

बौद्ध दर्शन

संस्थापक—बौद्ध दर्शन के संस्थापक गौतम बुद्ध थे। संसार के प्राणियों को दुःख के सागर में तैरते देखकर उन्होंने दुःख के कारण की खोज हेतु गृहत्याग कर संन्यास धारण किया था। दुःख के कारण की खोज के बाद उसे जनसामान्य में प्रसारित करने का उन्होंने बीड़ा उठाया और लाखों दुःखी लोगों को **निर्वाण** (मुक्ति) का मार्ग बताया। उनके द्वारा दी गई शिक्षा ही बौद्ध श्रमण दर्शन का आधार है।

बुद्ध की शिक्षा—बुद्ध की शिक्षा चार आर्य सत्यों में निहित है। ये चार आर्य सत्य हैं—(1) सब कुछ दुःखमय है, (2) दुःख का कारण है, (3) दुःख का नाश सम्भव है, (4) दुःख के नाश का मार्ग है। बौद्ध दर्शन के अनुसार इन चार आर्य सत्यों की शरण ग्रहण कर मनुष्य सब दुःखों से मुक्त हो सकता है।

द्वितीय आर्य सत्य में बुद्ध ने **'प्रतीत्य समुत्पाद'** की शिक्षा दी है। इसमें उन्होंने दुःख के कारणों की 12 कड़ियों की एक श्रृंखला बताई है। इसका मूल 'अविद्या' को बताया है। 'अविद्या' का लक्षण है, संसार को क्षणिक, निःसार एवम् दुःखद न मानकर नित्य, सारगर्भित एवम् सुखद मानना। यही मिथ्या दृष्टि मनुष्य से नाना प्रकार के गलत कर्म करवाती है और इन कर्मफलों के कारण ही मनुष्य को जीवन धारण करना पड़ता है। यह जीवन धारण करना ही वस्तुतः समस्त दुःखों की जड़ है, अतः हमें प्रयत्नपूर्वक ऐसे 'सम्यक कर्म' (सही कर्म) करने चाहिए जो पुनर्जन्म का हेतु न बनें और इस तरह हम आवागमन के चक्र से छूटें।

बौद्ध दर्शन के अनुसार प्राणी अपने कर्मों के फलस्वरूप ही सुख-दुःख उठाता है, अतः अपने दुःखों का निवारण वह स्वयं ही कर सकता है। इसके लिये किसी ईश्वर को कर्मफलदाता और कर्मफल से मुक्ति दिलाने वाले के रूप में स्वीकार करने की आवश्यकता नहीं है। बुद्ध का प्रसिद्ध वाक्य है, **''अप्पदीपो भव''** अर्थात् अपना प्रकाश स्वयं बनो।

बौद्ध दर्शन अनात्मवादी भी है क्योंकि बुद्ध किसी नित्य आत्मा के अस्तित्व में विश्वास नहीं रखते थे, पर पुनर्जन्म में विश्वास रखते थे।

बौद्ध दर्शन के सम्प्रदाय—बुद्ध के बाद बुद्ध की शिक्षाओं के विषय में बौद्ध भिक्षुओं में मतभेद हुआ, जिसके फलस्वरूप बौद्ध धर्म दो सम्प्रदायों में बँट गया—(1) हीनयान एवं (2) महायान। हीनयान सम्प्रदाय के अनुयायी रूढ़िवादी थे जबकि महायान के प्रगतिशील थे। कालान्तर में हीनयान सम्प्रदाय से 'वैभाषिक' और 'सौत्रान्तिक' निकाय निकले और महायान से 'विज्ञानवाद' और 'शून्यवाद' ये दो निकाय उद्‌भूत हुए। वस्तुतः इन चार निकायों से ही बौद्ध दर्शन सम्पन्न हुआ है।

अन्य श्रमण—ऊपर हमने लिखा है कि भारत में छठवीं शती ई० पू० में बौद्ध और जैन श्रमण संगठनों के अतिरिक्त और भी अनेक श्रमण संगठनों का अस्तित्व था किन्तु इनमें से किसी भी संगठन का कोई भी ग्रन्थ उपलब्ध नहीं है। बौद्ध एवं जैन धर्मग्रन्थों में इनका थोड़ा-सा उल्लेख मिलता है जो निश्चय ही अपर्याप्त है। बौद्ध ग्रन्थ 'संयुक्त निकाय' में यद्यपि प्रायः सभी को भौतिकवादी तथा कर्मफल के सिद्धान्त में विश्वास न रखने वाले बताया गया है किन्तु यह भी कहा गया है कि इनका समाज में सम्मानजनक स्थान था। यहाँ इन्हें, धार्मिक जीवन के नेता, संघों के नेता, गणों के नेता, दर्शनों के यशस्वी संस्थापक तथा बहुसंख्यक जनता की दृष्टि में अत्यन्त आदरणीय कहा गया है।[1] महावीर स्वामी के समान इन्हें भी तीर्थंकर कहा गया है। ये पाँच श्रमण सम्प्रदाय, उनके संस्थापक और सिद्धान्त निम्नलिखित हैं—

अहेतुवादी (पूरन कस्सप)

संस्थापक—अहेतुवादी सिद्धान्त को मानने वाले श्रमणों के सम्प्रदाय के संस्थापक **पूरन कस्सप** थे। सम्भवतः वे ब्राह्मण थे। पूर्ण ज्ञान होने के कारण ही उन्हें 'पूरन' कहा जाता था।

सिद्धान्त—पूरन कस्सप बौद्ध दर्शन के हेतुवाद के विरोधी माने जाते हैं। बौद्ध दर्शन का हेतुवाद, कर्मफल आवश्यक रूप से मिलते हैं, इस बात पर बल देता है। इसके विपरीत पूरन कस्सप का मत है कि मनुष्य चाहे अच्छे कर्म करे या बुरे, उसे उसका समुचित फल मिले, यह आवश्यक नहीं है। हत्या, डकैती, कुछ भी करो, उससे पाप नहीं लगता; न ही दान, दम, संयम में किसी प्रकार का पुण्य है। इनके सिद्धान्त को 'अक्रियावाद' भी कहा गया है।

यहाँ कुछ विद्वानों का मत है कि पूरन कस्सप के दर्शन को सही रूप में प्रस्तुत नहीं किया गया है। यदि पूरन कस्सप का उपर्युक्त प्रकार का अहेतुवादी दर्शन होता तो तत्कालीन भारतीय समाज में उन्हें इतना सम्मान नहीं मिलता। सम्भवतः वे इस मत के समर्थक रहे होंगे कि आत्मा निष्क्रिय होती है। किसी भी प्रकार के कर्म इसे प्रभावित नहीं कर सकते। चाहे अच्छे हों या बुरे। कुछ लोग इसकी तुलना सांख्य दर्शन से करते हैं जहाँ पुरुष (आत्मा) को निष्क्रिय कहा गया है।

नियतिवादी आजीवक (मस्करीपुत्र गोशाल)

प्रमुख विचारक—आजीवक श्रमण सम्प्रदाय के प्रमुख नेता के रूप में मस्करीपुत्र गोशाल का नाम प्रसिद्ध है। प्रारम्भ में ये महावीर स्वामी के चेले थे किन्तु बाद में महावीर

1. *'संयुक्त निकाय'*, 1/69

स्वामी से कुछ वैचारिक मतभेद होने के कारण ये आजीवक सम्प्रदाय से जुड़ गये और उसके प्रमुख नेता बन गये।

कहते हैं कि मस्करी इनके पिता का नाम था, इसी से ये मस्करीपुत्र कहे जाते थे तथा एक गौशाला में इनका जन्म हुआ था इसलिए 'गोशाल' भी कहे जाते थे।

आजीवक सम्प्रदाय के उदयी कुण्डीयायन तथा शरभंग कौण्डन्य आदि अन्य प्रसिद्ध नेता थे। कहते हैं आजीव (उदरपोषण) के लिये ये भिक्षु बनते थे इसलिये इन्हें आजीवक कहा जाता था।

सिद्धान्त—बौद्ध धर्मग्रन्थ के अनुसार आजीवक **नियतिवादी** होते हैं।

नियतिवादी होने का मतलब है यह स्वीकारना कि प्रत्येक घटना का (चाहे वह सुखद हो या दुःखद) कारण नियति (भाग्य) है। संसार के सभी प्राणी नियति के हाथ के खिलौने हैं। प्राणी अपनी इच्छा, अपनी शक्ति तथा अपने बल और पराक्रम से कुछ नहीं कर सकता। चाहे विद्वान हो या मूर्ख उसे नियतिगत दुःखों का उठाना ही पड़ता है।

नियति को प्रमुखता देने के कारण आजीवक कर्मफल के सिद्धान्त में विश्वास नहीं रखते। उनके अनुसार दुःख का कोई कारण नहीं होता अतः सद्कर्म करके हम दुःखों का अन्त नहीं कर सकते, अतः कर्म करना व्यर्थ है।

आजीवक वस्तुतः शांतिवादी के समर्थक थे। इनके अनुसार मनुष्य को सर्वदा शान्ति में निमग्न रहना चाहिये। 'नियति' को स्वीकार करने का सम्भवतः उनका यही उद्देश्य था।

यहाँ उल्लेखनीय है कि ग्रीक दर्शन के स्टोइक दार्शनिक भी। 'नियतिवादी' थे। उनका भी नियति को स्वीकारने का उद्देश्य मानसिक शान्ति प्राप्त करना था। उनके अनुसार बुद्धि का सही उपयोग यही है कि वह 'नियति' को मानना सिखाये। वे कहते थे, **''मनुष्य कुत्ते के समान है जो एक गाड़ी में बाँध दिया गया है। उसे आगे बढ़ना ही है। अब यह उस पर निर्भर करता है कि वह खुशी-खुशी आगे बढ़े या फिर दुःखी होकर आगे बढ़े, बढ़ना तो उसे हर हालत में है।''**[1]

बौद्ध एवं जैन ग्रन्थों में आजीवकों को 'नंगे, मलयुक्त एवं एकाकी रहने वाले' कहा गया है, तथा जिस प्रकार मछुआरा मछलियों का फँसाता है उसी प्रकार इन्हें भी मनुष्य रूपी मछलियों को फँसाने वाले बताया गया है किन्तु विद्वानों के मत में यह कथन एकपक्षीय एवं अतिरंजित है।[2]

वैसे समाज में आजीवकों का प्रभाव था। इनके अनुयायियों को राजाओं से आश्रय मिलता था, इस बात के प्रमाण मिलते हैं।[3]

उच्छेदवादी (अजित केशकम्बल)

प्रमुख विचारक—अजित केशकम्बल का नाम भी प्रमुख अवैदिक श्रमण विचारकों में आता है। कहते हैं कि मनुष्य के केशों का कम्बल पहनने के कारण ये 'केशकम्बल' कहे जाते थे।

सिद्धान्त—अजित केशकम्बल भौतिकवादी थे। इनके अनुसार चार महाभूतों—पृथ्वी, जल, अग्नि और वायु से मिलकर शरीर बना है। मृत्यु के उपरान्त शरीर में स्थित जल,

1. आर्मस्ट्रांग, *'एन इन्ट्रोडक्शन टू एन्शियन्ट फिलासफी'*, पृ० 125
2. विमलचन्द पाण्डेय, *'प्राचीन भारत का राजनैतिक तथा सांस्कृतिक इतिहास'*, पृ० 278
3. *वही*

जल में; अग्नि अग्नि में; वायु वायु में एवं पृथ्वी पृथ्वी में समा जाती है तथा इन्द्रियाँ आकाश में समा जाती हैं।

उच्छेदवाद—अजित का मत है कि शरीर के नष्ट होने के साथ ही मनुष्य के प्रत्येक कर्म नष्ट हो जाते हैं। मृत्यु के बाद मूर्ख और बुद्धिमान दोनों समान रूप से नष्ट हो जाते हैं। मृत्यु के बाद कुछ भी नहीं बचता। यही उच्छेदवाद है।

नैतिक विचार—ऊपर हमने देखा कि अजित के अनुसार प्रत्येक कर्म मृत्यु के उपरान्त समाप्त हो जाते हैं; इसका मतलब है कि हम पाप कर्म करें या पुण्य कर्म करें, इससे कोई फर्क नहीं पड़ता। वे कहते हैं, **''पुण्य कर्म करने का कोई सुफल नहीं है। माता-पिता की सेवा करने का भी कोई फल नहीं मिलता। पाप-पुण्य, सत्य-असत्य, यज्ञ, दान, होम आदि की बातें झूठी हैं।''**

अकृततावादी (प्रकुध कात्यायन)

प्रमुख विचारक—बौद्ध धर्मग्रन्थ के अनुसार **प्रकुध कात्यायन** भी एक तीर्थंकर थे। वे किसी धार्मिक संस्था के नेता थे तथा उनका समाज में सम्मानजनक स्थान था।

कात्यायन उनका गोत्र-नाम था, प्रकुध सम्भवतः उनका नाम था अथवा अत्यन्त क्रोधी होने के कारण वे प्रकुध कहे जाते रहे होंगे।

सप्तकायवाद—प्रकुध के अनुसार निम्नलिखित 7 कार्य अकृत हैं अर्थात् इन्हें किसी ने नहीं बनाया है—(1) पृथ्वी, (2) जल, (3) तेज, (4) वायु, (5) सुख, (6) दुःख, (7) जीवन। कहीं-कहीं सात की जगह छः कार्यों को बताया गया है—सुख और दुःख के स्थान पर आकाश को एक काय माना गया है।

ये सभी काय विकार (परिणाम) को प्राप्त नहीं होते, न ही एक-दूसरे को हानि पहुँचाते हैं। इन्हें खम्भे अथवा पर्वतशिखर के समान अचल कहा गया है। ये सभी काय अकृत हैं तथा अविकारी हैं इसलिये यह सिद्धान्त अकृतवाद कहा जाता है।

यह सिद्धान्त भी मनुष्य को अपने कर्मों के लिये उत्तरदायी नहीं बनाता।

संशयवादी (संजय वेल्ठ पुत्र)

प्रमुख विचारक—वेल्ठ के पुत्र संजय की गिनती भी अवैदिक श्रमण भिक्षुओं में होती है। वेल्ठ के पुत्र संजय बुद्ध के समकालीन थे, सम्भतः उनसे कुछ बड़े थे। ऐसा माना जाता है कि वे बौद्ध भिक्षु सारिपुत्र तथा मौद्गल्यायन के गुरु थे।

संजय संशयवादी थे क्योंकि ये प्रत्येक अस्तित्व में संदेह करते थे। जैसे परलोक है, अथवा परलोक नहीं है, ये दोनों ही प्रश्न संजय की दृष्टि में संशयात्मक हैं। इनका 'हाँ' में, उत्तर नहीं दिया जा सकता।

संजय ने अपने संशय (इन्कार) को चार प्रकार का कहा है—

(1) परलोक हैं?—नहीं कह सकता।

(2) परलोक नहीं हैं?—नहीं कह सकता।

(3) परलोक है और नहीं भी है?—नहीं कह सकता।

(4) परलोक न है और न नहीं है?—नहीं कह सकता।

कुछ विद्वानों[1] का कहना है कि संजय के उपर्युक्त चार संशय (इन्कार) ही जैन दर्शन के सप्त-भंगीनय तथा अनेकांतवाद के आधार हैं।

संजय समस्त ज्ञान का निराकरण क्यों करते थे, इसके उत्तर में डॉ. राधाकृष्णन का विचार है कि **केवल शान्ति की प्राप्ति के प्रति जिज्ञासा तक ही वे अपने को मर्यादित रखना चाहते थे।**[2]

इस तरह संज़य के संशयवाद का प्रमुख लक्ष्य शान्ति की प्राप्ति है। किन्तु संशयवादी होने के कारण निश्चय ही अन्य श्रमणों के समान वे भी कर्मफल में विश्वास नहीं करते रहे होंगे।

यहाँ उल्लेखनीय है कि ग्रीक दर्शन में **पाइरो** (जन्म, 365 ई० पू०) का **सन्देहवाद** भी कुछ इसी प्रकार का था। यहाँ भी सन्देह का उद्देश्य शान्ति प्राप्त करना था, जैसा कि पाइरो का शिष्य सेक्टस कहता है, **''सन्देहवाद इस आशा से अस्तित्व में आया है कि जीवन में मानसिक शान्ति प्राप्त की जावे।''**[3]

निष्कर्ष—ऊपर हमने जिस **सात श्रमण** सम्प्रदायों पर विचार किया है उनमें से प्रथम दो—जैन और बौद्ध, आस्तिक कहे जा सकते हैं क्योंकि ये परलोक में (तथा कर्मफल में भी) विश्वास रखते थे जबकि अन्य पाँच, जिन्हें **पंचतीर्थ्य** भी का जाता है, नास्तिक हैं क्योंकि परलोक तथा कर्मफल के सिद्धान्त में इनकी आस्था नहीं थी। (वैसे सामान्यतया बौद्ध और जैन भी नास्तिक कहे जाते हैं।)

इन पंचतीर्थ्यों के विचारों का उल्लेख हमें केवल जैन और बौद्ध धर्मग्रन्थों में मिलता है, जो स्पष्टतः एकपक्षीय लगता है, अतः इनके महत्व पर हम समुचित प्रकाश नहीं डाल सकते। फिर भी यह जानकार कि तत्कालीन समाज में इन्हें सम्मानजनक स्थान प्राप्त था तथा अजातशत्रु जैसा उग्र स्वभाव का राजा तक इनमें से प्रत्येक के पास मिलने स्वयं गया था[4], हम यह कह सकते हैं कि तत्कालीन वैचारिक जगत् में ये अपना महत्त्वपूर्ण स्थान रखते थे।

अस्तु, जितना हम जैन एवं बौद्ध ग्रंथों से इनके विषय में जानते हैं, उससे तो यही निष्कर्ष निकलता है कि इनके मत से नैतिक जीवन को धक्का ही पहुँचा था। सम्भवतः इसी धक्के से भारतीय जनमानस को उबारने के लिये महावीर और बुद्ध ने आन्दोलन किया था। कीथ कहते हैं, **'इस तरह जनता के लिये उपयुक्त एक नैतिक शीलवाद की स्थापना कर इन्होंने काफी संख्या में अनुयायियों को आकृष्ट किया।'**[5]

दर्शन एवं धर्म

1. दर्शन—पूर्व में हम देख चुके हैं कि दर्शन (दृश्यते अनेन इति दर्शनम्) का अर्थ सूक्षम दृष्टि से गूढ़ सत्य की खोज करना है, ऐसे सत्य की खोज, जो इस चराचर जगत् के पीछे छिपा हुआ है।

दर्शनशास्त्र न केवल सत्य की खोज करता है वरन् यह भी बताता है कि सत्य ही

1. राहुल सांस्कृतयायन, *'दर्शन दिग्दर्शन'*, पृ० 498
2. राधाकृष्णन्, *'भारतीय दर्शन'*, भाग 1, पृ० 252
3. *"Scepticism originated in the hope of attaining mental peace of clamness."*—स्टूम्फ सैमुअल, *'साक्रेटिस टू सार्त्र'*, पृ० 129
4. राधा कुमुद मुकर्जी, *'हिन्दू सभ्यता'*, पृ० 214
5. विश्वनाथ प्रसाद वर्मा, *'भारतीय दर्शन'*, पृ० 69

हमारी मुक्ति का हेतु है। विशेषकर भारतीय दार्शनिक चिन्तन का तो लक्ष्य ही आध्यात्मिक, आधिभौतिक एवं आधिदैविक, इन तीन प्रकार के दुःखों से अर्थात् सभी दुःखों से मुक्ति दिलाने वाले ज्ञान की खोज करना रहा है।

2. धर्म—मानवीय बुद्धि प्रारम्भिक काल से ही दर्शन के साथ ही धर्म पर चिन्तन करती रही है। विशेषकार हमारा देश तो जितना अपने दर्शन के कारण विख्यात है, उतना ही अपने धर्म के कारण भी विख्यात रहा है। वैसे धर्म और दर्शन में बड़ी घनिष्ठता है। दोनों में अनेक समानता के बिन्दु हैं हालांकि कुछ असमानताएँ भी हैं। इस पर विचार करने के पूर्व हम धर्म के अर्थ पर विचार करेंगे।

'धर्म' शब्द की दो प्रकार से व्याख्या की जाती है—**1. ध्रियते लोकोऽनेन** अर्थात् जिसके द्वारा लोक को (संसार को) धारण किया जाता है। **2. धरति लोकं वा** अर्थात् जो लोक को धारण करता है। दोनों का ही तात्पर्य है कि धर्म वह है जिसके कारण संसार बना हुआ है। दूसरे शब्दों में, हम कह सकते हैं कि यह धर्म ही है जो मनुष्य को मनुष्य रूप से बने रहने में सहायक होता है। इस तरह धर्म मनुष्यता का, हमारी अस्मिता का आधार है। ऐसे सब कार्य जो हमें पशुत्व की ओर जाने से बचाते हैं, जो हमें मानवीय गरिमा प्रदान करते हैं, धर्म हैं।

यहाँ उल्लेखनीय है कि **धर्म** अंग्रेजी के **रिलिजन** शब्द का पर्यायवाची शब्द नहीं है। यह रिलिजन से कहीं ज्यादा व्यापक है। रिलिजन (रि = पुनः, लिगेजर = बाँधना) का शाब्दिक अर्थ है, पुनः बाँधना। इस दृष्टि से रिलिजन का अर्थ है, संसार में भटकती हमारी आत्मा को पुनः उसके मूल रूप से अर्थात् ईश्वर से बाँधना। इस प्रकार रिलिजन मुख्यतः ईश्वर की खोज है, जबकि धर्म मानवीय नैतिकता की खोज है, हालाँकि इस खोज में प्रायः माना जाता है कि ईश्वर की प्राप्ति करने पर ही पूर्णता की प्राप्त होती है।

दर्शन और धर्म के उपर्युक्त संक्षिप्त परिचय के बाद हम इनमें समानताओं तथा असमानताओं पर विचार करेंगे।

समानता

1. समस्याओं की समानता—दर्शन और धर्म दोनों की कुछ समस्याओं में समानता है। ईश्वर का अस्तित्व, आत्मा का स्वरूप, आत्मा की अमरता, पुनर्जन्म, मानव जीवन का उद्देश्य एवं लक्ष्य, कुछ ऐसे सामान्य विचार हैं, जिन पर दोनों ही विचार करते हैं। दूसरे शब्दों में, दर्शन और धर्म की विषय-वस्तु मिलती-जुलती है।

असमानता—दर्शन और धर्म की समस्याओं में समानता का मतलब यह नहीं है कि दोनों की प्रत्येक समस्या एक ही है। दर्शनशास्त्र की कई ऐसे समस्याएँ भी हैं, जैसे ज्ञान मीमांसा की समस्या, जिनका धर्म के लिये कोई महत्त्व नहीं है। हमारे ज्ञान के स्रोत इन्द्रियानुभव है अथवा बुद्धि है, इससे धर्म को कोई मतलब नहीं होता। इसके अलावा दर्शन और धर्म की समस्याओं के स्वरूप में भी अन्तर है। दर्शन की समस्याएँ जहाँ सैद्धान्तिक (theoritical) होती हैं वहाँ धर्म की समस्याएँ मुख्यतः व्यावहारिक (practical) होती हैं। दोनों ज़िन विधियों (methods) से इन समस्याओं पर विचार करते हैं, उनमें भी अन्तर है। दर्शनशास्त्र प्रायः वैज्ञानिक विधि (scientific method) अपनाता है। वह आगमन, निगमन, तर्क और प्रयोग के द्वारा भी चिन्तन करता है। इसके विपरीत धर्म मुख्य रूप से श्रद्धा और विश्वास की चीज है, अतः धर्म की विधियाँ भावना-प्रधान होती हैं।

2. परमतत्त्व की खोज में समानता—धर्म और दर्शन दोनों ही सृष्टि के आधार के रूप में परमतत्त्व की खोज करते हैं।

असमानता—किन्तु इस परमतत्त्व की प्रकृति या स्वरूप के सम्बन्ध में दोनों में अन्तर है। धर्म अध्यात्म प्रधान होता है। वह परमतत्त्व या मूलतत्त्व को प्रायः ईश्वर का नाम देता है, किन्तु दार्शनिक इस सम्बन्ध में पर्याप्त मतभेद रखते हैं। दर्शन का इतिहास बताता है कि दार्शनिकों ने इसका अलग-अलग स्वरूप बताया है। कुछ ने अवश्य इसे आध्यात्मिक स्वरूप वाला कहा है पर कई ऐसे भी हैं, जो इसे भौतिक स्वरूप वाला कहते हैं। ऐसे भौतिकवादी किसी ईश्वर की सत्ता को स्वीकार नहीं करते। फिर, वे दार्शनिक जो इसे आध्यात्मिक कहते हैं, ईश्वर को मानते ही हों, ऐसा नहीं है। जो ईश्वर को मानते भी हैं, उनका ईश्वर, धर्म के ईश्वर से पर्याप्त भेद रखता है।

इसके अतिरिक्त यहाँ दोनों में एक अन्तर यह भी है कि दर्शन परमतत्त्व की खोज प्रायः बौद्धिक सन्तुष्टि के लिये करता है जबकि धर्म आत्मिक सन्तुष्टि के लिये पमरतत्त्व को खोजना चाहता है। (वैसे भारतीय दार्शनिकों का लक्ष्य केवल बौद्धिक सन्तुष्टि कभी नहीं रहा है।)

3. उच्च जीवन का लक्ष्य—मनुष्य उच्च प्रकार का जीवन व्यतीत करने की लालसा से धर्म की ओर बढ़ता है क्योंकि सामान्य मनुष्यों को धर्म ही उच्च मूल्यों एवं नैतिकता की शिक्षा देता है। **मैथ्यू आरनल्ड** ने तो धर्म की परिभाषा ही दी है, **''धर्म भावनामय नैतिकता के अतिरिक्त और कुछ नहीं है।''** इसी तरह **डॉ॰ मैज** कहते हैं, **''धर्म मूल्यों की सिद्धि में आस्था है।''** उल्लेखनीय है कि धर्म के समान दर्शन भी मूल्य, नैतिकता तथा उच्च जीवन की बात करता है। विशेषकर हमारे भारतीय दार्शनिकों का उद्देश्य तो मोक्ष की प्राप्ति करना ही रहा है। वैसे पाश्चात्य दर्शन में भी सुकरता, प्लेटो जैसे ग्रीक दार्शनिक तथा मध्युगीन ईसाई दार्शनिक और समकालीन अस्तित्ववादी एवं मानवतावादी, जैसे दार्शनिकों ने भी मानव-कल्याण को दर्शन का उद्देश्य माना है। इस प्रकार हम देखते हैं कि दर्शन और धर्म दोनों ही से मनुष्य और समाज को ऊँचा उठने में मदद मिलती है।

असमानता

दर्शन और धर्म का लक्ष्य तो एक ही है किन्तु इस लक्ष्य की प्राप्ति के तरीके दोनों के अलग-अलग हैं। धर्म अपने लक्ष्य को प्राप्ति में क्रिया को अधिक महत्त्व देता है जबकि दर्शन चिन्तन को अधिक महत्त्व देता है। पूजा, पाठ, प्रार्थना आदि धर्म के अंग बन जाते हैं जबकि दर्शन में बौद्धिक चिन्तन की ही प्रधानता बनी रहती है। दार्शनिक का दृष्टिकोण संवेग-हीन एवं तटस्थ रहता है जबकि धार्मिक व्यक्ति में भक्ति-भावना की प्रबलता होती है।

दर्शन और धर्म परस्पर पूरक—इस प्रकार हम देखते हैं कि दर्शन और धर्म में जहाँ कुछ समानाताएँ हैं, वहाँ कुछ असमानताएँ भी हैं। किन्तु ये असमानताएँ ऐसी नहीं है कि हम इन्हें एक-दूसरे का विरोधी कह सके। वस्तुतः इन्हें एक-दूसरे के पूरक (supplementary) कहना अधिक उपयुक्त है। दर्शन के लिये धर्म इसलिये लाभकारी है क्योंकि दर्शन जहाँ केवल विचारों तक सीमित है, वहाँ धर्म क्रियात्मक रूप से आध्यात्मिक मूल्यों को प्राप्त करता है। वस्तुतः धर्म ही दर्शन को सार्थक बनाता है।

दूसरी ओर धर्म के लिये भी दर्शन का महत्त्व कम नहीं है। यह दर्शन ही है जो धर्म को बौद्धिक आधार प्रदान करता है। वस्तुतः प्रत्येक धर्म को यह बौद्धिक आधार अवश्य मिलना चाहिये क्योंकि इसके अभाव में ही धर्म में अंधविश्वास पनपता है जिससे धर्म

में सड़ांध पैदा होती है। धर्म आचार है तो दर्शन उसे सही दिशा देने वाला विचार है। वस्तुतः धर्म सही अर्थों में तभी लाभदायक है जब इसका दार्शनिक दृष्टिकोण से चिन्तन किया जाय।

दर्शन और धर्म की परस्पर पूरकता पर बल देते हुये **श्री अरविंद** कहते हैं, **''एक धर्म जो दार्शनिक सत्यों की अभिव्यक्ति नहीं है, अंधविश्वास तथा रूढ़िवाद के स्तर पर उतर आता है और एक दर्शन जो धार्मिक चेतना से जीवन ग्रहण नहीं करता, एक थोथा प्रकाश है, क्योंकि वह स्वयं को व्यवहार में नहीं उतरवा सकता।''**

अन्त में यहाँ हम कह सकते हैं कि दर्शन और धर्म दोनों का लक्ष्य परमतत्त्व की खोज है, ऐसे परमतत्त्व की खोज जो मानव जीवन को सफल एवं सच्चे अर्थों में सुखद बनाती है। यदि इस खोज में दर्शन और धर्म के साथ विज्ञान का भी सहयोग रहे, तो यह खोज अधिक आसान, अधिक लाभदायक हो सकती है।

❑

अध्याय 2

वैदिक एवं उपनिषद्-दर्शन

वैदिक दर्शन

वैदिक-दर्शन का अर्थ है वेदों में निहित दर्शन। यह वैदिक-दर्शन क्या है, यह समझने के पूर्व हम वेद क्या है, यह देखेंगे।

भारतीय धर्म, दर्शन, संस्कृति, साहित्य, सभ्यता एवं समस्त ज्ञान-विज्ञान के मूल आधार 'वेद' न केवल भारतीय साहित्य के वरन् विश्व-साहित्य के भी प्राचीनतम ग्रन्थ स्वीकार किये जाते हैं। ऐसी बात नहीं कि वेदों के पूर्व कोई साहित्य या संस्कृति भारत या भारत के बाहर मौजूद नहीं थी, अवश्य थी, किन्तु उनका कोई ग्रन्थ उपलब्ध नहीं है जबकि वैदिक ऋचाएँ आज भी अपने प्राचीनतम् रूप में विद्यमान हैं। इसीलिए वेद मानव-ज्ञान के प्राचीनतम अभिलेख माने जाते हैं। डॉ० राधाकृष्णन् के शब्दों में, **''वेद मानव-मस्तिष्क से प्रादुर्भूत ऐसे नितान्त आदिकालीन प्रामाणिक ग्रन्थ हैं जिन्हें हम अपनी निधि समझते हैं।''**[1] अनेक पाश्चात्य विद्वानों ने भी वेद की महत्ता एवं प्राचीनता स्वीकार की है।[2]

वेद का अर्थ

वेद क्या है, इसका उत्तर वेद शब्द के अर्थ से भी स्पष्ट होता है। 'वेद' शब्द ज्ञानार्थक 'विद्' धातु से बना है जिसका अर्थ है 'ज्ञान'। वस्तुतः वेद ज्ञान के भण्डार हैं। किन्तु कैसा है यह ज्ञान? यह कोई सामान्य बौद्धिक ज्ञान नहीं है, यह ऐसा ज्ञान है जिसका ऋषियों ने तपस्या के द्वारा साक्षात्कार किया है। **'अभय ज्योति'** के रूप में इस ज्ञान का साक्षात्कार कर इसे ही उन्होंने शब्दों द्वारा मन्त्र-रूप में प्रकाशित किया है। इन्हीं मन्त्रों के संकलन **'वेद'** के नाम से विख्यात है। वेद समस्त ज्ञान के आधार माने जाते हैं, इसलिए वेदों को प्रायः ग्रन्थ न मानकर **'सम्पूर्ण ज्ञान का आधार'** माना जाता है।

वैसे तो वेद भौतिक और आध्यात्मिक सभी प्रकार के ज्ञान के भण्डार हैं, किन्तु मुख्यतः ये 'अलौकिक ज्ञान' के ही वाचक हैं, जिसका उद्देश्य **मनु** के अनुसार, **'इष्ट की प्राप्ति और अनिष्ट का परिहार'** है। मनु कहते हैं कि अलौकिक रहस्यों के लिए वेद नेत्र-स्वरूप हैं। ये हमारे सच्चे मित्र हैं। **सायण** वैदिक ज्ञान की विशेषता बताते हुए कहते

1. राधाकृष्णन्, *'भारतीय दर्शन*, भाग 1, पृ० 57
2. ''वेद-साहित्य ग्रीस या इजराइल के साहित्य से पहले आता है।'' —डॉ० निकोल मैकमिलन

* ''ऋग्वेद भारत की सबसे प्राचीन साहित्यिक कृति ही नहीं है, वरन् यह भारतीयों और यूरोपवासियों दोनों की सबसे प्राचीन साहित्यिक धरोहर है।'' **—ब्लूमफील्ड**

* ''केवल ऋग्वेद के लिए पश्चिम को पूर्व का ऋणी होना होगा।'' **—वॉल्टेयर**

* ''सन्देह की बिना एक छाया के साथ हम कह सकते हैं कि ऋग्वेद समूचे आर्य-राष्ट्रों के परिवार में सबसे प्राचीन पुस्तक है।'' **—रेगजिन**

* ''प्राचीन विचारधारा में जो कुछ महत्त्वपूर्ण है, वेद हमें उस सबके विषय में पर्याप्त सूचना देते हैं।'' **—विल्सन**

हैं कि **यह शिवम् की पूर्ति करने वाला और पाप को दूर करने के पारमार्थिक साधनों को बताने वाला है।**

वैसे वैदिक-मन्त्रों में मुख्यतः विभिन्न देवताओं को प्रसन्न करने के लिए तथा उनके द्वारा अपने दुःख दूर करने की स्तुतियाँ की गई हैं।

वेदों की संख्या—सामान्यतः वेदों की संख्या चार मानी जाती है। **'ऋग्वेद'**, **'यजुर्वेद'**, **'सामवेद'** और **'अथर्ववेद'**—ये चार वेद के नाम से विख्यात है। किन्तु गीता के 'वेदत्रयी' के आधार पर कुछ लोग अथर्ववेद की गिनती वेदों में न कर शेष तीनों को ही वेद मानते हैं।

कुछ विद्वान ऐसे भी हैं जिनके अनुसार वेद एक ही है। इनके अनुसार वेद में संकलित मन्त्रों की प्रकृति और विषय के आधार पर उनका अलग-अलग नामकरण कर दिया गया है।

वेदों के रचयिता एवं रचनाकाल—हिन्दू परम्परा में वेदों को 'अनादि' एवं 'अपौरुषेय' माना गया है। इसका मतलब है कि वेदों की रचना न तो काल-विशेष में हुई है और न ही ये किसी पुरुष द्वारा सृष्ट हैं। बृहदारण्यक उपनिषद् में वेद **'ईश्वर के श्वास'** कहे गये हैं।

यहाँ उल्लेखनीय है कि देशी-विदेशी प्रायः सभी विद्वान इस बात को स्वीकार करते हैं कि वेद न एक काल की रचना है, न एक व्यक्ति की। यह एक अपार साहित्य है जो अनेक शताब्दियों तक एक पीढ़ी से दूसरी पीढ़ी तक गुरु-शिष्य की परम्परा द्वारा श्रुति रूप में (श्रवण द्वारा) पहुँचता रहा है। अतः किस समय तक किस ऋषि ने किस मन्त्र का साक्षात्कार किया, यह कहना लगभग असम्भव है। हाँ, इन मन्त्रों के संकलन-काल को निर्धारित करने का प्रयत्न अवश्य सम्भव है, किन्तु इसमें भी विद्वानों में अत्यन्त मतभेद हैं। इस बात से अवश्य अधिकांश विद्वान सहमत हैं कि बौद्ध धर्म के प्रचार के पूर्व (500 शती ई० पू०) सम्पूर्ण वैदिक साहित्य लगभग तैयार हो गया था। डॉ० राधाकृष्णन् का आग्रह है कि वैदिक सूक्तों का काल 1500 ई० पू० माना जाना चाहिए।[1]

ऊपर हमने ऋग्वेद, यजुर्वेद, सामवेद और अथर्ववेद—इन चार वेदों के नामों का उल्लेख किया है। इनमें ऋग्वेद सबसे प्राचीन है। इनमें आर्यों के दिव्य गीतों का संग्रह है। यहाँ ऋषि विभिन्न देवी-देवताओं से दुःख-निवारण एवं सुख-प्रदान करने हेतु प्रार्थनाएँ करते हैं। इनमें से जो गेय थे, वे सामवेद कहलाये, जो वृत्त छन्द में बद्ध थे, वें ऋग्वेद कहलाये। इनमें कुछ ऐसे भी मन्त्र थे जिनके द्वारा देवताओं को यज्ञ में बुलाकर हविष् प्रदान किया जाने लगा; ये यजुर्वेद कहलाये।

अथर्ववेद इन तीनों से कुछ हटकर है। इसमें शत्रुओं से अपनी रक्षा किस प्रकार की जा सकती है तथा अन्य सांसारिक विषयों का ज्ञान है।

वैदिक वांग्मय—प्रत्येक वेद के तीन-तीन भाग हैं। पहला भाग संहिता, दूसरा ब्राह्मण और तीसरा आरण्यक तथा उपनिषद् है।

संहिता—वेदों के इस प्रथम भाग में ऐसे भक्तिपरक मन्त्रों का संकलन है जिनमें विभिन्न देवी-देवताओं, यथा—अग्नि, इन्द्र, सविता, वरुण, उषा आदि की स्तुतियाँ हैं। वस्तुतः ये मन्त्र वैदिक देवताओं के स्मारक हैं।

---

1. राधाकृष्णन्, *'भारतीय दर्शन*, भाग 1. पृ० 60

ब्राह्मण—ब्राह्मण कर्मकाण्डपरक साहित्य है। संहिता में जिन देवी-देवताओं की स्तुतियाँ हैं, ब्राह्मण में उन्हें ही 'यज्ञ' में हविष् ग्रहण करने हेतु आहूत किया गया है। इसमें यज्ञ का विधान, यज्ञ के अनुकूल द्रव्य, यज्ञ सम्बन्धित आख्यायिका आदि का सविस्तार वर्णन है। इन यज्ञों को गृहस्थ करते थे। इनका उद्देश्य मुख्यतः स्वर्ग एवं भौतिक सुखों की प्राप्ति था।

आरण्यक और उपनिषद्—इनका चिन्तन-मनन संन्यासी एवं वानप्रस्थी जंगल के शान्त वातावरण में करते थे। इस तरह अरण्य (जंगल) से सम्बन्धित होने के कारण ये आरण्यक कहे गये। इनमें मुख्यतः आध्यात्मिक विषयों पर चर्चा है।

उपनिषद् वेदों के अन्तिम भाग हैं, इसलिए इन्हें वेदान्त कहा जाता है। ये वेदों के ज्ञानकाण्ड हैं। इनमें विशुद्ध रूप से ज्ञान पर चर्चा है। परवर्ती आस्तिक भारतीय दर्शन मुख्य रूप से उपनिषदों पर ही आधारित है।

इस तरह वैदिक आर्यों के विचारों में संहिता से लेकर उपनिषदों तक हम क्रमिक परिवर्तन देखते हैं। प्रारम्भ में (संहिता में) जहाँ वैदिक आर्य लौकिक देवता की प्रार्थना लौकिक अभ्युदय के लिए करते हैं तथा इस हेतु देवताओं को प्रसन्न करने 'ब्राह्मण' में तरह-तरह के यज्ञों का विधान करते हैं, वहाँ आरण्यक एवं उपनिषद् में वह इस सत्य को पहचानते हैं कि लौकिक अभ्युदय से बड़ी चीज आध्यात्मिक अभ्युदय है। यज्ञ जिस सत्य की प्राप्ति कराते हैं, वह भी श्रेय नहीं है क्योंकि इससे भव-बन्धन पूर्णतः छूटता नहीं है। इस हेतु तो ब्रह्म-स्वरूप आत्मा के ज्ञान की आवश्यकता है।

धर्मों के मूल—भारतीय परम्परा में वेदों को समस्त धर्मों का मूल कहा गया है—**'वेदोऽखिलो धर्ममूलम्'**। इसी तरह कहा गया है—**'विदन्त्यनेन धर्मः वेदः'** अर्थात् जिससे धर्म का ज्ञान हो वह वेद है।

यहाँ उल्लेखनीय है कि यहाँ धर्म का मतलब जीवन-यापन की पद्धति से है। जन्म से लेकर मृत्यु तक होने वाले समस्त संस्कार, वर्णाश्रम व्यवस्था (जिसमें मनुष्य की शिक्षा, कर्म, धर्म सब का निश्चय होता है) आदि का मूल वेद ही हैं।

इसके अतिरिक्त परम्परागत हिन्दू धर्म, यथा—वैष्णव, शैव, शाक्त आदि तथा अन्य अनेक धर्मों के विभिन्न सम्प्रदायों के बीज वेदों में देखे जा सकते हैं।

दर्शनों के मूल—वेद न केवल भारतीय धर्मों के, वरन् दर्शनों के भी मूल हैं। भारतीय दर्शन में वेदों का स्थान कितना महत्त्वपूर्ण था, यह इसी से पता चलता है कि वेद की निन्दा करने वाला 'नास्तिक कहा गया।[1] भारतीय दर्शन की परम्परा में जिन दर्शनों ने वेदों की प्रामाणिकता स्वीकार की, उनको मूल मानते हुए आगे बढ़े, वे 'आस्तिक' कहलाए। सांख्य, योग, न्याय, वैशेषिक, मीमांसा और वेदान्त ऐसे ही छः आस्तिक दर्शन हैं।

वेदों के दार्शनिक विचार

[यहाँ वेदों के दार्शनिक विचार से तात्पर्य वेदों के प्रारम्भिक भाग 'संहिता' और 'ब्राह्मण' में निहित दार्शनिक विचारों से हैं। वेदों के अन्तिम भाग अर्थात् उपनिषद् के दार्शनिक विचारों का हम अलग से इसके बाद अध्ययन करेंगे।]

वेदों का भारतीय दर्शन में अत्यन्त महत्त्वपूर्ण स्थान है। यद्यपि वेद स्वयं कोई विशुद्ध दार्शनिक रचना नहीं है, किन्तु निश्चय ही वेदों में यत्र-तत्र जो दार्शनिक विचार बिखरे हुए

1. ''नास्तिको वेद निन्दकः''

हैं, वे अत्यन्त महत्त्वपूर्ण हैं। वेदों का दार्शनिक दृष्टि से महत्त्व इसी से स्पष्ट होता है कि भारतीय दर्शन का एक बड़ा भाग (आस्तिक षड्दर्शन) अपने मूल के लिए प्रमाण यहीं से जुटाता है।

परमतत्त्व

भारतीय दर्शनशास्त्र की मुख्य समस्या परमतत्त्व की खोज है; ऐसे तत्त्व की खोज, जो सारे जगत् का आधार है, जो सर्व-शक्तिशाली है, जिसकी ज्योति से सभी ज्योति प्राप्त करते हैं। उल्लेखनीय है कि वैदिक ऋषि यद्यपि प्रारम्भ में प्रकृति की अनेकानेक शक्तियों की विभिन्न देवी-देवता के रूप में उपासना और स्तुति करते हैं, किन्तु अन्ततः उनकी उद्दाम जिज्ञासा उन्हें यह सोचने को बाध्य करती है कि ये समस्त देवी-देवता और सारा जगत् ही जिसके आधार पर टिके हुए हैं, जिसकी शक्ति से ये सब शक्तिमान होते हैं, वह अद्वैत सत्ता अथवा वह परम यथार्थ सत्ता कौन-सी है?

वैदिक ऋषि यथार्थता की खोज में बहुदेववाद से अद्वैतवाद तक की यात्रा में कैसे आगे बढ़ते हैं, विस्तारपूर्वक इस पर हम आगे प्रकाश डालेंगे।

वैदिक देवता

हिन्दू धर्म बहुदेववादी है। यहाँ देवताओं की संख्या छत्तीस करोड़ कही गई है। प्रकृति के हर तत्त्व को यहाँ किसी-न-किसी देवता का वास कहा गया है। हिन्दू धर्म के इस बहुदेववाद का मूल वेदों में स्पष्ट देखा जा सकता है। वैदिक संहिताएँ मुख्य रूप से विभिन्न प्राकृतिक शक्तियों को सम्बोधित की गई है जहाँ उनके प्रति कभी श्रद्धा तो कभी भय, कभी प्रेम तो कभी उपासना व्यक्त है। इनसे कभी भौतिक सुख की याचना है तो कभी शत्रुओं के नाश की। कभी रक्षा की याचना है तो कभी सौ साल जीने के आशीर्वाद की।

वेदों में देवों की मूर्तिपूजा का विधान नहीं था। हाँ, यज्ञ में उनका आवाह्न किया जाता था। उनकी मनुष्य रूप में कल्पना की गई थी। वे न केवल मानव के समान शरीर वाले वरन् मानवीय दुर्बलताओं से ग्रस्त बताये गये। ये मनुष्य के मित्र माने गये।

देव शब्द का अर्थ—देव शब्द के अनेक अर्थ हैं।

1. जो देता है। प्रकृति की शक्तियाँ कुछ-न-कुछ देती हैं जैसे—सूर्य प्रकाश देता है, वरुण वृष्टि देता है, अतः इन्हें देवता कहा गया।
2. देवता 'दिव्' धातु से बना है जिसका अर्थ होता है 'चमकना'। इस तरह जो प्रकाशमान है, वे देवता कहे गये। किन्तु यह चमक केवल भौतिक नहीं थी। सूर्य, अग्नि आदि अवश्य चमकते दिखते थे किन्तु वायु इन्द्र आदि अपनी गरिमा से चमकते थे, इसीलिए देवता थे।

वैदिक देवताओं का वर्गीकरण—वैदिक देवताओं को तीन वर्गों में विभाजित किया जाता है—

1. **आकाश के देवता**—इसमें वरुण, सूर्य, चन्द्र, उषा, विष्णु, अश्विन आदि आते हैं।
2. **अंतरिक्ष के देवता**—इनमें वे देवता आते हैं जिनका स्थान अंतरिक्ष माना गया है जैसे—इन्द्र, मरुत, वायु, वात, पर्जन्य, आपः आदि।
3. **पृथ्वी के देवता**—इनमें पृथ्वी पर स्थित देवता जैसे—सोम, अग्नि, सरस्वती और स्वयं पृथ्वी आदि आते हैं।

प्रमुख देवता—वेदों के कुछ प्रमुख देवता है, वरुण, मित्र, सूर्य, अग्नि, यम, अश्विन, वायु, मरुत, इन्द्र, विष्णु, चन्द्र आदि।

वरुण—वरुण वेदों का सर्वप्रमुख देवता है। यह आकाश का देवता है। वर का अर्थ होता है ढांकना। अतः शाब्दिक अर्थ से प्रतीत होता है कि वरुण आच्छादित करने वाला देवता है। यह तारों तथा नक्षत्रों से सुसज्जित समस्त आकाश को तथा उसके नीचे स्थित समस्त प्राणियों तथा उनके निवास स्थानों को एक वस्त्र के समान आच्छादित किये रहता है। उसके निर्देशन में ही सारे भौतिक क्रिया-कलाप जैसे सूर्य का प्रकाशित होना, तारिकाओं और चन्द्रमा का अपने-अपने मार्ग पर चलना, नदियों का बहना आदि होते हैं। इसे **ऋतस्य गोपा** अर्थात् ऋत का संरक्षक कहा गया है। वह केवल प्राकृतिक नियमों के ही नहीं मानव के नैतिक नियमों का भी संचालक है। वह मनुष्य को उसके पाप पुण्य के अनुसार दंड देता है। यह कठोर तो है किन्तु मानव की स्तुति से प्रसन्न होकर उन्हें क्षमा भी करता है। **मित्र** नामक एक अन्य देव को वरुण का सहचर कहा गया है।

सूर्य—हालांकि सूर्य एक प्राकृतिक सत्ता है तथा सूर्योदय का होना एक प्राकृतिक घटना है किन्तु सूर्य अपने जीवनदायी प्रकाश के कारण तथा लोगों के आलस्य को दूर कर कर्म में गतिशील करने के कारण वैदिक आर्यों के लिए अत्यन्त पूज्य था। वस्तुतः सभी प्राचीन संस्कृति और धर्म में सूर्य के प्रति इन्हीं कारणों से आदर और पूज्य भाव देखा जाता है। वैदिक ऋषियों ने इसे संसार का कर्त्ता और पोषक कहा है। 'आकाश के रत्न' सूर्य की वे न केवल बीमारियों और दुःस्वप्नों के नाश के लिए स्तुति करते हैं वरन् उसे मनुष्यों के पाप और पुण्य का निरीक्षक भी कहते हैं जो आकाश से यह काम आसानी से कर लेता है। अनेक सूक्तों में सूर्य से पापों की क्षमायाचना हेतु प्रार्थना है।

सविता—सविता भी सौर मंडल का एक स्वर्णिम देव है। कहीं-कहीं इसे सूर्य से अभिन्न बताया गया है हालाँकि कुछ मंत्र इसे सूर्य से पृथक बताने वाले भी हैं। सायण के अनुसार सूर्य को उदय के पूर्व **सविता** कहते हैं और उदय से अस्त तक **सूर्य**। गायत्री मंत्र में **सवितृ** बुद्धि में प्रकाश देने वाला देव कहा गया है।

इन्द्र—इन्द्र वेदों का सर्वाधिक लोकप्रिय देवता है। प्रारम्भ में यह वर्षा एवं विद्युत का देवता था जिसकी उत्पत्ति जल और मेघ से है। किन्तु बाद में यह युद्ध का देवता बन गया जो वज्र धारण करता है। इसकी सहायता के बिना मनुष्य कभी विजय नहीं प्राप्त कर सकता। इसका बाण पापियों का नाश करता है। यह आकाश का शासक है साथ ही सारे संसार और प्राणिमात्र का शासक है। आगे चलकर यह वरुण से भी बढ़कर हो जाता है। डा० राधाकृष्णन् के अनुसार **आर्यों के संघर्ष और विजय के काल में वरुण उपयोगी नहीं रह गया था, युद्ध का यह देवता अधिक उपयोगी था।**[1]

अग्नि—अग्नि वेदों का एक अत्यन्त महत्त्वपूर्ण देव है। यह यज्ञ का देवता है। यज्ञ में जो अर्पित किया जाता है उसे इसी के द्वारा देवताओं तक पहुँचाया जाता है। यह मनुष्य और देवताओं के बीच मध्यस्थ भी है। इसकी स्तुति में कहा गया है, **'हे अग्नि, हमें यहाँ आहुति के लिए वरुण को प्राप्त कराओ, इन्द्र को आकाशलोक से और मरुतों**

1. ''राधाकृष्णन्, *भारतीय दर्शन*, भाग 1, पृ० 69

को वायु से ले आओ।' मातरिश्वा को अग्नि का ही एक रूप कहा गया है। कहीं-कहीं मातरिश्वा को स्वर्ग की अग्नि को पृथ्वी पर लाने वाला भी कहा गया है।

अग्नि को ज्ञान का प्रतीक भी कहा गया है। इसीलिए उसे **जातवेदा:** भी कहा गया है। वैदिक मंत्रों में इसके दिव्य रूप का अनेक स्थानों पर सुन्दर वर्णन है।

विष्णु—हिन्दू धर्म में विष्णु सर्वाधिक महत्त्वपूर्ण देव है। राम, कृष्ण आदि इसी के अवतार हैं किन्तु वेदों में विष्णु कोई बड़ा देवता नहीं है। इसका स्थान इन्द्र से निम्न है। इसे सूर्य का ही एक रूप कहा गया है।

विष्णु शब्द का अर्थ है **क्रियाशील**। यह 'विष' धातु से बना है जिसका अर्थ होता है **क्रियाशील**। सारा संसार इसका शरीर बताया गया। इसके तीन चरण हैं जो सूर्य के उदय, मध्याह्न और अस्त के द्योतक हैं। यह मानव का कल्याण करने वाला है, भक्त वत्सल है, भक्तों के बुलाने पर आ जाता है। ब्राह्मण ग्रन्थों में विष्णु के वामनावतार का उल्लेख है जो तीन पगों में पृथ्वी को नाम लेता है। उल्लेखनीय है कि ब्राह्मण ग्रन्थों से ही विष्णु का महत्त्व बढ़ना प्रारम्भ हुआ।

सोम—सोम एक वनस्पति है जिसका रस वैदिक ऋषि पीते थे और रस में मत्त होते थे। सोम की स्तुति में अनेकानेक ऋचाएँ समर्पित हैं। सोम स्फूर्ति के देवता है, सोमरस मत्त करने वाला है। यह रस तैयार करना पवित्र यज्ञ था। इसके लिए जिन औजारों की आवश्यकता होती थी उनकी भी स्तुति की जाती थी।

यम—यम को मृत्यु का देवता कहा जाता है किन्तु वेदों में यह मृतकों का देवता नहीं उनका सरदार है। उनका शासक है। ब्राह्मण ग्रन्थों में वह न्यायाधीश और मनुष्यों को दंड देने वाला बन गया।[1]

वैदिक देवियाँ

ऋग्वेद में देवों के साथ कुछ देवियों की भी प्रार्थना हैं। प्रमुख देवियाँ—उषा, पृथिवी, सरस्वती, अदिति आदि।

उषा—वेदों की सबसे सुन्दर देवी उषा है जो आकाश की पुत्री है। झिलमिलाते वस्त्रों में उषा पथों को प्रकाशित करती है, अंधकार को दूर करती है, दुःस्वप्नों को भगाती है, और प्राणियों में क्रियाशीलता का संचार करती है। सूर्य प्रेमी की तरह उसका अनुगमन करता है। वह सूर्य की पत्नी तथा रात्रि की बहन कही गई है।

पृथिवी—पृथिवी को माता कहा गया है जो फल, फूल, अन्नादि देकर मनुष्य का पोषण करती है। वह पर्वत, वृक्ष और वन का भार वहन करती है।

सरस्वती—प्रारम्भ में सरस्वती नदी की एक देवी के रूप में स्तुति है। बाद में यही विद्या की देवी बन गई।

अदिति—अदिति का अर्थ है बंधनरहित अथवा जो अनन्त हो। ऋग्वेद में इसे आदित्यों की माता कहा गया है किन्तु कहीं-कहीं इसे पिता और पुत्र भी कहा गया है। जो कुछ भी उत्पन्न होता है अथवा उत्पन्न होने वाला है, अदिति है। वही समस्त देवता है।

---

1. ''राधाकृष्णन्, *भारतीय दर्शन*, भाग 1, पृ० 67

वेद में बहुदेववाद, एकेश्वरवाद एवं अद्वैतवाद

बहुदेववाद *(Polytheism)*—वेदों में, जैसा कि हमने देखा अनेकानेक देवताओं की स्तुतियाँ हैं। ये सभी अलौकिक शक्तियों से सम्पन्न हैं तथा सभी मानव के लिए कल्याणकारी है। ये सभी सत्य के रक्षक तथा ऋत् के संरक्षक है। वैदिक आर्य इनसे केवल भौतिक समृद्धि की ही याचना नहीं करते वरन् अधर्म को नष्ट करने तथा पापियों को दंड देने तथा भूले-भटकों को राह दिखाने की प्रार्थना भी करते हैं। अपने यज्ञों में वैदिक ऋषि इन्हीं का आवाहन करते हैं। यह सब देखकर देख यह कहा जा सकता है कि वैदिक ऋषि बहुदेववादी थे।

एकेश्वरवाद *(Monotheism)*—किन्तु वास्तव में वेदों में विशुद्ध बहुदेववाद नहीं है। वस्तुतः वैदिक ऋषियों ने देवताओं की इस भीड़ में शीघ्र ही एक सर्वशक्तिसम्पन्न देव की खोज प्रारम्भ की। जैसा कि राधाकृष्णन् लिखते हैं **मानवीय हृदय की अभिलाषा बहुदेववाद से सन्तुष्ट न हो सकी और उनके मन में आशंका उठी कि कौन-सा देव यथार्थ है।**[1] और फिर शीघ्र ही उन्होंने जान लिया कि इन्द्र, मित्र, वरुण, अग्नि, यम, मातरिश्वा आदि देवता वस्तुतः **'एकं सत् विप्रा बहुधा वदन्ति'**[2] अर्थात् एक ही सत् है जिसे विप्रजन अनेक कहते हैं। उनकी जिज्ञासा **'कस्मै देवाय हविषा विधेम'** अर्थात् किस देवता को मैं हविष्य प्रदान करूँ, ने उन्हें प्रजापति जिसे हिरण्यगर्भ भी कहा गया, तक पहुँचाया। हिरण्यगर्भ का अर्थ है स्वर्णिम बीज। यह परम सामर्थ्य युक्त है। इसी सामर्थ्य के कारण वे द्युलोक और पृथ्वी को धारण करते हैं तथा देवताओं पर शासन करते हैं। यह एकेश्वरवाद है। बाद में यही ब्रह्म कहा गया।

अद्वैतवाद *(Non-dualism)*—वैदिक ऋषि एकेश्वरवाद से भी सन्तुष्ट नहीं हुए। एकेश्वरवाद से उन्होंने अद्वैतवाद की ओर गमन किया। ऋग्वेद के **नासदीय सूक्त** में अद्वैत के सुन्दर भाव दिखाई देते हैं। यहाँ ऋषि कहता है, **सृष्टि के प्रारम्भ में न सत् था न असत् था। वहाँ न तो आकाश था और न ही स्वर्ग ही विद्यमान था जो उससे परे है। किसने उसे ढका था? वह कहाँ था? वह किसकी रक्षा में था? क्या उस समय गहन गम्भीर जल था जिसमें वह पड़ा था? उस समय न मृत्यु थी न अमरत्व था, न दिन था और न रात। उस समय बस एक ही था जो वायुरहित होकर भी अपने सामर्थ्य से श्वास ले रहा था। उसके अतिरिक्त अन्य कोई वस्तु नहीं थी। सबसे पहले काम उत्पन्न हुआ। यही काम संकल्प था।**[3]

ऋग्वेद के पुरुष सूक्त में भी इसी सर्वव्यापी अद्वैत पुरुष की आध्यात्मिक कल्पना है। **'पुरुष एवेदं सर्वं यद् भूतं यच्च भाव्यम्'**[4] अर्थात् जो कुछ था और जो कुछ होगा वह पुरुष है। इसके अतिरिक्त अनेक उदाहरण वेदों को अद्वैतवादी सिद्ध करते हैं, जैसे—

महद् देवानां सुरत्वमेकम् 'अर्थात् देवताओं का वास्तविक सार एक ही है।[5]

---

1. राधाकृष्णन्, *भारतीय दर्शन*, भाग-1, पृ० 84
2. *ऋग्वेद*, 1/164/46
3. *वही*, 10/129
4. *वही*, 10/90
5. *वहीं*, 3/55

एकस्यात्मानोऽन्येदेवा: प्रत्यंगानि भवन्ति अर्थात् समस्त देवगण इस एक विश्वात्मा के शरीर के अंग हैं।[1]

इसी अद्वैतवाद के आधार पर बाद में ब्राह्मण ग्रन्थों में आत्मा और ब्रह्म की एकता का विचार मिलता है जो बाद में उपनिषदों में विकसित हुआ और फिर इसी के आधार पर अद्वैत वेदान्त की एक विशाल दर्शन-परम्परा अस्तित्व में आई जिससे हिन्दू धर्म अत्यन्त प्रभावित हुआ।

ऋत का सिद्धान्त

ऋत का अर्थ—वेदों में प्रयुक्त ऋत शब्द वैदिक नीति के वैज्ञानिक विश्लेषण पर प्रकाश डालता है। हमारे वैदिक आर्यों ने जिन नैतिक नियमों को, जैसे **कर्म के सिद्धान्त** को प्रस्तुत किया है, उनका मूल वस्तुतः इस ऋत की कल्पना के द्वारा ही प्रस्तुत हुआ है।

ऋत का शाब्दिक अर्थ है, **उचित या सही अथवा ईमानदार**। इससे स्पष्ट होता है कि यह नैतिकता के नियम का द्योतक है।

प्राकृतिक नियम—वेदों में यह प्रारम्भ में प्राकृतिक नियम था। वेदों में इसका प्रारम्भिक अर्थ था, वस्तुओं के मार्ग का नियम। अतः ऋत का अर्थ विश्व की व्यवस्था भी है।[2] वस्तुतः प्रकृति के सानिध्य में रहने वाले वैदिक आर्यों के लिए प्रकृति की नियमबद्धता उनके दिलों में श्रद्धा उत्पन्न करने वाली थी। प्रकृति उनके लिए दैवीय तत्त्वों से परिपूर्ण थी। सूर्य, चन्द्र, अग्नि, वायु, जल, पृथ्वी, आकाश आदि सब उनके लिए देवता थे। प्रकृति का सूक्ष्म अवलोकन करने वाले ऋषियों ने इसमें व्यवस्था के भी दर्शन किये। सूर्य, चन्द्र एवं नक्षत्रों की नियमित गतियों से तथा दिवस, रात्रि के नियमित आने जाने से और ऋतुओं के नियमित क्रम में आने से प्रभावित ऋषियों ने इनमें नियम की खोज की और यही ऋत के नाम से सामने आया।

इस तरह वैदिक आर्यों के लिए ऋत का नियम वह नियम था जिससे प्रकृति में सब कुछ एक व्यवस्था के अन्तर्गत चलता है। इस तरह ऋत **व्यवस्था का नियम** बना। यह नियम इतना महत्त्वपूर्ण माना गया कि इसे जगत की सभी चीजों के पहले अस्तित्ववान कहा गया। इसी से समस्त जगत को अभिव्यक्त कहा गया। जगत परिवर्तनशील होने के कारण अनित्य कहा गया जबकि ऋत नित्य है। इसे सबका पिता कहा गया।

नैतिक नियम—वेदों का यह प्राकृत नियम ही आगे चलकर नैतिक नियम बन गया जैसा कि डा॰ राधाकृष्णन् लिखते हैं, **ऋत का मौलिक तात्पर्य था, संसार, सूर्य, चन्द्रमा, नक्षत्रगण, प्रात:काल, सायंकाल एवं दिन तथा रात की गति का नियमित मार्ग। शनैः शनैः यह एक ऐसे सदाचार के मार्ग, जिनका अनुसरण मनुष्य को करना चाहिए, और साध्वाचार के नियम के अर्थों में व्यवहृत होने लगा जिनका पालन देवताओं के लिए भी आवश्यक है।**[3] ऋत का मार्ग ही सदाचार का मार्ग समझा गया जो बुराइयों से अस्पृष्ट यथार्थ मार्ग है। यहाँ नियम एवं व्यवस्था नैतिकता की सीढ़ियाँ हैं।

---

1. *निरुक्त*, 7/4/9
2. एन॰ के॰ देवराज (सम्पा.), *भारतीय दर्शन*, पृ॰ 40
3. राधाकृष्णन्, *भारतीय दर्शन*, भाग 1, पृ॰, 62

ऋत के संरक्षक वरुणदेव—ऋषियों ने इस नियम का संरक्षक वरुण देवता को स्वीकार किया। इसे **गोपाऋतस्य** अर्थात् ऋत का संरक्षण कहा गया। वरुण के साथ **'मित्र'** नामक देव को भी ऋत का संरक्षक माना गया। वैसे तो सभी देवता इससे आबद्ध है। वे सभी इसे स्वीकार करते हैं और इसके अनुसार आचरण करते हैं। इसीलिए देवताओं को **ऋतजात** भी कहा गया है।

वरुण वेदों में आकाश का देवता है वह तारिकाओं से सुसज्जित समस्त आकाश को, उसके नीचे स्थित प्राणिमात्र को तथा उसके निवासस्थान को एक वस्त्र के समान आवृत किये रहता है। उसकी आज्ञा और भय से ही नदियाँ बहती हैं, सूर्य विश्व को प्रकाशित करता है तथा चन्द्र-तारिकाएँ अपने-अपने मार्ग पर नियमानुसार चलती है। वैदिक ऋषि कवितामयी भाषा में कहता है, **राजा वरुण ने सूर्य के उदय से अस्त तक चलने के लिए मार्ग का विस्तार किया है। उसी ने आकाश में बिना पैरों वाले सूर्य के चलने के लिए मार्ग बनाया है। ऊँचे आकाश में जो सप्तर्षि नामक तारे स्थित हैं वे रात में दिखाई देते हैं पर दिन में कहाँ चले जाते हैं? वरुणदेव के कार्य में कोई बाधा नहीं डाल सकता। उसकी आज्ञा से ही रात में चन्द्रमा प्रकाशित होता है।** वेदों में इसे प्राकृतिक के साथ-साथ नैतिक नियमों का संरक्षक कहा गया। वह चंचलचित्त न होकर धृतव्रत, अर्थात् दृढ़ संकल्पवाला है। वह सर्वज्ञ है।

वह सदाचार सम्बन्धी नियमों के अनुकूल चलता है जिनका विधान उसी ने किया है। वह अपराधियों के लिए कठोर किन्तु पश्चाताप करने वाले के लिए दयालु है। वरुण को वेदों में **अदिति का पुत्र** कहा गया है।

यज्ञ का नियम—ऋत की अवधारणा से यज्ञ के नियम भी पुष्ट हुये। जैसा कि डा० राधाकृष्णन् लिखते हैं, **जब कर्मकाण्ड का महत्त्व बढ़ने लगा तब ऋत यज्ञ अथवा यज्ञात्मक अनुष्ठान का पर्यायवाची बन गया।**[1]

कर्म का नियम—आगे चलकर ऋत कर्म के सिद्धान्त का भी जनक बना। डा० त्रिपाठी के अनुसार, **उत्तरवर्ती दार्शनिक चिन्तन के कर्म के सिद्धान्त का आधार ऋत की अवधारणा में निहित है।**[2] डा० राधाकृष्णन के अनुसार, **यह कर्म-सिद्धान्त का, जो कि भारतीय विचारधारा का एक विशिष्ट रूप है, पूर्वरूप है।**[3]

इस तरह हम देखते हैं कि वेदों में प्रस्तुत ऋत का सिद्धान्त एक महत्त्वपूर्ण सिद्धान्त है, निश्चय ही इसने भारतीय दर्शन के साथ-साथ भारतीय धर्म और संस्कृति को भी अत्यन्त प्रभावित किया है।

यज्ञ

यज्ञ धर्म की अभिव्यक्ति—यज्ञ वैदिक धर्म और संस्कृति के अपरिहार्य अंग रहे हैं। वैदिक युग में धर्म की सबसे प्रमुख अभिव्यक्ति यज्ञ ही थे। उस युग में देवताओं की मूर्तियाँ नहीं थी न ही उनके मन्दिर थे। मनुष्य बिना किसी माध्यम के देवताओं से सीधे सम्पर्क रखते थे। ऐसी स्थिति में उन्होंने ईश्वर के प्रति कृतज्ञता ज्ञापित करने के लिए,

1. राधाकृष्णन्, भारतीय दर्शन, भाग 1. पृ०, 89
2. देवराज, भारतीय दर्शन, (संपा.), पृ० 40
3. राधाकृष्णन्, भारतीय दर्शन, भाग 1, पृ० 88

उसके प्रति अपने हृदय के प्रेम को अभिव्यक्त करने के लिए प्रार्थना और समर्पण करना सीखा। प्रार्थना तो उदगारों के माध्यम से व्यक्त हुई, जिससे वेदों की ऋचाएँ भरी हुई हैं, समर्पण के लिए उन्होंने यज्ञ की विधि की खोज की। इसमें वेदी बनाकर अग्नि प्रज्वलित कर भोज्य सामग्री अर्पित की, इस भावना के साथ की अग्नि देवताओं का मुख है अतः इसके द्वारा उनकी समर्पित सामग्री देवताओं तक पहुँचेगी।

वेद चार हैं—ऋग्वेद, यजुर्वेद, सामवेद और अथर्ववेद। इनमें से दूसरा अर्थात् यजुर्वेद यज्ञों का मूल स्तम्भ है। यजुर्वेद में यज्ञ विधि का पूरा वर्णन है। वैसे ऋग्वेद में ही यज्ञों की महत्ता स्वीकार कर ली गई थी। इसके एक सूत्र में यज्ञ से ही सारी सृष्टि उत्पन्न बतायी गयी है।

यज्ञ विभिन्न फलों की प्राप्ति के लिए—वैदिक साहित्य के तीन भाग हैं—संहिता, ब्राह्मण, आरण्यक और उपनिषद्। दूसरे भाग **'ब्राह्मण'** कर्मकाण्ड से सम्बन्धित है। ये कर्मकाण्ड मुख्यरूप से उन यज्ञों से सम्बन्धित थे जिन्हें वैदिक आर्य विभिन्न अवसरों पर विभिन्न फलों की प्राप्ति के लिए करते थे। यहाँ पर अनेक प्रकार के यज्ञों का, उनकी विधि और फल का विस्तार से वर्णन मिलता है। भारतीय षडदर्शनों में से एक **मीमांसा दर्शन,** इन्हीं की प्रामाणिकता के आधार पर इष्ट की प्राप्ति एवं अनिष्ट के परिहार हेतु याज्ञिक कर्मकाण्ड की अनिवार्यता बतलाता है। 'कल्पसूत्रों' में यज्ञों का क्रमबद्ध व्यवस्थित रूप से वर्णन मिलता है तथा 'ज्योतिष' में यज्ञ की सफलता के लिए उसे उचित नक्षत्र स्थान पर किये जाने का उल्लेख है। यज्ञ हेतु ग्रहों के अनुकूल या प्रतिकूल होने का ज्ञान आवश्यक था। हमारे प्राचीन ग्रन्थों, महाभारत, रामायण तथा पुराणों और अनेकानेक ग्रन्थों में राजाओं तथा ऋषियों के द्वारा किये जाने वाले यज्ञों का विस्तार से वर्णन मिलता है।

यज्ञ सर्वहित के लिए भी—यज्ञ केवल व्यक्तिगत् लाभ के लिए किया जाता रहा हो ऐसी बात नहीं है। यज्ञ के विषय में यह भी धारणा थी कि इससे सारी धरती प्रभावित होती है। मनुस्मृति में कहा गया है कि यज्ञ की आग में दी हुई आहूति सूर्य को मिलती है और फिर सूर्य से अर्थात् परम्परा द्वारा यज्ञ से ही पर्जन्य (बादल) उपजता है, पर्जन्य से अन्न और अन्न से प्रजा उत्पन्न होती है। ऐसा ही श्लोक गीता तथा महाभारत में भी है।

यज्ञों के प्रकार—यज्ञों के मुख्य तीन प्रकार बताये जाते हैं—1. श्रौत यज्ञ 2. स्मार्त यज्ञ 3. पंचममहायज्ञ

1. श्रौत यज्ञ—वैदिक यज्ञ श्रौत यज्ञ कहे जाते हैं। वैदिक आर्य अग्नि को देवताओं का मुख मानते थे। अतः मंत्रोच्चार करते हुए वे अग्नि में हविष्य डालते थे, इस भावना के साथ की वह देवताओं तक पहुँच रहा है ..... इससे देवता प्रसन्न होकर उनकी मनोकामना पूर्ण करेंगे, उन्हें इहलौकिक सुख (धनधान्य पुत्रादि) तथा पारलौकिक सुख (स्वर्ग के भोग) देंगे।

किन्तु यज्ञ केवल व्यक्तिगत लाभ के लिए नहीं किया जाता था, जैसा कि हमने ऊपर लिखा है। इसे सम्पूर्ण समाज के हित के लिए भी किया जाता था। इस मुख्य भावना के साथ वैदिक आर्यों ने यज्ञ के अनेकानेक प्रकार बताये हैं। अलग-अलग उद्देश्यों से इन्हें भी किया जाता था। किन्तु ये यज्ञ अत्यन्त खर्चीले होते थे। अनेक पुरोहितों की इसमें आवश्यकता होती थी। सामान्य गृहस्थ इन्हें कर ही नहीं सकता था। फिर यज्ञों में दी जाने वाली पशुबलि भी अनेक लोग पसन्द नहीं करते थे। डा॰ राधाकृष्णन् के अनुसार इन सबके विरोध

में उस समय भी धोर प्रतिवाद सुना जाता था। सामवेद कहता है, **'हे देवताओं! हम यज्ञ सम्बन्धी किसी खम्बे का प्रयोग नहीं करते, हम किसी की हिंसा नहीं करते, हम केवल पवित्र मंत्रों का बारम्बार उच्चारण करके पूजा करते हैं।'** इस विद्रोह की आवाज को उपनिषदों ने अपनाया और बौद्ध तथा जैन सम्प्रदायों ने इसे आगे बढ़ाया।[1] चार्वाक दार्शनिक यद्यपि भौतिकवादी थे, खाने पीने और मौज करने के सिद्धान्त पर विश्वास रखते थे किन्तु यज्ञ में पशु हिंसा का विरोध वे भी करते थे, **'पशु को मारने से यदि स्वर्ग मिलता है तो यजमान अपने पिता को ही मारकर हवन क्यों नहीं कर लेता।'** पद्मपुराण में यज्ञ में इसी तरह का विरोधी स्वर है, **पशु की हत्या का रुधिर का कीचड़ बनाकर यज्ञ करने वाला यदि स्वर्ग जाता है तो नर्क में कौन जाता है?**

कुछ श्रौतयज्ञों का संक्षिप्त विवरण

दर्श तथा पूर्णमास यज्ञ—इनका सम्पादन क्रमशः पूर्णिमा तथा अमावस्या को किया जाता था। प्रथम में अग्नि और सोम को तथा द्वितीय में इन्द्र और अग्नि को आहूति दी जाती थी।

अग्निहोत्र—इसे सभी गृहस्थ के लिए प्रातः तथा सायं दो बार, सूर्याभिमुख होकर, जीवनपर्यन्त अथवा संन्यासी बनने के पूर्व तक करने को कहा गया। इसमें गाय के दूध से अथवा दही भात और घी से हवन करने कहा गया।

चातुर्मास्य यज्ञ—ये यज्ञ ऋतुओं के प्रारम्भ में होते थे। इन यज्ञों में अग्नि, सोम, पूषण, सविता आदि देवताओं को आहूति देकर प्रसन्न किया जाता था।

वाजपेय यज्ञ—यह शरदकाल में क्रिया ज़ाता था। राजागण इसे सम्राट बनने की कामना करवाते थे।

राजसूय यज्ञ—यह लम्बे समय तक चलता था। क्षत्रियगण इसे राज्य की कामना से करवाते थे।

अश्वमेघ यज्ञ—इसकी गणना प्राचीनतम् यज्ञों में होती है। इसे भी राजागण ही करवाते थे। इसमें अश्व की बलि दी जाती थी। यह विश्वास किया जाता था कि यज्ञ का अश्व स्वर्ग चला जाता है।

पशुबंध यज्ञ—इसमें पशु (नर बकरा) की बलि इन्द्र, अग्नि, सूर्य या प्रजापति के लिए दी जाती थी। यह क्रिया विशेष मंत्र के साथ की जाती थी। पशु को काटते समय तथा पकाते समय भी मंत्रोच्चार किया जाता था।

2. स्मार्त यज्ञ—वैदिक यज्ञों की हिंसा का विरोध स्मृतियों ने भी किया था। इसलिए स्मृतियों ने बिना पशुबलि के यज्ञों का प्रारम्भ किया। विभिन्न देवताओं के नाम से विभिन्न यज्ञ होने लगे, जैसे—रुद्रयाग, सूर्ययोग, विष्णुयाग, इन्द्रयाग, गायत्रीयाग आदि। ये ही स्मार्त कह गये। श्रौत यज्ञों और स्मार्त यज्ञों में एक अन्य अन्तर इसे करने की भावना भी है। श्रौत यज्ञ जहाँ किसी फल की लालसा में किये जाते थे वहाँ स्मार्त यज्ञ निष्काम भाव से केवल देवता के पूजन हेतु किये जाते थे। हाँ, देवता अवश्य अपनी इच्छा से यज्ञकर्त्ता को बिना उसके मांगे फल देते हैं, यह अवश्य माना जाता था।

---

1. राधाकृष्णन् : *भारतीय दर्शन*, भाग 1, पृ० 86

3. पंचमहायज्ञ—वैसे वेदों में केवल हिंसक और खर्चीले यज्ञों का ही प्रावधान नहीं था। वैदिक ऋषियों ने गृहस्थों के लिए पंचमहायज्ञों का भी प्रावधान किया था। सीमित साधन और सीमित समय में गृहस्थ इन्हें स्वयं कर सकता था। इसमें पशुबलि की भी आवश्यकता नहीं थी। डा॰ पी॰ वी॰ काणे के अनुसार, **इनका उद्देश्य विधाता, प्राचीन ऋषियों, पितरों, जीवों तथा सम्पूर्ण ब्रह्माण्ड के प्रति अपने कर्त्तव्यों का पालन करना था। किन्तु श्रौत यज्ञों में क्रिया की मुख्य प्रेरणा है स्वर्ग, सम्पत्ति, पुत्र आदि की कामना। अत: पंचमहायज्ञों की व्यवस्था में श्रौत यज्ञों की अपेक्षा अधिक नैतिकता, आध्यात्मिकता, प्रगतिशीलता, एवं सदाशयता देखने में आती है।**[1] ये पंचमहायंज्ञ निम्नलिखित हैं—

(i) **ब्रह्मयज्ञ**—ब्रह्मयज्ञ का तात्पर्य स्वाध्याय है। गृहस्थ को प्रतिदिन एकान्त स्थान में बैठकर धर्मग्रन्थों का पाठ करना चाहिए। इसके अन्तर्गत चारों वेदों इतिहास, पुराण एवं दार्शनिक ग्रन्थों का पाठ करने का निर्देश है। स्वाध्याय से व्यक्ति अपने धर्म से स्वयं परिचित होता था। साथ ही लिखित परम्परा के न होने के कारण इस तरह यह साहित्य अक्षत भी बना रहा। शतपथ ब्राह्मण के अनुसार इस यज्ञ से सन्तुष्ट होकर देवता मनुष्य को आयु, वीर्य, सुरक्षा, समृद्धि, प्रतिभा, कान्ति तथा अभ्युन्नति प्रदान करते हैं। यहाँ यह भी कहा गया है कि जो प्रतिदिन स्वाध्याय करता है उसे उस लोक से तिगुना फल होता है, जो दान देने या पुरोहित को धन-धान्य से पूर्ण सारा संसार देने से प्राप्त होता है। यहाँ उल्लेखनीय है कि स्वाध्याय को प्रायः सभी भारतीय दर्शनों ने मोक्ष प्राप्ति में आवश्यक साधन स्वीकार किया है।

(ii) **देवयज्ञ**—वैदिक आर्य प्रकृति के प्रति प्रारम्भ से ही कृतज्ञ रहे हैं। इसीलिए प्राकृतिक शक्तियों, यथा, सूर्य, अग्नि, वायु, पृथिवी आदि को उन्होंने देवत्व का दर्जा दिया। वस्तुतः इनके प्रति कृतज्ञता ज्ञापित करने के लिए ही देवयज्ञ किया जाता था। इसमें अग्नि में 'स्वाहा' शब्द के साथ देवता का नाम लेकर समिधा डाली जाती थी। इसमें त्याग की भावना भी रहती थी। प्रत्येक आहुति के अन्त में **इदं देवाय न मम्** अर्थात् यह देवता का है मेरा नहीं है, यज्ञकर्त्ता कहता था।[2] मनु ने होम को ही देवयज्ञ कहा है। किन्तु मध्य एवं आधुनिक युग में होम सम्बन्धी प्राचीन विचार निम्नभूमि में चला गया और उसका स्थान देवपूजा (घर में रखी मूर्तियों का पूजन) ने ले लिया।

(iii) **भूतयज्ञ**—प्रकृति के साथ ही प्रकृति में स्थित प्राणियों के प्रति भी वैदिक आर्य सहृदय थे। वैदिक यज्ञों में पशु बलि अवश्य पशुओं के प्रति क्रूरता लगती है, जिसका विरोध भी होते रहा है पर पंचमहायज्ञों में से तीसरा यज्ञ, भूतयज्ञ प्राणियों के प्रति करुणा पर आधारित है। शतपथ ब्राह्मण में प्राणिमात्र के लिए बलिदान को भूतयज्ञ कहा गया है। इसमें भोजन के पूर्व भोजन का एक भाग पशुओं के लिए निकाले जाने की व्यवस्था है। आज भी अधिकांश हिन्दू घरों में गाय के लिए ग्रास अवश्य निकाला जाता है।

---

1. पी॰ वी॰ काणे, *धर्मशास्त्र का इतिहास*, भाग 1, पृ॰ 384
2. 'विद्यानिवास मिश्र, पृ॰ 53'

भूतयज्ञ को बलिहरण भी कहा जाता है। इसमें बलि अग्नि में नहीं, भूमि पर दी जाती है। इस हेतु भूमि को पहले हाथ से स्वच्छ किया जाता है फिर उसपर जल छिड़का जाता है और फिर उस पर पशु के लिए भोजन रखा जाता है।

(iv) **पितृयज्ञ**—हिन्दुओं द्वारा मृत पितरों के प्रति आज भी श्रद्धा अभिव्यक्त की जाती है। इसका मूल पितृयज्ञ में देखा जा सकता है। वस्तुतः यह भी कृतज्ञता का ज्ञापन है जो हम अपने उन पूर्वजों के प्रति प्रगट करते हैं जिनसे हमने जीवन के अतिरिक्त और भी बहुत कुछ प्राप्त किया हुआ है। शुक्लयजुर्वेद में प्रार्थना है कि सोमरस की तरह सूक्ष्म भावानात्मक **स्वाधीत** अस्तित्व में प्रविष्ट अग्नि द्वारा परिशुद्ध पितर देवमार्ग से आएँ, प्रकाशरूप में आगे उपस्थित हों, अपने को हमारे जीवन में प्रतिबिम्ब और चरितार्थ पाकर तृप्त हों, हमें आगे बढ़ने की प्रेरणा दें, हमारे ऊपर स्नेहछाया रखें तथा हमारी रक्षा करें। मनुस्मृति में पितृयज्ञ हेतु तर्पण, बलिहरण और श्राद्ध का विधान बताया गया है।

(v) **नृयज्ञ या मनुष्ययज्ञ**—इसे अतिथियज्ञ भी कहते हैं। भारतीय संस्कृति में अतिथि को वैश्वानर, विष्णु एवं नारायण कहा गया है। इसीलिए **अतिथि देवो भव** का आदेश दिया गया है। अतिथि का प्रेमपूर्वक सत्कार करना, उसे भोजन कराना ही अतिथियज्ञ है। महाभारत के वनपर्व में अतिथियज्ञ में यज्ञकर्त्ता के लिए पाँच प्रकार की दक्षिणा बताई गई है—आतिथ्यकर्त्ता को अपनी आँख, मन, मीठी बोली, व्यक्तिगत ध्यान एवं अनुगमन (जाते समय कुछ दूर तक साथ-साथ जाना) देना चाहिये। अतिथि सत्कार के नियम हैं आगे बढ़कर स्वागत करना, पैर धोने के लिए जल देना, आसन देना, दीपक जला कर रख देना, भोजन और ठहरने का स्थान देना, व्यक्तिगत ध्यान देना, सोने के लिए खटिया बिछावन देना और जाते समय कुछ दूर तक पहुँचाना। यह भी कहा गया है, **यदि अतिथि निराश होकर लौट जाता है तो वह अपने पाप गृहस्थ को देकर जाता है और उसके पुण्य लेकर जाता है। अतिथि के निराश होकर लौटने से गृहस्थ का सारा कुटुम्ब नष्ट हो जाता है।** किन्तु अतिथि हम किसे कहेंगे? मनु के अनुसार **अतिथि वह है जो पूरे दिन (तिथि) नहीं रुकता है, या अतिथि वह ब्राह्मण है जो एक रात्रि के लिए रुकता है।** किन्तु अन्य अनेकानेक ग्रन्थों में अतिथि का ब्राह्मण होना आवश्यक नहीं है। आपस्तम्बधर्मसूत्र के अनुसार वैश्वदेव के उपरान्त जो भी आ जाए उसे भोजन देना चाहिए यहाँ तक कि चांडाल को भी। सत्कार तथा भोजन पानी के बाद अतिथि को बिदा करते हुए गृहस्थ को उसकी प्रदक्षिणा करके कहना चाहिए, **पुनर्दर्शनायेति** अर्थात् फिर मिलेंगे।[1]

गीता में यज्ञ—श्रीमद्भागतद्गीता में अनेक स्थानों पर यज्ञ की प्रशंसा की गई है तथा हमें यज्ञार्थ कर्म करने कहा गया है। इसका भावार्थ यह है कि हम जो कुछ भी कर्म करें इस भाव से करें कि हम किसी यज्ञ में आहूति दे रहे हैं, हम अपने कर्म परमात्मा को समर्पित कर रहे हैं। हमारा समग्र जीवन एक यज्ञ बन जाना चाहिए। यहाँ फलाशा को त्याग कर कर्त्तव्य कर्म को ही यज्ञ कहा गया है। इस तरह यहाँ एक नई एवं अत्यन्त उद्यात्त दृष्टि

1. पी॰ वी॰ काणे, *धर्मशास्त्र का इतिहास*, भाग 1, पृ॰ 411

से यज्ञ को देखा गया है। (विस्तृत विवरण के लिए देखिये इसी किताब में अध्याय, तीन, भगवद्गीता, के अन्तर्गत **गीता में यज्ञ**)।

उपनिषद्-दर्शन

उपनिषद् क्या हैं?—वेदों के अन्तिम भाग उपनिषद् कहे जाते हैं। वेदों के अन्तिम भाग होने के कारण इन्हें वेदान्त भी कहा जाता है।

उपनिषदों का महत्त्व—भारतीय दर्शन में उपनिषदों का अत्यन्त महत्त्वपूर्ण स्थान है। प्रायः सभी भारतीय दर्शन (चाहे वे आस्तिक हों या नास्तिक) उपनिषदों से किसी-न-किसी रूप में प्रभावित है। विशेषतः आस्तिक षड्दर्शन तो इनसे प्रत्यक्ष रूप से प्रभावित हैं। वे स्पष्टतः इनकी प्रामाणिकता स्वीकार करते हैं।

इन षड्दर्शनों में भी 'वेदान्त-दर्शन' विशेष रूप से उपनिषदों से जुड़ा हुआ है। यह पूर्णतः उपनिषदों का आधार ग्रहण कर आगे बढ़ता है।

उपनिषदों से न केवल भारतीय दर्शन वरन् हिन्दू धर्म भी अत्यन्त प्रभावित हुआ है। भवगद्गीता, जो हिन्दुओं का महत्त्वपूर्ण ग्रन्थ है, इतनी उपनिषदों से प्रभावित है कि प्रायः इसे उपनिषदों को निचोड़ कह दिया जाता है।

उपनिषदों की प्रशंसा हर युग में विद्वानों ने की है। न केवल भारतीय विद्वानों[1] ने वरन् अनेकानेक विदेशी विद्वानों[2] ने भी इनका मुक्त-कंठ से गुणगान किया है। विश्व की प्रायः सभी प्रमुख भाषाओं में इनका अनुवाद हो चुका है।

उपनिषद् शब्द का अर्थ—उपनिषदों में क्या है अर्थात् इनकी विषय-वस्तु क्या है, यह उपनिषद् शब्द के अर्थ से भी स्पष्ट होता है।

उपनिषद शब्द 'सद्' धातु में 'उप' तथा 'नि' उपसर्ग लगने से बना है। 'उप' का अर्थ 'समीप' तथा 'नि' का 'नीचे' अथवा निश्चयपूर्वक है। 'सद्' धातु के अनेक अर्थ हैं—

---

1. ''मैं उपनिषद पढ़ता हूँ तो मेरे आँसू बहने लगते हैं। यह कितना महान् ज्ञान है! हमारे लिए यह आवश्यक है कि उपनिषदों में निहित तेजस्विता को अपने जीवन में विशेष रूप से धारण करें। उपनिषदें शक्ति की खानें हैं।'' **—स्वामी विवेकानन्द**

   ''मेरे जीवन में गीता ने माँ का स्थान लिया है, वह तो उसी का है, लेकिन मैं जानता हूँ कि उपनिषदें माँ की माँ है।'' **—बिनोवा भावे**

   ''उपनिषद् ही हमें ऐसी दृष्टि दे सकते हैं जो मानव की दार्शनिक, वैज्ञानिक और धार्मिक माँगों की एक साथ पूर्ति कर सकें।'' **—प्रो० रानाडे**

2. 'मृत्यु के भय से बचने, मृत्यु के लिए पूरी शक्ति से तैयार रहने और सत्य के इच्छुक जिज्ञासु के लिए उपनिषदों के अतिरिक्त और कोई श्रेष्ठ मार्ग मुझे दिखाई नहीं देता। उपनिषद् के ज्ञान से मुझे अपने जीवन के उत्कर्ष में अभूतपूर्व सफलता मिली है।'' **—प्रो० मैक्समूलर**

   ''उपनिषदें आत्मज्ञान और आत्मशान्ति का ऐसा अक्षय कोष है जैसा संसार में अन्यत्र नहीं दिखाई देता है।' **'—पॉल डॉयसन**

   ''जैसी शान्तिमयी विद्या मैंने उपनिषदों में पाई वैसी और कहीं देखने को नहीं मिली। **—डेविड ह्यूम**

   ''मेरी आत्मा को इस जीवन में उपनिषदों से ही शान्ति मिली है और मैं आशा करता हूँ कि मृत्यु के बाद भी मुझे इन्हीं से शान्ति मिलेगी।'' **—शॉपनहावर**

   ''आत्मविद्या के बहुत-से ग्रन्थ मैंने पढ़े हैं, पर परमात्म का की खोज की प्यास केवल उपनिषदें ही बुझा पाईं। इससे शाश्वत शान्ति और सच्चे आनन्द की प्राप्ति होती है।'' **—दारा शिकोह**

(1) 'सद्' धातु का एक अर्थ 'बैठना' है। इस अर्थ में उपनिषद् का अर्थ हुआ 'नीचे समीप बैठना'।

यहाँ 'नीचे समीप बैठने' का अर्थ है **'शिष्य का गुरु के समीप, उससे निम्न आसन पर बैठकर शिक्षा ग्रहण करना।'**

यहाँ उल्लेखनीय है कि उपनिषदें ऐसे काल की रचनाएँ है जब शिष्य जंगल में जाकर गुरु के समीप रहकर नम्रतापूर्वक उनसे शिक्षा ग्रहण करता था। उपनिषदों के विचार मुख्य रूप से इसी प्रकार की शिक्षा द्वारा प्रगट हुए हैं।

(2) 'सद्' धातु का एक अर्थ **मुक्त करना है।** अतः ऐसे ग्रन्थ **जिनकी समीपता (अध्ययन अथवा शिक्षा) अज्ञान से मुक्ति दिलाये,** उपनिषद् कहे गये। निश्चय ही उपनिषदों का मुख्य लक्ष्य मनुष्य को मुक्ति प्राप्त करने में सहायता देना है।

(3) 'सद्' धातु का एक अर्थ **'प्राप्त कराना'** भी है। चूँकि ये ग्रन्थ **ब्रह्म से तादात्म्य सम्बन्ध प्राप्त कराने का लक्ष्य रखते हैं** (जो वस्तुतः मुक्तिदायक है), अतः उपनिषद् कहे गये।

इस तरह उपनिषद् शब्द से स्पष्ट होता है कि ये ग्रन्थ उस विद्या के भण्डार हैं जो ब्रह्म प्राप्ति द्वारा मुक्ति दिलाती है तथा जिसे प्राचीन काल में गुरु से शिष्य ग्रहण करते थे।

शंकराचार्य उपनिषद् का अर्थ ऐसे ब्रह्म—ज्ञान से लेते हैं जो व्यक्ति के समस्त बन्धनों को शिथिल करने वाला है।

उपनिषदों की संख्या—वैसे तो उपनिषदों की संख्या 108 मानी जाती है किन्तु इनमें दस उपनिषद् प्रमुख हैं। उपनिषद्-दर्शन से हमारा तात्पर्य इन्हीं दस उपनिषदों के दर्शन से हैं। ये दस उपनिषद् हैं—(1) ईश, (2) केन, (3) कठ, (4) प्रश्न, (5) मुंडक, (6) मांडूक्य, (7) तैत्तिरीय, (8) ऐतरेय, (9) छांदोग्य, (10) बृहदारण्यक। इनमें बृहदारण्यक सबसे बृहत् (बड़ा) है। शंकराचार्य ने इन सभी उपनिषदों पर भाष्य लिखा है।

उपनिषदों का रचनाकाल एवं रचियता—वैसे तो उपनिषदों की रचना लम्बे समय तक होती रही है, पर प्रायः सभी प्राचीन उपनिषदें 300 ई॰पू॰ के पहले तैयार हो गये थे, ऐसा विद्वानों का अनुमान है। इस तरह 1000 ई॰ पू॰ से 300 ई॰ पू॰ इनका निर्माण काल माना जाता है।

उपनिषदों के रचयिता कौन थे, यह कहना कठिन है, क्योंकि उन्होंने अपने नाम का कहीं भी उल्लेख नहीं किया है। वस्तुतः वे आत्म-प्रचार से दूर रहना चाहते थे।

अब हम उपनिषदों द्वारा प्रतिपादित प्रमुख दार्शनिक विचारों का, विशेषतः परमतत्त्व ब्रह्म, आत्मा तथा ज्ञान के द्वारा मुक्ति की सम्भावना पर विचार करेंगे।

परमतत्त्व (ब्रह्म)

परमतत्त्व का तात्पर्य—उपनिषदों में **परमतत्त्व, मूल तत्त्व, परम ज्योति, चरम सत्य** आदि एक ही तत्त्व के द्योतक शब्द हैं। परमतत्त्व ऐसा तत्त्व है जो जगत् के मूल में है; जो न केवल जड़ जगत् का वरन्, चेतन-आत्मा का भी आधार है, जो **'सत्यस्य सत्यम्'** होने से चरम सत्य है, जो **'ज्योतिषाम् ज्योति'** होने से परम-ज्योति है।

उपनिषदों में इस परमतत्त्व की जिज्ञासा स्थान-स्थान पर देखी जा सकती है। उपनिषद् के ऋषि बार-बार यह प्रश्न उठाते हैं कि वह कौन-सा तत्त्व है जिसको जान लेने पर सब कुछ जान लिया जाता है, जिसे सुन लेने पर सब कुछ सुन लिया जाता है, जिसे देख लेने

पर सब कुछ देख लिया जाता है? जिससे सम्पूर्ण संसार उत्पन्न होता है, उत्पन्न होकर जिसमें स्थित रहता है तथा अंततः जिसमें लय को प्राप्त होता है, वह कौन-सा तत्त्व है? वह कौन-सी शक्ति है जिसकी शक्ति से अन्तःकारण, प्राण, वाणी, नेत्र तथा कर्ण आदि इन्द्रियाँ अपना कार्य करती हैं?

वस्तुतः वेदों के प्रारम्भिक भाग संहिता और ब्राह्मण में ही वैदिक ऋषियों ने विभिन्न देवी-देवताओं की स्तुति के साथ एक ऐसे परमतत्त्व की खोज आरम्भ कर दी थी जो इनका भी अधीश्वर है। उपनिषद् काल में वैदिक ऋषि अपना पूर्ण ध्यान इसी परमतत्त्व की विवेचना में लगाते हैं।

परमतत्त्व ब्रह्म—उपनिषदों में अनेकानेक स्थानों पर परमतत्त्व को 'ब्रह्म' कहा गया है। ब्रह्म शब्द उस सत्ता को इंगित करता है जो बृहत्तम हो अर्थात् जो सर्वव्यापक अथवा असीम हो। इस तरह सर्वव्यापक तत्त्व होने से परमतत्त्व 'ब्रह्म' कहा गया है।

ब्रह्म ज्ञान की महिमा—उपनिषदों में 'ब्रह्म' को परमतत्त्व इसलिए भी कहा गया है क्योंकि इस तत्त्व का ज्ञान मुक्ति प्रदान करने वाला है। मुक्ति का अर्थ समस्त भय, दुःख, संदेह से मुक्ति है, जैसा कि मुण्डक उपनिषद् में कहा गया है, **जिसने ब्रह्म का साक्षात्कार कर लिया उसकी हृदय-ग्रन्थि टूट जाती है। सारे संशय नष्ट हो जाते हैं तथा उसे कर्मों का क्षय हो जाता है।**[1] इसलिए बृहदारण्यक उपनिषद् में कहा गया है, "**हम यदि इस शरीर में रहते हुए उसे जान लेते हैं, तो कृतार्थ हो गये और यदि उसे यहाँ नहीं जाना तो बड़ी हानि है। जो उसे जान लेते हैं वे अमृत हो जाते हैं, किन्तु दूसरे लोग तो दुःख को ही प्राप्त होते हैं।**"[2] कठोपनिषद् में भी कहा गया है—"**उस एक तत्त्व का दर्शन कर लेने पर प्राणी मृत्यु से मृत्यु को पार कर जाता है।**"[3]

ब्रह्म को जाने लेने पर व्यक्ति क्यों मुक्ति की प्राप्ति कर लेता है, इसका कारण बताते हुए ईशावास्योपनिषद् कहती है, "**उस एक तत्त्व का साक्षात्मकार कर लेने वाले पुरुष के लिए फिर कौन-सा मोह और कौन-सा शोक रह जाता है।**"[4] वस्तुतः सब और ब्रह्म को देखने वाला अभय हो जाता है और इस तरह समस्त दुःखों से मुक्त हो जाता है।

उपनिषदें केवल यह नहीं कहतीं कि ब्रह्मज्ञानी समस्त दुःखों से मुक्त हो जाता है, वरन् यह भी कहती हैं कि वह स्वयम् ब्रह्म बन जाता है **ब्रह्मविद् ब्रह्मेव भवति** और इस तरह वह भी ब्रह्म के समान आनन्द-स्वरूप की प्राप्ति करता है। ब्रह्मज्ञानी शाश्वत सुख प्राप्त करता है, अन्य नहीं।

उपनिषदों में इस परम तत्त्व ब्रह्म की निम्नलिखित विशेषताएँ बताई गई हैं।

अद्वैत सत्ता—ब्रह्म अद्वैत (जहाँ द्वैत न हो) सत्ता हैं **कठोपनिषद्** कहती हैं, "**जो इस सम्पूर्ण दृष्टि में अद्वैत ब्रह्म को देखता है वही ज्ञानी है, इसके विपरीत जो इसमें नानत्व देखते हैं वे मृत्यु को प्राप्त होते हैं।**"[5]

---

1. "भिद्यते हृदयग्रन्थिश्छिद्यन्ते सर्व संशयाः।
   क्षीयन्ते चास्य कर्माणि तस्मिन्दृष्टे परावरे॥"—*मुण्डक उप०*, 2/2/8
2. *'बृहदारण्यक उप०'* 4/4/14
3. *'कठोपनिषद्'* 2/1/10
4. *'ईशावास्योपनिषद्'* 7
5. *'कठोपनिषद्'* 11/4/11

कनोपनिषद् कहती है, **''विभिन्न देवता यथा—अग्नि, वायु, इन्द्र आदि इसी की शक्ति से शक्ति प्राप्त करते हैं।''**[1]

जगत् का कारण—उपनिषदें ब्रह्म को जगत् का कारण कहती हैं। वह जगत् की न केवल उत्पत्ति करता है वरन् पालन एवं संहार भी करता है।[2]

ब्रह्म से जगत् की उत्पति् को उपनिषदों में अनेक उपमाओं के द्वारा समझाया गया है। जैसे मुण्डक उपनिषद् में कहा गया है कि जिस प्रकार प्रज्जवलित अग्नि से उसी के समान स्फुलिंग निकलते हैं, फिर उसी में समा जाते हैं, वैसे ही ब्रह्म से जगत् निकलता है फिर उसी में समा जाता है।[3]

इसी तरह मुण्डक उपनिषद् में ही अन्य स्थान पर कहा गया है, **जैसे मकड़ी के भीतर से जाला निकलता है, अथवा जैसे पृथ्वी से औषधियाँ निकलती हैं, अथवा जैसे जीवित मनुष्य के शरीर से रोएँ निकलते हैं, वैसे ही अविनाशी ब्रह्म से सब कुछ उत्पन्न होता है।**[4]

परम ज्योति—उपनिषदें ब्रह्म को परम ज्योति भी कहते हैं। वह **'ज्योतिषाम् ज्योति'** ज्योतियों की भी ज्योति है। हम अपने चारों ओर जितने भी प्रकाशवान पदार्थ; जैसे—सूर्य, चन्द्र, तारकगण, विद्युत, अग्नि आदि देखते हैं, वे सब अपना प्रकाश इसी ब्रह्म से प्राप्त करते हैं। सारा जगत् ही उसी के प्रकाश से प्रकाशित होता है।[5]

---

1. *'कठोपनिषद्'* में इस बात को एक बड़ी सुन्दर कथा के माध्यम से बताया गया है। कथा इस प्रकार है कि एक बार देवताओं की दानवों से लड़ाई हुई जिसमें देवता विजयी रहे। इस विजय से वे घमण्डी हो गये और सोचने लगे कि अपनी शक्ति से ही उन्होंने विजय प्राप्त की है। तब उनके इस घमण्ड को दूर करने के लिए ब्रह्म यक्ष रूप में उनके कुछ दूर आ खड़े हुए। यह यक्ष कौन है, यह जानने की इच्छा से देवताओं ने सर्वप्रथम अग्निदेव को उनके पास भेजा। तब यक्ष ने ही सर्वप्रथम अग्निदेव का परिचय पूछा। इस पर अग्नि ने कहा, मैं अग्निदेव हूँ, मैं क्षण भर में सारी सृष्टि को जला सकता हूँ। इस पर यक्ष ने उनके समीप एक तिनके को रखकर कहा, इसे जलाओ। किन्तु अपनी सारी ताकत लगाने के बाद भी अग्नि उसे न जला सके और लौट गये। फिर सबको उड़ाने वाले वायुदेव पहुँचे। उनसे यक्ष ने कहा कि इस तिनके को उड़ाकर बताओ, किन्तु वे भी अपनी सारी शक्ति लगाकर उस तिनके को नहीं उड़ा सके। तब इन्द्र यक्ष के पास पहुँचे। इन्द्र के पहुँचते ही यक्ष अन्तर्ध्यान हो गये। तदनन्तर वहाँ उमा देवी प्रगट हुईं। उन्होंने देवताओं को यक्ष का परिचय देते हुए कहा कि यक्ष के रूप में परमतत्त्व ब्रह्म ही थे, जिनकी शक्ति से तुम सब देवता शक्ति प्राप्त करते हो, किन्तु तुम इस सत्य को भूलकर अपनी शक्ति का घमण्ड करने लगे थे, इसी से तुम्हें वास्तविकता बताने ब्रह्म यक्ष रूप में प्रगट हुए थे।
2. ''तज्जलानिति सान्तं उपासीत।''—*छांदोग्य उप०*, 3/14/1
3. ''तदेतत्सत्यं यथा सुदीप्तात्पावकाद् विस्फुलिंगाः।
   सहस्त्रशः प्रभवन्ते सरूपाः।
   तथाक्षराद् विविधाः सोम्य भावाः
   प्रजायन्ते तत्र चैवापियन्ति॥''—*मुण्डक उप०*, 2/1/1
4. ''यथोर्णनाभिः सृजते गृह्यते च
   यथा पृथिव्यामोषधयः संभवन्ति।
   यथा सतः पुरुषात्केशलोमानि
   तथाक्षरात्संभवतीह विश्वम्।''—*मुण्डक उप०*, 1/1/7
5. *'कठोपनिषद्'*, 11/5/15

आनन्द स्वरूप—उपनिषदों में ब्रह्म को आनन्द-स्वरूप कहा गया है। ब्रह्म का यह लक्षण अत्यन्त महत्त्वपूर्ण माना गया है। तैत्तिरीय उपनिषद् में ब्रह्म को आनन्द-स्वरूप बताते हुए कहा गया है कि आनन्द से ही यह सारा जगत् उत्पन्न होता है, आनन्द में ही स्थित रहता है तथा अन्ततः आनन्द में ही लीन होता है।[1] इसी उपनिषद् में कहा गया है, **''आनन्दो ब्रह्मणो विद्वान न विभेति कदाचन्''**[2] अर्थात् ब्रह्म को आनन्द जानने वाला किसी से भयभीत नहीं होता। यदि यह आनन्द आकाश में नहीं होता तो कौन जीवन धारण कर सकता था या श्वास ले सकता था? बृहदारण्यक उपनिषद् में कहा गया है, **''समस्त प्राणी इसी परमात्मा सम्बन्धी आनन्द के किसी एक अंश को लेकर जीते हैं।''**[3]

ब्रह्म के दो रूप—उपनिषदों में कहीं-कहीं ब्रह्म के दो रूप बताये गये हैं, मूर्त्त-अमूर्त्त, अथवा पर-अपर ब्रह्म, जैसा कि बृहदारण्यक उपनिषद् में कहा गया है—**''द्वावे ब्रह्मणो रूपं मूर्तं चैवामूर्तम् च''**। अर्थात् ब्रह्म के दो रूप हैं, मूर्त और अमूर्त। इन्हें ही **सगुण** और **निर्गुण** ब्रह्म भी कहा गया है।

उपनिषदों में ब्रह्म का वर्णन दो दृष्टि से स्पष्ट दिखाई देता है। एक दृष्टि से इसका निषेधात्मक वर्णन किया गया है, जैसे, उसे **न छोटा न बड़ा, न स्थूल न सूक्ष्म,** आदि कहा गया है। इस तरह वह **'नेति नेति'** (न यह, न यह) है। इसीलिए ब्रह्म को अवर्णनीय कहा गया है। उसे मन और वाणी इन्द्रियों का अविषय बताया गया है।

इसके विपरीत कहीं-कहीं उसका विधेयात्मक वर्णन भी मिलता है; जैसे उसे मनोमय, प्राणमय, आकाश, सर्वकर्मा, सर्वगंध, सर्वरस कहा गया है। उसे जगत् की उत्पत्ति, पालन और लय का हेतु बतलाया गया है। उसे जगत् के कण-कण में व्याप्त तथा जगत् से परे भी बतलाया गया है।

उपनिषदों के इन दो रूपों की व्याख्या को लेकर 'वेदान्त-दर्शन' के दार्शनिकों में काफी मतभेद हैं। जैसे, शंकराचार्य ब्रह्म के निर्गुण रूप को परम सत्य तथा सगुण रूप को व्यावहारिक सत्य कहते हैं; किन्तु रामानुज तथा अन्य वेदान्त के भक्ति मार्गी आचार्य इसका विरोध करते हैं। रामानुज सगुण ब्रह्म को ही परम सत्य कहते हैं। उनके अनुसार ब्रह्म को निर्गुण कहने का तात्पर्य उसे केवल बुरे गुणों से हीन बताना है।

आत्मतत्त्व

उपनिषदों में आत्मतत्त्व अजर, अमर, चैतन्य, निर्विकार तत्त्व है। जिसे हम 'मैं' कहते हैं उससे यह सर्वथा पृथक् तत्त्व है। भौतिक शरीर में रहते हुए भी यह उससे, यथा, मन, बुद्धि एवं इन्द्रियों से भी पृथक् है।

जाग्रत, स्वप्न, प्राज्ञ और तुरीय, आत्मचेतना की चार अवस्थाएँ—उपनिषदों में आत्मा को चेतन स्वरूप बतलाया है। माण्डूक्य उपनिषद में इसे तुरीय या शुद्ध चैतन्य कहा गया है किन्तु यहाँ इसकी तीन अन्य अवस्थाओं का भी उल्लेख हैं। इस तरह आत्मा की ये अवस्थाएँ हैं, जागृत, स्वप्न, प्राज्ञ और तुरीय। वस्तुतः ये व्यवहारिक जीवन में

---

1. *''आनन्दो ब्रह्मेति व्यजानात्।''*—'तैत्तिरीय उप॰', 3O16
2. *'तैत्तिरीय उप॰'*, 2/4
3. *'बृहदारण्यक उपनिषद्'* 4/3/32

आत्मा की अभिव्यक्ति की अवस्थाएँ हैं।

1. **जागृत**—यह अवस्था आत्मा द्वारा बाह्य जगत के अनुभव की अवस्था है। स्पष्ट है कि यहाँ आत्मा के ज्ञान के विषय बाह्य जगत के पदार्थ हैं। यहाँ आत्मा इन्द्रियों के द्वारा सांसारिक विषयों का भोग करती है। इस अवस्था की चेतना 'वैश्वानर' कही जाती है। यह आत्मा का पहला पाद है।
2. **स्वप्न**—यह आत्म चेतना की दूसरी अवस्था है। इसमें आत्मा स्वप्न जगत् में निमग्न रहती है। स्वप्न के रूप में वह आंतरिक सूक्ष्म विषयों का अनुभव करते हुए एक अन्य लोक में ही विचरण करती है। इस अवस्था की चेतना को 'तैजस' कहते हैं। यह आत्मा का दूसरा पाद है।
3. **प्राज्ञ**—यह गहन निद्रा की अवस्था है जहाँ बाह्य जगत् के पदार्थ तो नहीं ही होते, आन्तर जगत् के पदार्थ अर्थात् स्वप्न के पदार्थ भी अनुपस्थित रहते हैं क्योंकि इस अवस्था में आत्मा स्वप्न भी नहीं देखती। किसी भी पदार्थ के न रहने के कारण यहाँ आत्मा को कुछ भी अनुभव नहीं होता, अतः वह केवल साक्षीरूप में विद्यमान रहती है। किसी भी प्रकार का विचलन न होने के कारण वह यहाँ अपने आनन्द स्वरूपता का अनुभव करती है। इस अवस्था की चेतना को 'प्राज्ञ' कहते हैं। यह आत्मा का तीसरा पाद है।
4. **तुरीय**—उपरोक्त अवस्थाओं में से प्रथम दो से हम सभी परिचित रहते हैं। इनका अनुभव हम सबको होता है। तीसरी अवस्था का भी यदा-कदा अनुभव हमें हो सकता है किन्तु वस्तुतः ये सब आत्मा का अंश मात्र ही परिचय है। पूर्ण आत्मा का असली स्वरूप आत्मा की चौथी अवस्था में मिलता है जहाँ वह शुद्ध चित्त के रूप में रहती है। यही तुरीय अवस्था है। इस अवस्था की आत्मा ब्रह्म ही है। यह आत्मा का चौथा पाद है।

पंचकोष—चार अवस्थाओं के अतिरिक्त उपनिषदों में आत्मा के पंचकोषों का भी उल्लेख हुआ है। तैत्तिरीय उपनिषद में एक कथा के माध्यम से इन पर प्रकाश पड़ता है।

1. **अन्नमय कोष**—अन्न पर आश्रित यह आत्मा का स्थूल आवरण है जिसे हम शरीर कहते हैं।
2. **प्राणमय कोष**—प्राण पर आश्रित यह कोष शरीर के भीतर रहता है।
3. **मनोमयमय कोष**—प्राणमय कोष के भीतर मनोमय कोष रहता है जो स्वार्थमय इच्छाओं का पुंज है और इसकी पूर्ति हेतु मन पर निर्भर करता है।
4. **विज्ञानमय कोष**—मनोमय कोष के भीतर विज्ञानमय कोष का निवास है जो बुद्धि पर आश्रित है।
5. **आनन्दमय कोष**—यह कोष विज्ञानमय कोष के भी भीतर रहता है। वस्तुतः यही सच्चे आनन्द का श्रोत है। यही सच्ची आत्मा है यही ब्रह्म है। तैत्तरीय उपनिषद कहती है, **आनंदो ब्रह्मेति व्यजानात्**। आनन्द को ही ब्रह्म जानो। **आनन्दं ब्राह्मणों विद्वान् न विभेति कुतश्चनेति** अर्थात् ब्रह्म के आनन्द को जानने वाला किसी से भी भय नहीं करता।

आत्मा और ब्रह्म—उपनिषदों में ब्रह्म के समान ही आत्म-तत्त्व भी महत्त्वपूर्ण है। उपनिष्यदों के पूर्व वेदों में ब्रह्म और आत्मा दो अलग-अलग सत्ताएँ थी, उपनिषद् काल में दोनों एक हो जाती हैं। यहाँ पर 'ब्रह्म' परमतत्त्व का बाह्य रूप और आत्मा परमतत्त्व

का आंतरिक रूप बनी। इस तरह ये दोनों तत्त्व एक ही हो गये। उपनिषदों में आत्मा और ब्रह्म की एकता का जगह-जगह उल्लेख है। **'अहं ब्रह्मास्मि'** (मैं ब्रह्म हूँ), **'अयमात्मा ब्रह्म'** (यह आत्मा ब्रह्म ही है), **'तत्त्वमसि'** (तू वही ब्रह्म है) आदि उपनिषद्-वाक्य आत्मा और ब्रह्म की एकता का ही प्रतिपादन करते हैं। इन दोनों की एकता के कारण ही उपनिषदें कहती हैं कि आत्म-ज्ञानी ब्रह्म की उपलब्धि करता है और मुक्त हो जाता है।

श्रेय और प्रेय

श्रेय और प्रेय दो मार्ग—उपनिषदों में मानव के सामने दो रास्ते बताये गये हैं, एक जो नित्य आनन्दस्वरूप परमात्मा को प्राप्त कराने वाला है। दूसरा जो सांसारिक सुख वैभव की ओर ले जाने वाला है। इसे ही श्रेय और प्रेय कहा गया है। उपनिषदों के यह श्रेष्ठ नैतिक विचार हैं। उपनिषदों में यह विचार अनेकानेक स्थानों पर बिखरे हुए हैं।

ब्रह्म ज्ञान श्रेय—उल्लेखनीय है कि उपनिषदों के पूर्व वेदों के ब्राह्मण ग्रन्थों में यज्ञ द्वारा प्राप्त फलों को ही सर्वश्रेष्ठ कहा गया था। इसीलिए यह मानव के लिए परम प्राप्तव्य था। किन्तु उपनिषदों में वैदिक ऋषियों ने अनुभव किया कि स्वर्ग के सुख भी अन्ततः एक दिन क्षीण होते हैं, अतः वे भी अनित्य हैं। तब हम उनकी कामना कैसे कर सकते हैं? इसीलिए उपनिषदों के ऋषियों का झुकाव हम आत्मज्ञान अथवा ब्रह्मज्ञान की ओर पाते हैं जो सत् चित् और अनन्त है। आनन्द ब्रह्म का लक्षण बताया गया है। ब्रह्म के इस स्वरूप को जानकर विद्वान किसी से भयभीत नहीं होता। इस तरह हम देखते हैं कि उपनिषदों में ब्रह्म ज्ञान ही श्रेय है।

श्रेय नित्य की और प्रेय अनित्य की कामना—कठोपनिषद में कथा है कि नचिकेता नामक बालक यम से वरदान में आत्मतत्त्व की जिज्ञासा करता है। यद्यपि यम उसे तरह-तरह से प्रलोभित करते हैं तथा इस वरदान के बदले उसे भौतिक सुख देना चाहते हैं किन्तु इन्हें वह अस्वीकार करता हैं क्योंकि ये **'श्वाभावा'** अर्थात् कल नहीं रहेंगे याने अनित्य प्रकृति के हैं। वह नित्य की कामना करता है। इसी प्रसंग में श्रेय और प्रेय पर भी विचार हुआ है। यहाँ कहा गया है कि श्रेय और प्रेय ये दोनों ही मनुष्य के सामने आते हैं। बुद्धिमान मनुष्य उन दोनों के स्वरूप पर भलीभाँति विचार कर उनको पृथक-पृथक समझ लेता है। श्रेष्ठ बुद्धिवाला श्रेय का वरण करता है जबकि मंदबुद्धि वाला भोगों के साधनरूप प्रेय को अपनाता है।

श्रेय का फल—श्रेय का फल ब्रह्म की प्राप्ति है। कठोपनिषद् के अनुसार उसका प्रतीक ओंकार है जिसे जानकार साधक जो जो इच्छा करता है वह पाता है और जिसका अवलोकन कर वह ब्रह्मलोक में महिमान्वित होता है।

छान्दोग्य उपनिषद् में सुख के दो प्रकार बताये गये हैं **भूमा** और **अल्प**। श्रेय का फल भूमा सुख है अर्थात् असीम निरतिशय सुख है जिसे आनन्द कहते हैं।

प्रेय का फल—कठोपनिषद् के अनुसार प्रेय की साधना करने वाले पुनः-पुनः यम के पास आते है अर्थात् उनका पुनर्जन्म होता है। भोग की इच्छा रखने वाले ये लोग नाना प्रकार की योनियों में भटकते हुए ठीक वैसे ही ठोकरें खाते हैं जैसे **अंधेन एव नीयमाना अंधाः** अर्थात् अंधों के द्वारा ले जाते हुए अंधे। दूसरे शब्दों में प्रेय अर्थात् भोग मनुष्य को मृत्यु के मार्ग पर ले जाते हैं।

छांदोग्य उपनिषद् में ज़िसे अल्प सुख कहा गया है वह प्रेय का ही फल है।

उल्लेखनीय है कि बृहदारण्यक उपनिषद में कथा है कि मैत्रेयी यह जानकार की धन से अमर नहीं हुआ जा सकता, उसे लेने से इन्कार करती है और अपने पति याज्ञवल्क्य से उस तत्त्व की जिज्ञासा करती है जो मृत्यु के पार पहुँचा सके। इस तरह यहाँ भी यही बताया गया कि श्रेय का फल अमरता है जबकि प्रेय का फल मृत्यु है।

श्रेय प्राप्ति के साधन—कठोपनिषद् में श्रेय का फल ब्रह्म की प्राप्ति बताया गया है किन्तु यह प्राप्ति सहज नहीं है। यहाँ कहा गया है कि ब्रह्म यद्यपि हमारे भीतर ही रहता है किन्तु इसे वही देख सकता है जो कामना रहित हो तथा **वीतशोकः** अर्थात् शोक से रहित हो चुका हो।

इस स्थिति को प्राप्त करने के लिए मनुष्य को इन्द्रिय-नियन्त्रण करना पहली आवश्यक शर्त बताई गई है। मनुष्य अपने शरीर को रथ जाने और स्वयं को उसमें बैठकर चलने वाला स्वामी। बुद्धि को वह सारथी समझे तथा मन को लगाम। इन्द्रियाँ इस रथ के घोड़ें हैं जो इसे विषय रूपी मार्गों की ओर ले जाना चाहते हैं। जो व्यक्ति विवेक रूपी सारथी के हाथों मन की लगाम थमाता है उसकी इन्द्रियों उसके वश में रहती है, अन्यथा उसे दुष्ट घोड़ों की भाँति विपत्ति के मार्ग पर ले जाती है। इसके अतिरिक्त **'परमात्मा का निरन्तर प्रेमपूर्वक चिन्तन'** भी इस श्रेय प्राप्ति का साधन बताया गया है।

श्रेय प्राप्ति के मार्ग की कठिनाई—किन्तु इन्द्रियों पर नियन्त्रण करना अर्थात् श्रेय प्रप्ति के मार्ग चलना सहज नहीं होता है। यह तलवार की धार पर चलने के समान कठिन है। विधाता ने हमारी इन्द्रियों को बहिर्मुखी बनाया है इसलिए वे अंतस्थ परमात्मा को नहीं देख पातीं। अतः मनुष्य को प्रयत्नपूर्वक आलस्यरहित होकर परमात्मा को अपने भीतर देखना चाहिए। जो व्यक्ति ऐसा कर पाता है वह फिर किसी से घृणा नहीं करता।

इस तरह हम देखते हैं कि उपनिषदें श्रेय और प्रेय में अंतर करते हुए श्रेय की श्रेष्ठता स्थापित करतें हुए, हमें श्रेय के मार्ग पर चलने प्रेरित करती है।

कर्म का सिद्धान्त

कर्म का सिद्धान्त भारतीय दर्शन का एक अत्यन्त महत्त्वपूर्ण सिद्धान्त है। इसका तात्पर्य है कि व्यक्ति को उसके किये कर्मों का फल अवश्य मिलता है।

यह फल पाप कर्मों का अशुभ, दुःख तथा कष्ट के रूप में और पुण्य कर्मों का शुभ और आनन्द के रूप में सामने आता है। मनुष्य इससे कदापि नहीं बच सकता। मृत्यु के बाद भी कर्मफल मनुष्य का पीछा नहीं छोड़ते हैं। मृत्यु केवल शरीर की होती है। आत्मा अमर होती है जो अपने शेष रह चुके कर्मों का समुचित फल अगले जीवन में प्राप्त करती है।

यह नियम विभिन्न धर्म ही नहीं सामान्य व्यक्ति भी अपने अनुभव से स्वीकार करते दिखते हैं। 'जो जैसा बोता है वैसा फल पाता है', 'बबूल बोकर हम आम की आशा नहीं रख सकते', 'आम पाना हो तो आम ही लगाना होगा', यह सामान्य व्यक्ति भी समझता है और कहते भी रहता है। 'जैसी करनी वैसी भरनी' आम कथन है। यह संसार मनुष्य के 'कर्मों की खेंती' कहा जाता है।

यह नियम मनुष्य को नैतिक बनने प्रेरित करता है। साथ ही यह भी सीख देता है कि

वह जो कुछ है अपने कर्मों का ही परिणाम है तथा वह जो कुछ भी होने जा रहा है उसके लिए उसके कर्म ही उत्तरदायी है। इस तरह वह अपने भाग्य का स्वयं निर्माता है।

वेदों में दो प्रकार के कर्म—वेदों में स्पष्टतः दो प्रकार के कर्म बताये गये हैं—शुभ कर्म और अशुभ कर्म।

देवताओं को सभी शुभ कर्मों के रक्षक तथा सभी शुभ अशुभ कर्मों के दृष्टा कहा गया है। शुभ कर्मों को अमरत्व का हेतु बतलाया गया है। शुभ कर्मों का फल व्यक्ति को बराबर मिलता है। वैदिक ऋषि के अनुसार वह फल है, "**देवयान के द्वारा ब्रह्मलोक को गमन**"।

इसके विपीरत साधारण कर्म करने वाले, "**पितृयान के द्वारा चन्द्रलोक को जाते हैं।**"[1] अशुभ कर्मों के फलस्वरूप जीव वृक्ष, लता आदि स्थावर शरीर में प्रवेश करता है।[2] बुरे कर्म अगले जन्म में भी पाप कर्म करवाते हैं।[3]

इस तरह जीव के कर्मफल इसी जीवन में समाप्त नहीं हो जाते, ये अगले जन्म में भी उसका पीछा करते हैं। वेदों में स्पष्ट कहा गया है कि अपने कर्मों के कारण ही जीवन अनेक बार जन्म लेता है और मरता है।

अशुभ कर्म अर्थात् पाप से मुक्ति देवता से प्रार्थना करने पर, क्षमा-याचना करने पर, हो सकती है[4], यह विश्वास भी वेदों में दिखाई देता है।

उपनिषदों में कर्म का सिद्धान्त—उपनिषदों में कर्म के सिद्धान्त पर अनेकानेक स्थानों पर विश्वास व्यक्त किया गया है। यह वेदों के ऋत् के सिद्धान्त से प्रभावित है। जैसा कि हमने ऋतु के सिद्धान्त के प्रसंग में देखा, यह सिद्धान्त एक प्रकार का नियम है जो प्रारम्भ में प्राकृतिक नियम था किन्तु बाद में यह नैतिक नियम में परिवर्तित हो गया। उपनिषदों में हम यह प्रभाव स्पष्ट देखते हैं।

बृहदारण्यक उपनिषद् में कहा गया है कि श्रेष्ठकर्म करने वाले श्रेष्ठ व्यक्ति तथा निकृष्ट कर्म करने वाले दुष्ट व्यक्ति बन जाते हैं। पुण्य कर्मों के द्वारा ही मनुष्य के जीवन में पवित्रता, निर्मलता और स्वच्छता आती है। निकृष्टता जीवन को दुखी तथा अशान्त बना देती है। (4/4/5) तथा पुण्य कर्मों से मनुष्य पुण्यात्मा तथा पापकर्मों से पापात्मा बनता है। (3/2/13) इसी तरह प्रश्नोपनिषद् में कहा गया है कि ऊपर की ओर गति करने वाली उदात्त वायु जीव को मृत्योपरान्त पुण्यकर्म करने के कारण स्वर्गलोक ले जाती है और पापकर्मों के कारण नरक में ले जाती है। जो व्यक्ति पाप और पुण्य दोनों प्रकार का मिश्रित कर्मफल भोगने के लिए अभिमुख होते हैं उन्हें यह पुनः मनुष्य योनि में ले जाती है। (3/7)

संकल्प की स्वतन्त्रता—मनुष्य यदि अपने कर्मफलों के लिए उत्तरदायी है तो उसे संकल्प करने में पूर्णतः स्वतन्त्रता मिलनी चाहिए। किन्तु ईश्वर द्वारा निर्मित और ईश्वर की इच्छा से चलने वाले जगत् में मनुष्य संकल्पपूर्वक कर्म करने में कितना स्वतन्त्र रह सकता है? कुछ उपनिषदों में यद्यपि ऐसे कथन मिलते हैं जो मनुष्य को ईश्वर के हाथ की कठपुतली मात्र समझते हैं अथवा मनुष्य का उतना ही स्वतन्त्र समझते हैं जितना डोर से

---

1. *ऋग्वेद, 3/5/15*
2. *वही, 7/9/3,*
3. *वही, 7/86/3*
4. *वही, 8/85/7*

बंधा पक्षी होता है। किन्तु ऐसे भी उदाहरण दिये जा सकते हैं जहाँ मनुष्य को नैतिक कर्म करने पूर्णतः स्वतन्त्र बताया गया है। जैसे—मुण्डकोपनिषद कहती है, **कामना नदी पुण्य और पाप के दो कूलों के बीच प्रवाहित है। अपने संकल्प के प्रभाव से हमें इसे पुण्य के अनुकूल बहने बाध्य करना चाहिए।** बृहदारण्यक उपनिषद् में कहा गया है कि **मनुष्य काम, संकल्प और कर्म का समीकरण मात्र है। जैसी उसकी कामना होगी वैसे उसके संकल्प होंगे और वैसे ही उसके कर्म होंगे।**

छांदोग्य उपनिषद् में संकल्प की स्वतन्त्रता पर अत्यन्त बल दिया गया। यहाँ, यहाँ तक कहा गया है, **'पृथ्वी और स्वर्ग संकल्पमय है, वायु और आकाश संकल्पमय है, जल और अग्नि संकल्पमय है।.....संकल्प की ही उपासना करो। जो संकल्प को ही ब्रह्म समझ कर उसकी उपासना करता है वह यावत्संकल्प जगत् का स्वामी है।** इसी उपनिषद् में कहा गया है, **मनुष्य इच्छाशक्ति का प्राणी है! इस संसार में जैसी जिसकी भावना होती है, मृत्यु के पश्चात् उसी प्रकार वह बन जायेगा।**[1] अन्य उपनिषद् में सुन्दर उपमा है, **मनुष्य अपने आप को बँधन में डालता है जैसे एक पक्षी स्वयं ही अपने लिए घोसला बनाता है।**[2]

निष्काम कर्म—कर्म हमें हमेशा बंधन में डालते हैं। अतः मुक्ति प्राप्त करने हेतु क्या हमें निष्क्रिय हो जाना चाहिए? उपनिषदें इस हेतु निष्काम कर्म करने कहती है स्वार्थपूर्ण कर्म ही बन्धन के हेतु बनते हैं। ईशोपनिषद् (1 . 2) मनुष्य को कर्म करते हुए सौ वर्ष तक जीने की कामना करने को कहती है। पर साथ ही यह भी कहती है कि त्यागभाव से किये जाने वाले कर्म ही मनुष्य को फल में लिप्त नहीं करते। इसके अतिरिक्त मुक्ति का कोई मार्ग नहीं है। उल्लेखनीय है कि गीता में इसी तरह **निष्काम कर्म** मुक्ति हेतु प्रसिद्ध योग है।

जगत्

वेदों और उपनिषदों में जगत् को सत्य कहा गया है। किन्तु यहाँ इसके रचियता, स्वरूप तथा निर्माण पर अलग-अलग ढंग से प्रकाश पड़ता है।

वेदों में जगत् की उत्पत्ति पर विचार—वेदों में जगत् के सृष्टा के रूप में अनेक विचार दिखाई देते हैं। अनेक स्थानों पर अलग-अलग देवता इसके सृष्टा बताये गये हैं। किन्तु दार्शनिक दृष्टि से इस सम्बन्ध में ऋग्वेद के दो सूक्त उल्लेखनीय है। एक **नासदीय सूक्त** और दूसरा **पुरुष सूक्त**। नासदीय सूक्त[3] के अनुसार सृष्टि के प्रारम्भ में केवल वह एक था, वह एक तपस् से उत्पन्न हुआ। यह तपस् सृष्टि के प्रारम्भ में एक अव्यक्त चेतन था। पुरुष सूक्त[4] के अनुसार एक व्यापक शक्ति से जगत् की उत्पत्ति हुई है।

उपनिषदों में जगत् के मूल में विभिन्न तत्त्वों की उपस्थिति पर विचार

उपनिषदों में जगत् की उत्पत्ति के मूल में अनेकानेक तत्त्वों पर विचार हुआ है। ग्रीक दार्शनिकों के समान उपनिषदें भी कभी **जल** को तो कभी **वायु** को, कभी **अग्नि** को तो

1. उद्धृत, रानाडे, *उपनिषदों का दार्शनिक सर्वेक्षण*, पृ०, 206
2. *मैत्रायणी उपनिषद्*, 3/2
3. *ऋग्वेद*, 10/12/9
4. *वही*, 10/90

कभी **आकाश** को जगत् का मूल तत्त्व कहती है। कभी **प्राण** तो कभी **काल** और कभी **असत् तत्त्व** या **सत् तत्त्व** भी जगत् के मूल में उपस्थित कहे गये। कहीं पर **ईश्वर** अथवा **ब्रह्म** को जगत् का कारण कहा गया। वेदान्त दर्शन ने जगत के मूल में **ब्रह्म** की उपस्थिति को स्वीकार किया। डा॰ देवराज के अनुसार उपनिषदों में सृष्टि विज्ञान एक क्रम में विकसित हुए हैं। भौतिकवादी सिद्धान्त पहले विकसित हुए, प्राणवादी सिद्धान्त उनके बाद विकसित हुए और तत्पश्चात् ईश्वरवादी सिद्धान्त विकसित हुआ। अंत में आत्मवादी ब्रह्मवादी सिद्धान्त विकसित हुआ।[1]

जगत् का रचयिता ब्रह्म—उपनिषदों में अनेक स्थानों पर सृष्टि का रचयिता ब्रह्म को कहा गया है। वह न केवल जगत् की उत्पत्ति करता है वरन् जगत् का पालन और संहार भी करता है। छांदोग्य उप॰ (3/14/1) में कहा गया है, सृष्टि के आदि में एक दिव्य अमूर्त पुरुष था जो अप्राण, अमन, अज, शुभ्र और अक्षर था। उसी से सब कुछ उत्पन्न हुआ। मुण्डक उप॰ (2/2/10) के अनुसार, सब पदार्थ उसी की ज्योति से ज्योतिष्मान है, उसी की ज्योति से यह विश्व प्रकाशित है।

यहाँ प्रश्न उठता है कि ब्रह्म जगत् का क्या केवल निमित्त कारण है अथवा उपादान कारण भी वही है?

जगत् का निर्माण—उपनिषदों में इस विचार पर बल दिया गया है कि ब्रह्म जगत् की रचना के लिए किसी बाहरी तत्त्व की अपेक्षा नहीं करता। इस तरह वही जगत् का निमित्त कारण है। उपादान कारण भी वही है। उपनिषदों में कहा गया है कि आत्मा से पदार्थ ठीक उसी प्रकार निकलते हैं जैसे मकड़ी से जाले निकलते हैं या प्रज्जवलित अग्नि से चिनगारियाँ निकलती है या जैसे बांसुरी से ध्वनि निकलती है। (छांदोग्य उप॰ 7/21/2) या फिर जैसे पृथ्वी से औषधियाँ निकलती है या शरीर से रोएँ निकलते हैं वैसे ही अविनाशी ब्रह्म से सब कुछ उत्पन्न होता है (मुंडक उप॰ 1/7) फिर, जैसे सोने से गहने बनते हैं या मोती से चमक उत्पन्न होती है या माता के गर्भ से शिशु उत्पन्न होता है वैसे ही ब्रह्म से सृष्टि उत्पन्न होती है।

किन्तु क्या इस तरह पदार्थों के निकलने पर ब्रह्म उससे प्रभावित नहीं होता? उपनिषदें कहती है, जिस तरह सूर्य से प्रकाश निकलने पर सूर्य अप्रभावित रहता है, वैसे ही ब्रह्म अप्रभावित रहता है।

ब्रह्म जगत् में अंतर्भूत—उपनिषदों में अनेक स्थानों पर जगत् को ब्रह्म में अंतर्भूत भी कहा गया है। बृहदारण्यक उपनिषद में कहा गया है कि वह सृष्टि की रचना करता है और उसमें प्रवेश करता है। (4/7) अन्य स्थानों पर कहा गया है आत्मा पदार्थों के अन्दर ठीक उसी प्रकार व्याप्त हो जाती है जैसे नमक को पानी में घोलने पर वह सारे पानी को व्याप्त कर लेता है, किन्तु वह जगत से परे भी रहता है।

जगत् का लय ब्रह्म में—उपनिषदों के अनुसार प्रलय काल में जगत् पुनः ब्रह्म में समा जाता है। जैसे अग्नि से निकली चिनगारियाँ फिर उसी में समा जाती है, वैसे ही ब्रह्म से आविर्भूत जगत् उसी में समाहित हो जाता है। अथवा मकड़ी जैसे अपने जाले को समेट लेती है वैसे ही ब्रह्म अपने में जगत् को समेट लेता है।

---

1. एन॰के॰ देवराज, (सम्पा) *भारतीय दर्शन*, पृ॰ 73

तैत्तिरीय उपनिषद् कहती है, **जिससे यह जगत् उत्पन्न होता है, जिसमें जीवित रहता है और अंत काल में जिसमें प्रवेश कर जाता है वह ब्रह्म है।**[1]

मोक्ष

मोक्ष का अर्थ होता है मुक्ति। यह मुक्ति न केवल सांसारिक दुखों से वरन् संसार के बंधन से हमेशा के लिए मुक्ति है। भारतीय दर्शन में मोक्ष के प्रत्यय की यह प्रमुख विशेषता है। उपनिषदों में मृतात्मा के परलोक गमन के दो मार्गों की चर्चा है। एक **पितृयान**, जहाँ से जाने वाले को पुनः जन्म लेना पड़ता है और दूसरा **देवयान** जहाँ के पथिक को पुनः इस लोक में नहीं लौटना पड़ता। यही मोक्ष है। यह अमृत पद की प्राप्ति है, भूमा की प्राप्ति है। भूमा का अर्थ होता है असीम। उपनिषदें कहती हैं कि **जीवात्मा को अल्प से सुख नहीं मिलता इसीलिए सांसारिक सुख, कितने भी क्यों न हो, जीव को सन्तुष्ट नहीं करते।** छांदोग्य उप॰ कहती है **यो वै भूमा तत् सुखं नाल्पे सुखमस्ति** अर्थात् जो भूमा है उसमें सुख है अल्प में नहीं। इसीलिए मोदा को निरतिशय आनंद की प्राप्ति कहा गया है।

मोक्ष का साधन आत्मज्ञान—उपनिषदों में 'ब्रह्म' एवं 'आत्मा' परमतत्त्व माने गये हैं। मानव-जीवन का ध्येय इनका ज्ञान प्राप्त करना बताया गया है। इन्हें यह महत्व इसलिए दिया गया है क्योंकि इनका ज्ञान मनुष्य को समस्त भय, सन्देह, दुःख से मुक्ति दिलाने वाला है। इस तरह हम देखते हैं कि उपनिषदों में मुक्ति हेतु 'ज्ञानमार्ग' का प्रतिपादन है।

कर्मकाण्ड की अवहेलना—वैदिक ऋषि प्रारम्भ से ही मुक्ति के लिए बैचेन रहे हैं। प्रारम्भ में मुक्ति हेतु उन्होंने उपासना और कर्मकाण्ड की शरण ली। तरह-तरह से यज्ञों के आयोजनों पर विचार हुआ किन्तु उपनिषद् काल तक आते-आते वैदिक ऋषि समझ गये कि कर्मकाण्ड वास्तविक मुक्ति हेतु अपर्याप्त है। कर्मकाण्ड ज्यादा-से-ज्यादा स्वर्ग की प्राप्ति करा सकते हैं। किन्तु यह कोई स्थायी मुक्ति नहीं है। वे समझ गये कि स्थायी मुक्ति का एक ही मार्ग है, वह है 'ज्ञान'[2]; बिना ज्ञान के मुक्ति सम्भव नहीं है।

ज्ञान का तात्पर्य आत्मज्ञान—उपनिषदों का 'ज्ञान' से तात्पर्य आत्मज्ञान से है। आत्माान से ही मुक्ति मिल सकती है, इसे वे बार-बार दोहराते हैं। छांदोग्य उपनिषद् में कथा है कि एक बार नारद सनत कुमार से जाकर कहते हैं कि वे बहुत सारी विद्याओं के ज्ञाता हैं किन्तु फिर भी वे दुखी रहते हैं तथा उन्होंने सुना है कि **केवल आत्मज्ञानी ही शोक को पार करते हैं (शोकं तरति आत्मविद्)** अतः कृपया वे उन्हें आत्मज्ञान दें।

इसी तरह बृहदारण्यक उपनिषद् में कथा है कि याज्ञवल्क्य मुनि जब अपनी दो पत्नियों, मैत्रेयी और कात्यायनी, के मध्य अपने धन का बँटवारा करने लगते हैं जब मैत्रेयी उनसे पूछती है कि क्या धन पाकर मैं अमर हो जाऊँगी? ऋषि द्वारा 'ना' कहने पर वह कहती है कि ऐसे द्रव्य को लेकर मैं क्या करूँगी, मुझे तो आप वह दीजिये जो अमरता दिला सके, तब ऋषि उसे 'आत्मज्ञान' देते हैं। कथा का सार है कि आत्मज्ञान से ही अमरता अर्थात् मुक्ति मिलती है।

---

1. *तैत्तिरीय उपनिषद्*, 3/1
2. *'मुण्डक उपनिषद्'*, 3/1/8 तथा *'श्वेता॰ उपनिषद्'*, 6/616

आत्मज्ञानी की स्थिति—आत्मज्ञानी न केवल शोक को पार करता है, वरन् सुख भी पाता है। छांदोग्य उपनिषद् में कहा गया है, "**जो आत्मा को खोजकर उसे पा लेता है, उसकी समस्त इच्छाएँ पूर्ण हो जाती हैं।**"[1] आत्मज्ञानी **अमृत**[2] और **अभय**[3] तत्त्व को प्राप्त कर लेता है। वह परात्पर ब्रह्म का दर्शन करता है।

वस्तुतः आत्मज्ञानी ब्रह्म की प्राप्ति कर लेता है क्योंकि आत्मा ही ब्रह्म है। उपनिषदें इस तथ्य को बार-बार बतलाती हैं कि आत्मा ब्रह्म ही है। **'अयमात्मा ब्रह्मः'**, **'अहं ब्रह्मास्मि'** आदि वाक्य इसी के सूचक हैं।

ब्रह्मभाव को प्राप्त होने के कारण आत्मा भी मोक्ष प्राप्त होने पर आनन्दी हो जाती है। इस तरह आत्मज्ञानी परम आनन्द की अवस्था में रहता है।

आत्मज्ञान हेतु गुरु की शरण—आत्मज्ञान के मोक्ष-प्रदाता होने के कारण ही उपनिषदें 'आत्मविद्या' को अत्यन्त महत्त्व देती हैं। इसे अत्यन्त गुह्य बताया गया है। बिरले ही इसके जानकार होते हैं। अतः जिज्ञासु को इस हेतु सद्गुरु की शरण लेनी चाहिए।

उपनिषदें गुरु को भी सावधान करती हैं कि प्रत्येक को यह विद्या न दें। तलवार की धार पर चलने के समान यह कठिन है, अतः शिष्य की अच्छी तरह परीक्षा लेने के अनन्तर ही उसे यह विद्या सिखाये।[4] कठोपनिषद में यम से जब बालक नचिकेता आत्मविद्या की जिज्ञासा करता है तब वे उसे तरह-तरह के प्रलोभन देकर देख लेते हैं कि वास्तव में वह इस विद्या को ग्रहण योग्य है अथवा नहीं। आत्मविद्या ग्रहण करने आये शिष्य से गुरुजन बार-बार तपस्या भी करवाते थे। तपस्या का प्रयोजन मुख्य रूप से शिष्य की चित्त-शुद्धि था ताकि वह आत्मतत्त्व का साक्षात्कार कर सके।

प्रणव एवं योग का महत्त्व—उपनिषद् में आत्म ज्ञान की सिद्ध प्रणव के ध्यान तथा योगाभ्यास द्वारा भी बताई गई है। प्रणव अर्थात् ओंकार को न केवल ध्यान का साधन, वरन् साध्य भी बताया गया है। इसे ब्रह्म का वाच्य कहा गया है।[5]

उपनिषदों में आत्मज्ञान हेतु 'योग' को भी महत्त्वपूर्ण माना गया है। श्वेताश्तर उपनिषद् कहती है, "**योग-साधना के द्वारा आत्मा का साक्षात्कार करना ही परम धर्म है।**"[6] कठोपनिषद् के अनुसार **हृदयरूपी गुफा में स्थित सनातन, गूढ, दुर्लभ ब्रह्म को योग द्वारा समझकर बुद्धिमान पुरुष, हर्ष शोकादि से मुक्त हो जाता है।**[7]

त्रिऋण

त्रिऋण का अर्थ—त्रिऋण का अर्थ है तीन ऋण। ये तीनों ऋण हैं—**पितृऋण, देवऋण एवं ऋषिऋण**। एक सामाजिक प्राणी के रूप में प्रत्येक मनुष्य पर ये तीन ऋण उधार रहते हैं जिसे चुकाने भारतीय संस्कृति एवं धर्म मनुष्य को प्रेरित करते हैं। ऋणों के

1. *'छांदोग्य उपनिषद्'*, 8/7/1
2. *'बृहदारण्यक उपनिषद्'*, 4/4/14; 'कठोपनिषद्'; 1/3/14; 'नृसिंह पूर्व॰ उपनिषद्', 1/6
3. *'तैत्तिरीय उपनिषद्'*, 2/9/3-4,2/9/1; 'कठोपनिषद्'; 2/1/5; 'बृहदारण्यक उपनिषद्', 4/2/4
4. "शिष्य को तब तक आत्मज्ञान नहीं देना चाहिए जब तक कि वह कोई कठोर कार्य पूर्ण न कर ले, जैसे तपस्या करना, अपने सिर पर अग्नि वहन करना आदि।"— *'मुण्डक उपनिषद्'*, 3/2/10
5. *'कठोपनिषद्'*, 1/2/15-17
6. *'श्वेताश्वर उपनिषद्'* प्रथम अध्याय सम्बन्ध-भाष्य
7. *'कठोपनिषद्'*, 1/2/12

इस सिद्धान्त ने भारतीय विचारधारा तथा भारतीय महान कृतियों की रक्षा में अतुलनीय योगदान दिया है। शतपथ ब्राह्मण (1/5/5) के अनुसार बालक जन्म लेते ही इन तीन ऋणों का ऋणी हो जाता है।

डा॰ काणे के अनुसार, आध्यात्मिक एवं धार्मिक रूप से प्रत्येक व्यक्ति पर ये ऋण होते हैं। अति प्राचीन वैदिक कालों से ही यह धारणा भारतीय संस्कृति की मौलिक धारणा में परिगणित रही है।[1]

ऋण और दायित्व में अन्तर—भारतीय मनीषा में कृतज्ञता ज्ञापित करने की भावना प्रारम्भिक काल से रही है। प्रकृति के प्रति कृतज्ञता की भावना ने ही आर्यजनों को प्राकृतिक शक्तियों, सूर्य, अग्नि आदि को देव कहने तथा यज्ञादि के माध्यम से उन्हें समर्पण करने प्रेरित किया। इतना ही नहीं, समाज में भी जिन्होंने उन्हें कुछ दिया उसे भी आर्यों ने देव कहा और उसके प्रति भी कृतज्ञता ज्ञापित की। इसीलिए उन्होंने माता-पिता को देव कहते हुए मातृदेवो भव, पितृदेवोभव, गुरुदेवो भव आदि की शिक्षा बालकों को दी। यह भी उन्होंने बतलाया कि इनके प्रति उनके कुछ दायित्व, कुछ ऋण होते हैं, जिन्हें पूर्ण करना अथवा चुकाना उनका कर्त्तव्य है। जैसे बालक का दायित्व माता-पिता अथवा गुरु की सेवा है किन्तु ऋण केवल इतने से नहीं चुकाये जा सकते। वस्तुतः दोनों में कुछ अन्तर है।

दायित्व का अर्थ होता है माता-पिता अथवा गुरु के प्रति कर्त्तव्य, जैसे उनकी सेवा करना उनके आदेशों का पालन करना एवं उनकी प्रसन्नता हेतु कार्य करना, मृत्योपरान्त मात-पिता के श्राद्ध कर्म करना आदि। नैतिक दृष्टि से ये श्रेष्ठ मूल्य हैं जो एक आदर्श समाज की स्थापना में सहायक होते हैं। किन्तु भारतीय मनीषियों ने जो ऋण की कल्पना की वह इससे भी आगे बढ़ कर है।

ऋण की व्यवस्था मुख्य रूप से आने वाली पीढ़ी के प्रति दायित्व का निर्वाह है। यह मानवजाति का संरक्षण तथा उसके ज्ञान एवं संस्कृति का हस्तान्तरण कही जा सकती है। मुख्य ऋण तीन हैं, **पितृऋण, देवऋण, ऋषिऋण**।

ऋषिऋण—बालक के व्यक्तित्व के विकास में शिक्षा का योगदान महत्त्वपूर्ण होता है। यह शिक्षा बालक ब्रह्मचार्याश्रम में रहते हुए प्राप्त करता था। बालक पर गुरु के साथ-साथ उन ऋषियों का भी ऋण होता था जिनके ज्ञान के भंडार से वह लाभान्वित होता था। वस्तुतः यही उसपर ऋषिऋण था।

शतपथ ब्राह्मण ब्रह्मचार्याश्रम में प्रवेश द्वार को इस ऋण से उऋण होने का साधन कहता है। यहाँ प्रवेश का वास्तविक उद्देश्य गुरु द्वारा दी गई शिक्षा को समुचित रूप से धारण करना था। यह न हो तो शिक्षा व्यर्थ चली जाये। इस हेतु शास्त्रों को याद करना आवश्यक था। उल्लेखनीय है कि हमारे देश में सारे प्राचीन ग्रन्थ श्रुति परम्परा के द्वारा ही लोगों की स्मृति में जीवित बने रहे हैं। यदि यह परम्परा नहीं होती तो निश्चय ही ज्ञान का विशाल भंडार लुप्त हो गया होता। इस प्रकार ऋषिऋण के द्वारा न केवल ज्ञान का प्रसार होता था वरन् ज्ञान की रक्षा भी होती थी। इस ज्ञान को बालक बड़ा होने पर अगली पीढ़ी को थमाकार सही अर्थों में ऋषिऋण से मुक्त होता था।

पितृऋण—नाम से ही यह स्पष्ट है कि यह पिता का ऋण है। इसे चुकाने हेतु विवाह

1. पांडुरंग काणे, *धर्मशास्त्र का इतिहास*, भाग 5, पृ॰ 395

कर संतान उत्पत्ति का आदेश दिया गया है। यदि यह नहीं हो तमाम मानव जाति का संरक्षण कैसे हो पायेगा? व्यक्ति की वंश परम्परा कैसे आगे बढ़ेगी?

उल्लेखनीय है कि इन ऋणों से मुक्ति विभिन्न आश्रमों में रहते हुए सम्भव बताई गई है। जैसे, पितृऋण से मुक्ति गृहस्थाश्रम में सम्भव मानी गई है। गृहस्थाश्रम में प्रवेश हेतु विवाह संस्कार तो आवश्यक था ही, संतान उत्पत्ति हेतु तथा संतान के जन्म के पश्चात् भी विभिन्न संस्कार आवश्यक बताये गये थे, ताकि संतान एक श्रेष्ठ मानव बन सके।

देवऋण—देवऋण देवताओं के प्रति ऋण है। जैसा कि हमने ऊपर देखा वैदिक आर्यों ने प्राकृतिक शक्तियों को देव कहा था क्योंकि वह उन्हें तरह-तरह से जीवन दान देती थी। इन देवों के प्रति स्तुति में वैदिक ऋषियों ने अनेकानेक ऋचाएँ रची है। किन्तु केवल शाब्दिक स्तुति से इन देवों के ऋण से उऋण नहीं हुआ जा सकता था, न ही इनसे प्रकृति में सन्तुलन कायम किया जा सकता था। अतः वैदिक ऋषियों ने अनेकानेक प्रकार के यज्ञों की विधियाँ बताई ताकि इन्हें यज्ञ द्वारा हविष्य प्रदान किया जा सके। इन यज्ञों को नियमित रूप से करने पर धार्मिक परम्परा की रक्षा भी होती थी। यज्ञ गृहस्थाश्रम तथा वानप्रस्थाश्रम दोनों में किये जा सकते थे।

शतपथ ब्राह्मण में केवल ब्राह्मण पर ही इन तीन ऋणों का स्वीकार किया गया था जबकि जैमिनी के अनुसार तीनों उच्च वर्णों पर ये ऋण थे तथा उन्हें इनसे मुक्त होना आवश्यक था। (6/2/1)

उल्लेखनीय है कि उपनयन संस्कार में बालक को तीन धागों का यज्ञोपवीत धारण कराया जाता है इसका मतलब है कि उसपर तीन ऋण हैं जिनसे उसे उऋण होना है।

मनुष्य ऋण, एक चौथा ऋण—डा॰ काणे के अनुसार महाभारत में एक चौथे ऋण, मनुष्य ऋण की भी चर्चा है। यह मनुष्य के प्रति अच्छा व्यवहार करके चुकाया जाता है।[1]

❑

---

1. पांडुरंग काणे, धर्मशास्त्र का इतिहास, भाग 5, पृ० 395

अध्याय 3

भगवद्गीता का दर्शन

परिचय

इस दुःखदायी नश्वर संसार में निश्चय ही कुछ चीजें शाश्वत एवं शान्तिदायक भी हैं जो देश एवं काल की सीमाओं को पार कर हमेशा अपना महत्त्व बनाये रखती हैं। इन्हीं में से एक श्रीमद्भगवद्गीता भी है। कहने को तो यह हिन्दुओं का धार्मिक ग्रन्थ है पर सच कहा जाये तो यह किसी धर्म-विशेष की रचना नहीं है, क्योंकि इसे न तो किसी धार्मिक आन्दोलन के लिए लिखा गया है और न किसी सम्प्रदाय विशेष की स्थापना के लिए प्रस्तुत किया गया है। यह तो प्रत्येक उस मनुष्य को दिशा-निर्देश के लिए है जो संसार-सागर की उत्ताल लहरों में बेबस पड़ा अपने बचाव का उपाय ढूँढ़ना चाहता है। इसकी इसी विशेषता के कारण अनेक विदेशियों एवं हिन्दूएतर विद्वानों ने भी इसकी मुक्त-कंठ से प्रशंसा की है।

कुछ उदाहरण देखिये—

1. विलियम वॉन हम्बोल्ट, "गीता सबसे सुन्दर और यथार्थ अर्थों में सम्भवतः एकमात्र दार्शनिक गीत है जो किसी ज्ञात भाषा में लिखा गया है।"

2. ऐल्डुअस हक्सले, "गीता शाश्वत दर्शन के कभी भी रचे गये सबसे स्पष्ट एवं सर्वांगपूर्ण सारांशों में से एक है। इसीलिए न केवल भारतीयों के लिए, वरन् सम्पूर्ण मानव जाति के लिए इसका इतना स्थायी मूल्य है।"

3. जे॰ डब्ल्यू॰ होमर (जर्मन विद्वान), गीता एक अनश्वर महत्त्व का ग्रन्थ है। यह पुस्तक हमें न केवल गम्भीर अन्तर्दृष्टि प्रदान करती है, जो सब कालों एवं सब प्रकार के धार्मिक जीवन के लिए प्रामाणिक है, अपितु इसमें इण्डो-जर्मन धार्मिक इतिहास के एक सबसे महत्त्वपूर्ण दौर का अत्यन्त प्रामाणिक निरूपण भी किया गया है।

4. श्रीकृष्ण प्रेम (पूर्व नाम रोनाल्ड निक्सन), जिस किसी के पास भी आँखें हो, उनके लिए गीता सत्य की प्रत्यक्ष अनुभूति पर आधारित एक ग्रन्थ है और उस मार्ग के बारे में है, जिससे सत्य तक पहुँचा जा सकता है।......गीता हिन्दू या अन्य किसी धर्म की विशेष सम्पत्ति नहीं है। प्रत्येक धर्म में कहीं ज्यादा तो कहीं कम गहराई में छिपा हुआ यह पाया ही जाता है और किसी भी धर्म के अवलम्बन के बिना भी यह कायम रह सकता है। इसीलिए गीता एक हिन्दू ग्रन्थ एवं हिन्दू शिक्षा की चूड़ामणि होते हुए भी पृथ्वी भर के जिज्ञासुओं की मार्गदर्शकों की क्षमता रखती है।

उपरोक्त कथनों से स्पष्ट है कि गीता विश्व के किसी भी धर्मावलम्बी को प्रेरणा देने वाली है, हिन्दू धर्म के लिए इसका विशेष महत्त्व तो है ही।

उल्लेखनीय है कि श्री शंकराचार्य एवं अन्य वेदान्त दार्शनिकों ने अपने मत के समर्थन के लिए भगवत् गीता की प्रामाणिकता को वेदों और उपनिषदों के समान ही स्वीकार किया है, इसीलिए सबने वेदों और उपनिषदों के समान इस पर भी भाष्य लिखे हैं।

आधुनिक काल में भी अनेक विद्वानों ने इस पर भाष्य लिखे हैं जिनमें सर्वश्री लोकमान्य तिलक, राजगोपालाचारी, महात्मा गाँधी, विनोबा भावे, श्रीअरविंद एवं राधाकृष्णन् के भाष्य प्रसिद्ध हैं। हमारे युग के महान् कर्मयोगी महात्मा गाँधी के लिए यह सर्वाधिक प्रेरणादायक ग्रन्थ रहा है। उन्होंने स्वयं कहा है, **''जब निराशा मेरे सामने आ खड़ी होती है और जब बिल्कुल एकाकी मुझको प्रकाश की कोई किरण दिखाई नहीं पड़ती, तब मैं गीता का शरण लेता हूँ। जहाँ-जहाँ मुझे कोई-न-कोई श्लोक ऐसा दिखाई पड़ जाता है कि मैं विषम विपत्तियों में भी तुरन्त मुस्कुराने लगता हूँ। मेरा जीवन बाह्य विपत्तियों से भरा रहा है। यदि वे मुझ पर कोई दृश्यमान अमिट चिह्न नहीं छोड़ सकीं तो इसका सारा श्रेय भगवद्गीता की शिक्षाओं को है।''**

रचयिता एवं काल—गीता किसके द्वारा एवं कब रची गई है, इस प्रश्न का उत्तर देना कठिन है क्योंकि इसमें कहीं इस बात का उल्लेख नहीं है। वैसे परम्परा से गीता महाभारत का एक अंश मानी जाती है, अतः महाभारत के रचयिता वेद व्यास इसके भी रचयिता हुए। जहाँ तक रचनाकाल का प्रश्न है, विद्वानों में इस सम्बन्ध में मतभेद है। डॉ॰ राधाकृष्णन का विचार है कि इसकी प्राचीन वाक्य रचना और आन्तरिक निर्देशों से हम यह परिणाम निकाल सकते हैं कि यह निश्चित रूप से ईसा पूर्व की रचना है। इसका काल ईसा पूर्व पाँचवीं शताब्दी कहा जा सकता है हालाँकि बाद में भी इसके मूल-पाठ में अनेक हेर-फेर हुए हैं।

गीता का कथा पक्ष सर्वविदित है। कथा की दृष्टि से यह पूरा ग्रन्थ श्रीकृष्ण द्वारा अर्जुन को धर्म-युद्ध करने के लिए प्रेरित करने हेतु दिया गया उपेदश है।

कुरूक्षेत्र के युद्धस्थल में अर्जुन जब कौरवों की सेना में अपने गुरुओं, प्रियजनों और रिश्तेदारों को युद्ध के लिए तैयार खड़े देखता है तब वह यह कहते हुए युद्ध करने से इनकार कर देता है कि अपने इन सुहृदजनों को युद्ध में मारकर यदि उसे राज्य मिलेगा तो वह ऐसे राज्य को लेकर कैसे चैन से जियेगा? उसे नहीं चाहिए ऐसा रक्तरंजित राज्य! तब कृष्ण उसे तरह-तरह से समझाते हैं कि यह धर्मयुद्ध है और क्षत्रिय होने के नाते धर्मयुद्ध करना उसका परम कर्त्तव्य है, यह उसके लिए मोक्ष का द्वार है। इसी संदर्भ में कृष्ण मानव मात्र के लिए क्या कर्त्तव्य है तथा किस प्रकार हम कर्त्तव्य का पालन करते हुए ईश्वर को अर्थात् मुक्ति को प्राप्त कर सकते हैं, इस पर भी प्रकाश डालते हैं। गीता का अर्जुन वस्तुतः हर वह मनुष्य है जो जीवन की उलझन भरी राहों में यह तय नहीं कर पाता है कि कैसे वह सही राह को प्राप्त करे। हर मनुष्य का जीवन एक युद्ध भूमि ही तो होता है। गीता हमें संघर्ष से पलायन करने की नहीं वरन् संघर्ष का सामना करने की प्रेरणा देती है, पर इसका लक्ष्य किसी भौतिक लाभ की प्राप्ति नहीं है......इसका लक्ष्य उस ईश्वर की प्रप्ति है जो इस संसार का सृष्टा और पालनकर्त्ता तो है, किन्तु हमसे कहीं बाहर नहीं हमारे भीतर ही है।

निष्काम कर्मयोग—मोक्ष प्राप्ति हेतु बताया गया गीता का प्रसिद्ध मार्ग है **निष्काम कर्मयोग। 'कर्मण्येवाधिकारस्ते मा फलेषु कदाचन'**[1] अर्थात् तेरा केवल कर्म में अधिकार है फल में नहीं, इस प्रसिद्ध अर्धश्लोक में निश्चय ही गीता की शिक्षा का सार है। गीता का यह निष्काम कर्मयोग क्या है, यह जानने के लिए हम सबसे पहले योग क्या है, यह देखेंगे।

---

1. *गीता*, 2/47

योग—**योग** शब्द **युज्** धातु से बना है जिसका अर्थ है **मिलना** अथवा **संयोग होना**। इस तरह योग सम्बन्ध वाचक है। गीता में यह सम्बन्ध आत्मा और परमात्मा में, जीव और शिव में सम्बन्ध है। गीता इसे ही मुक्ति-लाभ कहती है। इस तरह योग मुक्ति का साधन है।

योग के प्रकार—गीता में योग के मुख्य तीन प्रकार बताये गये हैं—**ज्ञानयोग, कर्मयोग** एवं **भक्तियोग**। गीता का निष्काम कर्मयोग इन तीनों के समन्वय का मार्ग है।

1. ज्ञानयोग—ज्ञानयोग का अर्थ है ज्ञान द्वारा मुक्ति की प्राप्ति। उल्लेखनीय है कि भारतीय दर्शन में मोक्ष की प्राप्ति हेतु ज्ञान की उपादेयता जैन, बौद्ध, न्याय, वैशेषिक, सांख्य, योग तथा वेदान्त आदि सभी दर्शनों ने स्वीकार की है। उपनिषदों में भी कहा गया है, **'ऋते ज्ञानं न मुक्ति'** अर्थात् ज्ञान के बिना मुक्ति सम्भव नहीं है। इसके विपरीत अज्ञान (अविद्या) को सबने दुःख की जड़ माना है। हाँ, इस अज्ञान को दूर करने वाले ज्ञान का स्वरूप कैसा है, इस सम्बन्ध में अवश्य मतभेद है।

जहाँ तक भगवद् गीता का प्रश्न है, यहाँ कृष्ण अर्जुन को युद्ध में प्रवृत्त करने हेतु सर्वप्रथम ज्ञानयोग का ही उपदेश देते हैं। वे अर्जुन को तरह-तरह से समझाते हैं कि मृत्यु[1] शरीर की होती है आत्मा की नहीं, आत्मा तो अजर अमर है, इसे कोई शस्त्र नहीं काट सकता न अग्नि जला सकती है। इसको जल नहीं गला सकता और न ही वायु ही इसे सुखा सकती है। इस तरह यह आत्मा, अच्छेद्य, अदाह्य अक्लेद्य एवं अशोष्य है।[2] जिस तरह जीवात्मा की देह में बालपन, यौवन एवं वृद्धावस्था होती है उसी तरह देहान्तर भी होता है।[3] जैसे पुराना वस्त्र जीर्ण होने पर उसे त्याग कर हम नया वस्त्र पहनते हैं उसी तरह देह त्याग के पश्चात् हम पुनः नवीन देह धारण करते हैं[4] अतः मृत्यु दुःखदायी नहीं होना चाहिए। गीता में आत्मा को क्षेत्रज्ञ तथा देह को क्षेत्र भी कहा गया है।

इसके साथ ही गीता में परमात्मा के वास्तविक स्वरूप का ज्ञान भी मोक्षदायक कहा गया है। परमात्मा आत्मा के समान ही क्षेत्रज्ञ कहा गया है और इसका क्षेत्र है, सम्पूर्ण चराचर जगत। कृष्ण कहते हैं, ''**क्षेत्रज्ञं माम विद्धि सर्वक्षेत्रेषु भारत**''[5] अर्थात् हे अर्जुन सभी क्षेत्रों का क्षेत्रज्ञ मुझे ही जान, यह परमात्मा ''**सर्वतः पाणिपादं तत्सर्वतोऽक्षिशिरोमुखम्**'' अर्थात् सब ओर हाथ पैर वाला सब ओर नेत्र, शिर एवं मुख वाला है[6] यह ''**बहिरन्तश्च भूतानामचरंचरमेव च**''[7] अर्थात् चराचर सब भूतों के बाहर-भीतर है। पर विशेष रूप से यह ''**हृदि सर्वस्य विष्ठितम्**'' अर्थात् सबके हृदय में स्थित हैं।

इस तरह आत्मा को शरीर से पृथक् अजर-अमर तत्त्व के रूप में तथा परमात्मा को चराचर जगत तथा सबकी आत्मा में व्याप्त देखना ही ज्ञान योग है। ऐसा व्यक्ति मन शरीर

1. नैनं छिन्दन्ति शस्त्राणि नैनं दहति पावकः।
   न चैनं क्लेदयन्त्यापो न शोषयति मारूतः।। 2/23
2. *भगवद् गीता*, 2/24
3. *वही*, 2/13
4. *वही*, 2/22
5. *वही*, 13/2
6. *वही*, 13/13
7. *वही*, 13/15

के द्वन्द्वों तथा हानि-लाभ, जय-पराजय, सर्दी-गर्मी आदि से ऊपर उठ जाता है। काम, क्रोध, लोभ, मत्सर आदि उस पर कोई प्रभाव नहीं डालते और समदर्शी होने के कारण वह निर्बैर हो जाता है। उसके लिए अब 'मैं' शरीर नहीं 'परमात्मा' हो जाता है। यही ज्ञानयोग की चरम परिणति है।

2. भक्तियोग—भारतीय विचारकों ने भक्तियोग को भी मोक्ष प्राप्ति हेतु महत्त्वपूर्ण मार्ग माना है। भक्ति का शाब्दिक अर्थ **ईश्वर की प्रेमपूर्वक सेवा** होता है। नारद भक्ति को परिभाषित करते हुए कहते हैं, **'तदर्पिताखिलाचारता तद्विस्मरणे परम व्याकुलतेति'** अर्थात् सब कर्मों को भगवान को अर्पित करना और भगवान का थोड़ा-सा भी विस्मरण होने पर व्याकुल होना ही भक्ति है।[1]

गीता में हर ओर ईश्वर का दर्शन करने वाले ज्ञानी से यह अपेक्षा भी की गई है कि वह ऐसे सर्वव्यापक ईश्वर के प्रति भक्तिभाव भी रखे। प्रत्येक कर्म ईश्वर को अर्पित करता चले। नवें अध्याय में कृष्ण अर्जुन से कहते हैं, **तू जो कुछ करता है, जो खाता है, जो हवन करता है, जो दान देता है और जो तप करता है वह सब मुझे अर्पण कर।**[2]

इसी अध्याय के अन्त में आत्मसमर्पण द्वारा ईश्वर-प्राप्ति की सम्भावना बतलाने वाला बड़ा प्रसिद्ध श्लोक है जिसने सदियों से अब तक जाने कितने ही लोगों में भक्ति की जोत जलाई है। श्लोक है—

"मन्मना भव मद्भक्तो मद्याजी मां नमस्कुरु।
मामेवैष्यसि युक्त्वैवमात्मानं मत्परायण:।।"[3]

अर्थात् तू मुझमें मन वाला हो, मेरा भक्त बन, मेरा पूजन करने वाला हो, मुझको प्रणाम कर। इस प्रकार आत्मा को नियुक्त करके मेरे परायण होकर तू मुझको ही प्राप्त करेगा।

गीता में ईश्वर की अनन्या भक्ति का फल ईश्वर से एकाकार होना बताया गया है। ऐसा व्यक्ति निश्चय ही सभी द्वन्द्वों, कष्टों एवं दु:खों को पार कर मोक्ष की प्राप्ति करता है। कृष्ण आश्वासन देते हैं कि ऐसे अनन्यचित्त योगी के लिए **'अहं सुलभं'**[4] अर्थात् मैं सरलता से प्राप्त होने वाला हूँ।

गीता में यह भक्ति योग सर्वसुलभ भी बताया गया है। एक स्थान पर कृष्ण कहते हैं कि ईश्वर की शरणगति लेने वाला, चाहे, स्त्री हो, वैश्य हो, शूद्र हो अथवा किसी पापयोनि (चांडाल आदि) का हो, परम गति को ही प्राप्त करता है।[5] भक्ति का एक ही फल है, **व्यक्ति शीघ्र धर्मात्मा बन जाता है तथा शाश्वत शान्ति को प्राप्त करता है।**[6]

3. कर्मयोग—कर्म के द्वारा मोक्ष प्राप्ति की बात भी हमारे यहाँ प्रारम्भिक काल से ही कही गई है। वेद (ब्राह्मण) तथा मीमांसा दर्शन मोक्षदायक कर्मकाण्डों के नियमों व

---

1. *नारद भक्ति सूत्र*, पृ० 19
2. यत्करोषि यदश्नासि यज्जुहोषि ददासियत्।
   यत्तपस्यसि कौन्तेय तत्कुरुष्व मदर्पणम्।। 9/27
3. *गीता*, 9/34
4. *वही*, 8/14
5. *वही*, 9/32
6. *वही*, 9/31

प्रकारों से भरे हुए हैं। आधुनिक युग में तिलक, गाँधी, विनोबा आदि ने भी कर्म को महत्त्व दिया है। किन्तु इनके कर्म तथा मीमांसा आदि के कर्मकाण्ड में पर्याप्त भेद हैं।

गीता में भी स्थान-स्थान पर कर्म की प्रशंसा की गई है तथा इसे भी मुक्ति का उपाय कहा गया है। यहाँ कर्मसंन्यास से कर्मयोग को प्रशंसनीय बताया गया है।

गीताकार कहते हैं कि कर्म करना तो मनुष्य की नियति है। जीवन में कोई भी क्षण भर भी बिना कर्म किये नहीं रह सकता।[1] अतः कर्म से संन्यास सम्भव ही नहीं है। सामान्यतया कर्म बंधनकारी माने जाते हैं क्योंकि वे अपना फल अवश्य छोड़ते हैं जो पाप रूप में हो या पुण्य रूप में, मनुष्य के लिए बंधनकारी ही होता है। इसीलिए शंकर आदि आचार्यों ने कर्म की निंदा की है।

किन्तु गीता कर्म को योग के साथ संयुक्त कर उसे भी मुक्ति का मार्ग बना देती है। पर हमारे कर्म तभी योग बनते हैं जब वे कुशलतापूर्वक किये जाएँ। गीता का प्रसिद्ध कथन है, **'योगः कर्मेषु कौशलम्'** अर्थात् कर्म में कुशलता ही योग है। गीता में उन बिन्दुओं पर विस्तृत विचार हुआ है जो कर्म को मोक्षदायक योग की श्रेणी में लाते हैं अर्थात् जो हमारे कर्म की कुशलता की कसौटी है।

गीता में कर्म की कुशलता की सबसे बड़ी कसौटी सभी प्रकार के द्वन्द्वों से परे रहकर कर्त्तव्य कर्म करना बताई गई है। इसके साथ ही वर्णाश्रम धर्म के अनुसार अपने **नियतकर्म** करना कर्मयोगी के लिए आवश्यक बताया गया है। किन्तु हमारे कर्त्तव्य कर्म भी तभी मोक्षदायक हो सकते हें जब वे अपने लाभ के लिए नहीं, वरन् लोक कल्याण (**लोक संग्रह**) के लिए अर्थात सम्पूर्ण मानव-समाज के कल्याण के लिए किये गये हों तथा यज्ञभाव से किये गये हों।

निष्काम कर्मयोग (ज्ञानयोग, भक्तियोग एवं कर्मयोग का समन्वय)—ऊपर हमने देखा कि गीता में ज्ञानयोग, कर्मयोग एवं भक्तियोग, तीनों की प्रशंसा की गई है। स्थान-स्थान पर तीनों को मोक्षदायक बताया गया है। हमने यह भी देखा कि हमारे देश में अनेक ऐसे विचारक हुए हैं जिन्होंने इनमें से किसी एक पर जोर देते हुए उसे ही मोक्ष का प्रमुख साधन कहा है। किन्तु गीता तीनों पर समान रूप से बल देती है। तब इसका तात्पर्य क्या यह हुआ कि गीताकार यह तय नहीं कर पाये कि इनमें से सर्वश्रेष्ठ कौन-सा है? नहीं, ऐसी बात नहीं है। वस्तुतः गीता के निष्काम कर्मयोग में इन तीनों का समन्वय है।

कर्मयोग के नाम से ही यह स्पष्ट है कि गीता कर्म को महत्त्व देती है, किन्तु इसके साथ निष्काम शब्द जोड़ने का अर्थ है कि हमारे कर्म बिना किसी द्वन्द्व के, बिना किसी राग, द्वेष, लोभ, मत्सर के होने चाहिए किन्तु यह तो तभी सम्भव है जब कर्मयोगी को यह ज्ञान हो कि उसका वास्तविक स्वरूप क्या है? उसका वास्तविक स्वरूप है कि वह देह नहीं है वह तो विशुद्ध आत्मा है। जन्म, मृत्यु, सुख-दुःख आदि देह के साथ लगे रहते हैं, आत्मा इनसे मुक्त है। उसे यह ज्ञान होना भी आवश्यक है कि इस चराचर जगत् में परमेश्वर समाया हुआ है। परमेश्वर सब प्राणियों के भीतर रहता है।

---

1. *गीता*, 3/5

आत्मा की वास्तविक स्थिति का ज्ञान मनुष्य को **'स्थित प्रज्ञ'** बनाता है और फिर वह प्रत्येक कर्म एकाग्रता (योग) पूर्वक करता है। कर्मों को निष्काम भाव से सम्पादित करने के लिए गीताकार उसे ईश्वर को अर्पित करने भी कहते हैं। किन्तु एक सच्चा भक्त ही अपने कर्मों को ईश्वर-अर्पित कर सकता है। इस तरह गीता में कर्मयोगी का ज्ञानयोगी के साथ ही भक्तयोगी बनना भी आवश्यक बताया गया है।

इस तरह हम देखते हैं कि गीता में निष्काम कर्मयोग के द्वारा ज्ञान, कर्म और भक्ति तीनों योग का सुन्दर समन्वय किया गया है।

भगवद्गीता की एक बड़ी विशेषता समष्टिगत दृष्टि से अर्थात् सम्पूर्ण समाज को ध्यान में रखते हुए मानव-कल्याण पर चिन्तन है। गीता केवल अर्जुन को अथवा किसी अकेले मनुष्य को उसके कल्याण का उपदेश नहीं देती वरन् व्यक्ति के साथ-साथ उसके सारे समाज का कल्याण हो सके, ऐसा उपदेश देती है। वस्तुतः यहाँ व्यक्ति की पृष्ठभूमि में सारा समाज है।

निश्चय ही गीता में कृष्ण अर्जुन को उसके कल्याण अथवा मोक्ष की प्राप्ति हेतु उपदेश देते हैं किन्तु वे यह नहीं कहते कि वह जंगल में जाकर तपस्या करें, अथवा सांसारिक कर्मों से पलायन करे। इसका कारण यह है कि कृष्ण यह मानते थे कि अर्जुन द्वारा युद्ध से पलायन करना केवल उसके हित में ही नहीं समाज के हित में भी घातक है। यह तो स्पष्टतः समाज के कल्याण से मुख मोड़ना है। इस तरह कृष्ण द्वारा अर्जुन को युद्ध में प्रवृत्त करना वास्तव में समाज के कल्याण के हेतु ही था। इसीलिए वे इस युद्ध को 'धर्म युद्ध' कहते हैं।

मानव और समाज के सम्बन्ध को लेकर गीता का सिद्धान्त आदर्शवादी सिद्धान्त है। इसके अनुसार सारा समाज एक आध्यात्मिक एकता में बँधा हुआ है क्योंकि सारा चराचर जगत् ईश्वर का ही रूप है। अतः सारा समाज ईश्वर में स्थित है, उसी का एक अंश है।

यहाँ उल्लेखनीय है कि अर्जुन का मोह-भंग करने के लिए गीता के द्वितीय अध्याय में कृष्ण उन्हें अपना जो विश्व रूप दिखाते हैं, उसमें अर्जुन सारे समाज, बल्कि सारे ब्रह्माण्ड को अवस्थित देखते हैं।

समाज की एकात्मता—उपर्युक्त विचारों से स्पष्ट है कि सारा समाज एक आध्यात्मिक सूत्र में बँधा हुआ है। सारा समाज एकात्म है। अतः जो ईश्वर से तादात्म्य करना चाहता है वह समाज से दूर हटकर यह कार्य नहीं कर सकता। समाज प्रत्यक्ष ईश्वर है। गीता यहाँ विशाल दृष्टि का परिचय देते हुए कहती है कि ब्राह्मण, चाण्डाल तथा गाय, हाथी और कुत्ते जैसे पशु तथा वृक्ष जैसे जड़ पदार्थ तक में ईश्वर समाया हुआ है[1] अतः व्यक्ति को चाहिए कि वह सबको अपने ही समान समझे। गीता सच्चा योगी उसे कहती है जो **'सर्वभूतहितरत'**[2] हो अर्थात् सबके कल्याण में लगा रहे। वस्तुतः **जो व्यक्ति सब प्राणियों को अपने में तथा अपने को सब प्राणियों में देखता है वह किसी से घृणा नहीं करता अर्थात् सबको प्यार करता है।**[3]

1. *गीता*, 5/18
2. *गीता*, 5/25
3. यस्तु सर्वाणि भूतानि आत्मन्येवानुपश्यति।
   सर्वभूतेषु चात्मनं ततो न विजुगुप्सते।। —*ईशावास्योपनिषद्* 6

यह स्थिति आत्मदर्शी के लिए भी कल्याणकारी है क्योंकि सबसे एकत्व और तादात्म्य स्थापित कर लेने के बाद उसका अहं समाप्त हो जाता है फिर उसके जीवन में शोक और मोह का कोई स्थान नहीं रह जाता।

निश्चय ही समाज में प्रभु की उपस्थिति को महसूस करना, समाज में एकात्मकता को स्वीकार करना व्यक्ति और समाज दोनों के लिए अत्यन्त कल्याणकारी है।

व्यवहारिक दृष्टि—व्यावहारिक दृष्टि से हम समाज में भिन्न-भिन्न प्रकार के कार्य भिन्न-भिन्न व्यक्तियों द्वारा सम्पादित होते देखते हैं। कोई अध्ययन-अध्यापन करता है, कोई समाज की रक्षा का कार्य करता है, कोई व्यापार वाणिज्य का कार्य संभालता है तो कोई अन्य की सेवा करता है।

वस्तुतः ये सारे कार्य व्यक्ति अपनी प्रवृत्तियों एवं अभिरुचियों के आधार पर करता है। इसी से व्यकित का **स्वधर्म** निर्धारित होता है।

चार वर्ण—इन अभिरुचियों के आधार पर ही समाज में चार वर्ण[1] दिखाई देते हैं—ब्राह्मण, क्षत्रिय, वैश्य और शूद्र।

यद्यपि ये चारों ईश्वर द्वारा ही सृष्ट हैं किन्तु इनकी सृष्टि ईश्वर किसी भेदभाव को लेकर नहीं करता, न ही उसकी नजरों में इनमें से कोई छोटा या बड़ा है।

गीता कहती है कि ये तो प्रकृति के तीन गुणों का खेल है जो किसी से ब्राह्मण के, किसी से क्षत्रिय के, अथवा किसी से वैश्य एवं शूद्र के कर्म करवाता है।

प्रकृति के त्रिगुण—सांख्य दर्शन के समान गीता भी कहती है कि प्रकृति तीन गुणों, सत्, तम् और रज से युक्त है। प्रत्येक मनुष्य में ये तीन गुण कम या ज्यादा मात्रा में होते हैं। उनकी यही कम या ज्यादा मात्रा उन्हें विशेष वर्ण का बनाती है। यही उनके 'स्वधर्म' का निर्धारण करती है।

ब्राह्मण—इनमें से सतोगुण प्रबलता व्यक्ति में विवेक बुद्धि को बढ़ाती है, ऐसा व्यक्ति **ब्राह्मण** के कर्म करने योग्य है। इसे अध्ययन-अध्यापन करना चाहिए।

क्षत्रिय—रजोगुण की प्रबलता व्यक्ति को चंचल बनाती है। ऐसा व्यक्ति क्षत्रिय के कर्म करने योग्य है, अतः इसे सबकी रक्षा का कार्य करना चाहिए।

वैश्य—रजोगुण और तमोगुण दोनों की प्रबलता व्यक्ति को वाणिज्य एवं व्यवसाय करने को प्रेरित करती है। ऐसा व्यक्ति **वैश्य** के कर्म करने के योग्य होता है, अतः उसे समाज में व्यापार एवं व्यवसाय का कार्य करना चाहिए।

शूद्र—तमोगुण की प्रबलता व्यक्ति में अज्ञान की सृष्टि करती है। ऐसा व्यक्ति दूसरों की सेवा का कर्म कर सकता है, यही शूद्र वर्ग है।

इस तरह हम देखते हैं कि गीता में वर्ण विभाजन जन्म द्वारा नहीं वरन् गुण एवं कर्म द्वारा माना गया है।

यहाँ उल्लेखनीय है कि ग्रीक दार्शनिक प्लेटो ने भी मानव की प्रकृति के आधार पर व्यक्ति को अलग-अलग कार्य सौंपने का निर्देश दिया था।

गीता में चारों वर्णों के अलग-अलग लक्षण बताये गये हैं—

---

1. वर्ण शब्द 'वृ' धातु से बना है जिसका अर्थ है, 'चुनना'। अतः शाब्दिक दृष्टि से वर्ण वह है जिसे व्यक्ति अपने कर्म और स्वभाव के अनुसार चुनता है।

ब्राह्मण के लक्षण—मन का निग्रह, इन्द्रियों का दमन, तप, पवित्रता, क्षमा, सरलता, श्रद्धा, ज्ञान और विज्ञान ये ब्राह्मण के स्वाभाविक कर्म हैं।[1] इसका स्पष्ट तात्पर्य है कि यदि ये गुण किसी व्यक्ति में न हों तो वह ब्राह्मण कहलाने का अधिकारी नहीं है।

क्षत्रिय के लक्षण—शौर्य, तेज, धैर्य, चतुरता, युद्ध से न भागना, दान और स्वाभिमान—ये क्षत्रिय के स्वाभाविक कर्म हैं।[2]

वैश्य के लक्षण—खेती, गोपालन और क्रय-विक्रय रूप सत्य व्यवहार, ये वैश्य के स्वाभाविक कर्म हैं।[3]

शूद्र के लक्षण—सेवा करना शूद्र का स्वाभाविक कर्म है।[4]

नियत कर्म—गीताकार यहाँ कहते हैं कि अपने-अपने स्वाभिवक कर्मों में तत्परता से लगा हुआ मनुष्य वस्तुतः अपने कर्मों द्वारा ईश्वर की पूजा करता है, और इस तरह परम सिद्धि की प्राप्ति करता है। स्वभाव से तय **नियत कर्म** जो उसका स्वधर्म है, करने वाला व्यक्ति नाश को कभी प्राप्त नहीं होता। अन्ततः ईश्वर की कृपा से मुक्त होता है।

लोक-संग्रह—गीता कर्म-संन्यास अर्थात् कर्म-त्याग की निन्दा करती है तथा कर्म योग की प्रशंसा करती है। गीता के अनुसार मनुष्य को प्रकृति द्वारा निर्धारित स्वधर्म अर्थात् अपना कर्म, जो वस्तुतः नियम कर्म है, अवश्य करना चाहिए किन्तु यहाँ गीता इस बात पर भी बल देती है कि मनुष्य के कर्म अपने हित के लिए नहीं वरन् लोक-संग्रह के लिए होने चाहिए।

लोक-संग्रह का अर्थ—लोक-संग्रह का अर्थ है सम्पूर्ण लोक अर्थात् सम्पूर्ण समाज के हित के लिए कार्य करना। वस्तुतः लोक-संग्रह ही भगवद्गीता का सर्वोच्च सामाजिक आदर्श है। बिना किसी भेदभाव के अपने समान सबको समझकर सभी लोगों की भलाई के लिए कर्मशील व्यक्ति ही लोक-संग्रह का कार्य करता है।

कृष्ण का उदाहरण—गीता में कृष्ण अर्जुन से कहते हैं कि जनक आदि ज्ञानी जन कर्म द्वारा ही सिद्धि को प्राप्त हुए हैं, अतः लोक-संग्रह को देखते हुए तेरे लिए कर्म करना ही उचित है। यहीं पर कृष्ण आगे स्वयं का उदाहरण देते हुए कहते हैं—

न मे पार्थास्ति कर्त्तव्यं त्रिषु लोकेषु किंचन।
नानवाप्तमवाप्तव्यं वर्त एव च कर्मणि।। (3/22)

अर्थात् हे अर्जुन! मुझे तीनों लोकों में न तो कुछ कर्त्तव्य है और न प्राप्त करने योग्य कोई वस्तु अप्राप्त है (अर्थात् मुझे सब कुछ प्राप्त है) फिर भी मैं कर्म में ही बरतता हूँ अर्थात् कर्मरत हूँ।

वस्तुतः ईश्वर का अवतार लेनां लोक-संग्रह के लिए ही होता है। इस संदर्भ में गीता का प्रसिद्ध श्लोक है—

यदा यदा ही धर्मस्य ग्लानिर्भवति भारत।
अभ्युत्था नमधर्मस्य तदात्मानं सृजाम्यहम्।। (4/7)

---

1. शमोदमस्तपः शौचं क्षान्तिरार्जवमेव च।
   ज्ञान विज्ञानमास्तिक्यं ब्रह्मकर्म स्वभावजम्।।—*गीता,* 18/42
2. शौर्यं तेजो धृतिर्दाक्ष्यं युद्धे चाप्यपलायनम्।
   दानमीश्वरभावश्च क्षत्रकर्म स्वभावजम्।।—*वही,* 18/43
3. कृषि गौरक्ष्यवाणिज्यं वैश्यकर्म स्वभावजम्।
4. परिचर्यात्मकं कर्म शूद्रस्यापि स्वभावजम्।।—*वही,* 18/44

अर्थात् हे भारत (अर्जुन)! जब-जब धर्म की हानि और अधर्म की वृद्धि होती हैं तब-तब ही मैं अपने साकार रूप से लोगों के सामने प्रगट करता हूँ अर्थात् अवतार लेता हूँ।

परित्राणाय साधूनां विनाशाय च दुष्कृताम्।
धर्म संस्थापनार्थाय सम्भवामि युगेयुगे।। (4/8)

अर्थात् साधु पुरुषों के उद्धार के लिए, दुष्टों के विनाश के लिए और धर्म की अच्छी तरह से स्थापना के लिए मैं युग-युग में प्रगट होता है।

यहाँ स्पष्ट है कि साधुओं का उद्धार तथा दुष्टों का विनाश लोक-संग्रह के लिए किये जाने वाले कर्म हैं।

लोक-संग्रह पर बल देते हुए कृष्ण यहाँ तक कहते हैं कि लोक-संग्रह के लिए विद्वान को उसी प्रकार प्रयासपूर्वक कर्म करना चाहिए जिस प्रकार अज्ञानीजन आसक्तिपूर्वक अपने लिए प्रयास करते हैं।

लोक-संग्रह क्यों?

यहाँ प्रश्न उठता है कि मनुष्य स्वहित को छोड़कर परहित के लिए अर्थात् लोक-संग्रह के लिए क्यों कार्यरत हो? इसके उत्तर में गीता में कहा गया है कि चूँकि यह सारा जगत ईश्वर में ओत-प्रोत है तथा सभी आत्माओं में उसी परमसत्ता का वास है, अतः हमें सबको अपने ही समान समझते हुए सबके हित के लिए कार्य करना चाहिए। सच्चा योगी **सर्वभूतहितरत** रहता है।

लोक-संग्रह : मुक्ति का द्वार

लोक-संग्रह के भाव से किया गया हमारा कार्य समाज के लिए तो लाभदायक होता ही है, स्वयं हमारे लिए भी लाभदायक होता है। वस्तुतः यही तो हमें ईश्वर के करीब ले जाता है।

ते प्राप्नुवन्ति मामेव सर्वभूत हिते रतः।

अर्थात् सम्पूर्ण भूतों के हित में लगा रहने वाला उद्योगी मुझे ही प्राप्त करता है। दूसरे शब्दों में लोक संग्रह हमारी मुक्ति का द्वार है।

लोक-संग्रह और निष्काम कर्म योग

गीता लोक-संग्रह के लिए किये जाने वाले कार्य भी निष्काम भाव से करने कहती है। वस्तुतः यही आदर्श मनुष्य को ऊँचा उठा सकता है। दूसरे के हित में किये गये हमारे कर्म यदि स्वयं यश, नाम, प्रसिद्धि या धन-सम्पत्ति के लिए किये जाये, तो वे हमारे लिए मुक्ति का हेतु तो नहीं बनते वरन् गर्त में ढकेलने वाले सिद्ध होते हैं।

निष्काम कर्मयोग का अर्थ बिना किसी फल की लालसा के कर्त्तव्य कर्म करना है, जैसा कि कृष्ण कहते हैं, **कर्मण्येवाधिकारस्ते मा फलेषु कदाचन्** अर्थात् तेरा कवेल कर्म में अधिकार है फल में नहीं। किन्तु निष्काम कर्मयोग की पूर्णता सब कर्मफलों को ईश्वर अर्पित करते हुए करने में हैं। कृष्ण कहते हैं, **जो व्यक्ति सब कर्मों को परमात्मा में अर्पण करके आसक्ति का त्याग करता है वह उसी तरह पाप में लिप्त नहीं होता जैसे, जल में रहते हुए भी कमल-पत्र जल में लिप्त नहीं होता।**

इस तरह हम देखते हैं कि गीता द्वारा प्रस्तुत लोक-संग्रह की अवधारणा व्यक्ति का कल्याण तो करती ही हैं, सम्पूर्ण समाज का भी कल्याण करती है। निश्चय ही यह एक सच्चा सामाजिक आदर्श है। आज के युग में जहाँ चारों ओर स्वार्थपरता की आँधी समूची मानवजाति एवं पृथ्वी को नष्ट करने पर तुली है, गीता की यह शिक्षा अपनाना अत्यंन्त आवश्यक है।

गीता में यज्ञ

श्रीमदभगवद्‌गीता में अनेक स्थानों पर यज्ञ की प्रशंसा की गई है तथा हमें यज्ञार्थ कर्म करने कहा गया है। इसका भावार्थ यह है कि हम जो कुछ भी कर्म करें इस भाव से करें कि हम किसी यज्ञ में आहूति दे रहे हैं, हम अपने कर्म परमात्मा को समर्पित कर रहे हैं। हमारा समग्र जीवन एक यज्ञ बन जाना चाहिए।

यहाँ उल्लेखनीय है कि यद्यपि गीता के तीसरे अध्याय में वेदों और वेदांगों के समान ही यज्ञों के उद्देश्य और महत्व को रेखांकित किया गया है किन्तु अगले अध्याय में हम यहाँ यज्ञ का एक बिल्कुल भिन्न और उद्दात्त स्वरूप देखते हैं।

तीसरे अध्याय में कृष्ण अर्जुन से कहते हैं कि, **यज्ञार्थात्कर्मणोऽन्यत्र लोकोऽयं कर्मबंधनः** (3/9) अर्थात यज्ञ के लिए किये जाने वाले कार्यों के सिवाय अन्य कर्म बंधन में डालने वाले हैं। अतः तू यज्ञार्थ कर्म कर। अगले श्लोकों में कृष्ण यज्ञ के विषय में कहते हैं, प्राचीन समय में प्रज़ापति ने यज्ञ के साथ प्राणियों को उत्पन्न किया और कहा इसके द्वारा तुम फलो-फूलो और यह तुम्हारी अभिष्ट इच्छाओं को पूर्ण करने वाला होगा। (3/10) इसके द्वारा तुम देवताओं का पोषण करो और देवता तुम्हारा पोषण करें। इस प्रकार एक-दूसरे का पोषण करते हुए तुम सब परम कल्याण को प्राप्त होंगे। (3/11) यज्ञ से प्रसन्न होकर देवता तुम्हें वे सब सुख भोग प्रदान करेंगे जिन्हें तुम चाहते हो। जो व्यक्ति देवताओं के द्वारा दिये गये उपहारों का उपभोग बिना उन्हें दिये करता है वह चोर है। (3/12) जो व्यक्ति **यज्ञष्टिाशिन** अर्थात् यज्ञ के बाद बची हुई वस्तु का सेवन करते हैं वे सब पापों से मुक्त हो जाते हैं और जो केवल अपने लिए भोजन पकाते हैं वे तो केवल पाप ही खाते हैं। (3/13) मनुस्मृति के समान गीता में आगे कहा गया है, 'प्राणिमात्र की उत्पत्ति अन्न से होती है,[1] अन्न पर्जन्य से उत्पन्न होता है, पर्जन्य यज्ञ से उत्पन्न होता है और यज्ञ की उत्पत्ति कर्म से होती है।' (3/14) अगले श्लोक में कृष्ण कहते हैं, इस कर्मसमुदाय को तू ब्रह्म (वेद) से उत्पन्न हुआ जान और यह ब्रह्म अक्षर अर्थात् अविनाशी परमात्मा से उत्पन्न हुआ है। इसलिए यह समझ लें कि सर्वगत् ब्रह्म सदा यज्ञ में प्रतिष्ठित है। (3/15) आगे कृष्ण यज्ञ में हमारी भागीदारी की अनिवार्यता बताते हुए कहते हैं, हे पार्थ! इस संसार में जो व्यक्ति इस प्रकार घुमाये जा रहे चक्र के चलने में सहायता नहीं देता, वह दुष्ट स्वभाव वाला और इन्द्रियों के सुखों में मग्न रहने वाला व्यक्ति व्यर्थ ही जीवन बिताता है। (3/16)

गीता के ये आठ श्लोक श्रौत यज्ञ तथा पंचमहायज्ञ का समर्थन करते प्रतीत होते हैं। किन्तु गीता का अगला श्लोक यज्ञों के प्रति उसकी नई दृष्टि को प्रगट करता है। यहाँ कृष्ण कहते हैं जो मनुष्य केवल आत्मा में आनन्द का अनुभव करता है और जो आत्मा से सन्तुष्ट है और जो आत्मा से तृप्त है उसके लिए कोई ऐसा कार्य नहीं है जिसे करना आवश्यक हो। (3/17) डा॰ राधाकृष्णन् यहाँ टिप्पणी करते हैं कि, **यहाँ पर आसक्तिरहित**

होकर किये गए कार्य को यज्ञ की भावना से किये गये कार्य की अपेक्षा ऊँचा बतलाया गया है।[1] गीता के यज्ञ सम्बन्धी विचारों के सम्बन्ध में लोकमान्य तिलक कहते हैं, **कर्मकाण्डी मीमांसकों का यह मत भी गीता को मान्य है कि यदि केवल यज्ञ के लिए ही वेदविहित कर्मों का आचरण किया जाये तो बंधक नहीं होते परन्तु 'यज्ञ' शब्द का अर्थ विस्तृत करके गीता ने उक्त मत में यह सिद्धान्त और जोड़ दिया है कि यदि फलाशा को त्याग कर कर्म किये जावे तो यही बड़ा भारी यज्ञ बन जाता है।**[2]

आध्यात्मिक यज्ञ—गीता के चौथे अध्याय में यज्ञ पर पुनः चर्चा है। यहाँ कहा गया है कि अनासक्त भाव से कर्म को यज्ञ समझ कर करने वाले योगी के समस्त **कर्म समग्रं प्रविलीयते** अर्थात् पूर्णतया विलीन हो जाते हैं अर्थात् बंधनकारी नहीं होते। ऐसे व्यक्ति का यज्ञ कैसे होता है? यहाँ गीता खर्चीले एवं हिंसक तथा मुख्यतः भौतिक सुखों को प्रदान करने वाले श्रौत यज्ञों के स्थान पर आध्यात्मिक यज्ञ की अत्यन्त सुन्दर छबि दिखाती है। ऐसे यज्ञ में हर कुछ ब्रह्म होता है, अर्पण ब्रह्म है, अर्पित की जाने वाली वस्तु (हवि) भी ब्रह्म है। हवि देने वाला कर्त्ता भी ब्रह्मरूप है तथा जिस अग्नि में हवन किया जा रहा है वह अग्नि भी ब्रह्म है। (4/24) आगे यज्ञ के और भी प्रकार बताये गये हैं। इसमें देवताओं के निमित्त किये जाने वाले यज्ञों के अतिरिक्त प्राणायाम आदि पांतजल योग की क्रियाएँ तथा तपश्चरण भी एक प्रकार का यज्ञ बताया गया है।

कुछ योगी देवताओं के लिए यज्ञ करते हैं। (रामानुज के अनुसार यह देवपूजन रूप यज्ञ का अनुष्ठान है।) (4/25)

कोई कोई ब्रह्माग्नि में यज्ञ से ही यज्ञ का हवन करते हैं। (वही)

कुछ लोग श्रोत्रादि इन्द्रियों का संयम रूपी अग्नि में हवन करते हैं। (4/26)

कुछ लोग अपनी इन्द्रियों के सब कर्मों और प्राणशक्ति के सब कर्मों को आत्मसंयम रूपी योग की अग्नि में समर्पित कर देते हैं जो ज्ञान द्वारा जलायी जाती है। (4/27)

इसी तरह कुछ लोग द्रव्ययज्ञ करने वाले, कुछ लोग तपयज्ञ करने वाले, कुछ योगाभ्यासरूपी यज्ञ करने वाले तो कुछ स्वाध्यायरूपी ज्ञानयज्ञ करने वाले होते हैं। (4,28)

कुछ और भी लोग हैं जो प्राणायाम में लगे रहते हैं। वे प्राण (बाहर निकलने वाला श्वास) और अपान (अंदर आने वाले श्वास) के मार्ग को रोककर अपान में प्राण की और प्राण में अपान की आहूति देते हैं। (4/29)

कुछ लोग अपने आहार को नियमित करके अपने प्राणरूपी श्वासों में आहूति देते हैं। ये सब यज्ञ के ज्ञाता है और यज्ञों द्वारा पाप का नाश करने वाले हैं। (4/30) जो लोग यज्ञ के बाद बचे अन्न को खाते हैं वे सनातन ब्रह्म को प्राप्त होते हैं और जो व्यक्ति यज्ञ नहीं करता उसके लिए संसार ही नहीं है, फिर परलोक अर्थात् मोक्ष का तो प्रश्न ही नहीं है। (4/31)

ये सारे यज्ञ ब्रह्म के मुख में होते हैं। गीता कहती है कि यह जान लेने वाला मुक्त हो जाता है। (4/32) तिलक यहाँ टिप्पणी करते हैं कि ज्योतिष्टोम आदि वैदिक यज्ञ जो अग्नि के मुख में होते हैं उनसे ये यज्ञ श्रेष्ठ ही है जो साक्षात् ब्रह्म के मुख में किये जाते हैं।

1. लोकमान्य तिलक, *गीता रहस्य*, पृ० 470
2. राधाकृष्णन्, *भगवद्गीता*, पृ० 130

आगे गीता द्रव्यमययज्ञ से ज्ञानमययज्ञ को श्रेष्ठ कहती है। कृष्ण कहते हैं, हे पार्थ, द्रव्यमय यज्ञ की अपेक्षा ज्ञानयज्ञ श्रेष्ठ है। सब कर्म पूर्णतया ज्ञान में समाप्त हो जाते हैं। (4/33) निश्चय ही गीता के ये विचार यज्ञ को अत्यन्त उच्चकोटि तक पहुँचा देते हैं। कुछ लोगों तथा श्रेष्ठ वर्णों तक सीमित यज्ञों को गीता प्रत्येक व्यक्ति के लिए सुलभ बना देती है।

जपयज्ञ—गीता कर्म, ज्ञान और भक्ति के समुच्चय के लिए प्रसिद्ध है। यज्ञ के प्रसंग में हमने यहाँ कर्म और ज्ञान के संदर्भ में विचार देखें। उल्लेखनीय है कि गीता के कुछ श्लोक भक्ति-यज्ञ की भी बात करते हैं। दसवें अध्याय में 'जपयज्ञ अर्थात् ईश्वर के नाम जप को सर्वश्रेष्ठ यज्ञ कहा गया है, **यज्ञानां जपयज्ञोऽस्मि**। (10/25) इसी तरह ग्यारहवें अध्याय में ईश्वर के दिव्य रूप के दर्शन हेतु वेद, यज्ञ, दान, और तप से भी अधिक कारगर ईश्वर के प्रति अनन्य भक्ति कही गई हैं। (11/48/-49) वस्तुतः गीता की दृष्टि में यज्ञादि चित्तशुद्धिकारक है अतः इनका त्याग नहीं करना चाहिए। बिना आसक्ति के इन्हें करना चाहिए। (18/5-6) यज्ञ से स्वर्ग लोक प्राप्त होता है, गीता इसे अस्वीकार नहीं करती, नवें अध्याय में कृष्ण कहते हैं कि वैदिक विधान से यज्ञ करने वाले स्वर्ग लोक को प्राप्त कर दिव्य भोगों का उपभोग करते हैं, किन्तु उसकी निःसारता भी अगले ही श्लोक में वे दिखाते हैं, **ते तमं भुक्तवा स्वर्गलोके विशालं क्षीणे पुण्य मर्त्यलोके विशन्ति** अर्थात् वे उस विशाल स्वर्गलोक को भोगकर पुण्य समाप्त होने पर पुनः मृत्युलोक को प्राप्त करते हैं। (9/20-21)

इससे स्पष्ट है कि गीता की दृष्टि में ईश्वर को अर्पित करते हुए निष्काम भाव से किया गया कर्त्तव्य कर्म ही सर्वश्रेष्ठ यज्ञ है।

महाभारत में यज्ञ

महाभारत में अनेक स्थानों पर उन विशाल यज्ञों का उल्लेख है जो राजागण किया करते थे। इसके आश्वमेधिक पर्व में युधिष्ठिर द्वारा किये गये अश्वमेघ यज्ञ का विस्तार से उल्लेख है जिसमें अश्व के साथ-साथ 300 पशुओं की बलि दी गई थी जिसके मांस को यज्ञोपरान्त सबने ग्रहण किया था। किन्तु महाभारत में अनेकों स्थानों पर यज्ञ में पशु बलि दिये जाने की निन्दा भी है। एक स्थान पर कहा गया है कि, **नायं धर्म कृतो यज्ञो न हिंसा धर्म उच्यते** अर्थात् यह कृत्य यज्ञ धर्म के अनुकूल नहीं है क्योंकि हिंसा को धर्म नहीं कहा जाता। अतः यजमान तीन वर्ष पुराने बीजों से ही यज्ञ करें। बीज को अज भी कहते हैं। अतः श्रुति जब कहती है कि 'अज' के द्वारा यज्ञ करें तो इसका तात्पर्य है बीजों के द्वारा न कि बकरे (अज) के द्वारा यज्ञ करें। अनुशासनपर्व में यज्ञ में पशुबलि का विरोध करते हुए भीष्म पितामह कहते हैं, **जो माँस लोभी मूर्ख एवं अधम मनुष्य यज्ञयाग आदि वैदिक मार्गों के नाम पर प्राणियों की हिंसा करता है, वह नरकगामी होता है।** शान्तिपर्व में इस संदर्भ में एक ब्राह्मण की कथा उल्लेखनीय है जो स्वर्ग प्राप्ति की लालच में एक मृग की बलि देने का मन बनाता है किन्तु मन में यह संकल्प करते ही उसके वर्षों से संचित तप के फल तत्काल नष्ट होने लगते हैं। तब वह मृग को बंधनमुक्त कर तत्काल अहिंसक यज्ञ कर धर्म की प्राप्ति करता है।

श्रीमद्भागवत् एक कदम और आगे बढ़कर यज्ञ में मारे गये पशुओं द्वारा यजमान से बदला लेने की बात भी कही गई है, **'हे राजन्! तेरे यज्ञ में जो सहस्त्रों पशु तेरी निर्दयता से मारे गये हैं वे ही तेरी क्रूरता का स्मरण करते हुए क्रोधित होकर तीक्ष्ण हथियारों से तुझे काटने को बैठे हैं।'**

❑

अध्याय 4

चार्वाक दर्शन

परिचय

भारतीय दर्शन में एकमात्र जड़वादी दर्शन के रूप में विख्यात् चार्वाक दर्शन एक अत्यन्त प्राचीन दर्शन है।

जड़वाद का अर्थ है, विश्व के मूलतत्त्व को जड़ अर्थात् भौतिक मानने वाला सिद्धान्त। जड़वाद न केवल विश्व के मूलतत्त्व को, वरन् आत्म-तत्त्व को भी मूलतः जड़ ही मानता है। इस तरह यह अध्यात्मवाद का विरोधी दर्शन है।

जड़तत्त्व को मूलतत्त्व मानने के कारण यह विश्व के निर्माता के रूप में ईश्वर को नहीं मानता, न ही आध्यात्मिक मूल्यों के संरक्षक के रूप में ईश्वर के अस्तित्व को आवश्यक समझता है। इस तरह यह विशुद्ध रूप में नास्तिक दर्शन है।

चार्वाक शब्द का अर्थ—जहाँ तक 'चार्वाक' शब्द के अर्थ का प्रश्न है, इसका सही उत्तर जानना कठिन है, क्योंकि चार्वाक शब्द अनेक अर्थों को प्रगट करता है। सामान्यतया इसके निम्नलिखित अर्थ बताए जाते हैं—

1. चार्वाक शब्द 'चर्व' धातु से बना है जिसका अर्थ होता है, चबाना। चूँकि यह जड़वादी दर्शन, 'खाओ पीओ और मौज करो' सिद्धान्त का प्रतिपादक था, अतः यह चार्वाक कहलाया।
2. चार्वाक का एक अर्थ सुंदर वाणी(चारू+ वाक्) भी किया जाता है। चार्वाक दार्शनिकों के विचार शरीर और मन की सन्तुष्टि का पक्ष लेते थे। ऐसे विचार जन-सामान्य को रुचिकर लगते हैं, इसलिए सामान्य लोगों को इनकी वाणी मधुर प्रतीत होती थी। शायद इसीलिए लोगों के मध्य यह दर्शन चार्वाक के नाम से प्रसिद्ध हुआ।
3. यह भी मान्यता है कि 'चार्वाक' नामक किसी ऋषि ने इस दर्शन का प्रवर्तन किया था।[1] सम्भवतः इन्हीं के नाम पर इस दर्शन का नाम चार्वाक दर्शन पड़ा हो। कुछ प्राचीन ग्रन्थों में इनका उल्लेख मिलता है। कुछ विद्वान इन्हें देव-गुरु बृहस्पति के शिष्य बताते हैं।[2]

देव-गुरु बृहस्पति—पुराणों में देवताओं के गुरु बृहस्पति परम पूज्य माने गये हैं जिन्होंने देवताओं को हमेशा अध्यात्म की ही शिक्षा दी है। ऐसे गुरु का शिष्य चार्वाक भौतिकवादी दर्शन का प्रणेता कैसे बना होगा, यह प्रश्न रहस्मय है।

कुछ विद्वान स्वयं बृहस्पति को ही इस दर्शन का प्रवर्तक कहते हैं। वैसे प्राचीन ग्रन्थों में यह दर्शन बार्हस्पत्य-दर्शन के नाम से भी जाना जाता है। किन्तु यहाँ फिर पूर्ववत् प्रश्न उठता है कि देवताओं के गुरु ने इस राक्षसी विद्या का प्रचार क्यों किया होगा? उत्तर में कुछ विद्वानों का कहना है कि देवगुरु ने जानबूझकर ऐसे दर्शन का प्रतिपादन किया था

1. राधाकृष्णन्, *भारतीय दर्शन*, भाग 1, पृ० 225
2. आनन्द झा, *चार्वाक दर्शन*, पृ० 8

जिसे अपनाकर असुरगण स्वयं ही विनाश को प्राप्त हो जावें। वैसे कुछ विद्वान इन्हें देवगुरु बृहस्पति से भिन्न कोई अन्य राजगुरु मानते हैं।

लोकायत दर्शन—चार्वाक दर्शन लोकायत दर्शन के नाम से भी प्रसिद्ध हुआ है। आम आदमियों में अपने भौतिकवादी विचारों के कारण लोकप्रिय था, अतः यह लोकायत दर्शन भी कहा गया। सामान्यतया लोकायत की यही व्याख्या की जाती है। किन्तु कुछ विद्वान यह भी कहते हैं कि यह दर्शन इसी लोक को सत्य मानता है, इसीलिए यह लोकायत कहा गया।[1]

चार्वाक ग्रन्थ—हालाँकि चार्वाक-दर्शन के प्रणेता अथवा उनके किसी शिष्य के कोई ग्रन्थ उपलब्ध नहीं है, किन्तु प्राचीनकाल में वे अवश्य रहे होंगे क्योंकि इनका उल्लेख प्राचीन ग्रन्थों में मिलता है। वस्तुतः हमें इस दर्शन की उपस्थिति की जानकारी अन्य दर्शनों के ग्रन्थों से ही होती है। किन्तु अन्य ग्रन्थों ने इनका उल्लेख क्यों किया? वस्तुतः अन्य दर्शनों ने इनका खंडन करने के लिए इनका उल्लेख किया है। भारतीय दर्शन में अपने मत का प्रतिपादन करने के पूर्व अन्य मतों का खंडन करने की परम्परा रही है। इस खंडन हेतु पूर्वपक्षी के विचारों का उल्लेख करना जरूरी होता है। इसी संदर्भ में चार्वाक-दर्शन के विचार हमें अन्य ग्रन्थों से ज्ञात होते हैं।[2] वैसे माधवकृत **'सर्व-दर्शन-संग्रह'** में कुछ विस्तार से इस दर्शन के सूत्र देखे जा सकते हैं।

महाकाव्यों में चार्वाकी विचार

चार्वाक दर्शन के भौतिकवादी विचारों का उल्लेख महाकाव्यों में भी दिखाई देता है। रामायण के अयोध्याकांड में जाबालि नामक ब्राह्मण का आख्यान है जो श्रीराम को वनवास से लौटाने हेतु उन्हें भौतिकवादी होने की सीख देता है। राजा दशरथ की मृत्यु के बाद भरत के साथ वशिष्ट आदि मुनिगण भी यही चाहते थे कि वनवास का त्याग कर अयोध्या लौट आयें तथा अयोध्या का राज्य स्वीकार करें, इसीलिए वे उन्हें मनाने वन जाते हैं। किंतु राम पिता के वचनों का आदर करते हुए जब लौटने से इन्कार करते हैं तब जाबालि नामक एक ब्राह्मण कहता है कि आपको पिता का साम्राज्य छोड़कर इस कंटकाकीर्ण वन में नहीं रहना चाहिए। जैसे देवराज इन्द्र स्वर्ग में विहार करते हैं ऐसे ही आप तो अयोध्या में विहार कीजिए। राजा दशरथ आपके कोई नहीं थे न आप उनके कोई हैं। पिता तो जीव के जन्म का केवल निमित्त कारण होता है। राजा को जहाँ जाना था वे चले गये, आप क्यों व्यर्थ मारे जाते हैं। जो मनुष्य अर्थ का परित्याग करके धर्मपरायण हुए, मैं तो उनके लिए ही शोक करता हूँ।

यहाँ जाबालि आगे मृतात्मा के लिए दान देने की भी निंदा करता है और इसे अन्न का नाश बतलाता है। यहाँ चार्वाक दर्शन के भावों को प्रगट करने वाला प्रसिद्ध श्लोक दृष्टव्य है कि यदि दूसरे का खाया हुआ अन्न दूसरे के शरीर में चला जाता है तो परदेश में जाने वाले का श्राद्ध ही कर देना चाहिए, उनका रास्ते के लिए भोजन देना उचित नहीं है।

रामायण में जिस प्रसंग में यह विचार उद्धत हैं वे कुछ विचित्र से लगते हैं। रामायण में राम के चरित्र के अनुरूप ये विचार नहीं है। विशेषकर अयोध्या लौटाने के लिए इस तरह

1. राधाकृष्णन्, *भारतीय दर्शन*, भाग 1, पृ० 225
2. *न्याय मंजरी*, *विवरण*, *प्रमेय-संग्रह सर्वसिद्धान्त संग्रह*, *सर्वमत संग्रह*, *षड्दर्शन समुच्चय*, *नैषध काव्य* (17वाँ सर्ग), *प्रबोध चन्द्रोदय* (नाटक) आदि।

के विचार राम के लिए असह्य ही रहे होंगे। सचमुच जाबालि के इन विचारों की राम आगे निंदा करते हैं। न केवल निंदा करते हैं वरन् उसे फटकारते भी हैं कि पता नहीं कैसे उनके पिता ने उन्हें अपना याजक बनाया था। वे जाबालि को चोर के समान दंडनीय तक कहते हैं। तब जाबालि पैतरा बदलते हुए कहता है कि वह नास्तिक नहीं है। वह तो उन्हें किसी तरह अयोध्या लौटाने के लिए ऐसे वचन कह रहा था।

महाभारत में भी अनेक स्थानों पर भौतिकवादी विचार दिखाई देते हैं। एक स्थान पर तो चार्वाक नामक राक्षस का भी उल्लेख है किंतु रामायण से बिल्कुल अलग स्थिति में उसका उल्लेख है। शांतिपर्व में कथानक है कि महासमर के बाद विषाद में डूबे युधिष्ठिर संन्यास लेना चाहते हैं किंतु सबके समझाने पर किसी तरह वे हस्तिनापुर का राजा बनना स्वीकार करते हैं। उनके राज्यभिषेक के अवसर पर चार्वाक नामक एक ब्राह्मण स्वयं को ब्राह्मणों का प्रतिनिधि बतलाते हुए युधिष्ठिर को कड़े शब्दों में फटकारता है कि अपने बंधु-बांधवों का वध करने के बाद रक्तरंजित राज्य पर आप कैसे आरुढ़ हो सकते हैं? अस्तु,....उसके इस कथन पर शेष ब्राह्मणगण उसकी निंदा करते हैं और कहते हैं कि यह हमारा प्रतिनिधि नहीं है, यह ब्राह्मण नहीं, दुर्योधन का मित्र चार्वाक नामक राक्षस है और तब ब्राह्मणों के तेज से वह चार्वाक वहीं दग्ध हो गिर पड़ता है। इस कथा में चार्वाक को मिथ्यावादी बतलाया गया है।

चार्वाक ज्ञान-मीमांसा

ज्ञान-मीमांसा का एक मुख्य प्रश्न है कि हमारे यथार्थ ज्ञान का साधन क्या है। भारतीय दर्शन में यथार्थ ज्ञान (प्रमा) के साधन को **प्रमाण** कहा गया है। यूँ तो भारतीय दार्शनिकों ने अनेक प्रकार के प्रमाण बतलाये हैं, जैसे—प्रत्यक्ष प्रमाण, अनुमान प्रमाण, उपमान प्रमाण, शब्द प्रमाण आदि, किन्तु चार्वाक-दर्शन इनमें से केवल एक ही प्रमाण को यथार्थ ज्ञान देने में सक्षम बतलाता है, वह प्रमाण है, **प्रत्यक्ष**। अन्य प्रमाणों की कमजोरी बतलाने के लिए उसके अपने तर्क हैं, जिनका हम आगे उल्लेख करेंगे।

प्रत्यक्ष प्रमाण—प्रत्यक्ष शब्द का अर्थ है, प्रति + अक्ष अर्थात् आँखों के सामने। इस शाब्दिक अर्थ से स्पष्ट है कि प्रत्यक्ष प्रमाण यथार्थ ज्ञान की प्राप्ति के लिए इन्द्रियों को साधन मानता है। दूसरे शब्दों में यह प्रमाण इन्द्रियों से प्राप्त ज्ञान को सत्य समझता है। इस प्रकार चार्वाक दर्शन के अनुसार जो ज्ञान हमें इन्द्रियाँ देती हैं, वह सत्य है।

यहाँ उल्लेखनीय है कि प्रत्यक्ष को प्रमाण रूप में सभी भारतीय दर्शन स्वीकार करते हैं किन्तु चार्वाक की विशेषता है कि वह केवल प्रत्यक्ष को ही प्रमाण मानता है। इस तरह उसके अनुसार केवल इन्द्रियाँ ही सत्य ज्ञान की एकमात्र स्रोत हैं।

प्रत्यक्ष के प्रकार—वैसे चार्वाक केवल पाँच-ज्ञानेन्द्रियों तक ही प्रत्यक्ष को सीमित नहीं रखता है। वह मन को भी प्रत्यक्ष ज्ञान देने वाला बताता है। मन सुख-दुःख आदि की स्पष्ट अनुभूति करता है। इस तरह इस दर्शन में प्रत्यक्ष के दो प्रकार हैं—(1) **बाह्य-प्रत्यक्ष** (इन्द्रियों के द्वारा) (2) **मानस-प्रत्यक्ष** (मनस् द्वारा)।

अन्य प्रमाणों की आलोचना—चार्वाक दर्शन ने मुख्य रूप से अनुमान और शब्द प्रमाण की आलोचना की है, अतः हम यहाँ क्रमशः दोनों पर प्रकाश डालेंगे।

अनुमान प्रमाण—अनुमान को प्रमाण के रूप में प्रायः सभी भारतीय दार्शनिक तथा

सामान्य जन भी स्वीकार करते हैं। वस्तुतः हम प्रत्येक काल एवं प्रत्येक स्थान की घटनाओं का प्रत्यक्ष नहीं कर सकते। अतः पूर्व में किये गये प्रत्यक्ष के आधार पर हम कल्पना के द्वारा वर्तमान में किसी सत्य की उपलब्धि अक्सर करते हैं। यही अनुमान प्रमाण है। न्याय-दर्शन में अनुमान का शाब्दिक अर्थ (अनु + मान) **पश्चात् ज्ञान** बतलाया गया है। यहाँ पश्चात् ज्ञान से तात्पर्य है, पूर्वज्ञान अर्थात् प्रत्यक्ष के पश्चात् होने वाला ज्ञान या प्रत्यक्ष पर आधारित ज्ञान।

चार्वाक दर्शन इस प्रमाण की अनेक तरह से आलोचना करता है। मुख्य रूप से उसका प्रहार अनुमान प्रमाण के केन्द्रीय बिन्दु **व्याप्ति-सम्बन्ध** पर है।

व्याप्ति-सम्बन्ध की आलोचना—न्याय-दर्शन में व्याप्ति सम्बन्ध बहुत महत्त्वपूर्ण माना जाता है। यह व्याप्ति सम्बन्ध क्या है, इसे जानने के लिए हम न्याय-दर्शन में अनुमान-प्रमाण के लिए दिये गये प्रसिद्ध उदाहरण में देखेंगे, जहाँ पर्वत के पीछे से उठते धुएँ को देखकर पर्वत में आग होने का अनुमान किया गया है। इस अति सामान्य अनुमान का उपयोग हम भी झट से करते हैं, जब कहीं भी धुआँ उठते देखते हैं। आग को प्रत्यक्ष न देखते हुए भी धुएँ को देखकर आग का अनुमान हम इसलिए करते हैं क्योंकि धुएँ और आग में विशेष सम्बन्ध होता है। इस विशेष सम्बन्ध को ही **व्याप्ति-सम्बन्ध** कहते हैं। जहाँ-जहाँ धुआँ होता है, वहाँ-वहाँ आग अवश्य होती है। इस तरह धुएँ के साथ व्यापक रूप से आग के रहने के कारण इसे व्याप्ति-सम्बन्ध कहा गया।

चार्वाक दर्शन में इसी व्याप्ति सम्बन्ध की निम्नलिखित तर्कों द्वारा आलोचना की गई है—

(क) व्याप्ति का ज्ञान कभी भी संदेह से परे नहीं होता। पहली बात तो हम सर्वत्र व्याप्ति सम्बन्ध का प्रत्यक्ष नहीं कर सकते। धुएँ और आग में सर्वत्र ही व्याप्ति सम्बन्ध है, यह हम सर्वत्र बिना देखे नहीं कह सकते। दूसरी बात, व्याप्ति सम्बन्ध सर्वकाल में भी सिद्ध नहीं किया जा सकता। भूत और भविष्य के धुएँ और आग के मध्य व्याप्ति-सम्बन्ध के विषय में हम वर्तमान काल में कैसे कह सकते हैं?

(ख) अनुमान प्रमाण के समर्थक अनुमान की **सिद्धि** हेतु दो बातों की दुहाई देते हैं—
पहली बात—वस्तुओं का स्वभाव समान है, जैसे आग का स्वभाव गरम रहना है, तो सामान्य परिस्थितियों में वह हमेशा गरम रहेगी। इसी तरह धुएँ का स्वभाव हमेशा आग के साथ रहना है, तो वह हमेशा आग के साथ ही रहेगा। अतः हम धुएँ को देखकर आग का अनुमान कर सकते हैं।
दूसरी बात—जगत् में कार्य-कारण का नियम कार्यरत् है, इसका मतलब यह हुआ कि प्रत्येक वस्तु या घटना का कोई-न-कोई कारण अवश्य होता है, जैसे उक्त उदाहरण में धुएँ का कारण आग है।

यहाँ चार्वाक दर्शन की मुख्य आपत्ति यह है कि व्याप्ति-सम्बन्ध (जो कि विशेष न होकर एक सामान्य वाक्य होता है) की स्थापना के लिए अनुमान प्रमाण के समर्थक जिस स्वभाववाद और कार्य-कारण सिद्धान्त का सहारा लेते हैं, वह भी तो सामान्य वाक्य ही होते हैं जो अनुमान के आधार पर स्थापित किये जाते हैं। इसका मतलब यह हुआ कि एक सामान्य वाक्य की स्थापना के लिए वे दूसरे सामान्य वाक्य को प्रस्तुत करते हैं। किन्तु यह तो जैसे चक्र में घूमना हुआ। तर्कशास्त्र में इसे **पुनरावृत्ति दोष** कहा जाता है।

(ग) यहाँ अनुमान-प्रमाण के समर्थक कह सकते हैं कि संसार में कुछ निश्चित सर्वव्यापक नियम अवश्य हैं, तभी तो समान सांसारिक वस्तुओं में नियमितता पाई जाती है। आग का गर्म रहना और जल का शीतल रहना तभी तो सम्भव हो पाता है। इसके उत्तर में चार्वाक दर्शन कहता है कि यह सब वस्तुओं का स्वभाव है, जो जरूरी नहीं की हमेशा एक सा बना रहे।

(घ) चार्वाक दर्शन सामान्य का अस्तित्व इसलिए भी स्वीकार नहीं करता क्योंकि वह किन्हीं भी दो वस्तुओं को समान नहीं मानता।

(ङ) अनुमान प्रमाण को अस्वीकार करने का चार्वाक दार्शनिकों के पास एक तर्क यह भी है कि यह प्रत्यक्ष समान स्पष्ट नहीं होता है।

शब्द-प्रमाण

शब्द-प्रमाण का अर्थ है, आप्त-वचनों को प्रामाणिक मानते हुये उनके द्वारा प्रस्तुत सत्य को सत्य स्वीकारना।

आप्त का अर्थ है, **सत्य को प्राप्त।** इस प्रकार आप्त-वचन सत्य-वचन हुये। ऐसे वचन विश्वसनीय महानुभावों अथवा शास्त्रों के भी हो सकते हैं। भारतीय वैदिक-दर्शन, वैदिक वाक्यों को आप्त-वचन मानते हैं। अवैदिक दर्शन, यथा, जैन, बौद्ध भी अपने शास्ताओं (महावीर, बुद्ध आदि) के वचनों को आप्त-वचन मानते हैं।

चार्वाक दर्शन विश्वसनीय व्यक्तियों के वचनों तथा शास्त्रों के वाक्यों को आप्त-वचन मानने से इनकार करता है। उसके तर्क हैं—

(क) विश्वसनीय महानुभाव का ज्ञान या तो प्रत्यक्ष पर आधारित होगा या अनुमान पर। चार्वाक अनुमान पर आधारित ज्ञान को सत्य स्वीकार नहीं करता, यह हम पूर्व में देख चुके हैं। हाँ, यदि विश्वसनीय व्यक्तियों का ज्ञान प्रत्यक्ष पर आधारित हो तो सत्य स्वीकार किया जा सकता है किन्तु कोई व्यक्ति विश्वसनीय है, यह हम कैसे कह सकते हैं? वस्तुतः ऐसे व्यक्तियों का मिलना कठिन है।

(ख) जहाँ तक आप्त शास्त्रों से ज्ञात शब्द प्रमाण की बात है, चार्वाक इनकी कटु आलोचना करता है। खासकर वेदों की तो बड़ी कड़ी आलोचना करता है जिन्हें प्रामाणिक मानकर सभी आस्तिक षड्दर्शन आगे बढ़ते हैं। ये तो आस्तिक ही इसलिए कहलाते हैं क्योंकि ये वेदों में आस्था रखते हैं। चार्वाक दर्शन के एक श्लोक में वेदों के रचयिता को पौरुष-हीन भांड, धूर्त और राक्षस कहा गया है, जिन्होंने पैसा कमाने के लिए वेदों की रचना की है।[1] वैदिक ऋषियों ने स्वयं मांस-भक्षण के लिए यज्ञों को आवश्यक बतलाया है।

स्पष्ट है कि वेदों और वैदिक ऋषियों पर इतनी कटु अनास्था रखने वाला चार्वाक दर्शन उनके वाक्यों को कदापि शब्द प्रमाण के रूप में नहीं ग्रहण कर सकता था।

---

1. अग्निहोत्रं त्रयोवेदास्त्रिदंडं भस्मगुण्ठनम्।
बुद्धि पौरूष हीनानां जीविकेति बृहस्पतिः॥
त्रयोवेदस्य कर्त्तारो भाण्डधूर्त निशाचराः।
जर्भरी तुर्फरीत्यादि पण्डितानामं वचः स्मृतम्॥ —*सर्व-दर्शन-संग्रह*

इस प्रकार हम देखते हैं कि चार्वाक ज्ञान मीमांसा में अनुमान और शब्द प्रमाण को अस्वीकार कर एकमात्र प्रत्यक्ष को ही प्रमाण माना गया है।

चार्वाक तत्त्व-मीमांसा

तत्त्व-मीमांसा में सामान्यतया तीन तत्त्वों पर विचार होता है—**ईश्वर, आत्मा** और **जगत्**। चार्वाक दर्शन भी अपनी तत्त्व मीमांसा में तीनों पर विचार करता है, किन्तु वह इन तीनों के अस्तित्व को सत्य स्वीकार नहीं करता। इनमें से वह केवल जगत् का अस्तित्व स्वीकार करता है। वस्तुतः यह उसकी ज्ञान मीमांसा का नतीजा है। चार्वाक ज्ञान-मीमांसा में हम देख चुके हैं कि वह केवल प्रत्यक्ष को प्रमाण मानता है। चूँकि प्रत्यक्ष केवल जगत् का होता है, अतः स्वाभाविक है कि वह केवल जगत् को ही सत्य माने।

जगत्

जगत् के सम्बन्ध में एक प्रमुख प्रश्न यह उठता है कि इसका निर्माण किसने किया। सामान्यतया आस्तिक दर्शन इसके निर्माता के रूप में ईश्वर को प्रस्तुत करते हैं। चार्वाक दर्शन ईश्वर के अस्तित्व को नहीं मानता, अतः वह प्रत्यक्ष के आधार पर ही जगत् के कारणभूत द्रव्य की खोज करता है।

चार भूत द्रव्य—चार्वाक दर्शन जगत् के मूल में चार द्रव्य को स्थित बतलाता है, ये चार द्रव्य हैं, पृथ्वी, जल, अग्नि और वायु।[1] उल्लेखनीय है कि भारतीय दर्शन में पंचतत्त्वों की महत्ता है, पृथ्वी, जल, अग्नि, वायु और आकाश। हमारा शरीर भी इन्हीं पाँच तत्त्वों से रचित बतलाया गया है।[2]

चार्वाक-दर्शन इनमें से **आकाश** को भूत-द्रव्य नहीं स्वीकार करता क्योंकि आकाश उसकी दृष्टि में शून्य-मात्र है। और फिर आकाश का प्रत्यक्ष भी तो नहीं होता। हमें इन्द्रियों के माध्यम से केवल पृथ्वी, वायु, अग्नि और जल का ही प्रत्यक्ष होता है। अतः चार्वाक दर्शन इनके प्रत्यक्ष होने योग्य कणों से ही जगत् के निर्माण की बात करता है।

जगत् अपने आप निर्मित—यहाँ प्रश्न उठता है कि यदि ईश्वर या कोई अदृष्ट इस जगत् का निर्माता नहीं है तो फिर इन चारों भूतों से यह जगत् कैसे बन जाता है? उत्तर में चार्वाक कहता है कि परस्पर मिलकर संगठित होना इन द्रव्यों का स्वभाव है। इस तरह इनके स्वाभाविक धर्म एवं क्रिया से जगत् अपने आप बन जाता है।

चार्वाक का यह सिद्धान्त **स्वभाववाद** के नाम से भी जाना जाता है। चार्वाक जगत् के मूल में उपस्थित चार भूतों को जड़ कहता है, अतः उसका सिद्धान्त **जड़वाद** के नाम से भी प्रसिद्ध है।

चार्वाक के इस जड़वादी सिद्धान्त का प्रभाव उसकी आचार-मीमांसा पर भी पड़ा है। इसका विस्तारपूर्वक उल्लेख हम आगे यथा-स्थान करेंगे। अभी हम आत्म-तत्त्व के विषय में चार्वाक-दर्शन के विचारों का अवलोकन करेंगे।

---

1. 495 ई॰ पू॰ के *ग्रीक दार्शनिक एम्पेडॉक्लीज* ने भी इन्हीं चारों तत्त्वों को मूलतत्त्व कहा था।
2. छिती जल पावक गगन समीरा।
   पंच रचित यह अधम सरीरा।। —*रामचरितमानस।*

आत्म तत्त्व

जगत् के निर्माण की बात तो हमने देखी। अब प्रश्न उठता है कि चेतन आत्मा का अस्तित्व कैसे आया? किसने इसका निर्माण किया? क्या इसके निर्माण का कोई उद्देश्य है?

उल्लेखनीय है कि भारतीय दर्शन के प्रायः सभी दार्शनिक सम्प्रदाय चेतन आत्मा के नित्य अस्तित्व स्वीकार करते हैं। जड़ शरीर से सर्वथा पृथक् यह अहम् बोधक चेतन आत्मा शरीर के विनाश के बाद भी नहीं मरती। शरीर का त्याग उसके लिए केवल चोला बदलना होता है। वह तब तक बार-बार इस चोले को धारण करती है जब तक कि वह मोक्ष की प्राप्ति नहीं कर लेती। मुक्तात्मा पुनः शरीर नहीं धारण करती।

चार्वाक मत— चार्वाक दर्शन आत्मा के ऐसे किसी नित्य चेतन अस्तित्त्व की कड़ी आलोचना करता है। वह इस बात का जोरदार विरोध करता है कि हमारे शरीर में ऐसी कोई नित्य आत्मा होती है जो मोक्ष प्राप्ति तक पुनर्जन्म धारण करती है। वस्तुतः चार्वाक के इसी विचार पर उसकी आचार मीमांसा आधारित है जिसमें वह इसी जीवन में अधिकतम् सुख का उपभोग करने की तरफदारी करता है।

'मैं' का स्वरूप'—यहाँ प्रश्न उठता है कि यदि आत्मा चेतन नहीं है तो जिसे हम 'मैं' कहते हैं, वह क्या है? यह **मैं** जो सोचता, विचारता है, क्या यह चेतना नहीं है? उत्तर में चार्वाक दर्शन कहता है कि यह **'मैं'** अवश्य ही चेतना सम्पन्न है किन्तु यह देह से नितान्त भिन्न कोई गुण नहीं है। चेतना, देह को बनाने वाले चार भौतिक द्रव्यों, पृथ्वी, जल, अग्नि और वायु के संगठन से उत्पन्न गुण मात्र हैं। इस तरह मूलतः जड़तत्त्व से उद्भूद होने के कारण आत्मा ऐसी कोई विशेषता नहीं रखती कि हम उसे अतिरिक्त महत्त्व दें।

आत्मा नश्वर है—शरीर के नाश के साथ इसका भी नाश हो जाता है। **भस्मी भूतस्य देहस्य पुनरागमनः कुतः** अर्थात् देह के भस्म हो जाने के बाद उसका पुनरागमन कैसे सम्भव है? इस तरह चार्वाक दर्शन आत्मा के चेतन स्वतन्त्र अस्तित्व तथा उसके पुनर्जन्म का कड़ा विरोध करता है।

जड़ से चेतन की उत्पत्ति हेतु तर्क—यहाँ एक प्रश्न उत्पन्न होता है कि पृथ्वी, अग्नि, वायु और जल इन जड़ पदार्थों से चेतन आत्मा की उत्पत्ति कैसे होती है? उत्तर में चार्वाक दर्शन एक उदाहरण देता है—

''जड़भूतविकारेषु चैतन्यं यत्तु दृश्यते।
ताम्बूलपुंग चूर्णानां योगाताग इवोत्थितम्।।[1]

अर्थात् जड़-भूतों से चैतन्य उसी प्रकार उत्पन्न होता है जिस प्रकार पान-पत्र, सुपारी, चूने और कत्थे के संयोग से लाल रंग उत्पन्न होता है।

इसी तरह एक अन्य उदाहरण है—

'किण्वादिभ्यो मदशक्तिवद् चैतन्यमुपजायते'

अर्थात् जैसे चावल आदि अन्न के संगठन से मादक द्रव्य उत्पन्न होता है, वैसे ही जड़ से चेतन उत्पन्न होता है।

चार्वाक दर्शन का तर्क है कि पान, सुपारी, चूना और कत्था में लाल रंग नहीं होता

---
1. *सर्वसिद्धान्त सार संग्रह*, 2, 7

फिर इनके संगठन से लाल रंग कैसे आ जाता है? जब यहाँ नई चीज उत्पन्न हो सकती है, तब पृथ्वी, जल, अग्नि और वायु इन चार भौतिक द्रव्यों से नया गुण चेतना क्यों नहीं उत्पन्न हो सकता? जिस तरह चावल में मादकता नहीं होती किन्तु इसे सड़ाकर जो शराब बनाई जाती है, वह मादकता से भरपूर होती है, उसी प्रकार जड़-भूतों से चेतना उत्पन्न होती है। वस्तुतः यहाँ जरूरत है विशेष प्रकार के संगठन की। किन्तु यह संगठन कोई करता नहीं है, वह अपने आप हो जाता है।

चेतना को शरीर का गुण बताने हेतु तर्क—चेतना शरीर का ही एक गुण है, यह सिद्ध करने के लिए चार्वाक दर्शन कुछ तर्क भी देता है—

1. **अनुभव प्रमाण**—हमारा अपना अनुभव ही यह सिद्ध करता है कि चेतना शरीर से पृथक् नहीं है। यदि ऐसा नहीं होता तो हम यह क्यों कहते कि 'मैं मोटा हूँ' 'मैं दुबला हूँ' 'मैं दुःखी हूँ' 'मैं प्रसन्न हूँ' आदि। यह सब तो शरीर और मन की विशेषता है किन्तु हम इन्हें 'मैं' अर्थात् आत्मा के साथ जोड़ते हैं, इसका मतलब है कि आत्मा इनसे पृथक नहीं है।
2. **वैद्यक शास्त्र का प्रमाण**—वैद्यक शास्त्र मानता है कि शरीर के स्वास्थ्य का प्रभाव हमारी चेतना पर पड़ता है। पौष्टिक भोजन से मस्तिष्क भी पुष्ट होता है, उल्लेखनीय है कि आधुनिक चिकित्साशास्त्र भी इस मत की पुष्टि करता है।
3. **नैयायिक पद्धति द्वारा प्रस्तुत प्रमाण**—भोजन से शरीर पुष्ट होता है, यह तो सिद्ध है, इसके विपरीत परिस्थिति भी सिद्ध है अर्थात् भोजन न करने से शरीर कमजोर पड़ता देखा जाता है। भोजन न करने से चेतना भी विलुप्त होती देखी जाती है। इससे सिद्ध होता है कि चेतना भौतिक तत्त्व से उत्पन्न होती है।

शरीर के साथ चेतना के इस घनिष्ट सम्बन्ध के कारण ही आचार्य बृहस्पति कहते हैं, 'चैतन्यविशिष्टः कायः पुरुषः' अर्थात् पुरुष, चैतन्ययुक्त शरीर ही है।

चार्वाकियों में आत्मा-सम्बन्धित मतभेद—हालाँकि सभी चार्वाक दार्शनिक आत्मा के नित्य अस्तित्व का खण्डन करते हैं तथा आत्मा के विशिष्ट गुण **'चेतना'** को शरीर का ही गुण बतलाते हैं, किन्तु देह में आत्मा का क्या स्थान है अर्थात् हम क्या शरीर को आत्मा कहेंगे या फिर इन्द्रिय, मन, प्राण इन्हें आत्मा कहेंगे, इस प्रश्न पर उनमें मतभेद हैं। इस आधार पर हमें चार-प्रकार के चार्वाकी दिखाई देते हैं—

(1) वे जो केवल चैतन्ययुक्त शरीर को ही आत्मा कहते हैं।
(2) वे जो इन्द्रियों को आत्मा कहते हैं।
(3) वे जो मन को आत्मा कहते हैं।
(4) वे जो प्राण को आत्मा कहते हैं।

अशिक्षित और सुशिक्षित चार्वाकों में मतभेद—आत्मा को लेकर चार्वाक दार्शनिकों में यह मतभेद भी रहा है कि आत्मा क्या शरीर से उत्पन्न चेतना का गुण मात्र है अथवा यह शरीर से पृथक् है। अशिक्षित चार्वाक कहते है कि आत्मा और कुछ नहीं शरीर में अनुभूत होने वाली चेतना ही है, इस तरह उसका पृथक् अस्तित्व नहीं है। शरीर के नाश के साथ वह भी नष्ट हो जाती है। इसके विपरीत सुशिक्षित चार्वाक मानते है कि आत्मा शरीर से पृथक् है, जो चेतन ज्ञाता एवं भोक्ता है। किन्तु दोनों ही इस विषय में सहमत हैं कि आत्मा शरीर के साथ ही नष्ट हो जाती है, उसका पुनर्जन्म नहीं होता।

ईश्वर

चार्वाक दर्शन विशुद्ध नास्तिक दर्शन है, इसका उल्लेख हम पूर्व में कर चुके हैं। ईश्वर के अस्तित्व के अस्वीकार के लिए उसके निम्न तर्क हैं—

1. **ईश्वर की प्रत्यक्ष द्वारा असिद्धि**—चार्वाक दार्शनिक एकमात्र प्रत्यक्ष को ही प्रमाण मानते हैं। चूँकि ईश्वर का प्रत्यक्ष नहीं होता, अतः ईश्वर का अस्तित्व नहीं माना जा सकता।
2. **ईश्वर की अनुमान द्वारा सिद्धि का विरोध**—ईश्वर के अस्तित्व में विश्वास रखने वाले उसका अस्तित्व प्रायः अनुमान प्रमाण के द्वारा सिद्ध करते हैं। जैसे—न्याय दर्शन कहता है कि प्रत्येक निर्मित वस्तु अपने निर्माता की ओर संकेत करती है, जैसे घड़ा कुम्भकार की ओर। जगत् भी एक निर्मित वस्तु हैं, अतः इसका भी कोई-न-कोई निर्माता होना चाहिए। यह निर्माता ईश्वर ही हो सकता है।

   यहाँ चार्वाक दर्शन अनुमान प्रमाण का विरोध करता है। अनुमान हमें संदेहास्पद ज्ञान देता है, इसलिए विश्वसनीय नहीं है, अतः इसके आधार पर की गई ईश्वर की सिद्धि भी अविश्वसनीय है।
3. **ईश्वर की शब्द प्रमाण द्वारा सिद्धि का विरोध**—प्रायः शब्द प्रमाण को प्रस्तुत कर भी ईश्वर के अस्तित्व की सिद्धि की जाती है। चार्वाक शब्द-प्रमाण को, चाहे वे महानुभावों के वचन हों या शास्त्रों के, प्रामाणिक नहीं मानता, अतः इस आधार पर भी वह ईश्वर को स्वीकार नहीं करता है।

ईश-निन्दा—चार्वाक दर्शन न केवल ईश्वर के अस्तित्व को अस्वीकार करता है वरन् ईश्वर को मानने वालों की तथा स्वयं ईश्वर की भी जी भरकर निन्दा करता है। ऐसे ईश्वर को वह अस्वीकार करता है, जिसने इस गुण-दोषमय संसार की सृष्टि की है, जहाँ कुछ लोग अच्छे और बुरे बनाये गये हैं। ऐसी सृष्टि भला एक सहृदय परमात्मा की लीला या खेल कैसे हो सकती है और यदि है तो ईश्वर और एक नादान बच्चे में क्या फर्क है? चार्वाक दर्शन ईश्वर के साथ-साथ धर्म की भी निन्दा करता है जो उसके अनुसार पाखंडियों के दिमाग की उपज है, खासकर वैदिक-धर्म की चार्वाक ने कड़ी आलोचना की है।

चार्वाक आचार-मीमांसा (नैतिक-विचार)

भारतीय दर्शन में तत्त्वों का विवेचन केवल बौद्धिक सन्तुष्टि के लिए नहीं किया गया है। वस्तुतः इसका उद्देश्य मानव जीवन को सफल बनाना रहा है। किन्तु मानव-जीवन की सफलता को लेकर विद्वानों में मतभेद भी रहा है।

भारतीय मनीषा ने जीवन की सफलता हेतु चार पुरुषार्थ की विवेचना की है, धर्म, अर्थ, काम और मोक्ष। सामान्यतया भारतीय दार्शनिकों ने मोक्ष को सर्वाधिक महत्त्व दिया है। इसीलिए प्रायः सभी दर्शन मोक्ष प्राप्ति का उद्देश्य लेकर ही अपनी तत्त्व मीमांसा प्रस्तुत करते हैं। उनके लिए मोक्ष का अर्थ है, समस्त दुःखों से विनिर्मुक्ति। चूँकि देह के साथ दुःख लगे ही रहते हैं अतः चार्वाक को छोड प्रायः सबने मोक्ष का उद्देश्य संसार में आवागमन की शृंखला से (पुनर्जन्म से) हमेशा के लिए छूटना बतलाया है। दार्शनिकों ने मोक्ष-सम्बन्धी विचारों में मोक्ष-प्राप्ति के साधनों पर भी चर्चा की है। वस्तुतः मोक्ष और उसके साधन ही किसी भी दर्शन की आचार-मीमांसा को तय करते हैं।

चार्वाक-दर्शक की आचार-मीमांसा भी उसकी तत्त्व मीमांसा से प्रभावित है। किन्तु इसकी तत्त्व मीमांसा में तो ईश्वर और आत्मा दोनों ही नहीं है, केवल जड़-पदार्थ है। वस्तुतः इसीलिए चार्वाक के मोक्ष-सम्बन्धी विचार अन्य दर्शनों से एकदम हटकर है।

चार्वाक के अनुसार मोक्ष—चार्वाक-दर्शन अन्य भारतीय दर्शनों के मोक्ष सम्बन्धी विचारों की कड़ी आलोचना करता है। वस्तुतः अन्य दर्शनों से एकदम अलग हटकर ईश्वर एवं आत्मा सम्बन्धी विचारों को प्रस्तुत करने का यह परिणाम तो होना ही था। अन्य दर्शनों के समान यहाँ शरीर में कोई आत्मा नहीं है, जिसकी मुक्ति हेतु मनुष्य प्रयत्न करे....न ही यहाँ कोई ईश्वर है जिस तक पहुँचने के लिए मनुष्य बेचैन रहे। संसार को चार्वाक दर्शन इतना दुःखदायी भी नहीं समझता कि इसे त्याग कर वह स्वर्गलोक जाने की आकर्षित हो। जहाँ तक मोक्ष में दुःखों से पूर्ण मुक्ति की बात है, चार्वाक कहता है कि उसके लिए इतनी मेहनत करने की क्या जरूरत? अंततः आने वाली मृत्यु तो वैसे भी सभी दुःखों से मनुष्य को मुक्त कर ही देती है। इसीलिए वह कहता है, **'मरणेव अपवर्गः'** अर्थात् मृत्यु ही अपवर्ग (मोक्ष) है। जहाँ तक जीवन-मुक्ति अर्थात् शरीर रहते हुए मोक्ष प्राप्त करने की बात है, चार्वाक इसे सम्भव नहीं मानता क्योंकि शरीर के साथ दुःख लगे ही रहते हैं।

धर्म—चार्वाक-दर्शन में मोक्ष के समान धर्म भी निन्दनीय है। खासकर वैदिक धर्म और वेदों की इसने खूब खिल्ली उड़ाई है। पूर्व में हम देख चुके हें कि वह वेदों को भांडों और धूर्तों की कृति कहता है जिनका उद्देश्य लोगों को बेवकूफ बनाना तथा स्वयं द्रव्यार्जन करना था। खासकर वैदिक-यज्ञों की वह तीक्षण आलोचना करता है। यज्ञों में दी जाने वाली पशु-बलि की आलोचना में सर्व-दर्शन संग्रह में चार्वाक का एक श्लोक है जिसका भाव है कि, **यदि यज्ञ में बलि दिया गया पशु स्वर्ग पहुँच जाता है तो वे क्यों नहीं पशुओं के बदले अपने माता-पिता की बलि देकर उन्हें सीधे स्वर्ग भेज देते हैं?**[1] वस्तुतः स्वर्ग-नर्क को चार्वाक दार्शनिक काल्पनिक कहते हैं। वैदिक धर्म में बतलाये गये एक धार्मिक कृत्य श्राद्ध का मजाक उड़ाते हुए वे कहते हैं कि, **यदि श्राद्ध में अर्पित किया गया भोजन प्रेतात्मा की भूख मिटा सकता है तो कोई यात्री भोजन की वस्तु साथ-साथ लिए क्यों फिरता है? उसका कुटुम्ब उसकी भूख-शान्ति के लिए उसे घर पर ही भोजन क्यों नहीं अर्पित कर देता।**[2]

अर्थ और काम—इस प्रकार चार पुरुषार्थों में से चार्वाक मोक्ष और धर्म को अस्वीकार करता है किन्तु शेष दो अर्थ और काम उसे स्वीकार्य हैं। इनमें से भी काम (enjoyment) उसके लिए प्रमुख है। अर्थ तो उसकी दृष्टि में काम का साधन मात्र है।

सुखवाद—कारण चार्वाक-दर्शन की आचार-मीमांसा **सुखवादी** हो जाती है। सुख को महत्त्व देने के चार्वाक स्वीकार करता है कि जीवन में सुख के साथ दुःख भी लगा रहता है। **पर मछली में काँटें होते हैं क्या इसी भय से कोई मछली खाना छोड़ देता है? खेतों में पौधों के बढ़ने पर कई बार मवेशी चर लेते हैं पर क्या इसी**

---

1. पशुश्चेन्निहितः स्वर्ग ज्योतिष्टोमे गमिष्यति।
   स्वपिता यजमानेन तत्र कस्मान्न हिंस्यते।। —*सर्व-दर्शन-संग्रह*
2. मृतानामपि, जन्तूनां श्राद्धं चेत्तृप्तिकारणम्।
   गच्छतामिह जन्तूनां व्यर्थ पाथेय कल्पनम्।। —*सर्व-दर्शन-संग्रह*

भय से किसान खेतों को बोना छोड़ देता है? हमारी बुद्धिमानी तो इसी में है कि हम दुःखों से बचते हुये निरन्तर सुख की प्राप्ति करते जाएँ। सुख उठाने के लिए थोड़ा बहुत दुःख उठाना पड़े तो हमें बेहिचक उठाना चाहिए। **धान का कड़ा छिलका निकालने के बाद ही तो नरम चावल मिलता है।** दुःख के भय से सुख छोड़ना मूर्खता है। चार्वाक संन्यास और तपस्या की निन्दा करता है क्योंकि यह जीवन के दुःखों से पलायन करना है। इसके कारण मनुष्य जीवन के सुखों से भी वंचित रह जाता है।

वर्तमान का सुख—सुख में भी चार्वाक-दर्शन वर्तमान काल के सुख ग्रहण करने को बुद्धिमानी कहता है। कल अधिक सुख मिलेगा, इसीलिए वर्तमान के अल्प सुख को त्यागना मूर्खता है। **'कल के मयूर से आज का कबूतर अच्छा है।' 'आज हाथ आई हुई कौड़ी मूल्यवान है, बजाय कल मिलने वाला संदिग्ध सोना, क्योंकि आज (वर्तमान) निश्चित है, कल (भविष्य) अनिश्चित है।'**

सामान्यतया चार्वाक दर्शन में सुख का मतलब भौतिक सुख से ही लिया जाता है। इस सम्बन्ध में एक प्रसिद्ध दोहा उद्धृत किया जाता है—

'यावज्जीवेत् सुखं जीवेत् ऋणं कृत्वा घृतं पिवेत्।
भस्मीभूतस्य देहस्य पुनरागमनं कुतः।।'

अर्थात् जब तक जीवन है तब तक मनुष्य को सुखपूर्वक जीना चाहिए। ऋण लेकर भी घी पीना चाहिए। एक बार देह के भस्म हो जाने पर फिर वह यहाँ कैसे लौट सकता है?

परिष्कृत सुखवाद—कुछ विद्वानों का मत है कि केवल वर्तमान काल के भौतिक सुखों का ग्रहण करने की बात सभी चार्वाक नहीं कहते थे। कुछ ऐसे भी थे जो मानते थे सुखों में भी निम्न और उच्च का अंतर होता है तथा निम्न की तुलना में उच्च सुख ग्रहणीय होते हैं। ऐसा सुख वर्तमान के भौतिक सुख से नहीं वरन् भविष्य में सोच-विचार कर कार्य करने से प्राप्त होता है। **विर्निमुक्ति** के कामशास्त्र में अनुशासन और संयम को भी सुख प्राप्ति में आवश्यक माना गया है।**वात्सायन**संगीत-साधना, कलात्मक-वृत्तियाँ तथा शास्त्रज्ञान और आचार-शुद्धि तक में सुख निहित मानते हैं, जो कि वस्तुतः शारीरिक सुख से श्रेष्ठ होता है।

इस तरह हम देखते हैं कि पाश्चात्य-दर्शन के स्थूल और परिष्कृत सुखवाद के समान चार्वाक में भी सुखवाद को लेकर मतभेद है। प्रथम प्रकार के चार्वाकी **धूर्त** और द्वितीय प्रकार के **सुशिक्षित** कहे जाते हैं।

चार्वाक दर्शन की आलोचना

चार्वाक-दर्शन ने ईश्वरवादियों, अत्मवादियों तथा अन्य दर्शनों के विचारों की जितनी कड़ी आलोचना की, उतनी ही कड़ी आलोचना चार्वाक के विरोधियों ने भी उसकी की है। वस्तुतः इस आलोचना-प्रत्यालोचना से भारतीय दर्शन समृद्ध ही हुआ है। भारतीय दर्शन को चार्वाक की बड़ी देन यही है कि उसने सामान्य जनों के मन में घुमड़ने वाली शंकाओं को दार्शनिकों के सामने रखा जिससे वह हठवादिता से बचते हुए अपने दर्शन को और युक्ति-युक्त बना सकें। यहाँ हम चार्वाक के विभिन्न विचारों की विभिन्न दर्शन द्वारा की गई सामान्य आलोचना पर प्रकाश डालेंगे।

ज्ञान मीमांसा की आलोचना—चार्वाक-ज्ञानमीमांसा की निम्नलिखित आलोचनाएँ की जाती हैं—

1. **प्रत्यक्ष एकमात्र प्रमाण नहीं**—हालांकि प्रत्यक्ष-प्रमाण को प्रायः सभी दार्शनिकों ने स्वीकार किया है किन्तु इसे वे एकमात्र प्रमाण नहीं मानते क्योंकि प्रत्यक्ष तक ही सीमित रहने से हमारा ज्ञान बहुत सीमित रह जाता हे। हम प्रत्येक काल और स्थान में घटित घटनाओं के साक्षी नहीं हो सकते, अतः हमें अनुमान का सहारा लेना ही पड़ता है, चार्वाक केवल प्रत्यक्ष को एकमात्र प्रमाण मानता है।

   प्रत्यक्ष को चार्वाक असंदिग्ध ज्ञान देने वाला कहते हैं किन्तु यह अनुचित है। प्रत्यक्ष में भी कई बार हमें धोखा होता है। सत्य तो यह है कि केवल प्रत्यक्ष के आधार पर लोक व्यवहार भी नहीं चलता।

2. **अनुमान की आलोचना की कमजोरी**—चार्वाक अनुमान को असंदिग्ध ज्ञान देने में असमर्थ बतलाता है। यह व्याप्ति सम्बन्ध की आलोचना करता है क्योंकि इसकी सिद्धि प्रत्यक्ष के आधार पर नहीं की जा सकती।

   यहाँ चार्वाक के आलोचक कहते हैं कि अनुमान में असंदिग्धता की कमी उतनी ही रहती है जितनी प्रत्यक्ष में, तब फिर अनुमान को भी प्रमाण क्यों न माना जाये?

   जहाँ तक व्याप्ति-सम्बन्ध की चार्वाक द्वारा की गई आलोचना का प्रश्न है, न्याय-दार्शनिक उदयन इसके जवाब में कहते हैं कि चार्वाक दार्शनिक अनुमान का खण्डन करने के लिए स्वयं अनुमान का सहारा लेते हैं। भविष्य में अथवा अन्य स्थान पर व्याप्ति सम्बन्ध (जैसे धुएँ के साथ अग्नि) का अभाव हो सकता है, यह भी तो चार्वाक का एक अनुमान है। वस्तुतः चार्वाक दार्शनिक अनुमान का खण्डन अनुमान से करते हैं।

3. **शब्द प्रमाण की आलोचना की कमजोरी**—चार्वाक-दर्शन ने शब्द प्रमाण अर्थात् आप्त-पुरुषों और आप्त-शास्त्रों (जैसे वेदों) के वचनों को प्रमाण रूप में स्वीकार करने से इनकार किया था, किन्तु सत्य तो यह है कि मानव-ज्ञान के निर्माण और वृद्धि में शब्द प्रमाण का बहुत बड़ा हाथ होता है। वेद यदि भांड, धूर्त और निशाचरों की रचना होते तो उनके आधार पर इतने बड़े-बड़े दार्शनिक महल कदापि नहीं खड़े होते। भारतीय मनीषा ने वेदों की उत्कृष्टता के कारण उसे किसी मनुष्य की कृति मानना सम्भव नहीं समझा था। इसीलिए वे अपौरुषेय कहे गये। वैदिक ऋषि अपने को मंत्र के कर्ता नहीं मंत्र-दृष्टा कहते थे। हाँ, वैदिक यज्ञ के बलि-प्रथा और कर्मकाण्ड का अति की सीमा तक विस्तार अनुचित था, जिसके विरोध में स्वयं वैदिक ऋषियों ने ज्ञानमार्गी उपनिषदों की रचना की थी।

तत्त्वमीमांसा की आलोचना

चार्वाक-तत्त्वमीमांसा, जिसमें एकामात्र, जड़ भूत-द्रव्यों को अस्तित्ववान बतलाया गया है, यह भी सभी दर्शनों द्वारा आलोच्य हुई है।

1. जड़-भूतों को एकमात्र तत्त्व मानने पर आपत्ति—

(क) चार्वाक एकमात्र जड़-भूतों को ही मूल तत्त्व कहता है किन्तु इनके अतिरिक्त आत्म तत्त्व का अनुभव भी तो हम सबको प्रत्यक्ष होता है। अतः उसे अस्तित्व से कैसे इनकार किया जा सकता है?

(ख) चार्वाक की जड़-भूतों को एकमात्र तत्त्व मानने वाली तत्त्व मीमांसा का प्रभाव उसकी आचार-मीमांसा पर भी पड़ा है, जो भौतिकवादी होने के कारण निन्दनीय है।

2. आत्मा के स्वतन्त्र अस्तित्व के खण्डन पर आपत्ति—

चार्वाक-दर्शन यह तो मानता है कि चेतना होती है किन्तु वह इसे जड़ से सर्वथा पृथक् नहीं मानता। इसे वह चार जड़-भूतों से उत्पन्न शरीर का एक गुण मात्र मानता है जो शरीर के साथ ही नष्ट हो जाती है। चार्वाक के इस मत के विरोध में निम्नलिखित आपत्ति प्रगट की गई है—

(क) यदि चेतना शरीर का गुण है तो उसे शरीर के प्रत्येक अंग में बने रहना चाहिए किन्तु तब शरीर के किसी अंग के कट कर अलग हो जाने पर उसमें भी चेतना होनी चाहिए, किन्तु ऐसा होता नहीं है।

(ख) यदि चेतना शरीर का गुण है तो प्रतिक्षण परिवर्तित होने वाले शरीर के साथ उसका भी परिवर्तन होना चाहिए किन्तु ऐसी स्थिति में उसमें स्मृति आदि गुण कैसे रह सकते हैं? ऐसी स्थिति में तो युवावस्था में बाल्य-काल की घटनाएँ बिल्कुल विस्मृत हो जानी चाहिए किन्तु ऐसा होता नहीं है।

(ग) चेतना विषयी है और जड़ विषय है। इन दोनों को एक ही नहीं माना जा सकता है।

(घ) यह सत्य है कि हम चेतना को शरीर से पृथक् सामान्यतया ग्रहण नहीं कर पाते हैं किन्तु इससे यह तो सिद्ध नहीं होता है कि यह शरीर का ही गुण है। वस्तुतः शरीर चेतना को ग्रहण करने में सहायक होता है।

(ङ) हम सबका अनुभव है कि शरीर को नियन्त्रण करने वाला कोई तत्त्व शरीर से पृथक् होता है, यह तत्त्व ही आत्मा है।

(च) व्यक्ति के कर्मफल उसे उसके जीवन काल में पूर्णतः नहीं मिलते। इसका मतलब है कि आत्मा है, जिनका पुनर्जन्म होता है और जो अगले जन्म में अपने कर्मों का समुचित फल भोगती है।

3. ईश्वर के अस्तित्व के खण्डन पर आपत्ति—

चार्वाक दार्शनिक ईश्वर के अस्तित्व को भी अस्वीकार करते हैं। उसके इस विचार के विरुद्ध ईश्वरवादियों की आपत्ति है—

(क) आस्तिकों को ईश्वर का वैसा ही प्रत्यक्ष अनुभव होता है जैसे चार्वाकियों का जड़-पदार्थ का।

(ख) नैतिक मूल्यों के संरक्षण हेतु कर्म-फल समुचित रूप से मिलते हैं यह मानना आवश्यक है, किन्तु इन कर्मफलों का दाता कोई सीमित प्राणी नहीं, ईश्वर ही हो सकता है।

(ग) जगत् के रचयिता का प्रश्न भी ईश्वर के अस्तित्व की ओर इंगित करता है। विभिन्न प्रयोजनों की वस्तुओं से युक्त यह जगत् अपने आप नहीं बन सकता, जैसा चार्वाक कहते हैं।

आचार मीमांसा की आलोचना

चार्वाक दर्शन की भौतिकवाद पर आधारित आचार-मीमांसा की भी सभी दर्शनों ने एक स्वर से निन्दा की है। कुछ आलोचना के बिन्दु निम्नलिखित हैं—

(क) मनुष्य यदि केवल भौतिक सुखों से तृप्त होता तो सभी भौतिक-सुख-सम्पन्न

व्यक्तियों को तृप्त रहना चाहिए किन्तु ऐसा देखा नहीं जाता, बल्कि जिसके पास जितना धन होता है वह उतना तनाव ग्रस्त रहता है। हृदयाघात से मरने वाले अमीर व्यक्ति ही ज्यादा होते हैं। वस्तुतः मनुष्य में निहित आत्मतत्त्व शरीर से कहीं ज्यादा पोषण की माँग करता है। सत्य तो यह है कि बिना इसकी उचित पुष्टि के इसके साथ-साथ शरीर भी नाश को प्राप्त होता है।

(ख) भौतिकवादी आचार मीमांसा न केवल व्यक्ति के लिए, वरन् सारे समाज के लिए घातक होती है। भौतिकवादी प्रवृत्ति स्वार्थवाद को बढ़ावा देती है (स्वयं चार्वाक-दर्शन मनुष्य को अधिकतम् सुख प्राप्त करने का संदेश देकर स्वार्थी बनने प्रेरित करता है) किन्तु स्वार्थी लोगों का समूह कभी भी स्वस्थ समाज का निर्माण नहीं कर सकता। समाज में अनेक प्रकार के कमजोर व्यक्ति होते हैं जिनकी सहायता करने के लिए हमें अपने स्वार्थ को कुछ सीमा तक त्यागना पड़ता है।

(ग) चार्वाक केवल वर्तमान काल के सुख को ग्रहण करने की सलाह देता है....भले ही वह भविष्य में मिलने वाले सुख की तुलना में अल्प ही क्यों न हो....किन्तु थोड़ा भी समझदार व्यक्ति समझ सकता है कि यह कितनी नासमझी की बात है। भविष्य के सुख को ध्यान में रखकर अनेक पशु-पक्षी, कीड़े-मकोड़े तक वर्तमान में कष्ट उठाते देखे जाते हैं। छोटी-सी चींटी तक बरसात के पूर्व कष्टपूर्वक भोज्य सामग्री एकत्रित कर लेती है। तब फिर बुद्धि-युक्त मनुष्य को भविष्य से बेफ्रिक होकर केवल वर्तमान में सुखोपभोग करने की सलाह देना क्या मूर्खता नहीं है?

यह सत्य है कि मानव के लिए इहलौकिक जीवन का अपना महत्त्व है, जिसकी ओर ध्यान दिलाकर चार्वाक दर्शन भारतीय दर्शन को संतुलित करता है और यह भी सत्य है कि इस चार्वाक दर्शन की एक स्वर से निन्दा कर अन्य भारतीय दर्शनों ने इसके साथ कुछ ज्यादती की है। किन्तु इस सत्य से भी इनकार नहीं किया जा सकता कि भौतिकवादी प्रवृत्ति मनुष्य के लिए अन्ततः घातक होती है। आम आदमी इसे इसलिए पसंद करता है क्योंकि सामान्यतया वह पशु-स्तर से ऊँचा नहीं उठ पाता है। दरअसल यह एक बड़ा कठिन कार्य है, जो उच्च-जीवन-मूल्यों की साधना से ही सम्भव है। वस्तुतः इसी की ओर चार्वाक को छोड़ अन्य दार्शनिक हमें प्रेरित करते हैं।

❑

अध्याय 5

जैन दर्शन

परिचय

भारतीय दर्शन में जैन दर्शन का महत्त्वपूर्ण स्थान है। इसकी गिनती अवैदिक अथवा श्रमण दर्शन में होती है। वेदों का विरोध करने के कारण इसे नास्तिक दर्शन भी कहा जाता है। जैन केवल दर्शन ही नहीं एक धर्म भी है। महावीर स्वामी का नाम इसके साथ प्रमुखता से जुड़ा है जो बुद्ध के समकालीन थे। यद्यपि बुद्ध के समान महावीर जैन दर्शन एवं धर्म के संस्थापक तो नहीं थे, पर जैन दर्शन-धर्म के संवर्द्धन, सुधार, प्रचार और प्रसार का श्रेय उन्हीं ही जाता है। जैन धर्म के 24वें तीर्थंकर थे महावीर, जो किसी युद्ध में विजयी होने के कारण महावीर नहीं कहलाये जैसा कि डॉ॰ राधाकृष्णन कहते हैं, **'उनको जिन अर्थात विजेता कहा जाता है किन्तु वे सांसारिक युद्ध में अपना पराक्रम दिखाने वाले वीर नहीं थे वरन् आंतरिक जीवन के द्वन्द्व में वीरता दिखाने वाले महावीर थे।'**[1]

महावीर का वास्तविक नाम वर्धमान था। उनका जन्म बुद्ध के जन्म से 32 वर्ष पूर्व 599 ई॰ पू॰ में वज्जि संघ के अंतर्गत कुण्डग्राम के ज्ञातृक क्षत्रिय राजा सिद्धार्थ के महल में हुआ था। इनकी माता का नाम त्रिशला था। दोनों ही प्रारम्भ से ही **निर्ग्रन्थ धर्म** (जो जैन धर्म का प्रारम्भिक रूप है) के अनुयायी थे। कहते हैं महात्मा बुद्ध के समान महावीर के जन्म के समय भी देवज्ञों ने भविष्यवाणी की कि यह शिशु बड़ा होकर या तो चक्रवर्ती राजा बनेगा या परमज्ञानी भिक्षु। अस्तु, श्वेताम्बर परम्परा के अनुसार परमज्ञानी भिक्षु बनने के पूर्व बुद्ध के समान आप भी वैवाहिक बन्धन में बँधे। यशोदा नामक राजकन्या उनके जीवन में आई जिससे एक कन्यारत्न की भी उन्हें प्राप्ति हुई, पर यह बंधन प्रारम्भ से ही चिन्तनशील वर्धमान के लिए बहुत कठोर साबित नहीं हुआ। अंततः माता-पिता की मृत्यु के बाद करीब तीस वर्ष की अवस्था में उन्होंने बड़े भाई नंदिवर्द्धन की अनुमति लेकर गृहत्याग कर भिक्षु जीवन स्वीकार किया। वैसे दिगम्बर परम्परा के अनुसार महावीर अविवाहित ही थे, तथा उन्होंने अपने माता-पिता के जीवन काल में और उनकी इच्छा के विरुद्ध गृहत्याग किया था।[2]

तपस्या—संन्यास ग्रहण के पश्चात् ज्ञान प्राप्त करने हेतु वर्धमान ने कठोर तपस्या प्रारम्भ की। 'कल्पसूत्र' में इसका विस्तारपूर्वक वर्णन इस प्रकार मिलता है, **'भिक्षु महावीर ने एक वर्ष और एक मास तक वस्त्र धारण किये परन्तु इसके पश्चात् वे पूर्णतः नग्न रहने लगे। वे भोजन भी हथेली पर ही ग्रहण करते। 12 वर्ष तक अपने शरीर की पूर्णतः उपेक्षा कर सभी प्रकार के कष्ट सहते रहे। उन्होंने संसार के सब बंधनों का उच्छेद कर दिया। संसार से वे सर्वथा निर्लिप्त हो गये। आकाश की भाँति उन्हें किसी आश्रय की आवश्यकता नहीं रही। वायु की भाँति वे निर्बाध हो गये।**

1. एस. राधाकृष्णन्, *हमारी संस्कृति*, पृ० 86
2. एस. गोपालन, *जैन दर्शन की रूपरेखा से उद्धृत*, पृ० 24

शरदकाल के जल की भाँति उनका हृदय शुद्ध हो गया। कमलपत्र की भाँति वे किसी से भी लिप्त न होते थे। कछुए की भाँति उन्होंने अपनी इन्द्रियों को वशीभूत कर लिया। गैंडे के सींग की भाँति वे एकाकी हो गये। पक्षी की भाँति वे स्वतन्त्र हो गये।'

''आचारांग-सूत्र'' में महावीर की इस बारह वर्षीय कठोर तपस्या का जो चित्र खींचा गया है वह इतना मार्मिक है कि बरबस ही हमारा हृदय इस नग्न महात्मा के प्रति करुण होते हुए श्रद्धावनत् हो जाता है। इसमें कहा गया है, **''महावीर एक वर्ष और एक माह तक वस्त्र पहने रहे। अंततः वे वस्त्र जीर्ण-शीर्ण होकर गिर पड़े। अब उन्होंने नग्न रहना प्रारम्भ कर दिया। उनके नग्न शरीर पर अनेक प्रकार के कीट-कीटाणु चढ़ने लगे और उन्हें काटने लगे। परन्तु वे पूर्णतः उदासीन रहे। जब वे ध्यान मग्न और नग्न इधर-उधर घूमते तो उन्हें देखकर लड़कों का झुण्ड उनके पीछे दौड़ता, शोर मचाता, और उन्हें मारता। बहुत से दुष्ट बच्चे तो उन्हें डण्डों से पीटते भी थे। परन्तु फिर भी वे निर्लिप्त पूर्ण और शान्त रहते थे।''**

कैवल्य प्राप्ति—अंततः आत्मनिग्रह की तैयारी हेतु की गई यह तपस्या सफल हुई। जाम्भियगाम (जुम्भिका) के समीप उज्जुवालिया (ऋजुपालिका) नदी के तट पर उन्हें कैवल्य प्राप्त हुआ। तभी उन्हें 'केवलिन' की उपाधि मिली। इसके पश्चात् उन्हें सर्वज्ञरूप माना जाने लगा और वे **'जिन'** भी कहलाये क्योंकि उन्होंने अपनी इन्द्रियों को पूर्णतः जीत लिया था। बारह वर्ष की यह कठोर तपस्या कोई सामान्य घटना नहीं थी, यह महान वीरता की बात थी, इसीलिए वे महावीर भी कहलाये। बौद्ध साहित्य में अनेक स्थानों पर उन्हें **'निगण्ठ नाटपुत्र'** (निर्ग्रन्थ ज्ञातपुत्र) कहा गया है। निर्ग्रन्थ इसलिए क्योंकि उन्होंने समस्त सांसारिक बन्धनों (ग्रन्थियों) को तोड़ दिया था, ज्ञातपुत्र इसलिए कि वे ज्ञातक राजा के पुत्र थे।

कर्मक्षेत्र—किन्तु इस तरह कैवल्य प्राप्त कर निर्ग्रन्थता को प्राप्त होकर महावीर के जीवन का लक्ष्य पूरा नहीं हो गया, बल्कि अब उनका कर्म क्षेत्र प्रारम्भ हुआ। बुद्ध के समान उन्होंने भी केवल अपनी मुक्ति के हेतु इतनी कठोर तपस्या नहीं की थी बल्कि उनके भी जीवन का उद्देश्य था, काम, क्रोध, मद, ममत्व से ग्रस्त दुःखी एवं जन्मजन्मान्तर में भटकती जीवात्मा का मोक्ष का मार्ग दिखाना, इस मार्ग पर चलने हेतु प्रेरित करना। अतः इस हेतु उन्होंने तपस्वियों की एक संस्था संगठित की। बुद्ध के समान उनके विचारों का भी तत्कालीन राजाओं ने खुले दिल से स्वागत किया। यह आश्चर्य की ही बात कही जायेगी कि जिसने सब कुछ त्याग दिया हो और जो सबकुछ त्याग का उपदेश दे रहा हो, उसका वे क्षत्रिय राजगण स्वागत करें, जिनके लिए पूरी वसुन्धरा भोग्या होती है। कहते हैं महावीर को अपने मातृपक्ष से सम्बन्धित राज परिवारों से अपने धर्म के प्रचार में बड़ी सहायता मिली थी।

किन्तु महावीर ने किसी नये धर्म का प्रचार नहीं किया था, जैसा कि हमने प्रारम्भ में ही देखा है, महावीर के पूर्व से ही जैन धर्म भारतभूमि में प्रचलित था। उनके पूर्व 23 तीर्थंकर हो चुके थे, विशेषकर 23वें तीर्थंकर **पार्श्वनाथ**, जो उनके जन्म से करीब पौने दो सौ वर्ष पूर्व अपनी जीवनयात्रा समाप्त कर चुके थे, लोगों की स्मृति में, विशेषकर अपने अनुयायियों के मध्य अपने विचारों सहित विद्यमान थे। जैन परम्परा के अनुसार जैन धर्म

के संस्थापक **श्री ऋषभदेव** थे जो भारतवर्ष में तब उत्पन्न हुए थे जब यहाँ सभ्यता का प्रारम्भ ही हुआ था। डॉ॰ राधाकृष्णन के अनुसार इस प्रकार के पर्याप्त साक्ष्य उपलब्ध हैं कि जिनके आधार पर कहा जा सकता है कि ईसा के एक शताब्दी पूर्व भी ऐसे लोग थे जो ऋषभदेव की पूजा करते थे।

शरीर त्याग—अस्तु, महावीर ने कैवल्य प्राप्ति के बाद लगभग तीस वर्ष तक अपने उपदेशों से दुःखी, बंधनग्रस्त, जीव को मुक्ति का मार्ग दिखाया और इस तरह जैन धर्म का भारतभूमि में प्रचार और प्रसार हुआ।73 वर्ष की अवस्था में बिहार के पावापुरी वन में कार्तिक कृष्ण अमावस्या को उन्होंने अपने शरीर का त्याग किया। किन्तु शरीर के त्याग के बाद भी वे अपने विचारों के कारण जीवित बने रहे। जैन धर्म उनके बाद लगातर फलता फूलता रहा है।

जैन साहित्य—जैन साहित्य का एक विशाल भंडार है। यद्यपि महावीर स्वामी ने स्वयं कुछ नहीं लिखा किन्तु उनके उपदेशों को उनके अनुयायियों ने संकलित किया जो जैन धर्म और दर्शन की नींव है। इन्हें **आगम ग्रन्थ** कहा जाता है। इसमें अनेक अंग और उपांग आदि आते हैं। अंगों में **'आचारांग'** जैन धर्म के आचारों का तथा इन आचारों को पुष्ट करने वाले दर्शन का संकलन हैं। जैनियों के लिए ये ग्रन्थ वेद के समान हैं।

इनके अतिरिक्त भी जैन दर्शन का विशाल साहित्य है। जैन विचारक लम्बे समय तक जैन साहित्य को समृद्ध करते रहे हैं। प्राचीन साहित्य में आचार्य उमास्वाति का **तत्त्वार्थ सूत्र** तथा कुंदकुंद आचार्य का **नियमसार, समयसार, प्रवचनसार** तथा समंत भ्रद का **आप्त मीमांसा** प्रसिद्ध है।

जैन दर्शन का प्रमाणशास्त्र

जैन दर्शन में जीव को चैतन्य स्वरूप माना गया है। यहाँ चैतन्य आत्मा का गुण है। आत्मा का यह चैतन्य **स्वपरभासी** कहा गया है क्योंकि यह स्वयं को प्रकाशित करते हुए जगत् की अन्य वस्तुओं को प्रकाशित करता है जैसे सूर्य स्वयं को तथा वस्तुओं को प्रकाशित करता है। यहाँ उल्लेखनीय है कि जैन दर्शन में ज्ञान को ही प्रमाण कहते हैं।

1. प्रत्यक्ष प्रमाण—न्याय दर्शन तथा अन्य भारतीय दर्शनों में प्रत्यक्ष का अर्थ इन्द्रियों के द्वारा प्राप्त ज्ञान से लिया जाता है किन्तु जैन दर्शन में प्रत्यक्ष इसके विपरीत अर्थ में प्रयुक्त हुआ है। यहाँ प्रत्यक्ष वह है जिसे जीव बिना इन्द्रिय और मन की सहायता के केवल आत्मा की सहायता से ग्रहण करता है। तत्त्वार्थसूत्र में प्रत्यक्ष की परिभाषा दी गई, **'सभी बाधाओं को विनष्ट करके आत्मा के अंतर्भाव का जो पूर्ण प्रगटीकरण होता है उसे प्रत्यक्ष अनुभूति कहते हैं।** 'यह असाधारण तथा अलौकिक ज्ञान है।'

प्रत्यक्ष के प्रकार—प्रत्यक्ष प्रमाण के तीन प्रकार जैन दर्शन में माने गये हैं—

(i) **अवधिज्ञान**—इसके अंतर्गत वह ज्ञान आता है जो ऐसे द्रव्यों का है जो दूरस्थ अथवा सूक्ष्म होने के कारण तो इन्द्रियों की पहुँच के बाहर हो। दिक् काल से सीमित होने के कारण इसे अवधि ज्ञान कहते हैं। कर्मों के आंशिक नाश से यह ज्ञान प्राप्त होना सम्भव है।

(ii) **मन:पर्यायज्ञान**—अन्य व्यक्तियों के मन की बातों को जान लेना मनःपर्ययज्ञान है। जिसने रागद्वेष पर विजय प्राप्त कर ली हो वही इस ज्ञान को प्राप्त कर सकता है।

---

1. एस॰ गोपालन, जैन दर्शन की रूपरेखा, पृ॰ 46

(iii) **केवलज्ञान**—ज्ञान पर आवरण डालने वाली सभी बाधाएँ जब नष्ट हो जाती है तब जीव पूर्णज्ञान को प्राप्त करता है। वही केवलज्ञान है। यह ज्ञान जीवनमुक्त अर्हतों को ही होना है सम्भव है।

2. परोक्ष प्रमाण—जैन दर्शन में परोक्ष की परिभाषा दी गई है, 'वह जो प्रत्यक्ष नहीं है।' प्रत्यक्ष आत्मा पर आश्रित है अतः प्रत्यक्ष से भिन्न परोक्ष प्रमाण वह हुआ जो मन और इन्द्रियों के द्वारा मिलता है। यह न्याय के प्रत्यक्ष के समान है।

परोक्ष प्रमाण के प्रकार

(i) **मतिज्ञान**—यह पंच ज्ञानेन्द्रियों, स्पर्शन (त्वचा), रसन, घ्राण, चक्षु एवं श्रोत तथा मन के द्वारा उत्पन्न होता है।

(ii) **श्रुतज्ञान**—अन्यों से वर्णन के द्वारा सुनकर जिस ज्ञान की प्राप्ति होती है वह श्रुतज्ञान है। इसमें जैन तीर्थंकरों के वचन तथा उनके द्वारा रचित ग्रन्थों से प्राप्त ज्ञान आता है।

यहाँ उल्लेखनीय है कि जैन दर्शन में मतिज्ञान से श्रुतज्ञान को श्रेष्ठ माना गया है, क्योंकि एक तो मतिज्ञान केवल वर्तमान का सम्भव है जबकि श्रुतज्ञान की सीमा में तीनों कालों का ज्ञान आता है दूसरे श्रुतज्ञान जैनतीर्थंकरों और ग्रन्थों से सम्बन्धित है। किन्तु मतिज्ञान और श्रुतज्ञान दोनों में दोष की सम्भावना मानी गई है।

अनेकान्तवाद

अनेकान्तवाद जैन-दर्शन का एक प्रमुख सिद्धान्त है। यह एकान्तवाद का विरोधी सिद्धान्त है, **'न एकांत: अनेकांत:।** अनेकान्तवाद के अनुसार द्रव्य के स्वरूप का निर्धारण किसी एक दृष्टि से नहीं किया जा सकता जैसा कि एकान्तवाद कहता है। यह कार्य अनेक दृष्टि से ही सम्भव है।

द्रव्य अनन्त धर्मात्मक है—जैन-दर्शन द्रव्य के प्रति अनेकान्त दृष्टि इसलिए रखने कहता है क्योंकि उसके अनुसार द्रव्य अनन्त धर्मों से युक्त होता है—**'अनंत धर्मकं वस्तु।''**[1] प्रत्येक पदार्थ सत्-असत्, नित्य-अनित्य, शाश्वत-क्षणिक, भावरूप-अभावरूप, परिणामी-अपरिणामी दोनों होता है। इनमें से वस्तु का कोई एक रूप सत्य नहीं है जैन-दर्शन कहता है कि वस्तु के ये सभी रूप सत्य हैं।

किन्तु किसी भी वस्तु में सत् एवं असत् जैसे विरोधी धर्म एक साथ कैसे उपस्थित रह सकते हैं?

द्रव्य के प्रमुख दो धर्म—उपरोक्त प्रश्न का उत्तर जानने के लिए हमें जैन-दर्शन द्वारा प्रस्तुत द्रव्य के दो प्रमुख धर्मों पर विचार करना होगा।

जैन-दर्शन के अनुसार प्रत्येक द्रव्य में प्रमुख रूप से दो प्रकार के धर्म होते हैं—(1) नित्य धर्म, (2) अनित्य धर्म। इनमें से प्रथम द्रव्य के **'गुण'** हैं और द्वितीय **'पर्याय'**।[2]

जैन दार्शनिक कहते हैं कि 'गुण' की दृष्टि से द्रव्य **'नित्य'** है किन्तु **'पर्याय'** की दृष्टि से वह अनित्य है।

---

1. *'षड्दर्शन समुच्चय'*, पृ० 55
2. ''गुण पर्यायवत् द्रव्यम्।— *'तत्त्वार्थ सूत्र'*, 5/37

इसे हम एक उदाहरण द्वारा स्पष्ट करेंगे। यह उदाहरण स्वर्ण के एक आभूषण का है। इस आभूषण में स्वर्ण का स्वरूप अर्थात् गुण (जैसे, उसका पीलापन, चमकीलापन आदि) उसका नित्य धर्म है, इसके विपरीत स्वर्ण-आभूषण का आकार उसका पर्याय है जो कि स्वर्ण का अनित्य धर्म हैं क्योंकि यह नाशवान है।

वस्तुओं के अनन्त धर्मों का ज्ञाता—जैन दार्शनिक इस बात पर जोर देते हैं कि वस्तुओं के इन अनन्त धर्मों का ज्ञान सामान्य व्यक्ति नहीं प्राप्त कर सकता। केवल वही व्यक्ति, जिसने कैवल्य प्राप्त कर लिया हो (केवली), वस्तु के सभी धर्मों को जान सकता है। सामान्य व्यक्ति किसी भी वस्तु को काल-विशेष में एक विशेष दृष्टिकोण से देखने में ही समर्थ होता है। इसलिए वह एक समय में उस वस्तु के एक ही धर्म को जान सकता है। इसीलिए किसी वस्तु के विषय में उसका ज्ञान आंशिक होता है।

नय—इस आंशिक ज्ञान को ही जैन-दर्शन में 'नय' कहा गया है। इस आंशिक ज्ञान के आधार पर जो परामर्श होता है, उसे भी जैनी 'नय' कहते हैं।

अनेकान्तवाद का उद्देश्य—अनेकान्तवाद का उद्देश्य अपने ही विचारों को सत्य कहने तथा विरोधियों के विचारों को मिथ्या कहने की हठवादिता को रोकना है। निश्चय ही दर्शनशास्त्र में बेहद विवाद होते हैं, जैसे, कोई सत्कार्यवाद का समर्थक है तो कोई असत् कार्यवाद का, कोई जगत् को अनिर्वचनीय कहता है तो कोई निर्वचनीय। जैन-दर्शन बौद्ध-दर्शन के समान मध्यम मार्ग अपनाने को नहीं कहता। यहाँ उसका केवल इतना ही कहना है, जैसे हमारे विचार सत्य हैं, वैसे ही विरोधी के विचार सत्य हो सकते हैं। हमें अपने विरोधी के विचारों को मिथ्या नहीं कहना चाहिए क्योंकि अनेक धर्मों की स्वामिनी वस्तु में परस्पर विरोधी धर्म भी दृष्टि-भेद से रह सकते हैं। अतः एक दृष्टि से जिसे हम सत् कहते हैं, दूसरी दृष्टि से वही असत् भी हो सकता है।

हाथी और छः अन्धों का उदाहरण—द्रव्य के किसी एक धर्म को ही सत्य कहने का हठ करना किस तरह अनुचित है, इसे जैन दार्शनिक एक प्रचलित दन्त-कथा **हाथी और छः अन्धों** के उदाहरण द्वारा समझाते हैं। प्रसिद्ध कथा है कि एक बार छः अंधे, हाथी कैसा होता है, इस जिज्ञासा से हाथी के समीप पहुँचे। एक अन्धे ने हाथी का पेट छूकर कहा हाथी तो दीवार के समान है। दूसरे ने हाथी के पैर छूकर कहा हाथी तो खम्भे के समान होता है। तीसरे ने हाथी की पूँछ छूकर कहा कि हाथी तो रस्सी के समान है। इसी तरह अन्य तीन अंधे भी हाथी के अलग-अलग अंगों को छूकर हाथी की समानता उन अंगों के समान वस्तुओं से बताने लगे।

यहाँ इन अंधों का हाथी के सम्बन्ध में अलग-अलग वर्णन गलत नहीं है किन्तु यदि कोई कहे कि हाथी केवल दीवाल के समान होता है, खम्भे के समान नहीं अर्थात् उसका ही वर्णन सही है, दूसरे का गलत है, तो यह उसकी भूल होगी।

यहाँ जैनदर्शन कहता है कि एकान्तवादी इन्हीं अंधों के समान होते हैं जो अपने-अपने तरीके से वस्तु का ज्ञान प्राप्त करते हैं। विवाद की जड़ तब पैदा होती हैं, जब वे अपने ही दृष्टिकोण को सत्य बताते हैं, दूसरे को असत्य कहते हैं।

जैन-दर्शन का अनेकान्तवाद, एकान्तवाद की इसी कमजोरी को दूर करता है। जहाँ अन्य दर्शन केवल अपने दर्शन को ही सत्य कहते हैं तथा अपने विरोधियों का खण्डन बड़ी तत्परता से करते हैं, वहाँ जैन-दर्शन विरोधियों के विचार का भी सम्मान करता है।

स्याद्वाद

स्याद्वाद जैन ज्ञान-मीमांसा का एक अत्यन्त प्रसिद्ध सिद्धान्त है जो उसके अनेकान्तवादी सिद्धान्त पर आधारित है।

ऊपर हमने देखा कि जैन-दर्शन के अनुसार वस्तु में अनन्त धर्म होते हैं। इसीलिए वस्तु को वे अनेकान्तक कहते हैं। इस अनेकान्तक वस्तु के कथन के लिए ही जैन-दर्शन **स्याद्वाद** को प्रस्तुत करता है।[1] जैन-दर्शन के अनुसार, **व्यक्ति अनेकान्तक वस्तु का आंशिक ज्ञान ही प्राप्त कर सकता है, जिसे 'नय' कहते हैं।** इस 'नय' के आगे 'स्याद्' शब्द जोड़ दिया जाये तो वही 'नय' प्रमाण बन जाता है।

किन्तु इस 'स्यात्' शब्द का अर्थ क्या है?

स्यात् का अर्थ 'शायद' नहीं है—स्यात् शब्द के अर्थ को लेकर विद्वानों में प्रारम्भिक काल से ही मतभेद रहा है। समकालीन अनेक विद्वानों ने भी 'स्यात्' शब्द की गलत व्याख्या की है। वे स्यात् शब्द का अर्थ 'शायद', 'सम्भवतः', आदि लेते रहे हैं किन्तु जैन 'स्याद्वाद' के सन्दर्भ में 'स्यात्' का यह पूर्णतः गलत अर्थ है, जिससे सम्पूर्ण स्याद्वाद गलत ढंग से प्रस्तुत होता है।

गलती का कारण—वस्तुतः विद्वानों ने 'स्यात' शब्द को उपरोक्त अर्थ में इसलिए रखा क्योंकि संस्कृत शब्द 'स्यात्' का धात्विक अर्थ 'शायद' अथवा 'सम्भवतः' ही होता है। किन्तु जैन दार्शनिकों ने 'स्यात्' का यह अर्थ कहीं नहीं लिया है।

स्यात् का 'शायद' अर्थ लेने से यह प्रतीत होता है कि स्याद्वाद **संशयवाद** अथवा **अज्ञेयवाद** है किन्तु **स्याद्वद कहीं भी संशयवादी अथवा अज्ञेयवादी नहीं है।**

स्यात् शब्द का अर्थ—जैन-दर्शन के अनुसार 'स्यात्' शब्द का अर्थ **'किसी अपेक्षा से'** अथवा **'किसी दृष्टि से'** है। इसे एक शब्द में **'कथंचित्'** कहा जा सकता है। किसी भी वाक्य में 'स्यात्' शब्द जोड़ने का अर्थ होता है कि **वह किसी विशेष दृष्टि अथवा अपेक्षा से सत्य है।**

स्याद्वाद सापेक्षवाद है—वस्तुतः स्याद्वाद एक प्रकार का सापेक्षवाद ही है। किसी भी 'नय' में 'स्यात्' जोड़कर हम यह निश्चित कर देते हैं कि किसी वस्तु के सम्बन्ध में उस वाक्य की सत्यता किसी विशेष प्रसंग में ही सीमित है। अन्य प्रसंगों में वह अन्य कुछ अथवा मिथ्या भी हो सकती है। जैसे, हाथी के उदाहरण में एक प्रसंग में हाथी की दीवाल के समान होना सत्य है, किन्तु दूसरे प्रसंग में वह खम्भे के समान भी हो सकता है। अतः अपने नय को प्रामाणिक बनाने के लिए हाथी के पेट को छूने वाले अंधे को कहना चाहिए कि स्यात् हाथी दीवाल के समान है अर्थात् **एक दृष्टि से हाथी दीवाल के समान** है।

स्यात् के साथ एव—स्याद्वाद संशयवाद नहीं है वरन् इसके विपरीत यह किसी निश्चिय अर्थ का द्योतक है, इस पर जैन-दर्शन अत्यन्त जोर देता है। इसीलिए वाक्य में 'स्यात' के साथ कभी-कभी जैन दार्शनिक 'एव' (निश्चय ही) शब्द भी जोड़ते हैं, जैसे **'स्यादस्तिव घटः'** अर्थात् किसी विशेष दृष्टि से निश्चय ही घड़ा है।

स्याद्वाद का महत्त्व—स्याद्वाद का महत्त्व भी अनेकान्तवाद के समान ही

1. ''अनेकान्तात्मकार्यकथनं स्याद्वादः।''— *'लघीयस्त्रय टीका'*, 62

हठवादिता का त्याग कर उदार बनने में निहित है। जैन-दर्शन अपने 'अहिंसा' के सिद्धान्त के लिए प्रसिद्ध है। उनका 'स्याद्वाद' एक प्रकार से मानस-अहिंसा है, क्योंकि स्याद्वाद अपनाकर वे दूसरे के विचारों की सत्यता को भी स्वीकार करते हैं। इस तरह अन्य दर्शन जहाँ अपने ही दर्शन को सत्य घोषित कर दूसरों के विचारों की असत्यता के प्रतिपादन में लगे रहते हैं, वहाँ जैन-दर्शन दूसरे दर्शनों के विचारों को भी महत्त्व देता है। इस तरह स्याद्वाद जैन-दर्शन का एक महत्त्वपूर्ण सिद्धान्त है।

स्याद्वाद और अनेकान्तवाद—जैन-ग्रन्थों में अनेक स्थानों पर स्याद्वाद के स्थान पर अनेकान्तवाद का प्रयोग भी हुआ है।[1] वस्तुतः इन दोनों ही शब्दों के पीछे एक ही हेतु रहा है, वह है, वस्तु की अनेकान्तकता। इसीलिए कई बार स्याद्वाद को अनेकान्तवाद भी कह दिया जाता है।[2] दोनों में मुख्य अन्तर यह है कि **अनेकान्तवाद जैन दर्शन की तत्त्वमीमांसा से सम्बन्धित है जबकि स्याद्वाद ज्ञानमीमांसा के अंतर्गत आता है।**

सप्तभंगी नय

जैन-दर्शन में **सप्तभंगी नय** सिद्धान्त का भी महत्त्वपूर्ण स्थान है। यहाँ जैनी वस्तुतः अपने स्याद्वाद को ही अधिक विस्तृत करते हैं। वस्तुतः यह स्याद्वाद का पूरक सिद्धान्त है।

नय (परामर्श) (*Judgement*)—ऊपर हमने देखा कि जैन-दर्शन वस्तु को **अनन्त धर्मात्मकम्** कहता है। हमारा वस्तु के सम्बन्ध में कथन उसके किसी विशेष धर्म को ही इंगित करता है, इस तरह वह आंशिक सत्य होता है। इसे ही नय कहते हैं। इस तरह **'नय' किसी वस्तु के संबंध में सापेक्ष अथवा आंशिक कथन है।** चूँकि धर्म अनन्त है, अतः नय भी अनन्त होने चाहिए।

सात प्रकार के नय—किन्तु इन अनन्त नयों की अलग-अलग अभिव्यक्ति सम्भव नहीं है। हाँ, सात प्रकार से अवश्य इन अनन्त धर्मों की अभिव्यक्ति सम्भव है। अतः जैन दार्शनिक सात प्रकार के नय का **'सप्तभंगी नय'** नामक सिद्धान्त प्रस्तुत करते हैं।

सामान्यतया न्यायशास्त्र में दो प्रकार के तर्कवाक्य बताये जाते हैं—(1) अस्तिवाचक, (2) नास्तिवाचक। जैसे, **'वस्तु है'** और **'वस्तु नहीं है।'**

जैन-दार्शनिक उपरोक्त दोनों तर्कवाक्यों को नय के रूप में तो स्वीकार करते ही हैं, साथ ही इनके अतिरिक्त 5 प्रकार के और नय बताते हैं। इस तरह कुल 'सात' नय वे स्वीकार करते हैं।

यहाँ उल्लेखनीय है कि इन सातों नयों में जैनी 'स्यात्' शब्द अनिवार्य रूप से जोड़ते हैं, ताकि 'नय' प्रामाणिक बन सके। हम पहले ही बता चुके हैं कि 'स्यात्' शब्द आपेक्षिकता का द्योतक है अर्थात् यह बताने वाला है कि **किसी अपेक्षा या दृष्टि से** वस्तु के विषय में कथन किया जा रहा है।

आगे हम किसी भी द्रव्य के सम्बन्ध में कौन-कौन से सात नय जैन दार्शनिक बताते हैं, यह देखेंगे।

(1) **स्यात् अस्ति**—अर्थात् किसी अपेक्षा से द्रव्य है।

(2) **स्यात् नास्ति**—अर्थात् किसी अपेक्षा से द्रव्य नहीं है।

---

1. *'स्याद्वादमञ्जरी'*, 5
2. मोहनलाल मेहता, *'जैन धर्म-दर्शन'*, पृ० 358-59

(3) **स्यात् आस्ति च नास्ति** च—अर्थात् किसी अपेक्षा से द्रव्य है और नहीं भी है।

(4) **स्यात् अव्यक्तव्य**—अर्थात् किसी अपेक्षा से द्रव्य ऐसा है जिसके बारे में कुछ निश्चित नहीं जा सकता है अर्थात् अव्यक्तव्य है।

(5) **स्यात् अस्ति च अव्यक्तव्यम् च**—अर्थात् किसी अपेक्षा से द्रव्य है, किन्तु ऐसा है जिसके बारे में कुछ कहा नहीं जा सकता।

(6) **स्यात् नास्ति च अव्यक्तव्यम् च**—अर्थात् किसी अपेक्षा से द्रव्य नहीं है, किन्तु यह ऐसा है जिसके बारे में कुछ कहा नहीं जा सकता।

(7) **स्यात् अस्ति च नास्ति च अव्यक्तव्यम् च**—अर्थात् किसी अपेक्षा से द्रव्य है, नहीं भी है और वह ऐसा है जिसके बारे में कुछ नहीं कहा जा सकता।

अब हम सातों वाक्यों की अलग-अलग व्याख्या करेंगे। सातों नयों को ठीक से समझने के लिए हम घड़े के अस्तित्व के सम्बन्ध में इन नयों का प्रयोग करेंगे।

पहला वाक्य—घड़े को लेकर पहला वाक्य होगा **'स्यात् घड़ा है।'** इसका अर्थ है किसी विशेष देश, काल और रूप के प्रसंग में घड़ा है।

दूसरा वाक्य—दूसरा वाक्य होगा **'स्यात् घड़ा नहीं है।'** इसका अर्थ है किसी विशेष देश, काल और रूप के प्रसंग में घड़ा नहीं है।

तीसरा वाक्य—'स्यात् घड़ा है और नहीं है' यह तीसरा वाक्य होगा। इसका मतलब हुआ कि किसी विशेष देश, काल और रूप के प्रसंग में घड़ा है और अन्य देश, काल और रूप के प्रसंग में घड़ा नहीं है।

चौथा वाक्य—चौथा वाक्य होगा **'स्यात् घड़ा अव्यक्त है।'** इस चौथे वाक्य का अर्थ हुआ कि एक दृष्टि से घड़ा ऐसा है जिसके बारे में कुछ कहा नहीं जा सकता। इसे हम एक उदाहरण के द्वारा समझेंगे। घड़ा पकने के पूर्व काले रंग का होता है और पकने की अवस्था में लाल रंग का होता है, किन्तु बीच की अवस्था में अर्थात् जब वह पक रहा है तब वह न पूर्ण काला है न पूर्ण लाल, अतः अव्यक्त है।

पाँचवाँ वाक्य—पाँचवाँ वाक्य होगा, **'स्यात् घड़ा है और अव्यक्त है।'** इसका मतलब है कि द्रव्य और रूप (मिट्टी) की दृष्टि से घड़ा है तो किन्तु उसके वर्ण का स्पष्ट निर्देशन न होने के कारण वह अव्यक्त है।

छठवाँ वाक्य—छठवाँ वाक्य **'स्यात् घड़ा नहीं है और अव्यक्त है'** होगा। इसका अर्थ है कि एक विशेष दृष्टि से घड़ा नहीं है किन्तु दृष्टि स्पष्ट नहीं होने के कारण हम उसके विषय में कुछ नहीं कह सकते।

सातवाँ वाक्य—सातवाँ वाक्य होगा, **'स्यात् घड़ा है, नहीं है और अव्यक्त है।'** इसका तात्पर्य है कि किसी दृष्टि से घड़ा है, दूसरी दृष्टि से घड़ा नहीं है और दृष्टिकोण स्पष्ट न होने पर अव्यक्त है अर्थात् उसके विषय में हम कुछ नहीं कह सकते।

यहाँ उल्लेखनीय है कि इनमें से प्रथम चार 'नय' अधिक महत्त्वपूर्ण हैं। शेष तीन नय चौथे 'नय' के साथ पहले, दूसरे और तीसरे 'नय' को जोड़ने से बने हैं। इस प्रकार पहले और चौथे को जोड़ने से पाँचवाँ, दूसरे और चौथे को जोड़ने से छठवाँ तथा तीसरे और चौथे को जोड़ने से सातवाँ नय बना है।

समालोचना—जैन दार्शनिकों के अनेकान्तवाद, स्याद्वाद तथा सप्तभंगी नय की

आलोचना प्रायः सभी जैनेतर दार्शनिकों ने की है। उनके कट्टर आलोचक वेदान्ती तो उनकी आलोचना करते ही हैं, स्वयं उनके ही समान श्रमण बौद्ध भी उनके इस सिद्धान्त की कड़ी आलोचना करते हैं। वे तो इस सिद्धान्त को **'पागलों का प्रलाप'** तक कह बैठते हैं।

किन्तु, यहाँ उल्लेखनीय है कि जैन दार्शनिकों को अपनी आलोचना का पूर्वानुमान था, इसलिए जैन आचार्यों ने सम्भावित आलोचना का उल्लेख कर उनका खण्डन पहले ही कर दिया था।

यहाँ हम जैन-दर्शन के उपरोक्त सिद्धान्तों की आलोचना तथा जैन दार्शनिकों का प्रत्युत्तर, दोनों देखेंगे।

1. **संशय दोष**—प्रायः आलोचक स्याद्वाद को **संशयवाद** कहते हैं। वस्तुतः वे 'स्यात' का अर्थ 'शायद' लेकर इसे संशयवाद कहते हैं।
   यहाँ जैन दार्शनिक कहते हैं कि स्यात् का अर्थ शायद नहीं है। यहाँ स्यात् केवल सापेक्षता का द्योतक है।
2. **विरोधग्रस्त सिद्धान्त**—कुछ आलोचक कहते हैं, स्याद्वाद में 'विरोध दोष' है क्योंकि यह एक ही वस्तु को अस्ति और नास्ति दोनों कहते हैं।
   इस पर जैन दार्शनिक कहते हैं कि जैसे एक ही व्यक्ति किसी का पिता और किसी का पुत्र दोनों हो सकता है, उसी तरह एक ही वस्तु अस्ति और नास्ति दोनों हो सकती है। अतः स्याद्वाद में कोई दोष नहीं है। स्याद्वाद वस्तुतः अनेकान्तवाद है, जिसके अनुसार वस्तु में अनन्त धर्म होते हैं। इन अनन्त धर्मों में विरोधी धर्म भी आ जाते हैं।
3. **स्याद्वाद पूर्ण सत्य नहीं**—आलोचक कहते हैं कि यदि वस्तु एक दृष्टि से सत् तथा एक दृष्टि से असत् है तो स्याद्वाद भी दृष्टिभेद से सत्य और मिथ्या दोनों होगा, किन्तु ऐसी स्थिति में स्याद्वाद से ही तत्त्व का यथार्थ ज्ञान हो सकता है, यह हम कैसे कहेंगे?
   उत्तर में जैनी कहते हैं कि उन लोगों का ऐसा कोई आग्रह नहीं है। स्याद्वाद भी स्वरूप अर्थात् अनेकान्तवाद की दृष्टि से सत् है और एकान्तवाद की दृष्टि से असत् है।
4. **अन्तिम तीन भंग अनावश्यक**—आलोचक कहते हैं कि सप्तभंगी नय के अन्तिम तीन भंग व्यर्थ हैं, वे प्रथम चार नयों की पुनरावृत्ति मात्र हैं। इस प्रकार से तो सैकड़ों नय बनाये जा सकते हैं।
   उत्तर में जैनी कहते हैं कि उनका आग्रह सात भंगों पर नहीं है। भंग ज्यादा भी हो सकते हैं, प्रथम दो भंग अवश्य अत्यन्त आवश्यक है।
5. **स्याद्वाद और 'केवल ज्ञान' परस्पर विरुद्ध**—आलोचक कहते हैं कि जैन 'केवल ज्ञान' को निरपेक्ष सत् मानते हैं, जो एकान्त रूप से पूर्ण है, किन्तु ऐसी स्थिति में क्या इसका स्याद्वाद से विरोध नहीं होता?

उत्तर में जैनी कहते हैं कि तत्त्वज्ञान की दृष्टि से स्याद्वाद और केवल ज्ञान में कोई अन्तर नहीं है। केवली वस्तु को जिस रूप में जानेगा, स्याद्वादी भी उसी रूप में जानेगा। अन्तर यह है कि 'केवली' जिस तत्त्व को प्रत्यक्ष ज्ञान से जानेगा स्याद्वादी परोक्ष रूप से जानेगा। निश्चय ही केवली पूर्ण ज्ञान की प्राप्ति करता है, पर पूर्णता का मतलब यह नहीं कि उसकी दृष्टि एकान्तवादी हो जाये। तत्त्व को वह भी स्याद्वादी के समान अनेकान्तात्मक रूप से ही देखेगा।[1]

---

1. *तत्त्वार्थ सूत्र*—5/38

जैन-तत्त्व मीमांसा

जैन-दर्शन की ज्ञान-मीमांसा के समान उसकी तत्त्व मीमांसा भी अनेकान्तवादी अर्थात् बहुतत्त्ववादी है। यहाँ अनेक तत्त्व स्वीकार किये गये हैं। मोटे तौर पर तत्त्वों को दो भागों में बाँटा गया है—**(1) अस्तिकाय, (2) अनास्तिकाय।** ये क्या हैं इस पर चर्चा करने के पूर्व हम जैन दर्शन के अनुसार तत्त्व क्या हैं, यह देखेंगे।

द्रव्य (तत्त्व)
(Substance)

जैन दर्शन की ज्ञानमीमांसा के समान उसकी तत्त्वमीमांसा भी अनेकान्तवादी है। यहाँ तत्त्व अनेक स्वीकार किये गये हैं। उल्लेखनीय है कि जैन दर्शन में तत्त्व को ही द्रव्य कहा गया है। यह सत् है।

द्रव्य की विशेषता

जैन दर्शन में द्रव्य की निम्नलिखित विशेषताएँ हैं—

1. द्रव्य अनन्त धर्मों से युक्त है (अनन्त धर्मकं वस्तु)—दर्शन में तत्त्व को लेकर एक विवादास्पद प्रश्न रहा है कि तत्त्व नित्य है या परिवर्तनशील है। जैसे अद्वैतवेदान्त तत्त्व को नित्य कहता है जबकि बौद्धदर्शन उसे परिवर्तनशील कहता है। ग्रीक दर्शन में इसी तरह पार्मेनाइडीज तत्त्व को नित्य कहता था और हेराक्लाइटस परिवर्तनशील कहता था।

यहाँ जैन दर्शन मध्यममार्ग अपनाता है, उसके अनुसार द्रव्य दोनों ही धर्मों से युक्त है। वह नित्य भी है और अनित्य भी। वस्तुतः जैन दर्शन द्रव्य को अनन्तधर्मों से युक्त कहता है। **अनन्त धर्मकं वस्तु**। प्रत्येक पदार्थ नित्य और अनित्य दोनों ही होता है। वह सत्-असत्, शाश्वत-क्षणिक, परिणामी-अपरिणामी दोनों होता है।

किन्तु यह कैसे सम्भव है? एक ही पदार्थ में सत् और असत् जैसे विरोधी गुण कैसे रह सकते हैं? इसके उत्तर में जैन दर्शन द्रव्य का और अधिक विश्लेषण करता है।

2. द्रव्य के प्रमुख दो धर्म (गुणपर्यायवद् द्रव्यम्)—जैन दर्शन के अनुसार प्रत्येक द्रव्य गुण और पर्याय से युक्त होता है। वस्तुतः गुण और पर्याय भी द्रव्य के दो धर्म हैं। इन्हें द्रव्य के दो प्रकार के धर्म कहा गया है।

(1) **नित्य धर्म** इसे पदार्थ का शाश्वत अंश कह सकते हैं। ये वे गुण होते हैं जिसके बिना पदार्थ विशेष पदार्थ नहीं रह पाता है, अपनी पहचान खो देता है। इसीलिए इसे स्वरूपधर्म भी कहते हैं। इस तरह ये 'गुण' हैं।

(2) **अनित्य धर्म,** इसे पदार्थ का अशाश्वत अंश कह सकते हैं। इनमें परिवर्तन होते रहते हैं। इसीलिए इसे आगंतुकधर्म भी कहते हैं। ये ही पर्याय हैं।

उदाहरण—आत्मा एक द्रव्य है। चैतन्य आत्मा का नित्य धर्म है। यह मनुष्य में हमेशा रहता है जबकि इच्छा, संकल्प, सुख-दुख आदि उसके अनित्य धर्म है जो बदलते रहते हैं।

इसे एक अन्य उदाहरण द्वारा भी समझाया गया है। सोना एक द्रव्य है। उसका पीलापन, ठोसपन, चमकीलापन उसके गुण है। ये उसके ऐसे धर्म हैं जिसके बिना सोना

नहीं रह सकता अर्थात् यह उसके नित्य धर्म हुए। सोने के विभिन्न आभूषण या आकृतियाँ उसके विभिन्न पर्याय हैं जो बदलते रहते हैं।

इस तरह दो प्रकार के उपरोक्त धर्मों को ही जैन दर्शन में क्रमशः गुण और पर्याय कहा गया है। इसीलिए द्रव्य की एक और परिभाषा दी जाती है, **गुणपर्यायवद् द्रव्यम्**[1] अर्थात् द्रव्य वह है जिसमें गुण और पर्याय हों। इस तरह द्रव्य गुण और पर्याय का आश्रय है।

3. द्रव्य, उत्पत्ति, स्थिति और क्षय से युक्त (उत्पादव्ययध्रौव्यसंयुक्तं सत्)—जैन दर्शन में द्रव्य का एक और लक्षण कहा गया है, **उत्पादव्ययध्रौव्यंयुक्तं सत्** अर्थात् द्रव्य में **ध्रौव्य** (नित्यता), **उत्पाद**, (उत्पत्ति) और **व्यय** (क्षय) तीन धर्म होते हैं।

द्रव्य की नित्यता का अर्थ है कि सभी मौलिक द्रव्य, जैसे आत्मा आदि, सनातन है। वस्तुतः गुणा का नाश नहीं होता अतः गुणों के रूप में वे सनातन हैं। द्रव्य की उत्पत्ति का अर्थ है कि पर्याय के रूप में उनमें उत्पत्ति भी है और विनाश भी। जैसा कि हमने ऊपर पर्याय के प्रसंग में देखा कि ये आगन्तुक गुण हैं। इस तरह जैनी द्रव्य को नित्य और अनित्य दोनों कहते हैं।

4. द्रव्य का पूर्ण ज्ञान केवल केवली को—अनन्त धर्मों से युक्त पदार्थ के सभी धर्मों का ज्ञान सभी मनुष्य नहीं प्राप्त कर सकते, चाहे वे कितने भी बुद्धिमान क्यों न हो। सिर्फ केवली अर्थात् सर्वज्ञ ही द्रव्य के सभी धर्मों का ज्ञान प्राप्त कर सकता है। किन्तु व्यवहार के लिए वस्तु का आंशिक ज्ञान भी पर्याप्त होता है।

द्रव्य के प्रकार

ऊपर हमने इस बात का उल्लेख किया है कि द्रव्य के मोटे रूप से दो प्रकार बताये गये हैं—1. अस्तिकाय, 2. अनस्तिकाय। अब हम इनकी व्याख्या करेंगे।

1. अस्तिकाय—वह द्रव्य जो काया अर्थात् शरीर-युक्त होता है, अस्तिकाय कहलाता है। इसकी विशेषता आकाश या स्थान घेरना है।

जैन दर्शन में अस्तिकाय द्रव्य भी दो प्रकार के बताये गये हैं—1. जीव, 2. अजीव। जीव में विभिन्न प्रकार की जीवात्माएँ आती हैं और अजीव में चार द्रव्य आते हैं—धर्म, अधर्म, आकाश और पुदगल्।

2. अनस्तिकाय—इसमें एकमात्र द्रव्य **काल** माना गया है। काल के द्वारा ही संसार की समस्त गतियाँ सूत्रबद्ध होती हैं। काल का अस्तित्व तो है किन्तु एकपक्षीय होने के कारण इसमें विशालता या विस्तार नहीं है।[2]

काल के भी दो भेद हैं

1. नित्य काल—नित्य काल का न आदि है न अन्त है। **2. सापेक्ष काल**—इसका आदि और अन्त दोनों है।

नित्य काल को हम **काल** के नाम से तथा सापेक्ष को **समय** के नाम से पुकराते हैं। काल, समय का महत्त्वपूर्ण कारण है। चूँकि काल की गति से सब पदार्थों की आकृति का विलयन सम्भव होता है, अतः काल को संहारकर्त्ता भी कहा गया है।[3]

आगे हम विस्तारपूर्वक इन द्रव्यों पर विचार करेंगे।

---

1. *तत्त्वार्थ सूत्र* 5/37
2. *सर्व-दर्शन संग्रह*, 25
3. राधाकृष्णन् *'भारतीय दर्शन'*, भाग 1, पृ० 256

जीव-तत्त्व (आत्मा)
(Conscious Spirit)

चेतन तत्त्व—जैन दर्शन के अनुसार जीव तत्त्व सारे जगत् में समाया हुआ है। अजीव तत्त्व से सर्वथा पृथक् जीव तत्त्व की विशिष्टता चैतन्य-युक्त होना है। जैन दर्शन में जीव की परिभाषा दी गई है। **'चैतन्य लक्षणो जीवः'** अर्थात् जीव का लक्षण चेतना है। इस तरह संसार के छोटे-से-छोटे जीव में चेतना विद्यमान रहती है।

जीवकर्त्ता और भोक्ता—जीव की यह चेतना वैसे तो नैसर्गिक रूप से अनंत ज्ञान, अनंत दर्शन और अनन्त सामर्थ्य से युक्त है, किन्तु जीव के पूर्व जन्मों के अशुभ कर्मों के कारण ये स्वाभाविक धर्म छिप जाते हैं, इन पर एक प्रकार का आवरण पड़ जाता है। इसीलिए ऐसे कर्मों को आवरणीय कर्म कहा जाता है। किन्तु जीवात्मा अपने शुभकर्मों के द्वारा इस आवरण को नष्ट कर अपने स्वाभाविक रूप में रह सकती है। इस तरह जैन दर्शन में जीव स्वयं ही अपने उत्थान-पतन, सुख-दुःख अथवा बंधन-मोक्ष का कारण कहा गया है। इससे यह भी स्पष्ट होता है कि यहाँ जीव, कर्त्ता एवं भोक्ता माना गया है। उल्लेखनीय है कि सांख्य एवं वेदान्त दर्शन में आत्मा न कर्त्ता है और न भोक्ता है।

जीव शरीर से पृथक् तत्त्व—जैन दर्शन मानता है कि जीव का अनुभव हमें शरीर में ही होता है किन्तु यह शरीर से सर्वथा पृथक् है। शरीर यहाँ अजीव तत्त्व है। शरीर, पुद्‌गल (जड़ द्रव्य) से बना है, अतः यह चेतन आत्मा का जनक नहीं हो सकता।

चेतन आत्मा शरीर से पृथक् है इसे सिद्ध करने के लिए जैन दार्शनिक एक तर्क यह भी देते हैं कि शरीर के बने रहने पर भी, यथा, गाढ़ निद्रा, या मृत्यु में चेतना अनुपस्थित रहती है। अतः चेतना शरीर का गुण नहीं है, वस्तुतः शरीर में आत्मा के कारण ही चेतना आती है। चेतन आत्मा शरीर की चालक है, उसकी स्वामी है।

शरीर और जीवात्मा के सम्बन्ध की समस्या—जीवात्मा शरीर से पृथक् एवं विरोधी गुण रखते हुए भी शरीर में ही रहती है तथा शरीर का संचालन करती है। यहाँ दो प्रश्न उठते हैं—(1) शरीर और जीवात्मा का सम्बन्ध कैसा है? (2) जीवात्मा शरीर के बंधन में आती कैसे है?

जीवात्मा शरीर में व्याप्त है—पहले प्रश्न के उत्तर में यहाँ कहा गया है कि जीवात्मा सम्पूर्ण शरीर में व्याप्त रहती है। शांकर-वेदान्त में आत्मा को विभु (सर्वत्र व्याप्त) माना गया है, जबकि वैष्णव वेदान्ती आत्मा को अणुरूप मानते हैं। जैन-दर्शन मध्यम मार्ग को अपनाते हुए कहता है कि आत्मा न विभु है न अणु वरन् यह शरीर के परिणाम वाला है। यह जिस शरीर में भी निवास करता है, उस शरीर के परिणाम को धारण कर लेता है।

जैन दर्शन में इस विचार को एक दीपक के उदाहरण द्वारा सिद्ध किया गया है। जिस तरह दीपक, जिस कमरे में रखा जाता है उसे प्रकाशित करता है, उसी तरह आत्मा सम्पूर्ण शरीर को चैतन्यमय करती है। वस्तुतः संकुचित एवं प्रसरणशील होना आत्मा का गुण है। अपने इसी गुण के कारण आत्मा छोटे शरीर को त्याग बड़े शरीर में प्रवेश कर पाती है अथवा बड़े शरीर को त्याग छोटे शरीर में प्रवेश कर पाती हैं। जैसे, चींटी जैसे छोटे से शरीर से हाथी जैसे शरीर में प्रवेश करते वक्त वह प्रसारित हो जाती है तथा हाथी से चींटी के शरीर में जाते वक्त संकुचित हो जाती है।

यहाँ एक दुविधा और उत्पन्न होती है। जैन दर्शन कहता है कि चेतना शरीर में स्थान घेरती है, किन्तु शरीर तो स्वयं ही स्थान घेरे हुए हैं, तब एक स्थान घेरने वाली वस्तु में दूसरा स्थान घेरने वाला तत्त्व कैसे रह सकता है? उत्तर में जैन दार्शनिक कहते हैं कि चैतन्य-आत्मा वैसे स्थान नहीं घेरती जैसे जड़-शरीर घेरता है। जिस प्रकार प्रकाश कमरे के हर भाग में फैलकर भी कमरे का कोई हिस्सा नहीं बनता उसी तरह शरीर के हर भाग में रहकर भी जीवात्मा शरीर का कोई भाग नहीं होती।

जीवात्मा का शरीर के बंधन में पड़ना—जैन दर्शन में इस प्रश्न पर गहराई से विचार हुआ है कि जीवात्मा शरीर के बन्धन में क्यों और कैसे आती है? वस्तुतः इसी प्रश्न का उत्तर उनका मोक्ष-सिद्धान्त है।

यहाँ माना गया है कि पूर्व जन्म के कर्मफलों के कारण जीवात्मा बंधन-ग्रस्त होती है। कर्मों के अनुरूप ही उसे शरीर मिलता है। कर्मों के अनुसार ही पुद्गल कण उसकी ओर आकृष्ट होते हैं और उसके लिए कर्मानुसार शरीर बनाते हैं। (इसकी विशेष व्याख्या हम मोक्ष के अंतर्गत देखेंगे।)

यहाँ प्रश्न उठता है कि जीव का कर्मों से सम्बन्ध हुआ ही क्यों? उत्तर में जैन दर्शन कहता है कि यह सम्बन्ध अनादि है।

जीवात्मा के अस्तित्व की सिद्धि—जैन-दर्शन में जीवात्मा के अस्तित्व की सिद्धि के लिए प्रत्यक्ष और अनुमान ये दो प्रमाण प्रस्तुत किये गये हैं—

1. प्रत्यक्ष प्रमाण—हम सब अपने चेतन अस्तित्व का प्रत्यक्ष अनुभव करते हैं, अतः आत्मा के अस्तित्व में सन्देह की कोई गुंजाइश नहीं है। आत्मा न हो तो सुख, दुःख, स्मृति, संकल्प आदि का अनुभव कौन करेगा? चार्वाक दर्शन के द्वारा शरीर से पृथक् किसी चेतन आत्मा को अस्वीकार किया गया है। इसके विरोध में जैन ग्रन्थ 'विशेषावश्यक भाष्य' में स्वयं महावीर स्वामी, इन्द्रभूति से कहते हैं, **'हे इन्द्रभूति। जीवात्मा का प्रत्यक्ष ज्ञान तुम्हें भी हो सकता है। इसके बारे में संदेह आदि से युक्त तुम्हारा ज्ञान ही जीवात्मा है। जो स्वयं तुम्हारे अनुभव से सिद्ध होता है, उसको सिद्ध करने के लिए किसी प्रमाण की आवश्यकता नहीं है.....और अहं प्रत्यय, जैसे, मैने किया, मैं करता हूँ, मैं करूँगा, आदि में 'मैं' की अनुभूति से जीवात्मा का प्रत्यक्ष बोध हो सकता है।**[1]

उल्लेखनीय है कि यहाँ महावीर यह भी कहते हैं कि **संदेह करने वाला ही अपने अस्तित्व को प्रमाणित करता है।** यही बात पाश्चात्य जगत् में ऑगस्टाइन, कैम्पानोला, आदि ने कहा है। उपनिषदों में भी कहा गया है **'विज्ञातारं अरे केन विजानीयात्'** अर्थात् जो सबको जानने वाला है उसे कौन जान सकता है अर्थात् वह तो ज्ञाता होने के कारण सिद्ध ही है। वेदान्त दर्शन भी आत्मा को स्वयं सिद्ध मानता है।

2. अनुमान प्रमाण—हमारा शरीर अनेकानेक प्रकार की क्रियाएँ करता है, जैसे, चलना, फिरना, खाना, पीना आदि। शरीर ये क्रियाएँ कदापि सम्पन्न नहीं कर पाता, यदि उसका कोई चालक नहीं होता। आखिर मशीन का भी तो कोई-न-कोई चालक होता है। शरीर का यह चालक जीवात्मा है।

जीव के प्रकार—जैन-दर्शन में जीव के प्रकारों का अत्यन्त सूक्ष्म विवेचन किया गया है। यहाँ माना गया है कि स्वभावतः अनन्त दर्शन, अनन्त ज्ञान एवं अनन्त सामर्थ्य

---

1. एस॰ गोपालन्, *जैन दर्शन की रूपरेखा*, पृ॰ 98-99

से युक्त होते हुए भी पूर्वजन्मों के कर्मफल के कारण प्रत्येक जीव की चेतना का विकास एक समान नहीं होता। इसी आधार पर जैन-दर्शन में जीव के अनेक प्रकार बताए गये हैं।

सबसे पहले तो **बद्ध** और **मुक्त** ये दो जीव के प्रकार हैं।

1. **मुक्त जीव**—वस्तुतः ये अन्य जीवों से एकदम अलग होते हैं क्योंकि अन्य जीवों के समान ये शरीर नहीं धारण करते। इनमें प्रकृति का लेशमात्र भी तत्त्व नहीं रहता। इनमें पवित्रता और असीम चेतना होती है। इन्हें **अनन्त ज्ञान, अनन्त दर्शन, अनन्त वीर्य** एवं **अनन्त सुख** प्राप्त है।
2. **बद्ध जीव**—जीवन चक्र में घूमने वाले शरीर **बद्ध जीव** कहे गये हैं। अज्ञान के कारण स्वयं को प्रकृति के समान समझने वाले ये जीव मोटे तौर पर दो प्रकार के हैं—1. स्थावर जीव 2. जंगम जीव।

स्थावर जीव—स्थावर याने एक स्थान पर स्थिर रहने वाले जीव। ये इन्द्रियगोचर नहीं होते अर्थात् हम उन्हें अपनी इन्द्रियों के द्वारा नहीं जान सकते। ये स्वयं ऐकेन्द्रिय अर्थात् एक ही इन्द्रिय रखने वाले होते हैं। इनमें आत्मिक शक्ति का विकास बहुत ही कम होता है। इनके भी स्थान के अनुसार पाँच प्रकार बताये गये हैं—(1) पृथ्वीकाय, (2) जलकाय, (3) अग्निकाय, (4) वायुकाय, (5) वनस्पति काय। अर्थात् पृथ्वी, जल आदि में रहने वाले जीव।

जंगमजीव—ये उद्देश्यपूर्वक एक स्थान से दूसरे स्थान में जाने में समर्थ होते हैं। इन्द्रियों की संख्या के आधार पर ये पाँच प्रकार के बताये गये हैं—

1. **एकेन्द्रिय जीव**—इसमें केवल एक इन्द्रिय युक्त जीव आते हैं।
2. **द्वीन्द्रिय जीव**—स्पर्श और रसना इन दो इन्द्रियों से युक्त जीवों में कृमि, शंख जैसे जीव आते हैं।
3. **त्रिन्द्रिय जीव**—स्पर्श, रसना और घ्राण इन तीन इन्द्रियों से युक्त जीवों में चींटी, पतंगे जैसे जीव आते हैं।
4. **चतुरिन्द्रिय जीव**—स्पर्श रसना, घ्राण और नेत्र इन चार इन्द्रियों युक्त जीवों में भ्रमर, मच्छर जैसे जीव आते हैं।
5. **पंचेन्द्रिय जीव**—स्पर्श, रसना, घ्राण, नेत्र और श्रवण इन पाँच इन्द्रियों से युक्त जीवों में मछली जैसे जलचर, हाथी जैसे थलचर और पक्षी जैसे नभचर प्राणी आते हैं। मनुष्य भी इसी श्रेणी में आते हैं।

अजीव तत्त्व
(Unconscious Non-Spirit)

जैन-दर्शन में जीव के अतिरिक्त जिन चार अन्य तत्त्वों (पुद्गल, धर्म और अधर्म, तथा आकाश) को अस्तिकाय कहा गया है, उनका संक्षिप्त परिचय निम्नलिखित है—

1. पुद्गल (*Material Substance*)—प्रायः सभी भारतीय दार्शनिकों ने जगत् के मूल तत्त्व पर अर्थात् उस तत्त्व पर जिससे यह जड़-जगत् समस्त जड़-शरीरों सहित बना है, गहराई से विचार किया है। इस मूल तत्त्व को जहाँ सांख्यादि दार्शनिक, प्रकृति, प्रधान या जड़ परमाणु कहते हैं वहाँ जैन दर्शन पुद्गल कहता है। इस तरह जैन दर्शन में पुद्गल जगत् का मूल कारक है।

पुद्गल शब्द का अर्थ—पुद्गल का शाब्दिक अर्थ है—**'पूरयन्ति गलन्ति च'** अर्थात् जिसका संयोग और विभाजन होता है, वह पुद्गल है।

पुद्गल की इसी विशेषता के कारण पुद्गल कण जुड़कर आकार बनाने में सफल होते हैं और बड़े आकार को तोड़कर छोटे-छोटे कणों में बाँटा जा सकता हैं।

अणु और संघात्—पुद्गल के लघुतम् कण को अर्थात् जिसे और आगे न तोड़ा जा सके **अणु** या **परमाणु** कहा गया है। दो या दो से अधिक अणुओं से जुड़कर बनने वाले पदार्थ को **संघात्** कहते हैं।

परमाणु आकार-हीन एवं अनादि होते हैं।[1] यह अतिसूक्ष्म एवं निरपेक्ष परम सत्ता है। इनमें परस्पर आकर्षण शक्ति होती है जिससे भौतिक पदार्थों की उत्पत्ति होती है। भौतिक जगत् में परिवर्तन अणुओं के विश्लेषण एवं संश्लेषण के कारण होते हैं।[2] इन अणुओं को हम अपनी आँखों से नहीं देख सकते किन्तु स्कन्धों को देख सकते हैं।[3]

पुद्गल के गुण—जैन दर्शन में पुद्गल के चार गुण माने गये हैं, स्पर्श, स्वाद, गंध और रंग।[4] ये गुण अणुओं और संघातों दोनों में पाये जाते हैं। यहाँ यह भी उल्लेखनीय है कि यूनानी परमाणुवादी दार्शनिक ल्यूसीपस और डेमोक्रिटस ने परमाणुओं को गुण-हीन माना है। जैन एवं यूनानी परमाणुवादियों में एक अन्तर यह भी है कि यूनानी परमाणुवादी जहाँ परमाणुओं को सतत् गतिशील बताते हैं, वहाँ जैनी परमाणुओं में गति एवं स्थिरता दोनों मानते हैं।

2. धर्म और अधर्म—यहाँ धर्म और अधर्म का मतलब पुण्य व पाप के जनक लौकिक धर्म और अधर्म से नहीं है। यहाँ इन्हें क्रमशः गति और स्थिरता का विशेष कारण बताया गया है। इनका प्रत्यक्ष द्वारा तो अस्तित्व सिद्ध नहीं होता, हाँ, अनुमान द्वारा अवश्य होता है। जैसे, मछली जल में तैरती है। इसे हम इस प्रकार भी कह सकते हैं कि मछली जल में गति करती है, हालांकि उसकी यह गति उसकी अपनी शक्ति पर निर्भर करती है, किन्तु जल न हो तो उसकी यह शक्ति कोई काम की नहीं होती। जैसे जल मछली के तैरने में सहकारी होता है, उसी तरह संसार के समस्त जीवों और पुद्गल को गति देने में **धर्म** अस्तिकाय सहायक होता है।

जगत् में गति के साथ स्थिरता भी दिखाई देती है। यह स्थिरता जिस द्रव्य के कारण सम्भव है उसे ही जैन दर्शन में अधर्म कहा गया है। जिस प्रकार थके हुए पथिक के ठहरने के लिए वृक्ष की छाया सहायक होती है, उसी प्रकार गतिशील पिण्डों के रुकने में अधर्म सहायक होता है, किन्तु यह सक्रिय रूप से किसी भी पिण्ड की गति में बाधा नहीं डालता।

3. आकाश—आकाश वह अजीव अस्तिकाय है जो अनन्त दिक्-बिन्दुओं से निर्मित है, किन्तु ये दिक्-बिन्दु अगोचर रहते हैं। इसीलिए हम आकाश का प्रत्यक्ष नहीं कर सकते।

1. एस॰ एन॰ दासगुप्त, *भारतीय दर्शन का इतिहास*, भाग 1, पृ॰ 189
2. राधाकृष्णन्, *भारतीय दर्शन*, भाग 1, पृ॰ 25
3. एस गोपालन्, *'जैन दर्शन की रूपरेखा'*, पृ॰ 128
4. एस॰ एन॰ दासगुप्त, *भारतीय दर्शन का इतिहास*, भाग 1, पृ॰ 188
—बलदेव उपाध्याय, *भारतीय दर्शन*, पृ॰ 108
—उल्लेखनीय यह है कि डॉ॰ राधाकृष्णन् एवं डॉ॰ गोपालन ने पूर्व उद्धृत अपनी पुस्तकों में 'शब्द' को भी जैन दर्शन के अनुसार पुद्गल का मौलिक गुण कहा है।

अनुमान के आधार पर ही इसे स्वीकार किया जा सकता है। अनुमान यह है कि समस्त जीव एवं अजीव तत्त्वों को अपने अस्तित्व के लिए स्थान का होना जरूरी है। यही स्थान वस्तुतः आकाश है।

जैन दर्शन में आकाश के दो प्रकार माने गये हैं—

(1) लोकाकाश—जिसमें समस्त जीव एवं अजीव द्रव्य स्थान लेते हैं—यह हमारे सीमित विश्व का परिचायक है।

(2) अलोकाकाश—जो लोकाकाश से परे द्रव्य-रहित शुद्ध बाह्य आकाश है।

बंधन और मोक्ष

जैन दर्शन में मोक्ष को **कैवल्य** कहा गया है। यह कैवल्य क्या है तथा इसकी प्राप्ति के साधन क्या है, इसे जानने के लिए हम पहले बंधन क्या है, यह देखेंगे।

बंधन—जीवन में सर्वत्र दुःख है (सवर्म् दुःखम्), बौद्ध दर्शन के समान जैन दर्शन भी इसे एक सत्य बतलाता है। यहाँ प्रश्न उठता है कि जीव के दुःख का कारण क्या है? उत्तर में जैन दर्शन प्रमुख कारण शरीरबद्ध होना बतलाता है। इस तरह शरीर ही बन्धन है, जिससे छूटकर जीवात्मा मोक्ष की प्राप्ति करती है। किन्तु शरीर का त्याग करने वाली प्रत्येक जीवात्मा मोक्ष की प्राप्ति नहीं कर लेती है। सामान्यतया तो शरीर का त्याग करने के बाद जीवात्मा को दूसरा शरीर धारण करना पड़ता है। (जीवात्मा के ऐसे पुनर्जन्म में हिन्दू और बौद्धधर्म भी विश्वास रखता है।) अतः मोक्ष की प्राप्ति हेतु शरीर के बंधन से हमेशा के लिए मुक्त होना जरूरी है किन्तु यह सम्भव कैसे है? इसे जानने के लिए सर्वप्रथम हम यह देखेंगे कि जीवात्मा शरीर के बंधन में किस प्रकार आती है।

बंधन का कारण (कषाय)—जैन-दर्शन के अनुसार बंधन अर्थात् जीवात्मा के शरीर-धारण का कारण उसके पूर्व जन्म के **संस्कार** होते हैं। ये संस्कार उसके पूर्व जन्म के कर्मफलों के अनुसार निर्मित होते हैं, जो जीव के साथ शरीर-नाश के बाद भी बने रहते हैं। जीव का अगला जन्म (शरीर) इन संस्कारों के अनुसार (कर्मफलानुसार) ही निर्धारित होता है।

जीवात्मा को बार-बार शरीर के बंधन में डालने वाले संस्कारों को जैन-दर्शन में **कषाय** कहा गया है। इनमें मुख्यतः क्रोध, लोभ, मोह, गर्व आदि की कुप्रवृत्तियाँ आती हैं। ये चारों वस्तुतः जीव की तृष्णाएँ हैं।

ये कषाय पुद्गल कणों को अपनी ओर आकृष्ट करते हैं और इस तरह जीवात्मा का शरीर बनता है। कषाय का अर्थ होता है ऐसा चिपचिपा पदार्थ जिसमें दूसरे पदार्थ आसानी से चिपक जायें। जिस प्रकार एक गीले कपड़े में धूल के कण आसानी से चिपक जाते हैं, वैसे ही कषाय में पुद्गल कण आ चिपकते हैं। इस तरह बंधन का मुख्य कारण कषाय ही है।

जैन दर्शन में कषाय की ओर पुद्गल का आना **आश्रव** (प्रवाह) कहलाता है।

बंधन का नाश—यूँ तो वेदान्त-दर्शन के समान जैन-दर्शन भी मानता है कि जीवात्मा स्वाभावतः मुक्त है पर संस्कारों के कारण वह बंधनग्रस्त होती है। अब जब यह जान लिया गया कि बंधन का कारण पुद्गलों का जीव की ओर आकृष्ट होना है, तब जैन दर्शन के लिए शरीर के बंधन के नाश का उपाय जानना सरल हो जाता है।

इस हेतु जैन दर्शन में दो उपाय बताये गये हैं—(1) संवर, (2) निर्जरा।

1. संवर—संवर का अर्थ है नये पुद्गलों का आश्रव बंद होना। ये नये पुद्गल कण

भविष्य (पुनर्जन्म) में शरीर-बंधन के कारण बनते हैं, अतः इन्हें रोकना अर्थात् आश्रव का बंद होना अत्यन्त आवश्यक है।

2. निर्जरा—निर्जरा का अर्थ है जीव में पहले से प्रविष्ट पुद्‌गलों का जीर्ण होना। यदि ये पुद्‌गल कण जीर्ण नहीं होंगे तो मृत्यु के बाद भी जीवात्मा से चिपके रहेंगे। ऐसी स्थिति में भले ही संवर के कारण नये पुद्‌गल कण का आश्रव बंद हो जाये, पर जीवात्मा का पुनः नया जन्म धारण करना पड़ेगा। अतः मोक्ष हेतु निर्जरा भी अत्यन्त आवश्यक है।

इस तरह हम देखते हैं कि मोक्ष-प्राप्ति हेतु संवर और निर्जरा दोनों ही अत्यन्त आवश्यक है।

यह तो हुई सैद्धान्तिक बात। मुख्य बात व्यावहारिक है अर्थात् मोक्ष प्राप्ति हेतु वे साधन क्या हैं जिन्हें अपनाकर हम संवर और निर्जर को सम्भव बना सकें।

मोक्ष प्राप्ति के साधन—जैन दर्शन में इस हेतु **त्रिरत्न** एवं **पंचमहाव्रत** का सिद्धान्त प्रस्तुत किया गया है। आगे हम दोनों की विवेचना करेंगे।

त्रिरत्न—मोक्ष प्राप्ति में आवश्यक भूमिका निभाने वाले त्रिरत्न अर्थात् तीन रत्न हैं—(1) सम्यक् दर्शन, (2) सम्यक् ज्ञान, (3) सम्यक् चरित्र।[1] इन तीनों के सम्मिलित होने पर ही मोक्ष मिलता है।

1. सम्यक् दर्शन—सम्यक् दर्शन का अर्थ है जैन-धर्म के उपदेष्टाओं के प्रति श्रद्धा एवं उनके वचनों की सत्यता पर विश्वास एवं श्रद्धा। किन्तु यह श्रद्धा एवं विश्वास अंधविश्वास से बहुत दूर है। जैन विचारक यह नहीं कहते हैं कि हमें अपने उपदेष्टाओं की बात को बिना सोचे समझे मान लेना चाहिए। वे इस बात पर जोर देते हैं कि विचार पूर्णतः युक्ति-युक्त होना चाहिए। जैसा कि जैन दार्शनिक **मणिभद्र** लिखते हैं—**''न मेरा महावीर के प्रति कोई पक्षपात है और न कपिल या अन्य दार्शनिकों के प्रति द्वेष ही है। मैं युक्ति-संगत वचन को ही मानता हूँ, वह चाहे जिस किसी का हो।''**[2]

जैन दर्शन में सम्यक् दर्शन को त्रिरत्नों में पहला स्थान दिया गया है। वह इसलिए क्योंकि इसके अभाव में सम्यक् ज्ञान सम्भव नहीं है और सम्यक् ज्ञान के अभाव में सम्यक् चरित्र सम्भव नहीं है।[3] जैन विचारक कहते है, **''जिस प्रकार नींव प्रासाद का मूलाधार है, और सुयश सुन्दरता पर, जीवन सुख-भोग पर, राजशक्ति विजय पर, संस्कृति श्रेष्ठता पर और शासन राजनीति पर आधारित है, उसी प्रकार यह (सम्यक् दर्शन) मोक्ष का प्राथमिक कारण है।''**[4]

2. सम्यक् ज्ञान—बंधन के नाश के लिए सम्यक् ज्ञान अत्यन्त आवश्यक है। सम्यक् ज्ञान जीव और अजीव तत्त्व की वास्तविक प्रकृति का ज्ञान है। यह जीव के बंधन में फँसने का अर्थात् शरीर धारण करने का ज्ञान है। इस ज्ञान के अभाव में क्रोध, लोभ आदि कषायों के नाश हेतु जीव का प्रेरित होना सम्भव नहीं है और इसके बिना बंधन का नाश भी नहीं हो सकता। अतः सम्यक् ज्ञान अत्यन्त महत्त्व रखता है।

3. सम्यक् चरित्र—सम्यक् चरित्र का तात्पर्य है ऐसे कार्यों से विरत होना जो मोक्ष

---

1. ''सम्यक् दर्शन ज्ञान-चरित्राणि मोक्षमार्गः —*उमास्वाति*
2. *षड् दर्शन सम्मुचय* पर टीका
3. *उत्तराध्ययन सूत्र*, 28-30
4. एस गोपालन, *'जैन दर्शन की रूपरेखा'*, पृ० 160 से उद्धृत

प्राप्ति में बाधक हैं तथा ऐसे कार्यों की ओर प्रवृत्त होना जो मोक्ष प्राप्ति में सहायक हैं। 'द्रव्य संग्रह' नामक ग्रन्थ में सम्यक् चरित्र को परिभाषित करते हुए कहा गया है, ''अहित कार्यों का वर्जन एवं हित कार्यों का आचरण ही सम्यक् चरित्र है।'' वस्तुतः इस तीसरे रत्न के बिना शेष दो रत्नों की उपलब्धि व्यर्थ है।

जैन दर्शन में सम्यक् चरित्र अर्थात् उचित आचरण कैसा होता है, इस पर पंचमहाव्रत के अन्तर्गत प्रकाश डाला गया है।

पंच महाव्रत

जैन-दर्शन में पंच महाव्रत वे व्रत हैं जिनके पालन के बिना जीव कदापि मोक्ष की प्राप्ति नहीं कर सकता। ये पाँच व्रत इस प्रकार हैं—

1. अहिंसा (*Non-Violence*)—अहिंसा जैन-धर्म का सर्वाधिक महत्त्वपूर्ण आधारभूत नैतिक गुण है। अहिंसा का शाब्दिक अर्थ है—**अवध,** अर्थात् किसी भी जीव की हिंसा न करना। जैन-दर्शन जीव की चेतना की सततता में विश्वास रखता है। वह मानता है कि प्रत्येक जीवात्मा इस संसार में उच्चतम् चेतना की प्राप्ति हेतु प्रयत्नशील है, अतः हमें किसी भी प्राणी की हत्या करने का कोई अधिकार नहीं है।

2. सत्य (*Truth*)—सत्य मुख्यतः हमारे वचन की पवित्रता से सम्बन्धित है। सत्य वचन का अर्थ है—जो वस्तु जिस रूप में विद्यमान है, उसे उसी रूप में कहना। इस तरह सत्य में मिथ्यावचन का त्याग सम्मिलित है। किन्तु सत्य को केवल इतना ही अर्थ नहीं है। सत्य वचन हितकारी और प्रिय भी होना चाहिए।

जैन दर्शन में सत्य के लिए **सूनृत** शब्द का प्रयोग भी किया गया है जिसका अर्थ है जो सबका हितकारी हो, जो सबका प्रिय हो।

सत्यव्रती—सत्य बोलने वाला सत्यव्रती कहलाता है। किन्तु सत्यव्रती बनना कोई सरल काम नहीं है। इसके लिए मनुष्य को लोभ, डर और क्रोध से दूर रहना चाहिए। सत्यव्रती कई बार वाचाल हो जाता है, अन्य लोगों का उपहास करता है, किन्तु सत्यव्रती को ऐसी प्रवृत्ति से बचना चाहिए।

जैन-दर्शन में पाँच अतिचारों के माध्यम से सत्यव्रती को सावधान किया गया है। ये पाँच अतिचार हैं—

(1) किसी की निन्दा करना।
(2) किसी की गुप्त बात का प्रकाशन करना।
(3) किसी के विश्वास को हिलाना।
(4) किसी को मिथ्या उपदेश देना।
(5) झूठी गवाही देना।

सत्यव्रती को इनसे बचना चाहिए।

जैन-दर्शन में असत्य बंधनकारी माना गया है जबकि सत्य मुक्त करने वाला है। अतः मोक्ष-प्राप्ति हेतु सत्य को व्रत के रूप में ग्रहण करना आवश्यक है।

'नियमसार' में आचार्य कुंदकुंद सत्य को इस प्रकार परिभाषित करते हैं—

''रागेण वा द्वेषेण वा मोहेन वा मृषाभाषा परिणामं।
यः प्रजहाति साधुः सदा द्वितीय व्रतं भवति तस्यै।।'' —57

अर्थात् राग, द्वेष और मोह के कारण किये जाने वाले, असत्य भाषण को जो छोड़ता है, वही इस दूसरे व्रत का व्रती है।

(3) अस्तेय *(Non-Stealing)*—अस्तेय व्रत लेने का अर्थ है किसी दूसरे की सम्पत्ति को बिना उसकी आज्ञा अथवा इच्छा के ग्रहण न करने की प्रतिज्ञा करना।

अस्तेय का शाब्दिक अर्थ—'स्तेय' शब्द का अर्थ है, 'चोरी' अतः अस्तेय शब्द का अर्थ हुआ चोरी न करना। जैन धर्म में स्तेय कर्म को हिंसक माना गया है क्योंकि स्तेय कर्म में व्यक्ति दूसरे के धन का अपहरण करता है। दूसरे का धन उसका अपना बाह्य-जीवन होता है। ऐसी स्थिति में किसी का धन चुराकर व्यक्ति उसके बाह्य जीवन को नष्ट कर एक तरह से उसकी हिंसा करता है।

अस्तेय का व्यापक अर्थ—जैन धर्म में केवल चोरी न करना ही अस्तेय नहीं है। यहाँ अस्तेय का व्यापक अर्थ में प्रयोग किया गया है। यहाँ पराई वस्तु को चुपचाप ग्रहण करने की इच्छा मात्र भी स्तेय माना गया है। अतः अस्तेय का अर्थ हुआ मन से भी दूसरों की सम्पत्ति को हड़पने का त्याग करना। आचार्य कुंदकुंद कहते हैं

''ग्रामे वा नगरे वाऽरण्ये वा प्रेक्षयित्वा परमर्थम्।
यो मुंचति ग्रहणं भावं तृतीय व्रतं भवित सत्यैव।।'' —नियमसार, 58

अर्थात् जो पुरुष ग्राम में, नगर में या वन में पराई वस्तु को देखकर उसे ग्रहण करने के भाव का त्याग करता है, वही वास्तव में इस तीसरे व्रत का व्रती होता है।

जैन धर्म में अहिंसा व्रत के पालन के लिए पानी को छानकर पीने, मुख पर कपड़ा बाँध कर बात करने, जमीन पर प्रत्येक कदम देखदेख कर रखने, आलू प्याज जैसे जमीन के भीतर से निकाले जाने वाले कंदी को न खाने आदि पर जोर दिया गया है ताकि हमसे अनजाने में भी किसी जीव की हत्या न हो। यह इस व्रत का चरम रूप बतलाते हैं। कुछ लोग इसे अति मानकर जैन धर्म की आलोचना भी करते हैं किन्तु वस्तुतः अति की हद तक पहुँचकर अहिंसा की शिक्षा देने का कारण और लाभ दोनों है, जिसे आलोचक प्रायः नजर अंदाज कर जाते हैं।

जैन धर्म द्वारा अहिंसा पर अत्यधिक जोर देने का एक कारण वैदिक यज्ञों में होने वाली हिंसा का विरोध था। उल्लेखनीय है कि जैन, बौद्ध तथा अन्य श्रमण विचारक वैदिक यज्ञों में दी जाने वाली बलि प्रथा के कठोर आलोचक थे, जिससे जन-सामान्य भी त्रस्त हो उठा था। इस हिंसा के खिलाफ ही जैनियों ने कठोरतापूर्वक अहिंसा-व्रत को लागू किया था।

अहिंसा से लाभ—अहिंसा के अनेक लाभ है। यह केवल अन्य जीवों को हिंसक द्वारा दिये जाने वाले कष्टों से ही नहीं बचाती वरन् यह हिंसक के मन के लिए भी फायदेमंद होती है। यह उसे शुद्ध बनाती है। वस्तुतः हिंसा की भौतिक क्रिया मानस से जुड़ी है जैसा कि एस॰ गोपालन लिखते हैं, **'हिंसा का अर्थ लापरवाही या उपेक्षा से प्राणियों को चोट या पीड़ा पहुँचाना है और यह सब घमंड, दुराग्रह, आसक्ति तथा घृणा जैसी वृत्तियों के कारण होता है।'** इससे स्पष्ट है कि अहिंसा का व्रत व्यक्ति को उपरोक्त दुर्गुणों से छुटकारा दिला सकता है।

अहिंसा का व्यापक अर्थ—जैन-दर्शन में अहिंसा का केवल निषेधात्मक अर्थ (हिंसा न करना) ही नहीं लिया गया है। यहाँ अहिंसा के केवल शाब्दिक अर्थ पर जोर

नहीं है। यहाँ अहिंसा का अर्थ किसी को शारीरिक चोट न पहुँचाने के अतिरिक्त मानसिक चोट भी नहीं पहुँचाना है। अर्थात् अहिंसक होने का तात्पर्य मन, वचन और कर्म से अहिंसक होना है। इसके अतिरिक्त यहाँ अहिंसा का विधेयात्मक अर्थ भी लिया गया है, वह है—जीव-मात्र के प्रति प्रेम और दया की भावना।

हिंसा के प्रकार—जैन धर्म में हिंसा दो प्रकार बताये गये हैं। जैसे—(1) **द्रव्य हिंसा,** (2) **भाव हिंसा**। अनजाने में हुई हिंसा द्रव्य हिंसा है जबकि जानबूझकर की गई हिंसा भाव हिंसा है। पहली हिंसा का पाप नहीं लगता जबकि दूसरी हिंसा पाप-फल देती है।

एक अन्य दृष्टि से हिंसा के तीन प्रकार हैं—

(1) **कृत हिंसा,** (2) **कारित हिंसा,** (3) **अनुमोदित हिंसा।**

(1) **कृत हिंसा**—जो मनुष्य स्वयं करता है।

(2) **कारित हिंसा**—जो मनुष्य दूसरों से करवाता है।

(3) **अनुमोदित हिंसा**—यह दूसरों द्वारा की जाने वाली हिंसा का अनुमोदन करना अर्थात् उसे उचित ठहराना है।

अहिंसा के प्रकार—जैन दर्शन में गृहस्थ और संन्यासी के लिए अहिंसा व्रत के अलग-अलग विधान हैं। वस्तुतः दोनों में अन्तर यह है कि संन्यासी को कठोरतापूर्वक अहिंसा व्रत का पालन करना होता है जबकि गृहस्थ को कुछ छूट है, जैसे—गृहस्थ जल रूप, अग्नि रूप, वायु रूप, वनस्पति रूप जीव (स्थावर जीव) की हिंसा से नहीं बच सकता अतः उसके लिए कठोरतापूर्वक इस व्रत का पालन करना आवश्यक नहीं होता।

(4) ब्रह्मचर्य *(Celebacy)*—ब्रह्मचर्यपालन का अर्थ है समस्त वासनाओं का परित्याग करना। इसके पालन से समस्त इन्द्रियाँ नियन्त्रण में रहती हैं जिससे जीव आसक्ति, मोह आदि कुप्रवृत्तियों से बचता है।

यहाँ उल्लेखनीय है कि ब्रह्मचर्य को जैन धर्म में एक व्रत के रूप में श्री महावीर स्वामी ने ही सम्मिलित किया था। पार्श्वनाथ ने केवल चार व्रतों—अहिंसा, सत्य, अस्तेय, अपरिग्रह पर ही जोर दिया था।

(5) अपरिग्रह *(Renunciation)*—अपरिग्रह व्रत का अर्थ है किसी भी वस्तु पर आसक्त होकर उसके अनावश्यक संग्रह का त्याग। यह व्रत हमारी आसक्ति एवं लोभ को रोकता है।

अपरिग्रह का शाब्दिक अर्थ—परिग्रह शब्द का अर्थ है धनादि का संग्रह करना, अतः अपरिग्रह अर्थात् परिग्रह का विपरीत अर्थ हुआ धनादि का संग्रह न करना।

यहाँ उल्लेखनीय है कि महावीर स्वामी ने अपरिग्रह पर अत्यन्त बल दिया था। इसी कारण उन्होंने वस्त्र तक के त्याग की बात कही थी, क्योंकि वस्त्रों को पहनना, उन्हें रखना भी तो संग्रह है। जैन धर्म में वस्त्र तक का त्याग करने वाले दिगम्बर मुनि कहलाते हैं। जो मुनि वस्त्र धारण करते हैं वे श्वेताम्बर कहलाते हैं किन्तु उनके लिए भी अपरिग्रह व्रत आदर्श होता है। जैन मुनि अपने अपरिग्रह व्रत के लिए निश्चय ही स्तुत्य हैं।

परिग्रह से हानि—परिग्रह की लालसा अर्थात् अधिकाधिक संग्रह करने का लोभ मनुष्य जीव को उसके वास्तविक स्वरूप में अवस्थित रहने में बाधक होता है। बाह्य जगत की समस्त वस्तुएँ अजीव तत्त्व हैं, इनसे मोह रखकर जीव अधिकाधिक बंधन ग्रस्त तो होगा ही। नियमसार के टीकाकार मुनिजराज एक श्लोक में कहते हैं—

हे भव्य जीव! भव, भीरुता, परिग्रह विस्तार को छोड़ो और निरूपम सुख के आवास की प्राप्ति हेतु निज आत्मा में अविचल, सुखाकार तथा सांसारिक लोगों को दुर्लभ, ऐसी गति करो। (60 पर टीका)

अपरिग्रह का व्यापक अर्थ—उल्लेखनीय है कि जैन धर्म में अपरिग्रह का केवल वस्तुओं के संचय मात्र का त्याग ही नहीं है। अपरिग्रह में वस्तुओं एवं पारिवारिक जनों के प्रति ममत्व की भावना का त्याग भी है। जो व्यक्ति परिग्रह अर्थात् वस्तुओं का संचय नहीं कर पाता वह अपरिग्रह-व्रती नहीं कहलायेगा क्योंकि मन से तो वह वस्तुओं के परिग्रह की कामना करता ही है। सच्चा अपरिग्रह तो वह है जिसके पास कुछ भी नहीं है और जो किसी वस्तु की मन से इच्छा भी नहीं करता।

दस धर्म—पंच महाव्रतों के अलावा जैन-दर्शन में दस धर्मों के पालन पर भी जोर दिया गया है—1. क्षमा, 2. मार्दव (कोमलता), 3. आर्जव (सरलता), 4. सत्य, 5. शौच (शरीर और आत्मा की शुद्धि), 6. संयम (शरीर और मन पर नियन्त्रण), 7. तप, 8. त्याग, 9. आकिंचन्य (किसी पदार्थ में ममता न रखना), 10. ब्रह्मचर्य

इनके अतिरिक्त पुण्य कर्म, यथा भूखे को भोजन देना, प्यासे को पानी देना, गरीब को वस्त्र देना, साधुओं को आराम देना आदि भी धर्म बताये गये हैं।

पाप कर्मों, यथा किसी को दुःख पहुँचाना, क्रोध, अभिमान, छल, कलह, मिथ्या वचन, निन्दा, किसी के विरुद्ध प्रचार करना, दूसरों को अपशब्द कहना अधर्म है।

इस तरह हम देखते हैं कि जैन धर्म में त्रिरत्न, पंच महाव्रत एवं दस धर्म के पालन से जीव के बंधन का नाश हो जाता है, उसके सारे दुःख समाप्त हो जाते हैं तथा उसे पुनर्जन्म नहीं लेना पड़ता। इस तरह जीव मोक्ष (कैवल्य) की प्राप्ति करता है।

मोक्ष की अवस्था—जैन-दर्शन के अनुसार आत्मा स्वभावतः चार पूर्णताओं से युक्त होती है—(1) अनन्त दर्शन, (2) अनन्त ज्ञान, (3) अनन्त वीर्य (शक्ति), (4) अनन्त आनन्द और शान्ति। किन्तु अपने कर्मों के कारण उसकी यह पूर्णताएँ दब जाती हैं। मोक्ष की अवस्था में आत्मा अपनी पूर्णताओं को पुनः प्राप्त कर लेती है। (यह भी उसके अपने कर्मों के फलस्वरूप सम्भव हो पाता है) इस तरह समस्त दुःखों से विनिर्मुक्त होकर वह अनन्त सुख की प्राप्ति करती है। इस अवस्था में उसका शरीर से तो वियोग होता है, किन्तु सत्ता से वियोग नहीं होता अर्थात् उसकी सत्ता बनी रहती है। वह इस संसार से ऊपर उठकर **सिद्धशीला** में अनन्त काल तक निवास करती है।

ईश्वर-सम्बन्धी विचार

सामान्यतया भारतीय दर्शन में नास्तिक दर्शनों की कोटि में चार्वाक और बौद्ध दर्शन के साथ जैन दर्शन को भी रखा जाता है किन्तु अनेक विद्वान जैन दर्शन को नास्तिक कहे जाने का विरोध करते हैं।

उल्लेखनीय है कि भारतीय दर्शन में आस्तिक और नास्तिक का विभाजन वेदों को लेकर किया गया है। जिन्होंने वेदों की प्रामाणिकता स्वीकार की वे आस्तिक कहे गये तथा जिन्होंने अस्वीकार की वे नास्तिक कहे गये। जैन दर्शन इस अर्थ में अवश्य नास्तिक है किन्तु विद्वानों का मत है कि वेदों को लेकर इस तरह आस्तिक या नास्तिक का निर्धारण करना युक्ति-युक्त नहीं है। जैनियों और बौद्धों के अपने धर्म-ग्रन्थ हैं जिनकी प्रामाणिकता वे स्वीकार करते हैं।

जहाँ तक जनसाधारण में प्रचलित नास्तिक शब्द है, यह अनीश्वरवाद को द्योतक है अर्थात् नास्तिक वह है जो ईश्वर के अस्तित्व को अस्वीकार करता है। इस अर्थ में भी हम जैन-दर्शन को पूर्णतः नास्तिक नहीं कह सकते। यह सत्य है कि वह किसी ऐसे ईश्वर में विश्वास नहीं रखता जो अनादि, अनन्त, सर्वज्ञ, सर्वशक्तिमान, कर्मफलदाता, अन्तर्यामी, सृष्टि का रचयिता, पालनकर्त्ता आदि है किन्तु वह ईश्वरतत्त्व को अस्वीकार नहीं करता है, इसीलिए हम उसे पूर्णतः अनीश्वरवादी नहीं कह सकते। जैन-दर्शन मानता है कि ईश्वरतत्त्व उन सब मुक्तात्माओं में हैं जिन्होंने स्वयं अपने प्रयत्न से (बिना ईश्वरीय कृपा के) मुक्ति की प्राप्ति की है। ये मुक्तात्माएँ तीर्थंकर होती हैं जो संसार सागर से पार उतरने का तीर्थ (साधन) अन्य जीवात्माओं के समक्ष प्रस्तुत करती हैं। ऐसे मार्गदर्शक एवं प्रेरणादायक सिद्ध पुरुषों के ईश्वरत्व की जैन-धर्म के अनुयायी पूजा करते हैं तथा उन्हें बकायदा मन्दिरों में प्रतिष्ठापित भी करते हैं। इससे स्पष्ट होता है कि जैन-धर्म को नास्तिक या अनीश्वरवादी कहना युक्ति-युक्त नहीं है। हाँ, ईश्वर के नित्य अस्तित्व का वे अवश्य खण्डन करते हैं जिसके लिए उनके अपने तर्क हैं। आगे हम इन्हीं पर प्रकाश डालेंगे।

ईश्वर के अस्तित्त्व के खण्डन हेतु तर्क

प्रत्यक्ष और अनुमान द्वारा ईश्वर असिद्ध—जैन दार्शनिक कहते हैं कि ईश्वर न तो प्रत्यक्ष द्वारा सिद्ध होता है न अनुमान से। ईश्वर किसी को प्रत्यक्ष दिखता नहीं है। सामान्यतया ईश्वरवादी अनुमान द्वारा ही ईश्वर की सिद्धि करते हैं किन्तु सभी अनुमान सदोष हैं।

ईश्वरवादी अनुमान से कहते हैं कि प्रत्येक निर्मित वस्तु निर्माता की अपेक्षा करती है। सृष्टि भी एक निर्मित वस्तु है। इसका निर्माता कोई अल्पज्ञ, अल्पशक्ति से युक्त मरणशील जीव नहीं हो सकता। इसका निर्माता तो सर्वज्ञ, सर्वशक्तिमान, अनादि, अनन्त ईश्वर ही हो सकता है।

इसके विरोध में जैन दर्शन कहता है कि इस अनुमान में अनेक त्रुटियाँ हैं—

(क) यदि सृष्टि का कोई निर्माता माना जाये तब इस निर्माता का भी कोई निर्माता मानना चाहिए किन्तु यह शृंखला तो कभी समाप्त नहीं होगी।

(ख) कोई भी निर्माता हाथ-पैर आदि अवयवों से युक्त होता है। क्या ईश्वर भी ऐसा ही है? यदि है तब तो वह नश्वर होगा।

(ग) यदि ईश्वर ने जगत् का निर्माण किया तो इस निर्माण के पूर्व वह कहाँ था? यदि वह दिक् में नहीं था तो उसने सृष्टि का निर्माण कहाँ किया?

(घ) ईश्वर-सृष्टि का निर्माण अनादि जड़ परमाणुओं की सहायता से करता है। ऐसा कुछ ईश्वरवादी, जैसे, न्याय, वैशेषिक दार्शनिक मानते हैं किन्तु जड़ परमाणुओं को अनादि मानने के बजाय विश्व को ही अनादि क्यों नहीं माना जा सकता है? तब किसी सृष्टिकर्त्ता की क्या आवश्यकता है?

(ङ) जैन आचार्य जिनसेन पूछते हैं, क्या ईश्वर स्वतः पूर्ण है? यदि है तो उसे इस विश्व का निर्माण करने की कोई आवश्यकता नहीं थी। यदि नहीं है तो एक साधारण कुम्हार के समान वह इस कार्य के अयोग्य होगा, क्योंकि स्वीकृत परिकल्पना के अनुसार एक परिपूर्ण सत्ता ही यह कार्य कर सकती है।

(च) जैन विचारक यह भी पूछते हैं कि यदि पदार्थों को ईश्वर की इच्छा के अनुकूल ही कार्य करना अनिवार्य होता है तब पदार्थों के विशिष्ट गुण सम्पन्न होने की

क्या आवश्यकता? यदि ईश्वर की इच्छा ही सर्वोपरि है तब जल जलाने और अग्नि ठंडक पहुँचाने का काम भी कर सकती है, किन्तु ऐसा होता नहीं है।

(छ) ईश्वर यदि सर्वशक्तिमान है तो वह उन चीजों को क्यों नहीं बनाता जिन्हें हम बनाते हैं, जैसे बर्तन, घर आदि?

(ज) ईश्वर को नित्यमुक्त कहना भी गलत है क्योंकि मुक्त तो वह होता है जो बन्धन में रहता है। जो बन्धन में पड़ता ही नहीं वह नित्यमुक्त कैसे कहा जा सकता है?

ईश्वर सम्बन्धी विचारों की आलोचना—जैन-दर्शन ईश्वर को न सृष्टि निर्माण के लिए, न पालन संहार के लिए और न समुचित कर्मफल देने के लिए आवश्यक मानता है। इस आधार पर ईश्वर की सिद्धि करने वालों का वह जोरदार खण्डन करता है और इस तरह बौद्धिक स्तर पर वह अनीश्वरवादी बने रहता है। किन्तु जैन-दार्शनिक अंततः मानव हृदय की श्रद्धा और भक्ति की उपेक्षा नहीं कर पाये इसीलिए उन्होंने सिद्धों और अर्हतों को ईश्वर के स्थान पर प्रतिष्ठित किया। सच तो यह है कि मानव का अन्तर्मन कहीं-न-कहीं पूर्णतः की कल्पना कर वहाँ सहारा अवश्य ढूँढ़ता है।

फिर भी यह जैन-दर्शन का वैशिष्ट्य तो है ही वह ईश्वरीय कृपा के स्थान पर पुरुषार्थ को महत्त्व देता है। जैन-दर्शन आत्मा को अनन्त शक्ति से युक्त मानकर मनुष्य को पूर्ण स्वाधीनता प्रदान करता है।

❑

अध्याय 6

बौद्ध दर्शन

परिचय

बौद्ध-दर्शन भारत का एक अत्यन्त प्राचीन दर्शन है। इसकी गिनती भारतीय दर्शन के 'अवैदिक दर्शन' अथवा 'नास्तिक दर्शन' में होती है।

बौद्ध-दर्शन के प्रवर्तक गौतम बुद्ध हैं। इनका वास्तविक नाम 'सिद्धार्थ' था। इनका जन्म 563 ई० पू० में लुम्बिनी में हुआ था।[1] इनके पिता शुद्धोधन उत्तर नेपाल की सीमा पर स्थित **कपिलवस्तु** नामक राज्य के राजा थे। लुम्बिनी कपिलवस्तु से करीब 14 मील की दूरी पर स्थित है जो वर्तमान नेपाल में है।

राजा शुद्धोधन ने राजकुमार सिद्धार्थ का पालन-पोषण हर तरह के सुखद वातावरण में किया था। दुःख-दर्द की थोड़ी भी छाया उनके जीवन में न पड़े, इस बात का पूरा प्रयत्न किया था। किन्तु एक बार राजकुमार की नजर अचानक ही मानव द्वारा आवश्यक रूप से भुगते जाने वाले कष्टों; यथा—बुढ़ापा, रोग एवं मृत्यु पर पड़ी। इन कष्टों से मानव को बचाने के लिए इनका हृदय व्याकुल हो उठा। सिद्धार्थ समझते थे कि इन कष्टों को दूर करने के लिए सर्वप्रथम इन कष्टों का कारण जानना आवश्यक है, पर घर-गृहस्थी तथा भोग-विलास में निमग्न रहकर इनका कारण नहीं ढूँढ़ा जा सकता था। इसीलिए एक रात वे चुपचाप गृहत्याग कर सत्य की खोज में संन्यासी का बाना पहन निकल पड़े। उस समय उनकी अवस्था 29 वर्ष की थी। उनका यह गृहत्याग 'महाभिनिष्क्रमण' के नाम से प्रसिद्ध है।

प्रारम्भ में सत्य की प्राप्ति के लिए सिद्धार्थ ने कुछ वर्षों तक कठोर तपस्या की, किन्तु फिर इसे छोड़ दिया। अन्ततः अपनी प्रज्ञा के प्रकर्ष से उन्हें चार आर्य सत्यों की अनुभूति हुई। तभी से वे 'बुद्ध'[2] कहलाये। 'गौतम' उनका कुल-नाम था। इस तरह वे 'गौतम बुद्ध' के नाम से प्रसिद्ध हुए।

भगवान् बुद्ध ने स्वयं 45 वर्ष की लम्बी अवधि तक लगातार अपने धर्म का प्रचार किया था और इस तरह बौद्ध धर्म की नींव मजबूती से रखी थी। कालान्तर में यह धर्म न केवल समूचे भारत में, वरन् समस्त विश्व में फैला।

बोधि प्राप्त करने के बाद बुद्ध गया से सारनाथ गये थे। वहाँ उन्होंने सर्वप्रथम अपने पूर्व के पाँच साथियों को (जो उन्हें छोड़कर भाग गये थे) अपने धर्म में दीक्षित किया। तदन्तर काशी जाकर उन्होंने अपने धर्म का प्रचार किया।

1. यहाँ पर सम्राट अशोक द्वारा बनवाया स्तम्भ आज भी स्थित है, जिस पर लिखा हुआ है, ''हिद बुधे जाते शाक्य मुनिति हित भगवा जातेति'' अर्थात् यहाँ शाक्य मुनि उत्पन्न हुए थे, यहाँ भगवान् उत्पन्न हुए थे।
2. ''बुद्ध का अर्थ है, जानने वाला, जिसे ज्ञान का प्रकाश मिल गया है''—राधाकृष्णन, *'भारतीय दर्शन'*, भाग 1, पृ० 318

अपने भव्य किन्तु विनयशील व्यक्तित्व से, वैदिक कर्मकाण्ड एवं हिंसा के विरुद्ध जनसामान्य में बोली जाने वाली मागधी भाषा में प्रचार के कारण तथा मध्यमार्गीय सिद्धांत के कारण बुद्ध का धर्म शीघ्रता से विस्तृत होता गया।

इसके अतिरिक्त राजपुत्र होने के कारण राजवंशों ने भी बौद्ध धर्म के प्रचार में उन्हें पर्याप्त सहयोग दिया। कपिलवस्तु का राज-परिवार तथा अन्य शाक्य उनके शिष्य तो बने ही, तत्कालीन अनेक राजा उनके अनुयायी एवं प्रचारक बने। इनमें मगध के राजा विम्बसार तथा श्रावस्ती के राजा प्रसेनजित का नाम उल्लेखनीय है।

बुद्ध के निर्वाण के करीब 250 वर्ष पश्चात् मौर्य सम्राट अशोक ने बौद्ध धर्म के प्रचार-प्रसार में सर्वाधिक योगदान दिया। अशोक का साम्राज्य लगभग सम्पूर्ण भारत में फैला हुआ था। उसने अपने राज्य के प्रत्येक भाग में बौद्ध धर्म के प्रचारक भेजे। हजारों की संख्या में पूरे देश में पाये जाने वाले अशोक के द्वारा लगवाये स्तूप, स्तम्भ, शिलालेख इस बात के प्रमाण हैं। अशोक के समय में न केवल हिन्दुओं ने वरन् भारत में अनेक विधर्मियों ने भी बौद्ध धर्म स्वीकार किया।

विदेशों में बौद्ध धर्म—अशोक ने न केवल भारत में, बरन् भारत के बाहर भी बौद्ध धर्म का प्रसार किया। इस हेतु उसने लंका में स्वयं अपने पुत्र महेन्द्र एवं पुत्री संघमित्रा को भेजा था, जो मृत्युपर्यन्त वहीं रहे।

लंका के अतिरिक्त अशोक ने सीरिया, मिस्र, मैसिडोनिया, साइरीन, एपिरस आदि स्थानों में भी अपने प्रचारक भेजे।

कालान्तर में बौद्ध धर्म स्याम, ब्रह्मदेश (म्यामार), चीन, कोरिया, जापान, मंगोलिया, नेपाल, तिब्बत आदि देशों में भी फैल गया।

अशोक के बाद ईसा की प्रथम शती में कनिष्क ने भी बौद्ध धर्म के प्रचार-प्रसार में पर्याप्त योगदान दिया किन्तु गुप्तवंश के राजाओं द्वारा ब्राह्मण धर्म को प्रश्रय दिये जाने के कारण कुछ काल तक बौद्ध धर्म की प्रगति अवरुद्ध रही। सातवीं शती में पुनः हर्षवर्धन ने बौद्ध धर्म को संरक्षण प्रदान किया। किन्तु इसी के बाद से भारत में बौद्ध धर्म का ह्रास होना प्रारम्भ हो गया। 9वीं शताब्दी में शंकराचार्य ने भी बौद्ध धर्म के विरुद्ध ब्राह्मण धर्म की प्रतिस्थापना का पूरा-पूरा प्रयत्न किया। नवीं और दसवीं शताब्दी में राजपूत राजाओं ने भी बौद्ध धर्म का विरोध किया, फिर 11वीं शती में मुस्लिम आक्रमण के बाद बौद्ध धर्म भारत में समाप्तप्राय हो गया।

बीसवीं शती में डॉ॰ अम्बेडकर के आह्वान पर हिन्दू धर्म की वर्ण व्यवस्था के कारण उपेक्षित लोगों ने लाखों की संख्या में **बौद्ध** धर्म अपनाया।

भारत में यद्यपि बौद्ध धर्म का पतन हुआ है किन्तु विदेशों में, विशेषकर दक्षिण-पूर्व एशिया में बौद्ध धर्म आज भी जीवन्त है।

बौद्ध धर्म के सम्प्रदाय—वैसे तो बुद्ध के समय में ही कुछ लोगों ने बौद्ध धर्म में दरार डालने का प्रयत्न किया था, किन्तु बुद्ध के तेजस्वी व्यक्तित्व के कारण वे इसमें सफल नहीं हुए थे पर बुद्ध की मृत्यु के बाद बौद्ध धर्मावलम्बियों में मतभेद तेजी से उभरकर आया, इसी के फलस्वरूप बौद्ध धर्म हीनयान और महायान नामक दो सम्प्रदायों में विभाजित हुआ।

इसी समय **बौद्ध दर्शन** के विषय में बौद्ध अनुयायियों में मतभेद होना प्रारम्भ हुआ

जिसके फलस्वरूप कालान्तर में बौद्ध दर्शन के चार सम्प्रदाय बने—(1) वैभाषिक, (2) सौत्रान्तिक, (3) योगचार, (4) माध्यमिक।

हीनयान और महायान—वस्तुतः इनका मूल नाम **स्थविरवाद** और **महासांघिक** था। स्थविरवादी वे थे जो प्राचीन बौद्ध धर्म में रंचमात्र भी परिवर्तन नहीं चाहते थे तथा महासांघिक वे थे जो जनमानस की धार्मिक प्रवृत्तियों की सन्तुष्टि के लिए बौद्ध धर्म में आवश्यक परिवर्तन के पक्षपाती थे।

कहा जाता है कि बुद्ध की मृत्यु के 100 वर्ष बाद बौद्ध भिक्षुओं की सभा में इस बात पर विवाद हुआ कि बुद्ध की शिक्षाओं को ज्यों-का-त्यों प्रसारित किया जाये अथवा जनमानस की रुचि को देखते हुए उनकी धार्मिक प्रवृत्तियों की सन्तुष्टि के लिए उसमें परितर्वन किया जाये। जो भिक्षु परिवर्तन चाहते थे, उन्हें परिवर्तन न चाहने वाले भिक्षुओं ने संघ के बाहर कर दिया तथा उन्हें 'अधम' भिक्षु कहने लगे।

इस तरह बौद्ध धर्म दो सम्प्रदायों में विभाजित हो गया, पहले स्थविरवादी कहलाये, दूसरे महासांघिक। स्थविरवादियों ने महासंघिकों को 'अधम भिक्षु' कहा तो उन्होंने भी चिढ़कर स्थविरवाद को **हीनयान** (संकीर्ण मार्ग) और अपने को **महायान** (उदार मार्ग) कहना प्रारम्भ किया। तब से ये ही नाम अधिक प्रचलित हो गये।

उदार होने के कारण आगे चलकर महायान उत्तरोरत्तर उन्नति करता गया, जबकि हीनयान का लगातार ह्रास होता गया। विदेशों में भी हीनयान केवल दक्षिण देशों, यथा—बर्मा, लंका आदि में रहा जबकि महायान सम्पूर्ण पूर्व एशिया, यथा—तिब्बत, चीन, कोरिया, जापांन आदि में फैला।

दोनों में अन्तर

हीनयान और महायान के प्रमुख अन्तर का हम पूर्व में उल्लेख कर चुके हैं कि पहला रूढ़िवादी है, जबकि दूसरा प्रगतिशील, इसी कारण दोनों में निम्नानुसार अन्तर दृष्टिगोचर होते हैं—

1. आदर्श में अन्तर—हीनयान निर्वाण की अवस्था में 'अर्हत्' पद को आदर्श मानता है, जिसे व्यक्ति बुद्ध के सिद्धान्तों पर चलकर, उनके चरित्र का अनुसरण कर प्राप्त कर सकता है।

इसके विपरीत महायान 'बोधिसत्व' को आदर्श मानता है जो अपनी ही मुक्ति नहीं चाहता वरन् अन्य दुःखी प्राणियों की मुक्ति के लिए भी चिन्तित रहता है।

2. बुद्ध के स्वरूप को लेकर अन्तर—स्वयं गौतम बुद्ध ने ब्राह्मण धर्म के ईश्वर तथा ईश्वरीय कृपा का विरोध किया था तथा निर्वाण की प्राप्ति को प्रयत्न-साध्य बतलाया था। हीनयानी बुद्ध के इस विचार पर दृढ़ रहते हैं। वे बुद्ध को भी एक मानव ही मानते हैं (जैसा कि बुद्ध अपने को कहते भी थे), किन्तु महायानी लोक-भावना के अनुरूप बुद्ध को ईश्वर के अवतार के रूप में प्रतिष्ठित करते हैं। उनके अनुसार पारमार्थिक सत्य ही प्राणिमात्र के कल्याण के लिए अवतार ग्रहण करता है। बुद्ध के इस रूप को **अभिताभ बुद्ध** कहा गया है। महायानी बुद्ध की इस कृपा को निर्वाण-प्राप्ति में सहायक बताते हैं।

3. भाषा में अन्तर—बुद्ध ने ब्राह्मणों की भाषा संस्कृत को छोड़कर जन-सामान्य की समझ में आ सकने योग्य लोक-भाषा में अपने उपदेश दिये थे, इसी से हीनयानियों ने भी

संस्कृत को नहीं अपनाया। बुद्ध के उपदेशों का संकलन भी उन्होंने पाली भाषा (लोक-भाषा) में ही किया।

किन्तु महायानियों ने आगे चलकर अपने ग्रन्थों की रचना संस्कृत में की।

इस तरह हम देखते हैं कि यद्यपि हीनयान महात्मा बुद्ध के अधिक निकट था किन्तु अत्यन्त रूढ़िवादी होने के कारण यह आने वाली पीढ़ियों को आकर्षित नहीं कर सका, जबकि महायान अपने उदार, स्वस्थ एवं मानव मात्र के लिए प्रेमपूर्ण दृष्टिकोण रखने के कारण अधिक उन्नति कर सका। आगे चलकर हम देखते हैं कि अनेक शताब्दियों तक बौद्ध धर्म एवं दर्शन की, महायान के माध्यम से अश्वघोष, नागार्जुन, असंग, वसुबंधु जैसे दिग्गज विद्वानों ने सेवा की।

बौद्ध दर्शन के सम्प्रदाय

प्रारम्भ में हमने बौद्ध दर्शन के चार सम्प्रदायों, **वैभाषिक, सौत्रान्तिक, योगाचार** एवं **माध्यमिक** के नामों का उल्लेख किया है। इनमें से प्रथम दो हीनयान तथा अन्तिम दो महायान सम्प्रदाय से सम्बन्धित हैं। इनमें मुख्य विवाद अस्तित्व के प्रश्न को लेकर है।

वैभाषिक के अनुसार बाह्य जगत एवं आन्तरिक चित्त दोनों का अस्तित्व है। इस मत के अनुसार बाह्य जगत् का ज्ञान प्रत्यक्ष द्वारा होता है।

सौत्रान्तिक के अनुसार भी बाह्य जगत् एवं आन्तरिक चित्त दोनों का ही सत्ता है, पर इनके अनुसार बाह्य जगत् का ज्ञान केवल अनुमान से होता है।

योगाचार के अनुसार बाह्य जगत् की सत्ता नहीं है, केवल आन्तरिक चित्त ही सत् है। ये विज्ञानवादी कहे जाते हैं।

माध्यमिक न बाह्य न आन्तरिक, किसी भी जगत् की सत्ता स्वीकार नहीं करते। ये शून्यवादी कहे जाते हैं।

बौद्ध साहित्य—गौतम बुद्ध के बाद भारत में अनेक विद्वानों ने कई शताब्दियों तक बौद्ध-धर्म एवं दर्शन का समर्थन किया तथा अपनी दार्शनिक मेधा से उसे समृद्ध भी किया। इसीलिए बौद्ध साहित्य का विशाल भण्डार है। किन्तु स्वयं गौतम बुद्ध ने कुछ नहीं लिखा था। हाँ, उनके कुछ शिष्यों ने उनकी मृत्यु के बाद उनके उपदेशों को संकलित किया था जो 'त्रिपिटक' (तीन पिटारी) के नाम से प्रसिद्ध हैं। ये त्रिपिटक हैं—

(1) **विनय पिटक**, (2) **सुत्त पिटक**, (3) **अभिधम्म पिटक**।

'विनय पिटक, में आचरण सम्बन्धी उपदेश हैं। 'सुत्त पिटक' में धर्म सम्बन्धी व्याख्या है तथा 'अभिधम्म पिटक' में दार्शनिक विचारों की चर्चा है। ये तीनों पिटक प्रारम्भिक बौद्ध साहित्य माने जाते हैं।

बौद्ध प्रमाण

बौद्ध दर्शन के अनुसार ज्ञान दो प्रकार का होता है, यथार्थ और अयथार्थ। इनमें से यथर्थ ज्ञान ही प्रमाण है। यथार्थ ज्ञान की प्राप्ति के साधन को भी प्रमाण कहते हैं।

बौद्ध दर्शन में प्रमाण के केवल दो प्रकार ही बताये गये हैं—**1. प्रत्यक्ष 2. अनुमान।** बौद्ध दार्शनिक धर्मकीर्ति के अनुसार **समस्त पुरुषार्थों की सिद्धि प्रत्यक्ष और अनुमान इन दो प्रमाणों के सम्यक् ज्ञान से होती है।**

उल्लेखनीय है कि न्याय तथा अन्य अनेक दर्शन उपमान और शब्द को भी प्रमाण मानते हैं किन्तु बौद्ध नहीं मानते। उनके अनुसार अन्य प्रमाणों का अन्तर्भाव अनुमान में ही हो जाता है।

प्रत्यक्ष प्रमाण—बौद्धों के अनुसार प्रत्यक्ष उसे कहते हैं जो **कल्पना रहित निभ्रांत ऐसा ज्ञान हो, जिसमें बिल्कुल सन्देह न हो। 'कल्पनापौढमभ्रांतं प्रत्यक्षम्।'** इसमें वस्तु का स्वलक्षण मात्र ज्ञात होता है अर्थात् वस्तु का नाम जाति आदि अनुपस्थित रहते हैं। यह समस्त विकल्पों से रहित ज्ञान है।

उल्लेखनीय है कि न्याय दर्शन में प्रत्यक्ष का अर्थ इन्द्रिय और वस्तु के संनिकर्ष से उत्पन्न ज्ञान है। किन्तु बौद्ध दार्शनिक इसकी आलोचना करते हैं। उनके मत में कुछ इन्द्रियाँ ऐसी हैं, जैसे चक्षु और श्रोत (कान), जो वस्तु के प्रत्यक्ष सम्पर्क में नहीं आती है। अतः यह इन्द्रिय और वस्तु के संनिकर्ष से उत्पन्न ज्ञान नहीं है।

अनुमान प्रमाण—किसी ज्ञात वस्तु के आधार पर अज्ञात वस्तु के ज्ञान को अनुमान कहते हैं। बौद्ध दर्शन के अनुसार अनुमान का उद्देश्य वस्तु के सामान्य लक्षण का ज्ञान प्राप्त करना है। प्रत्यक्ष में वस्तु के केवल स्वलक्षण का ज्ञान प्राप्त होता है। अनुमान द्वारा वस्तु के सामान्य लक्षण का ग्रहण होता है।

किन्तु इसके ग्रहण के लिए कल्पना आवश्यक है। यही अनुमान है। धर्मकीर्ति अनुमान की परिभाषा देते हैं, **किसी सम्बन्धी के धर्म से धर्मी के विषय में जो ज्ञान होता है उसे अनुमान कहते हैं।**

यह अनुमान व्याप्ति ज्ञान पर निर्भर करता है। यहाँ व्याप्ति ज्ञान का अर्थ है, दो वस्तुओं में उपाधिरहित सम्बन्धों की सदैव विद्यमानता, जैसे धुएँ के साथ आग का सदा रहना। इसी कारण धुएँ को देखकर हम अनुमान करते हैं कि वहाँ आग है।

त्रिरूपात्मक लिंग—बौद्धों के अनुसार अनुमान में लिंग त्रिरुपात्मक होता है। जैसे उपरोक्त उदाहरण में लिंग अर्थात् चिह्न धुआँ है, वह **पक्ष, सपक्ष** और **विपक्ष** तीनों से सिद्ध होना चाहिए। **पक्ष** अर्थात् पर्वत पर, **सपक्ष** अर्थात् रसाईघर में उसका भाव होना चाहिए और **विपक्ष** जैसे तालाब में उसका अभाव होना चाहिए। नैयायिक केवल पक्ष और सपक्ष में सिद्धि को महत्त्व देते हैं।

अविनाभाव सम्बन्ध—इसके साथ ही हेतु और साध्य के बीच **अविनाभाव सम्बन्ध** भी बौद्ध आवश्यक बताते हैं जिसका अर्थ है किसी के अभाव में किसी का न होना। जैसे आग के अभाव में धुंएं का न होना।

अनुमान के प्रकार—बौद्ध अनुमान के दो प्रकार बताते हैं, स्वार्थानुमान और परार्थानुमान। **स्वार्थानुमान** अपने लिए अनुमान है। इसमें अवयवों की आवश्यकता नहीं होती। **परार्थानुमान** यह दूसरों के सम्मुख अनुमान के निष्कर्ष को व्यक्त करने के लिए होता है। इसके लिए तीन वाक्य आवश्यक होते हैं। पक्ष, हेतु और दृष्टान्त।

उल्लेखनीय है कि न्याय दर्शन में अनुमान में पंच अवयव माने गये हैं।

1. **प्रतिज्ञा**—पर्वत पर अग्नि है।
2. **हेतु**—क्योंकि पर्वत पर धुँआ है।
3. **उदाहरण**—जहाँ-जहाँ धुआँ होता है वहाँ-वहाँ आग होती है। जैसे रसाईघर में।

4. **उपनय**—पर्वत धुएँवाला है।

5. **निगमन**—पर्वत में अग्नि है।

बौद्ध इनमें से प्रथम तीन को ही अनुमान के अंतर्गत लेते हैं, धर्मकर्ति तीन भी आवश्यक नहीं मानते। उनके अनुसार केवल इतना कहना ही पर्याप्त है कि पर्वत अग्निवाला है क्योंकि वहाँ धुँआ है।

अनुमान की प्रामाणिकता—बौद्ध दर्शन में अनुमान को भी उतना ही प्रामाणिक माना गया है जितना प्रत्यक्ष को।

चार आर्य सत्य
(Four Noble Truths)

'चार आर्य सत्य' गौतम बुद्ध के व्यवहारिक दर्शन को प्रगट करने वाला विचार हैं। इन चार आर्य सत्यों में दुःख क्या है तथा दुःख से किस प्रकार बचा सकता है, इन व्यावहारिक प्रश्नों पर प्रमुखता से विचार किया गया है। चार आर्य सत्यों के ज्ञान एवं तदुनसार आचरण से न केवल इस जीवन के दुःख दूर होते हैं वरन् इससे दुःख की जड़, आवागमन का चक्र, (जन्म-मरण की शृंखला) ही रुक जाता है और जीव निर्वाण की प्राप्ति करता है।

आर्य का अर्थ है 'श्रेष्ठ' अथवा 'अलौकिक'। चूँकि बुद्ध द्वारा प्रतिपादित ये सत्य श्रेष्ठ अथवा दूसरे शब्दों में अलौकिक हैं, इसलिए इन्हें **आर्य सत्य** कहा गया है।

सामान्यतया दार्शनिक तत्त्व-मीमांसा के प्रश्नों से अधिक उलझता है। जगत् क्या है, क्या यह नश्वर है अथवा अनश्वर है, आत्मा क्या है, आत्मा और शरीर क्या एक ही है अथवा दोनों भिन्न हैं, मृत्यु के बाद आत्मा की स्थिति क्या होती है, ईश्वर क्या है, आदि प्रश्न प्राचीन काल से ही दार्शनिकों को आकृष्ट करते रहे हैं। किन्तु गौतम बुद्ध ऐसे प्रश्नों पर विचार करना व्यर्थ कहते हैं। उनका कहना था कि ऐसे प्रश्नों का हमें कभी असंदिग्ध उत्तर नहीं मिलता और न इन प्रश्नों से हमारे जीवन की कोई व्यावहारिक समस्या सुलझती है। ऐसे प्रश्नों को वे '**अव्यक्तानि**' कहते थे। मुख्य प्रश्न है, भवसागर में तड़पते हुए, परेशान, कातर मानव को शान्ति कैसे प्राप्त कराई जाये? जिस तरह विषाक्त बाण से बींधे हुए व्यक्ति को देखकर सर्वप्रथम आवश्यक कर्त्तव्य है, उसके विषाक्त बाण को निकालना, न कि यह विचार करते बैठे रहना कि बाण को किसने बनाया, किसने फेंका, आदि। उन व्यक्तियों के लिए जो जलती हुई आग के बीच फँसे हों, आग के विषय को लेकर विवाद करने का अवसर नहीं होता, अपितु उससे छुटकारा पाने का प्रश्न उनके सामने होता है। बुद्ध पूछते हैं, **अंधकार से घिरे हुए तुम लोग दीपक क्यों नहीं खोजते हो?**

अतः प्रस्तुत चार आर्य सत्यों का प्रयोजन भी मानव के हृदय में बींधे हुए दुःख रूपी बाण को निकालना है, ताकि मानव शान्त हो सके। शान्ति की स्थिति ही बौद्ध-विचार में निर्वाण (मोक्ष) की स्थिति है।

अब हम चारों आर्य सत्यों पर पृथक्-पृथक् विचार करेंगे—

प्रथम आर्य सत्य

सर्वं दुःखम् (सब ओर दुःख है)

गौतम बुद्ध द्वारा प्रतिपादित चार आर्य सत्यों में पहला आर्य सत्य है 'सर्वम् दुःखम्' जिसका अर्थ है, सब ओर दुःख है।

दुःख का अर्थ है, जो कष्टपूर्वक सहन हो (दु = कष्टसाध्य, ख = सहना)। बौद्ध दर्शन के अनुसार मनुष्य के हर ओर दुःख का साम्राज्य है।

हम प्रारम्भ में गौतम बुद्ध की जीवनी में देख चुके हैं कि किसी वृद्ध, रोगी एवं मृत व्यक्ति को देखकर बुद्ध को अचानक ही वृद्धावस्था, रोग एवं मत्यु[1] के द्वारा मनुष्य को अनिवार्य रूप से होने वाले सर्वव्यापक दुःख की अनुभूति हुई थी। मानव को होने वाले इन अनिवार्य दुःखों से बुद्ध का कोमल हृदय करुणा से भर उठा था। तब, किस तरह मनुष्य को सभी प्रकार के दुःखों से बचाया जा सके, इसी सोच में उन्होंने गृहत्याग किया था। अतः दुःख से बचने के साधन खोजने के पूर्व बुद्ध सर्वप्रथम इस सत्य की ओर हमारा ध्यान केन्द्रित करते हैं कि सर्वत्र दुःख ही दुःख है।

वृद्धावस्था, रोग एवं मृत्यु के अतिरिक्त, बुद्ध कहते हैं, और भी बहुत से दुःख हैं। सर्वप्रथम तो स्वयं जन्म ही कष्टप्रद होता है, फिर जीवन में इच्छित वस्तु की प्राप्ति न होना, अप्रिय से संयोग होना, प्रिय से वियोग होना, अपने व्यक्तित्व की रक्षा के लिए संघर्ष, भाग्य के उतार-चढ़ाव आदि सब अत्यन्त दुःखदायी हैं। बुद्ध कहते हैं, **''हमारी अनादिकाल से चली आने वाली इस महायात्रा में हमने जितने आँसू बहाये हैं वह चार महासागरों के जल से अधिक है।''**

यहाँ हम कह सकते हैं कि हमें जीवन में केवल दुःख ही नहीं, सुख भी तो मिलते हैं। इस पर बुद्ध कहते हैं कि भ्रमवश हम दुःख को ही सुख मान बैठते हैं। हर सुख अन्ततः दुःखदायी होता है। वस्तुतः संसार की अनित्य चीजें हमें सुख दे ही नहीं सकतीं। भोग-विलास, सम्पत्ति आदि को हम सुख कहते हैं पर विचार करने पर स्पष्ट होता है कि ये अनर्थ अर्थात् दुःख की जड़ होते हैं। दुःख तो संसार में ऐसे घुला-मिला है, जैसे समुद्र के पानी में नमक होता है, बुद्ध पूछते हैं **''संसार में आग लगी है तब आनन्द मनाने का अवसर कहाँ है?''**

गौतम बुद्ध के उपर्युक्त विचार अत्यन्त निराशावादी दिखाई देते हैं, इसीलिए कुछ लोग बुद्ध पर निराशावादी होने का आरोप भी लगाते है। किन्तु इस सत्य के बावजूद कि बुद्ध जीवन के दुःखद पक्ष को कुछ ज्यादा ही गहराई से प्रस्तुत करते हैं,[2] हम उन्हें पूर्णतः निराशावादी नहीं कह सकते। निराशावादी वह होता है जो अपनी आशाओं का त्याग कर चुका हो, जिसके पास सिवाय दुःखद स्थिति को स्वीकार कर लेने के कोई चारा नहीं है।

---

1. *''यह रूप जराजीर्ण है, रोगों का घर है और क्षणभंगुर है। दुर्गन्ध का ढेर यह शरीर खण्ड-खण्ड हो जाता है, क्योंकि मृत्यु-पर्यन्त ही जीवन होता है।''— 'धम्मपंद'*, 11/3
2. *''हमें बाध्य होकर कहना पड़ता है कि बुद्ध वस्तुओं के अंधकारमय पक्ष के ऊपर आवश्यकता से अधिक बल देते हैं......बौद्ध मत में इस प्रकार की प्रवृत्ति पाई जाती है कि जो अँधियारा है, उसे काला कर दो, और जो स्लेटी रंग है, उसे भी काला कर दो।''*

—राधाकृष्णन्, *'भारतीय दर्शन'*, भाग 1, पृ० 334-335

किन्तु बुद्ध मानव को इस तरह निराशा में तड़पड़ने के लिए छोड़ नहीं देते। वे कहते हैं कि इस संसार में भले ही हम सुख न प्राप्त कर सकें किन्तु अपने पुरुषार्थ से, ज्ञान से, दुःखों से बच सकते हैं और अन्ततः उस शान्ति (निर्वाण) की प्राप्ति कर सकते हैं, जहाँ दुःख का करण भी नहीं रहता।

किन्तु दुःख के दूर होने की सम्भावना तभी है जब हम दुःख के कारणों की खोज करें। द्वितीय आर्य सत्य में बुद्ध इसी विषय पर चर्चा करते हैं, फिर तृतीय आर्य सत्य में दुःख का निरोध सम्भव है, इस पर प्रकाश डालते हैं।

द्वितीय आर्य सत्य

दुःख समुदयः (दुःख के कारण हैं)

'दुःख समुदयः' अर्थात् दुःख के कारण होते हैं। यह बौद्ध दर्शन का द्वितीय आर्य सत्य है। यहाँ 'समुदयः' का मतलब 'कारण' है।

बुद्ध, दुःख का मुख्य कारण **'तृष्णा'** को कहते हैं, जिसे हम भी प्रायः अपने दुःखों के लिए दोषी ठहराते हैं। हमारी अनेकानेक तृष्णाएँ हमसे अनेक काम करवाती हैं, किन्तु हम सब तृष्णाओं की पूर्ति नहीं कर सकते, जिससे दुःख होना स्वाभाविक है, पर जो तृष्णाएँ पूर्ण हो जाती हैं, उनमें भी हमें पूर्ण सुख नहीं मिलता। पूर्ण होने के बाद 'आग में घी' के समान वे और भी भड़कती हैं, इसीलिए जीवन में हम देखते हैं कि जितनी ही सुख-सुविधाएँ हमें मिलती जाती हैं, उतनी ही हमारी असन्तुष्टि, इस तरह दुःख, बढ़ते जाते हैं।

बुद्ध कहते हैं, **''हे भिक्षुओं, तृष्णा या वासना ही दुःख का मूल कारण है, यह प्रबल तृष्णा ही है जिसके कारण बार-बार जन्म होता है और उसी के साथ इन्द्रिय सुख आते हैं, जिसकी पूर्ति जहाँ-तहाँ से की जाती है।''**

यह तृष्णा तीन प्रकार की बताई गई है—

(1) **भव तृष्णा**—जीवित रहने की इच्छा।

(2) **विभव तृष्णा**—वैभव प्राप्त करने की इच्छा।

(3) **काम तृष्णा**—इन्द्रिय सुख की इच्छा।

किन्तु बौद्ध दर्शन में एकमात्र 'तृष्णा' को ही 'दुःख समुदयः' नहीं कहा गया है। वस्तुतः बौद्ध दर्शन में दुःख के कारण पर बड़ी गहराई से विचार हुआ है। बौद्ध दर्शन के कार्य-कारण सिद्धान्त के अनुसार प्रत्येक कार्य का कोई-न-कोई कारण होता है, अतः हमारी तृष्णाओं तथा हमारे अस्तित्व का (भले ही वह क्षणिक है), भी कोई-न-कोई कारण होगा।

इसी सिलसिले में बुद्ध कार्य-कारण की एक 12 कड़ियों वाली शृंखला पर प्रकाश डालते हैं, जिसके मूल में अविद्या है। ये 12 कड़ियाँ इस प्रकार हैं—अविद्या, संस्कार, विज्ञान, नाम-रूप, षडायतन, स्पर्श, वेदना, तृष्णा, उपादान, भव, जाति, जरा-मरण। इन्हें 'द्वादश निदान' अथवा 'प्रतीत्य समुत्पाद' भी कहा जाता है (इस पर हम आगे अलग से प्रकाश डालेंगे)।

तृतीय आर्य सत्य

दुःख निरोधः (दुःख का नाश हो सकता है)

दुःख के कारण की खोज हो जाने के बाद दुःख दूर हो जाने की सम्भावना स्वाभाविक है कि बढ़ जायेगी। इस तीसरे आर्य सत्य 'दुःख निरोध' में बुद्ध हमें आश्वस्त करते हैं कि दुःख का निरोध सम्भव है, अर्थात् दुःख का अन्त हो सकता है। वस्तुतः यही तो बुद्ध के सम्पूर्ण चिन्तन-मनन का उद्देश्य था। वे स्वयं कहते हैं, **''जिस प्रकार समुद्र के पानी में केवल लवण का स्वाद रहता है, उसी तरह मेरे दर्शन में केवल मुक्ति अर्थात् दुःखहीन अवस्था का स्वाद है।''** अतः जिस तरह 'दुख है' यह एक आर्य सत्य है, उसी तरह 'दुःख का नाश सम्भव है' यह भी एक आर्य सत्य है।

बौद्ध-दर्शन के अनुसार जो कारण दुःख की उत्पत्ति में हेतु बनते हैं, यदि उस कौरण परम्परा का नाश कर दिया जाये तो अपने आप चलने वाली मशीन की तरह कार्यों का नाश भी स्वतः हो जायेगा। ऊपर हमने देखा कि दुःख का मूल कारण अविद्या है, अतः दुःख-निरोध हेतु अविद्या का नाश (जो विद्या द्वारा सम्भव है) मुख्य हेतु है। अविद्या के विनाश से तृष्णा का भी नाश होता है। तृष्णा के नाश पर बौद्ध दर्शन में बहुत जोर दिया गया है। बुद्ध कहते हैं, **''जो भयंकर तृष्णा को जीत लेता है, उससे दुःख कमल-पत्र से जल की बूँदों के समान दूर हो जाते हैं। तृष्णा की जड़ों को खोद डालो, ताकि वह ललचाने वाली तुम्हें बार-बार न पीसे।''**

इस दुःख-हीन, परम शान्त (जिसे बुद्ध सागर की गहराई के समान शान्त कहते हैं) मुक्ति की अवस्था को ही बौद्ध-दर्शन में निर्वाण कहा गया है (इस पर हम आगे विस्तारपूर्वक प्रकाश डालेंगे)।

चतुर्थ आर्य सत्य

दुःख निरोधगामिनी प्रतिपद् (दुःखनिरोध का मार्ग-अष्टांगपथ)

दुःख के दूर हो सकने की सम्भावना बतलाने के बाद तथागत सर्वजनों के लिए सुलभ वह व्यावहारिक मार्ग भी दिखलाते हैं, जिस पर चलकर हम दुःखों से छुटकारा पा सकते हैं। अपने चतुर्थ आर्य सत्य 'दुःख निरोधगामिनी प्रतिपद्' में बुद्ध यही व्यावहारिक प्रतिपद् (मार्ग) बतलाते हैं।

अष्टांग पथ *(Eight Fold Path)*—इस मार्ग के आठ अंग हैं, इसलिए इसे अष्टांग पथ कहा जाता है। ये आठ अंग निम्नलिखित हैं—

1. सम्यक् दृष्टि *(Right View)*—सम्यक् का अर्थ होता है—'समुचित' या 'सही' या 'युक्तियुक्त', दृष्टि का अर्थ है 'दृष्टिकोण'। अक्सर हमारे दुःखों का कारण वस्तुओं के प्रति हमारा गलत दृष्टिकोण अर्थात् गलत समझ होती है। जैसे प्रायः हम अनित्य को नित्य, मरणधर्मा को अमर समझ बैठते हैं और फिर उनमें आसक्ति होने से अन्ततः दुःख उठाते हैं। सम्यक् दृष्टि हमें आसक्तियों से बचाती है, इस तरह दुःख से बचाती है। चारों आर्य सत्यों के ध्यान को भी सम्यक् दृष्टि कहा गया है।

2. सम्यक् संकल्प (*Right Resolve*)—बौद्ध दर्शन व्यवहारिक दर्शन है। वह यह नहीं कहता कि समुचित दृष्टि मिलते ही आप मुक्त हो जायेंगे, इसके लिए हमारे कर्मों का सही होना भी आवश्यक है। किन्तु सही कर्म करने में हमारे सही संकल्पों की भूमिका अत्यन्त महत्त्वपूर्ण होती है, अतः बौद्ध दर्शन में 'सम्यक् संकल्प' को 'अष्टांग पथ' का द्वितीय अंग बताया गया है।

सम्यक् संकल्प में हमें संकल्प लेना होगा कि हमारे हर कार्य निर्वाण-प्राप्ति के उद्देश्य से ही होंगे। इस उद्देश्य की प्राप्ति हेतु समस्त वासनाओं और इच्छाओं के त्याग तथा क्रोध, घृणा, द्वेष एवं बैर-भावना के त्याग का संकल्प भी आवश्यक है। वस्तुतः संकल्प या प्रतिज्ञा आदमी पर मनोवैज्ञानिक प्रभाव डालते हैं, जिससे उसमें अपने निर्धारित मार्ग पर चलने हेतु शक्ति पैदा होती है।

3. सम्यक् वाक् (*Right Speech*)—अष्टांग पथ का तीसरा सोपान है, सम्यक् वाक् अर्थात् समुचित वचन। निर्वाण के इच्छुक को समुचित बचन बोलना चाहिए। यहाँ समुचित वचन का तात्पर्य है नियन्त्रित, दूसरों का भला करने वाले, दूसरों को प्रिय लगने वाले, उन्हें शान्ति देने वाले सत्य एवं शुभ वचन बोलना, इसके विपरीत कटु, अप्रिय, अशुभ, असत्य वचन का त्याग करना।

4. सम्यक् कर्मान्त (*Right Action*)—हमारी सम्यक् दृष्टि, सम्यक् संकल्प एवं सम्यक् वाक् व्यर्थ है, यदि हम सम्यक् कर्मान्त (सही कर्म) न करें। निर्वाण-पथ के राही को अपने कर्मों के प्रति विशेष रूप से सजग होना चाहिए। उसे पाप कर्मों, यथा—हिंसा, चोरी तथा अब्रह्मचर्य से बचना चाहिए। इसके विपरीत अहिंसा, अस्तेय तथा ब्रह्मचर्य से युक्त कर्मों की ओर प्रवृत्त होना चाहिए। बौद्ध दर्शन में माता-पिता, सन्तान, पति-पत्नी, गुरु-शिष्य, स्वामी-सेवक आदि के एक-दूसरे के प्रति विभिन्न कर्त्तव्यों को विस्तारपूर्वक बताया गया है। मुख्य चीज है, हर कोई निःस्वार्थ वृत्ति, उदारता एवं करुणा से संचालित होकर कर्म करें।

5. सम्यक् आजीव (*Right Earning*)—सम्यक् कर्मान्त के लिए सम्यक् आजीव अर्थात् समुचित (शुद्ध) जीविकोपार्जन होना आवश्यक है। जब तक हमारी जीविका का साधन समुचित एवं शुद्ध नहीं होगा, हमारी प्रवृत्ति भी निर्मल नहीं होगी, तब हम उचित कर्म भी कैसे करेंगे? बौद्ध-दर्शन में कुछ जीविकोपार्जन के साधन निषिद्ध कहे गये हैं, जैसे, शस्त्र का व्यापार, प्राणी का व्यापार, मांस का व्यापार, मद्य का व्यापार, विष का व्यापार आदि। इसके अतिरिक्त दबाव, धोखा, रिश्वत, अत्याचार, जाल-साजी, डकैती, लूट, कृतघ्नता आदि बुरे साधनों के द्वारा किये गये जीविकोर्पाजन की भी निन्दा की गई है।

6. सम्यक् व्यायाम (*Right Effort*)—सम्यक् व्यायाम अर्थात् समुचित व्यायाम से यहाँ तात्पर्य **समुचित शारीरिक** व्यायाम से नहीं है, जिससे शरीर चुस्त रहता है। यहाँ व्यायाम से तात्पर्य मानसिक व्यायाम से है, अर्थात् मन-बुद्धि को चुस्त बनाने, सजग एवं सही रखने से है। वस्तुतः यह मन ही तो होता है जो हमें अच्छे या बुरे कामों में प्रेरित करता है। अतः हमें प्रयत्नपूर्वक अच्छे विचारों को मन में लाना चाहिए तथा बुरे विचारों को मन में आने से रोकना चाहिए। मन में बुरे विचारों के प्रवेश को निषिद्ध करने के लिए

बौद्ध दर्शन में निम्नलिखित पाँच तरीके बताये गये हैं—

(i) शुभ विचार का ध्यान करना।

(ii) अशुभ विचार के कर्मरूप में परिणत होने पर उसके परिणामों का ध्यान।

(iii) अशुभ विचार उत्पन्न करने वाली वस्तु से ध्यान हटाना।

(iv) शारीरिक चेष्टा (योग आदि) की सहायता से मन पर नियन्त्रण।

इस तरह प्रयत्नपूर्वक साधक का अपने मन पर नियन्त्रण रखना ही 'सम्यक् व्यायाम' है।

7. सम्यक् स्मृति *(Right Memory)*—यहाँ सम्यक् स्मृति का तात्पर्य तेज-स्मृति, अर्थात् जो कुछ भी पूर्व में देखा-सुना, उसे सही-सही याद रखना नहीं है वरन् बौद्ध-दर्शन द्वारा प्रतिपादित आर्य सत्य, यथा, 'सर्वं दुःखम्' आदि का सतत् स्मरण रखना है। सम्यक् स्मृति में शरीर, मन, चित्त, संवेदना आदि की वास्तविकता का सतत् स्मरण भी सम्मिलित है। शरीर का उदाहरण देते हुए बुद्ध कहते हैं कि शरीर क्षणिक है, केवल दुःख उत्पन्न करने वाला है। यह केवल मांस, रक्त, हड्डी, विष्ठा, अंतड़ी जैसे घृणित पदार्थों से भरा है, अन्ततः नष्ट होने वाला है। हमें शरीर सम्बन्धी इन बातों का सदा स्मरण रखना चाहिए। इस स्मृति को ताजा बनाये रखने के लिए हमें श्मशान में जाकर यदा-कदा देखना चाहिए कि जिस शरीर से हमें इतना मोह होता है, उसकी अन्तिम गति क्या होती है? किस तरह वह जलता, सड़ता, नष्ट होता है, कहीं-कहीं वह चीलों, गिद्धों और कुत्तों को भोजन भी बनता है!

निश्चय ही इस तरह की स्मृति हममें विरक्ति की भावना भरती है, जिससे निर्वाण-पथ पर आगे बढ़ने में सहायता मिलती है।

8. सम्यक् समाधि *(Right Concentration)*—सम्यक् समाधि अथवा सम्यक् ध्यान अष्टांग पथ का आठवाँ, अन्तिम एवं सर्वाधिक महत्त्वपूर्ण सोपान है क्योंकि यही हमें अष्टांग पथ के लक्ष्य, निर्वाण के पूर्ण करीब ले जाता है।[1] प्रारम्भ के सात सोपान तो अशुभ चित्तवृत्तियों का निरोध करके हमें इस अन्तिम सोपान (सम्यक् समाधि) के योग्य बनाते हैं।

सम्यक् समाधि हेतु व्यक्ति को वन में या निर्जन प्रान्त में विशुद्ध चित्त से स्थिर आसन पर बैठना चाहिए किन्तु समाधिस्थ होते ही व्यक्ति को निर्वाण की प्राप्ति नहीं हो जाती। इस हेतु वह चार अवस्थाओं से गुजरता है। ये चार अवस्थाएँ निम्नलिखित हैं—

(अ) **प्रथम अवस्था**—इस अवस्था में साधक चार आर्य सत्यों पर तर्क-वितर्कपूर्वक विचार-मनन करता है।

(ब) **द्वितीय अवस्था**—इस अवस्था में साधक के मन में चार आर्य सत्यों के प्रति श्रद्धा का उदय होता है। इस अवस्था में साधक आनन्द का अनुभव करता है।

(स) **तृतीय अवस्था**—इस अवस्था में साधक के मन में आनन्द के प्रति उपेक्षा का भाव आता है।

(द) **चतुर्थ अवस्था**—इस अवस्था में साधक की चित्त-वृत्तियों का पूर्ण निरोध हो जाता है। इससे साधक का चित्त पूर्ण शान्त हो जाता है, यह पूर्ण शान्ति की अवस्था ही पूर्ण दुःख निरोध की, अर्थात् **निर्वाण** की अवस्था है, जो कि अष्टांग पथ का लक्ष्य है।

---

1. *''समाधि क्लेशों को रोकती है, जैसे पर्वत नदियों के महावेग में रुकावट डालता है। समाधिस्थ होने पर मन्त्रबद्ध सर्पों के समान दोष आक्रमण नहीं करते।''*—अश्वघोष, *'सौन्दरनंद'*, 16/135

इस तरह बुद्ध जहाँ 'सर्वम् दुःखम्' को प्रथम आर्य सत्य घोषित करते हैं, वहीं दुःख के पूर्ण निरोध का मार्ग दिखाकर, परम शान्त निर्वाण की प्राप्ति की सम्भावना बतलाकर (जिसमें साधक के लिए 'सर्वम् दुःखम्' नष्ट हो जाते हैं), हमें आशान्वित भी करते हैं।

त्रिशिक्षा (शील, समाधि, प्रज्ञा)

बौद्ध दर्शन में निर्वाण-पथ के पथिक लिए त्रिशिक्षा की साधना[1] भी महत्वपूर्ण मानी गई है। यह त्रिशिक्षा है—**शील, समाधि** और **प्रज्ञा।** यही विशुद्धि का मार्ग है। इसी से तृष्णा को पूर्णतः जीता जा सकता है। संयुक्त निकाय में बुद्ध कहते हैं, **''जो मनुष्य शील में प्रतिष्ठित है, समाधि ओर प्रज्ञा की भावना रखता है, वही भिक्षु तृष्णा का नाश कर सकता है।''** किन्तु ये शील, समाधि और प्रज्ञा हैं क्या? बौद्ध दर्शन के अनुसार, **सर्व पाप से विरति शील है,[2] शुभ में चिन्तन की एकाग्रता समाधि है तथा इष्ट और अनिष्ट में समभाव का आवाह्न प्रज्ञा है।[3]**

प्रतीत्यसमुत्पाद (Dependent Origination)

'प्रतीत्यसमुत्पाद' बौद्ध-दर्शन का एक अत्यन्त प्रसिद्ध सिद्धान्त है, जो मुख्य रूप से बौद्ध दर्शन के द्वितीय आर्य सत्य 'दुःख समुदयः' अर्थात् 'दुःख के कारण' पर प्रकाश डालता है।

हम प्रारम्भ में देख चुके हैं कि बुद्ध को बुद्ध बनने के पूर्व वृद्धावस्था, रोग एवं मृत्यु के कारणों से मानव को होने वाले दुःख की गहरी अनुभूति हुई थी। तब उन्होंने दुःख के कारणों की खोज में गृहत्याग कर कुछ वर्षों तक कड़ी तपस्या की थी। तत्पश्चात् उन्हें सत्य की प्राप्ति हुई थी। इस सत्य को ही बुद्ध ने 'चार आर्य सत्य' के रूप में लोगों के सामने रखा था। इसमें से पहला आर्य सत्य था, 'सर्वं दुःखम्' अर्थात् सब कुछ दुःख है। किन्तु बुद्ध केवल सर्वव्यापी दुःख का दर्शन कराकर खामोश नहीं हो गये, उन्होंने दुःख के कारणों की भी खोज की थी। वस्तुतः यह खोज अत्यन्त आवश्यक थी, क्योंकि जब तक दुःख के कारणों का पता नहीं चलता तब तक दुःख का दूर होना भी सम्भव नहीं था।

दुःख के कारण ही बौद्ध दर्शन में द्वितीय आर्य सत्य 'दुःख समदुयः' के नाम से प्रसिद्ध है। इसी सन्दर्भ में बुद्ध ने **'प्रतीत्यसमुत्पाद'** का सिद्धांत प्रस्तुत किया है।

प्रतीतयसमुत्पाद का अर्थ—'प्रतीत्यसमुत्पाद' शब्द (मूल—पाली शब्द परिच्च समुत्पाद) वस्तुतः दो शब्दों से मिलकर बना है, प्रतीत्य + समुत्पाद। यहाँ,

प्रतीत्य का अर्थ है—**एक वस्तु की प्राप्ति होने पर।**

समुत्पाद का अर्थ है—**अन्य वस्तु की उत्पत्ति।**

---

1. आचार्य नरेन्द्रदेव, *'बौद्ध-धर्म-दर्शन्'*, पृ॰ 18
2. *धम्मपद में 'शील' की प्रशंसा अनेक स्थान पर की गई है। एक स्थान पर कहा गया है—''चन्दन, तरग, कमल तथा जूही, इन फूलों की गंध से शील की गंध अधिक श्रेष्ठ है।''*—'पुप्फवग्गो चतुत्थो', 12
3. *''प्रज्ञा दोषों को निःशेष मार डालती है, जैसे वर्षा काल में नदी अपने तटवर्ती वृक्षों को उखाड़ फेंकती है।''*— 'सौन्दरनंद'' 16/36

इस तरह प्रतीत्यसमुत्पाद का शाब्दिक अर्थ हुआ, **''एक वस्तु की प्राप्ति होने पर अन्य वस्तु की उत्पत्ति।''**[1] इसे **'आश्रित उत्पत्ति का सिद्धान्त'** भी कहा जाता है।

दूसरे शब्दों में, **'एक कारण होने पर एक कार्य की उत्पत्ति'**, इसीलिए इसे **किसी वस्तु पर निर्भर उत्पत्ति** भी कहा गया है।

श्रीमती रिज डेविस प्रतीत्यसमुत्पाद की व्याख्या इन शब्दों में करती है, **''यदि वह है तो यह है, उसके उदय से इसका उदय है।''**

कार्य-कारण वाद—वस्तुतः प्रतीत्यसमुत्पाद का सिद्धान्त बौद्ध-दर्शन का कार्यकारण वाद है। बौद्ध-दर्शन के अनुसार कोई भी घटना, चाहे वह भौतिक हो अभौतिक, अकारण नहीं घटती, प्रत्येक घटना का कोई-न-कोई कारण होता है और यदि वह कारण न हो तो वह घटना भी घटित न हो। प्रतीत्यसमुत्पाद अर्थात् 'यदि वह है तो यह है' स्पष्ट घोषित करता है कि प्रत्येक कार्य के पीछे आवश्यक रूप से कोई कारण होता है।

यहाँ उल्लेखनीय है कि बौद्ध-दर्शन में इस नियम की स्थापना जगत् के कारण की खोज के लिए नहीं की गई है (जैसा कि अन्य भारतीय दर्शन करते हैं) वरन् यहाँ पर इसका लक्ष्य, जैसा कि हमने ऊपर लिखा है, **दुःख के कारण की खोज करना है।**

द्वादश निदान(*Twelve Links*)—दुःख के कारण की खोज में बुद्ध दुःख के कारणों की एक लम्बी शृंखला पाते हैं। इस शृंखला की 12 कड़ियाँ हैं इसलिए इसे 'द्वादश निदान' भी कहा गया है।

यह 12 कड़ियाँ निम्नलिखित हैं—

1. जरा-मरण[2]—वैसे तो इस संसार में सर्वत्र दुःख ही दुःख है, पर हमारा मुख्य दुःख है, 'जरा-मरण'। जरा का अर्थ है वृद्धावस्था। इसमें हमारा क्षय होना प्रारम्भ हो जाता है, जैसे अंगों का शिथिल होना, केशों का पकना, दाँतों का टूटना आदि; और मरण तो जीवन का साक्षात् अन्त ही है जो मनुष्य को अत्यन्त भयभीत करता है। इस तरह अत्यन्त दुःखदायी 'जरा-मरण' इस द्वादश निदान की पहली कड़ी है। किन्तु इस 'जरा-मरण' का कारण क्या है?

2. जाति—इस **'जरा-मरण'** का कारण **'जाति'** अर्थात् **'जन्म लेना'** है, क्योंकि यदि 'जाति' ही न हो तो मनुष्य का 'जरा-मरण' अर्थात् किसी तरह के दुःख ही न हों। पर जाति का क्या कारण है?

3. भव—**'जाति'** का कारण **'भव'** बताया गया है। 'भव' का अर्थ है, **जन्म ग्रहण करने की इच्छा।** यदि यह प्रवृत्ति मनुष्य में न हो तो उसका जन्म ही न हो।

4. उपादान—**'भव'** का कारण **उपादान** है। यहाँ उपादान का अर्थ है, **जगत् की वस्तुओं के प्रति राग एवं मोह।** इस प्रकार बुद्ध हमारे भव अर्थात् जन्म ग्रहण करने की प्रवृत्ति का कारण वस्तुओं के प्रति राग एवं मोह (उपादान) को बताते हैं। किन्तु इस उपादान का कारण क्या है?

5. तृष्णा—**उपादान** का कारण **'तृष्णा'** है। वस्तुतः यह तृष्णा ही हमारे सभी सांसारिक दुःखों का मूल होती है। तृष्णा का अर्थ है, **विषयों के प्रति हमारी आसक्ति।**

---

1. *'विशुद्ध मग्ग'*, सत्रहवाँ परिच्छेद।
2. सभी दुखों के प्रतीक के रूप में 'जरा-मरण' शब्द का यहाँ प्रयोग हुआ है।

यह तृष्णा तीन प्रकार की होती है—**काम तृष्णा** (इन्द्रिय सुख की इच्छा), **भव तृष्णा** (जीवित रहने की इच्छा), **विभव तृष्णा** (धन वैभव की इच्छा)। पर यह तृष्णा क्यों उत्पन्न होती हैं?

6. वेदना—तृष्णा का कारण **वेदना** है। **हर प्रकार की अनुभूति** को वेदना कहते हैं।

7. स्पर्श—वेदना का कारण **स्पर्श** है। स्पर्श है, **इन्द्रियों और विषयों से संयोग की अवस्था।** पर यह स्पर्श क्यों होता है।?

8. षडायतन—स्पर्श का कारण बुद्ध षडायतन को बतलाते हैं। आँख, नाक, कान, जिह्वा, त्वचा और मन—ये छः इन्द्रियाँ ही वे छः आयतन (षडायतन) हैं, जिनके कारण स्पर्श उत्पन्न होता है।

9. नामरूप—षडायतन का कारण **नामरूप** है। नामरूप का अर्थ है—**मन के साथ गर्भस्थ शरीर।** किन्तु यह मनयुक्त शरीर बनता क्यों है?

10. विज्ञान—नामरूप का अस्तित्व **विज्ञान** अर्थात् **चेतना** के कारण होता है क्योंकि जब तक गर्भस्थ भ्रूण में चेतना न हो, तब तक उसका विकास नहीं हो सकता। अतः 'नामरूप' कारण विज्ञान हुआ।

11. संस्कार—विज्ञान का कारण **संस्कार** है। ये संस्कार पूर्वजन्मों के कर्म के फलस्वरूप बनते हैं। ये ही भ्रूणावस्था में मानव में चेतना उत्पन्न करते हैं। यहाँ उल्लेखनीय है कि बौद्ध-दर्शन में कर्मफल को अत्यन्त महत्त्व दिया गया है। बुद्ध के अनुसार कर्म अपना फल अवश्य छोड़ते हैं, ये फल मनुष्य को आवश्यक रूप से भुगतने पड़ते हैं। मृत्योपरान्त भी मनुष्य इनसे नहीं बच सकता। वस्तुतः मृत्योपरान्त ही ये कर्मफल संस्कार के रूप में मनुष्य के पुनर्जन्म का हेतु बनते हैं और इस तरह विज्ञान का कारण होते हैं।

12. अविद्या—संस्कार का कारण बुद्ध **अविद्या** को बतलाते हैं। वस्तुतः अविद्या के कारण ही हम ऐसे कर्म करते हैं जिनके फल संस्कार के रूप में पुनर्जन्म का कारण बनते हैं। अविद्या का अर्थ है, अनित्य को नित्य समझना, असत्य को सत्य समझना, अनात्म को आत्म समझना, वस्तुतः यह अविद्या ही समस्त दुःखों की जड़ है। इसलिए दुःख के नाश के लिए इसका नाश सर्वाधिक आवश्यक माना गया है।

यहाँ उल्लेखनीय है कि अविद्या को दुःखों की जड़ प्रायः सभी भारतीयों दार्शनिकों ने स्वीकार किया है तथा ज्ञान अथवा विद्या को मुक्ति का साधन बतलाया है।

उपरोक्त 12 कड़ियों को हम इस प्रकार लिख सकते हैं—

1. जरा-मरण (दुख) (Old age and death)
2. जरा-मरण का कारण जाति (Rebirth)
3. जाति का कारण भव (Coming to be)
4. भव का कारण उपादान (Clinging)
5. उपादान का कारण तृष्णा (Craving)
6. तृष्णा का कारण वेदना (Emotion)
7. वेदना का कारण स्पर्श (Contact)
8. स्पर्श का कारण षडायतन (Sense organs and Mind)
9. षडायतन का कारण नामरूप (Mind and body)

10. नामरूप का कारण विज्ञान (Consciousness)
11. विज्ञान का कारण संस्कार (Predispositions)
12. संस्कार का कारण अविद्या (Ignorance)

इस तरह ये 12 कड़ियाँ अर्थात् **द्वादश निदान** मनुष्य को जन्म-मरण के चक्कर में लगातार घूमाते रहते हैं। इसीलिए इसे **'भव-चक्र'** अथवा **'संसार-चक्र'** भी कहा जाता है।

किन्तु बुद्ध का उद्देश्य केवल दुःख के कारणों की खोज करना नहीं था। उनका असली उद्देश्य दुख दूर करना था। बुद्ध के प्रतीत्यसमुत्पाद के सिद्धान्त से बुद्ध के इस असली उद्देश्य की भी सिद्धि होती है।

यह प्रतीत्यसमुत्पाद का सिद्धान्त जहाँ यह कहता है, **''यदि वह है (कारण) तो यह (कार्य) है'' अथवा उसके उदय पर इसका उदय है** वहाँ यह भी कहता है कि **''यदि वह नहीं है तो यह भी नहीं है''** अथवा **''उसके उदय नहीं होने पर इसका उदय भी नहीं होता।''**

इसी आधार पर बुद्ध कहते हैं कि अविद्या के नष्ट होने पर क्रमशः सभी कारण नष्ट होते जाते हैं और इस तरह अन्ततः जाति (जन्म) भी नष्ट हो जाती है, जिससे जरा-जरण अर्थात् दुःख भी पूर्णतः नष्ट हो जाते हैं।

अविद्या के कारण का प्रश्न—यहाँ एक प्रश्न उठता है कि सब चीज का कारण अवश्य होता है तब अविद्या का भी कोई-न-कोई कारण होना चाहिए? क्या कारण है अविद्या का? हम देखते हैं, बुद्ध इस विषय में मौन हैं। वस्तुतः यह एक कठिन दार्शनिक प्रश्न है। वैसे तो बुद्ध अन्य दार्शनिक प्रश्नों पर भी प्रायः मौन रहे हैं, किन्तु अविद्या के कारण का प्रश्न ऐसा है जिस पर अन्य सभी भारतीय दार्शनिक भी मौन रहे हैं। इसे अनादि मान लिया गया है। बुद्ध भी यही कहते हैं। हमारे लिए यही जानना पर्याप्त है कि यह (अविद्या) है। किन्तु यह अनन्त नहीं है अर्थात् इसका अन्त सम्भव है। जैसा कि हमने ऊपर देखा, विद्या (अर्थात् चार आर्य सत्य आदि सिद्धान्त) के द्वारा इसका नाश हो सकता है और अविद्या के अन्त से अपने आप 'द्वादश निदान' की सारी कड़ियाँ एक के बाद एक टूट जाती हैं, इस तरह दुःख के समस्त हेतु समाप्त होने पर दुःख भी अपने आप समाप्त हो जाता है।

मध्यममार्गी सिद्धान्त—बौद्ध दर्शन का यह प्रतीत्य समुत्पाद का सिद्धान्त मध्यममार्गी सिद्धान्त है। यह शाश्वतवाद और अच्छेदवाद के मध्य में है। शाश्वतवाद के अनुसार कुछ वस्तुएँ नित्य (शाश्वत) हैं, उनका कभी अन्त नहीं होता। अच्छेदवाद के अनुसार वस्तुएं अनित्य हैं, उनका उच्छेद (पूर्ण विनाश) हो जाता है। प्रतीत्य समुत्पाद दोनों के मध्य में रहते हुए कहता है कि वस्तुएँ शाश्वत नहीं हैं, उनका नाश अवश्य होता है, पर पूर्ण नाश नहीं होता। प्रत्येक वस्तु एक कारण होती है जो कार्य में बदलती है, फिर यह कार्य-कारण के रूप में अन्य वस्तु की उत्पत्ति का हेतु बनता है, इस तरह वस्तु का केवल रूप परिवर्तन होता है, पूर्ण विनाश नहीं होता।

यहाँ उल्लेखनीय है कि बौद्ध दर्शन अन्य सन्दर्भों में भी मध्यममार्गी है, जैसे वह सदाचार की शिक्षा में शरीर को अत्यधिक कष्ट देने तथा शरीर को अत्यधिक भोग में रखने के बजाय दोनों के मध्य में रखने को कहता है। ग्रीक दार्शनिक अरस्तू ने भी बिल्कुल इसी प्रकार सदाचार हेतु मध्यम मार्ग का अनुसरण करने की शिक्षा दी थी।[1]

1. *"Every virtue is a mean between two extremes. each of which is a vice."—Aristotle.*

प्रतीत्यसमुत्पाद का महत्त्व—चूँकि बुद्ध इस प्रतीत्यसमुत्पाद के सिद्धान्त के आधार पर ही दु:खों के कारण तथा उसके नाश की सम्भावना की खोज करते हैं, इसलिए बौद्ध दर्शन में इसे अत्यन्त महत्त्वपूर्ण सिद्धान्त माना जाता है। स्वयं बुद्ध इसका अत्यन्त मान करते थे। वे इसे धर्म कहते थे। वे कहते थे, **जो प्रतीत्यसमुत्पाद को देखता है वह धर्म को देखता है और जो धर्म को देखता है वह प्रतीत्यसमुत्पाद को देखता है।** बाद के बौद्ध विचारकों ने भी इसे बराबर महत्त्व दिया। प्रसिद्ध बौद्ध विचारक नागार्जुन बुद्ध की वन्दना करते हैं, **जिन्होंने प्रपंच को समाप्त कर आनन्द देने वाले इस सिद्धान्त को स्थापित किया है।**

इस सिद्धान्त के महत्त्व का एक कारण यह भी है कि बौद्ध दर्शन के अन्य सिद्धान्त; यथा, कर्म का सिद्धान्त, क्षणिकवाद, अनात्मवाद, अर्थक्रियाकारित्व आदि इसी पर आधारित है। इसलिए इसे बौद्ध दर्शन का आधार स्तम्भ कहा जाता है।

क्षणभंगवाद
(Momentariness or Theory of Change)

क्षभंगवाद क्या है?—क्षणभंगवाद अथवा क्षणिकवाद बौद्ध दर्शन का एक महत्त्वपूर्ण सिद्धान्त है जो वस्तुतः उसके प्रमुख सिद्धान्त प्रतीत्यसमुत्पाद की परिणति है।

सर्वं क्षणिकम्—इस सिद्धान्त के अनुसार सारी सृष्टि में प्रत्येक वस्तु क्षणिक है, क्षणभंगुर है, अर्थात् क्षण भर में ही नष्ट हो जाने वाली है। संसार की प्रत्येक वस्तु में चाहे वह भौतिक हो या अभौतिक प्रतिक्षण परिवर्तन हो रहा है। यहाँ प्रत्येक क्षण प्रत्येक वस्तु का प्रत्येक कण बदल रहा है। किन्हीं दो क्षणों में कोई भी वस्तु वही नहीं रहती। हर क्षण एक वस्तु से दूसरी वस्तु उत्पन्न हो रही है। वस्तुतः यहाँ सत्ता का अर्थ ही क्षणिकता है।

एक आपत्ति—यहाँ हम आपत्ति कर सकते हैं कि हमें प्रत्येक वस्तु में प्रत्येक क्षण परिवर्तन होते दिखाई तो नहीं देता? हम अपने में, अपने परिचितों में तथा आस-पास की वस्तुओं में प्रतिक्षण परिवर्तन होते कहाँ देखते हैं? कई बार तो हमें बाह्य वस्तुएँ लम्बे समय तक स्थिर दिखाई देती हैं।

बौद्ध दार्शनिकों का उत्तर—यहाँ बौद्ध दार्शनिक कहते हैं कि परिवर्तन तो प्रत्येक वस्तु में प्रतिक्षण हो रहा है किन्तु भ्रमवश हम इस परिवर्तन को नहीं देख पाते हैं। वस्तुतः हमें प्रवाह में स्थिरता का आभास होता है। बौद्ध दर्शन में इसे अनेक उदाहरणों के द्वारा समझाया गया है।

दीप-शिखा का उदाहरण—दीप की शिखा (लौ) सामान्य रूप से देखने पर यद्यपि स्थिर दीखती है किन्तु उसे ध्यान से देखने पर ज्ञात होता है कि उसमें से लगातार लौ उत्पन्न हो रही हैं और नष्ट हो रही हैं। प्रत्येक लौ दूसरी लौ की उत्पत्ति का कारण बनकर फिर नष्ट होती है। यह क्रम इतनी तेजी से आगे बढ़ता जाता है कि हमें सामान्यतया एक ही लौ स्थिर दिखाई देती है। एक अन्य उदाहरण में बौद्ध दार्शनिक कहते हैं कि जिस तरह नदी का जल प्रतिक्षण प्रवाहमान रहता है उसी तरह यह संसार भी प्रतिक्षण प्रवाहमान है। संसार का अर्थ ही होता है—जिसका संसरण अर्थात् प्रवाह हो, वह संसार है।[1]

पाश्चात्य दार्शनिकों से तुलना—क्षणिकता के इस सिद्धान्त का समर्थन प्राचीन ग्रीक दार्शनिक हेराक्लाइटस तथा आधुनिक दार्शनिक बर्गसां के दर्शन में भी देखा जा

---
1. संसरतीति संसारः।

सकता है। हेराक्लाइटस का इस सन्दर्भ में प्रसिद्ध वाक्य है, **आप एक ही नदी में दो बार पैर नहीं रख सकते** (क्योंकि नदी के जिस जल में आपने एक बार पैर रखा वह तो तुरन्त आगे बढ़ गया है)। हेराक्लाइटस परिवर्तन को ही सत्य कहते थे।

क्षणिकवाद का मूल, अनित्यवाद—क्षणिकवाद का यह सिद्धान्त यद्यपि बौद्ध-दर्शन का सिद्धान्त है किन्तु इसके प्रतिपादक बुद्ध नहीं थे। वस्तुतः बुद्ध के 'अनित्यवाद' नाम से प्रसिद्ध सिद्धान्त के आधार पर बाद के बौद्ध दार्शनिकों ने इसे 'क्षणिकवाद' या 'क्षणभंगवाद' के नाम से स्थापित किया।

अनित्यवाद क्या है?—अनित्यवाद बुद्ध के प्रमुख सिद्धान्त प्रतीत्यसमुत्पाद (ऐसा होने पर ऐसा होता है) का ही आवश्यक परिणाम है। प्रतीत्यसमुत्पाद के अनुसार कारण की उपस्थिति अवश्य ही कार्य को उत्पन्न करती है। तब इससे यह अनुमान लगाना सरल है कि वस्तुएँ अनित्य हैं। सामान्यतया भी हम वस्तुओं को उत्पन्न एवं नष्ट होते देखते हैं। बुद्ध के अनुसार यह वस्तुओं का स्वभाव ही है। उनके शब्दों में, **''जो नित्य तथा स्थायी मालूम पड़ता है वह भी विनाशी है। जो महान् मालूम पड़ता है, उसका भी पतन होता है। जहाँ संयोग है, वहाँ वियोग भी है, जहाँ जन्म है, वहाँ मरण भी है।''** इसी तरह अन्य स्थान पर वे कहते हैं, ''ये पाँच बातें अनिवार्य हैं—(1) **जो वृद्ध हो सकता है वह अवश्य वृद्ध होगा।** (2) **जो रोगी हो सकता है वह अवश्य रोगी होगा।** (3) **जो मृत्यु के अधीन है वह अवश्य मरेगा।** (4) **जो नश्वर है उसका अवश्य नाश होगा।** (5) **जो अनित्य है वह अवश्य चला जायेगा।**

अनित्यवाद पर जोर देने का उद्देश्य—अनित्यवाद पर इतना अधिक जोर देने का बुद्ध का मुख्य उद्देश्य वस्तुतः व्यवहारिक था। जगत् में जीवन एवं वस्तुओं को अनित्य बताकर बुद्ध यह कहना चाहते थे कि हमें इनके प्रति राग-मोह आदि नहीं रखना चाहिए, और जब राग-मोह आदि ही नहीं होगा तो इनके नष्ट होने पर किसी तरह का दुःख भी नहीं होगा। अतः दुःख के निरोध के लिए वस्तुओं के वास्तविक गुण अर्थात् अनित्यता को जानना आवश्यक है।

क्षणिकता एवं अनित्यता—यहाँ उल्लेखनीय है कि बुद्ध ने वस्तुओं को केवल अनित्य कहा था, क्षणिक नहीं। हाँ, उन्होंने चेतना को अवश्य क्षणिक कहा था। चेतना को क्षणिक मानने के कारण ही बुद्ध नित्य आत्मा के अस्तित्व को नहीं मानते थे। इस तरह वे **अनात्मवादी** थे। बुद्ध के अनुसार आत्मा चेतना अथवा विज्ञान की एक निरन्तर गतिशील अवस्था मात्र है।

मध्यम मार्ग—बुद्ध का अनित्यवाद, शाश्वतवाद तथा उच्छेदवाद का मध्यम मार्ग है। 'प्रत्येक वस्तु है' (शाश्वतवाद), यह एक एकांतिक मत है, प्रत्येक वस्तु नहीं है, यह दूसरा एकांतिक मत है। इन दोनों ही एकांतिक मतों को छोड़कर बुद्ध मध्यम मार्ग का उपदेश देते हैं, जिसके अनुसार जीवन **'परिणाम'** (Becoming) है। परिणाम के सत्य होने के कारण ही इस संसार की प्रत्येक वस्तु का उत्पाद, स्थिति और निरोध (अस्तित्वहीन होना) होता है।

बुद्ध के इसी अनित्यवाद को जैसा कि हमने ऊपर कहा है, उनके अनुयायियों ने 'क्षणभंगवाद' का रूप दिया है। बौद्ध धर्म के ग्रन्थ 'सौत्रांतिक निकाय' को मुख्य रूप से इसका श्रेय है। क्षणभंगवाद को मानने के कारण ही वे बाह्य जगत् की सत्ता को प्रत्यक्ष द्वारा

असिद्ध मानते हैं। हाँ, अनुमान द्वारा अवश्य वे कहते हैं कि बाह्य जगत् सिद्ध हो सकता है। उनका कहना है कि जब तक हम वस्तु का प्रत्यक्ष करते हैं, वह नष्ट हो जाती है। उसके चित्र अवश्य हमारे चित्त में बने रहते हैं, इस आधार पर हम चित्त से बाहर (बाह्य जगत् में) उसके अस्तित्व का अनुमान कर सकते हैं।

अर्थक्रियाकारित्व

बौद्ध दार्शनिक अपने 'क्षणभंगवाद' अर्थात् प्रत्येक वस्तु प्रतिक्षण परिवर्तित होती है, की पुष्टि 'अर्थक्रियाकारित्व' नामक सिद्धान्त से भी करते हैं।

अर्थक्रियाकारित्व का अर्थ है, **'किसी कार्य को उत्पन्न करने की शक्ति'**।

बौद्ध दर्शन के अनुसार सत्ता का लक्षण ही यह है कि वह अर्थक्रियाकारित्व है, अर्थात् उसमें किसी कार्य को उत्पन्न करने की शक्ति है।

दूसरे शब्दों में सत्ता है, इसका मतलब यह है कि वह दूसरी सत्ता को उत्पन्न करने का सामर्थ्य रखती है, इसके विपरीत जो किसी कार्य को उत्पन्न नहीं कर सकती, वह असत् है। यहाँ प्रायः खरगोश के सींग का उदाहरण दिया जाता है। खरगोश का सींग असत् है क्योंकि वह किसी कार्य को उत्पन्न नहीं कर सकता। इसके विपरीत 'बीज' सत् है क्योंकि उसमें पौधे को उत्पन्न करने का सामर्थ्य है।

यहाँ बौद्ध दार्शनिक कहते हैं कि अर्थक्रियाकारित्व (वस्तु में कार्य उत्पन्न करने की शक्ति) तभी सम्भव है, जब वस्तु क्षणभंगुर हो। दूसरे शब्दों में अर्थक्रियकारित्व का विचार भी क्षणभंगवाद का समर्थन करता है।

बौद्ध दर्शन में इसे अनेक उदाहरणों से सिद्ध किया गया है। एक उदाहरण बीज का है। बौद्ध दार्शनिक कहते हैं कि यदि एक बीज क्षणिक नहीं है अर्थात् एक से अधिक क्षण तक वही बना रहता है, तो प्रत्येक क्षण में कार्योत्पादन की शक्ति वही रहनी चाहिए। कार्योत्पादन की शक्ति की बात यहाँ इसलिए की गई क्योंकि जैसा कि हम ऊपर देख चुके हैं, वस्तु की सत्ता का अर्थ ही है कि उसमें क्रियाकारित्व अर्थात् कार्य उत्पन्न करने की शक्ति है।

यहाँ प्रश्न उठता है कि यदि बीज कई क्षणों तक अपरिवर्तित रहता है, तथा वही बना रहता है तब तों प्रत्येक क्षण में उससे वही कार्य होना चाहिए किन्तु हमारा अनुभव हमें बताता है कि किसी भी वस्तु से प्रत्येक क्षण एक-सा परिणाम नहीं निकलता। बीज के ही उदाहरण में देखिये। बीज को यदि कपड़े में बन्द कर कमरे में रख दें तो उससे अंकुर नहीं निकलता है। पर यदि उसे पानी और मिट्टी के संयोग से रखें तो उसे अससे अंकुर निकल आता है, मतलब कि अलग-अलग क्षणों में अलग-अलग परिणाम निकलता है। अंकुर में भी क्षण-क्षण में विकास होता है। पौधे में विकास की क्रिया में कोई भी दो क्षण एक से नहीं होते। यही हाल संसार की हर वस्तु का, जिसे हम आत्मा कहते हैं, उसका भी है।

इस तरह 'अर्थक्रियाकारित्व' भी क्षणभंगवाद की पुष्टि करता है।

क्षणभंगवाद की आलोचना

बौद्ध दर्शन के क्षणभंगवाद की कड़ी आलोचना शंकर आदि अन्य अनेक दार्शनिकों

ने की है। इस सिद्धान्त के मुख्य दोष निम्नलिखित हैं—

1. **ज्ञान ही असम्भव**—आलोचक कहते हैं कि क्षणिकवाद जगत् (ज्ञेय) तथा आत्मा (ज्ञाता) दोनों को निरन्तर प्रवाहमान मानता है किन्तु यदि इस तरह ज्ञाता और ज्ञेय दोनों ही प्रवाहमान हुए तो ज्ञाता ज्ञान कैसे प्राप्त कर सकता है?
2. **कारण से कार्य की उत्पत्ति असम्भव**—यह सिद्धान्त कारण की उपस्थिति केवल क्षण भर की ही मानता है, साथ ही इसके अनुसार इसी क्षण में कारण, कार्य को उत्पन्न कर नष्ट भी हो जाता है किन्तु क्षण स्थाई कारण से कार्य की उत्पत्ति सम्भव नहीं है। नैयायिक कहते हैं कि किसी भी वस्तु की उत्पत्ति, स्थिति और लय एक ही क्षण में नहीं हो सकते।
3. **कर्म-फल के सिद्धान्त से असंगति**—बौद्ध दर्शन की इस सिद्धान्त में दृढ़ आस्था है कि कर्म के फल अवश्य मिलते हैं। किन्तु यदि आत्मा ही क्षणिक है तो उसे कर्म-फल कैसे मिल सकते हैं? जिसने कर्म किये थे, क्षणभंगवाद के अनुसार तो वह कब से नष्ट हो गई।
इस सिद्धान्त को मानने से तो वर्तमान में आत्मा जो कर्म भुगत रही है, वह किसी अन्य आत्मा के द्वारा किये गये सिद्ध होते हैं। किन्तु जो कर्म जिसने नहीं किया है, उसका फल वह भोगे, यह तो अन्याय है।

   वस्तुतः क्षणिकवाद का यह सिद्धान्त व्यक्ति को उसके अच्छे-बुरे कर्मों से बरी कर नैतिकता की भूमि को नष्ट करता है।
4. **स्मृति आदि मानसिक क्रियाएँ असम्भव**—यह सिद्धान्त स्मृति, प्रत्यभिज्ञा (पहचान) आदि मानसिक क्रियाओं को भी असम्भव बना देता है क्योंकि यदि अनुभवकर्त्ता (आत्मा) ही क्षणिक है तब इन मानसिक क्रियाओं को कौन करेगा?
5. **मोक्ष की प्राप्ति में सन्देह**—बौद्ध दर्शन का मुख्य लक्ष्य निर्वाण (मोक्ष) की प्राप्ति है, किन्तु क्षणिकवाद का सिद्धान्त इस प्राप्ति को सन्देहयुक्त बना देता है। यह सामान्य-सी बात है कि जो मोक्ष-प्राप्ति प्रयत्न करेगा, उसे ही मोक्ष मिलना चाहिए किन्तु क्षणिकवाद का यह कहना कि आत्मा प्रतिक्षण परिवर्तित होती है, यह सन्देह उपस्थित करता है कि जिसने मोक्ष प्राप्ति के लिए प्रयत्न किया है, उसे मोक्ष मिलेगा अथवा परिवर्तित एक नई आत्मा को? ऐसी स्थिति निश्चय ही बौद्ध दर्शन के प्रमुख लक्षण 'निर्वाण' को अनाकर्षक बना देती है।

अनात्मवाद (नैरात्मवाद)
(Theory of No-Soul)

भारतीय दर्शन में आत्मा एक महत्त्वपूर्ण तत्त्व है। शरीर से पृथक् आत्मा के अस्तित्व को अधिकांश भारतीय दर्शन स्वीकार करते हैं जो शरीर के नाश के साथ नष्ट नहीं होती वरन मृत्यु के बाद भी बनी रहती है। शरीर उसके लिए चोला है जिसे मृत्यु काल में त्याग कर वह नया चोला ग्रहण करती है और इस तरह पुनर्जन्म प्राप्त करती है। यह सिलसिला तब तक चलते रहता है जबतक कि आत्मा मुक्ति की प्राप्ति नहीं कर लेती।

आत्मा के इस सामान्य स्वरूप पर सांख्य, योग, न्याय, वैशेषिक, वेदान्त, मीमांसा और जैन दर्शन भी सहमत हैं किन्तु बौद्ध और चार्वाक दो ऐसे दर्शन हैं जो आत्मा के किसी अजर अमर अस्तित्व को स्वीकार नहीं करते हैं। ये अनात्मवादी अथवा नैरात्मवादी विचारक है।

चार्वाक और बौद्धदर्शन के अनात्मवाद में अन्तर—चार्वाक और बौद्धदर्शन यद्यपि दोनों ही अनात्मवादी है किन्तु दोनों में काफी अन्तर है। चार्वाक जहाँ किसी अजर अमर आत्मा का निषेध कर मनुष्य के शरीर को ही **मैं** मानने कहता है तथा शारीरिक सुखों की तृप्ति को ही जीवन का लक्ष्य कहता है वहाँ बुद्ध सभी कामनाओं का निषेध करते हैं।

वस्तुतः अजर अमर आत्मा की कामना भी बौद्ध दर्शन के अनुसार कामना ही है जिसका निषेध आवश्यक है। **यह भविष्य में भी बने रहने, अनन्त काल तक बने रहने की कामना है।** इससे अहंकार उत्पन्न होता है जिससे राग-द्वेष का जन्म होता है। इसके विपरीत जो चीजों की क्षणिकता तथा अपनी आत्मविहिनता समझता है वह दुखी नहीं होता। जैसे कि धम्मपद में बुद्ध कहते हैं, **'जो व्यक्ति समस्त चेतन तथा अचेतन चीजों को अनित्य, दुखपूर्ण और आत्मविहीन समझ लेता है वह दुख से उद्वेलित नहीं होता।'**

बुद्ध यह भी कहते हैं कि जिस आत्मा को किसी ने नहीं देखा उसकी कामना व्यर्थ भी है। इसकी चाहना किसी अदृश्य रमणी से प्रेम करने के समान है। बुद्ध मध्यमार्गी हैं—एक तरफ विषयों की लीनता है तो दूसरी ओर अज्ञात आत्मा की लीनता है। बुद्ध के अनुसार दोनों के मध्य से ही निर्वाण का पथ सम्भव है।

'मैं' क्या है?—यदि आत्मा नहीं है तो जिसे हम 'मैं' कहते हैं, 'मैं' के रूप में महसूस करते हैं, वह क्या है? बौद्ध दर्शन के अनुसार 'मैं' वस्तुतः मानसिक अनुभव है, प्रत्यक्ष गोचर मानस प्रवृत्तियों का पुंज है। यह अस्थायी शरीर और मन का संकलन मात्र है। मन तथा मानसिक प्रवृत्तियों को 'नाम' और अस्थायी शरीर को 'रूप' भी कहा जाता है, इस तरह आत्मा को नामरूपात्मक कहा गया है।

पंच स्कंध (*Five Skandhas*)—नामरूपात्मक आत्मा को पंच स्कंधों का समूह भी कहा गया है। ये पंच स्कंध हैं—

1. **रूप स्कंध** (*Matter*)—हमारा भौतिक शरीर जिससे बनता है वह रूप स्कंध है। इसके अन्तर्गत पृथ्वी, जल, अग्नि वायु इन चार महाभूतों से उत्पन्न शरीर आता है।
2. **वेदना स्कंध** (*Feeling*)—हमारे समस्त संवेग और भावनाएँ, जैसे सुख-दुख की अनुभूतियाँ वेदना स्कंध है।
3. **संज्ञा स्कंध** (*Perception*)—किसी वस्तु के साक्षात्कार को संज्ञा स्कंध कहते हैं। संज्ञा का कार्य वस्तु की पहचान कराना है। इसे प्रत्यक्षीकरण कहते हैं।
4. **संस्कार स्कंध** (*Disposition*)—संज्ञा से संस्कार का जन्म होता है। स्मृति और धारणा संस्कार स्कंध है।
5. **विज्ञान स्कंध** (*Consciousness*)—बाह्य वस्तुओं की चेतना और अहं की चेतना विज्ञान स्कंध है।

बौद्ध दर्शन के अनुसार व्यक्ति इन पाँचों स्कंधों का ही योग है तथा इसे ही आत्मा कहा जाता है।

आत्मा के विषय में मिलिंद-नागसेन संवाद—आत्मा पंच स्कंधों का योग मात्र कैसे हो सकती है यह समझाने के लिए बौद्ध दर्शन में यवन राजा मिलिंद और बौद्ध मुनि नागसेन के मध्य हुए संवाद से अच्छा प्रकाश पड़ता है। कथा इस प्रकार है कि एक बार राजा मिलिंद बौद्ध मुनि नागसेन के पास आत्मतत्त्व की जिज्ञासा से पहुँचे। नागसेन से यह जानकर कि कोई स्थायी जीवात्मा नहीं होती, मिलिंद नागसेन से पूछते हैं कि तब वह कौन है जो नागसेन

कहा जाता है? क्या केश नागसेन हैं अथवा नाखून या दांत, त्वचा, मांस, मज्जा, स्नायुजाल या मस्तिष्क अथवा इनमें से कोई या ये सब नागसेन हैं?

इस पर नागसेन ने प्रति-प्रश्न किया कि राजा जिसपर चढ़कर उनसे मिलने आये हैं वह क्या है? राजा द्वारा 'रथ' कहे जाने पर मुनि ने पुनः पूछा, क्या दंड रथ है? अथवा चक्र रथ है? या धूरी रथ है? या लगाम या चाबुक रथ है? राजा द्वारा बारम्बार निषेध किये जाने पर नागसेन ने कहा तब इसका मतलब यह हुआ कि रथ इन सबका संघात है। केवल व्यवहार के लिए इसे रथ की संज्ञा दी गई है। ठीक इसी तरह आत्मा की कोई वास्तविक सत्ता नहीं है। पंच स्कंधों का समूह ही व्यवहार के लिए आत्मा कह दिया जाता है।

आत्मा अनित्य है—पंच स्कंधों के इस समूह को बौद्ध दर्शन में अनित्य कहा गया है क्योंकि प्रत्येक स्कंध अनित्य है। उल्लेखनीय है कि बौद्ध दर्शन क्षणभंगवादी है। यह मानता है कि प्रत्येक वस्तु प्रतिक्षण परिणाम को प्राप्त हो रही है। यहाँ कोई भी वस्तु दो क्षण समान रूप से स्थिर नहीं रहती। प्रत्येक वस्तु के समान आत्मा भी अनित्य हैं, परिवर्तनशील है। केवल विचारों का सन्तान-प्रवाह, अर्थात् बहती हुई जल की धारा के समान लगातार चलने वाला विचारों का प्रवाह ही हमारे भीतर चलते रहता है।

उल्लेखनीय है कि बुद्ध के इन विचारों का वर्तमान मनोविज्ञान भी समर्थन करता है। इसके अनुसार भी व्यक्तित्व कोई अनादि, अपरिवर्तनीय इकाई नहीं है बल्कि बुद्धि, स्वभाव, स्नायुतंत्र और शरीर-रसायन का अनूठा गतिशील संगठन है। आधुनिक युग के पाश्चात्य दार्शनिक ह्यूम ने भी बुद्ध के समान कहा है कि आत्मा नामक कोई नित्य द्रव्य हमारे भीतर नहीं होता। हमारे भीतर निरन्तर विचारों का प्रवाह चलते रहता है।

कर्मफल और पुनर्जन्म की व्याख्या—बौद्ध दर्शन में यद्यपि आत्मा को अनित्य माना गया है किन्तु कर्मफल के सिद्धान्त तथा पुनर्जन्म में पूरा विश्वास प्रगट किया गया है। पर यदि आत्मा अनित्य है और हर चीज क्षणभंगुर है तब कर्म के फल भी क्या तुरन्त समाप्त नहीं हो जायेंगे? और फिर जो स्वयं अनित्य है उसका पुनर्जन्म कैसे सम्भव है?

इसके उत्तर में बौद्ध दर्शन कहता है कि पुनर्जन्म का अर्थ आत्मा का दूसरे शरीर में प्रवेश करना नहीं है बल्कि विज्ञान के अविच्छिन्न प्रवाह की निरन्तरता है। मृत्यु का अर्थ एक विज्ञान (विचार) प्रवाह का समाप्त होना है और पुनर्जन्म का अर्थ इस विज्ञान प्रवाह का नये शरीर में निरन्तरता कायम रखना है। जिस तरह एक दीपक से दूसरा दीपक जलाया जाता है उसी तरह हमारे विज्ञान एवं हमारे कर्मफल एक जीवन से दूसरे जीवन में पहुँचते हैं।

आलोचना

बौद्ध दर्शन के आत्मा सम्बन्धी विचारों की कड़ी आलोचना अन्य दार्शनिकों ने की है। कुछ मुख्य आलोचना के बिन्दु निम्नलिखित हैं—

(1) यदि आत्मा नहीं है तो यह कौन कहता है कि आत्मा नहीं है? शंकराचार्य कहते हैं **आत्मा का निराकरण करने वाला ही अपने अस्तित्व की सिद्धि करता है।**

(2) सब कुछ परिवर्तनशील है, यह ज्ञान तब तक सम्भव नहीं है जब तक कि अपरिवर्तनशील आत्मा न हो।

(3) कर्म का सिद्धान्त, स्मृति, प्रत्यभिज्ञा आदि की भी व्याख्या बिना स्थायी आत्मा के समुचित रूप से सम्भव नहीं है।

(4) यदि आत्मा नहीं है तो निर्वाण का भी कोई अर्थ नहीं रह जाता है क्योंकि आत्मा की मुक्ति हेतु ही तो निर्वाण प्राप्ति की जाती है।

यहाँ उल्लेखनीय है कि कुछ विद्वानों, जैसे डा॰ राधाकृष्णन् का मत है कि बुद्ध वस्तुतः अनात्मवादी नहीं है। वे कहते है कि, **बुद्ध के विषय में यह सोचना कि आत्मा को बिल्कुल नहीं मानते थे, एक भ्रामक धारणा है।**[1] बुद्ध वस्तुतः व्यवहारिक कारणों से आत्मा के विषय में मौन थे। बुद्ध सोचते थे कि साधारण आत्मा को स्वीकार करने की मूल प्रवृत्ति ही सब आत्मिक पाप की छिपी हुई जड़ है इसलिए वे जीवात्मा सम्बन्धी भ्रांत धारणाओं को खण्डन करते हैं?[2]

किन्तु इस सत्य से इनकार नहीं किया सकता जा कि बौद्ध दर्शन में बुद्ध के बाद अनात्मवाद को बहुत बल मिला। नागार्जुन लिखते हैं, आत्मा की स्वतन्त्र सत्ता मानने पर ही **स्व** के साथ रागात्मकता का तथा **अन्य** के साथ द्वेषात्मकता का जन्म होता है। राग-द्वेष में बंध जाने पर ही सब प्रकार के दोष उत्पन्न हो जाते हैं। इस प्रकार सब दोषों के उत्पन्न होने का कारण आत्मदृष्टि है जो सब प्रकार से त्याज्य है।[3]

बौद्ध कवि मातृचेट बुद्ध की प्रशस्ति में लिखते हैं,...**जब तक मन साहंकार है आवागमन का चक्र नहीं मिटता। जब तक आत्मदृष्टि है हृदय से अहंकार नहीं मिटता। भगवन्! इस जगत् में आपसे बढ़कर कोई अन्य अनात्मवादी उपदेष्टा नहीं है। आप उपदेषित मार्ग अनात्मवाद के अतिरिक्त और कोई शान्ति का मार्ग नहीं है।**[4]

शून्यवाद

परिचय—शून्यवाद बौद्ध दर्शन के '**माध्यमिक सम्प्रदाय**' द्वारा स्थापित एक प्रमुख सिद्धान्त है, जो कि बुद्ध के अनित्यवाद एवं प्रतीत्यसमुत्पाद की ही एक परिणति है।

माध्यमिक सम्प्रदाय—यद्यपि गौतम बुद्ध ने अपने शिष्यों को दार्शनिक प्रश्नों पर चिन्तन करने की सलाह नहीं दी थी क्योंकि इससे जीवन की व्यवहारिक समस्याओं को सुलझाने में मदद नहीं मिलती है, तथा व्यर्थ का वाद-विवाद बढ़ता है किन्तु बुद्ध के बाद उनके शिष्यों ने दार्शनिक प्रश्नों पर खूब वाद-विवाद किया। इसी के परिणामस्वरूप बौद्ध-दर्शन अनेकानेक सम्प्रदायों में बँट गया।

इनमें से चार सम्प्रदाय' अधिक प्रसिद्ध हुए—(1) वैभाषिक, (2) सौत्रांतिक, (3) योगाचार, (4) माध्यमिक।

यह वर्गीकरण मुख्यतः सत्ता के प्रश्न को लेकर हुआ था।

वैभाषिक और सौत्रांतिक के अनुसार बाह्य एवं आन्तरिक (चित्त) सभी वस्तुओं की सत्ता है। सभी वस्तुओं की सत्ता स्वीकार करने के कारण ये दोनों सम्प्रदाय **सर्वास्तित्ववादी** कहे जाते हैं। किन्तु जहाँ वैभाषिक बाह्य सत्ता को 'प्रत्यक्ष' द्वारा सिद्ध मानता है वहाँ

---

1. राधाकृष्णन्, *भारतीय दर्शन*, भाग 1, पृ॰ 313
2. *वही*, पृ॰ 312
3. *बोधिचर्यावतार पंजिका*, पृ॰ 412
4. *तत्त्व संग्रह पंजिका*, पृ॰ 905

सौत्रांतिक उसे 'अनुमान' द्वारा सिद्ध कहता है। इसी आधार पर वैभाषिक **बाह्यार्थ प्रत्यक्षवादी** कहे जाते हैं और सौत्रांतिक **बाह्यार्थ अनुमेयवादी** कहे जाते हैं।

योगाचार के अनुसार बाह्य जगत् की सिद्धि नहीं हो सकती, अतः उसकी सत्ता नहीं है, पर आंतरिक जगत् (चित) की सत्ता अवश्य है। चित्त को ही एक-मात्र सत्ता मानने के कारण इनका सिद्धान्त **'विज्ञानवाद'** कहा जाता है।

जहाँ तक **माध्यमिक सम्प्रदाय** का प्रश्न है, यह योगाचार से भी एक कदम आगे बढ़कर कहता है कि बाह्य जगत् की सत्ता तो है ही नहीं, आन्तरिक जगत् (चित्त) को भी सत्ता नहीं है। इस तरह (न बाह्य और न आंतरिक) किसी प्रकार की सत्ता स्वीकार न करने के कारण माध्यमिक का सिद्धान्त **शून्यवाद** कहा जाता है।

चूँकि यह सम्प्रदाय बुद्ध के समान मध्यम मार्ग अर्थात् दो अतियों के बीच का मार्ग अपनाता है, इसलिए इसे **माध्यमिक सम्प्रदाय** कहा गया।

शून्यवाद के प्रवर्तक—वैसे तो शून्यवाद के मूल प्रवर्तक के रूप में आचार्य अश्वघोष का नाम लिया जाता है, किन्तु शून्यवाद के साथ मुख्यतः बौद्ध विचारक नागार्जुन[1] का नाम जुड़ा हुआ है। निःसंदेह नागार्जुन माध्यमिक सम्प्रदाय के महान् दार्शनिक हैं।

नागर्जुन द्वारा रचित **'माध्यमिक-कारिका'** शून्यवाद को प्रस्तुत करने वाली प्रमुख रचना है।

नागार्जुन के अतिरिक्त आचार्य आर्यदेव, स्थविर बुद्धपालित, भाविवेक, चन्द्रकीर्ति, शांतरक्षित आदि शून्यवाद के अन्य प्रसिद्ध विचारक हैं।

शून्य क्या है?—माध्यमिक दर्शन में शून्य ही परमतत्त्व है, जैसा कि अद्वैत दर्शन में ब्रह्म। इस परमतत्त्व को माध्यमिक इतना महत्त्व देते हैं कि इसे ही तथागत अर्थात् बुद्ध कहते हैं। इसे निर्वाण भी कहा गया है। किन्तु यह शून्य है क्या?

शून्य क्या है, यह जानने के पहले हम शून्य के सम्बन्ध में प्रचलित कुछ मिथ्या धारणाओं का खण्डन करेंगे अथवा यह देखेंगे कि शून्य क्या नहीं है।

शून्य का अर्थ अभाव नहीं है—सामान्यतया शून्य का अर्थ गणित के शून्य से अथवा अभाव से लिया जाता है। दूसरे शब्दों में शून्य 'कुछ नहीं' होने का बोधक माना जाता है। इसी कारण माध्यमिकों द्वारा सत्ता को 'शून्य' कहने का तात्पर्य यह लिया जाता रहा है कि माध्यमिक-दर्शन के अनुसार सत्ता कुछ नहीं है, अभाव मात्र है। किसी भी पदार्थ का कोई अस्तित्व नहीं है। माधवाचार्य के अनुसार शून्यवादियों की दृष्टि में जगत् एक बहुत बड़ा शून्य मात्र है। यही अर्थ शंकराचार्य भी शून्य का लगाते हैं तथा शून्यवादियों के सिद्धान्त को **सर्ववैनाशिक** कहकर तिरस्कृत करते हैं। स्वयं बौद्ध दर्शन के ही अन्य सम्प्रदाय के दार्शनिक 'शून्य' के आलोचक हैं।

किन्तु यह सब शून्यवादियों के शून्य की आलोचकों द्वारा गलत प्रस्तुतीकरण का परिणाम है। शून्यवादियों का शून्य कोई 'अभाव' नहीं है (जैसा कि आलोचक कहते हैं)

---

1. *नागार्जुन का जन्म दक्षिण भारत के एक ब्राह्मण परिवार में हुआ था किन्तु उनके काल के विषय में विद्वानों में मतभेद हैं। डा॰ राधाकृष्णन् का मत है कि उनका समय 400 शती ई॰ से पूर्व का ही रहा होगा क्योंकि ई॰ 401 में कुमार जीव ने उनके जीवन-चरित्र का चीनी भाषा में अनुवाद किया था। सामान्यतया इनका काल दूसरी शती ई॰ माना जाता है।*

वस्तुतः 'शून्य' एक निरपेक्ष सत्ता है। यदि शून्य अभाव मात्र होता तो नागार्जुन यह नहीं कहते कि, **''जो शून्य को समझ सकता है वह सभी अर्थों को समझ सकता है और जो शून्य को नहीं समझ सकता, वह कुछ भी नहीं समझ सकता।''** वस्तुतः शून्यता एक भावात्मक तत्त्व है।[1]

शून्य सब का आधार है—यह शून्य न केवल 'है' वरन् सबका आधार भी है, जैसा कि कुमार जीव कहते हैं, **''यह शून्यता के ही कारण है कि प्रत्येक वस्तु सम्भव हो सकती है। बिना इसके संसार में कुछ भी सम्भव नहीं है।''** शून्यता सभी धर्मों का आश्रय है।

शून्य अवर्णनीय है—उपनिषदों के ब्रह्म के समान माध्यमिकों का शून्य भी अवर्णनीय है। नागार्जुन के शब्दों में, **''चक्षु इसे नहीं देख सकते, न मन ही इस पर चिन्तन कर सकता है, अतः यह अवर्णनीय हुआ।''**

नागार्जुन कहते हैं कि किसी भी पदार्थ के स्वरूप का निर्णय (वर्णन) हम चार कोटियों के द्वारा कर सकते हैं—

(1) पदार्थ है—अस्ति।

(2) पदार्थ नहीं है—नास्ति।

(3) पदार्थ है और नहीं है—अस्ति, नास्ति च (तदुभयं)।

(4) पदार्थ न है और न नहीं है—न अस्ति, न च नास्ति (नोभयं)।

जहाँ तक शून्य का प्रश्न है, शून्य न तो सत् है न असत् है, न सत् और असत् दोनों है और न ही दोनों से भिन्न है। यह शून्य वास्तव में बुद्धि की उपरोक्त चतुष्कोटियों से भिन्न एक विलक्षण तत्त्व है।[2] अतः इस प्रकार के अवर्णनीय तत्त्व को 'शून्य' कहना अनुचित नहीं है।

वस्तुतः परमतत्त्व की अवर्णनीयता के कारण ही इसे शून्य कहा गया है।

शून्य का दो दृष्टि से प्रयोग—शून्यवाद में शून्य का प्रयोग दो दृष्टि से किया गया है—

(1) व्यवहारिक दृष्टि से।

(2) पारमार्थिक दृष्टि से।

व्यवहारिक दृष्टि से इसका अर्थ है व्यवहारिक जगत् की शून्यता, जगत् के पदार्थों की निःस्वभावता अथवा कहें कि समस्त संसार की असतता।

नागार्जुन समस्त संसार की असतता बुद्ध द्वारा प्रतिपादित 'प्रतीत्यसमुत्पाद' के सिद्धान्त के आधार पर करते हैं। 'प्रतीत्यसमुत्पाद' अर्थात् 'आश्रित उत्पत्ति का सिद्धान्त' यह बताता है कि संसार की सारी वस्तुएँ अपने अस्तित्व के लिए अन्य पर निर्भर करती हैं। इससे यह भी सिद्ध होता है कि उनका अस्तित्व निरन्तर उत्पन्न एवं नष्ट होता रहता है। अतः संसार एक निरन्तर प्रवाह मात्र है, यहाँ स्थायी कुछ भी नहीं है। यही स्थिति शून्यता की है। इसीलिए नागार्जुन करते हैं, **''मृत्यु नहीं है, न जन्म ही है, भेद भी कुछ**

1. राधाकृष्णन्, 'भारतीय दर्शन्', भाग 1, पृ० 608
2. न सन्नासन्नसदसन्न चाप्यनुभयात्मकम्।
   चतुष्कोटिविनिर्मुक्तं तत्वंमाध्यमिका विदुः।

नहीं है, स्थिरता भी नहीं है, न एकत्व है न अनेकत्व है, आना और जाना कुछ नहीं है।''

व्यवहारिक जगत् की इस शून्यता को माध्यमिक दर्शन में '**स्वभाव शून्यता**' अथवा '**नि:स्वभावता**' कहा गया है।

यहाँ उल्लेखनीय है कि व्यवहारिक जगत् को माध्यमिक आकाश-कुसुम के समान नितान्त असत् नहीं कहते, इसे वे **संवृत्ति सत्य** कहते हैं। संवृत्ति का व्युत्पत्तिजन्य अर्थ है सब पदार्थों को ढँकने वाला पदार्थ अर्थात् अज्ञान या अविद्या।[1] इस जगत की सत्ता अज्ञान के कारण ही है, अतः समस्त जगत् की सत्ता को संवृत्ति सत्य कहा गया।

किन्तु इस संवृत्ति सत्य का भी अपना महत्त्व है क्योंकि परमार्थ सत्य तक पहुँचने के लिए संवृत्ति सत्य से गुजरना आवश्यक होता है, अतः इसकी वास्तविकता का जानना अत्यन्त आवश्यक है।

परमार्थ सत्य—शून्य परमतत्त्व है। यह परमार्थ सत्य है तथा समस्त प्रपंच से शून्य है अर्थात् रहित है। चतुष्कोटियों (अस्ति, नास्ति, तदुभयं, नोभयं) से परे है इसे 'निर्वाण', 'तथता' आदि भी कहा गया है। वस्तुतः यही पारमार्थिक दृष्टि से शून्य होना है। इसे ही अनिर्वचनीय, अज्ञेय, अवर्णनीय आदि कहा गया है।

इस तरह हम देखते हैं कि शून्यवाद में शून्य का दो दृष्टि से प्रयोग है—पहली दृष्टि में जगत् के सभी पदार्थों को आश्रित उत्पत्ति के कारण जगत् को (व्यवहारिक सत्ता को) परमतत्त्व से रहित (शून्य) कहा गया है और दूसरी दृष्टि से परमतत्त्व को प्रपंच (,अनेकता और विविधता से शून्य) से रहित कहा गया है।

शून्य का ज्ञान—प्रारम्भ में हमने देखा कि शून्य अवर्णननीय है क्योंकि बुद्धि के द्वारा इसका ज्ञान सम्भव नहीं है किन्तु माध्यमिक कहते हैं कि 'प्रज्ञा' के द्वारा इसका ज्ञान सम्भव है।

'प्रज्ञा' चित्त की समाहित अवस्था का नाम है जो समाधिस्थ योगी की विशेष उपलब्धि है।

'प्रज्ञा' की प्राप्ति एक साधना है जो **दान, शील** (हिंसादि निषिद्ध कर्मों का त्याग), **क्षान्ति** (अद्वेष) **वीर्य** (कुशल कर्मों को करने का उत्साह) **ध्यान** (चित्त की एकाग्रता)—इन पाँच **पारमिताओं** के अभ्यास से उपलब्ध होती है। स्वयं प्रज्ञा एक पारमिता पारमिता का अर्थ पूर्णत्व है। अतः प्रज्ञा पारमिता का अर्थ सर्वोच्च ज्ञान है। यह सर्वोच्च ज्ञान है क्योंकि इस के उदय होने पर ही समस्त सन्देह एवं संशय शान्त हो जाते हैं। वस्तुतः यह शून्यता का ज्ञान है। यही निर्वाण है।

शून्यवाद का प्रभाव—इसमें कोई सन्देह नहीं है कि शून्यवाद बौद्ध दर्शन का सर्वाधिक प्रभावशाली सिद्धान्त है। इसका प्रभाव न केवल परवर्ती भारतीय धर्मों, दर्शनों एवं साहित्य पर पड़ा वरन् सुदूर एशिया के धर्म एवं दर्शन पर भी पड़ा है। महायान बौद्ध दर्शन के द्वारा इसका प्रभाव तिब्बत, मंगोलिया, चीन और जापान पर विशेष रूप से पड़ा है।

---

1. बलदेव प्रसाद उपाध्याय, 'भारतीय दर्शन्', पृ० 155

निर्वाण
(Liberation)

निर्वाण अर्थात् मोक्ष, बौद्ध दर्शन का सर्वाधिक महत्त्वपूर्ण विचार है। प्रो॰ मूर्ति का कथन है कि, **''बौद्ध दर्शन का इतिहास वास्तव में निर्वाण का इतिहास है।''** बौद्ध दर्शन निर्वाण के महत्त्व पर समुचित प्रकाश डालता है।

गौतम बुद्ध के दर्शन का मुख्य उद्देश्य मानव के दुःखों को दूर करना था। जैसा कि हम प्रारम्भ में देख चुके हैं, बुद्ध ने मानव-जीवन में सर्वत्र दुःख को छाया देखकर महान् करुणा के वशीभूत हो दुःख के कारण की खोज में राजवैभव का त्याग कर तपस्वी का बाना पहना था। दुःख के कारण की खोज का उद्देश्य वस्तुतः दुःख को दूर करना ही था। वर्षों की भटकन के बाद अन्ततः बुद्ध अपने उद्देश्य में सफल हुए।

दुःख विषयक अपने चिन्तन-मनन को बुद्ध ने चार आर्य सत्य के अन्तर्गत प्रस्तुत किया, जिसमें पहला आर्य सत्य था **'सर्व दुःखम्'** अर्थात् मनुष्य का जन्म, स्थिति और मरण सब कुछ दुःखदायी है।

बुद्ध ने इस सर्वव्यापक दुःख का इतना गहरा चित्र खींचा कि अनेक आलोचक बुद्ध को निराशावादी कहते हैं। किन्तु यह मत ठीक नहीं है क्योंकि बुद्ध के लिए 'दुःख है' यह जैसा आर्य सत्य है, वैसा ही 'दुःख को दूर किया जा सकता है' (दुःख निरोधः) यह भी वैसा ही आर्य सत्य है। दुःख-निरोध की यही अवस्था बौद्ध-दर्शन में निर्वाण के नाम से जानी जाती है। अन्य भारतीय दर्शन इसे ही मुक्ति (दुःख से मुक्ति) कहते हैं।

निर्वाण का अर्थ—निर्वाण का सामान्य अर्थ दुःखों से मुक्ति है किन्तु व्युत्पत्ति की दृष्टि से इसके अनेक अर्थ निकलते हैं। इनमें भी निर्वाण का सर्वाधिक चर्चित अर्थ है **'बुझा हुआ'**।

यहाँ बुझ जाने का मतलब जीवन-ज्योति का समाप्त हो जाना अर्थात् मृत्यु को प्राप्त हो जाना नहीं है। यहाँ बुझ जाने का मतलब **समस्त पाप कर्मों का समाप्त हो जाना, अविद्या का नष्ट हो जाना अथवा तृष्णा की अग्नि का बुझ जाना है।**

निर्वाण जीवितावस्था में ही सम्भव है—निर्वाण के उपरोक्त अर्थ से यह भी स्पष्ट होता है कि निर्वाण के लिए शरीर का समाप्त हो जाना आवश्यक नहीं है। अविद्या के नष्ट होते ही व्यक्ति मुक्त हो जाता है, भले ही उसका शरीर काम करता रहे। स्वयं बुद्ध ने अपनी जीवितावस्था में निर्वाण की प्राप्ति की थी। हाँ, निर्वाण-प्राप्त व्यक्ति अपने सब काम निष्काम भाव से करता है। उसका मुख्य उद्देश्य दुःख में फँसे व्यक्तियों को निर्वाण का पथ दिखलाना होता है।

निर्वाण शब्द के अन्य अर्थ

'बुझ जाने' के अतिरिक्त निर्वाण शब्द के और भी अनेक शाब्दिक अर्थ बताये गये हैं, जैसे—

(1) 'निर्' का अर्थ है छोड़ना और 'वाण' का अर्थ है पुनर्जन्म का रास्ता, तो इस अर्थ में निर्वाण का अर्थ हुआ 'पुनर्जन्म लेने से बच जाना'।

(2) 'वाण' का एक अर्थ 'बुनना' भी बताया गया है। इस अर्थ के अनुसार निर्वाण का अर्थ हुआ, 'बुनना छोड़ देना'। यहाँ इसका तात्पर्य है, ऐसे बुरे कर्म छोड़ देना जो फलरूपी धागे द्वारा जन्म-मरण का ताना-बाना बुनते हैं तथा इस तरह हमें पुनर्जन्म के बन्धन में बाँधते हैं।

(3) 'वाण' का एक अन्य अर्थ 'जंगल' भी होता है, अतः निर्वाण का अर्थ हुआ 'जंगल से निकल जाना'। यहाँ जंगल से निकलने का तात्पर्य है, दुःखों के जंगल से निकलना।

(4) 'वाण' का एक अन्य अर्थ 'दुर्गन्ध' भी बताया गया है। इस हिसाब से निर्वाण का अर्थ हुआ दुर्गन्ध से अर्थात् कर्मों की दुर्गन्ध से मुक्ति। दूसरे शब्दों में कर्मफल जो कि पुनर्जन्म तथा भविष्य के दुःख का कारण होते हैं, से मुक्ति।

निर्वाण के बाद पुनर्जन्म नहीं होता—निर्वाण के उपरोक्त कुछ अर्थों से स्पष्ट होता है कि निर्वाण के बाद पुनर्जन्म नहीं होता।[1] वस्तुतः जन्म का मूल कारण अविद्या होती है, निर्वाण की अवस्था में अविद्या नष्ट हो जाती है, ऐसी स्थिति में पुनर्जन्म हो ही नहीं सकता। हाँ, जैसा कि हमने ऊपर कहा, मृत्यु तक अवश्य साधक शरीर धारण किये रहता है।

कैसे होती है निर्वाण की अवस्था—अभी तक हमने देखा कि निर्वाण में सभी पाप कर्म नष्ट हो जाते हैं, इस जन्म के तथा जन्म-जन्मान्तरों में मिलने वाले दुःखों से मुक्ति मिल जाती है। किन्तु यह तो निर्वाण की अभावात्मक अवस्था (अर्थात् निर्वाण में क्या नहीं होता, यह बताने वाली अवस्था) है। यहाँ प्रश्न उठता है कि निर्वाण की भावात्मक अवस्था क्या है? अर्थात् निर्वाण की अवस्था में साधक को मिलता क्या है, कैसे उसकी अनुभूति होती है?

बुद्ध ने इस प्रश्न का उत्तर नहीं दिया है। उनके अनुसार निर्वाण अवर्णनीय है अर्थात् शब्दों में इसका वर्णन नहीं किया जा सकता। उसकी केवल अनुभूति ही की जा सकती है, और तभी जब स्वयं निर्वाण प्राप्त किया जावे। बौद्ध मुनि नागसेन कहते हैं, **''अंधा व्यक्ति दूसरों से सुनकर रंग का ज्ञान नहीं प्राप्त कर सकता, रंग का ज्ञान उसे तभी होगा जब वह स्वयं अपनी आँखों से रंग देखे। उसी तरह निर्वाण को जानने के लिए स्वयं निर्वाण प्राप्त करना होगा।** फिर भी वे कहते हैं, **निर्वाण समुद्र की तरह गहरा, पर्वत की तरह ऊँचा तथा मधु की तरह मीठा है।''**

निर्वाण अलौकिक शान्ति की अवस्था है, इसे प्रायः सभी बौद्ध स्वीकार करते हैं। इस अवस्था में राग, द्वेष, मोह से हीन होकर साधक 'प्रज्ञा' अर्थात् प्रकाश से युक्त हो समाहित चित्त हो जाता है।

महाज्ञानी बौद्धों ने निर्वाण को **'शिव'**, तथा **'आनन्द'** रूप कहा है स्वयं बुद्ध ने इसे **'अमृत पद'** कहा है।[2] धम्मपद में इसे **सर्वोच्च स्वातन्त्र्य** तथा **आनन्द की स्थिति** कहा गया है।

---

1. *''मार्ग समाप्त हो गया, आशाएँ मिट गईं, सूखी हुई धाराएँ नहीं बहतीं, लता कट जाने पर और नहीं फैलती।''— 'संयुक्त-निकाय', पृ०* 116
2. *''भिक्षुओं, ध्यान दो! मैने अमृत पद पाया है। मैं तुम्हें इसका उपदेश करता हूँ। मैं अब अमृत की दुन्दुभि बजाऊँगा। अब अमृत के द्वार खुल गये।''—महावग्ग, अरिअ परियेसन सत्तन्त, 'मज्झिम्म'*, 1/3/6

निर्वाण के पश्चात्—यहाँ एक प्रश्न यह भी उठता है कि निर्वाण के पश्चात् योगी का क्या होता है? शरीर त्याग के पश्चात् उसका पुन: जन्म नहीं होता, तब वह कहाँ जाता है? इस विषय में बुद्ध कहते हैं, **''जब अग्नि बुझ जाती है तो यह नहीं कहा जा सकता कि वह पूर्व या पश्चिम या अन्य किसी दिशा में चली गई, उसी तरह जब योगी निर्वाण प्राप्त करता है, न तो ऊपर जाता है, न नीचे जाता है, वरन् तृष्णा, घृणा, लोभ तथा अन्य दोषों के अभाव में केवल शान्त हो जाता है।''** एक अन्य स्थान पर बुद्ध कहते हैं, **''जैसे लोहे के घन पर चोट पड़ने पर जो चिनगारियाँ उठती हैं, वे शीघ्र ही बुझ जाती हैं, कहाँ गईं कुछ पता नहीं चलता, उसी प्रकार तृष्णा से मुक्त या निर्वाण-प्राप्त व्यक्ति की गति का कोई पता नहीं।''**[1]

निर्वाण के सहायक तत्त्व—बौद्ध दर्शन में निर्वाण की प्राप्ति हेतु ईश्वीय-कृपा को बिल्कुल महत्त्व नहीं दिया गया है। यहाँ निर्वाण एक पुरुषार्थ है जिसे व्यक्ति 'आत्म-दीप' बनकर प्राप्त कर सकता है। बुद्ध कहते हैं, **''संसार सागर को तुम जिस नाव की सहायता से पार कर रहे हो, उसमें बहुत-सा व्यर्थ का बोझ भरा हुआ है। इसे तुम्हें ही उलीचना है। इससे यह हल्की हो जाएगी और तब तुम निर्वाण प्राप्त करोगे।''**[2] **जिस प्रकार कीचड़ में फँसा हुआ हाथी स्वयं अपना उद्धार करता है, उसी प्रकार तुम भी कठिनाइयों से अपने आप को निकालो।**[3]

हाँ निर्वाण हेतु बुद्ध ने 'चतुर्थ आर्य सत्य' के रूप में **'दु:ख निरोधगामिनी प्रतिपद'** अर्थात् दु:ख को दूर करने का रास्ता अवश्य दिखाया है। यह रास्ता, **शील-समाधि-प्रज्ञा** वाला अष्टांग मार्ग है।[4]

बुद्ध कहते हैं, **''हे भिक्षुओं, जिस प्रकार गंगा, जमुना, सरयू—ये महानदियाँ समुद्र की ओर अधिगामिनी होती हैं, वैसे ही अभ्यास करने पर अष्टांगिक मार्ग निर्वाण की ओर ले जाने वाला होता है।''**

बौद्ध धर्म में निर्वाण प्राप्त व्यक्ति को **'अर्हत्'** अथवा **'तथागत'** कहा गया है।

यहाँ उल्लेखनीय है कि बौद्ध धर्म के महायान सम्प्रदाय में निर्वाण का प्रत्यय कुछ हटकर है। बुद्ध ने निर्वाण के लिए ईश्वरीय कृपा को अनावश्यक बताया था, महायान सम्प्रदाय में निर्वाण हेतु स्वयं बुद्ध की कृपा की याचना बौद्ध करते हैं। यहाँ निर्वाण का आदर्श 'अर्हत्' पद की प्राप्ति नहीं है, (जिसे केवल प्रयत्नकर्ता भिक्षु प्राप्त करता है,) वरन् यहाँ 'बोधिसत्व' को आदर्श माना गया है जो बंधन ग्रस्त जीवों के दु:ख से दु:खी रहता है तथा जब तक सभी मुक्त नहीं हो जाते, स्वयम् भी मुक्त नहीं होना चाहता है।

मध्यम मार्ग—बौद्ध दर्शन के अन्य सिद्धान्तों के समान **निर्वाण** भी मध्यम-मार्ग का अनुसरण करता है। यह न भोग का मार्ग है, न शरीर को पीड़ा पहुँचाने वाली तपस्या का मार्ग है, यह दोनों के मध्य का मार्ग है।

❑

1. *'उदान'*, पृ० 127
2. *''अभिधम्म पद'*, 25/10
3. वहीं, 23/8
4. *''तीन स्कन्धों (शील-समाधि-प्रज्ञा रूपी) वाले इस स्पष्ट अष्टांगिक अविनाशी और आर्य मार्ग पर आरूढ़ होकर मनुष्य दु:ख के हेतु रूप दोषों को छोड़ता है और उस अत्यन्त मंगलमय (निर्वाण) पद को प्राप्त करता है।''— 'सौन्दरनंद'*, 16/37

अध्याय 7

सांख्य दर्शन

परिचय

सांख्य दर्शन भारत का प्राचीनतम् दार्शनिक सम्प्रदाय माना जाता है किन्तु केवल यही इसकी प्रतिष्ठा का कारण नहीं है। इससे भी महत्वपूर्ण बात यह है कि सांख्य दर्शन अन्य भारतीय दर्शनों की तुलना में सर्वाधिक प्रभावशाली रहा है। कहा भी गया है, **'नास्ति सांख्य समं ज्ञानं'** अर्थात् सांख्य के समान और कोई ज्ञान नहीं है।

केवल भारतीय विद्वानों ने ही नहीं, पाश्चात्य विद्वानों ने भी सांख्य दर्शन की भूरि-भूरि प्रशंसा की है; जैसे, गार्बे लिखते हैं, **''संसार के इतिहास में सर्वप्रथम कपिल सिद्धान्तों (सांख्य-मत) में ही मानव-मस्तिष्क की पूर्ण स्वतन्त्रता एवं अपनी शक्ति में उसका पूर्ण विश्वास प्रगट हुआ है। भारतवर्ष के दार्शनिक शास्त्रों में सांख्य सर्वाग्रगण्य है।''**

प्रभाव—सांख्य दर्शन का प्रभाव भारतवर्ष के प्रायः सभी परवर्ती दार्शनिक सम्प्रदायों पर पड़ा है। दार्शनिक सम्प्रदायों के अतिरिक्त उपनिषदों (जो बाद में रचे गये), रामायण, महाभारत, स्मृतियों, पुराणों एवं इतिहास तथा अर्थशास्त्र के कुछ ग्रन्थों पर भी इसका प्रभाव देखा जा सकता है।

यहाँ उल्लेखनीय है कि सांख्य दर्शन का प्रभाव केवल भारतीय विचारकों पर ही नहीं पड़ा है, अनेक विदेशी जन भी इससे प्रभावित हुए हैं। यूनानी विचारकों; यथा, अनेक्जीमेंडर, एम्पीडोक्लस, पाइथागोरस, प्लोटाइनस आदि पर इसका स्पष्ट प्रभाव दिखाई देता है।[1] सम्भवतः सांख्य दर्शन के इस सुदूर तक पड़ने वाले प्रभाव को देखकर ही स्वामी विवेकानन्द ने कहा था, **''संसार के समस्त दर्शन सांख्य दर्शन के ऋणी हैं।''**

संस्थापक, महर्षि कपिल—सांख्य दर्शन के संस्थापक होने का श्रेय महर्षि कपिल को है। महर्षि कपिल भारतीय परम्परा में सर्वाधिक सम्मानित ऋषियों में स्थान रखते हैं। कृष्ण द्वारा गीता में कहना—**''सिद्धानां कपिलो मुनिः''** (गीता 20/26) अर्थात सिद्धों में मैं कपिल हूँ, कपिल को परम सिद्ध घोषित करता है। इनके दिव्य गुणों के कारण ही महाभारत में इन्हें **'परमर्षि'** कहा गया है।

ऐसे महामना का जन्म कब हुआ, कहाँ हुआ, यह स्पष्ट ज्ञात नहीं है। अधिकांश विद्वान् इन्हें गौतम बुद्ध से एक शताब्दी पहले का बताते हैं। परम्परा से मुनि कर्दम एवं देवहूति इनके माता-पिता कहे जाते हैं। कपिल को बाद में, कहीं ब्रह्मा का मानस-पुत्र, कहीं विष्णु का पाँचवाँ अवतार, कहीं अग्निदेव का अवतार स्वीकृत किया गया।

---

1. विश्वनाथ प्रसाद वर्मा, *'भारतीय दर्शन'* पृ० 118-119

श्वेताश्वर उपनिषद् में भी कपिल का नाम आया है। यहाँ उपनिषद्कार कहते हैं, **''जो व्यक्ति आदि काल में उत्पन्न कपिल के सिद्धान्त को जानता है, उसे ज्ञान और कीर्ति मिलती है।''**[1]

कपिल की प्रशंसा विदेशी विद्वानों ने भी की है। मैक्समूलर जब कुछ प्राचीन काल से प्रचलित भारतीय मनीषियों के नाम की चर्चा करते हैं, तब उनमें कपिल का भी नाम लेते हैं। उनके शब्दों में, ''कपिल, व्यास, गौतम कुछ नाम बड़े प्राचीन काल से प्रचलित थे।''

कपिल की कृतियाँ—सामान्यतया सांख्य दर्शन को प्रतिपादित करने वाले ग्रन्थ **'तत्त्व-समास'** एवं **'सांख्य-सूत्र'** (विस्तृत रूप सांख्य-प्रवचन-सूत्र) कपिल-कृत माने जाते हैं, किन्तु अनेक विद्वानों को इस पर आपत्ति है।[2]

कपिल के बाद—कपिल की शिष्य-परम्परा में केवल दो ही नाम प्रकाश में आये हैं, **आसुरि** एवं **पंचशिखाचार्य**। आसुरि उनके साक्षात् शिष्य थे, पंचशिखाचार्य प्रशिष्य अर्थात् आसुरि के शिष्य थे। इन दोनों के कोई ग्रन्थ नहीं मिलते हैं।

अन्य सांख्य दार्शनिक—कपिल के बाद सर्वप्रमुख सांख्य विचारक ईश्वरकृष्ण (दूसरी शताब्दी) हुए, जिनकी लिखी **'सांख्यकारिका'** इस दर्शन का आधार ग्रन्थ है। उनके बाद के कुछ प्रसिद्ध सांख्य दार्शनिक हैं, गौडपाद (सांख्यकारिका-भाष्य), वाचस्पति (तर्क-कौमुदी), विज्ञान भिक्षु (सांख्य-प्रवचन-भाष्य) आदि।

सांख्य का अर्थ—सांख्य दर्शन के दार्शनिक विचारों पर चर्चा करने के पूर्व सांख्य शब्द का अर्थ क्या है; यह जानना उचित होगा।

'सांख्य' शब्द के मुख्य रूप से दो अर्थ निकलते हैं—

(1) सांख्य का शब्दार्थ है—**संख्या सम्बन्धी** अथवा **आकलन** (गणना) **करनेवाला।** इस शाब्दिक अर्थ के आधार पर कुछ विद्वानों का विचार है कि इस दर्शन में चूँकि ऐसे तत्त्वों की संख्या गिनी जाती है, जिनका ज्ञान हमें मोक्ष दिलाने वाला है, इसलिए इसे सांख्य कहा जाता है। तत्त्वों की गणना करने के कारण ही भागवत् में इसे **तत्त्वगणकं** अथवा **तत्त्वसंख्यान्** कहा गया है।

(2) सांख्य का एक अर्थ **सम्यक् ख्यानम्** अर्थात् सम्यक् ज्ञान अथवा पूर्ण विचार भी कहा जाता है, किन्तु यहाँ ज्ञान का अर्थ केवल जानकारी नहीं है। यहाँ ज्ञान का अर्थ वह विवेक है, जो आत्मा से अविद्या का निकास करके (निकालकर) आत्मा को मुक्त करता है। इसके लिए प्रकृति और पुरुष के स्वभाव का, दोनों की पृथकता का ज्ञान देना आवश्यक है। यहाँ उल्लेखनीय है कि विद्वानगण प्रायः सांख्य के इस दूसरे अर्थ को अधिक महत्त्वपूर्ण बतलाते हैं।

---

1. ''ऋषिं प्रषूतं कपिले यस्तग्रे।
ज्ञानैविभर्ति जायमानं च पश्चेत्।।''
2. एस० राधाकृष्णन्, *'भारतीय दर्शन'*, भाग 2, पृ० 253
यहाँ उल्लेखनीय है जहाँ मैक्समूलर इन्हें अति प्राचीन काल की रचना कहकर, इन्हें कपिल द्वारा रचित होना सम्भव बतलाते हैं, वहाँ डॉ० कीथ इस सम्भावना से इनकार करते हैं। डॉ० कीथ इन्हें 13वीं शताब्दी के बाद की रचना मानते हैं।

डॉ० राधाकृष्णन् के अनुसार, **यह सैद्धान्तिक अनुसंधान के द्वारा अपने परिणामों तक पहुँचता है, इसलिए सांख्य कहलाता है।**[1]

सांख्य दर्शन के प्रमुख विचार

सांख्य दर्शन के प्रमुख दार्शनिक विचार निम्नलिखित हैं—

1. **सत्कार्यवाद**—सांख्य दर्शन सत्कार्यवाद का समर्थक है, अर्थात् वह मानता है कि कार्य उत्पत्ति के पूर्व अपने कारण में छिपा रहता है, जैसे, तेल तिल में छिपा रहता है।
2. **द्वैतवाद**—भारतीय दार्शनिक सम्प्रदायों में सांख्य दर्शन ही एकमात्र द्वैतवाद का समर्थक है। उसके अनुसार सृष्टि में दो तत्त्व प्रमुख हैं—(i) प्रकृति, (ii) पुरुष। पाश्चात्य दर्शन में डेकार्ट ने इसी तरह द्वैतवाद का समर्थन किया है।
3. **त्रिविध दु:ख**—सांख्य दर्शन का उद्देश्य भी बौद्ध-दर्शन के समान मनुष्य को दुखों से मुक्त करना है। सांख्य दर्शन के अनुसार मनुष्य आध्यात्मिक, आधिदैविक तथा आधिभौतिक—इन तीन दु:खों से घिरा रहता है।
4. **पच्चीस तत्त्व**—सांख्य दर्शन कुल पच्चीस तत्त्वों को मानता है, इनका ज्ञान मोक्ष प्राप्ति हेतु आवश्यक है।
5. **निरीश्वरवाद**—सांख्य निरीश्वरवादी माना जाता है क्योंकि यह सृष्टि के रचयिता के रूप में किसी ईश्वर को नहीं मानता। फिर भी यह भौतिकवादी दर्शन नहीं है। वेदों की प्रामाणिकता स्वीकार करने के कारण यह **आस्तिक दर्शन** कहलाता है।
6. **विकासवाद**—सांख्य दर्शन के अनुसार विश्व विकास के दौरान अस्तित्व में आया है, किसी ने बनाया नहीं है। आधुनिक विकासवाद से सांख्य-विकासवाद कुछ अर्थों में समानता रखता है। किंतु दोनों में अत्यंत भेद हैं।

अब हम सांख्य दर्शन के कुछ प्रमुख सिद्धान्तों पर विस्तारपूर्वक प्रकाश डालेंगे।

सत्कार्यवाद

सत्कार्यवाद सांख्य दर्शन समर्थित कारणकार्यवाद का एक प्रकार है।

कारणकार्यवाद पर भारतीय दार्शनिकों ने गम्भीर चिन्तन किया है। कारणकार्यवाद वह सिद्धान्त है जो यह प्रश्न उठाता है कि कार्य एवं कारण में क्या सम्बन्ध है? इस पर प्रायः दो ढंग से विचार किया गया है—(1) क्या कार्य अपने कारण में पहले से छिपा रहता है, फिर प्रकट होता है अथवा (2) कार्य कारण से स्वतन्त्र एक नई उत्पत्ति है।

इसे हम एक उदाहरण द्वारा समझ सकते हैं। क्या घड़ा (कार्य) मिट्टी (कारण) में पहले से छिपा हुआ रहता है, फिर प्रकट होता है, अथवा घड़ा मिट्टी से सर्वथा भिन्न नई उत्पत्ति है?

भारतीय दर्शन में पहला सिद्धान्त **सत्कार्यवाद** के नाम से जाना जाता है और दूसरा **असत्कार्यवाद** के नाम से।

सत्कार्यवाद—सांख्य दर्शन असत्कार्यवाद के विरुद्ध सत्कार्यवाद का समर्थन करता

1. एस० राधाकृष्णन्, *'भारतीय दर्शन'*, भाग 2, पृ० 247

है। वह मानता है कि कार्य, उत्पत्ति से पूर्व कारण में छिपा रहता है। इस तरह कार्य उत्पत्ति के पूर्व भी सत् है। कारण, वस्तुतः कार्य को अव्यक्त अवस्था है और कार्य, कारण की व्यक्तावस्था है।

प्रसिद्ध सांख्य दार्शनिक ईश्वरकृष्ण ने अपनी 'सांख्यकारिका' में एक श्लोक में सत्कार्यवाद के समर्थन में पाँच युक्तियाँ दी हैं। श्लोक है—

असदकरणादुपादानग्रहणात् सर्वसम्भवाभावात्।
शक्तस्यशक्यकरणात् कारणभावाच्च सत्कार्यम्।।[1]

इस श्लोक में पाँच युक्यिाँ निम्नलिखित हैं—

(1) असदकरणात्

(2) उपादानग्रहणात्

(3) सर्वसम्भवाभावात्

(4) शक्तस्यशक्यकरणात्

(5) कारणभावात्

अब हम इन पाँचों पर विस्तारपूर्वक विचार करेंगे—

1. असत् से सत् की उत्पत्ति असम्भव—कार्य का पहले से (अर्थात कारण में) सत् होना आवश्यक है, क्योंकि असत् से सत् की उत्पत्ति नहीं हो सकती। इसे ही **'असत्कारणात्'** कहा गया है।

2. उपादान कारण की आवश्यकता—प्रत्येक कार्य में विशेष उपादान कारण (जैसे, घड़े में मिट्टी) आवश्यक होता है। इससे भी सिद्ध होता है कि कार्य अपने उपादान कारण से अभिन्न है, अर्थात् उत्पत्ति के पूर्व सत् (अस्तित्ववान) है। उपर्युक्त श्लोक में **उपादानग्रहणात्** का तात्पर्य यही है।

3. सभी कार्य सभी कारणों से अनुत्पन्न—कार्य आवश्यक रूप से उपादान कारण में ही रहता है। यदि न हो तो सभी कार्य सभी कारणों से उत्पन्न हो जायेंगे, किन्तु व्यवहार में हम देखते हैं कि विशेष कार्य, विशेष कारणों से ही उत्पन्न होते हैं; जैसे, गेहूँ का पौधा गेहूं के बीज से ही निकलता है, जौ के बीज से नहीं निकलता। इसे ही श्लोक में **सर्वसम्भवाभावात्** कहा गया है।

4. सामर्थ्य होने पर ही उत्पत्ति—सामर्थ्य होने पर ही कारण कार्य को उत्पन्न करते देखा जाता है; जैसे, तिल में तेल उत्पन्न करने की शक्ति होती है तभी तेल उत्पन्न होता है अन्यथा नहीं। इससे सिद्ध होता है कि तेल में, दूसरे शब्दों में कार्य, कारण में पूर्व से ही विद्यमान रहता है। ईश्वरकृष्ण के श्लोक में **शक्तस्यशक्यकरणात्** का तात्पर्य यही है।

5. कार्य और कारण में अभेद—वस्तुतः कार्य एवं कारण में अभेद होता है अर्थात् दोनों में एकता होती है। कारण व कार्य एक ही वस्तु की दो अवस्थाएँ हैं, पहली अव्यक्त अवस्था है जबकि दूसरी व्यक्त अवस्था है। यही कारण है कि हम दोनों को एक-दूसरे से पृथक् नहीं कर सकते; जैसे, हम घड़े को मिट्टी से, कपड़े को तन्तु से अथवा स्वर्णाभूषण को स्वर्ण से पृथक् नहीं कर सकते। श्लोक में **कारणभांवात्** का यही अर्थ है।

1. *'सांख्यकारिका'*, 9

सत्कार्यवाद के भेद

सत्कार्यवाद के दो भेद हैं—

1. परिणामवाद

2. विवर्तवाद

(विस्तृत व्याख्या के लिए देखिये, परिशिष्ट III, भारतीय दर्शन में कारण-कार्यवाद)
सांख्य दर्शन परिणामवादी है।

परिणामवाद के प्रकार—परिणामवाद के भी दो प्रकार हैं—

(1) **प्रकृति परिणामवाद**, (2) **ब्रह्म परिणामवाद**।

ब्रह्म परिणामवाद, यह रामानुज, वल्लभ आदि वेदान्तियों द्वारा स्वीकृति सिद्धान्त है। इसके अनुसार ब्रह्म स्वयम् जगत् रूप में परिणत होता है; जैसे, दूध दही में परिणत होता है। इस तरह इस सिद्धान्त के अनुसार जगत् ब्रह्म का वास्तविक विकार है।

प्रकृति परिणामवाद, यह सांख्य दर्शन द्वारा स्वीकृत सिद्धान्त है। इसके अनुसार 'प्रकृति' ही जगत् रूप में परिणत होती है। इस तरह ब्रह्मपरिणामवाद से अलग यहाँ प्रवृत्ति को कारण माना गया है किन्तु ब्रह्मपरिणामवाद के समान यहाँ भी जगत् को प्रकृति का वास्तविक विकार माना गया है।

इस तरह सांख्य दर्शन 'प्रकृति परिणामवाद' के नाम से सत्कार्यवाद का समर्थन करता है।

यहाँ कुछ प्रश्न उठते हैं; जैसे प्रकृति क्या है? क्या प्रकृति अकेली ही जगत् की उत्पत्ति कर लेती है अथवा उसे किसी अन्य तत्त्व की इस हेतु आवश्यकता होती है? उससे किस प्रकार जगत उत्पन्न होता है? आदि। सांख्य दार्शनिकों ने इन प्रश्नों पर गहराईपूर्वक विचार किया है। हम सबसे पहले 'प्रकृति' पर विचार करेंगे।

प्रकृति

जगत् के कारण की समस्या दार्शनिकों के सामने, चाहे वह भारतीय दार्शनिक हों अथवा पाश्चात्य दार्शनिक, एक प्रमुख समस्या रही है। पाश्चात्य दर्शन के जनक कहलाने का सौभाग्य थेलिस महोदय को इसीलिए मिला है कि उन्होंने सर्वप्रथम यह प्रश्न उठाया कि जगत् का मूल कारण क्या है?

मूल तत्त्व—सांख्य दर्शन के अनुसार (जैसा कि हमने सत्कार्यवाद में देखा) जगत् उत्पत्ति के पूर्व अपने कारण में विद्यमान था। यह कारण सांख्य दर्शन 'प्रकृति' तत्त्व को बताता है। इस तरह प्रकृति सांख्य दर्शन के अनुसार, **वह मूल तत्त्व है, जिससे सम्पूर्ण जगत् उत्पन्न हुआ है।**

प्रकृति का अर्थ—सामान्यतः प्रकृति से हमारा तात्पर्य हमारे चारों ओर बिखरे **नैसर्गिक वातावरण**, जिसे Nature कहते हैं, से होता है; अथवा, किसी वस्तु के **स्वभाव** को उसकी प्रकृति कहा जाता है, किन्तु सांख्य दर्शन में प्रकृति का यह अर्थ नहीं है।

जगत् का कारण—सांख्य-दर्शन की प्रकृति नैसर्गिक पदार्थों की जननी है। न केवल नैसर्गिक भौतिक पदार्थों की, वरन् वह हमारे मानसिक तत्त्वों, यथा, मन, बुद्धि आदि की

भी जननी है। वस्तुतः हमारी आत्मा, जिसे 'पुरुष' कहा गया है, को छोड़कर संसार में सब कुछ उत्पन्न हुआ है और सबका मूल कारण यही 'प्रकृति' है, किन्तु जगत् की वस्तुओं के समान नश्वर, अनित्य, सापेक्ष, परतन्त्र न होकर यह अनश्वर, नित्य, निरपेक्ष एवं स्वतन्त्र है।

आगे हम प्रकृति की अन्य विशेषताओं पर विचार करेंगे, पर उससे पहले एक अन्य प्रश्न पर विचार कर लें—

प्रकृति ही मूल तत्त्व क्यों?—सांख्य दर्शन के कुछ आलोचकों, यथा, न्याय, वैषेशिक, जैन, बौद्ध, आदि का कहना है कि सांख्य दर्शन 'प्रकृति' को ही मूल तत्त्व क्यों कहता है? जड़ परमाणु अथवा पृथ्वी, जल, अग्नि, वायु—ये भौतिक तत्त्व जगत् की उत्पत्ति क्यों नहीं कर सकते? इस पर सांख्य का उत्तर है कि इनमें मन, बुद्धि, अहंकार जैसे सूक्ष्म एवं अभौतिक तत्त्वों को उत्पन्न करने की सामर्थ्य नहीं है, अतः इन्हें मूल तत्त्व नहीं कहा जा सकता।

प्रकृति के अन्य नाम—सांख्य दर्शन में प्रकृति को 'प्रधान', 'अविद्या', 'माया', 'अनुमा', 'जड़', 'अव्यक्त', 'शक्ति', 'अविनाशिनी' आदि नामों से भी सम्बोधित किया गया है।

प्रकृति की अन्य विशेषताएँ

प्रकृति समस्त भौतिक एवं मानसिक जगत् का मूल कारण है, यह हमने ऊपर देखा, अब हम प्रकृति की अन्य विशेषताएँ देखेंगे—

(1) **अत्यन्त सूक्ष्म तत्त्व**—प्रकृति इतनी सूक्ष्म है कि हम इसका प्रत्यक्ष नहीं कर सकते। हम केवल जगत् को देखकर इसके कारण के रूप में 'प्रकृति' के अस्तित्व का अनुमान कर सकते हैं। इस तरह यह अत्यन्त सूक्ष्म तत्त्व है।

(2) **अहेतु**—प्रकृति सबका कारण है किन्तु प्रकृति का कोई कारण (हेतु) नहीं है। इसीलिए इसे अहेतु कहा गया है। यह 'अमूलं मूल' अर्थात् बिना मूल (कारण) की मूल है।

(3) **नित्य एवं अनश्वर**—प्रकृति का अर्थ ही होता है, **पूर्व-कृति** (प्र + कृति) अर्थात् जो पूर्व से ही स्थित हो, दूसरे शब्दों में जो अनादिकाल से हो। अनादि काल से स्थित यह प्रकृति निश्चय ही नित्य होगी, क्योंकि जो अनादि है वह अनन्त भी होता है। नित्य होने से उसका अनश्वर होना भी सिद्ध होता है।

(4) **सर्वव्यापक**—प्रकृति सर्वव्यापक है क्योंकि इससे सम्पूर्ण जगत् उत्पन्न होता है।

(5) **अक्रिय**—प्रकृति सर्वव्यापक है, अतः उसे क्रिया की अपेक्षा नहीं होती, इस तरह वह अक्रिय है।

(6) **एक**—प्रकृति अनेक पदार्थों की कारण है, किंतु वह एक है।

(7) **अनाश्रित**—प्रकृति कोई कार्य नहीं है; अतः उसकी उत्पत्ति का कोई कारण नहीं है जिस पर वह आश्रित रहे, अतः वह अनाश्रित है।

(8) **अलिंग**—अलिंग का अर्थ होता है जिसका लय न हो। चूँकि प्रकृति का कोई कारण नहीं है, अतः उसका अपने कारण में लय होना सम्भव नहीं है, इसीलिए उसे अलिंग भी कहा गया है।

(9) **निरवयव**—शब्द, स्पर्श, रूप, रस और गंध—ये अवयव प्रकृति में नहीं होते इसलिए वह निरवयव है।

(10) **स्वतन्त्र**—प्रकृति अकारण होने के कारण किसी के अधीन नहीं है, अतः वह स्वतन्त्र है।

यहाँ उल्लेखनीय है कि प्रकृति की उपर्युक्त (2 से 10 तक) विशेषताएँ ऐसी हैं, जो प्रकृति के कार्य अर्थात् व्यक्त पदार्थों की विरोधी हैं। आगे हम प्रकृति की जिन विशेषताओं का उल्लेख करेंगे, वे सब व्यक्त पदार्थों की भी विशेषताएँ हैं।

(11) **त्रिगुणात्मिका**—सत्, रज और तम्, इन तीन गुणों की साम्यावस्था ही वस्तुतः प्रकृति है।

(12) **अविवेकी**—प्रकृति में विवेक नहीं होता। अतः इसे अविवेकी कहा गया।

(13) **विषय**—प्रकृति विषय है अर्थात् चैतन्य पुरुष द्वारा यह उपभोग के योग्य है। दूसरे शब्दों में इसका उपभोग पुरुष करता है।

(14) **अचेतन**—अर्थात् प्रकृति जड़ है।

(15) **सामान्य**—प्रकृति भी सर्वसाधारण के उपभोग के लिए है।

(16) **प्रसवधर्मी**—अर्थात् यह (जगत् को) उत्पन्न करने के स्वभाव वाली है।

सांख्य दर्शन की प्रकृति के सम्बन्ध में अब एक महत्त्वपूर्ण प्रश्न शेष रहता है कि हम कैसे सिद्ध करेंगे कि प्रकृति का अस्तित्व है? आगे हम इसी पर विचार करेंगे।

प्रकृति के अस्तित्व की सिद्धि—सांख्य दर्शन में प्रकृति के अस्तित्व को सिद्ध करने के लिए, अर्थात् यह सिद्ध करने के लिए जगत् का मूल कारण प्रकृति है, निम्नलिखित तर्क दिये गये हैं—

(1) **सीमित पदार्थों का कारण असीम प्रकृति**—संसार में जितने भी पदार्थ हम देखते हैं, सब सीमित हैं तथा एक-दूसरे पर निर्भर करते हैं। सांख्य दार्शनिक कहते हैं कि इन पदार्थों की उत्पत्ति निश्चय ही किसी असीम एवं आत्मनिर्भर तत्त्व से हुई होगी, यही असीम तत्त्व प्रकृति है।

(2) **त्रिगुणयुक्त जगत् का कारण त्रिगुणात्मिका प्रकृति**—संसार की वस्तुएँ सत्, रज और तम् इन तीन गुणों से युक्त होती हैं। अतः इनके कारण के रूप में त्रिगुणात्मिका प्रकृति का अस्तित्व सिद्ध होता है।

(3) **जगत् को उत्पन्न करने की शक्ति प्रकृति में ही**—प्रत्येक कार्य ऐसे कारण से उत्पन्न होता है, जिसमें उसे उत्पन्न करने की शक्ति होती है; जैसे, तिल में तेल को उत्पन्न करने की शक्ति होती है इसीलिए उससे तेल उत्पन्न होता है, बालू में यह शक्ति नहीं होती इसीलिए बालू से तेल नहीं उत्पन्न होता। ठीक इसी तरह महत् (बुद्धि) आदि को उत्पन्न करने की शक्ति प्रकृति में होती है, इसी से प्रकृति जगत् के कारण के रूप में सिद्ध होती है।

(4) **कारण-कार्य विभाग से प्रकृति की सिद्धि**—सांख्य दार्शनिक मानते हैं कि जगत् में कारण-कार्य की एक शृंखला है। यहाँ कारण-कार्य के रूप में तत्त्वों का विभाग किया गया है। यहाँ बताया गया है कि पृथ्वी आदि कार्य तन्मात्राओं से, तन्मात्राएँ अहंकार से तथा अहंकार बुद्धि तत्त्व (महत्) से उत्पन्न होता है; इस

तरह कारण-कार्य का यह विभाग बुद्धि के कारण के रूप में प्रकृति को सिद्ध करता है।

(5) **प्रलयकाल से सिद्धि**—सांख्य दर्शन में जैसे कारण-कार्य विभाग से आविर्भाव का क्रम है, उसी तरह तिरोभाव का विपरीत क्रम में भी बताया गया है। जैसे घड़ा टूटने पर मिट्टी में मिल जाता है, उसी तरह प्रलयकाल में पृथ्वी आदि-भूत तन्मात्राओं में, तन्मात्राएँ अहंकार में, अहंकार बुद्धि में और बुद्धि अव्यक्त अर्थात् प्रकृति में लीन हो जाती है, इस तरह भी प्रकृति का अस्तित्व सिद्ध होता है।

'सांख्यकारिका' में उपर्युक्त तर्कों को एक श्लोक में बतलाया गया है, श्लोक है—

भेदानां परिमाणात् समन्वयात् शक्तितः प्रवृत्तेश्च।
कारणकार्य विभागादवि विभागाद्वैश्वरूपस्य॥[1]

अर्थात् भेदों के परिणाम से, समन्वय से, शक्ति के अनुसार ही प्रवृत्ति होने से, कारण और कार्य का विभाग होने से तथा जगत् के लय क्रम से भी सिद्ध होता है कि अव्यक्त अर्थात् प्रकृति ही कारण है।

पुरुष

सांख्य दर्शन द्वैतवादी दर्शन है, अर्थात, वह दो तत्त्वों को मूल तत्त्व मानता है—एक प्रकृति तथा दूसरा पुरुष।

पुरुष से तात्पर्य—सामान्यतः पुरुष से हमारा तात्पर्य सशरीर व्यक्ति से होता है, किन्तु सांख्य दर्शन में पुरुष का अर्थ 'विशुद्ध आत्मा' है जो, शरीर, मन, बुद्धि, अहंकार आदि से सर्वथा पृथक तत्त्व है। (यहाँ यह भी उल्लेखनीय है कि सांख्य दर्शन में पुरुष का तात्पर्य पुलिंग पुरुष से नहीं है। इस अर्थ में यहाँ स्त्री भी 'पुरुष' है।) सांख्य दर्शन द्वारा प्रतिपादित पुरुष की निम्नलिखित विशेषताएँ हैं—

(1) पुरुष चेतन है—प्रकृति जड़ है, जबकि पुरुष चेतन है। पुरुष की यह चेतना किसी भी अवस्था में समाप्त नहीं होती है। यह जाग्रत अवस्था के साथ-साथ स्वप्नावस्था एवं सुषुप्ति अवस्था में भी बनी रहती है। यहाँ उल्लेखनीय है कि वेदान्त दर्शन में भी पुरुष को चैतन्य-स्वरूप बतलाया गया है।

(2) पुरुष निस्त्रैगुण्य है—प्रकृति जहाँ त्रिगुणात्मिका (सत्, रज और तम् गुणों वाली) है, वहाँ पुरुष निस्त्रैगुण्य अर्थात् तीनों गुणों से रहित है। इसलिए स्वभावतः वह शान्त है।

(3) पुरुष अकर्त्ता एवं अभोक्ता है—पुरुष स्वभावतः अकर्त्ता एवं अभोक्ता है (असंगोऽयं पुरुषः) किन्तु अविद्यावश अपने को कर्त्ता को एवं भोक्ता समझता है, इसे दृष्टा भी कहा गया है।

(4) पुरुष सुख-दुःख से परे है—सांख्य दर्शन में सुख-दुःख दोनों ही त्रिगुणात्मिका

1. *सांख्यकारिका*, 15
2. जन्ममरणकरणानां प्रतिनियमादयुगपत्प्रवृत्तेश्च।
पुरुषबहुत्वं सिद्धं त्रैगुण्यविपर्ययाच्चैव॥ —*'सांख्यकारिका,'* 18

प्रकृति से उत्पन्न विकार माने गये हैं। पुरुष को सुख-दुःख दोनों से परे बतलाया गया है। अज्ञानवश शरीरादि को 'मैं' समझने वाला व्यक्ति ही सुख-दुःख से प्रभावित होता है।

यहाँ उल्लेखनीय है कि वेदान्त दर्शन में पुरुष को आनंद-स्वरूप कहा गया है।

पुरुष की अनेकता—भारतीय दर्शन में पुरुष की संख्या को लेकर भी मतभेद है। वेदांत दर्शन जहाँ एक ही आत्मा याने एक ही पुरुष मानता है वहाँ सांख्य दर्शन में पुरुष अनेक माने गये हैं। जैन और मीमांसा भी इसी तरह पुरुष को अनेक कहते हैं। पुरुष की अनेकता की सिद्धि के लिए सांख्य निम्नलिखित तर्क देते हैं—

1. जन्म मरण एवं इन्द्रियों के व्यापार में भिन्नता—प्रत्येक व्यक्ति का जन्म अलग होता है, मृत्यु अलग होती है और इन्द्रियों की क्रियाएँ भी अलग होती हैं। यदि पुरुष अनेक न होकर एक ही होते तो ये क्रियाएँ अलग-अलग नहीं हो पाती। इससे सिद्ध होता है कि पुरुष अनेक हैं।

2. प्रवृत्ति में असमानता—प्रत्येक व्यक्ति में दिखने वाली अलग-अलग प्रवृत्ति भी पुरुष की अनेकता को सिद्ध करती है। कोई पुरुष रोते दिखाई देता है तो कोई हँसते, कोई काम करते दिखता है तो कोई आराम फरमाते। यदि पुरुष एक ही होते तो यह भिन्नता नहीं दिखती।

3. स्वभाव की भिन्नता—इस जगत में हमें अलग-अलग स्वभाव के मनुष्य दिखाई देते हैं। कोई अध्ययन-मनन में रुचि रखता है तो कोई वीरता के कार्यों में मन लगाता है और किसी को केवल दूसरों की सेवाकार्य ही करते बनता है। यह सब इसलिए होता है क्योंकि प्रकृति के तीन गुण सत्, रज् और तम् उसके अलग-अलग स्वभाव को प्रेरित करते हैं। इसीलिए कोई सात्विक स्वभाव का होता है तो कोई राजसिक और कोई तामसिक। यदि पुरुष अनेक न होते तो हमें यह भिन्नता देखने को नहीं मिलती।

इस तरह हम देखते हैं कि सांख्य दर्शन में पुरुष अनेक माने गये हैं।

यहाँ उल्लेखनीय है कि सांख्य दर्शन का 'पुरुष की अनेकता' का विचार सर्वाधिक आलोच्य हुआ है। वस्तुतः पुरुष को अनेक कहकर सांख्य दर्शन पुरुष को सांसारिक जीव की कोटि में ले आता है। वेदान्त दर्शन में पुरुष अर्थात् आत्मा को 'एक' ही कहा गया है।

पुरुष के अस्तित्व के प्रमाण

सांख्य दर्शन में पुरुष की सत्ता सिद्ध करने हेतु कुछ तर्क दिये गये हैं। 'सांख्यकारिका' में कहा गया है—

''संघातपरार्थत्वात् त्रिगुणादिविपर्ययादधिष्ठानात्।
पुरुषोऽस्ति भोक्तृभावात् कैवल्यार्थ प्रवृत्तेश्च।।''[1]

अर्थात् संघात् (वस्तु) का अन्य के लिए, त्रिगुण आदि विपर्यय से, अधिष्ठान से, भोक्तृत्व होने से और कैवल्य (मोक्ष) के लिए प्रवृत्ति होने से पुरुष का अस्तित्व सिद्ध होता है।

अब हम उपर्युक्त प्रमाणों पर सविस्तार विचार करेंगे—

1. संघात् (वस्तु पदार्थ) का उपयोगकर्त्ता—सांख्य दर्शन के अनुसार संघात्

1. *'सांख्यकारिका'*, 17

अर्थात् पदार्थों का अस्तित्व किसी अन्य के उपयोग के लिए ही होता है, जैसे पलंग का अपने में कोई उपयोग नहीं है, उसका उपयोग व्यक्ति के सोने के लिए है अर्थात् 'पलंग' जैसे संघात् इसके उपयोगकर्त्ता 'पुरुष' के अस्तित्व को सिद्ध करते हैं। (यही **संघातपरार्थत्वात्** का अर्थ है।)

2. **त्रिगुण से परे**—जगत् के पदार्थ त्रिगुणात्मक होते हैं, पर कोई ऐसा भी चाहिए जो इन त्रिगुणात्मक पदार्थों का दृष्टा हो। ऐसा दृष्टा स्वयं त्रिगुणों से परे 'पुरुष' ही होगा। **त्रिगुणादिविपर्ययात्** का तात्पर्य यही है।
3. **अधिष्ठाता**—जिस प्रकार रथ सारथी से प्रेरित होकर ही आगे बढ़ता है उसी तरह शरीर, बुद्धि आदि भी किसी से प्रेरित होकर ही संचालित होते हैं। यही अधिष्ठाता 'पुरुष' है। **अधिष्ठान** का अर्थ यही है।
4. **भोक्ता**—जगत् के पदार्थ जो कि सुख-दुःख आदि उत्पन्न करने वाले हैं, भोग्य हैं, किन्तु इनका भोक्ता कौन है? प्रकृति तथा उससे उत्पन्न शरीर, मन, इन्द्रिय आदि तो जड़ हैं, इनमें भोग करने की शक्ति नहीं होती, अतः इनके भोक्ता के रूप में 'पुरुष' का अस्तित्व पुनः सिद्ध होता है। **भोक्तृभावात्** का यही अर्थ है।
5. **मोक्ष हेतु प्रयत्नकर्त्ता**—जगत् में जीवात्माओं द्वारा दुःख से तथा प्रकृति के बन्धन से मुक्ति-प्राप्ति हेतु प्रयत्न करते देखा जाता है। यह प्रयत्न जड़ पदार्थ नहीं करते, अतः जड़ पदार्थों से अलग चेतन पुरुष का, जो मोक्ष हेतु प्रयत्न करता है, अस्तित्व सिद्ध होता है। **कैवल्यार्थ प्रवृत्ति** का यही अर्थ है।

इस प्रकार हम देखते हैं कि सांख्य दर्शन में पुरुष एक ऐसा तत्त्व है जो प्रकृति से पृथक् अपना स्वतन्त्र अस्तित्व रखता है, जो नित्य, ज्ञानस्वरूप, मुक्त, त्रिगुणातीत, निष्क्रिय (अकर्त्ता), अभोक्ता, सुख-दुःख से परे तथा अनेक है।

प्रकृति और पुरुष में अन्तर

सांख्य दर्शन के द्वैतवादी विचारों में हमने प्रकृति क्या है तथा पुरुष क्या है, यह ऊपर देखा है। प्रकृति और पुरुष की विशेषताओं से स्पष्ट होता है कि दोनों एक-दूसरे के सर्वथा विपरीत तत्त्व हैं। दोनों में निम्नलिखित अन्तर हैं—

(1) प्रकृति जहाँ **जड़** है वहाँ पुरुष शुद्ध **चेतन** तत्त्व है। उसमें जड़ता का थोड़ा भी अंश नहीं है; हाँ, प्रकृति के सम्पर्क में आने पर बन्धन की अवस्था में अवश्य उसमें जड़ता आ जाती है।

(2) प्रकृति जड़ होने के कारण अविद्यात्मक है जबकि शुद्ध चैतन्य पुरुष, इसके विपरीत **ज्ञानस्वरूप** है। यहाँ सांख्य दर्शन में पुरुष का ज्ञान नित्य माना गया है, जैसा वेदान्त दर्शन में माना गया है।

(3) प्रकृति **त्रिगुणात्मिका** है अर्थात् यह सत्, रज और तम्, इन तीनों गुणों से युक्त है। वस्तुतः इन तीनों गुणों की साम्यावस्था का नाम ही प्रकृति है। ये ही प्रकृति के उपादान तत्त्व हैं किन्तु पुरुष इन तीनों गुणों से परे है। इसीलिए **इसे त्रिगुणातीत** कहा जाता है किन्तु बन्धन की अवस्था में वह भी इन तीन गुणों से युक्त हो जाता है। वस्तुतः ये तीन गुण ही पुरुष को बन्धन में बाँधते हैं, अन्यथा पुरुष मुक्त है।

(4) त्रिगुणात्मिकता प्रकृति **सुख-दुःख आदि विकारों को उत्पन्न करने वाली** है जबकि पुरुष स्वभावतः सुख-दुख आदि विकारों से सर्वथा परे है। यहाँ उल्लेखनीय है कि वेदान्त दर्शन में भी इस प्रकार पुरुष को त्रिगुणातीत और सुख-दुःख आदि विकारों से परे बताया गया है।

(5) सांख्य दर्शन में प्रकृति **जगत् का आदि-कारण** है जबकि पुरुष **जगत से सर्वथा** परे है; किन्तु पुरुष के सान्निध्य से ही जगत् का विकास होता है।

(6) सांख्य दर्शन में पुरुष **निष्क्रिय** ही रहता है। सारे विकास में प्रकृति ही मुख्य भूमिका निभाती है। इस तरह पुरुष के विरुद्ध वह **सक्रिय** है। यहाँ उल्लेखनीय है कि सांख्य मत में त्रिगुणात्मिका प्रकृति पुरुष के सान्निध्य मात्र से उद्वेलित हो जाती है, इससे त्रिगुणों में क्षोभ होता है और उसकी साम्यावस्था भंग हो जाती है जिससे कि विभिन्न तत्त्वों की क्रमशः उत्पत्ति होती है। इस तरह सांख्य दर्शन में प्रकृति **कर्त्ता** है और पुरुष दृष्टामात्र है, इस तरह **अकर्त्ता** है।

(7) प्रकृति देश और काल में है जबकि पुरुष देश और काल की सीमाओं से परे है।

(8) प्रकृति एक है जबकि पुरुष अनेक हैं।

(यहाँ उल्लेखनीय है कि पुरुष अनेकता का सांख्यों का यह सिद्धान्त उनके दर्शन की कमजोरी है, जिसकी पर्याप्त आलोचना हुई है।)

(9) यहाँ पुरुष को नित्य मुक्त कहा गया है। वह बंधनग्रस्त होता है तो वह प्रकृति के कारण है, इस तरह प्रकृति बंधन का कारण है।

(10) सांख्य दर्शन में प्रकृति को भोग्या कहा गया है जिसका भोग करने वाला पुरुष है, इस तरह वह भोक्ता है।

सांख्य दर्शन के इस अन्तिम बिन्दु का अन्य बिन्दुओं से विरोध स्पष्ट दृष्टिगोचर है। यदि पुरुष नित्य मुक्त है, त्रिगुणों से परे हैं, शुद्ध चेतन तत्त्व है, सुख दुखादि विकारों से परे हैं, निष्क्रिय है तो उसे **भोक्ता** कैसे कहा जा सकता है? वस्तुतः भोक्ता तो शरीर इन्द्रिय और मन होते हैं जो प्रकृति के ही परिणाम है।

प्रकृति और पुरुष में अन्तर

प्रकृति	पुरुष
1. प्रकृति जड़ है।	पुरुष चेतन है।
2. अविद्यात्मक है।	ज्ञान स्वरूप है।
3. त्रिगुणात्मिका है।	त्रिगुणातीत है।
4. विकारों को उत्पन्न करनेवाली है।	विकारों से परे है।
5. जगत् का आदि कारण है।	जगत् से सर्वथा परे है।
6. सक्रिय है।	निष्क्रिय है'
7. बंधन का कारण है।	मुक्त है।
8. देश और काल में है।	देश और काल से परे है।
9. एक है।	अनेक है।
10. भोग्या है।	भोक्ता है।

विकासवाद
(Theory of Evolution)

सृष्टि के निर्माण के सम्बन्ध में दार्शनिकों में यह प्रश्न प्रायः उठता है कि सृष्टि की उत्पत्ति कैसे हुई है? क्या इसका निर्माण किसी ने किया है अथवा समय के साथ-साथ इसका विकास हुआ है?

इस सम्बन्ध में हमें दो विरोधी उत्तर मिलते हैं। कुछ विद्वानों के अनुसार सृष्टि का किसी अदृष्ट सत्ता (ईश्वर) द्वारा निर्माण किया गया है तथा कुछ के अनुसार यह विकास के दौरान अस्तित्व में आई है। यहाँ उल्लेखनीय है कि पहले प्रकार के विद्वान **सृष्टिवादी** कहे जाते हैं, जबकि दूसरे प्रकार के **विकासवादी।**

जहाँ तक सांख्य दर्शन का प्रश्न हैं, सांख्य दर्शन सृष्टिवाद के विरुद्ध विकासवाद का समर्थन करता है, किन्तु सांख्य दर्शन का विकासवाद, आधुनिक विकासवाद तथा चार्वाक दर्शन द्वारा प्रतिपादित विकासवाद से अत्यन्त भिन्न एक अद्‌भुत एवं विलक्षण विकासवादी सिद्धान्त है।

विकास के मूल तत्त्व—हम देख चुके हैं कि सांख्य द्वैतवादी दर्शन है। उसके अनुसार 'प्रकृति' और 'पुरुष' ये दो मौलिक मूल तत्त्व हैं।

सांख्य दर्शन कहता है कि इन्हीं दो मूल तत्त्वों से जगत् का विकास होता है।

प्रकृति एवं पुरुष की भूमिका—सांख्य दर्शन के अनुसार प्रकृति, (जो कि जड़, अचेतन एवं त्रिगुणात्मिका तत्त्व है,) विकास में, पुरुष की तुलना में, अधिक महत्त्वपूर्ण भूमिका निभाती है। पुरुष तो निष्क्रिय, तटस्थ, दृष्टामात्र रहता है। वस्तुतः उसे विकास से कोई मतलब नहीं रहता, मतलब केवल प्रकृति को रहता है। सृष्टि में विकास के दौरान उद्‌भूत महत् अहंकार, तन्मात्र, आदि सब प्रकृति के ही विकार हैं। पुरुष तो अविकारी बना रहता है। किन्तु फिर भी अकेली जड़ प्रकृति विकास नहीं कर सकती। उसे हर स्थिति में पुरुष के सान्निध्य की, संयोग की, आवश्यकता पड़ती है। इस तरह विकास में पुरुष की भूमिका भी महत्त्वपूर्ण हो जाती है।

अब हमें देखना है कि प्रकृति और पुरुष में संयोग किस प्रकार होता है।

प्रकृति और पुरुष का संयोग—यहाँ सर्वप्रथम उल्लेखनीय है कि प्रकृति और पुरुष में संयोग वैसा नहीं होता जैसा दो भौतिक पदार्थों, यथा, रथ और घोड़े में होता है। वस्तुतः दोनों में वास्तविक संयोग नहीं होता है। प्रकृति, जिसमें कि तीनों गुण साम्यावस्था में रहते हैं, पुरुष की निकटतामात्र से उद्वेलित हो जाती है, जैसे विचारों से शरीर उद्वेलित होता है। इस उद्वेलन से त्रिगुणों की साम्यावस्था भंग हो जाती है, जिससे कि विभिन्न तत्त्वों की क्रमशः उत्पत्ति होती जाती है।

एक शंका—सांख्य दर्शन में प्रकृति और पुरुष को एक-दूसरे से सर्वथा विपरीत गुण रखने वाले तत्त्व कहा गया है किन्तु ऐसी स्थिति में यहाँ प्रश्न उठता है कि दोनों में किसी भी प्रकार का सान्निध्य कैसे सम्भव है?

अन्धे लँगड़े का उदाहरण—सांख्य दार्शनिक उपरोक्त प्रश्न के उत्तर में अन्धे और लँगड़े का उदाहरण प्रस्तुत करते हैं। वे कहते हैं कि एक अंधा और एक लँगड़ा व्यक्ति एक-दूसरे से सर्वथा भिन्न गुण रखते हैं। एक देख नहीं पाता है तो दूसरा चल नहीं पाता

है। अब यदि दोनों को किसी गन्तव्य तक पहुँचना हो तो दोनों एक-दूसरे की सहायता से वहाँ तक पहुँच सकते हैं। इसी तरह प्रकृति और पुरुष विपरीत गुणों वाले होते हुए भी एक-दूसरे के सान्निध्य से गन्तव्य तक पहुँचते हैं।

यहाँ पुनः प्रश्न उठता है कि क्या प्रकृति और पुरुष का विकास द्वारा कोई प्रयोजन सिद्ध होता है? दूसरे शब्दों में इनका गन्तव्य क्या है?

विकास का प्रयोजन—सांख्य-विकासवाद निरुद्देश्य नहीं है, यह सोद्देश्य है। इसके द्वारा प्रकृति और पुरुष दोनों का प्रयोजन सिद्ध होता है। प्रकृति का प्रयोजन-**दर्शनार्थ** (दर्शन के लिए) तथा **भोगार्थ** (भोग के लिए) होता है जबकि पुरुष का प्रयोजन **कैवल्यार्थ** अर्थात् अपना स्वरूप पहचानने के लिए, दूसरे शब्दों में मोक्ष के लिए होता है।

अब हम देखेंगे कि विकास किस प्रकार होता है—

गुण-क्षोभ—ऊपर हमने देखा कि प्रकृति में साम्यावस्था में स्थित गुण 'पुरुष' के सान्निध्य से उद्वेलित हो जाते हैं, जिससे गुणों की साम्यावस्था भंग हो जाती है। यही गुण-क्षोभ है। इस अवस्था में प्रत्येक गुण अन्य दो गुणों पर बारी-बारी से प्रमुखता हासिल करता है। इसके फलस्वरूप ही अनेकानेक प्रकार के सांसारिक विषय उत्पन्न होते हैं।

सृष्टि-क्रम *(The Great or Intellect)*— 'सांख्यकारिका' के एक श्लोक[1] में सृष्टि का क्रम इस तरह बताया गया है—

सबसे पहले प्रकृति से महत् (महान्) अर्थात् बुद्धि की उत्पत्ति होती है।

महत् से अहंकार उत्पन्न होता है।

अहंकार से सोलह का समूह (पंच तन्मात्र + ग्यारह इन्द्रियाँ) उत्पन्न होते हैं।

पुनः पंचतन्मात्रों से पंच महाभूत उत्पन्न होते हैं। इस तरह प्रकृति से ये कुल 23 तत्त्व उत्पन्न होते हैं।

अब हम इन तत्त्वों पर क्रमशः विचार करेंगे—

1. महत् तत्त्व *(The Great or Intellect)*—महत् अथवा बुद्धि तत्त्व प्रकृति के विकारों में न केवल सर्वप्रथम तत्त्व है वरन् सर्वप्रमुख तत्त्व भी है। सतोगुण की अन्य दोनों गुणों पर प्रमुखता होने से बुद्धि का उदय होता है।

प्रकृतिजन्य होने के कारण बुद्धि स्वभावतः जड़ है किन्तु आत्मा का प्रतिबिम्ब पड़ने के कारण यह प्रकाशयुक्त हो जाती है और स्वयं को तथा अन्य वस्तुओं को प्रकाशित करने लगती है। बुद्धि का विशेष कार्य **निश्चय** एवं **अध्यवसाय**।

यहाँ उल्लेखनीय है कि बुद्धि में हमेशा सतोगुण की ही प्रधानता नहीं होती, कभी रजोगुण अथवा तमोगुण की भी प्रधानता होती है। इनके प्रभाव बुद्धि पर भिन्न-भिन्न पड़ते हैं; जैसे, जब बुद्धि सतोगुण प्रधान होती है तब उसमें ज्ञान, वैराग्य, धर्म एवं ऐश्वर्य की उत्पत्ति होती है। जब वह तमोगुण प्रधान होती है तब उसमें अज्ञान, अधर्म, आसक्ति एवं अशक्ति की उत्पत्ति होती है।

बुद्धि का सारा व्यापार जीवात्मा के लिए होता है। यह जीवात्मा में रहती है। बुद्धि की

---

1. प्रकृतेर्महांस्ततोऽहंकारस्तस्माद्गणश्च षोडशकः।
तस्मादपि षोडशकात्पंचभ्यः पंचभूतानि।।— *'सांख्यकारिका'*, 22

सहायता से पुरुष अपने वास्तविक यथार्थ स्वरूप को समझ सकता है। मनुष्य की सारी इन्द्रियाँ बुद्धि के लिए ही कार्य करती हैं।

2. अहंकार *(Ego)*—रजोगुण की प्रधानता होने पर महत् से **अहंकार** की उत्पत्ति होती है। इस तरह यह प्रकृति का दूसरा विकार है।

अहंकार को **अभिमान** कहा गया है (अभिमानोऽहंकारः)। यह अभिमान 'मैं' और 'मेरा' की भावना है। यह भ्रम कि 'मैं भोक्ता हूँ', 'मैं कर्त्ता हूँ', 'मैं स्वामी हूँ' अहंकारजन्य ही है। हमारे समस्त व्यवहार का यही मूल है।

अहंकार भी तीन प्रकार का होता है—

सतोगुण की प्रधानता वाला **सात्विक अहंकार,** जो अच्छे कर्म उत्पन्न करता है।

रजोगुण की प्रधानता वाला **तेजस अहंकार,** जो बुरे कर्म उत्पन्न करता है।

तमोगुण की प्रधानता वाला **तामस अहंकार,** जो आलस्य, प्रमाद तथा उदासीनता उत्पन्न करता है।

इन तीनों अहंकारों से ही इन्द्रियाँ, मन, तन्मात्र और पंच महाभूतों की उत्पत्ति होती है।

3. इन्द्रियाँ *(Organs)*—अहंकार की अगली परिणतियाँ इन्द्रियाँ हैं। पाँच ज्ञानेन्द्रियाँ पाँच कर्मेन्द्रियाँ तथा एक मन, इस तरह ये ग्यारह इन्द्रियाँ **सात्विक अहंकार** से उत्पन्न होती हैं।

पंचज्ञानेन्द्रियाँ—नेत्र, घ्राण, श्रवण, रसना और त्वचा—ये पाँच ज्ञानेन्द्रियाँ हैं, इनसे क्रमशः रूप, गंध, शब्द, स्वाद तथा स्पर्श का ज्ञान होता है।

पंचकर्मेन्द्रियाँ—पंचकर्मेन्द्रियाँ मुख, हाथ, पैर, मलद्वार तथा जननेन्द्रिय में स्थित होती हैं। ये क्रमशः वाक् (बोलना), ग्रहण, गमन, मल बाहर निकालना तथा जनन—ये पाँच कार्य करती हैं।

मन—सांख्य दर्शन ने मन को **सात्विक अहंकार** से उत्पन्न एक इन्द्रिय माना है। यह अन्य दस इन्द्रियों को उनके विषयों की ओर प्रेरित करता है।

मन के कारण ही इन्द्रियों द्वारा प्राप्त ज्ञान सविकल्प बनता है, अन्यथा ज्ञानेन्द्रियाँ तो हमें केवल 'कुछ है' यह बताने वाली होती हैं। वह कुछ 'क्या है' यह मन ही तय करता है।

4. तन्मात्र *(Potential Elements)*—ऊपर हमने अहंकार के तीन प्रकार बताये हैं। सात्विक अहंकार से जहाँ ग्यारह इन्द्रियाँ उत्पन्न होती हैं, वहीं तमस अहंकार से **पंचतन्मात्रों** की भी उत्पत्ति होती है।

तन्मात्र का अर्थ है—**सूक्ष्म तत्त्व।** पंचतन्मात्र वस्तुतः पंच ज्ञानेन्द्रियों के पाँच विषयों—**रूप, शब्द, गन्ध, रस** और **स्पर्श** के ही सूक्ष्म तत्त्व हैं, जिनका सामान्यतः प्रत्यक्ष नहीं किया जा सकता। इस तरह रूप तन्मात्र, शब्द तन्मात्र, गंध तन्मात्र, रस तन्मात्र तथा स्पर्श तन्मात्र—ये पंच तन्मात्राएँ हैं।

पंचमहाभूत *(Five Great Physical Elements)*—उपर्युक्त पंचतन्मात्रों के योग से पाँच स्थूल महाभूतों का उदय होता है। ये पाँच स्थूल महाभूत हैं—आकाश, वायु, तेज (अग्नि), जल और पृथ्वी। शब्द, स्पर्श, रूप, रस और गन्ध—ये क्रमशः पंचमहाभूतों के गुण हैं। पंचमहाभूत विकास की अन्तिम कड़ी हैं। इन पंचमहाभूतों के जुड़ने से ही संसार की अन्य वस्तुओं का निर्माण होता है।

इस तरह हम देखते हैं कि सांख्य दर्शन का विकासवाद प्रकृति के कुल 23 परिणामों को प्रगट करता है—महत्-(1), अहंकार-(2), ग्यारह इन्द्रियाँ-(11 + 2 = 13), पंचतन्मात्र-(5 + 13 = 18) तथा पंचमहाभूत-(5 + 18 = 23) ।

इसे हम निम्नानुसार प्रस्तुत कर सकते हैं—

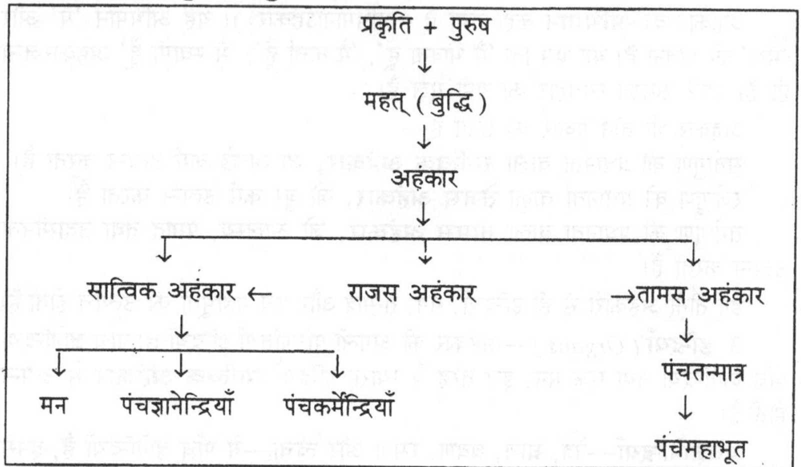

उपर्युक्त 23 तत्त्वों में एक प्रकृति और एक पुरुष को जोड़ने पर 25 तत्त्वों की संख्या बनती है। इस तरह सांख्य दर्शन में सम्पूर्ण सृष्टि का विकास 25 तत्त्वों की क्रीड़ा है।

इन तत्त्वों की अलग-अलग विशेषता यह है कि पुरुष केवल दृष्टा है, इस तरह वह न तो प्रकृति है, न विकृति।

प्रकृति केवल प्रकृति है, विकृति नहीं; अर्थात् वह स्वयं किसी का विकार नहीं है।

महत्, अहंकार तथा पंचतन्मात्र प्रकृति भी हैं और विकृति भी।

पंचज्ञानेन्द्रियाँ, पंचकर्मेन्द्रियाँ, मन तथा पंचमहाभूत, ये सोलह तत्त्व केवल विकृति मात्र हैं क्योंकि इनसे फिर किसी का जन्म नहीं होता।

विकास का क्रम—सांख्य विकासवाद का अर्थ है 'छिपे हुए का बाहर आना' अथवा 'जो निहित है, उसका विकसित होना,' इसलिए सांख्य में विकास सूक्ष्म से स्थूल की ओर होता है। हमने देखा कि यहाँ विकास प्रकृति से पंचभूतों तक बताया गया है, इनमें प्रकृति जहाँ अत्यन्त सूक्ष्म तत्त्व है, वहाँ पंचभूत सर्वाधिक स्थूल तत्त्व हैं।

यहाँ उल्लेखनीय है कि सांख्य द्वारा इस तरह सूक्ष्म से स्थूल की ओर विकास का क्रम बतलाना अत्यन्त महत्त्वपूर्ण विचार माना जाता है। सांख्य का विकासवादी सिद्धान्त चार्ल्स डार्विन के आधुनिक विकासवाद की अपेक्षा प्राचीन ग्रीक दार्शनिक अरस्तू के विकासवाद से अधिक साम्यता रखता है।

विकासवाद की समीक्षा

सांख्य का विकासवादी सिद्धान्त यद्यपि अनेक दृष्टि से आधुनिक विकासवादी सिद्धान्त से मेल नहीं खाता, किन्तु फिर भारतीय दर्शन में इसका अपना महत्त्व है। वस्तुतः यह कोई

भौतिक या नैतिक विकासवाद न होकर दार्शनिक दृष्टि से विचारा गया विकास का सिद्धान्त है। अतः आधुनिक विकासवाद एवं इसमें पार्थक्य होना स्वाभाविक है। किन्तु इसका मतलब यह नहीं कि सांख्य-विकासवाद निर्दोष सिद्धान्त है, इसमें कुछ अग्रलिखित दोष हैं—

(i) **प्रकृति के विकास के प्रयोजन में दोष**—सांख्य दर्शन के अनुसार प्रकृति पुरुष के प्रयोजन हेतु जगत् का विकास करती है, किन्तु प्रकृति तो अचेतन है, फिर वह पुरुष के प्रयोजन हेतु विकास कैसे करेगी?

(ii) **प्रकृति व पुरुष के संयोग की कठिनाई**—सांख्य दर्शन पुरुष और प्रकृति को दो सर्वथा विरोधी स्वतन्त्र तत्त्व मानता है किन्तु ऐसी अवस्था में तो उन दोनों में किसी भी तरह संयोग सम्भव नहीं है।

(iii) **उदाहरणों में दोष**—सांख्य द्वारा प्रकृति एवं पुरुष में संयोग को समझाने हेतु दिये गये उदाहरण भी दोषपूर्ण हैं।

सांख्य के अनुसार, प्रकृति और पुरुष उसी तरह साथ-साथ चलते हैं जैसे अन्धा और लँगड़ा साथ चलते हैं। यह उदाहरण ठीक नहीं है, क्योंकि अन्धा और लँगड़ा दोनों चेतन प्राणी हैं, जबकि प्रकृति और पुरुष में से प्रकृति नितान्त जड़ है।

इसी तरह सांख्य का कहना है कि जैसे गाय के थन से बछड़े के निमित्त स्वतः दूध निकलता है, वैसे ही प्रकृति पुरुष के लिए स्वतः प्रवृत्त होती है। यह भी दोषपूर्ण है। कारण कि पहली बात गाय, प्रकृति के समान अचेतन नहीं है; दूसरी बात गाय के थन से बछड़े के निमित्त स्नेहवश दूध निकलता है; तीसरी बात बछड़ा जब स्वयं दूध पीने का प्रयत्न करता है तभी दूध निकलता है, जबकि यहाँ पुरुष सर्वथा निष्क्रिय रहता है।

कुल मिलाकर पुरुष प्रकृति के संयोग की समस्या उपर्युक्त उदाहरणों से सुलझती नहीं है, इसीलिए बाद में सांख्य दार्शनिकों ने प्रकृति और पुरुष में संयोग कराने के लिए ईश्वर की आवश्यकता स्वीकार की थी।

(iv) **विकृतियों के क्रम में युक्तिपूर्ण आधार का अभाव**—सांख्य के विकासवाद में प्रकृति की विभिन्न विकृतियों का जो क्रम दिया गया है, उसका कोई युक्तिपूर्ण आधार नहीं है।

ईश्वर सम्बन्धी विचार

सांख्य दर्शन में ईश्वर—सांख्य दर्शन की गणना सामान्यतया निरीश्वरवादी दर्शन में की जाती है हालाँकि यह दर्शन पूर्णतः निरीश्वरवादी नहीं रहा है। विद्वानों का मत है कि मूल सांख्य सेश्वर था। किन्तु सांख्य दर्शन के प्रसिद्ध टीकाकार ईश्वरकृष्ण के समय इसमें निरीश्वरवाद स्पष्ट दिखाई देता है। बाद में फिर सांख्य दर्शन में ईश्वर को प्रतिष्ठा मिली। सांख्यमत के एक प्रसिद्ध टीकाकार विज्ञानभिक्षु ईश्वर के अस्तित्व को स्वीकार करते हैं।

अस्तु सांख्य निरीश्वरवादी दर्शन के रूप में ही प्रसिद्ध रहा है।

ईश्वर की सत्ता का खण्डन

सांख्य दर्शन में ईश्वर की सत्ता के खण्डन में निम्न तर्क दिये गये हैं—

1. चेतन ईश्वर जड़ जगत् का कारण नहीं हो सकता। पहली बात तो यह

अपरिणामी है, अतः परिणामी जगत् का कारण कैसे हो सकता है? दूसरी ओर नित्य होते हुए भी प्रकृति परिणामी है। अतः त्रिगुणात्मिका प्रकृति ही त्रिगुणात्मक जड़ जगत् का कारण हो सकती है ईश्वर नहीं।

2. ईश्वर की सत्ता किसी प्रमाण से सिद्ध नहीं होती, न प्रत्यक्ष द्वारा न अनुमान द्वारा न उपमान द्वारा और न ही शब्द प्रमाण द्वारा ही इसे सिद्ध किया जा सकता है। ईश्वर के पक्ष में कोई युक्तियुक्त या आनुमानिक अथवा श्रुतिविहित प्रमाण नहीं है।
3. ईश्वर के प्रत्यय में विरोध है। यदि ईश्वर इस जगत् का सृष्टा है तो उसके द्वारा सृष्ट जगत में दुख, शोक, वैषम्य क्यों है? इसका मतलब है कि या तो वह सर्वशक्तिमान और स्वतन्त्र नहीं है अर्थात् वह इससे भिन्न विश्व की सृष्टि करने में समर्थ नहीं था या फिर वह इतना दयालु नहीं है कि दुखादि से रहित सृष्टि की रचना करता।
4. संसार की रचना को ईश्वर का दयाकर्म नहीं कहा जा सकता क्योंकि सृष्टि की रचना से पूर्व जीवों को कोई दुख नहीं था जिससे छुटकारे की उन्हें आवश्यकता हो।
5. जीवों के दुख का कारण प्रायः उनके कर्मों को माना जाता है किन्तु तब तो ईश्वर स्वतन्त्र न रहकर कर्म सिद्धान्त से नियन्त्रित हो जायेगा।
6. यदि आत्माओं का सृष्टा ईश्वर को माने तो आत्मा कभी अमर नहीं हो सकती क्योंकि तब वे अनादि नहीं मानी जा सकती।

आलोचना—सांख्य दर्शन के निरीश्वरवाद की आलोचकों ने कड़ी आलोचना की है।

पहली बात तो सृष्टि में जो व्यवस्था, क्रम, समन्वय दिखाई देता है वह अचेतन प्रकृति द्वारा सिद्ध नहीं होता है। फिर अचेतन होने के कारण प्रकृति में इस हेतु प्रवृत्ति भी सम्भव नहीं है।

सांख्य प्रकृति और पुरुष के मध्य किसी तीसरे तत्त्व को स्वीकार नहीं करता जबकि आलोचक कहते हैं कि बिना इसके विकास सम्भव ही नहीं है। यह तीसरा तत्त्व ही ईश्वर है। सांख्य इसके लिए जितने उदाहरण देता है सभी आलोच्य है। जैसे, वह कहता है कि जिस प्रकार गाय का दूध बछड़े के हेतु स्वयं प्रवृत्त होता है उसी प्रकार प्रकृति स्वयं रचना हेतु प्रवृत्त होती है। यहाँ आलोचक कहते हैं कि, दूध चेतन गौ की स्नेह इच्छा से बछड़े द्वारा चोषण करने पर निकलता है। स्वयं नहीं निकलता। इसी तरह वे अन्य उदाहरण अंधे और लंगड़े का देते हैं जो एक-दूसरे की सहायता से अपने लक्ष्य तक पहुँच जाते हैं किन्तु यह उदाहरण भी तर्कसंगत नहीं है क्योंकि यहाँ लँगड़ा अँधे को वाणी से प्रवृत्त कर रहा है जबकि सांख्य का पुरुष निष्क्रिय और निर्गुण है, अतः उसे प्रेरित किया ही नहीं जा सकता।

मोक्ष
(Liberation)

अन्य भारतीय दर्शनों के समान सांख्य दर्शन भी इस संसार में मनुष्य के जीवन को दुःखदायी मानता है। विशेषकर बौद्ध दर्शन के समान वह भी मनुष्य के दुःख के कारणों पर गहन चिन्तन करता है और अपने दर्शन का लक्ष्य उस ज्ञान को प्रस्तुत करना तय करता

है जो मनुष्य के दुःखों को समूल नष्ट कर सके। इस तरह सांख्य दर्शन में भी मोक्ष का अर्थ दुःखों से मुक्ति है। सांख्य दर्शन मानता है कि मोक्ष की प्राप्ति एकमात्र **विवेक ज्ञान** से ही सम्भव है।

दुःख के प्रकार

सांख्य दर्शन में दुःख तीन प्रकार के बताये गये हैं—

1. **आध्यात्मिक दुःख** (व्यक्तिगत)—मनुष्य को होने वाले शारीरिक एवं मानसिक दुःख आध्यात्मिक दुःख कहे जाते हैं। शारीरिक दुःखों की उत्पत्ति वात, पित्त और कफ के कारण होती है। इसीलिए शारीरिक दुःख त्रिदोषजन्य दुःख कहलाते हैं। मानसिक दुःखों की उत्पत्ति काम, क्रोध आदि मनोविकारों के कारण होती है।
2. **आधिभौतिक दुःख** (वस्तुगत)—इस संसार में मनुष्य को बाह्य वस्तुओं के कारण भी अनेक दुःख उठाना पड़ता है। कभी अचानक साँप काट लेता है, तो कभी बिच्छू डंक मार देता है, कभी पैर में काँटा गड़ जाता है तो कभी युद्ध भूमि में तलवार की धार सहनी पड़ती है। इस प्रकार के दुःख आधिभौतिक कहलाते हैं।
3. **आधिदैविक दुःख** (देवताओं से सम्बन्धित)—कभी-कभी भूत-प्रेत आदि के कारण भी हमें कष्ट उठाना पड़ता है। कुछ दैविक शक्तियाँ भी हमें दुःख पहुँचाती हैं। ऐसे दुःख आधिदैविक कहे जाते हैं।

सांख्य दर्शन इन्हीं सब दुःखों से मुक्ति हेतु विवेक ज्ञान आवश्यक बतलाता है।

यहाँ प्रश्न उठता है कि इन दुःखों से मुक्ति हेतु ज्ञान या दार्शनिक चिन्तन की क्या आवश्यकता है? लोक में इन दुःखों को दूर करने के लिए अनेक उपाय अपनाये जाते हैं; जैसे आध्यात्मिक दुःख वैद्यों आदि से, आधिभौतिक दुःख निरापद स्थान पर वास से तथा आधिदैविक दुःख मंत्रादि से दूर किये जाते हैं। यदि इन उपायों से ये दुःख दूर नहीं होते तो लोग क्यों इन्हें अपनाते?

उत्तर में सांख्य दर्शन कहता है कि यह सच है कि इन उपायों से ये दुःख दूर होते देखे जाते हैं किन्तु यह भी सच है कि सर्वकाल के लिए ये दुःख समाप्त नहीं होते, केवल अल्पकाल के लिए ही समाप्त होते हैं। कुछ समय बाद इनका पुनः अभ्युदय हो जाता है। इनकी आत्यान्तिक निवृत्ति (पूर्व क्षय) तो विवेक ज्ञान से ही सम्भव है। यहाँ एक प्रश्न और उठता है कि दुःख की आत्यान्तिक निवृत्ति तो मृत्यु के बाद अपने आप हो जाती है, फिर विवेक-ज्ञान की क्या आवश्यकता है? इसके उत्तर में सांख्य दार्शनिक कहते हैं कि मृत्यु से यह सम्भव नहीं है, मृत्यु के बाद जीवन समाप्त कहाँ होता है? उसे तो शरीर बदलकर पुनः दुःख उठाने संसार में आना पड़ता है। अतः दुःख की आत्यान्तिक निवृत्ति तो ज्ञान से ही सम्भव है।

दुःख का कारण अज्ञान—हमने देखा कि सांख्य दर्शन में मोक्ष ज्ञान द्वारा सम्भव बताया गया है, इसका मतलब है कि मनुष्य के दुःख का, उसके बन्धन का कारण अज्ञान है। किन्तु यह अज्ञान क्या है? यह अज्ञान है मनुष्य का अपने वास्तविक स्वरूप को न जानना। वह जो है, उसे भूलकर, वह जो नहीं है उसे 'मैं' समझना।

'मैं' का स्वरूप—पर यह 'मैं' क्या है? इसका वास्तविक स्वरूप क्या है? सांख्य दर्शन के अनुसार 'मैं' वास्तविक रूप में असंग पुरुष है, जो वस्तुतः शरीर, बुद्धि,

अहंकार, इन्द्रिय आदि से परे है, नित्य मुक्त है, निर्गुण है। किन्तु यदि ऐसा है तो वह प्रकृति के बंधन में कैसे पड़ता है?

बंधन—यहाँ सांख्य दार्शनिक कहते हैं कि पुरुष वस्तुतः बंधन में पड़ता ही नहीं है। यह प्रकृति ही है जो नानाविध रूपों में स्वयं को बन्धन में डालती है। होता यह है कि जब पुरुष का प्रतिबिम्ब बुद्धि (जो प्रकृतिजन्य है) में पड़ता है, तब उस प्रतिबिम्ब के साथ पुरुष का दोषपूर्ण तादात्म्य स्थापित हो जाता है, जिससे वह प्रतिबिम्ब तथा मन, बुद्धि अहंकार को अपना असली रूप समझकर बन्धन में पड़ता है। इसी के फलस्वरूप वह नाना प्रकार के दुःख उठाता है। पुरुष का बुद्धि पर प्रतिबिम्ब पड़ने को सांख्य दर्शन में एक उपमा के द्वारा समझाया गया है। जैसे सफेद स्फटिक लाल फूल की निकटता से लाल दिखाई देता है उसी तरह नित्य मुक्त पुरुष बुद्धि की परछाईं से बंधन-ग्रस्त प्रतीत होता है।

ज्ञान का उदय—इस दुःखदायी बन्धन का नाश तभी सम्भव है जब पुरुष वास्तविक ज्ञान की प्राप्ति करता है। ईश्वरकृष्ण कहते हैं, **ज्ञान से मोक्ष तथा इसके विपरीत अज्ञान से बन्धन होता है।**[1] आगे ईश्वरकृष्ण बताते हैं कि यह ज्ञान तीन प्रकार के अभ्यास की अपेक्षा रखता है—

(1) **'नास्मि'** अर्थात् मुझमें किसी प्रकार क्रिया का सम्बन्ध नहीं है।

(2) **'नाऽहम्'** अर्थात् क्रिया का निषेध होने से मुझमें किसी प्रकार का कर्तृत्व नहीं है।

(3) **'नमे'**—अर्थात् मैं असंग हूँ। संगहीन होने से मेरा किसी के साथ कोई सम्बन्ध नहीं है।[2]

इस अभ्यास से धीरे-धीरे उसका मिथ्याज्ञान दूर हो जाता है और वह समझने लगता है कि **मैं नश्वर प्रकृति से परे अनश्वर, शाश्वत् और अमर सत्ता हूँ** और वह मोक्ष की प्राप्ति कर लेता है।

वस्तुतः बन्धनग्रस्त पुरुष को मोक्ष दिलाना ही प्रकृति का उद्देश्य है, उसकी कृत-कृत्यता है। इसके पश्चात् प्रकृति उस पुरुष के लिए कार्य करना बंद कर देती है। पुरुष सोचता है कि **मैंने उसे देख लिया,** अतः उसकी प्रकृति के विकास में रुचि समाप्त हो जाती है और प्रकृति भी सोचती है कि **मैं देख ली गई हूँ,** अतः उस पुरुष विशेष के लिए कार्य करना बंद कर देती हूँ।

सांख्यकारिका में इस सन्दर्भ में प्रकृति की उपमा एक सुंदर सुकुमारी से दी गई है, जिसे पुरुष जब सभी रूप में देख सकता है तो वह फिर उसके समक्ष दुबारा प्रगट नहीं होती।[3] एक अन्य श्लोक में प्रकृति की तुलना रंगमंच पर नृत्य करने वाली नर्तकी से की गई है, जो दर्शकों को अपना नृत्य दिखाकर रंगमंच से हट जाती है। इसी प्रकार प्रकृति अपने को प्रकाशित कर सृष्टिकार्य से विरत हो जाती है।[4]

---

1. ज्ञानेन चापवर्गःविपर्ययाष्यिते बन्धः
2. *सांख्यकारिका*—67
3. *सांख्यकारिका*—6
4. रंगस्य दर्शयित्वा निवर्तते नर्तकी यथा नृत्यात्
   पुरुषस्य तथाऽऽत्मानं प्रकाश्यविनिवर्तते प्रकृतिः॥ —*सांख्यकारिका*—59

मुक्ति के प्रकार—सांख्य दर्शन में मुक्ति दो प्रकार की कही गई है—(1) जीवन-मुक्ति, (2) विदेह-मुक्ति।

जीवन मुक्ति का अर्थ है, शरीर रहते हुए ही मोक्ष की प्राप्ति करना। दूसरे शब्दों में, जीवितावस्था में ही मुक्त हो जाना। ऐसा व्यक्ति मृत्यु तक अपने कर्त्तव्य कर्मों का पालन करता है।

मृत्यु के पश्चात् मिलने वाली मुक्ति **विदेह-मुक्ति** है। सांख्यकारिका में कहा गया है कि शरीर नाश होने पर पुरुष के 'एकान्तिक' (अवश्यमभावी) तथा 'आत्यान्तिक' (अविनाशी) दुःखत्रय का विनाश हो जाता है, इसी की शास्त्रीय संज्ञा विदेह मुक्ति है।[3]

यहाँ प्रश्न उठता है कि एक बार मोक्ष प्राप्त कर लेने के बाद पुरुष को शरीर बनाये रखना क्यों आवश्यक होता है? दूसरे शब्दों में, जीवन-मुक्ति क्यों कर सम्भव है? उत्तर में सांख्य-विचारक कहते हैं कि जिस तरह दंड से चलाया गया कुम्हार का चाक, पुनः दंड न चलाये जाने पर भी पूर्व उत्पन्न वेग के कारण कुछ देर घूमते रहता है इसी तरह प्रारब्ध कर्मों के क्षय होने तक पुरुष को उन कर्मों का फल भुगतने के लिए मोक्ष मिलने पर भी जीवित रहना पड़ता है।[4] किन्तु जीवित रहते हुए भी अब पुरुष को जीवन के प्रति कोई मोह नहीं रह जाता, इसीलिए अब इस स्थिति में किये कर्म उसके लिए कोई बन्धन उत्पन्न नहीं करते।

उल्लेखनीय है कि शंकराचार्य ने भी इसी प्रकार जीवन-मुक्ति को स्वीकार किया है। सांख्य दर्शन के समान वे यह भी कहते हैं कि केवल ज्ञान से ही मुक्ति सम्भव है। शांकर-दर्शन की सांख्य से एक समानता यह भी है कि वहाँ भी पुरुष अर्थात् आत्मा को नित्य-मुक्त माना गया है। सांख्य और शांकर-वेदान्त में मुख्य अन्तर यह है कि शंकर जहाँ मोक्ष को आनन्द की अवस्था मानते हैं, वहाँ सांख्य इसे ऐसी अवस्था मानते हैं जिसमें कोई दुःख नहीं है तो कोई सुख भी नहीं है। उनका तर्क है कि ये दोनों ही सापेक्ष हैं।

❑

1. सांख्यकारिका—68
2. सम्यक् ज्ञानाधिगमाद् धर्मादीनामकारण प्राप्तौ।
   तिष्ठति संस्कारवशात् चक्रभ्रमिवत्धृतशरीरः।। —*सांख्यकारिका*—67

अध्याय 8

योग दर्शन

परिचय—सांख्य दर्शन के पूरक दर्शन के नाम से प्रसिद्ध 'योग दर्शन' एक अत्यन्त व्यावहारिक दर्शन है। इस दर्शन का मुख्य लक्ष्य मनुष्य को वह मार्ग दिखाना है जिस पर चलकर व्यक्ति जीवन के परम लक्ष्य **मोक्ष** की प्राप्ति कर सके। यहाँ मोक्ष की प्राप्ति का अर्थ आत्मा की स्वरूप में प्रतिष्ठता है।

यहाँ उल्लेखनीय है कि अन्य दर्शनों के समान योग-दर्शन तत्त्वमीमांसा के प्रश्नों (अर्थात् जगत् क्या है, जीव क्या है, आदि) में न उलझकर मुख्यतः 'मोक्ष-प्राप्ति' के उपायों को बताने वाले दर्शन की प्रस्तुति करता है। किन्तु मोक्ष पर चर्चा करने वाले प्रत्येक दर्शन की कोई-न-कोई तात्त्विक पृष्ठभूमि अर्थात् तत्त्वमीमांसा होनी आवश्यक है। इस हेतु योग दर्शन, सांख्य दर्शन का आश्रय ग्रहण करता है, अर्थात् उसके द्वारा प्रतिपादित तत्त्वमीमांसा को स्वीकार कर लेता है। इसीलिए प्रारम्भ से ही योग दर्शन सांख्य के साथ जुड़ा हुआ है, जैसे कि न्याय, वैशेषिक के साथ।

योग दर्शन के संस्थापक—वैसे तो योग दर्शन के साथ 'महर्षि पतंजलि'[1] का नाम जुड़ा हुआ है तथा उनका 'योगसूत्र' इस दर्शन का प्राचीनतम् ग्रंथ है किन्तु इसमें कोई सन्देह नहीं कि हमारे देश में योग-सिद्धान्त अत्यन्त प्राचीनकाल से ही विद्यमान रहा है। केवल वेदों और उपनिषदों में हीं नहीं वरन् वैदिक-पूर्वकाल में भी हमारे देश में योग का प्रचलन था। मोहनजोदड़ों (सिन्धु घाटी) से प्राप्त अवशेषों में ध्यानस्थ योगी की मूर्तियाँ इस बात का प्रमाण है।

यहाँ यह भी उल्लेखनीय है कि कहीं-कहीं 'हिरण्यगर्भ' को योग दर्शन का संस्थापक कहा गया है, किन्तु इस पर भी महर्षि पतंजलि का महत्त्व कम नहीं है। योग दर्शन को एक शास्त्र के रूप में प्रस्तुत करने का श्रेय निःसन्देह महर्षि पतंजलि को है।

योग दर्शन का प्रभाव भारत में जैसे महर्षि पतंजलि के पूर्व था, वैसे ही पश्चात् भी रहा। एक चार्वाक दर्शन को छोड़कर बाकी सभी दर्शनों ने योग का महत्त्व स्वीकार किया है। इसीलिए इस पर वाद-विवाद बहुत कम हुआ है।

योगदर्शन के ग्रन्थ—योगदर्शन का पहला ग्रन्थ, जैसा कि हम ऊपर लिख चुके हैं, महर्षि पतंजलि[2] का 'योगसूत्र' है। इस पर व्यास का 'भाष्य' तथा व्यास के भाष्य पर वाचस्पति मिश्र की 'तत्त्व-वैशारदी टीका' और विज्ञान भिक्षु की 'योगवार्तिक टीका' एवं 'तत्त्व-वैशारदी' पर राघवानन्द का 'पतंजलि-रहस्य' आदि इस दर्शन के प्रसिद्ध ग्रन्थ है।

1. इस विषय में विद्वानों में मतभेद है कि योग दर्शन के महर्षि पतंजलि ही प्रसिद्ध वैयाकरणाचार्य पतंजलि हैं। योग दर्शन के महर्षि पतंजलि का समय दूसरी शताब्दी ई० पू० माना जाता है।
2. योगसूत्र चार पादों में विभक्त 194 सूत्रों की रचना है। इसके चार पाद क्रमशः समाधि, साधन, विभूति और कैवल्य पाद हैं।

इनके अलावा भोज की 'भोजवृत्ति', भावगणेश की 'नागेशवृत्ति', अनन्त पण्डित की 'योगचन्द्रिका', यति की 'मणिप्रभा', सरस्वती का 'योग-सुधाकर' आदि योग दर्शन के उल्लेखनीय कृतियाँ हैं।

योग और सांख्य दर्शन—हमने प्रारम्भ में लिखा है कि योग दर्शन, सांख्य दर्शन का पूरक दर्शन माना जाता है किन्तु इसका कारण क्या है? वस्तुतः इसका कारण यह है कि सांख्य दर्शन जिस 'मोक्ष' की चर्चा करता है, (दूसरे शब्दों में त्रिविध दुःखों से किस प्रकार बचा जा सकता है, इसकी बौद्धिक चर्चा करता है), उसे व्यवहार में किस प्रकार प्राप्त कर सकते हैं, योग दर्शन इसका मार्ग बताता है। इसलिए ऊपर हमने यह भी लिखा है कि सांख्य और योग दोनों की तत्त्वमीमांसा एक ही है।

यहाँ उल्लेखनीय है कि योग दर्शन, सांख्य दर्शन की तत्त्वमीमांसा को थोड़े फेर-बदल के साथ स्वीकार करता है। सांख्य दर्शन में जहाँ कुल 25 तत्त्व स्वीकृत हुए हैं, वहाँ योग दर्शन इसमें एक और तत्त्व की वृद्धि करता है, इस तरह इसमें कुल 26 तत्त्व हैं। उसका यह अतिरिक्त तत्त्व है—**ईश्वर**। ईश्वर योग दर्शन के अनुसार ध्यान को केन्द्रित करने के अनेक विकल्पों में से एक विकल्प है। सांख्य ईश्वर को नहीं मानता, पर योग मानता है, इसलिए योग को कभी-कभी **सेश्वर सांख्य** अर्थात् ईश्वर को मानने वाला सांख्य भी कहा जाता है।

किन्तु यह योग क्या है? योग शब्द का अर्थ क्या है? आइये देखें—

योग शब्द का अर्थ—शाब्दिक दृष्टि से 'योग' शब्द के अनेक अर्थ हैं। इनमें से योग का 'जोड़ना' अथवा 'मिलाना' अर्थ अधिक प्रसिद्ध है। वेदान्त में 'योग' का इसी अर्थ में प्रयोग हुआ है। वहाँ योग का उद्देश्य आत्मा और परमात्मा का मिलन कराना है।

किन्तु योग दर्शन में 'योग' का अर्थ उपरोक्त अर्थ से उल्टा है, अर्थात् योग का अर्थ 'जोड़ना नहीं' 'अलग करना' है। जैसा कि भोज कहते हैं, "**योग दर्शन में योग वस्तुतः वियोग (अलग करने) का काम करता है। यह वियोग आत्मा का प्रकृति से किया जाता है।**"

योग दर्शन में इसे ही **'चित्तवृत्ति का रोकना'** कहते हैं; जैसा कि महर्षि पतंजलि योगसूत्र में कहते हैं, "**योगश्चित्तवृत्तिनिरोधः।**" यहाँ उल्लेखनीय है कि योगसूत्र के प्रथम सूत्र में **पतंजलि** योग की शिक्षा देने वाले ग्रन्थ का प्रारम्भ करने की प्रतिज्ञा करते हैं **'अथ योगानुशासनम्'** अर्थात् अब योगशास्त्र का प्रारंभ होता है और दूसरे सूत्र में कहते हैं **'योगश्चित्तवृत्तिनिरोधः'** अर्थात् योग चित्तवृत्ति का निरोध (रोकना) है। इससे सिद्ध होता है कि योग दर्शन के अनुसार योग का मुख्य उद्देश्य चित्त-वृत्ति का रोकना है।

योग शब्द जिस **युज्** धातु से बना है उसका अर्थ **'समाधि'** भी है। चित्तवृत्तियों का निरोध समाधि में होता है, अतः योग को समाधि भी कहा गया है। **योगः समाधिः**।

यहाँ कुछ प्रश्न उठते हैं, जैसे चित्त क्या है? चित्त-वृत्तियों का क्या तात्पर्य है? इन्हें रोकना क्यों आवश्यक है अथवा इन्हें रोकने से क्या लाभ है? इन्हें हम कैसे रोक सकते हैं? आदि। अब हम इन पर क्रमशः विचार करेंगे।

चित्त एवं उसकी वृत्तियाँ

योग दर्शन में **चित्त से अभिप्राय मन, बुद्धि** एवं **अहंकार तीनों के सम्मिलित**

रूप से है। योग दर्शन में चित्त की निम्नलिखित विशेषताएँ बताई गई हैं—

(1) चित्त प्रकृति का प्रथम विकार है।

(2) इसमें सतोगुण का आधिक्य है।

(3) प्रकृति का विकास होने के कारण यह मूलतः जड़ है। चित्त अनेक होते हैं।

(4) आत्मा के सम्पर्क में आने पर यह आत्मा के चैतन्य से प्रभावित होता है, इससे उसमें ज्ञान दिलाने की योग्यता आ जाती है। इस तरह अचेतन (जड़) चित्त आत्मा के प्रतिबिम्ब अथवा प्रभाव से सचेतन हो जाता है।

(5) जहाँ चित्त आत्मा से प्रभावित होता है वहीं आत्मा भी चित्त से प्रभावित होती है। चित्त एक दर्पण के समान बाह्य जगत से जो कुछ ग्रहण करता है, वह सब आत्मा तक भी पहुँचाता है। इस तरह आत्मा चित्त के माध्यम से संसार से भिज्ञ होती है अर्थात् संसार को जानती है।

(6) आत्मा पर चित्त का प्रभाव वस्तुतः उसकी वृत्तियों के कारण पड़ता है। किंतु ये चित्त की वृत्तियाँ है क्या?

चित्तवृत्तियाँ—चित्त के विषयाकार परिणाम को चित्त-वृत्ति कहते हैं। योग दर्शन के अनुसार चित्त मूलतः शान्त होता है, एक अगाध नदी के समान। किन्तु जिस वस्तु से भी उसका सम्पर्क होता है, यह उसके आकार को प्राप्त कर लेता है, इसलिए एक ओर जहाँ बाह्य इन्द्रियों के द्वारा बाह्य विषयों की ओर आकर्षित होकर वह उनके जैसे आकार को प्राप्त होता है, वहीं दूसरी ओर आन्तरिक इन्द्रिय (मन) से प्रभावित होकर वह राग-द्वेष, काम-क्रोध, आदि आकार में परिणत हो जाता है। जिस प्रकार वायु आदि के वेग से जल में तरंगें उठती हैं, उसी प्रकार विषयों के संसर्ग से चित्त भी तरंगित होता है, यही **चित्त की वृत्तियाँ हैं,** जो चित्त को चंचल बनाती हैं।

चूँकि आत्मा चित्त में प्रतिबिम्बित होती है, इसलिए आत्मा भी चित्त की इन वृत्तियों के कारण चंचल हो उठती है, जैसे तरंगों के कारण नदी के जल में पड़ा चन्द्रमा का प्रतिबिम्ब चंचल हो उठता है। चित्त की इन वृत्तियों से घिरी आत्मा इन्हीं को 'मैं' समझने लगती है। यही वास्तव में आत्मा के बन्धन का कारण बनता है, इसलिए पतंजलि कहते हैं कि, **मुक्ति चित्तवृत्तियों का निरोध है**। यह योग के द्वारा सम्भव है।

चित्त वृत्तियों के प्रकार

योग दर्शन में चित्त वृत्तियों के दो प्रकार बताये गये हैं—

1. **क्लिष्ट** अथवा क्लेशदायिनी
2. **अक्लिष्ट** अर्थात् क्लेश (दुख) न देने वाली।

क्लेशदायिनी वे वृत्तियाँ होती हें जो कर्माशय की संग्राहक होती हैं तथा अविद्या आदि क्लेश उत्पन्न करती हैं।

अक्लिष्ट वे होती हैं जो प्रकाश के क्षेत्र वाली तथा तीनों गुणों के व्यापार की विरोधी होती हैं। ये विवेकज्ञानपूर्वक होती हैं अतः क्लेश नहीं देती।

योग दर्शन अक्लिष्ट के द्वारा क्लिष्ट वृत्तियों पर नियन्त्रण करने को कहता है। तब क्लिष्ट का निरोध सम्भव हो पाता है, क्लिष्ट की अपेक्षा अक्लिष्ट श्रेष्ठ होती है किन्तु इनका भी निरोध पूर्ण-योग प्राप्ति हेतु आवश्यक है।

चित्तवृत्तियों की संख्या—योग में चित्तवृत्तियाँ पाँच बताई गई हैं—**प्रमाणविपर्ययविकल्पनिद्रा स्मृतयः।**[1] अर्थात् प्रमाण, विपर्यय, विकल्प, निद्रा और स्मृति।

1. प्रमाण—जिसके द्वारा यथार्थ ज्ञान की प्राप्ति होती है उसे प्रमाण कहते हैं। योग में तीन प्रमाण माने गये हैं, प्रत्यक्ष, अनुमान और शब्द।

प्रमाण किस प्रकार चित्तवृत्ति के कारण बनते हैं इसका सुन्दर उदाहरण प्रत्यक्ष प्रमाण का इस प्रकार दिया गया है—**'जिस प्रकार तालाब आदि में भरा हुआ जल नलिका के द्वारा खेत में पहुँचकर क्यारियों के आकार को प्राप्त कर लेता है उसी प्रकार इन्द्रियरूपी नलिका की सहायता से चित्त बाह्य पदार्थ से संयुक्त होकर विषय को ग्रहण करता है अर्थात् उसका विषयाकार परिणाम होता है।**[2]

2. विपर्यय—प्रत्यक्षादि प्रमाण जहाँ सत्य ज्ञान की प्राप्ति कराते हैं वहाँ विपर्यय के कारण मिथ्या ज्ञान की प्राप्ति होती है। **मिथ्या ज्ञान वह है जो अपने स्वरूप के विपरित प्रतीत होता है**[3] जैसे द्विचन्द्र अर्थात् एक चन्द्रमा के स्थान पर दो चन्द्रमा देखना। इस प्रकार विपर्यय वृत्ति मिथ्या ज्ञान पर आधारित होती है। इसका बोध सत्य ज्ञान के द्वारा हो जाता है। योग में विपर्यय को संसार का कारण कहा गया है।

3. विकल्प—विकल्पवृत्ति भी विपर्यय के समान मिथ्या ज्ञान से उत्पन्न होती है। दोनों में अन्तर यह है कि विपर्ययवृत्ति में वह वस्तु रहती है जिस पर भ्रम होता है (जैसे द्विचंद्र के भ्रम में एक चंद्र आधार होता है) जबकि विकल्प में बिना आधार के भ्रम होता है, जैसे राहू का सिर या घोड़े का सिंग। योगसूत्र में विकल्प को परिभाषित किया गया है, **वस्तु से शून्य केवल शब्दों के ज्ञान पर आधारित कल्पना विकल्प कहलाती है।**[4]

4. निद्रा—इस वृत्ति की परिभाषा में कहा गया है **किसी वस्तु के अभाव ज्ञान का अवलम्बन करने वाली वृत्ति निद्रा कही जाती है।**[5] निद्रा से यहाँ तात्पर्य स्वप्न-रहित निद्रा से है। इसीलिए इसे अभाव की अवस्था कहा गया है। यहाँ जाग्रत अवस्था का तो अभाव रहता ही है स्वप्नावस्था की वस्तुओं का अभाव भी रहता है। यहाँ तमोगुण की प्रधानता रहती है। किन्तु जागने पर निद्रा का अनुभव होता है तभी हम जागने पर कहते हैं कि हम खूब सोयें।

5. स्मृति—पातंजलि स्मृति की परिभाषा देते हैं, **पूर्व काल में अनुभूत विषय की तदनुरूप आकारयुक्त वृत्ति को स्मृति कहते हैं।**[6] इसे पहली चार वृत्तियों पर आधारित कहा गया है। जैसे, प्रमाणादि वृत्तियाँ से ज्ञात विषय को ही स्मृति अपना विषय बनाती है।

इन्हीं पाँच वृतियों का निरोध योग दर्शन का लक्ष्य है क्योंकि इसी से मोक्ष की प्राप्ति संभव है।

चित्त की भूमियाँ—अधिक चित्त का और विस्तार से विश्लेषण करते हुए योग

1. *योगसूत्र*, 1/6
2. *व्यासभाष्य*, पृ० 28
3. *योगसूत्र*, 1/8
4. *वही*, 1/9
5. *वही*, 1/10
6. *वही*, 1/11

दर्शन में चित्त की पाँच भूमियाँ भी बताई गई हैं—

1. **क्षिप्त**—रजोगुण के प्रभाव से युक्त चित्त जब स्थिर न रहकर एक स्थान से दूसरे स्थान पर दौड़ते रहता है तो वह चित्त की क्षिप्त भूमि है।
2. **मूढ़**—तमोगुण के प्रभाव से जब चित्त आलस्य निद्रा में रहता है तो उसे मूढ़ कहते हैं।
3. **विक्षिप्त**—यह मूढ़ और क्षिप्त के मध्य की अवस्था है। यहाँ तमोगुण का प्रभाव तो नहीं रहता, पर रजोगुण का बना रहता है, इसीलिए ध्यान में एकाग्रता नहीं रहती।
4. **एकाग्र**—यहाँ सतोगुण की प्रबलता रहती है। इसीलिए यहाँ चित्त किसी विषय पर एकाग्र हो पाता है। यहाँ रजोगुण और तमोगुण का प्रभाव नहीं रहता, अतः चित्त चमकते हुये स्फटिक मणि के समान स्वच्छ हो जाता है।
5. **निरुद्ध**—इस अवस्था में चित्त की समस्त वृत्तियों का निरोध हो जाता है और चित्त में पूर्ण स्थिरता उत्पन्न होती है। चित्त के सारे संस्कार भी इस अवस्था में नष्ट हो जाते हैं।

यह वह भूमि है जब संकल्प शक्ति के द्वारा चित्त पर पूर्ण नियन्त्रण एवं संयम कर लिया जाता है। यह योगी के समाधि में प्रविष्ट होने के पूर्व की स्थिति है अथवा इसी को समाधि कहते हैं। पातंजलि निरुद्ध अवस्था को ही योग कहते हैं।

उल्लेखनीय है कि इन पाँच चित्तभूमियों में से प्रथम तीन योग के उपयुक्त नहीं है। अन्तिम दो में ही योग सम्भव है। एकाग्र में सम्प्रज्ञात समाधि सम्भव है जबकि असम्प्रज्ञात समाधि निरुद्ध भूमि में ही हो सकती है।

चित्तवृत्ति निरोध के अथवा योग के लाभ—यहाँ प्रश्न उठता है कि चित्त-वृत्तियों के निरोध से, दूसरे शब्दों में योग से लाभ क्या है? उत्तर में योग दर्शन कहता है कि ये चित्त-वृत्तियाँ ही होती हैं जो मनुष्य के समस्त क्लेशों (अविद्या, अस्मिता, राग, द्वेष, अभिनिवेष अर्थात् मृत्यु भय, ये पाँच क्लेश हैं) का कारण बनती हैं, इन्हीं के कारण आत्मा बन्धन में पड़ती है। योग के द्वारा जब इनका निरोध हो जाता है, तब ये आत्मा को प्रभावित करना बन्द कर देती हैं, इस तरह आत्मा समस्त क्लेशों से मुक्त हो परम शान्त हो जाती है। जैसे शान्त जल में चन्द्रमा का प्रतिबिम्ब स्थिर पड़ता है वैसे ही योगी की आत्मा वृत्तिहीन चित्त में स्थिर रहती है।

पंच क्लेश

1. **अविद्या**—अनित्य को नित्य समझना, अपवित्र को पवित्र समझना, दुखदायी को सुखदायी समझना तथा अनात्मा का आत्मा समझना।
2. **अस्मिता**—शरीर या मन को **मैं** मानना।
3. **राग**—सुख देने वाले पदार्थों में आसक्ति।
4. **द्वेष**—दुखदायी पदार्थों के प्रति क्रोध और घृणा।
5. **अभिनिवेष**—जीवित बने रहने की इच्छा एवं मृत्यु का भय।

योग का लक्ष्य—योग-दर्शन का लक्ष्य न तो परमानन्द की प्राप्ति है, न स्वर्ग की प्राप्ति है और न ही आत्मा और परमात्मा का मिलन है, जैसा कि अन्य अनेक दर्शनों का लक्ष्य है। पतंजलि-योग का मुख्य लक्ष्य है, **'आत्मा' की स्वरूप में प्रतिष्ठा** जैसा कि

पतंजलि योग को चित्त-वृत्तियों का निरोध बतलाने के अनन्तर तीसरे सूत्र में कहते हैं, **''तदा द्रष्टुः स्वरूपेऽवस्थानम्''**[1] अर्थात् तब दृष्टा की स्वरूप (आत्मा) में अवस्थिति होती है।

योग दर्शन के अनुसार आत्मा मूलतः बुद्ध, मुक्त स्वरूप वाली है। वह न तो ज्ञाता है, न कर्त्ता, न भोक्ता। आत्मा के इसी स्वरूप की प्राप्ति योग का लक्ष्य है।

कारण, अविद्या—यहाँ एक प्रश्न उठता है कि आत्मा अपने स्वरूप को खोकर आखिर चित्त-वृत्तियों से प्रभावित ही क्यों होती है?

पतंजलि इसके उत्तर में कहते हैं, 'तस्य हेतु अविद्या'[2] अर्थात् इसका कारण अविद्या है। अतः अविद्या को दूर करना आवश्यक है। पतंजलि कहते हैं, ''अविद्या (अज्ञान) के अभाव से आत्मा और चित्त के संयोग का भी अभाव होता है और उससे फिर कैवल्य (मोक्ष) की प्राप्ति होती है।''[3] मोक्ष में सभी क्लेशों से मुक्ति मिलती है।

अष्टांग योग (Eight Fold Yoga)

योग दर्शन, सांख्य दर्शन के समान अविद्या को समस्त क्लेशों को जड़ बताता है, किन्तु जहाँ सांख्य दर्शन विद्या द्वारा अविद्या की निवृत्ति पर जोर देता है, वहाँ योग दर्शन हेतु इस क्रियात्मक प्रयत्न को अधिक महत्त्व देता है। चित्त-वृत्तियाँ, जो आत्मा पर आवरण डाले पड़ी रहती हैं, सहज ही आत्मा से दूर नहीं होतीं, इस हेतु मनुष्य को शारीरिक और मानसिक दोनों तरह से प्रयत्न करना आवश्यक होता है। यह प्रयत्न ही योग दर्शन में अष्टांग मार्ग के नाम से जाना जाता है। महर्षि पतंजलि कहते हैं, **''योग के अंगों का अनुष्ठान करने से अशुद्धि का नाश होता है, जिससे ज्ञान का प्रकाश चमकता है, जिससे कि विवेक ख्याति की प्राप्ति होती है।''**[4]

अभ्यास और वैराग्य—यहाँ उल्लेखनीय है कि इस अष्टांग योग का उल्लेख करने के पूर्व योग दर्शन चित्त-वृत्ति के निरोध के लिए दो शर्त अनिवार्य बताता है—(1) अभ्यास, (2) वैराग्य।[5] चित्त को वृत्ति-रहित करने का प्रयत्न करना अभ्यास है[6] तथा तृष्णा-रहित होना वैराग्य है।[7]

अब हम अष्टांग योग के आठ अंग क्या-क्या हैं, यह देखेंगे—

आठ अंग—महर्षि पतंजलि के अनुसार, **''यमनियमासनप्राणायमप्रत्याहार धारणाध्यानसमाधयोऽष्टावंगानि।''**[8] अर्थात् यम, नियम, आसन, प्राणायाम, प्रत्याहार, धारणा, ध्यान, समाधि—ये आठ योग के अंग हैं।

---

1. *'योगसूत्र'*, 1/3
2. *'योगसूत्र'*, 2/24
3. ''तदभावात् संयोगाभावोहानं तद्दृशेः कैवल्यम्।'', *योगसूत्र*—2/25
4. ''योगांगाऽनष्ठानादशुद्धिक्षये ज्ञानदीप्तिराविवेकख्यातेः।''—2/28
5. ''अभ्यासवैराग्याभ्यां तन्निरोधः।'' *वही*—1/12
6. ''तत्र स्थितौ यत्नोऽभ्यासः।'' *वही*—1/13
7. ''दृष्टानुश्रविकविषयवितृष्णस्य वशीकारसंज्ञा वैराग्यम्।'' *वही*—1/15
8. *वही*—2/29

इनमें से प्रथम पाँच योग के बहिरंग साधन कहे जाते हैं क्योंकि ये अप्रत्यक्ष रूप से योग के लक्ष्य की पूर्ति में सहायक होते हैं। अन्तिम तीन अर्थात् धारणा, ध्यान तथा समाधि, अन्तरंग साधन कहे जाते हैं क्योंकि ये लक्ष्य की प्राप्ति में सीधे सहायक होते हैं।

अब हम आठों अंगों पर अलग-अलग विचार करेंगे—

1. यम (*Absention*)

यमयन्ति निवर्तयन्तीति यमाः अर्थात् जो अवांछनीय कार्यों से निवृत्त कराते हैं, यम हैं। यम का अर्थ है 'नियन्त्रण' अथवा 'संयम'। नियन्त्रण मन, वचन तथा शरीर तीनों पर होना चाहिए। आन्तरिक शक्ति प्राप्त करने के लिए सबसे पहले बाह्य जीवन को सात्विक और दिव्य बनाना जरूरी है। यमों का पालन इसे ही सम्भव बनाता है। भारतीय नीतिशास्त्र में यमों को सर्वोपरि महत्त्व मिला है। यम पाँच प्रकार[1] के हैं—

(अ) अहिंसा—किसी भी समय किसी भी प्राणी को, किसी भी तरह का कष्ट न पहुँचाना अहिंसा है।[2] वस्तुतः अहिंसा ही सभी सद्गुणों का मूल है।

(ब) सत्य—सत्य का अर्थ है यथावत् कहना तथा वैसा ही व्यवहार करना।

(स) अस्तेय—अस्तेय का अर्थ है चोरी न करना।

(द) ब्रह्मचर्य—इन्द्रियों पर संयम रखते हुए विषय-वासना से बचना ब्रह्मचर्य है।

(इ) अपरिग्रह—अनावश्यक वस्तुओं का संग्रह न करना अपरिग्रह है।

स्पष्ट है कि इन यमों का निषेधात्मक महत्त्व अधिक है। अहिंसा, सत्य, अस्तेय, ब्रह्मचर्य तथा अपरिग्रह का मतलब है—हिंसा, असत्य, चोरी, इन्द्रियलोलुपता तथा परिग्रह से बचना। इन्हें 'महाव्रत' कहा गया है।

2. नियम (*Observances*)

नियमयन्ति प्रेरयन्तीति नियमाः अर्थात् जो शुभ कार्यों में प्रेरित करते हैं, नियम हैं। यम के समान नियम भी पाँच बताये गये हैं—शौच, सन्तोष, तप, स्वाध्याय तथा ईश्वर-प्रणिधान।[3]

(अ) शौच—शौच का अर्थ है शुद्धि अथवा सफाई। यह सफाई शरीर तथा मन दोनों की होनी चाहिए। मृत्तिका, जल तथा नियमित आहार आदि के द्वारा शरीर को शुद्ध तथा स्वस्थ रखना चाहिए तथा शुद्ध विचारों द्वारा मन को स्वस्थ रखना चाहिए।

(ब) सन्तोष—सन्तोष का अर्थ सब प्रकार की तृष्णा का त्यागकर उचित प्रयत्न के पश्चात् जो भी फल मिले उसे प्रसन्नतापूर्वक ग्रहण करना है। सन्तोष से सर्वोत्तम सुख मिलता है।

(स) तप—उचित रीति और अभ्यास से शरीर तथा मन को सभी प्रकार के द्वन्द्वों; यथा; सर्दी-गर्मी, हर्ष-विषाद आदि को सहन करने योग्य बनाना तप है। तप से अशुद्धि दूर होती है।

(द) स्वाध्याय—वेद, उपनिषद् आदि धर्म-ग्रन्थों का नियमपूर्वक अध्ययन करना स्वाध्याय है। इससे इष्ट देवता का साक्षात् होता है।

---

1. ''अहिंसासत्यास्तेयब्रह्मचर्यापरिग्रहा यमाः।'' वही—2/30

''मर्वथा सर्वदा सर्वभूतानामनभिद्रोहः।'' *'योगभाष्य'*—2/30

''पन्तोषतपः स्वाध्यायेश्वर प्रणिधानानि नियमाः।'' *'योगसूत्र'*—2/32

(इ) **ईश्वरप्रणिधान**—ईश्वरप्रणिधान का अर्थ ईश्वर में ध्यान लगाना तथा स्वयं को पूर्णतः उस पर आश्रित कर देना है। इससे समाधि की सिद्धि होती है।[1]

3. आसन (*Postures*)

आस्यतेऽनेनेति आसनम् अर्थात् जिस अवस्था में शरीर ठीक से बैठ सके वह आसन है। आसन का अर्थ होता है, **बैठना**। योग की सिद्धि के लिए उचित आसन, दूसरे शब्दों में, उचित तरीके से बैठना आवश्यक है, किन्तु आसन कौन-सा उचित होगा, यह हम कैसे जानेंगे? पतंजलि कहते हैं, **'स्थिरसुखमासनम्'**[2] अर्थात् जिस रीति से हम स्थिरतापूर्वक, बिना हिले-डुले और सुख के साथ, बिना किसी कष्ट के दीर्घकाल तक बैठ सकें, वह आसन है।

हठयोग में आसन अनेक प्रकार के बताये गये हैं; जैसे, पद्मासन, वीरासन, भद्रासन, मयूरासन, शीर्षासन, भुजंगासन आदि। वैसे तो इन आसनों से शरीर के विकार दूर होते हैं तथा वह स्वस्थ रहता है, किन्तु आसन का मुख्य उद्देश्य ध्यान में सहायक होना है। ध्यान में सर्दी-गर्मी, भूख-प्यास आदि द्वन्द्वों के कारण बाधाएँ आती हैं। पतंजलि कहते हैं, **'ततो द्वन्द्वानभिघातः'**[3] अर्थात् आसन से द्वन्द्वों को चोट नहीं लगती। इस तरह आसन ध्यान में सहायक होते हैं।

4. प्राणायाम (*Breath Control*)

उचित आसन में स्थिर होने के पश्चात् योग दर्शन में प्राणायाम करने का निर्देश दिया गया है।

प्राणायम के विषय में **पतंजलि** कहते हैं, **''श्वास-प्रश्वास की स्वाभाविक गति को रोकना ही प्राणायाम है।''**[4]

श्वास का अर्थ है, बाहर की वायु को नासिका द्वारा अन्दर प्रवेश कराना तथा प्रश्वास का अर्थ है, कोष्ठ स्थित वायु को नासिका द्वारा बाहर निकालना। वस्तुतः प्राणायाम द्वारा श्वास-प्रश्वास की गति पर नियन्त्रण किया जाता है।

प्राणायम क्रिया के तीन भेद हैं—

(i) **पूरक**—श्वास को भीतर खींचकर रोकना पूरक है।

(ii) **रेचक**—भीतर की वायु को बाहर निकालकर बाहर ही रोक देना रेचक है।

(iii) **कुम्भक**—कुम्भक में बिना पूरक और रेचक किये, श्वास-प्रश्वास की गति को रोक दिया जाता है।

वैसे तो प्राणायाम के अनेक लाभ हैं, जैसे इससे हृदय और आन्तरिक अंगों को शक्ति मिलती है, चंचल मन नियन्त्रण में आता है तथा शरीर में स्थिरता आती है आदि किन्तु इसका सबसे बड़ा लाभ यह है कि इससे विवेक ज्ञान जागृत होता है जैसा कि स्वयं पतंजलि कहते हैं, **'ततः क्षीयते प्रकाशावरणम्'**[5] अर्थात् इसके अभ्यास से विवेक-ज्ञान पर पड़ा

---

1. ''समाधिसिद्धिरीश्वरप्रणिधानात्।'' *वही*—2/45
2. वही—2/49
3. वही—2/48
4. ''श्वासप्रश्वासयोगर्तिविच्छेदः प्राणायामः।'' योगसूत्र—2/49
5. *वही*—2/52

आवरण क्षीण हो जाता है। इसी तरह पंचशिखाचार्य कहते हैं, **''प्राणायाम् से बढ़कर कोई तप नहीं है, इससे चित्त के मल धुल जाते हैं और ज्ञान का प्रकाश होता है।''**[1]

5. प्रत्याहार *(Sense Control)*

प्रत्याहार का अर्थ होता है **पीछे की ओर हटाना या लौटाना।**

अष्टांग योग के इस पाँचवें अंग प्रत्याहार में इन्द्रियों को उनके बाह्य विषयों से हटाकर उन्हें अन्तर्मुखी वृत्ति वाली बनाने का उपदेश दिया गया है।

इन्द्रियाँ स्वभावतः बहिर्मुखी होती हैं। प्रत्याहार द्वारा उन्हें अन्तर्मुखी बनाने का उपदेश दिया गया है। इस तरह प्रत्याहार का अर्थ इन्द्रियों को वश में करना है।[2]

इन्द्रियों को वश में करने का मुख्य लाभ यह है कि इससे मन की चंचलता थमती है। वस्तुतः ये इन्द्रियाँ ही होती हैं जो मन को चलायमान करती हैं। अतः इन्द्रियों को विषयों से हटाना, ऐसे हटाना कि विषय सामने हो, फिर भी इन्द्रियाँ निर्विकार बनी रहें, प्रत्याहार है। ऐसी स्थिति ही ध्यान में सहायक होती है।

यहाँ उल्लेखनीय है कि उपरोक्त पाँच अंग; यम, नियम, आसन, प्राणायाम तथा प्रत्याहार, जो 'बहिरंग' कहे जाते हैं, योग के सहायक साधन हैं। ये योग के अन्तर्निहित अंश नहीं हैं। ये केवल आत्मशुद्धि की अवस्था को प्रस्तुत करते हैं।[3]

अब हम आगे योग के जिन शेष तीन अंगों ध्यान, धारणा, समाधि, का वर्णन करेंगे, वे योग के अन्तर्निहित अंश हैं, इन्हें ही **'अन्तरंग'** साधन कहा जाता है। इन्हें 'संयम' भी कहते हैं।

6. धारणा *(Fixing of the Mind on a Particular Subject)*

यम-नियम द्वारा शारीरिक तथा मानसिक शुद्धि होने के पश्चात् जब आसन, प्राणायाम एवं प्रत्याहार द्वार चित्त स्थिर हो जाता है तब योग दर्शन में धारणा का आदेश है।

धारणा का अर्थ है चित्त को अन्य विषयों से हटाते हुए एक विशेष ध्येय की ओर स्थिर करना, जैसा कि पतंजलि कहते हैं, **'देशबन्धः चित्तस्य धारणा'**[4] अर्थात् वित्त को देश-विशेष में बाँधना धारणा है।

किन्तु यह ध्येय (ध्यान का विषय) क्या होना चाहिए? योग दर्शन में अनेक ध्येय बताये गये हैं, जैसे, नाभि, हृदय-कमल, नासिका-अग्रभाग, भृकुटी, चन्द्र, ध्रुव, किसी देवता अथवा इष्ट की मूर्ति आदि।

धारणा का उद्देश्य चित्त को एकाग्र बनाना है। इसके द्वारा मानसिक शक्ति के प्रवाह को एक विषय की ओर प्रेरित करना सम्भव होता है। वस्तुतः इससे मन ध्यान के लिए तत्पर होता है।

---

1. ''तपो न परं प्राणायामात् ततो विशुद्धिर्मलानां दीप्तिश्च ज्ञानस्य।।''
2. ''ततः परमावश्यतेन्द्रियाणाम्।''— 'योगसूत्र', 2/55
3. राधाकृष्णन : *'भारतीय दर्शन'*, भाग 2, पृ० 352
4. *'योगसूत्र'*, 3/1

7. ध्यान (*Meditation*)

ध्यान वस्तुतः धारणा का ही परिणाम है। जब ध्येय से युक्त मन केवल ध्येय को ही देखता है, दूसरे पदार्थ को नहीं जानता, तो उसे ध्यान कहते हैं। इस तरह ध्यान वह दशा है जिसमें आत्मा को एक वस्तु का ज्ञान होता है, अन्य वस्तुओं का विचार मन में उठता ही नहीं। इसमें ध्येय का निरन्तर मनन होता है।

पतंजलि के अनुसार, **'तत्र प्रत्ययैकतानता ध्यानम्'**[1] अर्थात् **ध्येय में वृत्ति का एक-सा बने रहना ही ध्यान है।**

ध्यान से आत्मा अविद्या के प्रभाव से मुक्त होती है। उस पर पदार्थ का वास्तविक रूप प्रगट होता है तथा उसे मुक्ति का आभास होता है।

8. समाधि (*Samadhi*)

समाधि अष्टांग योग का आठवाँ एवं अन्तिम अंग है।

'समाधि' शब्द का अर्थ है, एकाग्र करना। यहाँ योगदर्शन में इसका अर्थ है 'मन को एकाग्र करना।' जैसा कि भोज कहते हैं, ''जिसमें मन विक्षेपों से हटाकर एकाग्र किया जाता है वह समाधि है।''[2]

किन्तु मन को एकाग्र तो इसके पूर्व के अंग अर्थात् 'ध्यान' में भी किया जाता है। फिर समाधि की क्या विशेषता है?

समाधि वस्तुतः ध्यान की ही अगली एवं पूर्णावस्था है। समाधि और ध्यान में अन्तर यह है कि ध्यान में जहाँ ध्येय का ध्यान रहता है वहाँ समाधि में ध्यान ही ध्येय बन जाता है। इससे ध्याता और ध्येय के मध्य का भेद मिट जाता है और ध्याता 'मैं' की सत्ता भूलकर ध्येय से एकाकार हो जाता है। इस तरह यह एक प्रकार की आत्मविस्मृति की अवस्था है। इस अवस्था में समस्त चित्त-वृत्तियाँ रूक जाती हैं और चित्त आत्मा में लीन हो जाता है।

समाधि अष्टांग योग का सर्वाधिक महत्त्वपूर्ण अंग है क्योंकि मोक्ष तक पहुँचने का यह अन्तिम पड़ाव है। योग दर्शन में इसे इतना महत्त्व दिया गया है कि प्रायः इसे ही योग कह दिया जाता है, **'योगः समाधिः'**।[3]

समाधि से नित्य पद की प्राप्ति होती है। इससे पुरुष आध्यात्मिक चेतना को प्राप्त करता है। इसकी सिद्धि के उपरान्त ही उसे तत्त्वज्ञान प्राप्त होता है।

समाधि परम शान्ति की अवस्था है। इसमें बाह्य संसार का कोलाहल बिल्कुल सुनाई नहीं देता। यह एक रहस्यमय अवस्था है, जिसका पूर्ण अनुभव इस अवस्था से गुजरे बिना प्राप्त नहीं किया जा सकता। किन्तु यह गहरी नींद अथवा मूर्च्छावस्था के समान शान्त अवस्था नहीं है, क्योंकि समाधि व्यक्ति को प्रज्ञावान बनाती है। वस्तुतः समाधि व्यक्ति के सम्पूर्ण चरित्र को ही बदल देती है, जबकि निद्रा अथवा मूर्छा के बाद ऐसा कोई परिवर्तन व्यक्ति में नहीं होता।

समाधि से व्यक्ति अनेकानेक प्रकार की सिद्धियाँ भी प्राप्त करता है, जैसे—

अणिमा—अर्थात् अणु के समान छोटा बन जाना।

---

1. वही, 3/2
2. ''सम्यगाधीयत एकाग्री क्रियते विक्षेपान्यरिहत्य मनो यत्र स समाधिः''
3. *'योगभाष्य'*, 1/1

लघिमा—अर्थात् हल्का बनकर ऊपर उठ सकना।

महिमा—अर्थात् पहाड़ के समान भारी बन सकना।

प्राप्ति—अर्थात् कहीं से भी कोई भी वस्तु प्राप्त कर सकना।

प्रकाम्य—अर्थात् इच्छा की सिद्धि होना।

वशित्व—अर्थात् सब प्राणियों को अपने वश में कर सकना।

ईशित्व—अर्थात् समस्त भौतिक पदार्थ पर अधिकार जमा सकना।

यथाकामावसायित्व—अर्थात् संकल्पों की सिद्धि हो सकना।

योग दर्शन के अनुसार यद्यपि योगी उपरोक्त आठ प्रकार की सिद्धियों का प्रयोग कर सकता है किन्तु यहाँ स्पष्टतः योगी को इनका अपने ऐश्वर्य लाभ की प्राप्ति के लिए प्रयोग करने की मनाही है क्योंकि ये व्यक्ति को पथभ्रष्ट कर सकती है। योगी का लक्ष्य कैवल्य (मोक्ष) प्राप्ति होता है, न कि इनकी प्राप्ति इसीलिए पतंजलि इन्हें समाधि में विघ्न कहते हैं।[1]

समाधि के भेद—योग दर्शन में समाधि के मुख्य **दो भेद** बताये गये हैं—

1. सम्प्रज्ञात समाधि 2. असम्प्रज्ञात समाधि।

1. सम्प्रज्ञात समाधि—यह ध्यान से समाधि तक पहुँचने की पहली अवस्था है। वैसे समाधि में ध्याता और ध्येय के मध्य अन्तर मिट जाता है किन्तु प्रारम्भिक अवस्था में यह अन्तर बना रहता है। इसीलिए यहाँ ध्याता को ध्येय का अर्थात् जिस पर ध्यान केन्द्रित किया जा रहा हो, उसका ज्ञान रहता है। इसकी भी चार अवस्थाएँ हैं—

(i) **सवितर्क**—इसमें ध्यान का आलम्बन अर्थात् ध्येय स्थूल पदार्थ; जैसे, मूर्ति आदि होते हैं।

(ii) **सविचार**—इसमें ध्यान का आलम्बन सूक्ष्म, पदार्थ; जैसे, तन्मात्र होते हैं।

(iii) **सानन्द**—इसमें इन्द्रिय आदि सूक्ष्म पदार्थों पर ध्यान केन्द्रित किया जाता है। इससे आनन्द मिलता है।

(iv) **सस्मित**—इसमें अहंकार पर ध्यान केन्द्रित किया जाता है। अहंकार अस्मिता (मैं-पन) है, इसलिए इसे सस्मित कहते हैं।

2. असम्प्रज्ञात समाधि—समाधि की इस अवस्था में ध्यान का आलम्बन अर्थात् ध्येय पूर्णतः लुप्त हो जाता है। इसके अनन्तर ही व्यक्ति की प्रज्ञा पूर्णतः जाग्रत होती है और वह मोक्ष का अधिकारी हो जाता है।

यहाँ उल्लेखनीय है कि सम्प्रज्ञात समाधि को **सबीज** समाधि तथा असप्रज्ञात को **निर्बीज** समाधि भी कहते हैं।

ईश्वर

योग दर्शन में ईश्वर को प्रकृति और पुरुष से भिन्न एक स्वतन्त्र नित्य तत्त्व माना गया है, जो सर्वज्ञ, सर्वशक्तिमान, सर्वव्यापी, आप्तकाम एवं पूर्ण सत्ता है। वह ऐश्वर्य और ज्ञान की पराकाष्ठा है। वह गुरुओं का भी गुरु है। वेदशास्त्रों का प्रथम उपदेष्टा है। इसका प्रतीक

---

1. "ते समाधावपसर्गा व्युत्थाने सिद्धयः, ।"— *'योगसूत्र'*, 3/37

रहस्यपूर्ण अक्षर 'ॐ' है जिस पर ध्यान लगाने से जीव यथार्थ की झाँकी में विश्राम करता है।[1]

पुरुष विशेष—योग दर्शन की विशेषता ईश्वर को भी एक पुरुष मानना है। किन्तु यह कोई साधारण पुरुष नहीं है। साधारण बद्ध-पुरुष और ईश्वर में आकाश-पाताल का अन्तर है। बद्ध-पुरुष जहाँ नाना प्रकार के क्लेशों, कर्मों और कर्मफलों में उलझे रहते हैं, वहाँ यह पुरुष-विशेष इनसे सर्वथा परे हैं। डॉ० राधाकृष्णन् के शब्दों में, **सांसारिक जीवन की तमाम उलझनों से स्वतन्त्र ईश्वर नित्य परमानन्द में रहता है। उसका धर्म और अधर्म से कोई सम्पर्क नहीं रहता। वह दुःख के भार से, जिससे जीवित प्राणी अभिभूत रहते हैं,** अछूता रहता है।[2] महर्षि पतंजलि ईश्वर के विषय में कहते हैं, **'क्लेश कर्मविपाका-शयैरपरामृष्टः पुरुष विशेष ईश्वरः**[3] अर्थात् ईश्वर क्लेश, कर्म, विपाक एवं आशय से असम्बन्ध अन्य पुरुषों से विशेष (उत्कृष्ट) पुरुष है।

क्लेश—जो दुःख देते हैं, वे क्लेश कहलाते हैं। क्लेश पाँच हैं—अविद्या, अस्मिता, राग, द्वेष एवं अभिनिवेष (जीवित बने रहने की इच्छा)

कर्म—इन क्लेशों से शुभ-अशुभ और इनसे मिश्रित कर्म उत्पन्न होते हैं।

विपाक—कर्मों के फल विपाक हैं।

आशय—सुख, दुःख, भोग आदि से उत्पन्न वासना आशय कही जाती है।

इस तरह ये क्लेशादि, जिनसे जीव घिरा रहता है, ईश्वर पर कोई प्रभाव नहीं डालते। ईश्वर अखण्ड ऐश्वर्यवान है।

ईश्वर मुक्त-पुरुष तथा प्रकृति-लय पुरुष से भिन्न है—यहाँ कोई पूछ सकता है कि क्लेशादि से तो **मुक्त तथा प्रकृति-लय पुरुष** भी अप्रभावित रहते हैं, तब क्या वे ईश्वर हैं? उत्तर में योग दार्शनिक कहते हैं कि ईश्वर मुक्त पुरुषों से अलग है क्योंकि मुक्त-पुरुष पहले बन्धन में थे अर्थात् वे सर्वथा मुक्त नहीं कहे जा सकते। प्रकृतिलीन पुरुष मुक्त जरूर हो जाते हैं किन्तु भविष्य में उनके बन्धन की सम्भावना रहती है। अतः ईश्वर इनसे भी अलग है।

योग दर्शन में ईश्वर की उपयोगिता—उल्लेखनीय योग दर्शन में ईश्वर को प्रकृति तथा पुरुष में संयोजक और वियोजक का कार्य करने वाला बताया गया है किन्तु न्याय दर्शन के समान यहाँ ईश्वर जगत का सृष्टा, पालन कर्त्ता एवं संहारकर्त्ता नहीं है। दुःखों से लबालब भरे इस संसार का सृष्टिकर्त्ता भला ऐसा ईश्वर कैसे हो सकता है जो करुणा-सागर कहा जाता है? हाँ, वह प्रकृति के विकास का मार्ग-दर्शक अवश्य है। वह सदा इसके लिए तत्पर रहता है कि प्रकृति का विकास पुरुष के प्रयोजन की सिद्धि करने वाला हो।[4]

ईश्वर मनुष्यों के कर्म फलों का अध्यक्ष भी नहीं है। उसे हमारे कर्मों से कोई मतलब नहीं रहता। किन्तु वह हमारे पुण्य-वृद्धि तथा पाप-क्षय में सहायक अवश्य होता है।

योगदर्शन के अनुसार यह ईश्वर ही है जो मनुष्य के समाधि-लाभ को सुगम बनाता

---

1. राधाकृष्णन्, *भारतीय दर्शन*, भाग 2, पृ० 317
2. वही, पृ० 318
3. *योग सूत्र*, 1/24
4. राधाकृष्णन् : *भारतीय दर्शन*, भाग 2, पृ० 317

है। उल्लेखनीय है कि योग दर्शन के अनुसार समाधि-लाभ करना ही मनुष्य के जीवन का उद्देश्य है। महर्षि पतंजलि कहते हैं कि यह ईश्वर प्रणिधान[1] से अर्थात् ईश्वर के ध्यान से शीघ्र उपलब्ध होता है। आगे पतंजलि ईश्वर-प्रणिधान हेतु ईश्वर के नाम (प्रणव) का जप तथा उस नाम के अर्थ-भूत ईश्वर का पुनः-पुनः चिन्तन करना बताते हैं।

ईश्वर के अस्तित्त्व की सिद्धि—नैयायिकों के समान योग के आचार्य भी ईश्वर के अस्तित्व की सिद्धि के लिए प्रमाण प्रस्तुत करते हैं। कुछ प्रमुख प्रमाण निम्नलिखित हैं—

1. **शब्द प्रमाण**—श्रुति एवं शास्त्र एक स्वर से ईश्वर के अस्तित्व को स्वीकार करते हैं तथा उसकी प्राप्ति को ही जीवन का लक्ष्य बताते हैं, अतः ईश्वर अवश्य है।
2. **ज्ञान की पराकाष्ठा**—संसार में जितनी भी न्यूनाधिक मात्रा होती है उसकी अल्पतम् एवं अधिकतम कोटि भी अवश्य होती है। जैसे, वस्तु का अल्पतम् रूप परमाणु है और विशालतम् आकाश है। इसी प्रकार ज्ञान की न्यूनाधिक मात्रा हमें विभिन्न मनुष्यों में दिखाई देती है किन्तु इसकी अधिकतम् मात्रा किसी मनुष्य में नहीं हो सकती, यह तो किसी सर्वज्ञ में ही हो सकती है। यह सर्वज्ञ ही ईश्वर है।
3. **प्रकृति-पुरुष में संयोग एवं वियोग कर्त्ता के रूप में ईश्वर**—योग दार्शनिक सांख्य के समान प्रकृति एवं पुरुष के संयोग को जगत के विकास का हेतु मानते हैं, इसी तरह इस विकास का अन्त वे भी प्रकृति एवं पुरुष का वियोग मानते हैं। योग दार्शनिक यहाँ कहते हैं कि इस संयोग एवं वियोग हेतु एक सर्वज्ञ सर्वशक्तिमान सत्ता आवश्य होनी चाहिए। यही ईश्वर है।

❑

अध्याय 9

न्याय दर्शन

परिचय—न्याय दर्शन भारतीय आस्तिक षड्दर्शनों में एक अत्यन्त प्राचीन तथा लम्बे समय तक जीवन्त बना रहने वाला दर्शन है। करीब 20 शताब्दियों तक अनेकानेक भारतीय पंडितों ने इसकी सेवा की है। यही कारण है कि इसका साहित्यिक भण्डार वेदान्त दर्शन के बाद सर्वाधिक सम्पन्न भण्डार माना जाता है।

यह न्याय दर्शन क्या है इसे समझने के लिए हम सर्वप्रथम न्याय शब्द के अर्थ पर गौर करेंगे।

न्याय शब्द का अर्थ—**'नीयते अनेन इति न्यायः'** अर्थात् वह प्रक्रिया जिसके द्वारा मस्तिष्क एक निष्कर्ष पर पहुँचे, न्याय है।[1] किन्तु उचित निष्कर्ष पर पहुँचना तो तर्क करना है। वस्तुतः न्याय दर्शन मुख्यतः तर्क विद्या का प्रतिपादन करने वाला ही दर्शन है, इसीलिए इसे तर्कशास्त्र भी कहते हैं।

न्याय दर्शन को **प्रमाणशास्त्र** भी कहा जाता है क्योंकि इसमें प्रमाणों के द्वारा किसी विषय की समीक्षा की जाती है।[2] इसी तरह का इसका अन्य नाम **हेतु विद्या** अथवा **आन्वीक्षिकी विद्या** भी है।

किन्तु इसका मतलब यह नहीं कि न्याय दर्शन में तात्विक चिन्तन नहीं हुआ है। अन्य दर्शनों के समान इसमें भी ईश्वर, जीव, जगत् तथा मोक्ष-विषयक चिन्तन है। हाँ, **प्रमाण** पर अधिक जोर है। यह सत्य ही है कि न्याय-दर्शन को उसके प्रमाणशास्त्र के कारण प्रतिष्ठा मिली है। मनु जब धर्म का मर्म जानने के लिए न्याय विद्या का सहारा लेने की सिफारिश करते हैं अथवा याज्ञवल्क्य जब इसे वेद के चार अंगों में से एक कहते हैं, तब उनका तात्पर्य निश्चय ही इसके प्रमाणशास्त्र से ही है। इसी तरह वात्सायन द्वारा जब इसे समस्त विद्याओं का प्रकाशक कहा जाता है तब उनका न्याय दर्शन से तात्पर्य प्रमाणशास्त्र से ही स्पष्ट प्रतीत होता है। आगे हम देखेंगे कि नव्य-नैयायिकों का सारा चिन्तन केवल प्रमाणशास्त्र तक ही केन्द्रित रहा है।

प्रारम्भ एवं प्रवर्तक—वैसे तो तर्कविद्या अत्यन्त प्राचीन काल से ही भारत में विद्यमान रही है। उपनिषदों, रामायण, महाभारत, आदि में भी इसका उल्लेख मिलता है। किन्तु न्याय दर्शन को व्यवस्थित रूप में, एक दर्शन के रूप में प्रस्तुत करने का श्रेय महर्षि गौतम को है, जिनका **'न्यायसूत्र'** इस दर्शन का मूल ग्रन्थ माना जाता है, जिस पर बाद में अनेकानेक भाष्य लिखे गये। यहाँ उल्लेखनीय है कि इस दर्शन को प्रस्तुत करने का महर्षि गौतम का एक मुख्य उद्देश्य बौद्ध मत से सनातन धर्म की रक्षा करना भी था। उनके अनुयायियों ने भी बराबर उनके इस उद्देश्य पर अपना ध्यान केन्द्रित रखा।

1. राधाकृष्णन, 'भारतीय दर्शन', भाग 2, पृ० 41
2. ''प्रमाणैरर्थपरीक्षणम् न्यायः''—*वात्सायन : 'न्याय भाष्य'*, 1/1/1

प्राचीन एवं नव्य न्याय—पूर्व में हम कह चुके हैं कि न्याय दर्शन का इतिहास करीब 2000 साल में बिखरा हुआ है। इस विशाल दर्शन को विद्वानों ने दो भागों में बाँटा है—एक **प्राचीन-न्याय** दूसरा **नव्य-न्याय**।

इनकी विभाजक रेखा बारहवीं शताब्दी हैं। इस तरह बारहवीं शताब्दी के पूर्व का दर्शन प्राचीन-न्याय में रखा जाता है तथा बारहवीं शताब्दी एवं उसके बाद का दर्शन नव्य-न्याय में रखा जाता है। 12वीं शती के गंगेश उपाध्याय ने नव्य न्याय की आधारशिला रखी थी। दोनों में मुख्य अंतर है—

(1) प्राचीन-न्याय में पदार्थों की भी विशद् मीमांसा की गई है जबकि नव्य-न्याय में केवल प्रमाणों का वर्णन है।

(2) प्राचीन-न्याय का प्रारम्भ अवश्य प्रमाणमीमांसा से है, किन्तु उसका लक्ष्य 'मुक्ति' है, इस तरह प्रमाण मीमांसा प्राचीन-न्याय में केवल साधन है। किन्तु नव्य-न्याय में सब कुछ प्रमाण मीमांसा है, साध्य भी, साधन भी।

प्रमाण विचार

प्रायः सभी भारतीय दर्शन तत्त्व-विचार करने के पूर्व तत्त्व को जानने के साधन पर विचार करते हैं। ये साधन ही प्रमाण कहे जाते हैं।

न्याय दर्शन भी सर्वप्रथम प्रमाणों पर विचार करता है। न्याय दर्शन के प्रमाण-विचार से बाद के सभी आस्तिक एवं नास्तिक दर्शन प्रभावित हुए हैं।

प्रमाण-विचार ज्ञान-मीमांसा से सम्बन्धित है, अतः सबसे पहले हम 'ज्ञान' क्या है, यह देखेंगे।

ज्ञान—वस्तुओं की अभिव्यक्ति को ज्ञान कहते हैं। जैसे दीपक वस्तुओं को प्रकाशित करता है वैसे ही ज्ञान अपने विषयों को प्रकाशित करता है अर्थात् स्पष्ट करता है। ज्ञान से ही हमारे सम्पूर्ण व्यवहार का सम्पादन होता है।

न्याय दर्शन के अनुसार ज्ञान आत्मा का विशेष गुण है।

ज्ञान के भेद—ज्ञान दो प्रकार का होता है—(1) प्रमा (Real knowledge) (2) अप्रमा (Unreal knowledge)।

प्रमा—यथार्थ ज्ञान को प्रमा कहते हैं।[1] प्रमा शब्द में से 'प्र' का अर्थ है उचित या यथार्थ और 'मा' का अर्थ है 'माप'। इस तरह भी उचित या यथार्थ ज्ञान 'प्रमा' हुआ।[2]

अप्रमा—प्रमा के विपरीत 'अप्रमा' अयथार्थ ज्ञान है।[3]

यथार्थज्ञान का मतलब है जो वस्तु जैसी है उसको वैसा ही जानना, जैसे, रस्सी को रस्सी जानना। दूसरे शब्दों में, यह वस्तु का असंदिग्ध अनुभव है। इसमें स्मृति, भ्रम आदि नहीं आते। इसके अनुसार काम करने पर सफलता मिलती है।

इसके विपरीत **अयथार्थ** ज्ञान (अप्रमा) में जो वस्तु जैसी है उसको वैसा न जानकर अन्य जाना जाता है; जैसे, रस्सी को रस्सी न जानकर साँप जानना। इसके अनुसार काम करने पर विफलता मिलती है। इसके अन्तर्गत संशय, विपर्यय (भ्रम) और तर्क आते हैं।

---

1. यथार्थनुभवः प्रमा—तर्क भाषा, पृ० 18
2. तद्वति तत्प्रकारकं ज्ञानं यथार्थम्—*तर्कसंग्रह*
3. तद्भाववति तत्प्रकारकानुभवः अप्रमा—*तर्कसंग्रह*

प्रमाण—प्रमा के अर्थात् यथार्थ ज्ञान के प्राप्ति के साधन को प्रमाण कहते हैं।[1] **'प्रमीयते अनेन इति प्रमाणम्'** अर्थात् जिसके द्वारा यथार्थ ज्ञान की प्राप्ति हो, उसे प्रमाण कहते हैं। न्याय-दर्शन में प्रमाण भी एक पदार्थ माना गया है। महर्षि गौतम 16 पदार्थों में सर्वप्रथम स्थान प्रमाण को ही देते हैं।

प्रमाण के प्रकार—गौतम के न्याय-दर्शन के अनुसार प्रमाण के चार प्रकार[2] हैं—

(1) प्रत्यक्ष-प्रमाण (Perception)

(2) अनुमान-प्रमाण (Inference)

(3) उपमान-प्रमाण (Anology)

(4) शब्द-प्रमाण (Authority or testimony)

अब हम क्रमशः चारों पर विचार करेंगे।

प्रत्यक्ष-प्रमाण

महत्त्व—न्याय-दर्शन में प्रमाणों में प्रथम स्थान **'प्रत्यक्ष'** को दिया गया है। इसके महत्त्व के अनेक कारण हैं, जैसे—

(अ) इसे न केवल न्याय वरन् अन्य सभी आस्तिक एवं नास्तिक दर्शन स्वीकार करते हैं।

(ब) यह अन्य सभी प्रमाणों का आधार है।

(स) इसकी परीक्षा के लिए किसी अन्य प्रमाण की आवश्यकता नहीं होती—कहा भी गया है, **'प्रत्यक्षे किम् प्रमाणम्?'**

शाब्दिक अर्थ—प्रत्यक्ष शब्द दो शब्दों से बना है—**प्रति + अक्ष**। **'प्रति'** का अर्थ होता है **'सामने'** और **'अक्ष'** का अर्थ है **'आँख'**। अतः प्रत्यक्ष का शाब्दिक अर्थ हुआ, 'आँख के सामने'। दूसरे शब्दों में, आँखों के द्वारा जो ज्ञान प्राप्त किया जाये वह प्रत्यक्ष है अथवा प्रत्यक्ष वह प्रमाण है जिसकी सिद्धि आँखों के द्वारा हो।

व्यापक अर्थ—किन्तु प्रत्यक्ष का उपरोक्त शाब्दिक अर्थ संकुचित है। प्रत्यक्ष केवल आँख के द्वारा प्राप्त नहीं होता, अन्य इन्द्रियों; जैसे, कान, नाक, जिह्वा, त्वचा आदि के द्वारा प्राप्त ज्ञान भी प्रत्यक्ष में आता है। तो इन्द्रियों के द्वारा प्राप्त ज्ञान प्रत्यक्ष हुआ तथा सभी इन्द्रियाँ प्रत्यक्ष का साधन हुईं। यह प्रत्यक्ष का व्यापक अर्थ है। किन्तु केवल इतने को ही प्रत्यक्ष नहीं कहेंगे। न्याय-दर्शन में प्रत्यक्ष हेतु इन्द्रियों का वस्तुओं से संयोग भी आवश्यक माना गया है। प्रत्यक्ष की ये सारी विशेषता महर्षि गौतम की निम्नलिखित प्रत्यक्ष की परिभाषा से स्पष्ट होती है।

परिभाषा—गौतम के अनुसार, **''इन्द्रिय और अर्थ (वस्तु) के सन्निकर्ष (समीपता) से उत्पन्न ऐसा ज्ञान, जो भाषा पर आधारित न हो, जो भ्रामक न हो, तथा जो अनिश्चित न हो, वह प्रत्यक्ष है।''**[3]

---

1. यथार्थनुभवः प्रमा तत्साधनं च प्रमाणम्—*तर्कसंग्रह*
2. प्रत्यक्षानुमानोपमानशब्दा प्रमाणानि—*न्यायसूत्र*
3. ''इन्द्रियार्थ सन्निकर्षोत्पन्नम् ज्ञानम्।
अव्यपदेशमव्यभिचारिव्यवसायात्मक प्रत्यक्षम्।।''—*न्यायसूत्र* 1/1/4

इस परिभाषा को हम दो भागों में बाँट सकते हैं—

प्रथम भाग—इन्द्रिय और अर्थ की समीपता से उत्पन्न ज्ञान प्रत्यक्ष है।

यहाँ वात्सायन का कहना है कि प्रत्यक्ष में इन्द्रिय और अर्थ (वस्तु) की समीपता तो आवश्यक है ही, पर प्रत्यक्ष ज्ञान की उत्पत्ति की सही विधि है—वस्तु का इन्द्रिय से, इन्द्रिय का मन से, मन का आत्मा से सन्निकर्ष। इसके बाद ही हमें प्रत्यक्ष होता है।

अन्य नैयायिक उद्योतकर के अनुसार यहाँ सन्निकर्ष का मतलब निकट सम्पर्क (समीपता) मात्र नहीं है, यहाँ सन्निकर्ष का मतलब इन्द्रिय के साथ वस्तु का एक निश्चित सम्बन्ध स्थापित हो जाना है।

द्वितीय भाग—प्रत्यक्ष वह ज्ञान है जो भाषा पर आधारित नहीं है, जो भ्रामक नहीं है तथा जो अनिश्चित नहीं है।

इस तरह इसमें प्रत्यक्ष की तीन विशेषताएँ बताई गई हैं—

(अ) भाषा पर अनाधारित ज्ञान—इसका अर्थ है कि प्रत्यक्ष को भाषा से कोई सरोकार नहीं है, जैसे—सामने पड़ी पुस्तक को देखकर हमने जान लिया कि यह पुस्तक है, बस यही प्रत्यक्ष है। अब इसे भाषा में अर्थात् शब्दों में व्यक्त करना जरूरी नहीं है।

(ब) निश्चित ज्ञान—वैसे तो भ्रम आदि में (जैसे रस्सी को साँप समझने में) भी इन्द्रिय और वस्तुओं का सन्निकर्ष होता है किन्तु भ्रम अयथार्थ ज्ञान है, जबकि प्रत्यक्ष यथार्थ ज्ञान देता है। अतः प्रत्यक्ष को जब हम प्रमाण रूप में प्रस्तुत करें तो उसे अव्यभिचारी अर्थात् अपरिवर्तित होना आवश्यक है।

(स) भ्रम-रहित ज्ञान—प्रत्यक्ष में निश्चितता आवश्यक है; जैसे—दूर से दिखने वाली चीज के सम्बन्ध में यदि हमें सन्देह हो कि वह वही है, जैसा हम सोच रहे हैं, या अन्य कुछ है, तो वह प्रत्यक्ष नहीं कहलायेगा। जैसे, दूर से आते अपने मित्र को देखकर यदि हमें सन्देह हो कि वह हमारा मित्र है, तो इसे हम प्रत्यक्ष नहीं कहेंगे। इसे ही गौतम की उपरोक्त परिभाषा में **'व्यवसायात्मकम्'** कहा गया है।

नव्य न्याय के अनुसार प्रत्यक्ष

साक्षात प्रतीति—नव्य-न्याय में प्रत्यक्ष की एक अन्य ही परिभाषा दी गई है। गंगेश उपाध्याय के अनुसार, **'प्रत्यक्षस्य साक्षात्कारित्वं लक्षणं'** अर्थात् प्रत्यक्ष का लक्षण **साक्षात् प्रतीति** है।

नव्य नैयायिक कहते हैं कि प्रत्यक्ष केवल वहीं नहीं होता जहाँ इन्द्रिय और वस्तु में सन्निकर्ष हो, प्रत्यक्ष इसके बिना भी सम्भव है। जैसे—योगियों को बिना इन्द्रियों के सन्निकर्ष के भी कई वस्तुओं की साक्षात् प्रतीति होती है अथवा हमें सुख-दुःख इत्यादि विषयों का प्रत्यक्ष बिना इन्द्रियों के होता है। अतः प्रत्यक्ष में प्रमुख चीज है, साक्षात् प्रतीति।

प्रत्यक्ष के भेद—न्याय दर्शन में प्रत्यक्ष के अनेक प्रकार बताये गये हैं। मोटे तौर पर प्रत्यक्ष के दो भेद हैं—

(1) लौकिक प्रत्यक्ष (2) अलौकिक प्रत्यक्ष

लौकिक प्रत्यक्ष—इन्द्रियों का वस्तु से सम्पर्क होने पर जिस ज्ञान की उपलब्धि होती है वह लौकिक प्रत्यक्ष है।

अलौकिक प्रत्यक्ष—जब बिना इन्द्रियों के सम्पर्क के ज्ञाता को वस्तु का ज्ञान होता है उसे अलौकिक प्रत्यक्ष कहते हैं।

लौकिक प्रत्यक्ष के भेद

लौकिक प्रत्यक्ष के दो दृष्टिकोण से भेद किये गये हैं—

प्रथम दृष्टि से भेद—प्रथम दृष्टि से लौकिक प्रत्यक्ष के दो भेद हैं—

1. बाह्य प्रत्यक्ष, 2. मानस प्रत्यक्ष।

बाह्य प्रत्यक्ष—पंचज्ञानेन्द्रियों द्वारा मिलने वाला बाह्य वस्तुओं का ज्ञान बाह्य प्रत्यक्ष है। बाह्य प्रत्यक्ष के भी पाँच भेद हैं—

(1) **चाक्षुष प्रत्यक्ष**—जो आँखों से देखकर होता है।
(2) **श्रौत प्रत्यक्ष**—जो कानों से सुनकर होता है।
(3) **घ्राणज प्रत्यक्ष**—जो नाक से सूँघकर होता है।
(4) **स्पर्शज प्रत्यक्ष**—जो त्वचा से छूकर होता है।
(5) **रासज प्रत्यक्ष**—जो जीभ से चखकर होता है।

मानस प्रत्यक्ष—न्याय दर्शन के अनुसार उपरोक्त पंचज्ञानेन्द्रियों के अलावा हमारी एक आन्तरिक इन्द्रिय 'मन' भी होती है। इस 'मन' के द्वारा ही हमें सुख, दुःख, प्रेम, घृणा आदि का प्रत्यक्ष ज्ञान होता है। इस प्रकार यह मानस प्रत्यक्ष है। इसे आन्तरिक प्रत्यक्ष भी कहते हैं।

द्वितीय दृष्टि से लौकिक-प्रत्यक्ष के भेद

एक अन्य दृष्टि से लौकिक प्रत्यक्ष के तीन भेद किये गये हैं—

(1) **निर्विकल्प प्रत्यक्ष**, (2) **सविकल्प प्रत्यक्ष**[1], (3) **प्रत्यभिज्ञा।**

निर्विकल्प प्रत्यक्ष—वस्तुतः यह प्रत्यक्ष की प्रारम्भिक अवस्था है। इसमें हम वस्तु का प्रत्यक्ष तो करते हैं पर स्पष्टतः समझ नहीं पाते कि वस्तु क्या है; जैसे, हमने दूर से किसी को आते देखा, पर समझ नहीं पाये हैं कि कौन आ रहा है तो वह **निर्विकल्प प्रत्यक्ष** है।

सविकल्प प्रत्यक्ष—प्रत्यक्ष की इस दूसरी अवस्था में हम निर्विकल्प प्रत्यक्ष में अर्थात् इन्द्रियों से प्राप्त संवेदन में अर्थ भी जोड़ देते हैं और स्पष्टतः जान लेते हैं कि अमुक वस्तु 'यह' है।

प्रत्यभिज्ञा—लौकिक प्रत्यक्ष का तीसरा भेद **प्रत्यभिज्ञा** है। 'प्रत्यभिज्ञा' का अर्थ है पहचानना। कई बार प्रत्यक्षीकरण में हमें वस्तु के प्रत्यक्ष ज्ञान के साथ-ही-साथ यह ज्ञान भी होता है कि हमने इसे पहले भी देखा है, तो यह प्रत्यभिज्ञा है। जैसे, एक व्यक्ति का प्रत्यक्ष होने पर यह ज्ञान भी होना चाहिए कि इसे हमने पहले इसी स्थान पर देखा था; प्रत्यभिज्ञा है। इस तरह प्रत्यभिज्ञा में इन्द्रियों के द्वारा प्राप्त संवेदनाओं को 'पूर्व संस्कार' के द्वारा पहचाना जाता है। इसमें दर्तमान और भूत दोनों का समन्वय होता है।

तो ये हुए लौकिक-प्रत्यक्ष के विभिन्न भेद। अब हम अलौकिक-प्रत्यक्ष पर विचार करेंगे—

अलौकिक प्रत्यक्ष के तीन भेद हैं—

(1) सामान्य लक्षणा प्रत्यक्ष। (2) ज्ञान लक्षणा प्रत्यक्ष (3) योगज प्रत्यक्ष।

---

1. 'यहाँ उल्लेखनीय है कि निर्विकल्प और सविकल्प में प्रत्यक्ष का विभाजन गौतम ने नहीं किया है। यह विभाजन सर्वप्रथम वाचस्पति मिश्र ने किया है, जिसको उत्तरकालीन नैयायिकों ने भी स्वीकार किया।'—*न्यायवार्तिक, तात्पर्यटीका*, 1/1/4

1. सामान्य लक्षणा प्रत्यक्ष—अलौकिक-प्रत्यक्ष के इस भेद 'सामान्य लक्षणा प्रत्यक्ष' से तात्पर्य उस प्रत्यक्ष से है जिसमें हम वस्तु विशेष को देखकर उसकी 'जाति' का भी प्रत्यक्ष करते हैं; जैसे, किसी मनुष्य को देखकर यह ज्ञान भी होना कि यह 'मनुष्य जाति' का प्राणी है।

इसे अलौकिक प्रत्यक्ष इसलिए कहा गया क्योंकि इसमें 'मनुष्य जाति' के साथ हमारी किसी इन्द्रिय का सम्पर्क नहीं होता है, फिर भी यह प्रतीति साक्षात् है, इसलिए यह अलौकिक प्रत्यक्ष हुआ।

2. ज्ञान लक्षणा प्रत्यक्ष—सामान्यतया हमारी ज्ञानेन्द्रियाँ हमें वस्तु के विशिष्ट गुणों से परिचित कराती हैं; जैसे, नाक से हमें वस्तु की गंध का ज्ञान होता है, कान से वस्तु की ध्वनि का ज्ञान होता है, त्वचा से स्पर्श का ज्ञान होता है, आदि। यह लौकिक प्रत्यक्ष है। किन्तु कभी-कभी हम किसी इन्द्रिय से वस्तु के ऐसे भी गुण को ग्रहण करते हैं जो सामान्यतया उस इन्द्रिय के द्वारा नहीं ग्रहण किये जाते; जैसे, आग गरम है यह प्रत्यक्ष ज्ञान बिना आग को छुए उसे आँखों से देखने मात्र से हो जाता है। यही **ज्ञान लक्षणा प्रत्यक्ष** है। बर्फ को देखकर कहना कि यह ठंडा है, घास को देखकर कहना कि यह मुलायम है, आदि **ज्ञान लक्षणा प्रत्यक्ष** के अन्य उदाहरण हैं।

इसे अलौकिक प्रत्यक्ष इसलिए कहा गया क्योंकि इसमें असाधारण रूप से एक इन्द्रिय दूसरी इन्द्रिय के काम को करती है।

3. योगज प्रत्यक्ष—योग सिद्धि के द्वारा योगियों को होने वाला 'योगज-प्रत्यक्ष' भी एक तरह का अलौकिक प्रत्यक्ष है। इसमें योगी अपने योगाभ्यास से कुछ ऐसी शक्ति पा लेता है कि भूत तथा भविष्य की, दूरस्थ अथवा निकटस्थ की, अति सूक्ष्म अथवा अति गूढ़ अर्थात् किसी भी प्रकार की, कहीं भी स्थित तथा कभी भी स्थित वस्तु का साक्षात् ज्ञान प्राप्त करता है। सामान्य मनुष्य को यह प्रत्यक्ष नहीं होता।

प्रत्यक्ष प्रमाण के भेदों को हम निम्नलिखित चार्ट द्वारा समझा सकते हैं—

प्रत्यक्ष

- **(प्रथम दृष्टि) लौकिक प्रत्यक्ष**
  - **बाह्य प्रत्यक्ष**
    - **(1) चाक्षुष प्रत्यक्ष**
    - **(2) घ्राणज प्रत्यक्ष**
    - **(3) स्पर्शज प्रत्यक्ष**
    - **(4) श्रौत प्रत्यक्ष**
    - **(5) रासज प्रत्यक्ष**
  - **मानस प्रत्यक्ष**
    - **मन के द्वारा प्राप्त प्रत्यक्ष**
- **अलौकिक प्रत्यक्ष**
  - **(1) सामान्य लक्षणा प्रत्यक्ष**
  - **(2) ज्ञान लक्षणा प्रत्यक्ष**
  - **(3) योगज प्रत्यक्ष**

(द्वितीय दृष्टि) लौकिक प्रत्यक्ष

- **निर्विकल्प**
- **सविकल्प**
- **प्रत्यभिज्ञा**

अनुमान
(Inference)

न्याय-दर्शन में प्रत्यक्ष के पश्चात् अनुमान का स्थान है। इसे प्रत्यक्ष के पश्चात् स्थान देने का कारण यह है कि यह प्रत्यक्ष पर आधारित प्रमाण है। चार्वाक को छोड़कर प्रायः अन्य सभी भारतीय दर्शनों ने इसे 'प्रमाण' रूप में स्वीकार किया है।

शाब्दिक अर्थ—अनुमान दो शब्दों से बना है, अनु + मान। इनमें से 'अनु' का अर्थ है, 'पश्चात्', तथा 'मान' का अर्थ है, 'ज्ञान'। अतः अनुमान हुआ **पश्चात् ज्ञान।** दूसरे शब्दों में, **पूर्वज्ञान के पश्चात् होने वाला ज्ञान 'अनुमान' है।**

किन्तु यह पूर्वज्ञान क्या है? न्याय दार्शनिकों के अनुसार यह पूर्वज्ञान 'प्रत्यक्ष' है। अतः स्पष्ट हुआ कि अनुमान प्रत्यक्ष के पश्चात् होने वाला ज्ञान है। दूसरे शब्दों में **प्रत्यक्ष पर आधारित ज्ञान है।** इसीलिए इसे 'सापेक्ष ज्ञान' भी कहा जाता है।

एक उदाहरण—उपरोक्त विचार को हम एक उदाहरण द्वारा स्पष्ट करेंगे। उदाहरण—दूर पर्वत से हम धुआँ उठता देखते हैं प्रत्यक्ष। इस आधार पर हमें यह ज्ञान होता है कि पर्वत में आग है। यही अनुमान है। तो यहाँ पर्वत में आग है, यह सिद्धि जिस प्रमाण के द्वारा हुई, वह अनुमान प्रमाण है।

स्पष्ट है कि यहाँ हमने आग को प्रत्यक्ष नहीं देखा, प्रत्यक्ष तो हमने केवल 'पर्वत पर धुआँ' देखा है, पर इसी प्रत्यक्ष, जिसे पूर्वज्ञान कहा गया है, के आधार पर हम यह अनुमानजन्य ज्ञान प्राप्त करते हैं कि पर्वत पर आग है।

चिह्न(*Symbol*), **साध्य**(*Conclusion*) **एवं पक्ष**(*Support*)—यहाँ उल्लेखनीय है कि अनुमान में 'चिह्न' (अथवा हेतु) का महत्त्वपूर्ण स्थान है, जैसे उपरोक्त उदाहरण में 'धुआँ' चिह्न है, 'आग' का। 'आग' यहाँ साध्य है, जिसे सिद्ध करना है तथा पर्वत 'पक्ष' है क्योंकि यह वही स्थान है जहाँ चिह्न दिख रहा है। प्रत्येक अनुमान में चिह्न, साध्य एवं पक्ष अवश्य होते हैं।

परिभाषा—महर्षि गौतम ने 'न्यायसूत्र' में अनुमान की ओर केवल एक शब्द से इंगित किया है, **'तत्पूर्वकम्'** अर्थात् **पूर्व ज्ञान के पश्चात् होने वाला ज्ञान अनुमान है।**[1] (जैसा कि हम ऊपर कह चुके हैं)

किन्तु गौतम ने पूर्वज्ञान क्या है, यह स्पष्ट नहीं किया है।

इस पूर्वज्ञान की विस्तार से व्याख्या **वात्सायन** ने की है।

वात्सायन के अनुसार अनुमान में 'पूर्वज्ञान' का तात्पर्य पूर्व-प्रत्यक्ष है। यह प्रत्यक्ष दो प्रकार का होता है—

(1) चिह्न का प्रत्यक्ष।

(2) चिह्न और साध्य के मध्य सम्बन्ध का प्रत्यक्ष। इसे ही व्याप्ति सम्बन्ध कहते हैं।

जैसे उपरोक्त उदाहरण में पहले तो चिह्न अर्थात् धुएँ का प्रत्यक्ष आवश्यक है, फिर चिह्न और साध्य अर्थात् धुएँ और आग के मध्य सम्बन्ध का पूर्व-प्रत्यक्ष भी आवश्यक है।

व्याप्ति सम्बन्ध—धुएँ और आग के मध्य सम्बन्ध को ही न्याय-दर्शन में व्याप्ति सम्बन्ध कहा गया है। 'व्याप्ति' दो वस्तुओं के बीच एक आवश्यक सम्बन्ध है, ऐसा संबंध जो 'व्यापक' होता है, जो अनिवार्य रूप से होता है। आग और धुएँ में व्याप्ति-सम्बन्ध इसलिए है क्योंकि हमने हमेशा देखा है कि जहाँ-जहाँ धुआँ होता है, वहाँ-वहाँ आग अवश्य होती है।

1. तत्पूर्वकमनुमानम्— *'न्यायसूत्र'* 1/15

इस तरह अनुमान में चिह्न का तथा चिह्न एवं साध्य के मध्य व्याप्ति सम्बन्ध का पूर्वज्ञान होना आवश्यक है। इनके बिना अनुमान असम्भव है।

उपरोक्त व्याख्या के आधार पर हम कह सकते हैं कि अनुमान वह प्रमाण है, जिसके द्वारा हम किसी चिह्न के आधार पर उस वस्तु का ज्ञान प्राप्त करते हैं, जिसका वह चिह्न है।

अनुमान के अवयव—किसी भी अनुमान के तीन अवयव होते हैं, **पक्ष, साध्य** एवं **चिह्न**। इनका उल्लेख हम प्रारम्भ में कर चुके हैं। सामान्यतः अनुमान में वाक्य भी तीन होते हैं, जैसे, उपर्युक्त उदाहरण में निम्नलिखित तीन वाक्य हैं—

(1) पर्वत में आग है।

(2) क्योंकि पर्वत में धुआँ है।

(3) जहाँ धुआँ है वहाँ आग है, जैसे, रसोईघर के चूल्हे में।

इन तीन वाक्यों में सबसे पहले पक्ष के साथ साध्य का सम्बन्ध स्थापित किया गया है, दूसरे वाक्य में इसका कारण अर्थात् साध्य के चिह्न की पक्ष में उपस्थिति बताई गई है और तीसरे वाक्य में उदाहरण (रसोईघर का चूल्हा) देते हुए बताया गया है कि चिह्न के साथ साध्य का व्याप्ति सम्बन्ध है। इस विशिष्ट ज्ञान को **परामर्श**[1] भी कहते हैं।

पाश्चात्य अनुमान से तुलना—यहाँ उल्लेखनीय है कि पाश्चात्य तर्क शास्त्र में इसी 'अनुमान' को 'Syllogism' कहा जाता है, वहाँ भी तीन वाक्यों के द्वारा अनुमान को प्रस्तुत किया जाता है किन्तु उनके वाक्यों का क्रम उल्टा है अर्थात् न्याय दर्शन में जिसे प्रथम वाक्य कहा गया उसे वे तृतीय कहते हैं तथा तृतीय को प्रथम कहते हैं। Syllogism के तीन वाक्य क्रमशः इस प्रकार हैं—(1) Major Premise, (2) Minor Premise, (3) Conclusion.

पंचावयव अनुमान—यहाँ उल्लेखनीय है कि भारतीय अनुमान के उपरोक्त तीन वाक्य वस्तुतः अनुमान की पूर्ण प्रक्रिया को प्रस्तुत नहीं करते हैं। पूर्व प्रक्रिया में अनुमान में **पाँच वाक्य (पंचावयव)** आते हैं। आगे हम 'स्वार्थानुमान एवं परार्थानुमान' नामक अनुमान के भेद में इस पर विस्तृत प्रकाश डालेंगे।

अनुमान के भेद

अनुमान प्रमाण के निम्नलिखित तीन प्रकार के भेद हैं—

(1) पूर्ववत्, शेषवत् सामान्यतोदृष्ट—यह भेद **प्राचीन-न्याय** के अनुसार हैं।

(2) केवलान्वयी, केवलव्यतिरेकी और अन्वयव्यतिरेकी—यह भेद **नव्य-न्याय** के अनुसार हैं।

(3) स्वार्थानुमान, परार्थानुमान—यह भेद **मनोवैज्ञानिक दृष्टि** से किया गया है।

अब हम तीनों प्रकार के विभिन्न भेदों पर प्रकाश डालेंगे। प्रारम्भ मनोवैज्ञानिक दृष्टि से किये गये भेद से करेंगे।

1. स्वार्थानुमान एवं परार्थानुमान

अनुमान-प्रमाण का उपयोग हम प्रायः दो दृष्टियों से करते हैं—कई बार स्वयं ही ज्ञान

1. "परामर्शजन्यं ज्ञानमनुमितिः।"—*अन्नम् भट्ट*

प्राप्त करने के लिए, तो कई बार दूसरों के सामने कुछ सिद्ध करने के लिए। इसी आधार पर अनुमान प्रमाण के दो भेद किये गये हैं—**स्वार्थानुमान एवं परार्थानुमान।**

अब हम दोनों पर पृथक-पृथक् विचार करेंगे—

स्वार्थानुमान—जैसा कि नाम से ही स्पष्ट है, इस अनुमान का उपयोग व्यक्ति स्वयं ही ज्ञान प्राप्त करने के लिए करता है; जैसे, उपरोक्त उदाहरण को ही लें; दूर पर्वत पर जब हम धुआँ उठते देखते हैं, तो सोचते हैं कि अवश्य ही पर्वत पर आग है क्योंकि जहाँ-जहाँ धुआँ होता है वहाँ-वहाँ आग होती है, जैसे रसोईघर में। इस तरह सामान्यतया यह निम्नलिखित तीन वाक्यों में पूर्ण होता है—

(1) पर्वत पर आग है।

(2) क्योंकि पर्वत पर धुआँ है।

(3) जहाँ-जहाँ धुआँ होता है, वहाँ-वहाँ आग होती है; जैसे चूल्हे में।

परार्थनुमान—जब दूसरों को समझाने के लिए अनुमान प्रमाण का उपयोग किया जाता है, तब उसे **परार्थानुमान** कहते हैं। इसमें पाँच वाक्यों में अनुमान की प्रक्रिया पूर्ण होती है, इसलिए इसे **पंचावयव** भी कहा जाता है। परार्थानुमान के पाँच वाक्य निम्नलिखित हैं—

(1) पर्वत में आग है—**प्रतिज्ञा।**

(2) क्योंकि वहाँ धुआँ है—**चिह्न (हेतु)।**

(3) जहाँ-जहाँ धुआँ है, वहाँ-वहाँ आग है; जैसे चूल्हे में—**उदाहरण।**

(4) पर्वत में धुआँ है—**उपनय।**

(5) इसलिए पर्वत में आग है—**निगमन।**

अब हम पंचावयव के पाँचों अवयव अर्थात् प्रतिज्ञा, चिह्न (हेतु), उदाहरण, उपनय तथा निगमन पर अलग-अलग विचार करेंगे।

1. प्रतिज्ञा[1]—इसमें जिसे सिद्ध करना है उसे बताया जाता है। इसका सर्वप्रथम उल्लेख इसलिए किया जाता है ताकि यह अच्छी प्रकार से तय हो जाये कि क्या सिद्ध करना है।

2. चिह्न (हेतु)[2]—चिह्न द्वारा वह कारण बताया जाता है जिस आधार पर प्रतिज्ञा की गई है। जैसे, उपरोक्त उदाहरण में धुआँ चिह्न है क्योंकि इसी आधार पर 'आग' के होने की प्रतिज्ञा की गई है।

3. उदाहरण[3]—उदाहरण द्वारा चिह्न और साध्य में व्याप्ति सम्बन्ध है, इस बात की पुष्टि की जाती है।

4. उपनय[4]—उपनय चौथा अवयव है। यह पक्ष (पर्वत) तथा चिह्न के सम्बन्ध को बतलाता है, जैसे, उपरोक्त अनुमान में उपनय है, पर्वत में धुआँ है।

5. निगमन[5]—प्रतिज्ञा सिद्धि के पश्चात् अन्त में हम आत्मविश्वासपूर्वक जिस

---

1. ''साध्यनिदेशः प्रतिज्ञा।''—'न्यायसूत्र' 1/1/33
2. ''साध्यसाधनम् हेतुः।''—वही, 1/1/34
3. ''साध्यसाधर्म्यात्तद्भावो दृष्टान्त उदाहरणम्।''—वही, 1/1/36
4. ''उदाहरणापेक्षस्ताथेत्युवसंहारी साध्यस्योपनयः।''—वही, 1/138
5. ''हेत्वापदेशात् प्रतिज्ञायाः पुनर्वचनं निगमनम्।''—वही, 1/1/39

निष्कर्ष पर पहुँचते हैं वह निगमन है। पाश्चात्य तर्कशास्त्र में निगमन को ही निष्कर्ष (Conclusion) कहा जाता है। यहाँ यह उल्लेखनीय है कि पाश्चात्य तर्कशास्त्र में 'पंचावयव' नहीं होते, वहाँ अनुमान के केवल तीन वाक्य होते हैं जिसका हम प्रारंभ में उल्लेख कर चुके हैं।

2. पूर्ववत्, शेषवत्, सामान्यतोदृष्ट अनुमान (प्राचीन-न्याय के अनुसार)

महर्षि गौतम ने अनुमान को परिभाषित करते समय ही उसे तीन रूप वाला बतलाया है। उनके अनुसार अनुमान के ये तीन रूप हैं—**पूर्ववत्, शेषवत्** तथा **सामान्यतोदृष्ट**।[1] अब हम तीनों पर अलग-अलग प्रकाश डालेंगे—

पूर्ववत् अनुमान—'पूर्ववत्' शब्द दो शब्दों से बना है, 'पूर्व + वत्'। इनमें से **'पूर्व'** का अर्थ है **'पहले'** (कारण) तथा **'वत्'** का अर्थ है **'अनुसार'**, इस तरह पूर्ववत् का अर्थ है—**कारण के अनुसार**। अतः पूर्वतवत् अनुमान वह हुआ जहाँ कारण को देखकर कार्य का अनुमान हो। जैसे, काले बादल वर्षा का कारण हैं। अब यदि आकाश में काले बादलों को छाया देखकर हम यह अनुमान करते हैं कि वर्षा होगी तो यह **पूर्ववत् अनुमान** है।

शेषवत् अनुमान—शेषवत् अनुमान पूर्ववत् का उल्टा है। 'शेष' का अर्थ ही होता है 'बाद का' अर्थात् 'कार्य'। अतः शेषवत् का अर्थ हुआ, **कार्य के अनुसार**, तो शेषवत् अनुमान वह हुआ जहाँ कार्य को देखकर उसके कारण का अनुमान करते हैं; जैसे, प्रातः सड़क को गीली देखकर हम यह अनुमान करते हैं कि रात वर्षा हुई थी, क्योंकि वर्षा ही सड़क के गीले होने का कारण होती है।

सामान्यतोदृष्ट अनुमान—'सामान्यतोदृष्ट' का अर्थ है, सामान्यतया जैसा देखा जाता है। तो जब हम सामान्यतया जैसा देखते हैं, उस आधार पर अनुमान करते हैं, तब इसे सामान्यतोदृष्ट अनुमान कहते हैं। यहाँ पूर्व के दो अनुमानों के समान कार्य-कारण सम्बन्ध को नहीं देखा जाता। केवल सामान्य रूप से जो सादृश्य हम देखते हैं, उसे ही आधार बनाया जाता है। इसे हम एक उदाहरण से स्पष्ट करेंगे—सामान्यतया हम सींग वाले पशु की पूँछ भी देखते हैं। इसी सामान्य अनुभव के आधार पर जहाँ कहीं सींग वाला पशु देखते हैं तो यह अनुमान भी कर सकते हैं कि इसके पूँछ भी होगी। यही सामान्यतोदृष्ट अनुमान है।

अब हम अनुमान प्रमाण के अन्तिम प्रकार का उल्लेख करेंगे—

3. केवलान्यवी, केवलव्यतिरेकी, अन्वयव्यतिरेकी (नव्य-न्याय के अनुसार)

अनुमान का यह प्रकार विशेषतः **नव्य नैयायिकों** के द्वारा प्रस्तुत किया गया है। अनुमान का यह प्रकार व्याप्ति को स्थापित करने वाली भिन्न-भिन्न विधियों पर आधारित है। इस आधार पर न्याय दर्शन में तीन प्रकार के अनुमान का उल्लेख मिलता है—

(अ) केवलान्वयी—जब केवल भावात्मक उदाहरण के आधार पर व्याप्ति की स्थापना होती है, अभावात्मक उदाहरण मिलते ही नहीं, तो उसे केवलान्वयी अनुमान कहते हैं; जैसे—"जिन्हें नाम दिया जा सकता है, उनका ज्ञान सम्भव है।" इस सामान्य वाक्य के आधार पर हम निम्नलिखित अनुमान उपस्थित कर सकते हैं—

1. "अथ तत्पूर्वकम् त्रिविधमनुमानं पूर्ववच्छेषवत्सामान्यतोदृष्टं च"—वही, 1/1/5

सभी ज्ञेय पदार्थ नामधारी (अभिधेय) हैं।
घट नामधारी है।
अतः घट ज्ञेय है।

यहाँ इसे हमने 'केवलान्वयी' अनुमान इसलिए कहा क्योंकि ऐसी व्याप्ति में अभावात्मक उदाहरण नहीं मिलते; जैसे कि हम यहाँ पर यह नहीं कह सकते कि जो नामधारी (अभिधेय) नहीं है वह अज्ञेय है क्योंकि हम ऐसी कोई भी वस्तु नहीं बता सकते जिसका नाम न रखा जा सकता हो।

(ब) केवलव्यतिरेकी—कभी-कभी व्याप्ति स्थापना के लिए केवल भावात्मक उदाहरण मिलते हैं, अ-भावात्मक नहीं; जैसे, "यह पर्वत हिमालय है,
क्योंकि यह सबसे ऊँचा है।"

उक्त अनुमान की पुष्टि के लिए हमें कोई भावात्मक उदाहरण नहीं मिलते, क्योंकि हम यह नहीं कह सकते कि 'क' सबसे ऊँचा है, अतः वह हिमालय है अथवा 'ग' सबसे ऊँचा है, अतः वह हिमालय है, हम तो यहाँ केवल अभावात्मक उदाहरण देते हुए कह सकते हैं "जो हिमालय नहीं है वह सबसे ऊँचा नहीं है, जैसे, सिहावा पर्वत।"

इस प्रकार केवल अभावात्मक उदाहरण द्वारा पुष्टि होने के कारण यह अनुमान **केवलव्यतिरेकी अनुमान** हुआ।

(स) अन्वयव्यतिरेकी—जहाँ भावात्मक और अभावात्मक दोनों प्रकार के उदाहरण दिये जा सकते हों, उसे अन्वयव्यतिरेकी अनुमान कहते हैं।

जैसे, 'पर्वत में आग है, क्योंकि वहाँ धुआँ है' इस उदाहरण के व्याप्ति सम्बन्ध (जहाँ-जहाँ धुआँ होता है वहाँ-वहाँ आग होती है) को हम भावात्मक एवं अभावात्मक दोनों प्रकार के उदाहरण द्वारा पुष्ट कर सकते हैं; जैसे—इसका भावात्मक उदाहरण है—'रसोईघर, गौशाला, आदि (क्योंकि यहाँ धुएँ के संग बराबर आग रहती है) तथा इसका अभावात्मक उदाहरण हैं 'कमरा', जहाँ आग नहीं तो धुआँ भी नहीं है।

इस तरह दोनों प्रकार के उदाहरण दिये जा सकने वाला अनुमान अन्वयव्यतिरेकी अनुमान हुआ।

हेत्वाभास
(Fallacies of Inference)

वैसे तो 'अनुमान' को न्याय-दर्शन में एक अत्यन्त महत्त्वपूर्ण प्रमाण माना गया है किन्तु इस प्रमाण की प्रस्तुति बड़ी सावधानीपूर्वक करनी चाहिए, अन्यथा इस प्रमाण द्वारा प्राप्त हमारा ज्ञान मिथ्या हो सकता है।

इस प्रमाण में सर्वाधिक गड़बड़ी **हेतु** अर्थात् **चिह्न** के गलत प्रयोग के कारण होती है। **जहाँ हेतु वास्तव में न हो, पर हेतु के समान प्रतीत हो, वहाँ हेत्वाभास** (हेतु का आभास) **होता है।** इस तरह हेत्वाभास न्याय दर्शन के अनुमान प्रमाण में प्रयुक्त हेतु के गलत प्रयोग की ओर इंगित करता है।

हेत्वाभास के प्रकार—नैयायिकों ने पाँच प्रकार के हेत्वाभासों की चर्चा की है—

(1) सव्यभिचार। (2) विरुद्ध।
(3) सप्रतिपक्ष। (4) असिद्ध।
(5) बाधित।

अब हम पाँचों प्रकार पर अलग-अलग विचार करेंगे—

(1) सव्यभिचार—सव्यभिचार का अर्थ है, 'व्यभिचारसहित'। जहाँ हेतु तथा साध्य के व्याप्ति सम्बन्ध में व्यभिचार हो, अर्थात् स्थिरता न हो। दूसरे शब्दों में व्याप्ति सम्बन्ध कभी हो, कभी न हो, वह सव्यभिचार हेतु है।

उदाहरण—'जहाँ-जहाँ धुआँ होता है वहाँ-वहाँ आग होती है' यह तो सही हेतु है किन्तु 'जहाँ-जहाँ आग होती है वहाँ-वहाँ धुआँ होता है' यह हेत्वाभास है क्योंकि हर जगह आग के साथ धुआँ नहीं होता। लुहार के तप्त लोहे में आग होती है, पर धुआँ नहीं होता।

कहने का मतलब कि आग के साथ कभी धुआँ होता है, कभी नहीं होता, अतः यह कहना कि जहाँ आग होती है वहाँ धुआँ होता है, सव्यभिचार हेत्वाभास है।

(2) विरुद्ध—जहाँ पर हेतु से साध्य की सिद्धि न होकर असिद्धि हो उसे विरुद्ध हेत्वाभास कहते हैं।

उदाहरण—संसार नित्य है।
क्योंकि वह कार्य है।

इस अनुमान में 'कार्य' हेतु है, किन्तु कार्य तो अनित्य होता है, अतः इससे संसार नित्य नहीं वरन् अनित्य सिद्ध हो रहा है।

(3) सप्रतिपक्ष—जब एह ही अनुमान के साध्य को सिद्ध करने वाले हेतु के साथ प्रतिपक्षी (विरोधी) हेतु भी उपस्थित हो जो उस साध्य को असिद्ध करे, तो इसे सप्रतिपक्ष हेत्वाभास कहते हैं।

उदाहरण—1. शब्द नित्य है
क्योंकि वह सब जगह सुनाई देता है।
2. शब्द अनित्य है
क्योंकि वह उत्पन्न होता है।

उपरोक्त दो अनुमानों में स्पष्ट है कि पहले अनुमान को दूसरा अनुमान गलत सिद्ध कर रहा है।

(4) असिद्ध—कई बार हेतु ही असिद्ध होता है; जैसे कई बार हेतु तथा पक्ष में कोई सम्बन्ध ही नहीं होता, जबकि अनुमान के लिए ऐसा होना अनिवार्य है। ऐसी स्थिति के हेतु को असिद्ध कहते हैं।

उदाहरण—आकाश-कमल सुगन्धित है।
क्योंकि वह कुसुम है।
सभी कुसुम सुगन्धित होते हैं।

उपरोक्त अनुमान में पक्ष 'आकाश कुसुम' है तथा हेतु 'कुसुम' है किन्तु यहाँ वस्तुतः आकाश-कमल एवं सामान्य कुसुम में कोई सम्बन्ध ही नहीं है क्योंकि आकाश-कमल का अस्तित्व ही नहीं होता है; तो इस तरह के हेतु को असिद्ध हेत्वाभास कहते हैं।

(5) बाधित—कई बार ऐसा भी होता है कि अनुमान द्वारा जिस ज्ञान की हम प्राप्ति करते हैं, उसका अन्य प्रमाण; जैसे, प्रत्यक्ष, शब्द आदि के द्वारा खण्डन हो जाता है।

उदाहरण—बर्फ पानी में डूब जाता है।
क्योंकि वह एक ठोस पदार्थ है।
जितने ठोस पदार्थ होते हैं वे सब पानी में डूब जाते हैं, जैसे लोहा।

उपरोक्त अनुमान अर्थात् 'बर्फ पानी में डूब जाता है' का प्रत्यक्ष द्वारा खण्डन होता है क्योंकि हम बर्फ को पानी में डूबते नहीं देखते हैं। यही बाधित हेत्वाभास है।

अनुमान (प्रकार)

- (1) मनोवैज्ञानिक दृष्टि
  - (1) स्वार्थानुमान
  - (2) परार्थानुमान
- (2) प्राचीन न्याय के अनुसार
  - (1) पूर्ववत्
  - (2) शेषवत्
  - (3) सामान्योदृष्ट
- (3) नव्य-न्याय के अनुसार
  - (1) केवलान्वयी
  - (2) केवलव्यतिरेकी
  - (3) अन्वयव्यतिरेकी

उपमान प्रमाण (Anology)

'उपमान प्रमाण' न्याय दर्शन द्वारा प्रस्तुत तीसरा प्रमाण है। न्याय दर्शन का यह प्रमाण सर्वाधिक आलोच्य है तथा अनेक अन्य भारतीय दार्शनिक सम्प्रदायों ने इसे स्वतन्त्र प्रमाण के रूप में अस्वीकार किया है; जैसे, चार्वाक, बौद्ध, वैशेषिक, सांख्य आदि इसे स्वीकार नहीं करते। वेदान्ती एवं मीमांसक अवश्य इसे स्वतन्त्र प्रमाण मानते हैं किन्तु वे इसका कुछ भिन्न अर्थ निकालते हैं।

उपमान का अर्थ—उप + मान, इन दो शब्दों से बने 'उपमान' का अर्थ है, उपमा अर्थात् सादृश्यता के आधार पर प्राप्त ज्ञान।

वस्तुतः इस प्रमाण के द्वारा हम उस वस्तु का ज्ञान प्राप्त करते हैं, जो यद्यपि हमारे लिए अज्ञात है, किन्तु जिसके सदृश्य वस्तु हमें पहले से ज्ञात है। इसी सादृश्यता के आधार पर जब हम किसी नई वस्तु का ज्ञान प्राप्त करते हैं तो वह 'उपमान' प्रमाण हुआ।

उदाहरण—उपमान प्रमाण को एक उदाहरण द्वारा भली प्रकार समझा जा सकता है। मान लीजिए हमने कभी 'नीलगाय' नहीं देखी, पर हमें मालूम है कि नीलगाय जंगल में रहने वाली गाय के सदृश्य कोई प्राणी है। अब यदि हम जंगल में गाय के सदृश्य कोई प्राणी देखते हैं तो हमें यह ज्ञात हो जाता है कि यह 'नीलगाय' है। स्पष्ट है कि यहाँ 'नीलगाय' का ज्ञान 'गाय' के सादृश्य के कारण हुआ है, इसलिए इसे उपमान प्रमाण कहा गया है।

गौतम की परिभाषा—महर्षि गौतम ने उपमान की निम्नलिखित परिभाषा दी है, **''प्रसिद्ध पदार्थों के समान धर्म से साध्य के साधन को उपमान प्रमाण कहा जायेगा।''**

उपमान का महत्त्व—जैसा कि हम प्रारम्भ में लिख चुके हैं, अनेक दर्शनों ने उपमान की आलोचना की है। कोई इसे शब्द, कोई शब्द और प्रत्यक्ष तथा कोई-कोई इसे अनुमान प्रमाण के अन्तर्गत रखते हैं किन्तु नैयायिक इसका स्वतन्त्र अस्तित्व मानते हैं, उनके अनुसार इसका अपना अलग ही महत्त्व है। **वात्सायन** कहते हैं कि **इसके द्वारा हम बहुत से अदृष्ट पदार्थों का ज्ञान प्राप्त कर सकते हैं।**

शब्द प्रमाण
(Testimony or Authority)

शब्द प्रमाण न्याय दर्शन द्वारा प्रस्तुत चौथा प्रमाण है। यह भी उनके अनुसार प्रत्यक्ष, अनुमान एवं उपमान के समान एक स्वतन्त्र प्रमाण है। इसे **'आप्त प्रमाण'** भी कहा जाता है।

शब्द का अर्थ—वैसे शब्द प्रमाण का अर्थ होता है, किसी के शब्द या कथन को प्रमाण रूप में प्रस्तुत करना किन्तु यहाँ शब्द का मतलब किसी के भी द्वारा कहे गये कोई से भी शब्द नहीं हैं। न्याय दर्शन के अनुसार, **शब्द तभी प्रमाण बनते हैं जब वे यथार्थ, वास्तविक एवं विश्वास के योग्य हों।** ऐसे ही वचन न्याय दर्शन में आप्तवचन कहे गये हैं तथा इन्हें व्यक्त करनेवाला 'आप्त' कहा गया है। गौतम ने इसी बात को शब्द प्रमाण की परिभाषा में कहा है।

परिभाषा—'आप्तोपदेशः शब्दः'[1] अर्थात् आप्त का उपदेश (कथन) ही शब्द प्रमाण है।

यहाँ उल्लेखनीय है कि आप्त कोई पुरुष भी हो सकता है तथा कोई ग्रंथ भी; किन्तु आप्त का अर्थ क्या है?

आप्त का अर्थ—आप्त शब्द 'आप्' धातु से बना है जिसका अर्थ होता है, 'प्राप्त करना' अथवा 'पहुँचना'। तो आप्त वह हुआ जो सत्य को प्राप्त कर चुका हो अथवा सत्य तक पहुँच चुका हो, अर्थात् जो पूर्णतः विश्वसनीय हो। ऐसे व्यक्ति अथवा ग्रन्थ द्वारा व्यक्त वचन ही 'आप्तवचन' कहे जाते हैं। न्याय दार्शनिक कहते हैं कि ऐसे वचनों पर सन्देह करने का कोई कारण नहीं होता, अतः ज्ञान-प्राप्ति हेतु हम ऐसे वचनों को शब्द प्रमाण के रूप में ग्रहण कर सकते हैं।

महत्त्व—शब्द प्रमाण का महत्त्व भी कम नहीं है। ऐसे कई विषय होते हैं जिन्हें हमने नहीं देखा, अथवा जिन्हें, अनेक कारणों से देखना हमारे लिए सम्भव भी नहीं है, उनका ज्ञान शब्द प्रमाण द्वारा प्राप्त किया जा सकता है। इसी तरह अनेक ऐसे धार्मिक सत्य होते हैं जिनकी अनुभूति हर कोई अपने आप नहीं कर सकता, ऐसे सत्यों से भी शब्द प्रमाण के द्वारा अवगत हुआ जा सकता है, अथवा और भी ऐसे ज्ञान जो प्रत्यक्ष, अनुमान तथा उपमान किसी भी साधन से गम्य नहीं हैं, इस प्रमाण के सहारे गम्य हो सकते हैं।

शब्द प्रमाण के भेद—शब्द प्रमाण के दो प्रकार के भेद किये गये हैं।

(1) दृष्टार्थ और अदृष्टार्थ।

(2) लौकिक और वैदिक।

1. **दृष्टार्थ, अदृष्टार्थ**—जिस 'शब्द प्रमाण' द्वारा प्राप्त ज्ञान का हम प्रत्यक्ष अनुभव कर सकते हैं, वह **दृष्टार्थ प्रमाण** है; जैसे, यदि हमसे गुरुजी कहते हैं कि विश्व के चमत्कार के नाम से प्रसिद्ध पिरामिड मिस्र देश में स्थित हैं, तो यह दृष्टार्थ शब्द प्रमाण है क्योंकि हम मिस्र जाकर इनका प्रत्यक्ष कर सकते हैं।

अदृष्टार्थ शब्द प्रमाण दृष्टार्थ के विपरीत हैं। यहाँ हमें जो ज्ञान मिलता है उसका प्रत्यक्ष सम्भव नहीं हो सकता, जैसे 'विश्व का सृष्टा ईश्वर है'। धर्मग्रन्थ द्वारा प्राप्त यह

1. *'न्यायसूत्र'*, 1/1/7

प्रमाण अदृष्ट शब्द प्रमाण कहा जायेगा क्योंकि हम विश्व का सृजन करते ईश्वर का प्रत्यक्ष नहीं कर सकते।

2. **लौकिक और वैदिक**—वैदिक शब्द प्रमाण वेदों द्वारा प्रस्तुत प्रमाण हैं। भारतीय परम्परा में वैदिक शब्दों को पूर्णतः विश्वसनीय तथा पवित्र माना गया है, क्योंकि ये साक्षात् ईश्वर की वाणी हैं।

लौकिक शब्द प्रमाण, मनुष्यों द्वारा दिये गये प्रमाण हैं। ये वैदिक के समान पूर्णतः सत्य होने का दावा नहीं कर सकते।

आत्मा (Soul)

महत्त्व—न्याय दर्शन में आत्मतत्त्व अत्यन्त महत्त्वपूर्ण तत्त्व हैं क्योंकि इस तत्त्व के यथार्थ ज्ञान से ही मनुष्य को मोक्ष की प्राप्ति होती है।

आत्मा प्रमेय है—प्रमाण द्वारा हम जिन पदार्थों के ज्ञान की प्राप्ति करते हैं, उन्हें प्रमेय कहा जाता है। न्याय सूत्र में प्रमेय 12 बताये गये हैं[1] इनमें **आत्मा** प्रथम प्रमेय है। शेष ग्यारह प्रमेय हैं शरीर, इन्द्रिय, अर्थ, बुद्धि, मन, प्रवृत्ति, दोष, प्रेत्यभाव, फल, दुख और मोक्ष।

आत्मा का स्वरूप—उल्लेखनीय है कि न्याय दार्शनिक आत्मा को चैतन्य-स्वरूप नहीं मानते जैसा कि सांख्य एवं वेदान्त दर्शन मानता है।

नैयायिकों के अनुसार आत्मा स्वभावतः निर्गुण एवं निष्क्रिय है। देह और मन के सम्पर्क में आने पर उसमें चेतना की उत्पत्ति होती है। इस प्रकार चेतना आत्मा का स्वरूप नहीं वरन् आगन्तुक गुण है।

नैयायिक आत्मा को सत्-स्वरूप अवश्य मानते हैं, जैसा कि सांख्य एवं वेदान्त दार्शनिक भी मानते हैं। इसका तात्पर्य है कि आत्मा की सत्ता हमेशा बनी रहती है, वह अजर-अमर तत्त्व है। मृत्यु के बाद केवल शरीर का नाश होता है। आत्मा अपने पूर्व कर्मानुसार पुनः देह धारण करती है और यह सिलसिला तब तक चलते रहता है, जब तक कि आत्मा मोक्ष की प्राप्ति नहीं कर लेती।

आत्मा के गुण—महर्षि गौतम 'न्याय-सूत्र'[2] में आत्मा छः गुण बताते हैं—इच्छा, द्वेष, प्रयत्न, सुख, दुःख और ज्ञान।

1. **इच्छा**—जिस वस्तु से पहले सुख मिला हो, उसी वस्तु की प्राप्ति का विचार इच्छा कहलाता है।
2. **द्वेष**—जिस वस्तु से पहले कष्ट हो उस वस्तु को देखकर उससे बचने के विचार को द्वेष कहते हैं।
3. **प्रयत्न**—दुःख के कारणों को दूर करने एवं सुख के कारणों को प्राप्त करने वाले कार्य को प्रयत्न कहते हैं।
4. **सुख**—जो शरीर को कष्ट न दे, आराम दे, वह सुख है।
5. **दुःख**—जिसकी प्राप्ति से शरीर को कष्ट हो, वह दुःख है।
6. **ज्ञान**—आत्मा या देह के अनुकूल पदार्थों को जानना ही ज्ञान है।[3]

---

1. आत्मशरीरेन्द्रियार्थबुद्धिमन प्रवृत्तिदोषप्रेत्यभाव
फलदुःखापर्वास्तु प्रमेयम्— *'न्यायसूत्र'* 1/1/9
2. इच्छाद्वेष प्रयत्न सुख दुःख ज्ञानान्यात्मनो लिंगमिति।—'न्यायसूत्र' 1/1/10
3. पं० श्रीराम शर्मा, *न्यायदर्शन*, पृ० 29

आत्मा शरीर से भिन्न है—चार्वाक दार्शनिक चेतना को शरीर का ही गुण बताते हुए आत्मा का शरीर से पृथक् अस्तित्व स्वीकार नहीं करते। नैयायिक इसका विरोध करते हैं। वे आत्मा को शरीरस्थ जरूर मानते हैं किन्तु उसका स्वतन्त्र अस्तित्व भी मानते हैं। यदि आत्मा न हो तो इच्छा, प्रयत्न, सुख-दुःख आदि गुणों का आश्रय कौन होगा? शरीर को हम इनका आश्रय नहीं मान सकते, क्योंकि मृत शरीर में तो ये गुण नहीं रहते। इसका मतलब है कि आत्मा शरीर से पृथक् है।

आत्मा अनेक एवं विभु है—नैयायिक आत्मा को अनेक बताते हैं। हर शरीर के साथ एक अलग आत्मा लगी होती है। यदि ऐसा नहीं होता तो सबके अनुभव एक समान होते हैं, एक के सुख-दुःख सबके सुख-दुःख होते है। इससे सिद्ध होता है कि आत्मा अनेक हैं। उल्लेखनीय है कि सांख्य दार्शनिक भी कुछ ऐसे ही तर्कों के द्वारा आत्मा की अनेकता सिद्ध करते हैं, किन्तु अद्वैत वेदान्त आत्मा को एक ही मानता है।

नैयायिक आत्मा को विभु कहते हैं, इसका अर्थ है कि आत्मा शरीर के अंग विशेष में केन्द्रित नहीं है, सर्व व्यापक है।

आत्मा के अस्तित्व सिद्धि प्रमाण

नैयायिकों ने आत्मा के अस्तित्व को सिद्ध करने हेतु अनेक प्रमाण दिये हैं—

1. ज्ञान की स्थिति—मनुष्य अपने जीवन में तरह-तरह से ज्ञान प्राप्त करता है। यह सत्य है कि इन्द्रियाँ उसके ज्ञान के निर्माण में महत्त्वपूर्ण योगदान देती हैं किन्तु इन्द्रियाँ तो भौतिक प्रकृति से उत्पन्न होती हैं अतः इससे सिद्ध होता है कि इनके पीछे चेतन आत्मा है जो वस्तुतः ज्ञान की निर्मात्री है। यह आत्मा ही है जो इन्द्रियों से प्राप्त ज्ञान का संश्लेषण करती है।

इन्द्रियों के नष्ट हो जाने के बाद भी उनसे प्राप्त ज्ञान, जैसे आँखों से देखे गये विभिन्न दृश्य बने रहते हैं। अतः इससे भी सिद्ध होता है कि आत्मा इन्द्रियों से परे अपना अस्तित्व रखती है।

आत्मा का अस्तित्व मन और बुद्धि के परे भी सिद्ध होता है। मन के द्वारा आत्मा मनन अथवा विचार करती है। यह परमाणुओं का बना है, अतः देह की भाँति नश्वर है। बुद्धि भी आत्मा नहीं है क्योंकि बुद्धि अस्थाई है जबकि आत्मा को अवश्य स्थाई होना चाहिए। नैयायिक बुद्धि को आत्मा का गुण मानते हैं।

2. स्मृति का कारण—नैयायिक स्मृति के आधार पर भी आत्मा के अस्तित्व को सिद्ध करते हैं। पूर्व दृष्ट किसी पदार्थ को देखने पर यह अनुभूति कि हमने इसे पहले देखा है, स्मृति कहलाती है। यह स्मृति भी स्थाई आत्मा के कारण ही सम्भव हो पाती है।

3. प्रत्यक्ष प्रमाण—नव्य-नैयायिक आत्मा की सिंद्धि के लिए प्रत्यक्ष प्रमाण प्रस्तुत करते हैं। वे इसे मानस-प्रत्यक्ष गम्य कहते हैं। 'मैं हूँ', यह मानस-प्रत्यक्ष आत्मा के अस्तित्व को सिद्ध करता है।

'मैं सुखी हूँ', 'मैं दुखी हूँ,' 'मैं जानता हूँ', आदि अनुभव भी सिद्ध करते हैं कि आत्मा अहं प्रत्यक्ष का आधार है।

जगत
(World)

न्याय दर्शन जगत को सत्य मानता है जिसका निमित्त कारण ईश्वर है। ईश्वर परमाणुओं

से जगत् की सृष्टि करता है। इन परमाणुओं से पृथ्वी, जल, अग्नि, वायु इन चार महाभूतों की उत्पत्ति होती है। आकाश को नैयायिक नित्य एवं निरवयन मानते हैं। शेष पदार्थ सावयव होते हैं। ईश्वर न केवल जगत का सृष्टा है वरन पालनकर्त्ता और संहारकर्त्ता भी है।

जगत् उत्पत्ति के पूर्व अपने कारण में छिपा था या यह एक बिल्कुल नई 'उत्पत्ति' है इसे लेकर भारतीय दर्शन में विवाद है। इसी संदर्भ में कारण-कार्य का सिद्धान्त प्रस्तुत हुआ है।

इस संदर्भ में दो विरोधी सिद्धान्त प्रस्तुत हुये हैं।

1. **सत्कार्यवाद**—इसके अनुसार कार्य उत्पत्ति के पूर्व कारण में छिपा रहता है जैसे तेल उत्पत्ति के पूर्व तिल में छिपा रहता है। इसी तरह जगत भी उत्पत्ति के पूर्व अपने कार्य में रहता है। सांख्य तथा वेदान्ती इसके समर्थक हैं।
2. **असत्कार्यवाद**—न्यायवैशेषिकों का कारणता का सिद्धान्त **असत्यकार्यवाद** है। इसके अनुसार कार्य उत्पत्ति के पूर्व कारण में छिपा नहीं रहता बल्कि यह एक नई उत्पत्ति है, एक नूतन कृति है। जैसे घड़ा अथवा तेल एक नई उत्पत्ति है। इसके अनुसार कार्य उत्पत्ति के पूर्व असत् है तथा कार्य असत् से सत् की उत्पत्ति है। यदि कार्य पहले से कारण में विद्यमान है तो कार्य की उत्पत्ति हेतु प्रयत्न करने की क्या आवश्यकता है? उसे नया नाम भी देने की आवश्यकता नहीं है। तब कार्य और कारण का प्रयोजन भी एक ही होना चाहिए। किन्तु ऐसा नहीं होता। कार्य और कारण का रूप भी अलग होता है। अतः इससे सिद्ध होता है कि असत्कार्यवाद उचित सिद्धान्त है। (विस्तृत व्याख्या के लिए देखिये परिशिष्ट III, 'भारतीय दर्शन में कारण-कार्यवाद')

ईश्वर
(God)

न्याय-दर्शन की गिनती एक पूर्णतः आस्तिक दर्शन में होती है क्योंकि वह वेदों की प्रामाणिकता के साथ-साथ ईश्वर के अस्तित्व को भी स्वीकार करता है।

नैयायिक ईश्वर के अस्तित्व को न केवल स्वीकार करते हैं वरन् जोरदार तर्कों से उसके अस्तित्व की सिद्धि भी करते हैं। किन्तु न्याय-दर्शन की प्रारम्भिक स्थिति ऐसी नहीं है। प्रारम्भिक स्थिति से तात्पर्य गौतम के न्याय-सूत्र से है। इसमें ईश्वर का उल्लेख अवश्य है किन्तु इतना कम है कि अनेक विद्वान उनके ईश्वरवादी होने पर संदेह करते हैं। खैर प्रारम्भिक स्थिति जो भी रही हो, परवर्ती नैयायिकों, उद्योतकर, वाचस्पति मिश्र आदि ने ईश्वर को स्पष्ट रूप से स्वीकार किया है। उदयन तथा अन्नंभट्ट तक पहुँचते-पहुँचते ईश्वर के अस्तित्व की सिद्धि करना नैयायिकों का प्रिय कार्य बन गया। उदयन की 'न्याय-कुसमुमांजलि' तो ईश्वर के अस्तित्व की सिद्धि हेतु दिये गये प्रमाणों का मानों पुलिंदा ही है जिसे उदयन ईश्वर को पुष्प के रूप में समर्पित करते हैं।

न्याय-दर्शन में हुए इस परिवर्तन का कारण वस्तुतः बौद्ध दर्शन है। बौद्ध दार्शनिक जैसे-जैसे ईश्वर के अस्तित्त्व का खंडन करते जाते थे, वैसे-वैसे नैयायिक उसके अस्तित्व के सिद्धि हेतु सक्रिय होते थे। इस सम्बन्ध में दोनों दर्शन के पंडितों में अनेक शास्त्रार्थों का उल्लेख भी मिलता है।

ईश्वर का स्वरूप

न्याय-दर्शन में आत्मा के दो भेद किये गये हैं—(1) **जीवात्मा** (2) **परमात्मा**। इस तरह परमात्मा और जीवात्मा (ईश्वर और मनुष्य) दोनों आत्मा ही हैं किन्तु दोनों की आत्मा में उतना ही अन्तर है, जितना जमीन और आसमान में होता है।

जीवात्मा जहाँ अल्पज्ञ, अनित्य एवं बंधनग्रस्त है, वहाँ परमात्मा सर्वज्ञ, नित्य एवं स्वतन्त्र है।

परमात्मा जहाँ समस्त दुःखों से परे आनन्द मग्न रहता है, वहाँ जीवात्मा निरन्तर दुःखों के सागर में गोते लगाती रहती है।

आप्त-काम (पूर्णकाम) होने से ईश्वर को कर्म की आवश्यकता नहीं है किन्तु फिर भी वह विश्वकर्मा है। वह सृष्टि की उत्पत्ति, स्थिति तथा लय करता है, साथ ही जीवों को उनके कर्मों का समुचित फल देते हुए धर्म की व्यवस्थापना भी करता है। दूसरी ओर जीवात्मा की नियति केवल कर्म करना है। शुभ कर्मों के द्वारा वह मोक्ष की प्राप्ति कर सकती है किन्तु अपने कर्मों के फल-प्राप्ति हेतु जीव अंततः ईश्वर का मुखापेक्षी होती है।

ईश्वर के षडैश्वर्य—न्याय-दर्शन में ईश्वर को **षडैश्वर्य सम्पन्न** कहा गया है अर्थात् ईश्वर छः प्रकार के ऐश्वर्यों से युक्त है। ये छः ऐश्वर्य हैं—आधिपत्य, वीर्य, यश, श्री, ज्ञान और वैराग्य। ईश्वर में ये षडैश्वर्य पूर्ण एवं अखंड रूप से विद्यमान हैं। इनसे सम्पन्न होने के कारण ही ईश्वर **पुरुष-विशेष** कहा जाता है।

ईश्वर की सिद्धि—नैयायिक ईश्वर की सत्ता को सत्य बतलाते हैं। किन्तु कोई भी सत्ता तभी सत्य स्वीकार की जा सकती है जब उसे प्रमाणों द्वारा सत्य सिद्ध किया जा सके। प्रमाण ही तो वे दीपक हैं जो हमें सत्य का दर्शन कराते हैं। स्वयं नैयायिक प्रमाण-गम्य को ही सत्य स्वीकार करते हैं—चाहे प्रत्यक्ष, अनुमान, उपमान, शब्द में से किसी एक प्रमाण द्वारा गम्य हो अथवा एक से अधिक द्वारा गम्य हो। नैयायिक ईश्वर की सत्ता-सिद्धि हेतु अनेक प्रमाण देते हैं।

ईश्वर की असिद्धि हेतु पूर्व-पक्ष द्वारा प्रस्तुत तर्क

किन्तु नैयायिकों के इस सम्बन्ध में प्रस्तुत प्रमाणों का उल्लेख करने के पूर्व हम पूर्वपक्षियों (अनिश्वरवादियों) के तर्कों को देखेंगे जो वे ईश्वर को प्रत्यक्ष आदि द्वारा असिद्ध बताने हेतु प्रस्तुत करते हैं—

(1) ईश्वर **प्रत्यक्ष** द्वारा सिद्ध नहीं किया जा सकता क्योंकि वह रूपादि गुणों से रहित होने के कारण प्रत्यक्ष का अविषय है।

(2) ईश्वर **अनुमान** द्वारा भी सिद्ध नहीं किया जा सकता क्योंकि ईश्वर का कोई व्याप्त लिंग (हेतु) नहीं है।

(3) ईश्वर **उपमान** द्वारा भी सिद्ध नहीं किया जा सकता क्योंकि ईश्वर के सदृश्य कोई नहीं है।

(4) **शब्द प्रमाण** ईश्वर का अस्तित्व इसलिए सिद्ध नहीं कर सकते क्योंकि इस हेतु शब्द प्रमाण दोषपूर्ण है। शब्द प्रमाण अर्थात् वेद को लेकर आलोचक प्रश्न करते हैं कि वेद नित्य हैं अथवा अनित्य हैं? वेद नित्य नहीं माने जा सकते क्योंकि वे वर्ण समूह हैं और वर्ण उच्चरित होने के कारण प्रध्वंसी (नष्ट होने वाले) हैं। इस प्रकार प्रध्वंसी वर्ण समूह वाले वेद नित्य कैसे कहे जा सकते हैं? अब वेद यदि अनित्य हैं तो वे नित्य ईश्वर को प्रमाणित कैसे कर सकते हैं?

चारों प्रमाणों पर न्याय का विचार

प्रसिद्ध नैयायिक उदयन पूर्वपक्षियों की इस आपत्ति के विरोध में चारों प्रमाणों पर इस प्रकार विचार करते हैं—

1. प्रत्यक्ष—उदयन कहते हैं कि यद्यपि यह सत्य है कि ईश्वर प्रत्यक्ष नहीं दिखाई देता, किन्तु इससे ईश्वर असिद्ध नहीं होता है। वस्तुतः हमें उसी पदार्थ को प्रत्यक्ष-गम्य न होने पर असिद्ध मानना चाहिए जिसका साधारणतः प्रत्यक्ष होता हो। जो पदार्थ इन्द्रियों की पकड़ में ही न आयें, उन्हें असत् तो नहीं कहा जा सकता। अधिक-से-अधिक यह कहा जा सकता है कि ईश्वर की सिद्धि प्रत्यक्ष से नहीं होती।

अनुमान—अनुमान प्रमाण ईश्वर के अस्तित्व को न तो सिद्ध करता है न ही असिद्ध ठहराता है।

उपमान—ईश्वर के अस्तित्व के सन्दर्भ में उपमान की चर्चा व्यर्थ है, क्योंकि उपमान को पदार्थ के अस्तित्व अथवा अभाव से कोई प्रयोजन नहीं है।

शब्द—शब्द प्रमाण ईश्वर के अस्तित्व के पक्ष में है।[1]

ईश्वर की सत्ता सिद्धि हेतु तर्क—उदयन ने **कुसुमांजलि** में ईश्वर की सत्ता सिद्धि हेतु दो पंक्तियों का श्लोक लिखा है जिसमें इस हेतु कुछ प्रमाण हैं। इसमें मुख्यतः अनुमान और शब्द प्रमाणों का सहारा लिया गया है। श्लोक है—

'कार्ययोजनधृत्यादेः पदात् प्रत्ययतः श्रुतेः।
वाक्यात् संख्याविशेषाच्च साध्यो विश्वविदव्ययः।।[2]

1. कार्यात्—अर्थात् जगत् रूपी कार्य का कर्त्ता होने से ईश्वर का अस्तित्व सिद्ध होता है। उल्लेखनीय है कि न्याय-दर्शन में जड़ परमाणुओं को जगत् का उपादान कारण माना गया है किन्तु ये स्वयं जगत् का निर्माण नहीं कर सकते। जिस प्रकार मिट्टी स्वयं घड़े के रूप में परिणत नहीं होती। इस हेतु चेतन कुम्हार की आवश्यकता होती है, इसी प्रकार जड़ परमाणुओं को भी जगत् के निर्माण के लिए चेतन सत्ता की आवश्यकता होती है। किन्तु इस सत्ता की चेतना असीम होनी चाहिए, अन्यथा इसे परमाणु जैसी सूक्ष्म सत्ता का ज्ञान कैसे हो सकता है? साथ ही उसमें इस कार्य हेतु इच्छा एवं शक्ति भी होनी चाहिए। जीवात्माएँ सीमाबद्ध होने के कारण यह कार्य नहीं कर सकतीं। मुक्ताएँ अवश्य सीमाबद्ध नहीं होतीं, किन्तु वे निष्क्रिय होती हैं। तब यह कार्य केवल सर्वशक्तिमान, सर्वज्ञ, ईश्वर ही कर सकता है।

अतः जगत् रूपी कार्य के कारण के रूप में ईश्वर का अस्तित्व सिद्ध होता है।

2. आयोजनात्—अर्थात् जीवात्माओं को उनके कर्मानुसार फल दिलवाने वाले आयोजनकर्त्ता के रूप में ईश्वर का अस्तित्व सिद्ध होता है।

उल्लेखनीय है कि न्याय-दर्शन में यह माना गया है कि मनुष्य को प्रत्येक कर्म का फल अवश्य ही मिलता है, अच्छे कर्म अर्थात् पुण्य कर्मों का सुख के रूप में तथा बुरे कर्म अर्थात् पाप कर्मों का दुःख के रूप में। इसीलिए संसार में मनुष्यों का भाग्य अलग-अलग दिखाई देता है। वस्तुतः हम जो भी कार्य करते हैं, वे तो नष्ट हो जाते हैं, उनके

---

1. राधाकृष्णन्, *भारतीय दर्शन* भाग 2, पृ० 144 से उद्धृत
2. *न्याय-कुसुमांजलि*, 5-1

संस्कार नष्ट नहीं होते, अदृष्ट रूप से बने रहते हैं। ये समय पाकर उसी तरह फल देते हैं जिस तरह मिट्टी में बोया गया बीज समय पाकर फल देता है। हमारे अच्छे-बुरे कर्मों के फल का भंडारन जहाँ होता है, उसे नैयायिक **'अदृष्ट'** कहते हैं। इस तरह अदृष्ट हमारे कर्मों से उत्पन्न शक्ति है। किन्तु अदृष्ट एक जड़-शक्ति है। उसके लिए जीवों के हेतु फल-प्राप्ति की व्यवस्था करना असम्भव है। यह व्यवस्था तो केवल **सर्वज्ञ** एवं **सर्वशक्तिमान** ईश्वर ही कर सकता है।

यहाँ प्रश्न किया जा सकता है कि जीवात्मा भी तो यह कार्य कर सकती है, क्योंकि वह भी चेतन है। उत्तर में हम कह सकते हैं कि वह सर्वज्ञ एवं सर्वशक्तिमान तो नहीं है, जो हमारे अदृष्ट को ठीक-ठीक जानती हो तथा अदृष्ट के अनुसार हमें फल ग्रहण करने के लिए बाध्य कर सकने का सामर्थ्य रखती हो।

इस तरह परमात्मा जीवात्माओं के अदृष्ट का आयोजनकर्त्ता होने से सिद्ध है।

3 धृत्यादेः—अर्थात् जगत् के धारक के रूप में परमात्मा का अस्तित्व सिद्ध होता है। नैयायिक कहते हैं कि यह अनन्त गुरुभूत ब्रह्माण्ड निराधार नहीं रह सकता। निराधार होने से इसका पतन अवश्यमभावी है, अतः इसके धारक के रूप में अखण्ड शक्तिवान परमेश्वर की सत्ता को स्वीकार करना आवश्यक है।

4 पदात्—अर्थात् पदों के प्रस्तुतकर्त्ता के रूप में भी ईश्वर का अस्तित्व सिद्ध होता है। नैयायिक कहते हैं कि विभिन्न पदों (नामों) से हमें विभिन्न वस्तुओं का बोध होता है जैसे पट (कपड़ा) कहने पर हमें ऐसी वस्तु का बोध होता है जो ताना-बाना के रूप में गुँथे हुए तन्तुओं से बनी हो। नैयायिकों का विचार है कि इस व्यवहार को जन्म देने वाला अल्पज्ञ जीव नहीं हो सकता। यह कार्य सर्वज्ञ परमात्मा का ही है।

5 प्रत्ययतः—अर्थात् वेदों के रचयिता के रूप में ईश्वर का अस्तित्व सिद्ध होता है। नैयायिक मानते हैं कि जिस तरह आयुर्वेदशास्त्र, रामायण, महाभारत आदि ग्रन्थों के प्रणेता अस्तित्ववान थे, उसी तरह वेदों का प्रणेता भी अस्तित्ववान होना चाहिए। किन्तु अभ्रान्त (भ्रान्ति रहित) प्रामाणिक एवं आप्त वाक्यों से भरपूर वेदों का रचयिता कोई अल्पज्ञ जीव नहीं हो सकता। उसे अवश्य ही सर्वज्ञ तथा आप्त पुरुष होना चाहिए। यह गुण एकमात्र परमात्मा में है, अतः परमात्मा का अस्तित्व अवश्य है।

6. श्रुतेः—अर्थात् श्रुति (वेदादि) भी ईश्वर के अस्तित्व को सिद्ध करती है। नैयायिक कहते हैं कि श्रुतियाँ; यथा वेद, उपनिषद् गीता आदि[1] ईश्वर के अस्तित्व को स्वीकार करते हैं। अतः ईश्वर है।

7. वाक्यात्—अर्थात् वाक्यों के रचयिता के रूप में ईश्वर का अस्तित्व सिद्ध होता है। वस्तुतः विषय के साथ शब्द का जो नित्य सम्बन्ध विद्यमान है उस सम्बन्ध को स्थापित करने के लिए वाक्-विधि तथा विभिन्न कला विधि का एक आदि कर्त्ता अवश्य होना चाहिए, यह आदि कर्त्ता ही सर्वज्ञ ईश्वर है।

8. संख्या विशेषात्—अर्थात् संख्या से भी ईश्वर की सिद्धि होती है। उल्लेखनीय है कि न्याय दार्शनिक परमाणुओं के संयोग से सृष्टि रचना की बात करते हैं। दो परमाणु का संयोय द्वयणुक (युग्म) तथा तीन द्वयणुक का संयोग त्रयणुक कहलाता है। यही पदार्थों

---

1. एक एव रुद्रो न द्वितीयोऽवतस्थे—*तै०सं०* 1/8/6

की सृष्टि का क्रम है, किन्तु इन संख्याओं में से केवल एक को हम प्रत्यक्ष गम्य कह सकते हैं, अन्य सब अवश्य मानसिक प्रत्यय हैं। यहाँ प्रश्न उठता है कि ये किसके मनस के प्रत्यय हैं? सृष्टि के समय जीवात्माएँ अचेतन रहती हैं, अतः ये अवश्य ही किसी सर्वज्ञ सत्ता पर निर्भर होंगे और उसी के द्वारा बनाई गये होंगे। यह सत्ता ईश्वर की ही हो सकती है।

समालोचना—नैयायिकों द्वारा ईश्वर के अस्तित्व की सिद्धि हेतु दिये गये प्रमाण अत्यन्त महत्त्वपूर्ण हैं। अनेक पाश्चात्य विद्वान यथा संत आंगस्टाइन, एन्सेलम, एक्वीनस तथा डेकार्ट आदि ने इस प्रकार के प्रमाणों का उपयोग किया है। किन्तु न्याय के इन प्रमाणों की पर्याप्त आलोचना भी हुई है। कुछ महत्त्वपूर्ण दोष निम्नलिखित हैं—

1. **जगत् को केवल निमित्त कारण मानने में दोष**—उदयन द्वारा प्रस्तुत प्रारम्भिक प्रमाण जगत् के कारण के रूप में ईश्वर की सत्ता सिद्ध करते हैं। इन तर्कों में ईश्वर को जगत् का केवल निमित्त कारण बतलाया गया है, उपादान कारण जड़ परमाणु है, किन्तु ऐसी स्थिति में ईश्वर की असीमता समाप्त होती है, न ही वह स्वतन्त्र रह जाता है। एक सामान्य कुम्हार से ईश्वर की तुलना करना, जो घड़े के निर्माण के लिए मिट्टी पर निर्भर रहता हो, ईश्वर की महत्ता को निश्चित ही कम करता है।
2. **अन्योन्याश्रय दोष**—उदयन के अन्तिम प्रमाणों में अन्योन्याश्रय का दोष है। इनमें एक ओर तो वेद जैसे अभ्रान्त ग्रन्थों के रचियता के रूप में ईश्वर को सिद्ध किया गया है, दूसरी ओर वेदों के आधार पर अर्थात् वेदों में ईश्वर को स्वीकार किया गया है, इस आधार पर ईश्वर की सत्ता सिद्ध की गई है। इस प्रकार ये तर्क अन्योन्याश्रय के दोष से ग्रस्त हैं।
3. **प्रयोजन बतलाने में असमर्थता का दोष**—नैयायिक यह तो कहते हैं कि ईश्वर ने जगत् का निर्माण किया, पर क्यों किया, इस प्रश्न का वे समुचित समाधान नहीं करते। वे कहते हैं कि करुणावश परमात्मा ने जगत् बनाया, किन्तु तब फिर संसार में इतने दुःखी जन क्यों हैं? नैयायिक, मनुष्य के सुख-दुःख का कारण अदृष्ट को मानते हैं, ऐसी स्थिति में तो ईश्वर की भूमिका नगण्य हो जाती है।
4. **ईश्वर अनावश्यक**—आलोचकों का मत है कि न्याय दर्शन में ईश्वर वस्तुतः अनावश्यक तत्त्व है। मोक्ष प्राप्ति हेतु भी ईश्वर आवश्यक नहीं है। नैयायिक स्वयं स्वीकार करते हैं कि जीवात्मा तत्वज्ञान से आत्मसाक्षात्कार कर मोक्ष की प्राप्ति करती है।

मोक्ष (Liberation)

मोक्ष क्या है?—अन्य भारतीय दर्शनों के समान न्याय-दर्शन का उद्देश्य भी मनुष्य को मानव जीवन के परम श्रेय 'मोक्ष' की उपलब्धि कराना है। न्याय-दर्शन में मोक्ष को **अपवर्ग** एवं **निःश्रेयस** भी कहा गया है। न्याय-सूत्र के प्रथम सूत्र में ही महर्षि गौतम कहते हैं कि प्रमाण, प्रमेय आदि सोलह पदार्थों का ज्ञान मोक्ष की प्राप्ति कराने वाला है।[1] अर्थात् न्याय-दर्शन में प्रमाण आदि की विवेचना मोक्ष प्राप्ति के उपाय के रूप में की गई है। गौतम मोक्ष को आत्मा, ईश्वर आदि के समान प्रमेय कहते हैं।[2]

1. *न्याय-सूत्र*, 1/1/1
2. *वही*, 1/1/9

न्याय-दर्शन में मोक्ष के स्वरूप पर विस्तृत चर्चा करने के पूर्व हम सर्वप्रथम न्याय दार्शनिकों के द्वारा बंधन किसे कहा गया है, यह देखेंगे।

बंधन—न्याय दर्शन के अनुसार जीव का शरीर धारण करना, अर्थात् संसार में जन्म लेना ही बंधन है। और यह ऐसा बंधन है जो मृत्यु के बाद भी छूटता नहीं है। शरीर के नष्ट होने पर जीवात्मा का पुनः अन्य शरीर धारण करके संसार में आना पड़ता है अर्थात् पुनर्जन्म ग्रहण करना पड़ता है। गौतम इसे **'प्रेत्याभाव'** कहते हैं।

बंधन दुःखदायी है—जीव का संसार में आवागमन का बन्धन दुःखदायी है। संसार में जन्म ग्रहण करना तो दुःखदायी है ही, संसार में बने रहना भी कष्टकारी है। उल्लेखनीय है कि नैयायिकों का बौद्धों से हमेशा अनेक विषयों पर विवाद रहा है, किन्तु बौद्धों से इस विषय पर नैयायिक पूर्णतः सहमत रहे हैं कि **सर्वदुःखम्** अर्थात् संसार में चारों ओर दुःख ही दुःख है।

यहाँ इसके विरोध में प्रश्न किया जा सकता है अनुभव तो हमारा यह नहीं कहता है। हमारा अनुभव तो संसार में सुख भी देखता हैं। संसार में दुःख है तो सुख भी तो है। महर्षि गौतम भी आशंका प्रगट करते हैं कि दुःख के बाद सुख आता है, अतः जीवन को दुःख पूर्ण बताना क्या उचित होगा?[1] किन्तु स्वयं गौतम अगले सूत्र में इस आशंका का समाधान करते हुए कहते हैं कि वास्तविकता यह है कि हर सुख के साथ दुःख जरूर लगा रहता है।[2] नैयायिक महर्षि पतञ्जलि के इस विचार से पूर्णतः सहमत हैं, कि **सर्वं दुःखं विवेकिनः** अर्थात् विवेकशील लोगों के लिए संसार दुःखदायी है।

दुःख का कारण—न्याय-दर्शन में इस बात पर भी गहराई से विचार किया गया है कि दुःख क्यों उत्पन्न होता है। महर्षि गौतम कहते हैं, **'बाधानां लक्षणं दुःखम्'**[3] अर्थात् इच्छित वस्तु की प्राप्ति में बाधा दुःख का लक्षण है। यह मनुष्य की तरह-तरह की इच्छाएँ ही होती हैं जो उसे अनेकानेक कर्मों में प्रवृत्त करती हैं जिसके फलस्वरूप मनुष्य तरह-तरह के अच्छे-बुरे, पाप-पुण्य देने वाले कर्म करता है। ये कर्म फल उसका पीछा मृत्यु के बाद भी नहीं छोड़ते, उसे पुनः इस दुःख से परिपूर्ण संसार में खींच लाते हैं......और यह सिलसिला निरन्तर चलते रहता है।

मोक्षः आत्यान्तिक दुःख निवृत्ति—इस तरह संसार में चारों ओर दुःख का दर्शन करने पर नैयायिक उस उपाय की खोज हेतु चिन्तन करते हैं जो उसे इन दुःखों से छुटकारा दिला सके, केवल छोटे-बड़े दुःखों से नहीं वरन् दुःखमात्र से हमेशा-हमेशा के लिए छुटकारा दिला सके, जन्म-मरण के चक्र से मुक्ति दिला सके। यही आत्यान्तिक दुःख निवृत्ति है। नैयायिक इसे ही मोक्ष कहते हैं। महर्षि गौतम कहते हैं **'तदत्यन्तविमोक्षोऽपवर्गः'**[4] अर्थात् **उसकी अत्यन्त निवृत्ति का नाम मोक्ष है**। यहाँ पर उसका तात्पर्य विविध प्रकार के दुःखों से है और **अत्यन्त निवृत्ति** का अर्थ हमेशा के लिए मुक्ति मिलने से है।

---

1. *न्याय-सूत्र*, 4/1/56
2. *वही*, 4/1/57
3. *वही*, 1/1/21
4. *वही*, 1/1/22

मिथ्याज्ञान : बंधन का कारण—महर्षि गौतम दुःख का कारण इच्छाओं को तो बताते हैं पर इच्छाओं का भी कारण, जो जीव को शरीर धारण करने को मजबूर करता है, वे मिथ्या ज्ञान को बताते हैं। मिथ्या ज्ञान से मिथ्या वासना एवं मिथ्या व्यवहार उत्पन्न होता है। मिथ्या ज्ञान के कारण मनुष्य शरीर, इन्द्रिय, मन, वेदना, बुद्धि आदि को ही अपना 'आप' समझ बैठता है, इसी को वह अपनी आत्मा या अपना अहं समझ कर ममता के बंधन में फँस जाता है।[1] इस तरह शरीर को 'मैं' समझ कर उसके सुख के लिए मनुष्य मिथ्या वासना से ग्रस्त होता है और तब सुख प्राप्ति हेतु मिथ्या व्यवहार करता है जिससे उसे तरह-तरह के दुःख एवं कष्ट उठाने पड़ते हैं। मिथ्या ज्ञान के कारण ही आत्मा में राग, द्वेष, मोह उत्पन्न होते हैं।

तत्वज्ञान : बंधन नाश का उपाय—मिथ्या ज्ञान यदि बंधन का कारण है तो स्पष्ट है कि बन्धन का नाश सत्य ज्ञान से ही होगा। नैयायिक यही स्वीकार करते हैं। यह सत्य ज्ञान है, **तत्त्व ज्ञान**।

तत्त्वज्ञान से कैसे क्रमशः मोक्ष की प्राप्ति होती है, इस पर प्रकाश डालते हुए महर्षि गौतम कहते हैं, तत्त्वज्ञान के प्राप्त होने पर मिथ्या ज्ञान दूर हो जाता है, और मिथ्या ज्ञान के मिटने पर राग-द्वेष आदि का नाश हो जाता है। जब राग-द्वेष नष्ट हो जाते हैं तब विषयों की प्रवृत्ति भी रुक जाती है और प्रवृत्ति के नष्ट होने पर मनुष्य की कर्म से निवृत्ति भी हो जाती है। कर्म नहीं होता तो प्रारब्ध नहीं बनता और प्रारब्ध न बनने से जन्म-मरण भी नहीं होता। जन्म-मरण ही सुख-दुःख रूप है और जब सुख-दुःख नहीं तो मोक्ष सिद्ध हो गया। इस प्रकार तत्त्वज्ञान, जिसके लिए न्याय-दर्शन प्रमाण, प्रमेय आदि सोलह पदार्थों की विशद व्याख्या करता है, मोक्ष-प्रदाता है।

योगादि अन्य साधन—न्याय-दर्शन में तत्त्वज्ञान के साथ ही योग (यम नियमादि) भी आवश्यक बताया गया है। महर्षि गौतम कहते हैं कि योग से आत्मा संस्कारित होती है।[2] इसके अतिरिक्त स्वाध्याय, और विद्वानों से संवाद भी इसमें सहायक हैं।[3] निंदारहित और परमज्ञानी गुरु से शिष्यत्व ग्रहण करना भी गौतम आत्मज्ञानी के लिए आवश्यक बताते हैं।[4] अंत में वे एक और महत्त्वपूर्ण बात कहते हैं कि अपने प्रयोजन की सिद्धि अर्थात् तत्त्वज्ञान की प्राप्ति (जिससे मोक्ष प्राप्त होगा) के लिए जिज्ञासु को प्रतिपक्षहीन होकर अर्थात् बिना वाद-विवाद में पड़े अपने लक्ष्य की ओर बढ़ना चाहिए।[5]

मुक्ति के प्रकार—वेदान्त दर्शन के समान न्याय-दर्शन में भी मुक्ति के दो प्रकार बताये गये हैं—

1. जीवन मुक्ति—अर्थात् जीवितावस्था में मुक्ति

2. विदेह मुक्ति—अर्थात् मृत्यु के बाद मुक्ति।

नैयायिक इसे **पर निःश्रेयस** तथा **अपरनिःश्रेयस** कहते हैं। अपर निःश्रेयस ही परम मुक्ति है। आत्यान्तिक (पूर्ण) दुःख निवृत्ति की अवस्था है। जीवन काल में मिथ्याज्ञान,

1. एस॰ एन॰ दासगुप्ता, *भारतीय दर्शन का इतिहास*, पृ॰ 345
2. *न्याय-सूत्र*, 4/2/46
3. *वही*, 4/2/47
4. *न्यायसूत्र*, 4/2/48
5. *वही*, 4/2/49

मिथ्या वासना एवं मिथ्या व्यवहार से सर्वथा शून्य होकर रहना ही जीवनमुक्ति है। इसके बाद शरीर का सदा के लिए परित्याग कर देना परममुक्ति है। इसे न्याय-दर्शन में **मृतमुक्ति** भी कहा गया है, क्योंकि मृत अवस्था को प्राप्त हुआ जीव ही इसे प्राप्त करता है।

मोक्ष की अवस्था—न्याय दार्शनिक मोक्ष को आत्यान्तिक दुःख से रहित अवस्था तो कहते हैं पर आनन्द की अवस्था नहीं कहते। वे वेदान्त दर्शन के समान यह नहीं मानते कि मुक्तात्मा आनन्द की अवस्था में रहती है। मुक्तात्मा का शरीर नहीं रहता अतः उसमें आनन्द नहीं रहता। इसी तरह अशरीरी होने से उसमें चेतना भी नहीं रहती। चेतना आत्मा का आकस्मिक गुण है जो उसमें शरीर के सम्पर्क से उत्पन्न होता है। मुक्तात्मा की दशा का सुन्दर परिचय न्याय-मंजरी में इन शब्दों में दिया गया है, **मुक्त दशा आत्मा की वह निष्क्रिय शान्त दशा है जब वह अपने विकार हीन नैसर्गिक पवित्रता को प्राप्त करती है, जिसमें किसी भी प्रकार के ज्ञान, आनन्द, सुख-दुःख, संकल्प आदि का स्थान नहीं रह जाता।**

❑

अध्याय 10

वैशेषिक दर्शन

परिचय—न्याय-दर्शन के जुड़वा दर्शन के रूप में विख्यात वैशेषिक दर्शन का नाम यद्यपि न्याय के बाद लिया जाता है, किन्तु वस्तुतः यह न्याय से अधिक प्राचीन दर्शन है। डॉ॰ राधाकृष्णन् इसे बौद्ध और जैन से भी अधिक प्राचीन दर्शन मानते हैं।

वैशेषिक नामकरण का कारण—इस दर्शन का यह 'वैशेषिक' नाम क्यों पड़ा, यह विवादास्पद है। कुछ कहते हैं कि, **'विशेष' को एक पदार्थ मानने के कारण इसे वैशेषिक कहा गया।** कुछ यह भी कहते हैं कि **पदार्थों के विशेषत्व को महत्त्व देने के कारण यह वैशेषिक कहा गया।** कुछ का कहना है कि **सांख्य आदि दर्शनों से विशिष्ट होने के कारण यह वैशेषिक कहलाया।** वैशेषिक का महत्त्व विद्वान-मंडली में एक कहावत से स्पष्ट होता है, **'कणादं पाणिनीयं च सर्वशास्त्रोपकारकम्'** अर्थात् कणाद का वैशेषिक दर्शन और पाणिनी का व्याकरण सब शास्त्रों में उपकारक हैं। निश्चय ही वैशेषिक के पदार्थ-विचार का प्रभाव परवर्ती दर्शनों पर स्पष्ट रूप से पड़ा हैं।

प्रवर्त्तक—वैशेषिक दर्शन के प्रवर्त्तक महर्षि कणाद माने जाते हैं। कहते हैं कि ये बड़े संतोषी थे.......इतने कि खेतों से चुने गये अनाज के कणों के आधार पर जीवनायापन करते थे। सम्भवतः इसीलिए वे 'कणाद' कहे गये। उनका असली नाम **उलूक** बताया जाता है। इसी नाम के कारण उनका दर्शन **औलूक्य दर्शन** कहा गया है।

साहित्य—कणाद-रचित **वैशेषिक-सूत्र** इस दर्शन का पहला प्रामाणिक ग्रन्थ है। इस पर प्रशस्तपाद ने **'पदार्थ-धर्म-संग्रह'** नाम से टीका लिखी है जो वस्तुतः केवल टीका नहीं, वरन् वैशेषिक दर्शन को प्रस्तुत करने वाला स्वतन्त्र ग्रन्थ है। कणाद के वैशेषिक-सूत्र पर प्रशस्तपाद के अतिरिक्त एक और टीका लिखी गई थी, जिसके रचयिता थे, सिंहल देश के राजा रावण, किन्तु यह अनुपलब्ध है, इसका केवल उल्लेख मिलता है। प्रशस्तपाद के **'पदार्थ-धर्म-संग्रह'** पर लिखी दो टीकाएँ प्रसिद्ध हैं, 1. उदयनाचार्य की **किरणावली** 2. श्रीधराचार्य की **न्याय-कंदली**। इसके बाद का वैशेषिक साहित्य न्याय के साथ ही लिखा गया है।

लक्ष्य—अन्य भारतीय दर्शनों के समान वैशेषिक दर्शन का लक्ष्य भी मोक्ष की प्राप्ति का मार्ग खोजना है। वैशेषिक दर्शन मानता है कि धर्म के ज्ञान से जीवात्मा मोक्ष की प्राप्ति करती है। वैशेषिक-सूत्र का पहला ही सूत्र है, **'अथातो धर्म व्याख्यास्याम्'**। अर्थात् अब धर्म की व्याख्या करते हैं। दूसरे सूत्र में सूत्रकार कहते हैं, **'यतोऽभ्युदयनिःश्रेयसिद्धिस्स धर्मः'** अर्थात् जिससे (यथार्थ ज्ञान) अभ्युदय और निःश्रेयस (मोक्ष) की सिद्धि हो, वही धर्म है।

वैशेषिक-सूत्र के अगले सूत्र (तीसरे) में इस धर्म का प्रामाण्य वेदों को माना गया है। इस तरह वेदों की प्रामाणिकता स्वीकार कर वैशेषिक दर्शन आस्तिक बनता है। इसके अगले सूत्र में द्रव्य आदि छः पदार्थों के ज्ञान को मोक्ष-प्रदाता धर्म कहा गया है। आगे इनकी विशद व्याख्या है।

पदार्थ
(Category)

सामान्यतया पदार्थ से हमारा तात्पर्य भौतिक पदार्थ से होता है, किन्तु वैशेषिक दर्शन के पदार्थ में भौतिक पदार्थ के अतिरिक्त भी बहुत कुछ आता है। इसमें दृश्य, अदृश्य, भौतिक, अभौतिक, इस तरह चराचर सारा जगत् यहाँ तक की गुण, कर्म, सामान्य, विशेष, सम्बन्ध और अभाव तक आ जाते हैं। वैशेषिक दर्शन में पदार्थ का अर्थ है—वह जिसका अर्थ शब्द (पद) के द्वारा प्रकाशित किया जा सके अर्थात् जिसे पद (नाम) दिया जा सके। यही इसका शाब्दिक अर्थ भी है—**पद + अर्थ = पदार्थ**।[1] निश्चय ही इस परिभाषा के अनुसार पदार्थ अति व्यापक पद है इसमें वह सब कुछ आ जाता है जिसे हम नाम दे सकते हैं। हम अनगिनत वस्तुओं को नाम दे सकते हैं, अतः पदार्थ भी अनगिनत हुए।

पदार्थ के प्रकार

वैशेषिक दर्शन में इन अनगिनत पदार्थों को सात मुख्य कोटियों में रखा गया है अर्थात् पदार्थ के सात प्रकार बताये गये हैं—**1. द्रव्य, 2 गुण, 3. कर्म, 4. सामान्य, 5. विशेष, 6. समवाय, 7. अभाव।** उल्लेखनीय है कि वैशेषिक-सूत्र में इनमें से केवल प्रथम छः पदार्थों का उल्लेख है, अन्तिम अभाव का नहीं। इसे बाद में जोड़ा गया है। वैशेषिक दर्शन में द्रव्य आदि ये 6 पदार्थ भाव-पदार्थ कहे गये हैं।

द्रव्य
(Substance)

सप्त पदार्थों में सबसे प्रथम द्रव्य कहा गया है। वस्तुतः इसके बिना गुण और कर्म अस्तित्व रख ही नहीं सकते। शक्कर न हो तो मिठास कहाँ रहेगी या हाथ न हो तो लिखने की क्रिया कैसे सम्भव होगी? इसीलिए वैशेषिक दर्शन कहता है कि **द्रव्य वह है जो गुण और क्रिया का आधार** है, उनका आश्रय-स्थल है।

वैशेषिक-सूत्र में द्रव्य को अपने सावयव कार्यों का **समवायि कारण** भी कहा गया है। समवायि कारण किसे कहते हैं, इसे हम एक उदाहरण द्वारा समझेंगे। जैसे, कपड़ा (पट) एक द्रव्य है। कपड़े के निर्माण में प्रयुक्त तन्तु इसके अवयव हैं। कपड़ा इन्हीं तंतुओं से मिलकर बना है। तंतु के नष्ट होने पर कपड़ा भी नष्ट हो जाता है। इस तरह तन्तु कपड़े का नित्य कारण है। इसे ही **समवायि कारण**[2] कहते हैं। इस तरह **द्रव्य वह है जो गुण और क्रिया का आधार हो तथा अपने अवयवों का समवायि कारण हो।**[3]

द्रव्य के प्रकार—द्रव्य नौ प्रकार के हैं—**1. पृथ्वी, 2. जल, 3. तेज, 4. वायु, 5. आकाश, 6. काल, 7. दिक्, 8. आत्मा, 9. मन।**

---

1. पदस्य अर्थः पदार्थः
2. उल्लेखनीय है कि वैशेषिक दर्शन में 'समवाय' सम्बन्ध का एक प्रकार है, जिसका अर्थ है नित्य सम्बन्ध। जैसे तन्तु और पट में, मिट्टी और घट में नित्य सम्बन्ध है। तन्तु तथा मिट्टी के अभाव में पट और घट भी नहीं रहते
3. क्रियागुणवत [illegible] [illegible]म्—*वैशेषिक सूत्र*, 1/1/15

इनमें से प्रथम चार (पृथ्वी, जल, तेज, वायु) अनित्य द्रव्य कहे गये हैं, अंतिम पाँच (आकाश, काल, दिक् आत्मा और मन) नित्य द्रव्य कहे गये हैं। वैसे प्रथम चार परमाणु रूप से नित्य ही हैं। अनित्य द्रव्य अपने से भिन्न किसी अन्य कारण से उत्पन्न होते हैं तथा नष्ट होते हैं इसके विपरीत नित्य द्रव्य नित्य, स्वतन्त्र तथा निरपेक्ष होते हैं। इन नित्य और अनित्य नौ द्रव्यों में समस्त शरीरी तथा अशरीरी वस्तुओं का समावेश हो जाता है।

ऊपर हमने द्रव्य की परिभाषा में लिखा है कि द्रव्य, गुण और कर्म के आधार हैं अर्थात् द्रव्य, गुण और कर्म से युक्त होते हैं, किन्तु सभी द्रव्यों में गुण और कर्म दोनों नहीं होते। वस्तुतः इन नौ द्रव्यों में कुछ असीम हैं, कुछ ससीम। ससीम द्रव्यों में तो गुण तथा कर्म दोनों होते हैं किन्तु असीम में कर्म का अभाव रहता है। वस्तुतः कर्म के लिए दिक् की जरूरत पड़ती है। जबकि असीम द्रव्य दिक्-हीन होने के कारण ही असीम कहे जाते हैं।

द्रव्यों का चेतन और अचेतन इन दो भागों में भी वर्गीकरण किया गया है। चेतन द्रव्य में एकमात्र आत्मा है जबकि अचेतन में शेष आठ है। आगे हम और नौ द्रव्यों का संक्षिप्त परिचय प्राप्त करेंगे—

पृथ्वी आदि पंचमहाभूत—प्रथम पाँच द्रव्य अर्थात् पृथ्वी, जल, तेज, वायु और आकाश को पंच महाभूत कहा गया है। समस्त भौतिक जगत् के मूल में ये पंच महाभूत ही कार्यरत रहते हैं। महाभूतों का यह वर्गीकरण वैशेषिक दर्शन में ज्ञानात्मक आधार पर किया गया है। हमारी पंचज्ञानेन्द्रियाँ हमें इनका ज्ञान देती हैं। पाँचों इन्द्रियाँ द्रव्य के अलग-अलग गुणों को पकड़ती हैं।

1. पृथ्वी *(Earth)*—पृथ्वी का लक्षण बतलाते हुए वैशेषिक-सूत्र में महर्षि कणाद कहते हैं—**'रूप रस गंध स्पर्शवती पृथ्वी'** अर्थात् पृथ्वी रूप, रस, स्पर्श और गंध, इन चार गुणों से युक्त है। किन्तु आगे के सूत्र में स्पष्ट किया गया कि पृथ्वी का विशेष गुण **गंध** है। वस्तुतः पृथ्वी में गंध ही ऐसा गुण है जो उसे अन्य द्रव्यों से अलग करता है। यहाँ प्रश्न उठता है कि अन्य वस्तुओं, यथा, जल, वायु आदि में भी तो कई बार हमे गंध का अनुभव होता है। उत्तर में वैशेषिक दर्शन कहता है कि इनमें जब पृथ्वी का अंश घुल-मिल जाता है, तभी गंध का गुण आता है जैसे, गंदला पानी इसीलिए महकता है क्योंकि उसमें पृथ्वी का अंश सम्मिलित रहता है। वायु भी तभी महकती है, जब वह पृथ्वी से उत्पन्न फूल आदि की मंहक लेकर बहती है अर्थात् पृथ्वी के कणों के कारण ही सुगंध का साम्राज्य है।

2. जल *(Water)*—वैशेषिक सूत्र के अनुसार, **रूप रस स्पर्शवत्य आपो द्रवाः स्निग्धाः** अर्थात् रूप, रस और स्पर्श ये जल के गुण हैं। वैसे, जल का विशेष गुण **रस** बताया गया है। इसका स्वाभाविक रूप, शुक्ल, स्वाभाविक रस, मधुर और स्वाभाविक स्पर्श, शीतल है। यदि जल इसके विपरीत हैं तो इसका मतलब है कि उसमें अन्य भूतों के गुण मिले हुए हैं। जैसे, यदि जल गर्म है तो इसका मतलब है कि तेज का गुण उसमें आ गया है।

3. तेज *(Fire)*—तेज के विषय में कहा गया है **तेजो रूप स्पर्शवत**[1] अर्थात् तेज (अग्नि) में रूप और स्पर्श का गुण है। वैसे, तेज का विशेष गुण **रूप** है। तेज का रूप शुक्ल और स्पर्श उष्ण होता है।

4. वायु *(Air)*—वायु के विषय में कणाद कहते हैं—**स्पर्शवान वायुः**[2] अर्थात् वायु स्पर्श के गुण वाली है। वायु में रूप नहीं होता इसीलिए वह दिखाई नहीं देती, न उसमें

1. *वैशेषिक सूत्र*—2/1/3
2. *वही*—2/1/4

गंध, रस होता है। इस तरह इसमें एक ही गुण होता है—**स्पर्श**। स्पर्श से ही हम उसका अनुमान करते हैं। अन्य तीन भूतों के समान इसका प्रत्यक्ष नहीं होता। वायु के चलने पर तृण या धूल के ऊपर उठने पर ही उसका अनुमान होता है।

5. आकाश (*Ether*)—आकाश के बारे में कहा गया है, **'ते आकाशे न विद्यते'**[1] अर्थात् रूप, रस, गंध और स्पर्श, ये गुण आकाश में नहीं रहते। तब कौन-सा गुण रहता है? आकाश का गुण है **शब्द**। शब्द पृथ्वी, जल, तेज, वायु का गुण नहीं है, अतः मानना पड़ेगा कि यह आकाश का गुण है।[2] आकाश नित्य, विभु एवं सर्वव्यापक है। इसका प्रत्यक्ष सम्भव नहीं है किन्तु अनुमान से इसके अस्तित्त्व की सिद्धि होती है। यह वायु के समान नित्य है। अन्य भूतों से इसकी विशेषता यह है कि यह अविभाज्य है। जैसे, अन्य भूत परमाणु रूप में भी रहते हैं, यह परमाणु रूप में नहीं रहता। अन्य भूत परमाणु रूप में नित्य तथा कार्य रूप में अनित्य होते हैं। परमाणुओं तथा अन्य द्रव्यों की भिन्न-भिन्न मिलावट से संसार के पदार्थ बनते हैं।

दिक् और काल (*Space and Time*)—पंच भूतों के पश्चात् वैशेषिक दर्शन में जिन दो द्रव्यों की चर्चा की गई है, वे हैं, दिक् और काल। ये दोनों ही आकाश के समान अगोचर, एक, नित्य तथा सर्वव्यापी हैं। इनका ज्ञान हमें अनुमान से होता है। ये प्रत्यक्ष गम्य नहीं हैं। वैशेषिक सूत्र में काल का लक्षण बताया गया है।—**पहले और बाद, एक साथ, देर और शीघ्रता आदि काल के लक्षण हैं।**[3] भूत, भविष्य और वर्तमान ये तीन अलग-अलग काल नहीं, वरन् एक ही काल के अलग-अलग विभाग हैं। काल एक ही है। डॉ॰ दासगुप्ता वैशेषिक-दर्शन के काल की व्याख्या में लिखते हैं, **'काल वह है, जो युवाजनों को यौवन की भावना प्रदान करता है, जो समकालीनता और त्वरा की कल्पना उत्पन्न करता है।'**

दिक् (देश) के विषय में कणाद लिखते हैं, **'यह इधर है, वह उधर है, यह दिक् का लक्षण है।'** वैसे तो काल के समान दिक् भी एक एवं अखण्ड है किन्तु सूर्य की गति के आधार पर सुविधा के लिए दिक् के उत्तर, दक्षिण, पूरब, पश्चिम आदि दस भेद किये गये हैं। यह प्रत्यक्ष-गम्य नहीं है, अनुमान-गम्य अवश्य है।

सृष्टि में वस्तुएँ काल के कारण गति करती हैं, जबकि देश के कारण परस्पर सम्बद्ध रहती हैं।

आत्मा एवं मन (*Soul and Mind*)

वैशेषिक दर्शन में पंचभूतों तथा देश-काल के पश्चात् नव द्रव्यों के शेष दो द्रव्य बचते हैं, आत्मा और मन।

आत्मा और मन ये दोनों ही शरीर बद्ध होते हुए भी शरीर से पृथक् नित्य द्रव्य हैं।

यूँ तो आत्मा स्वरूपतः निर्गुण, निष्क्रिय, मुक्त, शुद्ध है, किन्तु शरीर और मन के सम्पर्क में आकर यह सगुण और सक्रिय हो जाती है। चेतना आत्मा का स्वाभाविक नहीं, आगन्तुक गुण है। चेतना को आगन्तुक गुण मानने के कारण वैशेषिक दर्शन मुक्तावस्था को

---

1. वही—2/1/5
2. शब्द किसी स्थूल वस्तु का गुण नहीं है जिसे स्पर्श किया जा सके क्योंकि शब्द स्वयं एक गुण है, द्रव्य नहीं। —एस॰ एन॰ दासगुप्ता, *भारतीय दर्शन का इतिहास*, पृ॰ 272
3. अपरिस्मन्नपरं युगपच्चिरं क्षिप्रमिति काललिंगानि—*वैशेषिक सूत्र, 2/2/6*

वेदान्त दर्शन के विपरीत अचेतन अवस्था कहता है। उल्लेख है कि वेदांत दर्शन में आत्मा चित् स्वरूप है।

आत्मा की अनेकता—वैशेषिक दर्शन आत्मा को अनेक कहता है। जितने शरीर उतनी आत्माएँ। यहाँ भी वेदान्त दर्शन से विरोध स्पष्ट है, जो आत्मा को एक मानता है। वैशेषिक दर्शन में इसकी अनेकता की सिद्धि के लिए अनेक तर्क दिये गये हैं—

(अ) इस संसार में लोक व्यवहार से आत्मा की अनेकता स्पष्ट सिद्ध होती है। यहाँ कोई सुखी है, कोई दुःखी है, कोई ज्ञानी है, कोई अज्ञानी है। यदि आत्मा एक ही होती तो अलग-अलग व्यक्तियों के अलग-अलग अनुभव सम्भव नहीं थे।

(ब) यदि आत्मा एक ही होती तो एक के जन्म या मोक्ष से दूसरे का जन्म या मोक्ष सम्भव हो जाता, किन्तु ऐसा देखा नहीं जाता है। इससे सिद्ध होता है कि आत्मा अनेक हैं।

उल्लेखनीय है कि सांख्य दर्शन में भी पुरुष की अनेकता की सिद्धि हेतु ये तर्क दिये गये हैं।

आत्मा के अस्तित्व की सिद्धि—वैशेषिक दर्शन में आत्मा के अस्तित्व की सिद्धि के लिए निम्नलिखित तर्क दिये गये हैं—

(अ) अहं प्रत्यय, अर्थात् 'मैं हूँ' यह ज्ञान आत्मा के अस्तित्व को बताता है, शरीर के अस्तित्व को नहीं। सांसारिक मनुष्य व्यवहार में जो 'मैं' शब्द का प्रयोग करता है उसका लक्ष्य आत्मा के सिवाय अन्य नहीं।

(ब) जैसे रथ के व्यापार से (गमन से) रथ के भीतर सारथी रूप चेतन पदार्थ का अनुमान होता है, वैसे ही शरीर के भीतर चेतना के अनुमान से आत्मा की उपस्थिति सिद्ध होती है।

(स) श्वास लेने और छोड़ने (प्राणायाम) से शरीर फूलता है एवं संकुचित होता है। इससे सिद्ध होता है कि यह व्यापार किसी चेतन सत्ता का है। यही आत्मा है।

(द) पलक का खोलना बंद करना (निमेषोन्मेष) भी किसी चेतन-तत्त्व की उपस्थिति सिद्ध करते हैं।

(इ) शरीर में जीवन का होना भी आत्मतत्त्व की उपस्थिति का प्रमाण है।

(ई) मन की गति भी बिना आत्मा की प्रेरणा के सम्भव नहीं हैं।

(फ) इन्द्रियों के विकास रूप सुख-दुःख, इच्छा आदि का कोई-न-कोई आश्रय होना चाहिए। यह आश्रय चेतन आत्मा ही हो सकता है।

मन—आत्मा के समान मन को भी वैशेषिक दर्शन में अनेक कहा गया है। प्रत्येक जीव के साथ एक मन होता है जो आत्मा का सहायक होता है। वस्तुतः आत्मा को समस्त प्रकार का ज्ञान इसी मन की सहायता से ही होता है। आत्मा, इन्द्रिय तथा बाह्य विषयों के रहने पर भी हमें ज्ञान की प्राप्ति तब तक नहीं हो सकती जब तक कि आत्मा के सहायक के रूप में मन उपस्थित न हो। आत्मा मन की सहायता से अन्तर और बाह्य दोनों जगत् का ज्ञान प्राप्त करती है। वैशेषिक दर्शन में सुख-दुःख का ज्ञान प्राप्त कराने वाला मन एकमात्र अन्तर-इन्द्रिय माना गया है। वस्तुतः 'सुख आदि के प्रत्यक्ष ज्ञान के साधन अंतःकरण को मन कहते हैं, यह मन की परिभाषा दी गई है। मन अणु रूप कहा गया है,

इसलिए एक बार में यह एक ही इन्द्रिय के साथ सम्बद्ध होता है। वैशेषिक दर्शन में मन को अचेतन कहा है क्योंकि यह ज्ञान का साधन है कर्त्ता नहीं। कर्त्ता आत्मा है जो चेतन है। यदि मन को भी चेतन माने तो शरीर में दो चेतन तत्त्व हो जाएँगे जिससे कार्य संचालन में बाधा होगी अतः मन अचेतन सिद्ध होता है।

गुण
(Quality)

किसी भी द्रव्य का परिचय हम सामान्यतया उसके गुणों के माध्यम से ही करते हैं। सामान्यतया हम किसी द्रव्य के गुणों को उसकी विशेषताएँ कहते हैं, स्वतन्त्र पदार्थ नहीं। किन्तु वैशेषिक दर्शन में 'गुण' को भी एक पदार्थ कहा गया है। पर यह ऐसा पदार्थ है जो अपना स्वतन्त्र अस्तित्व नहीं रखता। यह हमेशा द्रव्य के साथ जुड़ा रहता है, उसके आश्रय में रहता है। वैशेषिक-सूत्र में जो गुण की परिभाषा[1] दी गई है, उससे इसकी निम्नलिखित विशेषताएँ प्रगट होती हैं—

(अ) **द्रव्याश्रयि**—गुण (जैसा कि हम अभी देख चुके हैं) द्रव्याश्रयि अर्थात् द्रव्य पर आश्रित रहता है।

(ब) **अगुणवान**—गुण अगुणवान होते हैं अर्थात् इसके कोई गुण नहीं होते, जैसे द्रव्य के होते हैं।

(स) **संयोग वियोग अकारण**—अर्थात् गुण, द्रव्य के संयोग (मिलने) अथवा वियोग (अलग होने) का कारण नहीं है। वस्तुतः इसका कारण कर्म है, कर्म के कारण ही वस्तुएँ मिलती और अलग होती हैं।

(द) **अनपेक्ष**—गुण द्रव्य पर आश्रित तो अवश्य रहता किन्तु कर्म के समान वह द्रव्य में सक्रिय नहीं होता वरन् वह निष्क्रिय होकर रहता है। इसीलिए उसे अनपेक्ष कहा गया है।

गुणों के भेद—वैशेषिक दर्शन में गुण 24 प्रकार के बताये गयें हैं—(1) रूप (2) रस (3) गंध (4) स्पर्श (5) संख्या (6) परिमाण (7) पृथकत्व (8) संयोग (9) वियोग (10) दूरी (11) समीपता (12) बुद्धि (13) सुख (14) दुःख (15) इच्छा (16) द्वेष (17) प्रयत्न (18) गुरुत्व (19) द्रवत्व (20) स्नेह (21) संस्कार (22) धर्म (23) अधर्म (24) शब्द।[2]

आगे हम संक्षेप में 24 गुणों की चर्चा करेंगे।

1. रूप—लाल, नीला, पीला आदि **नेत्रों** से दिखाई देने वाले रंग, **रूप** के प्रभेद हैं।

2. रस—मीठा, नमकीन, खट्टा, चरपरा, कड़वा, कसैला आदि **रस** के प्रभेद हैं। जिनका ज्ञान हमें **जिह्वा** से होता है।

3. गंध—सुगंध और दुर्गंध, ये दो **गंध** के प्रभेद हैं, जिनका ज्ञान **घ्राणेन्द्रिय** से होता है।

4. स्पर्श—शीत, उष्ण और अशीतोष्ण, ये तीन **स्पर्श** के प्रभेद हैं। इनका ज्ञान **त्वचा** से होता है।

---

1. 'द्रव्याश्रयगुणवान्संयोगविभागेष्वकारणमनपेक्ष इति गुण लक्षणम् 1/1/16
2. रूप रसगन्धस्पर्शास्संख्याः परिमाणानिपृथक्त्वं संयोगविभागौ परत्वापरत्वे बुद्धयः सुखदुःखे इच्छाद्वेषौ प्रयत्नाश्च गुणाः —वैशेषिक-सूत्र (1-1-6) में ये 17 गुण माने गये हैं शेष को प्रशस्तपाद ने गुणों में शामिल किया है।

5. संख्या—संख्या वह गुण है जिसके कारण एक, दो तीन जैसे शब्दों का व्यवहार किया जाता है। संख्या नित्य, अनित्य, प्रत्यक्ष, अप्रत्यक्ष सभी द्रव्यों में रहती है।

6. परिमाण—परिमाण वह गुण है जिसके कारण छोटे-बड़े का भेद किया जाता है।

7. पृथकत्व—इसके द्वारा विभिन्न वस्तुओं के स्वभाव में जो भिन्नता होती है, उसका बोध होता है।

8. संयोग—दो अलग-अलग वस्तुओं का मिलन संयोग कहलाता है। यह संयोग तीन प्रकार का होता है (अ) जब एक पदार्थ का गति से संयोग होता है जैसे एक पक्षी का उड़कर पर्वत की चोटी पर बैठना (ब) जब दोनों पदार्थों की गति से संयोग होता है जैसे, दो लड़ते हुए पहलवानों का आपस में भिड़ना (स) जहाँ एक संयोग से दूसरा संयोग उत्पन्न होता है जैसे, टेबल पर अपने कलम से कागज पर लिखना। यहाँ कागज का हाथ से संयोग है। यह कागज टेबल पर रखा है, इससे हाथ का टेबल के साथ भी संयोग हो जाता है। संयोग हमेशा अनित्य होता है।

9. विभाग—विभाग संयोग का ठीक उल्टा है।

10. दूरी (परत्व)—जिस गुण के द्वारा आगे का ज्ञान हो वह **परत्व** है। यह भी दो प्रकार का—(अ) दैशिक (ब) कालिक। दैशिक परत्व का अर्थ दूरत्व और कालिक परत्व का अर्थ प्राचीनत्व है।

11. अपरत्व—इसके भी दो प्रकार हैं। दैशिक अपरत्व का अर्थ है निकटत्व और कालिक अपरत्व का अर्थ है नवीनत्व।

12. गुरूत्व—इसका अर्थ है नीचे गिरने का गुण।

13. द्रवत्व—बहने या सरकने के गुण का नाम द्रवत्व है।

14. स्नेह—चूरा हो जाने वाली वस्तु को पिण्डलाकार बनाये रखने वाले गुण को स्नेह कहते हैं। यह मुख्यतया जल में पाया जाता है।

15. शब्द—यह एकमात्र आकाश का गुण है। इसे हम कर्णेन्द्रिय से ग्रहण करते हैं।

16. बुद्धि—यह जीवात्मा का गुण है। इसका अर्थ है, ज्ञान। कभी यह नये अनुभव के रूप में प्रगट होता है तो कभी पुराने अनुभव की स्मृति के रूप में।

17. सुख—अनुकूलता के भाव से सुख की उत्पत्ति होती है।

18. दुःख—प्रतिकूलता के भाव से दुःख की उत्पत्ति होती है।

19. इच्छा—अप्राप्त वस्तु को चाहना इच्छा कहलाती है।

20. द्वेष—हृदय में किसी के प्रति जलन द्वेष का लक्षण है।

21. प्रयत्न—किसी वस्तु की प्राप्ति का यत्न, प्रयत्न है। उल्लेखनीय है कि बुद्धि सुख, दुःख, इच्छा, द्वेष, प्रयत्न ये सब आत्मा के गुण हैं।

22. धर्म—श्रुति-स्मृति में बतलाये गये सत्कर्मों का नाम धर्म है। इन्हें करने से पुण्य की प्राप्ति होती है।

23. अधर्म—श्रुति-स्मृति में कुछ कर्म निषिद्ध बतलाये गये हैं। ये ही अधर्म हैं। इन्हें करने से पाप की प्राप्ति होती है।

24. संस्कार—वैशेषिक दर्शन में संस्कार तीन प्रकार का बताया गया है—(अ) वेग, (ब) भावना, (स) स्थिति-स्थापक।

इनमें से वेग और स्थिति-स्थापक भौतिक द्रव्यों का गुण है जबकि भावना जीवात्मा का।

वेग किसी पदार्थ को गति में रखता है।

भावना के द्वारा आत्मा पूर्वकाल में अनुभूत वस्तुओं को स्मरण करने तथा पहचानने के योग्य होती है।

स्थिति-स्थापक वह संस्कार है जिसके कारण वस्तु छोड़ी जाने पर फिर से पहली स्थिति में आ जाती है। जैसे रबर के टुकड़े को फैलाकर छोड़ दिया जाये तो वह फिर पूर्ववत् स्थिति में आ जाता है।

कर्म (Action)

वैशेषिक दर्शन में सात पदार्थों की शृंखला का तीसरा पदार्थ **कर्म** है, जो गुण के समान ही अपना स्वतन्त्र अस्तित्व नहीं रखता बल्कि द्रव्य पर ही आश्रित रहता है। किन्तु गुण और कर्म में अन्तर यह है कि गुण द्रव्य का स्वाभाविक धर्म है, इसीलिए वह सदैव द्रव्य में उपस्थित रहता है जबकि कर्म प्रयत्नपूर्वक द्रव्य में कुछ समय के लिए प्रगट होता है। इसे हम यूँ भी कह सकते हैं कि गुण द्रव्य का स्थायी स्वरूप है जबकि कर्म क्षणिक स्वरूप है। जैसे 'गुरुत्व' शरीर का एक गुण है जो सदैव शरीर के साथ लगा रहता है जबकि 'गिरना' शरीर से लगी एक क्रिया है जो किसी क्षण हो सकती है। शरीर किसी क्षण इस क्रिया से विरत भी हो सकता है पर गुरुत्व से कभी विरत नहीं हो सकता। कर्म को 'गति' भी कहा गया है। यही द्रव्य के संयोग और विभाग का कारण होता है।

उल्लेखनीय है कि सभी द्रव्यों में कर्म नहीं रहता। यह केवल मूर्त द्रव्यों यथा, पृथ्वी, जल, तेज, वायु और मन में ही रहता है। सर्वव्यापी द्रव्य, यथा, आकाश, दिक्, काल और आत्मा में इसका होना सम्भव नहीं है क्योंकि ये एक स्थान से दूसरे स्थान नहीं जाते हैं।

कर्म के प्रकार

वैशेषिक-सूत्र में कर्म के पाँच प्रकार बताये गये हैं—

(अ) **उत्क्षेपणम्**—अर्थात् ऊपर जाना।

(ब) **अवक्षेपणम्**—अर्थात् नीचे जाना।

(स) **आकुंचनम्**—अर्थात् सिकुड़ना।

(द) **प्रसारणम्**—अर्थात् फैलना।

(इ) **गमनम्**—अर्थात् चलना।

सामान्यतया द्रव्यों में हम इन कर्मों को प्रत्यक्ष घटित होते देख सकते हैं कि किन्तु प्रत्येक द्रव्य में नहीं। जैसे 'मन' की गति का प्रत्यक्ष ज्ञान हमें नहीं होता।

सामान्य (Universality)

इस संसार में हमें असंख्य पदार्थ दृष्टिगोचर होते हैं। इस असंख्य पदार्थों में कुछ एक-दूसरे से सर्वथा भिन्न, तो कुछ एक-दूसरे से समानता लिए हुए दिखाई देते हैं। पदार्थों में समानता का यह गुण ही उन्हें एक कोटि में लाता है। जैसे; राम, श्याम, सीता ये सब

अलग-अलग मनुष्य हैं, किन्तु इनमें कुछ सामान्य विशेषता है, जिसके कारण हम उन्हें समान कोटि का कहते हैं। इनकी सामान्य विशेषता 'मनुष्यत्व' है। इस तरह 'मनुष्यत्व' एक सामान्य है। इसी तरह विभिन्न गायों में 'गोत्व' एक सामान्य है।

उल्लेखनीय है कि वैशेषिक दर्शन इस 'सामान्य' का अपना स्वतन्त्र अस्तित्व मानता है, इसीलिए वह इसे भी पदार्थ का नाम देता है।

भारतीय दर्शनों में बौद्ध दर्शन यहाँ वैशेषिक के पूर्णतः विपरीत कहता है कि सत्ता केवल विशेष की होती है, सामान्य की कोई सत्ता नहीं होती। इन दोनों के मध्य जैन और अद्वैत वेदान्त सामान्य की सत्ता तो मानते हैं पर उसे वस्तुओं से पृथक् नहीं वरन् उसी में निहित मानते हैं। यह वस्तुओं का आन्तरिक स्वरूप है, जिसे बुद्धि ग्रहण करती है।

बौद्ध दर्शन का सामान्य सम्बन्धी उपर्युक्त सिद्धान्त **'नामवाद'** कहलाता है, जैन एवं अद्वैत-वेदान्त का **'सामान्य प्रत्यक्षवाद'** तथा वैशेषिक का **'वस्तुवाद'** कहलाता है।

सामान्य के प्रकार—वैशेषिक दार्शनिकों ने सामान्य की व्यापकता को देखते हुए इसके तीन भेद किये हैं—(1) **पर**—जो सर्वाधिक व्यापक है जैसे, सत्ता। (2) **अपर**—जो सबसे कम व्यापक है, जैसे, घटत्व। (3) **परापर**—जो पर और अपर के बीच व्यापकता रखता है जैसे, द्रव्यत्व।

विशेष
(Particularity)

वैशेषिक दर्शन में 'विशेष' एक ऐसा पदार्थ है, जो 'विशेष' के सामान्य अर्थ से अलग अपना एक विशिष्ट अर्थ रखता है। सामान्यतया हम दो समान दिखने वाली वस्तुओं में भी अन्तर कर लेते हैं क्योंकि प्रत्येक की अपनी कुछ-न-कुछ विशेषता जरूर होती है। इसी विशेषता के कारण हम उसे विशेष वस्तु के रूप में पहचानते हैं। किन्तु वैशषिक दर्शन में जिसे हम विशेष नामक पदार्थ कहते हैं, वह किसी सावयव वस्तु (अवयव युक्त वस्तु, यथा कुर्सी, मनुष्य आदि) की विशिष्टता बताने वाला पदार्थ नहीं है। सावयव वस्तुएँ, यथा, कुर्सी आदि की विशेषता तो उनके भागों तथा उनके गुणों के विश्लेषण से ही समझ में आ जाती है, इसके लिए 'विशेष' की आवश्यकता नहीं है। विशेष की आवश्यकता तो नित्य, निरवयव द्रव्यों के साथ होती है, जिनके टुकड़े नहीं किये जा सकते। ऐसे अविभाज्य द्रव्य को वैशेषिक दर्शन में **परमाणु** कहा गया है। इस प्रकार हम सकते हैं कि, **विशेष एक परमाणु को दूसरे से पृथक् बताने वाला पदार्थ है**। यदि विशेष न हो तो एक परमाणु का दूसरे परमाणु से (जो उसके समान ही होता है) कोई भेद न हो। वैशेषिक दर्शन में इसीलिए विशेष को **स्वाश्रय विशेषक** अर्थात् अपने आश्रय को विशिष्ट रूप देने वाला कहा गया है।

उल्लेखनीय है कि वैशेषिक का यह **विशेष** द्रव्यों के समान ही नित्य, असंख्य एवं अगोचर है। अगोचर होने का अर्थ है कि हम उसे अपनी आँखों से नहीं देख सकते किन्तु इसका मतलब यह नहीं कि यह सर्वथा अदृश्य है। यह योगियों के ज्ञान-चक्षुओं के लिए सर्वथा दृश्य होता है।

समवाय
(Inherence)

संसार में हम विभिन्न वस्तुओं के मध्य अनेक प्रकार के सम्बन्ध देखते हैं। कुछ सम्बन्ध क्षणिक या अनित्य होते हैं, तो कुछ स्थाई या नित्य। जैसे, लिखते समय कलम का कागज से सम्बन्ध क्षणिक होता है। इसी तरह पानी में चलती नाव का पानी से सम्बन्ध क्षणिक अर्थात् अस्थाई होता है, जो कभी भी पृथक् किया जा सकता है। किन्तु पदार्थों में कुछ योग ऐसे भी होते हैं जो कदापि पृथक् नहीं किये जा सकते। यदि इन्हें पृथक् करने की कोशिश की गई तो कम-से-कम एक अवश्य नष्ट हो जाता है, जैसे, तन्तु और कपड़ा अथवा मिट्टी और घड़े का सम्बन्ध। कपड़े से तन्तु को अलग करने पर तन्तु भले बच जाये पर कपड़ा अवश्य नष्ट हो जायेगा। इसी तरह घड़े से मिट्टी को अलग करने पर घड़ा जरूर नष्ट हो जायेगा।

प्रथम प्रकार के सम्बन्ध को **संयोग सम्बन्ध** कहते हैं और दूसरे प्रकार के सम्बन्ध को **समवाय सम्बन्ध** कहते हैं।

यह समवाय सम्बन्ध ही वैशेषिक दर्शन का छठवाँ पदार्थ है।

यहाँ संयोग को **युतसिद्ध** सम्बन्ध और समवाय को **अयुतसिद्ध** कहा गया है। समवाय नित्य सम्बन्ध कहा गया है।[1] अवयवों का अवयवी से, गुण का द्रव्य से, सामान्य का व्यक्ति से तथा विशेष का नित्य-द्रव्य से नित्य सम्बन्ध होता है, इसीलिए इनका सम्बन्ध समवाय कहलाता है।

वैशेषिक सूत्र में कणाद ने समवाय के विषय में लिखा है कि यह कारण और कार्य के मध्य होता है तथा यहाँ यह प्रतीति भी रहती है कि कारण-कार्य के मध्य में है। जैसे, मिट्टी और घड़े के मध्य कारण-कार्य सम्बन्ध रहता है और हमें यह प्रतीति भी रहती है कि मिट्टी घड़े के मध्य है।

प्रशस्तपाद 'समवाय' की व्याख्या में कहते हैं कि यह वह सम्बन्ध है जो उन वस्तुओं में रहता है जिन्हें पृथक् नहीं किया जा सकता तथा जो परस्पर आधार और आधेय में रहता है।

समवाय सम्बन्ध को लेकर एक प्रश्न यह भी उठता है कि क्या यह प्रत्यक्ष गम्य है? उत्तर में वैशेषिक कहते हैं कि यह प्रत्यक्ष तो नहीं है, इनका अनुमान द्वारा अवश्य ज्ञान प्राप्त किया जा सकता है। उल्लेखनीय है कि प्राचीन नैयायिक समवाय को प्रत्यक्ष-गम्य कहते थे।

अभाव
(Non-Existence)

हम पूर्व में उल्लेख कर चुके हैं कि महर्षि कणाद ने केवल छः पदार्थ माने थे। इस सातवें **अभाव** को उन्होंने स्वतन्त्र पदार्थ की संज्ञा नहीं दी थी। किन्तु बाद के आचार्यों ने अभाव को भी एक पदार्थ माना है। इसका कारण बताते हुए डॉ० राधाकृष्णन् लिखते हैं, 'यद्यपि विद्यमान वस्तुओं के लौकिक वर्गीकरण के लिए अभाव रूपी किसी स्वतन्त्र पदार्थ की आवश्यकता नहीं है, तो भी विश्व की तार्किक व्याख्या के लिए निषेध का विचार जरूरी है। जब वैशेषिक ने अपने क्षेत्र का विस्तार किया और अनुभव का पूर्णरूप से सामंजस्यपूर्ण व्याख्या करने का प्रयत्न किया, तो उसने अभाव रूपी एक पदार्थ का विकास किया।'[2]

---

1. नित्य सम्बन्धः समवाय
2. राधाकृष्णन्, *'भारतीय दर्शन'*, भाग-1, पृ० 190

अभाव **नास्ति** शब्द का बोधक है। जैसे रात्रि में आकाश में सूर्य का न होना अथवा घड़े में पानी का न होना अभाव है।

अभाव हमेशा भाव-सापेक्ष होता है। अभाव का ज्ञान प्रतियोगी (विरोधी) भाव पदार्थ के ज्ञान के बिना नहीं हो सकता। जैसे आकाश में सूर्य के अभाव का ज्ञान हमें तभी होगा, जब आकाश में ही सूर्य के भाव (होने) का ज्ञान रहा हो।

अभाव के भेद—अभाव के मोटे तौर पर दो भेद किये गये हैं—(1) संसर्गाभाव, (2) अन्योन्याभाव।

1. संसर्गाभाव—एक वस्तु में दूसरी वस्तु के अभाव को संसर्गाभाव कहते हैं, जैसे, चन्द्रमा में गर्मी का अभाव या आग में शीतलता का अभाव।

2. अन्योन्याभाव—एक वस्तु का अन्य वस्तु न होना अन्योन्याभाव है। जैसे, (1) चन्द्रमा, सूरज नहीं है। (2) अग्नि, जल नहीं है।

संसर्गाभाव के भेद

संसर्गाभाव के तीन भेद किये गये हैं—

1. प्राग्भाव—प्राक् का अर्थ है पूर्व, अतः प्राग्भाव का अर्थ हुआ, पूर्व में अभाव, अर्थात् उत्पत्ति के पूर्व कार्य का कारण में अभाव। जैसे, घड़े के प्रसंग में हम कहेंगे, घड़े का उत्पत्ति के पूर्व मिट्टी में प्राग्भाव था।

प्राग्भाव को अनादि और सांत कहा जाता है।[1] अनादि इसलिए क्योंकि अनादि काल से कार्य का कारण में अभाव था। इसे सांत (अंत सहित) इसलिए कहा गया, क्योंकि कार्य (घड़ा) तैयार हो जाने पर अभाव का अन्त हो जाता है।

2. ध्वंसाभाव—बना हुआ कार्य किसी न किसी दिन अवश्य नष्ट होता है, जैसे, घड़ा कभी-न-कभी अवश्य फूटता है। घड़े का यह फूटना अर्थात् उसका ध्वंस होना उसका अभाव दर्शाता है। यही ध्वंसाभाव है। दूसरे शब्दों में, उत्पन्न कार्य-द्रव्य (पदार्थ) का नष्ट होना ध्वंसाभाव है।

ध्वंसाभाव, प्राग्भाव के विपरीत सादि और अनन्त कहा गया है। घड़े के टूटने से घड़े का अभाव हो गया, इसका तात्पर्य है कि इस अभाव का प्रारम्भ (आदि) है, इस तरह यह सादि (आदि सहित) हुआ। किन्तु इसका (अभाव का) अंत नहीं है, क्योंकि जो घड़ा टूट गया वह हमेशा के लिए टूट गया, उसे फिर उसी रूप में कदापि नहीं बनाया जा सकता। इसी अर्थ में इस अभाव का अनन्त कहा गया है।

3. अत्यन्ताभाव—ऊपर बताये गये दोनों अभावों की एक विशेषता है, वह है, इनमें पूर्णता का अभाव क्योंकि जहाँ एक का अंत हो जाता है वहाँ दूसरे का प्रारम्भ होता है। वैशेषिक दार्शनिकों ने एक तीसरे प्रकार का ऐसा भी अभाव बताया है जिसमें न प्रारम्भ होता है न अंत। तीनों कालों में यह अभाव बना रहता है इसीलिए इसे अत्यन्ताभाव अर्थात् अत्यन्त अभाव कहा गया है, जैसे, खरगोश में सींग का अभाव या बांझ स्त्री के पुत्र का अभाव, या शब्द में गंध का अभाव आदि। ऐसे अभाव हमेशा अभाव ही रहते हैं।

अन्योन्याभाव से अन्तर—अत्यन्ताभाव और अन्योन्याभाव (जिसका हम पूर्व में उल्लेख कर चुके हैं) में अन्तर यह है कि पहले में जहाँ संसर्ग का अभाव है वहाँ दूसरे

---

1. अनादिः सांतः प्राग्भवः

में दो वस्तुओं में एकता का अभाव है। जैसे **क** में **ख** नहीं है यह पहले का उदाहरण है जबकि **क, ख** नहीं है यह दूसरे का उदाहरण है।

वैशेषिक दर्शन में अभाव के महत्त्व को रेखांकित करने वाले डॉ० राधाकृष्णन् के विचार यहाँ उल्लेखनीय हैं, **'वैशेषिक दर्शन के अभाव विषयक समस्त विचार आध्यात्मिक विचारों पर अवलम्बित है। यदि वस्तुएँ केवल विद्यमान रहें और उनका अभाव न हो तो वे सब नित्य हो जाएँ। यदि पूर्ववर्ती अभाव का हम निषेध करें तो सब वस्तुओं तथा उनकी गतियों को आदि-रहित मानना चाहिए। यदि पश्चाद्वर्ती अभाव का हम निषेध करें तो वस्तुएँ और उनकी क्रियाएँ भी कभी नहीं रुकेंगी और अंतविहिन हो जाएंगी। यदि अन्योन्याभाव का निषेध करते हैं तो वस्तुओं में भेद न हो सकेगा और यदि अत्यन्ताभाव का निषेध करते हैं तो वस्तुओं को सर्वत्र सब कालों में विद्यमान मानना चाहिए।**

इस तरह हम देखते हैं कि 'अभाव' भी इस दर्शन का एक महत्त्वपूर्ण पदार्थ है।

कारण-समवायि, असमवायि और निमित्त

सामान्यतया किसी कार्य के दो कारण स्वीकार किये जाते हैं, **उपादान कारण** और **निमित्त कारण** जैसे, घड़े के प्रसंग में मिट्टी उपादान कारण है और कुम्हार निमित्त कारण है। किन्तु वैशेषिक दर्शन में **समवायि, असमवायि** और **निमित्त** ये तीन कारण बताये गये हैं। वस्तुतः यहाँ समवाय को भी एक पदार्थ माना गया है इसलिए ये तीन कारण माने गये हैं—

1. समवायि कारण (*Inherent cause*)—समवाय सम्बन्ध नित्य सम्बन्ध होता है जो दो ऐसे पदार्थों के मध्य होता है जिन्हें पृथक् नहीं किया जा सकता। जैसे घड़े और मिट्टी के मध्य सम्बन्ध। यहाँ समवायि कारण वह द्रव्य है जिसमें समवाय सम्बन्ध से कार्य उत्पन्न हो। जैसे उपरोक्त उदाहरण में मिट्टी समवायि कारण है। दूसरे दर्शन इसे ही उपादान कारण कहते हैं।

(2) असमवायि कारण (*Non-inherent cause*)—जो समवाय सम्बन्ध से समवायि कारण में रहता हो तथा समवायि कार्य का जनक हो वह असमावायि कारण कहा जाता है। जैसे पट (कपड़ा) कार्य में तन्तुओं का रंग।

असमवायि कारण और समवायि कारण में भेद—केवल द्रव्य ही समवायि कारण होता है जबकि असमवायि कारण केवल गुण और कर्म होते हैं।

(3) निमित्त कारण (*Effecient cause*)—जो किसी कार्य के सहकारी हो जिसके बिना कार्य उत्पन्न ही न हो सके उसे निमित्त कारण कहते हैं। घड़े के प्रसंग में कुम्हार उसका चाक दंड आदि निमित्त कारण है। किन्तु वैशेषिक दर्शन केवल इन्हें ही निमित्त कारण नहीं कहता है। इन्हें वह असाधारण निमित्त कारण कहता है जो किसी एक विशेष कार्य की उत्पत्ति में सहयाक होते हैं।

इनके अतिरिक्त कुछ और निमित्त भी होते हैं जिन्हें वह साधारण निमित्त कारण कहता है। इनकी संख्या वह नौ बताता है। इनकी अपेक्षा प्रत्येक कार्य की उत्पत्ति में रहती है।

1. बुद्धि 2. इच्छा 3. कृति 4. कार्य का प्रागभाव और जीवात्मा का अदृष्ट 5. धर्म 6. अधर्म 7. काल 8. दिक् और 9. प्रतिबंधक का अभाव।

परमाणुवाद
(Atomism)

परिचय—परमाणुवाद वैशेषिक दर्शन का सृष्टि सम्बन्धी सिद्धान्त है। वैशेषिक दर्शन जगत् का उपादान कारण असंख्य सूक्ष्मतम् अणुओं (परमाणुओं) को बतलाता है, इसीलिए उसका सिद्धान्त परमाणुवाद कहा जाता है।

वैसे परमाणुवाद वैशेषिक-दर्शन का मौलिक सिद्धान्त नहीं है। डॉ० राधाकृष्णन्[1] के अनुसार यह मानवीय मस्तिष्क के लिए इतना स्वाभाविक है कि भौतिक जगत् की व्याख्या के लिए आरम्भ में जितने भी प्रयत्न हुए, सबने इसी प्रकल्पना को अपनाया। उपनिषदों में भी इस प्रकल्पना के चिह्न मिलते हैं, जो सब भौतिक पदार्थों को चार तत्त्वों, अग्नि, जल, पृथ्वी, वायु से बना हुआ मानते हैं।

उल्लेखनीय है कि वैशेषिक दर्शन भी अग्नि, जल, पृथ्वी और वायु इन चार भूत द्रव्यों के आधार पर परमाणुओं के चार प्रकार बताते हैं।

परमाणुओं की विशेषता—परमाणु पदार्थ की सूक्ष्मतम् इकाई होने से अविभाज्य एवं अविच्छेद्य होते हैं। इनका और आगे विभाजन नहीं किया जा सकता। ये निरवयव (अवयव अर्थात् अंग-रहित) होते हैं। इसीलिए ये अविनाशी भी होते हैं। वस्तुतः विनाश केवल सावयव पदार्थों का ही होता है, निरवयव का नहीं। परमाणुओं के अन्दर और बाहर कुछ भी नहीं है। वे देश रहित हैं।

इन विशेषताओं वाले परमाणुओं को निराकार होना चाहिए, किन्तु वैशेषिक दर्शन में इन्हें परिमाण्डल्य अर्थात् गोलाकार कहा गया है।

वैशेषिक दर्शन में परमाणुओं को अचेतन एवं स्वभाव से निष्क्रिय भी बताया गया है। प्रलय काल में मूल परमाणु पृथक्-पृथक् तथा गतिहीन पड़े रहते हैं।

परमाणुओं में गति का कारण—यहाँ प्रश्न उठता है कि यदि परमाणु स्वभावतः निष्क्रिय है तो सृष्टि की रचना तथा सृष्टि में विभिन्न क्रियाएँ कैसे होती हैं? उत्तर में कहा गया है, **'धर्म विशेषात्'** अर्थात् परमाणुओं में गति एक विशिष्ट धर्म के कारण होती है।[2] वैशेषिक इसे अदृष्ट कहते हैं अर्थात् अदृष्ट के कारण सृष्टि (आत्मा भी) क्रियाशील है। यहाँ उल्लेखनीय है कि महर्षि कणाद ने इस हेतु ईश्वर को आवश्यक नहीं समझा था किन्तु उनके अनुयायियों ने अदृष्ट से भी ऊपर ईश्वर को स्वीकार किया। इस सम्बन्ध में डॉ० राधाकृष्णन् कहते हैं, **'कणाद विश्व की व्याख्या अदृष्ट तत्त्व के द्वारा करके भले ही सन्तुष्ट हो गये हों, किन्तु उनके अनुयायियों ने अनुभव किया कि अदृष्ट रूपी तत्त्व अत्यन्त धर्मविहीन एवं अस्पष्ट हैं, अतः उन्होंने इसे ईश्वर की इच्छा पर निर्भर बतलाया।'**[3] इस तरह परवर्ती वैशेषिकों के अनुसार परमाणुओं का गतिदाता ईश्वर है। वह जगत् का निमित्त कारण है, परमाणु उपादान कारण। उल्लेखनीय है कि शंकराचार्य ने शारीरक भाष्य के तर्कपाद खण्ड में वैशेषिक दर्शन के परमाणुवाद की आलोचना में परमाणुओं में गतिदाता के रूप में चेतन सत्ता ईश्वर को न मानने की आलोचना की है।

---

1. राधाकृष्णन, *भारतीय दर्शन*, भाग 2, पृ० 167
2. *न्याय वार्तिक*, 4/2/7
3. राधाकृष्णन, *भारतीय दर्शन*, भाग 2, पृ० 168

परमाणुओं के प्रकार—परमाणु इन्द्रिय गम्य नहीं होते हैं अतः उनके गुणों को हम इन्द्रियों के द्वारा नहीं जान सकते, इसीलिए उनके प्रकार बताना कठिन है। फिर भी वैशेषिक दार्शनिक इन्द्रिय गम्य चार प्रकार के भूत द्रव्यों, पृथ्वी, जल, अग्नि और वायु के आधार पर चार प्रकार के परमाणुओं की कल्पना करते हैं—पार्थिव, जलीय, तैजस (अग्नि के) एवं वायवीय (वायु के)। इन परमाणुओं के कारण ही पृथ्वी में गंध, जल में रस, अग्नि में तेज एवं वायु में स्पर्श का गुण होता है।

उत्पत्ति क्रम—परमाणुओं से पदार्थों की उत्पत्ति किस क्रम में होती है, इस पर भी प्रकाश डाला गया है।

वैशेषिक दर्शन के अनुसार यह समस्त जगत एवं उसके कार्य द्रव्य तीन प्रकार के परमाणुओं के संयोग का परिणाम है।

1. परमाणु

2. द्वयणुक—दो परमाणुओं के प्रथम संयोग से द्वयणुक की उत्पत्ति होती है। सूक्ष्म होने से परमाणुओं के समान इनका भी इन्द्रिय-प्रत्यक्ष नहीं होता।

3. त्र्यणुक—तीन द्वयणुकों के संयोग से त्र्यणुक की उत्पत्ति होती है। इसे हम आँखों से देख सकते हैं। इस तरह पदार्थ के सूक्ष्मतम् कण, जो हमें दृष्टिगोचर होते हैं, त्र्यणुक ही होते हैं। इन्हीं से समस्त भूत द्रव्य बनते हैं। घर की छत की छेद से सूर्य की किरणें जब प्रवेश करती हैं, तब उनमें नाचते हुए दिखाई देने वाले छोटे-छोटे कण त्र्यणुक ही होते हैं।

परमाणुओं के अस्तित्व में प्रमाण—वैशेषिक दार्शनिक परमाणुओं को इतने सूक्ष्म मानते हैं कि हम उन्हें आँखों से नहीं देख सकते। यहाँ प्रश्न उठता है कि आखिर वे हैं ही, यह हम कैसे कह सकते हैं? उनके अस्तित्व का प्रमाण क्या है?

वैशेषिक उत्तर में **अनुमान प्रमाण** प्रस्तुत करते हैं। वे कहते हैं कि सभी प्रत्यक्ष-गम्य पदार्थ अवयव-युक्त होते हैं। जैसे कपड़े (पट) के अवयव (अंग) तन्तु हैं तथा घड़े का अवयव मिट्टी है। हम इन अवयवों के भी अवयव तथा उनके भी अवयव की कल्पना कर सकते हैं। किन्तु कहीं-न-कहीं हमें इन अवयवों की धारा को विश्राम देना होगा। अन्तिम अवयव निरवयव होगा। यही परमाणु है।

यहाँ प्रश्न पूछा जा सकता है कि यदि हम अवयव-धारा को विश्राम न दें, अनन्त मानें तो क्या कठिनाई है? वैशेषिक कहते हैं कि ऐसी स्थिति में विशाल सुमेरु पर्वत व छोटे से राई के दाने के परमाणु में तुल्यता (समानता) होने लगेगी क्योंकि जिस प्रकार अवयव परम्परा का अन्त न मानने से पर्वत के अनन्त अवयव होंगे, उसी प्रकार राई के भी अनन्त अवयव होंगे। ऐसी स्थिति में पर्वत और राई के परिमाण में अन्तर नहीं रह जायेगा। यदि दोनों के परमाणु अनन्त हैं तो दोनों के बीच भेद कैसे सम्भव है? अतः अवयवों की धारा में विश्राम स्वीकार करना अत्यन्त आवश्यक है। जिस प्रकार महत् परिमाण के तारतम्य की समाप्ति आकाश में कर दी जाती है, उसी प्रकार अणु परिमाण की समाप्ति भी सबसे छोटे परम-अणु, परमाणु पर कर दी जाती है।

वैशेषिक एवं यूनानी परमाणुवाद—उल्लेखनीय है कि करीब पाँचवीं शताब्दी ई॰ पू॰ में यूनान देश में ल्यूसिपस एवं डेमोक्रिटस नामक दार्शनिकों ने सर्वप्रथम परमाणुवाद का प्रतिपादन किया था। कुछ लोगों का मत है कि वैशेषिक परमाणुवाद यूनानी परमाणुवाद

से प्रेरित है। इस विचार का खण्डन करते हुए डॉ॰ राधाकृष्णन् कहते हैं कि, **दोनों में सिवाय इसके और कोई समानता नहीं है कि दोनों के परमाणु अदृश्य इकाई हैं।**[1]

दोनों में निम्नलिखित **अन्तर** है—

(1) यूनानी परमाणुवाद परमाणुओं में गुणात्मक समानता मानता है अर्थात् उसके अनुसार सभी परमाणु एक से ही गुण रखते हैं, उनमें अन्तर केवल मात्रात्मक होता है। अर्थात् कोई छोटे, कोई बड़े होते हैं। इसके विपरीत वैशेषिक दार्शनिक परमाणुओं में गुणात्मक एवं मात्रात्मक दोनों अन्तर मानते हैं।

(2) यूनानी आत्मा को भी परमाणु निर्मित मानते हैं जबकि वैशेषिक आत्मा को निरवयव एवं नित्य कहते हैं।

(3) यूनानियों के परमाणु स्वभावतः गतिशील हैं जबकि वैशेषिक के निष्क्रिय हैं।

(4) यूनानी-परमाणुवाद यांत्रिक विचारधारा को प्रश्रय देता है क्योंकि यहाँ परमाणुओं का गति-नियंत्रक कोई बाहरी तत्त्व नहीं है जबकि प्रारम्भिक वैशेषिक दर्शन में धर्म (अदृष्ट) तथा बाद के वैशेषिक दर्शन में ईश्वर को इसका नियंत्रक बताया गया है।

अदृष्ट

सामान्यतया हम **अदृष्ट** अर्थात् **जो दिखाई न दे** का अर्थ **भाग्य** से लेते हैं जो हमारे कर्म फलों से बनता है। वैशेषिक दर्शन में अदृष्ट विभिन्न प्रकार की गतियों का कारण कहा गया है। जैसे, एक श्लोक में कहा गया है—

अयस्कांतमणि की ओर सूई की स्वाभाविक गति
वृक्षों के भीतर रस का नीचे से ऊपर चढ़ना
अग्नि की लपटों का ऊपर चढ़ना
परमाणुओं की पहली गति
इन सबका कारण अदृष्ट है।

कणाद के वैशेषिक-सूत्र में प्रगटरूप में ईश्वर का उल्लेख नहीं है। उनके अनुसार परमाणुओं और आत्माओं में आदिम गतियाँ अदृष्ट के कारण होती है।

सृष्टि रचना में प्रवृत्त करने वाली शक्ति—वैशेषिक दर्शन में अदृष्ट वह शक्ति है जो परमाणुओं को सृष्टि रचना में प्रवृत्त करती है। यह स्वयं गतिहीन है और निष्क्रिय परमाणुओं को गति प्रदान कर सृष्टि रचना-हेतु प्रवृत्त करती है।

सहायक शक्ति—बाद के वैशेषिक आचार्यों ने अदृष्ट को ईश्वर की सहायक-शक्ति माना जो ईश्वर की इच्छा से परमाणुओं में गति उत्पन्न करती है।

पाप और पुण्य की शक्ति—अदृष्ट को जीवात्मा के विशिष्ट शरीर का तथा उसके सुख-दुख का हेतु भी कहा गया है। यह हमारे पाप तथा पुण्य की शक्ति है जो व्यक्तिगत आत्मा में निवास करती है।[2]

---

1. राधाकृष्णन्, *भारतीय दर्शन*, भाग 2, पृ॰ 174
2. सुरेन्द्र वर्मा, *भारतीय दर्शन, सम्प्रदाय एवं समस्याएँ*, पृ॰ 83

जीव के जन्म का स्थान, समय और परिस्थितियाँ परिवार तथा माता-पिता ये सब अदृष्ट के द्वारा ही निश्चित होते हैं।[1]

अदृष्ट के साथ संयोग बंधन तथा वियोग मोक्ष—वैशेषिक दर्शन में अदृष्ट के साथ संयोग बंधन का कारण बताया गया है। वस्तुतः इसी के कारण मानव विशेष देह धारण करता है जो हमारे अपने कर्मों का परिणाम है। जैसा कि राधाकृष्णन् कहते हैं, **जब तब इच्छा और द्वेष हम पर हावी रहेंगे तब तक हम धर्म और अधर्म अथवा अदृष्ट का संग्रह करते रहेंगे और कर्मों के फल हमें बलात देह धारण कराते रहेंगे। अदृष्ट के साथ संयोग और उसका कार्यरूप देह ही संसार है उससे पृथक् हो जाना ही मोक्ष है।**[2]

निःश्रेयस (Liberation)

वैशेषिक दर्शन में **निःश्रेयस** शब्द का प्रयोग मोक्ष के लिए हुआ है। वैशेषिक दर्शन का लक्ष्य भी अन्य भारतीय दर्शनों के समान मोक्ष की प्राप्ति है। वैशेषिक—सूत्र में धर्म का लक्षण बताया गया है—**यतो अभ्युदयनिःश्रेयससिद्धिः स धर्मः**[3] अर्थात जिससे अभ्युदय और निःश्रेयस की प्राप्ति हो वह धर्म है।

अभ्युदय और निःश्रेयस का अर्थ—अभ्युदय का अर्थ **सांसारिक उन्नति** है। यह धर्म से अर्थात् शास्त्रों द्वारा बताये कर्मों का पालन करने से होती है। इससे सुख मिलता है। किन्तु इससे स्थाई सुख की प्राप्ति नहीं होती। कहते हैं ब्रह्मा भी स्थाई सुख की प्राप्ति नहीं कर सकते।[4] यह निःश्रेयस से ही सम्भव है। निःश्रेयस का अर्थ आत्मिक कल्याण है। यही मोक्ष है। किन्तु दोनों को एक साथ रखने का मतलब क्या है? वस्तुतः इसका अर्थ है कि मनुष्य निःश्रेयस को अपना लक्ष्य मानकर अभ्युदय करें। वेद भी दोनों की प्राप्ति का उपदेश देते हैं, अतः यह वेद प्रमाणित है।[5]

मोक्ष की स्थिति—आत्मा का शरीर से हमेशा के लिए सम्बन्ध टूट जाना अथवा जन्म के चक्र से हमेशा के लिए मुक्त हो जाना मोक्ष है। यह सभी प्रकार के दुखों से पूर्ण नाश की अवस्था है। इसमें सुख-दुख सभी समाप्त हो जाते हैं। वैशेषिक इसे आनंद से रहित अवस्था कहता है।

कर्मफलों की समाप्ति—मोक्ष कर्मचक्र की गति का रुक जाना है। जब तक कर्म के सभी प्रकार के फल समाप्त नहीं होते तब तक उसके फल भोगने के लिए जन्म लेने की जरूरत पड़ती है। अतः मोक्ष हेतु कर्मफलों का समाप्त होना आवश्यक है। इस हेतु अदृष्ट का नाश होना आवश्यक है क्योंकि तभी कर्मचक्र की गति समाप्त होती है।

---

1. राधाकृष्णन्, *भारतीय दर्शन*, भाग 1, पृ० 193
2. वही
3. *वैशेषिक सूत्र*, 1/1/2
4. सुरेन्द्र वर्मा, *भारतीय दर्शन, सम्प्रदाय एवं समस्याएँ*, पृ० 72
5. राधाकृष्णन्, *भारतीय दर्शन*, भाग, 1, पृ० 194

मोक्ष-प्राप्ति के साधन—वैशेषिक दर्शन में मोक्ष प्राप्ति के निम्नलिखित साधन बताये गये हैं—

1. तत्त्वज्ञान—पदार्थ के यथार्थ स्वरूप के ज्ञान को तत्त्वज्ञान कहते हैं। वैशेषिक दर्शन मोक्ष हेतु इस ज्ञान को प्रथम आवश्यक बताता है, इस तरह यह ज्ञानमार्गी है।

2. श्रद्धा—तत्त्वज्ञान के लिए मानव मन में श्रद्धा भी होनी चाहिए क्योंकि बिना श्रद्धा के जिज्ञासा नहीं होती और बिना जिज्ञासा के तत्त्वज्ञान का उदय नहीं होता।

3. निष्कामकर्म—तत्त्वज्ञान की उत्पत्ति में वैशेषिक दर्शन में निष्काम कर्म अर्थात् बिना फल की कामना के कर्म भी सहायक कहे गये हैं।

4. ईश्वरीय कृपा—उल्लेखनीय है कि प्राचीन वैशेषिक दर्शन में ईश्वर की चर्चा नहीं है किन्तु बाद में यहाँ भी ईश्वर को स्वीकार किया गया और मोक्ष में ईश्वरीय कृपा भी महत्त्वपूर्ण मानी गई।[1]

❑

1. राधाकृष्णन्, भारतीय दर्शन, भाग, 1, पृ० 194

अध्याय 11

मीमांसा दर्शन

परिचय—भारतीय दर्शन में वेदों का महत्त्व सर्वज्ञात है। वेदों को मान्यता देने के कारण ही सांख्य, योग, न्याय, वैशेषिक, मीमांसा और वेदान्त, ये षड्दर्शन आस्तिक दर्शन कहे जाते हैं। इन षड्दर्शनों में भी मीमांसा दर्शन अग्रणी है क्योंकि यह पूर्णतः वेदों पर आधारित है। वस्तुतः इसका काम कोई नया दर्शन प्रस्तुत करना नहीं, वरन् वैदिक धर्म एवं मंत्रों की विस्तृत व्याख्या करना है।

उल्लेखनीय है कि वैदिक संस्कृति का विकास दो प्रकार से हुआ है। एक ओर तो वेदों के ब्राह्मण ग्रन्थों के यज्ञ आदि कर्मकाण्डों का शास्त्रीय विकास हुआ तो दूसरी ओर उपनिषदों के ज्ञानकाण्ड के आधार पर वैदिक दर्शन का विकास हुआ। भारतीय दर्शन में इनका अत्यन्त महत्त्व है क्योंकि इन्हीं से क्रमशः मीमांसा और वेदान्त दर्शन का विकास हुआ है। इन्हें पूर्व-मीमांसा और उत्तर-मीमांसा भी कहा जाता है।

यहाँ प्रश्न उठता है कि जब वेदों के ब्राह्मण ग्रन्थों में पहले ही कर्मकाण्ड का वर्णन किया जा चुका था तो मीमांसा दर्शन की क्या आवश्यकता थी? आखिर मीमांसा का उद्देश्य क्या है?

यहाँ विद्वानों का कहना है कि बौद्धमत के उदय के पश्चात् वैदिक कर्मकाण्ड पर अनेक शंकाएँ और विवाद होने लगे थे। लोगों को यह संदेह होने लगा था कि रीतियों और कर्मो का कोई मूल्य नहीं है, हवन, बलि, यज्ञ आदि कर्मों का कोई लाभ नहीं है। ऐसी स्थिति में वैदिक धर्म के अनुयायियों के लिए यह आवश्यक हो गया था कि वैदिक साहित्य में उपलब्ध ज्ञान का पुनः निरीक्षण एवं पुनर्निमाण किया जाये ताकि लोगों के सामने उन्हें निर्दोष रूप में रखा जा सके तथा लोग यह जान सकें कि वैदिक कर्मकाण्ड क्या फल देने की शक्ति रखतें हैं। ई० पू० चौथी शताब्दी में आचार्य जैमिनी ने ऐसा ही एक प्रयत्न किया। इनका ग्रन्थ जैमिनी सूत्र या मीमांसा सूत्र के नाम से प्रसिद्ध है। यह मीमांसा दर्शन का आधार ग्रन्थ है।[1]

साहित्य एवं आचार्य—मीमांसा-दर्शन में आचार्य जैमिनी के पश्चात् अनेक महान आचार्य हुए। इसी तरह उनके मीमांसा सूत्र पर भाष्य एवं टीकाएँ भी पर्याप्त मात्रा में लिखी गईं जिससे मीमांसा-साहित्य सम्पन्न हुआ।

जैमिनी-सूत्र के प्रसिद्ध भाष्यकार थे, दूसरी शताब्दी के **शबर स्वामी**। इनका **शाबर-भाष्य** पांडित्य एवं रोचक शैली के कारण पातंजल-महाभाष्य तथा शांकर-भाष्य के समकक्ष रखा जाता है।

---

1. उल्लेखनीय है कि आचार्य जैमिनी के अतिरिक्त उस काल के आस-पास कुछ और आचार्यों ने वैदिक कर्मकाण्ड की मीमांसा की थी जिनमें प्रमुख हैं, आत्रय, आश्मरथ्य, कार्ष्णाजिनि, बादरि, ऐतिशयन, कामुकायन, लाबुकायन तथा आलेखन आदि किन्तु इनकी रचनाएँ अनुपलब्ध हैं।

शाबर-भाष्य पर कालान्तर में अनेक टीकाएँ लिखी गईं और इस तरह मीमांसा-दर्शन आगे बढ़ता गया। मीमांसा-दर्शन की परम्परा में मील के पत्थर बने **कुमारिल भट्ट**। इन्होंने न केवल शाबर-भाष्य पर पांडित्य पूर्ण ग्रन्थ लिखे वरन आचार्य शंकर के समान बौद्धों के विरुद्ध मोर्चा लेकर उन्हें परास्त किया और इस तरह वैदिक-धर्म की रक्षा में उन्होंने अपना सारा जीवन समर्पित कर दिया। कुमारिल भट्ट के समय में ही उनके शिष्य **प्रभाकर** ने भी मीमांसा-दर्शन की बड़ी सेवा की किन्तु गुरु-शिष्य के विचारों में वैदिक कर्मकाण्ड को लेकर बड़ा मतभेद था। इसीलिए दोनों के आगे चलकर दो अलग-अलग सम्प्रदाय बने, **भाट्ट सम्प्रदाय** कुमारिक भट्ट का तथा **गुरु सम्प्रदाय** प्रभाकर का।

वैसे इस विद्वान शिष्य प्रभाकर के अतिक्ति कुमारिल भट्ट का एक और विद्वान शिष्य थे **मण्डन मिश्र**। किन्तु एक बार शंकराचार्य से शास्त्रार्थ में पराजित होने पर वे शंकर के शिष्य बन गये और फिर विचार तो क्या, इनका नाम भी बदल गया। शंकराचार्य के प्रसिद्ध विद्वान शिष्य **सुरेश्वराचार्य** आप ही हैं।

कुमारिल भट्ट तथा प्रभाकर के पश्चात् भी लम्बे समय तक (17वीं. शताब्दी) यह दर्शन फलते-फूलते रहा। ग्यारहवीं शताब्दी के **मुरारी मिश्र** ने मीमांसा सूत्र पर एक बृहद् टीका लिखी। उन्होंने एक नये सम्प्रदाय की स्थापना भी की थी।

प्रभाव—मीमांसा दर्शन का प्रभाव हिन्दुओं के जीवन में सर्वाधिक पड़ा है। इस संदर्भ में डॉ० दासगुप्ता लिखते हैं, **'हिन्दुओं के नित्य-प्रति के धार्मिक कृत्य, पूजा-अनुष्ठान आदि की व्यवस्था मीमांसा में की गई है। स्मृति, जो धार्मिक नियमों का संकलन है, उसका आधार मीमांसा दर्शन ही है। ब्रिटिश-काल में हिन्दुओं के सामाजिक जीवन में नियमन के लिए जिस विधि और कानून का निर्माण किया गया है, वह भी इसके द्वारा निरूपित स्मृति और दर्शन के आधार पर ही हुआ है। उत्तराधिकार एवं सम्पत्ति सम्बन्धी सारी व्यवस्था भी इसी दर्शन पर आधारित है।**[1] डॉ० राधाकृष्णन् भी लिखते हैं, **'एक हिन्दू का जीवन वैदिक नियमों से शासित है और इसीलिए हिन्दू विधान की व्याख्या के लिए मीमांसा के नियम महत्त्वपूर्ण है।**[2]

प्रमाण विचार

'प्रमा' का अर्थ 'ज्ञान' है। पर प्रत्येक ज्ञान को प्रमा नहीं कहते। न्याय दर्शन के प्रसंग में हम देख चुके हैं कि **यथार्थ ज्ञान** को प्रमा कहते हैं तथा इस यथार्थ ज्ञान की प्राप्ति के साधन को **प्रमाण** कहते हैं।

मीमांसक भी इसे स्वीकार करते हैं। स्मृति और संशय को वे यथार्थ ज्ञान नहीं मानते। स्मृति को वे इसलिए प्रमा नहीं कहते क्योंकि स्मृति ऐसी वस्तु के विषय में बताती है, जो पहले से प्रत्यक्ष हो। कुमारिल भट्ट ने यथार्थ ज्ञान की तीन विशेषता बताई है—1. अज्ञात वस्तु का अनुभव, 2. अन्य ज्ञान से बाधित न हो, 3. दोष-रहित होना।

प्रमाण के प्रकार—मीमांसकों में प्रमाण के प्रकार को लेकर मतभेद हैं। जैमिनी ने प्रमाण के तीन प्रकार माने हैं—1. **प्रत्यक्ष** 2. **अनुमान** 3. **शब्द**। प्रभाकर ने इन तीनों के अतिरिक्त **उपमान** और **अर्थापत्ति** को भी प्रमाण माना है। कुमारिल भट्ट इनमें एक और

1. एस०एन० दासगुप्ता, *भारतीय दर्शन का इतिहास*, भाग 1,. पृ० 350
2. राधाकृष्णन्, *भारतीय दर्शन*, भाग II, पृ० 359

प्रमाण जोड़ते हैं, वह है, **अनुपलब्धि**। इस तरह मीमांसा दर्शन में कुल छः प्रमाण माने गये हैं। उल्लेखनीय है कि प्रभाकर अनुपलब्धि को प्रमाण स्वीकार नहीं करते। उनके मत में इस प्रकार कुल पाँच प्रमाण ही हैं।

1. प्रत्यक्ष प्रमाण—न्याय दर्शन के समान मीमांसा भी प्रत्यक्ष को **साक्षात् प्रतीति** कहता है। यह सीधे इन्द्रिय सम्पर्क से प्राप्त ज्ञान है। प्रत्यक्ष ज्ञान में पदार्थ तथा इन्द्रिय का, पदार्थ के विशिष्ट गुणों तथा इन्द्रिय का, मन और इन्द्रिय का तथा आत्मा और मन का सम्पर्क होता है।

प्रत्यक्ष के भेद

न्याय के समान मीमांसक भी प्रत्यक्ष के दो भेद **निर्विकल्प** तथा **सविकल्प** स्वीकार करते हैं। निर्विकल्प प्रत्यक्ष में केवल यह ज्ञान रहता है कि कोई वस्तु है जबकि सविकल्प में वस्तु के नाम रूप आदि ज्ञात हो जाते हैं। निर्विकल्प अवस्था में वस्तुओं की केवल चेतना मात्र होती है, यह चेतना उसी प्रकार की होती है जैसे बालक की प्रथम दृष्टि में अपने आस-पास के जगत् की होती है।[1]

कुमारिल और प्रभाकर यहाँ सहमत हैं कि निर्विकल्प में हमें वस्तु का स्पष्ट बोध इसलिए नहीं हो पाता, क्योंकि पूर्व दृष्ट वस्तुओं की स्मृति उस समय तक जाग्रत नहीं होती है, जिससे तुलना करके हम उन्हें विशिष्ट नाम् दे सकें। सविकल्प प्रत्यक्ष में हम वस्तु के नाम, जाति आदि से परिचित हो जाते हैं तथा उसे शब्दों में अभिव्यक्त करते हैं, जैसे, यह घर है, यह रक्त वर्ण का है, बालक दौड़ता है, आदि। दूसरे शब्दों में हम कह सकते हैं, निर्विकल्प अवस्था में जो विषय बीज अवस्था में विद्यमान रहते हैं सविकल्प में वे प्रस्फुटित हो जाते हैं। कुमारिल और प्रभाकर निर्विकल्प प्रत्यक्ष को उतना ही वैध मानते हैं जितना सविकल्प को। उल्लेखनीय है कि बौद्ध एवं कुछ वेदान्त दार्शनिक सविकल्प प्रत्यक्ष द्वारा प्राप्त संज्ञान को काल्पनिक एवं मिथ्या मानते हैं।

2. अनुमान—न्याय दर्शन के समान मीमांसा भी अनुमान को सत्य ज्ञान प्राप्ति का साधन मानता है। न्याय और इसमें केवल इतना ही अंतर है कि न्याय में जहाँ अनुमान के पाँच अवयव, प्रतिज्ञा, हेतु, उदाहरण, उपनय और निगमन स्वीकार किये गये हैं, वहाँ मीमांसा में केवल तीन अवयव ही आवश्यक माने गये हैं—प्रतिज्ञा, हेतु और उदाहरण अथवा उदाहरण, उपनय और निगमन। न्याय दर्शन के प्रमाण विचार में हम अनुमान पर विस्तृत प्रकाश डाल चुके हैं, अतः यहाँ उसका पृथक् निरूपण आवश्यक नहीं है।

3. उपमान—न्याय दर्शन के प्रसंग में हम देख चुके हैं कि उपमान सादृश्य-जन्य ज्ञान है। मीमांसा भी यह स्वीकार करता है। पर उसके द्वारा प्रस्तुत उपमान, न्याय से पर्याप्त भिन्नता रखता है। इसे समझने के लिए पहले न्याय तथा फिर मीमांसा द्वारा प्रस्तुत नीलगाय के प्रसिद्ध उदाहरण की चर्चा करेंगे। न्याय दर्शन कहता है, आप्त-वचन के द्वारा हमें ज्ञात है कि नीलगाय, गाय के सदृश्य प्राणी है। अब यदि हम जंगल से गुजरते हुए गाय सदृश्य कोई प्राणी देखते हैं तो हमें यह ज्ञात हो जाता है कि यह नीलगाय है। इस तरह नीलगाय का ज्ञान हमें उपमान से हुआ।

---

1. एस०एन० दासगुप्ता, *दर्शन का इतिहास*, पृ० 356

मीमांसा का उदाहरण है, एक व्यक्ति जिसने घर या नगर में गाय देखी हो, वन में जाता है और नीलगाय (गवय) को देखता है और नीलगाय के रूप, गुण की तुलना गाय से करता है। गाय उसके समक्ष नहीं है। इस तुलना में वह नीलगाय तथा गाय के रूप, गुण में साम्य देखता है.....और इस तरह समझता है कि नीलगाय गाय के समान प्राणी है इस **समानता का बोध ही उपमान है।**

मीमांसा दर्शन मानता है कि उपमान एक स्वतन्त्र प्रमाण है, यह प्रत्यक्ष से अलग है क्योंकि उपर्युक्त उदाहरण में गाय का ज्ञान प्रत्यक्ष नहीं है। इसे हम स्मृति-जन्य ज्ञान भी नहीं कह सकते क्योंकि जिस समय हमें गाय का ज्ञान पहले हुआ उस समय नीलगाय के साथ उसका सादृश्य बिल्कुल ज्ञात नहीं था। व्याप्ति पर आधारित नहीं होने के कारण इसे अनुमान भी नहीं कहा जा सकता। इसी प्रकार यह शब्द प्रमाण के अंतर्गत भी नहीं आता क्योंकि यहाँ किसी आप्त-शब्द से हमें नीलगाय का ज्ञान नहीं हो रहा है।

मीमांसक कहते हैं कि इसके ठीक विपरीत नैयायिक द्वारा प्रस्तुत उपमान, प्रत्यक्ष, अनुमान तथा शब्द प्रमाण के अंतर्गत ही आता है, हालाँकि वे इसे स्वतन्त्र प्रमाण कहते हैं। उनके उपमान प्रमाण में, यह जंतु गाय के समान है, यह ज्ञान प्रत्यक्ष से होता है। 'गाय के समान नीलगाय है' यह ज्ञान आप्त-वाक्य की स्मृति से होता है। फलतः यह जंतु नीलगाय है यह ज्ञान अनुमान के द्वारा सिद्ध हो जाता है।

(4) शब्द प्रमाण—न्याय दर्शन के समान मीमांसा भी शब्द को एक स्वतन्त्र प्रमाण स्वीकार करता है। कई बार हम प्रत्यक्ष, अनुमान आदि से सत्य की प्राप्ति नहीं कर सकते। ऐसी स्थिति में हमें, उन पर जिन्हें सत्य की प्राप्ति हो चुकी है, विश्वास करना पड़ता है। ऐसे कथन ही आप्त-कथन कहलाते हैं। शब्द प्रमाण आप्त कथनों पर ही आधारित होता है।

शब्द प्रमाण के स्रोत

आप्त-कथन के दो स्रोत हो सकते हैं—1. कोई पुरुष 2. कोई प्रामाणिक ग्रन्थ।

मीमांसा दर्शन एकमात्र वेदों को आप्त वाक्यों का कथन करने वाला प्रामाणिक ग्रन्थ मानता है। वह ज्ञान, जिसका विरोध आगे आने वाले ज्ञान से हो जाये, अप्रामाणिक होता है। चूँकि वैदिक आदेशों द्वारा प्राप्त बोध किसी भी काल में, अथवा किसी भी अवस्था में खंडित नहीं होता, अतः यह प्रामाणिक है।

किसी पुरुष द्वारा कहे गये वचनों को मीमांसक इस शर्त पर प्रामाणिक मानते हैं कि कहने वाला वक्ता पूर्णतः विश्वसनीय है।

(5) अर्थापत्ति—मीमांसा के द्वारा प्रस्तुत पाँचवाँ प्रमाण 'अर्थापत्ति' अनुमान प्रमाण के समान होते हुए भी उससे पर्याप्त भिन्नता रखता है। इसे हम एक उदाहरण द्वारा समझेंगे। देवदत्त नाम का एक व्यक्ति दिन में भोजन नहीं करता, फिर भी मोटा है। हमारे सामने समस्या यह जानना है कि देवदत्त आखिर मोटा कैसे है? भोजन न करने वाले को तो दुबला होना चाहिए ना। तब हम कल्पना करते हैं कि देवदत्त अवश्य रात्रि में भोजन करता है। देवदत्त के सम्बन्ध में प्राप्त इस नये ज्ञान के साधन को ही मीमांसा दर्शन में **अर्थापत्ति** कहा जाता है। अतः हम कह सकते हैं कि अर्थापत्ति वह प्रमाण है जिसमें किसी

प्रत्यक्ष की व्याख्या के लिए किसी अन्य वस्तु (अर्थ) की कल्पना करना आवश्यक होता है, जिसके अभाव में उस वस्तु की उपपत्ति न हो। मीमांसा दर्शन में इसे इस प्रकार परिभाषित किया गया है—

अर्थापत्तिरपिदृष्टः श्रुतोवाऽर्थोऽन्यथा नोपपद्यते इत्यर्थ कल्पना[1] अर्थात् **दृष्ट अथवा श्रुत अर्थ की सिद्धि जिसके अभाव में न होती हो, उसे अर्थापत्ति प्रमाण कहते हैं।**

अर्थापत्ति का अन्य प्रमाणों से अन्तर—अर्थापत्ति प्रमाण, प्रत्यक्ष अनुमान एवं शब्द प्रमाण से भिन्न है।

प्रत्यक्ष से अन्तर—अर्थापत्ति प्रत्यक्ष नहीं है। उपर्युक्त उदाहरण में देवदत्त को रात्रि में भोजन करते किसी ने नहीं देखा। यदि देखा होता तो नये प्रमाण की आवश्यकता ही नहीं थी।

अनुमान में अन्तर—अर्थापत्ति अनुमान के समान लगता है किन्तु उससे पर्याप्त भिन्न है। अनुमान में व्याप्ति सम्बन्ध आवश्यक है जबकि अर्थापत्ति में यह नहीं दिखाई देता। जैसे, उपर्युक्त उदाहरण में जहाँ-जहाँ मोटापन होता है, वहाँ-वहाँ रात्रि में भोजन करना दिखाई नहीं देता, जैसे धुएँ और आगे के अनुमान के उदाहरण में जहाँ-जहाँ धुआँ होता है, वहाँ-वहाँ आग व्याप्त दिखाई देती है।

शब्द से अन्तर—यदि हमें कोई यह बताये कि देवदत्त दिन में नहीं रात्रि में भोजन करता है, तब तो यह शब्द प्रमाण है किन्तु उपर्युक्त उदाहरण में तो हम कल्पना द्वारा ज्ञान की प्राप्ति करते हैं, अतः यह शब्द से अलग प्रमाण है।

व्यावहारिक जीवन में हम अर्थापत्ति द्वारा अनेक सत्य की प्राप्ति करते हैं, अतः यह एक महत्त्वपूर्ण प्रमाण है।

(6) अनुपलब्धि—अभी तक हमने जिन पाँच प्रमाणों पर विचार किया, वे सब किसी भाव पदार्थ की उपलब्धि कराने वाले हैं। सामान्यतया हमें किसी भाव पदार्थ की ही उपलब्धि होती है, जैसे प्रत्यक्ष प्रमाण द्वारा कमरे में घड़े की उपलब्धि होना। किन्तु जब घड़ा वहाँ नहीं होता तब भी तो हमें कुछ उपलब्धि होती है.....घड़े के अभाव की उपलब्धि! यह कैसे सम्भव हुई? घटाभाव (घड़े के अभाव) की इस उपलब्धि को हम प्रत्यक्ष-जन्य नहीं कह सकते, क्योंकि प्रत्यक्ष हेतु इन्द्रिय सन्निकर्ष आवश्यक है जो किसी भाव पदार्थ के साथ ही सम्भव है। अभाव का ज्ञान हमें अनुमान से भी नहीं हो सकता क्योंकि यहाँ व्याप्ति नहीं है। आप्त वाक्य न होने से घटाभाव का ज्ञान शब्द प्रमाण से भी सम्भव नहीं है। इसी तरह सादृश्य के अभाव में यहाँ उपमान प्रमाण भी व्यर्थ है। इस तरह अन्य किसी प्रमाण से गम्य न होने के कारण मीमांसक अभाव के ज्ञान के लिए एक नये प्रमाण को स्वीकार करते है, यही अनुपलब्धि प्रमाण है।

उल्लेखनीय है कि अनुपलब्धि को प्रमाण स्वीकार करने की भी एक शर्त है, वह यह कि अभाव की उपलब्धि उन्हीं परिस्थितियों में की जानी चाहिए जिनमें पूर्व में भाव की, की गई थी। जैसे, उपर्युक्त उदाहरण में घड़े का प्रत्यक्ष जिस प्रकाश में हुआ था उसी प्रकाश में उसके अभाव का ज्ञान आवश्यक है। अंधकार में घड़ा रहते हुए भी नहीं दिखाई देता

1. *शाबर भाष्य* 1-1-15

है, पर यहाँ उसकी अनुपलब्धि का मतलब उसका अभाव नहीं है। इसीलिए मीमांसक अनुपलिब्ध के योग्य होने पर जोर देते हैं तथा इसे **योग्यानुपलब्धि** कहते हैं।

यहाँ उल्लेखनीय है कि अनुपलब्धि को सभी मीमांसक प्रमाण रूप में स्वीकार नहीं करते। प्रभाकर का मत है कि अभाव की सिद्धि के लिए किसी नवीन प्रमाण को मानने की आवश्यकता नहीं है। जबकि कुमरिल भट्ट इसे स्वतन्त्र प्रमाण स्वीकार करते हैं। अद्वैत वेदान्ती भी इसे स्वतन्त्र प्रमाण स्वीकार करते हैं।

प्रामाण्यवाद

मीमांसा-दर्शन द्वारा प्रस्तुत ज्ञान प्राप्ति के विभिन्न साधनों अर्थात् प्रमाणों पर चर्चा करने के पश्चात् ज्ञान से सम्बन्धित एक और प्रश्न पर हम विचार करेंगे, वह यह कि इस तरह विभिन्न प्रमाणों से ज्ञात ज्ञान की प्रामाणिकता (सत्यता) किसमें निहित है। यह जानना निश्चय ही आवश्यक है। विभिन्न साधनों से हमने जो ज्ञान प्राप्त किया है, वह सत्य तो है? क्या ज्ञान प्राप्त करते ही हमें यह ज्ञात हो जाता है कि जिसे हमने जाना वह सत्य ज्ञान है अथवा इसकी सत्यता हमें अन्य प्रमाणों से ज्ञात होती है। ज्ञान की सत्यता पर लगे इस प्रश्न चिह्न पर चर्चा ही भारतीय दर्शन में **प्रामाण्यवाद** कही जाती है।

उदाहरण—हमने देखा कि घड़े में पानी रखा है अर्थात् प्रत्यक्ष प्रमाण द्वारा हमें घड़े में जल के होने का ज्ञान हुआ। यहाँ प्रश्न उठता है कि क्या घड़े में जल के प्रत्यक्ष होते ही हमें यह बोध हो गया कि जल का अस्तित्व सत्य है? या फिर हमने किसी अन्य तरीके से इसकी पुष्टि की।

उल्लेखनीय है कि भारतीय दार्शनिकों में इस विषय पर विवाद है। मुख्य विवाद नैयायिकों और मीमांसकों में रहा है। दोनों यहाँ एक-दूसरे के विरोधी मत रखते हैं। मीमांसा दर्शन जहाँ कहता है कि ज्ञान का प्रामाण्य स्वतः उत्पन्न हो जाता है वहाँ नैयायिक कहते हैं कि ज्ञान की सत्यता की पुष्टि अन्य प्रमाण से ही सम्भव होती है, जैसे, उपर्युक्त उदाहरण में घड़े में जल के होने की पुष्टि जल का प्रत्यक्ष करते ही हो जाती है, यह मीमांसकों का मत है। इसके विपरीत नैयायिक कहते हैं कि इस सत्य की पुष्टि के लिए हमें अन्य प्रमाण का सहारा लेना पड़ेगा।

यहाँ मीमांसकों का सिद्धान्त **स्वतः प्रामाण्यवाद** कहलाता है, जबकि नैयायिकों का **परतः प्रामाण्यवाद।**

यहाँ उल्लेखनीय है कि दार्शनिकों में न केवल ज्ञान की प्रामाणिकता (सत्यता) को लेकर वरन् ज्ञान की अप्रामाणिकता (असत्यता) को लेकर भी विवाद रहा है। अर्थात् यह विवाद भी रहा है कि जिस ज्ञान को हम अप्रामाणिक (असत्य) स्वीकार कर रहे हैं, उसका अप्रामाण्य स्वतः सिद्ध होता है अथवा किसी अन्य प्रामण से उसका अप्रामाण्य सिद्ध करना पड़ता है। इस प्रकार प्रामाण्यवाद का सिद्धान्त ज्ञान की प्रामाणिकता के साथ-साथ अप्रामाणिकता पर भी विचार करता है।

इस प्रश्न को लेकर भी भारतीय विचारकों में मतभेद है। कुछ अप्रामाण्य को **स्वतः** मानते हैं अर्थात् मानते हैं कि ज्ञान की असत्यता स्वयं ही प्रगट हो जाती है। ये **स्वतः अप्रामाण्यवादी** कहे जाते हैं। कुछ इसके विपरीत मानते हैं कि ज्ञान की असत्यता को प्रगट करने अन्य प्रमाण की आवश्यकता होती है, ये **परतः अप्रामाण्यवादी** कहे जाते हैं।

यहाँ उल्लेखनीय है ज्ञान के अप्रामाण्य के उपरोक्त प्रश्न का उत्तर मीमांसक और नैयायिक समान ही देते हैं अर्थात् दोनों ही मानते हैं कि अप्रामाण्य पर-निर्भर (अन्य पर) होता है। इस तरह दोनों **परतः अप्रमाण्यवादी** हैं।

प्रामाण्य एवं अप्रामाण्य के उपरोक्त दो प्रकारों को लेकर मीमांसा तथा न्याय के अतिरिक्त सांख्य एवं बौद्धों का मत भी उल्लेखनीय है।

इन सबकी कुल मिलाकर स्थिति निम्न है—

1. न्याय दर्शन—प्रामाण्य परतः, अप्रामाण्य परतः
2. सांख्य दर्शन—प्रामाण्य स्वतः, अप्रामाण्य स्वतः
3. बौद्ध दर्शन—प्रामाण्य स्वतः, अप्रामाण्य परतः
4. मीमांसा दर्शन—प्रामाण्य स्वतः, अप्रामाण्य परतः

आगे हम स्वतः प्रामाण्यवाद पर मीमांसा दार्शनिकों के विशेष विचार देखेंगे।

मीमांसकों का स्वतः प्रामाण्यवाद—मीमांसक स्वतः प्रामाण्यवादी हैं। वे कहते हैं कि केवल स्मृति के लिए हमें प्रमाण की आवश्यकता हो सकती है क्योंकि यह सम्भव है कि किस पूर्व प्रसंग को याद रखने में हमसे कोई भूल हो जाये।[1] स्मृति के अतिरिक्त किसी भी ज्ञान के विषय को प्रमाणित करने के लिए हमें अन्य ज्ञान की आवश्यकता नहीं होती। ज्ञान अपनी सत्यता का स्वयं ही सत्यापन करता है। दैनिक जीवन में ज्ञान यथार्थ है या नहीं इस बात की हम तर्क द्वारा समीक्षा नहीं करते बल्कि उस ज्ञान के आधार पर चलकर हम सफलतापूर्वक क्रिया में प्रवृत्त होते हैं। जैसे, घड़े में रखे पानी को देखकर हमें उसके पानी होने में शंका नहीं होती, बल्कि हम उसका पान कर अपनी प्यास बुझाते हैं।

मीमांसक केवल प्रत्यक्ष द्वारा प्राप्त ज्ञान को ही स्वतः प्रामाण्य नहीं मानते हैं वरन् अन्य प्रमाणों द्वारा ज्ञात सत्यों को भी स्वतः प्रामाण्य कहते हैं। अनुमान पर्याप्त हेतु पर आधारित रहता है, शब्द ज्ञान विश्वस्त सूत्रों से सार्थक एवं स्पष्ट वाक्य के द्वारा होता है अतः इसकी सत्यता की जाँच की आवश्यकता नहीं होती। इसी तरह अन्य प्रमाणों से ज्ञात सत्य भी स्वतः सिद्ध होता है।

मीमांसक अपने पक्ष के समर्थन में दो बातें कहते हैं—

(1) **प्रमाणं स्वतः उत्पद्यते**—अर्थात् ज्ञान की प्रामाणिकता ज्ञात वस्तु की उत्पादक सामग्री में ही विद्यमान रहती है।

(2) **प्रामाण्यं स्वतः ज्ञायते**—अर्थात् ज्ञान के उत्पन्न होते ही उसके प्रामाण्य का भी निश्चय हो जाता है।

न्याय के परतः प्रामाण्यवाद का खण्डन—जैसा कि हम ऊपर देख चुके हैं, नैयायिक परतः प्रामाण्यवादी हैं अर्थात् वे मानते हैं कि ज्ञान की प्रामाणिकता स्वयं सिद्धि नहीं होती अनुमान से सिद्ध होती है। यहाँ मीमांसक कहते हैं कि यदि ऐसा मानें तो 'अनवस्था दोष' की उत्पत्ति होगी क्योंकि एक अनुमान को सत्य सिद्ध करने के लिए दूसरे अनुमान की आवश्यकता होगी और फिर इस दूसरे अनुमान को सत्य सिद्ध करने के लिए तीसरे की जरूरत होगी....और इस सिलसिले का कभी अंत नहीं होगा। यही **अनवस्था दोष** है। यदि हम किसी ज्ञान पर विश्वास करने के पूर्व उसका प्रामाण्य निश्चय करने बैठें

1. एस०एन० दासगुप्ता, *भारतीय दर्शन का इतिहास*, भाग 1, पृ० 351

और वह प्रामाण्य अन्य प्रमाण पर निर्भर हो तो जीवन में कोई भी कार्य संभव नहीं है। ज्ञान के विषय में शंका होने पर उसकी सत्यता का निश्चय करने के लिए अनुमान का सहारा लेना गलत नहीं है, इससे ज्ञान के मार्ग की बाधा दूर होती है और सत्यता की सिद्धि हो जाती है। किन्तु इसका मतलब यह नहीं कि ज्ञान का प्रामाण्य परतः होता है, यह तो स्वतः प्रामाण्य ही है। हमारा व्यावहारिक जीवन भी इसी विश्वास पर चलता है। यदि ऐसा न हो तो हमें व्यावहारिक जीवन चलाना मुश्किल हो जाये।

यहाँ उल्लेखनीय है कि वेदों को नित्य, अपौरुषेय और स्वतः प्रमाण मानने के कारण भी मीमांसक स्वतः प्रामाण्यवाद को स्वीकार करते हैं।

परतः अप्रामाण्यवाद—जहाँ तक ज्ञान के अप्रामाण्य अर्थात् असत्य होने का प्रश्न है, हम पूर्व में देख चुके हैं कि यहाँ मीमांसक नैयायिकों से सहमत हैं। नैयायिकों के समान वे भी कहते हैं, अप्रामाण्य परतः होता है। इस तरह मीमांसक सत्य को तो स्वतः सिद्ध कहते हैं पर असत्य की स्थापना के लिए अन्य प्रमाण आवश्यक मानते हैं। घड़े में जल है, यह सत्यज्ञान तो प्रत्यक्ष से ही हो जाता है, किन्तु घड़े में यदि जल होने का हमें असत्य प्रत्यक्ष हुआ है तो इसका निर्धारण अन्य प्रमाण से ही हो सकता है। इस तरह अप्रामाण्य परतः हुआ।

भ्रान्ति निरूपण (ख्यातिवाद)—प्रत्येक मनुष्य को अपने जीवन में यदा-कदा भ्रान्ति का सामना करना पड़ता है। अंधेरे में रस्सी को साँप अथवा खंबे को भूत समझना, धूप में चमकती सीप को चाँदी समझना, मरुभूमि में दूर से दिखती नीलिमा को जल से भरा सरोवर समझना, भ्रान्तियों के कुछ प्रसिद्ध उदाहरण हैं।

भारतीय दार्शनिकों ने भ्रम को भी एक प्रकार का ज्ञान (मिथ्या ज्ञान) मानते हुए इसके कारण व निवारण की खोज में इसकी गहन व्याख्या की हैं, हालाँकि यहाँ भी उनमें आपस में पर्याप्त मतभेद हैं।

भारतीय दर्शन में यह सिद्धान्त ख्यातिवाद के नाम से विख्यात है। उल्लेखनीय है कि विभिन्न दर्शनों के ख्यातिवाद के अपनी-अपनी विशेषताओं के कारण अलग-अलग नाम हैं।

जहाँ तक मीमांसा दर्शन का प्रश्न है, मीमांसकों में यहाँ भी मतभेद हैं। प्रभाकर का इस सम्बन्ध में सिद्धान्त **अख्यातिवाद** है जबकि कुमरिल भट्ट का **विपरीत ख्यातिवाद।** यहाँ हम दोनों का पृथक्-पृथक् विवेचन करेंगे।

1. अख्यातिवाद—यह प्रभाकर का मत है। प्रभाकर यहाँ कहते हैं कि भ्रम वास्तव में एक प्रकार ज्ञान ही है। इसमें दोष केवल यह है कि यह अपूर्ण ज्ञान है। प्रमा समग्र ज्ञान है जबकि भ्रम आंशिक और अपूर्ण ज्ञान हैं। इस तरह वे भ्रम को मिथ्या ज्ञान नहीं अपूर्ण ज्ञान कहते हैं।

यह गड़बड़ी हमारे स्मृति-दोष के कारण होती है। अतः भ्रम स्मृति-दोष के कारण उत्पन्न भेद-ज्ञान (शक्ति और रजत में भेद का ज्ञान) का अभाव है। यह हमारा अविवेक है। यह अख्याति (अज्ञान) है, मिथ्या ख्याति नहीं।

2. विपरीत ख्यातिवाद—मीमांसा के **कुमारिल भट्ट** विपरीत ख्यातिवाद को अज्ञान की व्याख्या के लिए प्रस्तुत करते हैं। उनके अनुसार यह विपरीत ग्रहण है अर्थात् प्रत्यक्ष वस्तु के स्थान पर अन्य वस्तु का ग्रहण (दर्शन) है। जैसे, शुक्ति-रजत भ्रम में शुक्ति का रजत के रूप में विपरीत ग्रहण होता है। इसका कारण नेत्र-दोष है। इसका बोध सम्यक् ज्ञान

से हो जाता है। (विस्तृत व्याख्या के लिए देखिये परिशिष्ट II, **भारतीय दर्शन में ख्यातिवाद**)

कुमारिल और प्रभाकर में विवाद

कुमारिल भट्ट और प्रभाकर ये दो मीमांसा दर्शन के प्रखर आचार्य हुए हैं। दोनों समकालीन थे। प्रभाकर कुमारिल के शिष्य थे। किन्तु दोनों में मीमांसा दर्शन के कुछ सिद्धान्तों को लेकर मतभेद थे। इसीलिए दोनों के अलग-अलग सम्प्रदाय थे। कुमारिल का सम्प्रदाय **भाट्ट सम्प्रदाय** और प्रभाकर का सम्प्रदाय गुरु सम्प्रदाय कहलाता था। किंतु यह कुछ आश्चर्य की बात लगती है कि शिष्य के सम्प्रदाय का नाम गुरु सम्प्रदाय कैसे पड़ा? किंवदन्ती हैं गुरु कुमारिल भट्ट शिष्य प्रभाकर से उसके विरोध के कारण नाराज रहते थे। उसे हराकर अपने पक्ष में करने का वे हर संभव प्रयास भी करते थे किन्तु इसमें हमेशा असफल रहते थे। पर अपने शिष्य की विद्वता से वे इतने प्रभावित थे कि कि उसे गुरु कहते थे! इसीलिए शिष्य के सम्प्रदाय का नाम गुरु सम्प्रदाय पड़ गया। वैसे विद्ववत्‌गण इस विषय में एकमत नहीं है कि प्रभाकर कुमारिल के शिष्य थे। कुछ तो उन्हें कुमारिल के पूर्व स्थित बताते हैं।

कुमारिल और प्रभाकर में मतभेद के बिंदु—दोनों में निम्नलिखित विचारों पर मतभेद रहा है।

1. प्रमाणों की संख्या को लेकर मतभेद—कुमारिल के अनुसार प्रमाण छः है, प्रत्यक्ष, अनुमान, उपमान, शब्द, अर्थापत्ति और अनुपलिब्ध। प्रभाकर इनमें से अनुपलब्धि को प्रमाण नहीं मानते। उनके अनुसार प्रमाण पाँच ही है। प्रभाकर अभाव की सिद्धि के लिए किसी नवीन प्रमाण को आवश्यक नहीं मानते।

2. अभाव और अनुपलब्धि को लेकर मतभेद—प्रभाकर के मत से अभाव नामक कोई वस्तु ही नहीं होती। अतः अभाव को ग्रहण करने के लिए अनुपलब्धि नामक प्रमाण को मानने की भी आवश्यकता नहीं है।

उल्लेखनीय है कि कुमारिल अभाव को भी एक पदार्थ मानते हैं। उनका मत है कि कई बार हमें अभाव का भी साक्षात् ज्ञान होता है।

वैसे तो सामान्यतया हमें भाव पदार्थ (जो अस्तित्व रखता है) का ही प्रत्यक्ष होता है जैसे कमरे में घड़े का प्रत्यक्ष, किन्तु जब कमरे में घड़ा नहीं होता है तब हमें उसके अभाव का भी ज्ञान होता है। यहाँ प्रश्न उठता है कि यह अभाव का ज्ञान किस प्रमाण से हुआ?

कुमारिल उत्तर में **अनुपलिब्ध** नामक नये प्रमाण को प्रस्तुत करते हैं। उनके अनुसार घड़े के अभाव का ज्ञान हमें प्रत्यक्ष से नहीं हो सकता है क्योंकि प्रत्यक्ष के लिए इन्द्रिय-सम्पर्क आवश्यक है पर अभाव कोई वस्तु नहीं है जिसका इन्द्रिय सम्पर्क हो। इसी तरह न अनुमान से और न ही उपमान या शब्द से यह सम्भव है। अनुमान इसलिए नहीं क्योंकि व्याप्ति सम्बन्ध नहीं है। सादृश्य न होने से उपमान भी नहीं हो सकता और आप्त वचन भी नहीं है, अतः शब्द प्रमाण द्वारा भी अभाव का ज्ञान सम्भव नहीं है। अतः अनुपलिब्ध अर्थात् न होना (घड़े का) ही प्रमाण के रूप में स्वीकार किया जाना चाहिए। किन्तु प्रभाकर न तो अभाव को स्वतन्त्र पदार्थ मानते हैं और न ही अभाव के ज्ञान के लिए अनुपलब्धि नाम के इस प्रमाण को स्वीकार करते हैं। वे कहते हैं कि अभाव अधिकरण (जहाँ अभाव

का ज्ञान होता है) से भिन्न नहीं है। यदि भूतल पर घट नहीं है तो यह घट के अभाव का ज्ञान नहीं है, केवल भूतल का ज्ञान है।

3. शब्द प्रमाण को लेकर मतभेद—प्रभाकर केवल वेदों के वाक्यों को ही शब्द प्रमाण स्वीकार करते हैं जबकि कुमारिल के अनुसार वेदों के अतिरिक्त ऐसे व्यक्तियों के वाक्य भी शब्द प्रमाण के रूप में स्वीकार किये जा सकते हैं जो विश्वस्त हों।

4. ख्यातिवाद को लेकर मतभेद—ख्यातिवाद अर्थात भ्रम के सिद्धान्त को लेकर भी दोनों में मतभेद हैं। कुमारिल नैयायिकों के समान मानते हैं कि भ्रम का कारण विपरीत ज्ञान होता है जैसे, **इयं शुक्ति** (यह सीप हैं) के स्थान पर **इदं रजतं** (यह चांदी है) का ज्ञान होना। इसे **विपरीतख्यातिवाद** कहते हैं। प्रभाकर **अख्यातिवाद** के समर्थक हैं जिसके अनुसार भ्रम का कारण हमारा अज्ञान होता है और स्मृति दोष के कारण हम सीप को चाँदी समझ बैठते हैं।

5. पदार्थों की संख्या को लेकर मतभेद—प्रभाकर के अनुसार पदार्थ आठ हैं, द्रव्य, गुण, कर्म, सामान्य, समवाय, शक्ति, सादृश्य और संख्या। कुमारिल केवल छः पदार्थ मानते हैं, द्रव्य, गुण, कर्म, सामान्य, शक्ति और अभाव।

6. आत्मा के चैतन्य स्वरूप को लेकर मतभेद—कुमारिल और प्रभाकर दोनों आत्मा के अस्तित्व को, उसकी अनेकता को, स्वीकार करते हैं किन्तु जहाँ तक आत्मा के चैतन्य की बात है दोनों में मतभेद है। कुमारिल जहाँ कहते हैं कि चैतन्य आत्मा का स्वाभाविक धर्म है वहाँ प्रभाकर के अनुसार यह आत्मा का आगन्तुक गुण है। इसका प्रमाण वे सुषुप्ति की अवस्था का देते हैं। इस अवस्था में आत्मा तो रहती है किन्तु चेतना नहीं रहती। प्रभाकर के अनुसार चेतना आत्मा का आश्रय है। सुख दुख आदि के आश्रय के रूप में हम आत्मा के अस्तित्व को अनुमान द्वारा समझ सकते हैं।

7. ज्ञान को लेकर मतभेद—प्रभाकर के अनुसार ज्ञान स्वयं प्रकाशक है अर्थात् हमें ज्ञान का प्रत्यक्ष होता है जबकि कुमारिल के अनुसार प्रत्यक्ष हमें केवल ज्ञेय का होता है। ज्ञान अनुमान के द्वारा जाना जाता है।

8. कर्म के स्वरूप को लेकर मतभेद—कुमारिल और प्रभाकर दोनों ही वैदिक कर्मकाण्ड में आस्था रखते हैं किन्तु कर्म के प्रेरक कारण को लेकर दोनों में कुछ मतभेद है। कुमारिल के अनुसार इष्ट प्राप्ति की कामना से प्राणी कर्म में प्रेरित होता है तथा नित्य कर्म न करने से प्राणी को पाप होता है तथा करने पर पाप से निवृत्ति होती है जबकि प्रभाकर के अनुसार हमें वेद की आज्ञा समझ कर नित्य कर्म करने चाहिए न कि पाप की निवृत्ति हेतु।

9. मोक्ष के स्वरूप को लेकर मतभेद—कुमारिल के अनुसार मोक्ष आत्मा के लिए आनन्द की अवस्था है जबकि प्रभाकर के अनुसार मोक्ष की अवस्था में आत्मा में सुख दुख आदि सभी गुणों का नाश हो जाता है अतः यह आनन्द की अवस्था नहीं है। यहाँ कुमारिल पूछते हैं कि यदि मोक्ष आनन्द की अवस्था नहीं होती तो इस हेतु कोई क्यों प्रयास करता?

10. अन्विताभिधानवाद और अभिहितान्वयवाद—मीमांसा दर्शन के इन दो सिद्धान्तों से दो प्रकार की भिन्न-भिन्न दृष्टियों से शब्द समूहात्मक वाक्य का अर्थ समझा जाता है।

प्रभाकर **अन्विताभिधानवाद** के समर्थक हैं जिसके अनुसार शब्दों के अर्थ केवल उसी अवस्था में जाने जा सकते हैं जबकि वे ऐसे वाक्य में आते हैं जो किसी कर्त्तव्य का आदेश करता है। इस प्रकार शब्द पदार्थों को केवल इस प्रकार के वाक्य के अन्य अवयवों से सम्बद्ध रूप से ही द्योतित करते हैं। यदि वे एक आदेश से सम्बद्ध नहीं है, बल्कि केवल अर्थों के ही स्मरण कराते हैं, तो यह स्मृति का विषय है, जो प्रामाणिक बोध नहीं है।[1]

दूसरी ओर कुमारिल **अभिहितान्वयवाद** के समर्थक हैं जिसके अनुसार अर्थ का ज्ञान शब्दों के ज्ञान के कारण होता है। किन्तु यह ज्ञान स्मरण अथवा बोधग्रहण के कारण नहीं बल्कि द्योतन के कारण होता है। शब्द अर्थों को प्रगट करते हैं जो संयुक्त होने पर एक वाक्य का ज्ञान देते हैं।[2]

ज्ञाततावाद और त्रिपुटीप्रत्यक्ष

ज्ञान के स्वरूप को लेकर तथा आत्मा के ज्ञेय स्वरूप को लेकर कुमारिल और प्रभाकर में विवाद रहा है। इसी संदर्भ में कुमारिल का प्रसिद्ध **ज्ञाततावाद** प्रस्तुत हुआ है। कुमारिल का ज्ञान का सिद्धान्त **ज्ञाततावाद** के नाम से विख्यात है जबकि प्रभाकर का सिद्धांत **त्रिपुटी प्रत्यक्ष** कहा जाता है। कुमारिल के सिद्धान्त को समझने के पूर्व हम प्रभाकर के ज्ञान के सिद्धान्त को देखेंगे।

प्रभाकर ज्ञान को स्वयं प्रकाश मानते हैं। प्रभाकर **त्रिपुटी प्रत्यक्ष** को स्वीकार करते हैं। इसके अनुसार ज्ञाता, ज्ञान और ज्ञेय तीनों एक साथ ही ज्ञान में प्रकाशित होते हैं। जैसे, मैं घड़े को देखता हूँ, इस प्रत्यक्ष में मैं (ज्ञाता) घड़ा (ज्ञेय) और देखना (ज्ञान) तीनों एक साथ रहते हैं। इसका अर्थ है कि ज्ञान का प्रत्यक्ष होता है, अनुमान नहीं। दूसरे शब्दों में, वह अपने को बिना किसी की अपेक्षा के स्वयं प्रकाशित करता है।

इसके विपरीत कुमारिल के अनुसार ज्ञान साक्षात् रूप से नहीं जाना जा सकता। ज्ञान स्वप्रकाश नहीं होता। अतः वह न तो स्वयं प्रकाशित होता है न आत्मा को ज्ञाता के रूप में प्रकाशित करता है। ज्ञान केवल ज्ञेय को ही प्रकाशित करता है। कुमारिल ज्ञान को आत्मा का व्यापार कहते हैं। इसे वे एक प्रकार की क्रिया कहते हैं। ज्ञान का अनुमान ज्ञाता के आधार पर होता है। वस्तु के प्रकाशित होते ही 'ज्ञातता' के रूप में ज्ञान का अनुमान होता है। कहने का तात्पर्य यह कि ज्ञान वस्तु को प्रकाशित करता है, स्वयं को नहीं अतः हमें उसका प्रत्यक्ष नहीं होता, हमें ज्ञान का अनुमान होता है। यहाँ प्रश्न उठता है कि जब ज्ञान का प्रत्यक्ष नहीं हो सकता तो उसका अनुमान कैसे सम्भव है? यहाँ कुमारिल कहते हैं कि किसी भी पदार्थ का ज्ञान होने पर उसमें **ज्ञातता** नामक धर्म का उदय होता है, अर्थात् वह पदार्थ ज्ञाता द्वारा ज्ञात हो चुका है, इसकी प्रतीति होती है।[3] इसी ज्ञातता के कारण ज्ञान का अनुमान किया जाता है। यही कुमारिल का **ज्ञाततावाद** है।

वेद (श्रुति) और उसका महत्त्व

भारतीय धर्म और दर्शन में वेद का स्थान अत्यन्त महत्त्वपूर्ण रहा है। भारतीय दर्शन में इसका महत्त्व इसी से स्पष्ट होता है कि यहाँ वे दर्शन जो वेदों में आस्था रखते हैं,

1. राधाकृष्णन्, *भारतीय दर्शन*, भाग 2, पृ० 336
2. वही, पृ० 337
3. चन्द्रधर शर्मा, *भारतीय दर्शन*, पृ० 201, 202

आस्तिक कहे गये, भले ही वे ईश्वर को न मानते हो। इसके विपरीत जिन्हें वेदों में अनास्था थी, वे नास्तिक कहे गये, भले ही वे ईश्वर को मानते हों। इसी आधार पर सांख्य योग, न्याय, वैशेषिक, मीमांसा और वेदांत ये छः दर्शन आस्तिक दर्शन कहलाये।

मीमांसा के लिए वेद का विशेष महत्त्व—इन छः दर्शनों में भी मीमांसा ऐसा दर्शन है जिसके लिए वेदों का सर्वाधिक महत्त्व है। मीमांसा में विशेषकर प्राचीन मीमांसा में ईश्वर का स्थान नहीं है, ईश्वर के प्रति कोई भक्ति कोई आस्था नहीं है किन्तु वेदों के प्रति पूरी श्रद्धा है। इसलिए निरीश्वरवादी होते हुए भी मीमांसा आस्तिकों की श्रेणी में आता है।

वेद ही एकमात्र प्रमाण—वैसे तो मीमांसा दर्शन भी न्याय दर्शन के समान सत्य की प्राप्ति में प्रत्यक्ष, अनुमान, उपमान और शब्द इन चारों को प्रमाण मानता है। इतना ही नहीं, यहाँ अर्थापत्ति और अनुपलब्धि ये दो प्रमाण और जोड़े गये हैं। किन्तु धर्म के निर्धारण में यहाँ एकमात्र शब्द को ही प्रमाण माना गया है। शब्द प्रमाण भी हालाँकि दो प्रकार के स्वीकार किये गये हैं किन्तु उसमें भी आप्त पुरुषों के नहीं, केवल वैदिक ग्रन्थ के वचनों को ही प्रमाण माना गया है। वेद जिसका विधान करें वह धर्म है और वेद जिसका निषेध करें वह अधर्म है।

वेद अपौरुषेय—मीमांसा दर्शन में वेदों को अपौरुषेय कहा गया है। अपौरुषेय का शाब्दिक अर्थ है जिसकी रचना किसी पुरुष द्वारा न की गई हो। वैसे तो सभी आस्तिक दर्शन इस विषय में एकमत है कि वेदों की रचना किसी मनुष्य ने नहीं की है, अतः इस अर्थ में सभी वेदों को अपौरुषेय मानते हैं। किन्तु यह अपौरुषेय तत्व क्या है, इस पर मीमांसा के अपने विचार हैं।

शंकराचार्य के अनुसार वेद जैसे सर्वगुणसम्पन्न शास्त्रों की रचना सर्वज्ञ ब्रह्म को छोड़ और किसी से नहीं हो सकती, अतः वेद अपौरुषेय हैं।

न्याय दर्शन भी इसी आधार पर वेदों को मनुष्य सृष्ट नहीं मानता। वह भी उन्हें सर्वज्ञ परमात्मा के द्वारा सृष्ट कहता है पर चूँकि न्याय दर्शन ईश्वर को पुरुषविशेष कहता है अतः वेदों को वह अपौरुषेय के बजाय पौरुषेय ही कहता है।

सांख्यदर्शन भी वेदों को अपौरुषेय कहता है। उसका भी कहना है कि किसी पुरुष में वेदों की रचना का सामार्थ्य नहीं है। **मीमांसा** भी वेदों को अपौरुषेय कहता है। इस हेतु मीमांसा तर्क देता है—

1. वेद स्वयं इस बात का प्रमाण हैं कि इनकी रचना किसी पुरुष ने नहीं की है। वेदों में कहीं भी इसके किसी कर्त्ता का नाम नहीं आता।
2. वेदों में अवश्य कुछ ऋषियों के नाम आये हैं किन्तु ऋषि का अर्थ मंत्र कर्त्ता नहीं होता। ऋषि का अर्थ ही होता है मंत्र-दृष्टा।
3. वेदों में कर्मों के अनुष्ठान का फल स्वर्गादि की प्राप्ति बतलाया गया है किन्तु मनुष्यों को कर्म एवं उसके फलों के सम्बन्ध में ज्ञान नहीं हो सकता, अतः वेद मनुष्य रचित नहीं हो सकते।

किन्तु अपौरुषेय कहने का उसका तात्पर्य यह नहीं है कि इनकी रचना किसी पुरुष ने नहीं तो ईश्वर ने की होगी। मीमांसा के अनुसाद वेद नित्य हैं। वे न तो किसी मनुष्य की रचना है न ईश्वर की। यह नित्य शब्दों का समूह के कारण नित्य है।

शब्दनित्यत्ववाद

मीमांसा दर्शन में वेदों की नित्यता को सिद्ध करने के लिए शब्दनित्यत्ववाद का सिद्धान्त प्रस्तुत हुआ है। इसका तात्पर्य है शब्द के नित्य अस्तित्व को स्वीकार करना। इस सिद्धान्त के अनुसार शब्द शाश्वत और नित्य होते हैं। ये अनादि और अनन्त होते हैं। श्रोतेन्द्रिय अर्थात् कर्ण के द्वारा हम जिनका ग्रहण करते हैं वह शब्द की ध्वनि मात्र हैं हालाँकि इसका ग्रहण भी हम शब्द के रूप में करते हैं।

किन्तु सभी शब्दों को मीमांसक नित्य नहीं मानते। वे शब्द दो प्रकार के बताते हैं—

1. वर्णरूप शब्द 2. ध्वनिरूप शब्द

वर्णरूप शब्द द्रव्य हैं, क्योंकि इनका कोई आश्रय नहीं है जबकि गुण होने के लिए आश्रय की आवश्यकता होती है। ये व्यापक हैं और आत्मा की तरह नित्य भी हैं।

ध्वनिरूप शब्द वर्णरूप शब्द से विपरीत द्रव्य न होकर गुण है। वस्तुतः जिसे हम कान से सुनते हैं वह ध्वनि है। यह वायु का गुण है और वायु के अभिघात से यह पैदा होता है। वायु के संयोग विशेष को ही ध्वनि या नाद कहते हैं। इसे नित्य शब्द का प्रतीक समझना चाहिए किन्तु यह अनित्य हैं।

वर्णरूप शब्द से ध्वनिरूप शब्द के भिन्न होने तथा प्रथम को नित्य और द्वितीय को अनित्य कहने के पीछे तर्क यह है कि किसी एक शब्द यथा घट या पट का अनेक बार उच्चारण करने पर भी एक ही शब्द का बोध होता है अनेक शब्दों का नहीं। इसका मतलब यह कि उच्चारण के द्वारा ध्वनि की उत्पत्ति होती है, शब्द (वर्णरूप शब्द) की नहीं। और शब्द उच्चारण पर निर्भर नहीं करता वह नित्य होता है।

इस तरह मीमांसा दर्शन में केवल वर्णरूप शब्दों को ही नित्य माना गया है।

शब्दनित्यत्ववाद का यह सिद्धान्त जैसा कि हमने प्रारम्भ में कहा है, मीमांसा दर्शन में वेदों की नित्यता सिद्धि में सहायक है। मीमांसक कहते हैं कि वेद नित्य शब्दों के समूह हैं, अतः वे भी नित्य हैं।

उल्लेखनीय है कि मीमांसा दर्शन में शब्द का अर्थ के साथ भी नित्य और स्वाभाविक सम्बन्ध माना गया है। इसके अनुसार शब्दों के अर्थ मानवीय परम्परा से प्रभावित नहीं होते। इसका मतलब है कि शब्दों के अर्थ मनुष्य द्वारा निर्मित नहीं होते।

यहाँ न्याय और मीमांसा में अन्तर दृष्टव्य है। मीमांसा मानती है कि शब्द शाश्वत है, जबकि न्याय के अनुसार मनुष्य के शब्द उच्चारण के प्रयत्न से ही शब्द की उत्पत्ति होती है। यह सिद्धान्त **स्फोटवाद** कहलाता है।

यहाँ वेदांत-दार्शनिक शंकराचार्य का मत है कि वेदार्थ तो नित्य है किन्तु वैदिक मंत्र नित्य नहीं है, क्योंकि ईश्वर प्रत्येक सृष्टि के प्रारम्भ में फिर से उनका उच्चारण करता है। ....ईश्वर, जिसे नित्य रूप से बुद्धि स्वातन्त्र्य प्राप्त है और संकल्प शक्ति भी उसमें स्वतन्त्र रूप से है, इन शब्दों को स्मरण रखता है तथा प्रत्येक सृष्टि युग में इन्हें व्यक्त करता है।[1]

श्रुतिवाक्यों का वर्गीकरण—वेदवाक्य दो प्रकार के है—

सिद्धार्थक वाक्य—जिस वाक्य से किसी विषय की वास्तविकता ज्ञात होती है अथवा

1. राधाकृष्णन, *भारतीय दर्शन*, भाग 2, पृ० 428

ज़ो हमें सत्य पदार्थों का ज्ञान कराते हैं। जैसे, ऐसे वाक्य जिनसे आत्मा या ब्रह्म के विषय में प्रकाश पड़े।

विधायक वाक्य—जिस वाक्य से किसी क्रिया के लिए विधि या आज्ञा मालूम होती है। यज्ञादि करने के लिए कर्त्तव्य क्रिया के विधायक वेदवाक्य स्वयं प्रमाण हैं। वैसे सिद्धार्थक वाक्यों को भी विधिवाक्यों का सहायक माना गया है। विधिवाक्यों से अलग वे व्यर्थ हैं। विधायक वाक्य दो प्रकार के हैं—

1. उपदेशक—जो बताते हैं कि ऐसा करना चाहिए, उपदेशक वाक्य हैं।

2. अतिदेश—पूरे माह दान के द्वारा स्वर्ग का साधन करें, यह तथा ऐसे वाक्य अतिदेश वाक्य हैं।

वेद के विषय, विधि निषेध आदि

वेद की विषय वस्तु का वर्गीकरण पाँच भागों में किया गया है—विधि, मंत्र, नामधेय, निषेध और अर्थवाद। इनका संक्षिप्त विवरण निम्नानुसार है।

1. विधि—विधिपरक आदेश वे आदेश हैं जो व्यक्ति को विशेष कर्म करने के लिए प्रेरित करते हैं ताकि विशेष फल मिल सके। जैसे **स्वर्गकामोयजेत** अर्थात् जिन्हें स्वर्ग की कामना हों वे यज्ञ करें, यह विधिपरक आदेश है। इस तरह विधिवाक्य क्रिया प्रेरक वाक्य हैं। इसीलिए मीमांसा दर्शन में विधिवाक्यों को ही धर्म का लक्षण स्वीकार किया गया है। इस तरह विधि का विचार ही मीमांसा का प्रधान विषय है। विधि के चार प्रकार हैं—

(अ) **उत्पत्ति विधि**—यह कर्म के स्वरूपमात्र को बतलाने वाली है।

(ब) **विनियोग विधि**—यह कर्म के अंग तथा प्रधान विषयों की सम्बोधक है।

(स) **प्रयोग विधि**—यह कर्म से उत्पन्न फल के स्वामित्व की ओर संकेत करती है।

(द) **अधिकार विधि**—यह प्रयोग की शीघ्रता की बोधक विधि है।

2. मंत्र—ये यज्ञकर्त्ता को यज्ञ से सम्बन्धित विविध विषयों का स्मरण कराने में उपयोगी सिद्ध होते हैं, जैसे कि वे देवता, जिन्हें लक्ष्य करके आहुतियाँ देनी है।

3. नामधेय—नामधेय यज्ञों के नाम को कहा जाता है दूसरे शब्दों में नामधेय का तात्पर्य यज्ञों का व्यक्तिवाचक नाम है।

4. निषेध—निषेध विधि का उल्टा है। विधिवाक्य जहाँ कुछ करने के लिए प्रेरित करते हैं वहाँ निषेध वाक्य क्या नहीं करना, इसका निर्देश देते हैं, क्योंकि इससे अवांछित फल की प्राप्ति होगी। जैसे, झूठ नहीं बोलना चाहिए, यह एक निषेध वाक्य है। इसके फल से सभी परिचित हैं।

5. अर्थवाद—ये वे वाक्य हैं जो वर्णनात्मक हैं। ये किसी पदार्थ के सच्चे गुणों का कथन करते हैं। प्रभाकर के अनुसार अर्थवाद भी कर्म का सहायक बनकर ही प्रामाणिक हो सकता है। ये वाक्य तीन प्रकार के हैं—

(अ) आदिष्ट वस्तुओं की प्रशंसा करते हैं या निषिद्ध वस्तुओं की निन्दा करते हैं।

(ब) औरों के कर्मों का विवरण देते हैं।

(स) इतिहास के दृष्टान्त हैं।

तत्त्वमीमांसा

मीमांसा दर्शन में जगत् एवं आत्मा के अस्तित्व को तो सत्य स्वीकार किया गया है किन्तु जगत के रचयिता के रूप में अथवा जीव के कर्माध्यक्ष या मोक्ष-प्रदाता के रूप में ईश्वर का कोई अस्तित्व नहीं है। यद्यपि मीमांसक अनेक देवताओं का अस्तित्व स्वीकार करते हैं जिससे कि उन्हें यज्ञ में आहूतियाँ दी जा सके।

आगे हम मीमांसा दर्शन के ईश्वर, आत्मा और मोक्ष सम्बन्धित विचारों का विवेचन करेंगे।

ईश्वर

मीमांसा दर्शन ईश्वर के अस्तित्व को मानता है या नहीं इसे लेकर विद्वानों में मतभेद है। सामान्यतया मीमांसा दर्शन निरीश्वरवादी ही समझा जाता है। इस हेतु मीमांसा दर्शन के विचारों के आधार पर तथा मीमांसा दार्शनिकों के द्वारा प्रस्तुत विचारों के आधार पर निम्नलिखित तर्क दिये जाते हैं—

1. मीमांसासूत्र में ईश्वर के अस्तित्व के सम्बन्ध में कोई उल्लेख नहीं है।
2. मीमांसा जगत् को नित्य मानती है, अतः सृष्टिकर्त्ता के रूप में या प्रलयकर्त्ता के रूप में यहाँ ईश्वर को स्वीकार करने की कोई आवश्यकता नहीं है।
3. वेदों को भी यहाँ नित्य माना गया है, अतः वेदों के रचयिता के रूप में भी यहाँ ईश्वर को मानने की आवश्यकता नहीं है।
4. कर्मफल दाता के रूप में मीमांसक **अपूर्व** नामक शक्ति की कल्पना करते हैं अतः इस हेतु भी यहाँ ईश्वर की आवश्यकता नहीं पड़ती।
5. धर्म के स्थापनार्थ भी ईश्वर आवश्यक नहीं माना गया है, इस हेतु स्वयंभू वेद उपस्थित है।
6. मीमांसा में देवता है किंतु वे देहधारी नहीं है। कर्मफलों की प्राप्ति में देवताओं का कोई योगदान नहीं हैं। मीमांसक देवताओं के बजाय मंत्रों पर अधिक ध्यान देते हैं।
7. मनुष्यों और पशुओं की उत्पत्ति में भी किसी ईश्वर के हस्तक्षेप की आवश्यकता नहीं दिखती क्योंकि वे अपने माता-पिता से उत्पन्न होते हैं।
8. यदि ईश्वर ने सृष्टि की रचना की भी है तो इसे कौन प्रमाणित कर सकता है?
9. फिर, ईश्वर सृष्टि की रचना क्यों करता है? क्या यह उसकी इच्छा है? किन्तु उसका शरीर नहीं है अतः वह सृष्टि का रचयिता नहीं हो सकता।
10. फिर, यदि ईश्वर ने सृष्टि की रचना की तो क्यों उसने दुख का अंश इसमें रखा? क्या वह दुखहीन सृष्टि की रचना नहीं कर सकता था? यदि ऐसा है तो हम उसे सर्वशक्तिमान नहीं कह सकते। या फिर वह दयालु नहीं है।
11. ईश्वर ने जीवों पर दयावश सृष्टि की रचना की यह कहना इसलिए भी गलत है क्योंकि सृष्टि के पूर्व कोई जीव नहीं थे जिन पर वह दया करता।
12. वेदान्तियों का यह कहना कि ईश्वर ने लीला के लिए सृष्टि की रचना की, भी दोषपूर्ण है क्योंकि ईश्वर सर्वथा सुखी और आनन्दस्वरूप है। ऐसी स्थिति में उसे लीला या मनोरंजन की क्या आवश्यकता है?

उपरोक्त विवरण से मीमांसा को स्पष्टतः निरीश्वरवादी कहा जा सकता है। किन्तु कुछ विद्वानों का विचार है कि मीमांसा ग्रन्थों में अनेक ऐसे अंतर्साक्ष्य हैं जो इसे ईश्वरवादी सिद्ध करते हैं। इसके अतिरिक्त प्राचीन मीमांसकों की तुलना में बाद के मीमांसक, जैसे कुमारिल, प्रभाकर आदि में ईश्वर की स्वीकृति स्पष्ट दिखाई देती है। इस सम्बन्ध में तर्क दिये जाते हैं—

1. कुमारिल अपने ग्रंथों का प्रारम्भ शिव की प्रार्थना से करते हैं और उसे यज्ञपुरुष कहते हैं।
2. कुमारिल यह भी लिखते हैं कि शब्द ब्रह्मरूपी वेदशास्त्र एक ही परमात्मा द्वारा अनुस्यूत है और वही इसका अधिष्ठान है।
3. प्रभाकर उस ईश्वर को मानते हैं जो श्रुतिमूलक वाक्यों द्वारा प्रमाणित किया जा सके, अनुमानगम्य ईश्वर को नहीं।

उपरोक्त विवरण से स्पष्ट होता है कि जैमिनी और शबर की प्राचीन मीमांसा जहाँ निरीश्वरवादी है वहाँ कुमारिल और प्रभाकर के मीमांसा को ईश्वरवादी कहा जा सकता है।

अंत में हम कह सकते हैं कि कुछ मीमांसक निरीश्वरवादी थे तो कुछ ईश्वरवादी, अतः मीमांसा दर्शन को किसी एक कोटि में नहीं रखा जा सकता।

आत्मा

मीमांसक शरीर, मन, इन्द्रिय एवं बुद्धि से परे आत्मतत्त्व के अस्तित्व को स्वीकार करते हैं, जो शरीर के मृत्यु के बाद भी नहीं मरता, जो कर्मानुसार पुनः शरीर धारण करता है और तब तक इस संसार में बार-बार आता है जब तक कि उसे मोक्ष की प्राप्ति नहीं हो जाती।

आत्मा की अमरता—शरीर से भिन्न आत्मा को अजर अमर मानना इसलिए आवश्यक है क्योंकि इसी स्थिति में उसके कर्मों की सार्थकता है। मीमांसा कर्मकाण्डी दर्शन है। इसके अनुसार धर्मानुसार किये गये वैदिक कर्मकाण्डों से मनुष्य स्वर्ग की प्राप्ति कर सकता है किन्तु यह स्थिति तभी सम्भव है जब शरीर के नष्ट होने पर भी आत्मा बनी रहे।

आत्मा की अनेकता—मीमांसक आत्मा को अनेक भी कहते हैं। भिन्न-भिन्न जीवों में भिन्न-भिन्न आत्मा होती है। उनका तर्क है कि यदि ऐसा नहीं होता तो सभी लोगों का दृष्टिकोण एवं अनुभूति एक ही होती।

आत्मा की चेतना—आत्मा की चेतना के विषय में मीमांसकों में मतभेद है। प्रभाकर का मत है कि चैतन्य आत्मा का स्वरूप नहीं उसका आगंतुक गुण है, जैसा कि नैयायिक भी कहते हैं। प्रभाकर इसका प्रमाण सुषुप्ति की अवस्था को देते हैं। इस अवस्था में आत्मा तो रहती है पर चेतना नहीं रहती। वस्तुतः चेतना आत्मा का आश्रय है। सुख-दुःख आदि के आश्रय के रूप में हम आत्मा के अस्तित्व को अनुमान द्वारा समझ सकते हैं।

प्रभाकर के विपरीत कुमारिल का मत है कि चैतन्य आत्मा का स्वाभाविक धर्म है। कुमारिल ज्ञातारूपी आत्मा का मानस-प्रत्यक्ष भी स्वीकार करते हैं। अर्थात् वे आत्मा को ज्ञेय मानते हैं जबकि प्रभाकर के अनुसार आत्मा ज्ञाता है, अतः कभी ज्ञेय नहीं हो सकती।[1]

---

1. हरिदास वन्द्योपाध्याय, *भारतीय दर्शन की मर्मकथा*, अनुवाद, चक्रवर्ती तथा शर्मा, पृ० 189

बंधन और मोक्ष

मीमांसा दर्शन के अनुसार वासना और मोह की इच्छा से किये गये कर्म अनुचित कर्म हैं जो मनुष्य के बंधन का कारण बनते हैं। इनसे मुक्ति ही बंधन-नाश का उपाय है। इस हेतु मनुष्य को उचित कर्म करना आवश्यक है। पर ये उचित कर्म क्या हैं? मीमांसा के अनुसार धर्मानुसार किये गये कर्म उचित कर्म हैं। पर हम किन कर्मों को धर्मानुसार कर्म कहेंगे? हमें धर्म का ज्ञान कौन देगा? उत्तर में मीमांसक कहते हैं कि वेद यहाँ हमारे गुरु हैं, मार्गदर्शक हैं। इस तरह वेद-विहित कर्म ही धर्म है, करणीय है.....अंततः मोक्ष प्रदान करने वाले हैं। यदि हम अपनी सहज प्रेरणाओं के वशीभूत होकर कार्य करते हैं, तो हम धर्मात्मा नहीं है।[1] अर्थात् हमें वेदानुसार कार्य करने चाहिए।

मीमांसकों ने वेद-विहित कर्म के पाँच प्रकार बताये हैं—(1) नित्य कर्म, (2) नैमित्तिक कर्म, (3) काम्य कर्म, (4) निषिद्ध कर्म, (5) प्रायश्चित।

1. नित्य कर्म—संध्या, पूजा, ध्यान आदि प्रतिदिन किये जाने योग्य कर्म नित्य कर्म हैं।

2. नैमित्तिक कर्म—विशेष अवसर यथा, जन्म, विवाह, मृत्यु आदि पर किये जाने वाले कर्म नैमित्तिक कर्म हैं।

इन दोनों प्रकार के कर्मों को न करने पर पाप लगता है।

3. काम्य कर्म—विशेष उद्देश्यों यथा, पुत्र प्राप्ति, ग्रह शान्ति आदि के लिए किये जाने वाले कर्म काम्य कर्म हैं।

यदि किसी को इन उद्देश्यों की आवश्यकता न हो तो उसे ये कर्म करना जरूरी नहीं है। इन्हें न करने पर व्यक्ति को पाप नहीं लगता।

4. निषिद्ध कर्म—मीमांसा दर्शन में कुछ कर्मों की सूची दी गई है, जिन्हें व्यक्ति को नहीं करना चाहिए। इन्हें करने पर पाप लगता है, जिसकी सजा नरक जाना है।

5. प्रायश्चित—निषिद्ध कर्म करने पर यदि आदमी अपनी गलती समझकर पश्चाताप करता है, तो वह पाप से बच सकता है। इस हेतु मीमांसा-दर्शन में कुछ प्रायश्चित कर्म भी बतलाये गये हैं।

इस तरह मीमांसा-दर्शन के अनुसार निषिद्ध आचरण से बचकर हम नरक से बचते हैं और यदि हम काम्य कर्मों से दूर रह सकें तो हम स्वार्थ-परक उद्देश्यों से स्वतन्त्र रह सकेंगे और यदि हम प्रतिबंध-रहित कर्त्तव्य कर्मों का पालन करते रहें, तो हमें मोक्ष-लाभ होगा।[2]

कर्म के साथ ज्ञान का भी महत्त्व—मीमांसा दर्शन में मोक्ष के लिए विशिष्ट कर्मों का पालन आवश्यक है किन्तु इसके साथ ही मीमांसक आत्मा के वास्तविक स्वरूप के ज्ञान को भी आवश्यक मानते हैं। किन्तु केवल आत्मज्ञान से मोक्ष की प्राप्ति हो सकती है, (जैसा कि शंकर का अद्वैत दर्शन कहता है) इसका वे खण्डन करते हैं।

यहाँ उल्लेखनीय है कि मीमांसा दर्शन के संस्थापक एवं प्रारम्भिक आचार्य जैमिनी एवं शबर ने 'मोक्ष' पर विचार नहीं किया था। वस्तुतः उनके चिन्तन का उद्देश्य मनुष्य की

1. राधाकृष्णन्, *भारतीय दर्शन*, भाग, 2, पृ० 359
2. राधाकृष्णन्, *भारतीय दर्शन*, भाग, 2, पृ० 359

स्वर्ग की प्राप्ति कराना था। **'स्वर्ग कामो यजेत'** अर्थात् जो स्वर्ग की इच्छा करता है वह यज्ञ करे, वे कहते थे। किन्तु बाद के मीमांसकों ने अन्य दर्शनों को मोक्ष पर चिन्तन करते देख स्वयं भी इस पर चिन्तन किया। इस तरह मीमांसा दर्शन में भी स्वर्ग प्राप्ति के बजाय मोक्ष प्राप्ति ज्यादा महत्त्वपूर्ण हो गई, अतः परवर्ती मीमांसा दर्शन में मोक्ष ही **निःश्रेयस** (सबसे बड़ा कल्याण) माना गया।

मोक्षावस्था—शांकर-दर्शन में मोक्ष आनन्द की अवस्था है अर्थात् मुक्तात्मा आनन्द की स्थिति में रहता है किन्तु मीमांसा दर्शन ऐसा नहीं मानता। न्याय-वैशेषिक तथा सांख्य-योग के समान यह भी मानता है कि मोक्ष आत्यान्तिक दुःख-निवृत्ति अर्थात् सम्पूर्ण दुःखों की समाप्ति है जैसा कि कुमारिल कहते हैं, **मोक्ष समस्त दुःखों से रहित आत्मा की अपने स्वरूप में अवस्थिति हैं।** दुःखों के साथ ही सम्पूर्ण सुखों का विनाश भी इस अवस्था में हो जाता है। मोक्ष की आनन्द की अवस्था इसलिए नहीं कहा जा सकता क्योंकि आनन्द स्वर्ग के सुख के तुल्य मानें तो जिस प्रकार स्वर्ग के सुख नश्वर होते हैं, यह भी नश्वर होगा।

वस्तुतः हमारे सारे दुःख-सुख शरीर को लेकर ही होते हैं। मोक्ष प्राप्ति होने पर शरीर का आत्यान्तिक उच्छेद हो जाता है, अतः सभी प्रकार की अनुभूतियाँ भी समाप्त हो जाती है। मीमांसक केवल विदेह-मुक्ति सम्भव मानते हैं, जीवनमुक्ति नहीं।

धर्म

मीमांसा का प्रधान विषय धर्म है। धर्म की व्याख्या करना ही इस दर्शन का प्रयोजन बताया गया है। जैमिनी के मीमांसासूत्र का प्रथम सूत्र है **'अथातो धर्म जिज्ञासा'** अर्थात् अब धर्म पर विचार किया जाता है। इससे ही स्पष्ट होता है कि यह दर्शन धर्म का निर्णय करने जा रहा है। उल्लेखनीय है कि मीमांसा के अनुसार क्रिया के प्रवर्तक वचन अर्थात् वेद के विधिवाक्य धर्म हैं।

यहाँ तीन प्रश्न उठते हैं—

1. धर्म में प्रमाण क्या है?
2. धर्म की जिज्ञासा क्यों करनी चाहिए अर्थात् धर्म का क्या फल है? दूसरे शब्दों में धर्म का क्या लक्ष्य है?
3. धर्म की प्राप्ति में क्या सहायक है अर्थात् हम क्या कुछ करें, कौन से साधन अपनाएँ कि हम धर्म के लक्ष्य को प्राप्त कर सकें। अन्य शब्दों में धर्म के साधन क्या हैं?

धर्म में प्रमाण—मीमांसा दर्शन धर्म की सत्यता के निर्धारण हेतु एकमात्र **शब्द** को ही प्रमाण मानती है। यद्यपि मीमांसा दर्शन में प्रत्यक्ष और अनुमान को भी सत्य की प्राप्ति में प्रमाण माना गया है किन्तु ये प्रमाण धर्म हेतु उपयोगी नहीं है क्योंकि ये अनित्य ज्ञान देने वाले हैं और यहाँ भ्रम की सम्भावना भी रहती है। धर्म सम्बन्धी निर्णय नित्य ज्ञान से सम्बन्धित है और इन्हें पूर्णतः भ्रमहीन होना चाहिए। फिर, धर्म नीति का विषय है जिसका प्रत्यक्ष नहीं हो सकता न इसका अनुभव किया जा सकता है अतः इस विषय में एकमात्र शब्द ही प्रमाण है।

शब्द प्रमाण में भी मीमांसक **अपौरुषेय वेदवाक्यों** को ही धर्म में प्रमाण मानते हैं, आप्तपुरुषों के वाक्यों को नहीं हालाँकि इन्हें भी शब्द प्रमाण में लिया जाता है।

धर्म का लक्ष्य—यहाँ उल्लेखनीय है कि प्रारम्भ में मीमांसा के अनुसार धर्म का लक्ष्य स्वर्ग की प्राप्ति था। जैमिनि और शबर का मत यही था। स्वर्ग दुखों से हीन निरतिशय एवं नित्य सुख से परिपूर्ण स्थान कहा गया। बाद में कुमारिल और प्रभाकर तथा अन्य मीमांसकों ने अन्य दर्शनों को मोक्ष चिन्तन करते देख स्वयं भी मोक्ष चिन्तन किया और इसी को जीवन का पुरुषार्थ माना। न्याय वैशेषिक के समान यहाँ भी मोक्ष को दुख का आत्यान्तिक अभाव कहा गया।

धर्म के साधन—मीमांसादर्शन में धर्म की प्राप्ति का प्रमुख साधन कर्म बताया गया है। यहाँ कर्म का तात्पर्य वेदों में बताये गये कर्म है। इस तरह **वेद-विहित कर्म** ही मीमांसा के अनुसार धर्म है, करणीय है, मोक्ष प्रदान कराने वाले हैं। यदि हम अपनी सहज प्रेरणाओं के वशीभूत होकर कार्य करते हैं तो हम धर्मात्मा नहीं है। अतः हमें वेदानुसार ही कर्म करने चाहिए। वेद विधिपरक भी है अर्थात् क्या करणीय है यह भी बताते हैं और निषेधपरक भी हैं अर्थात् क्या अकरणीय है, यह भी बताते हैं। इस तहर वेद हमें कर्त्तव्य और अकर्त्तव्य दोनों का ज्ञान देते हैं।

यहाँ उल्लेखनीय है कि मीमांसा दर्शन धर्म के लिए वेदों के ब्राह्मण ग्रन्थों को आधार बनाता है जहाँ कर्मकाण्ड का विधान है। वैदिक कर्मकाण्ड में मुख्य हैं यज्ञ। वैदिक धर्म में यज्ञ का वही महत्त्व है जो शरीर में प्राण का होता है। वेदों में यज्ञ को ही मुख्य धर्म कहा गया है। यज्ञ में बलि हवन आदि भी आते हैं। इनके द्वारा देवताओं को बलि दी जाती है जिससे प्रसन्न होकर वे यज्ञ कर्त्ता को इष्ट की प्राप्ति कराते हैं और अनिष्ट से बचाते हैं। मीमांसा दर्शन भी इसी आधार पर यज्ञ को ही मुख्य धर्म मानते हैं किन्तु कर्म का उद्देश्य केवल देवताओं की सन्तुष्टि नहीं आत्म-शुद्धि भी है। अस्तु देवताओं को आहुति देने वाले यज्ञों के अतिरिक्त मीमांसा दर्शन में वेद पर आधारित और भी अनेक प्रकार के कर्त्तव्य कर्म बताये गये हैं। (इनका उल्लेख ऊपर किया जा चुका है।)

अपूर्व—प्रायः सभी भारतीय विचारकों ने कर्म के इस सिद्धान्त में दृढ़ आस्था व्यक्त की है कि कर्म का फल अवश्य मिलता है। जो जैसा बोता है वैसा पाता है। लोक में भी इसे स्वीकार किया जाता है किन्तु कई बार इसे शंका की दृष्टि से भी देखा जाता है क्योंकि प्रायः कर्मों का फल तुरन्त नहीं मिलता है। आग में हाथ पड़ते ही जैसे वह जल जाता है यदि ऐसे ही कर्मों का फल तुरन्त मिलता तो उसमें विश्वास होता। किन्तु अनुभव यह भी तो कहता है कि मिट्टी में बीज बोते ही तुरन्त अंकुर नहीं निकलता और न ही अंकुर तुरंत पेड़ बनकर फल देता है। इसी प्रकार कर्मों का फल समय आने पर ही मिलते हैं।

यहाँ फिर प्रश्न उठता है कि कर्म-फल देता कौन है। न्याय तथा वेदान्त दर्शन ईश्वर की कर्मफल दाता कहते हैं जो सर्वज्ञ एवं सर्वशक्तिमान होने के कारण यह कार्य करने में समर्थ है। किन्तु कुछ ऐसे दर्शन भी है तो इस हेतु किसी ईश्वर को आवश्यक नहीं मानते। जैसे बौद्ध और मीमांसा दर्शन। इनके मत में कर्म अपना फल स्वयं दे लेते हैं। ये मृत्यु के बाद भी मनुष्य का पीछा नहीं छोड़ते अगले जन्म में उसे उसके अच्छे बुरे कर्मों का समुचित फल देते हैं। यहाँ मीमांसा दर्शन एक नये प्रत्यय को प्रस्तुत करता है। यह है **अपूर्व का विचार**।

मीमांसकों के अनुसार कर्म के फल तुरंत नहीं मिलते। यज्ञ का फल स्वर्ग लोक में अनेक वर्ष गुजर जाने के बाद मिलता है। ऐसी स्थिति में कर्म एवं कर्मफल के बीच एक अदृष्ट, अतिलौकिक कड़ी मानना आवश्यक है, यही अपूर्व। अपूर्व का अर्थ ही है, जो पहले नहीं था। कुमारिल के शब्दों में **अपूर्व कर्म के द्वारा उत्पन्न निश्चित शक्ति है जो परिणाम तक पहुँचाती है।**

यहाँ प्रश्न उठता है कि अपूर्व के बदले ईश्वर को ही यह दायित्व मीमांसक क्यों नहीं सौंपना चाहते? उत्तर में मीमांसक कहते हैं कि मनुष्यों के कर्म नाना प्रकार के होते हैं। अतः उनका कारण कोई एक कैसे हो सकता है?

कुल मिलाकर मीमांसकों का यह अनूठा सिद्धान्त तर्कसंगत तो लगता है किन्तु यहाँ शंकराचार्य की आलोचना भी उचित लगती है कि अचेतन अपूर्व किसी आध्यात्मिक सत्ता के अभाव में कर्म-फलों को कैसे संचालित कर सकता है?

यहाँ उल्लेखनीय है कि मीमांसा दर्शन अपूर्व का उपयोग मुख्य रूप से यज्ञों से प्राप्त होने वाले कर्मों के संदर्भ में करते हैं।

❑

अध्याय 12

वेदान्त-दर्शन

परिचय—भारतीय आस्तिक षड्दर्शनों में वेदान्त-दर्शन का स्थान सर्वोपरि है। इस दर्शन की एक मुख्य विशेषता है कि यह केवल भारतीय-दर्शन के ही नहीं, वरन् हिन्दू-धर्म के भी प्रतिनिधि विचारों को प्रगट करने वाला दर्शन है। केवल प्राचीन-काल में ही नहीं, वरन् मध्यकाल एवं आधुनिक-काल में भी अनेकानेक चिन्तकों ने वेदान्त-दर्शन के आधार पर ही हिन्दू-धर्म को नई दिशा प्रदान की। मध्यकाल में शंकराचार्य, रामानुजाचार्य, मध्वाचार्य, निम्बार्काचार्य, वल्लभाचार्य आदि आचार्य तथा आधुनिक-युग में रामकृष्ण परमहंस, स्वामी रामतीर्थ, स्वामी विवेकानन्द, श्री अरविन्द, टैगोर, गाँधी आदि प्रसिद्ध वेदान्ती हुए हैं।

वेदान्त-दर्शन का अर्थ—वेदान्त-दर्शन का अर्थ, जैसा कि शाब्दिक दृष्टि से प्रतीत होता है, वेदों के अन्तिम भाग अर्थात् उपनिषदों का दर्शन है।

वेद चार हैं—ऋग्वेद, सामवेद, यजुर्वेद तथा अथर्ववेद। इन चारों वेदों के तीन-तीन भाग हैं—पहला संहिता, दूसरा ब्राह्मण और तीसरा आरण्यक और उपनिषद्। इस तरह उपनिषद् वेदों के अन्तिम भाग हैं। इसीलिए इन्हें वेदान्त भी कहा जाता है।

इस तरह उपनिषदों का दर्शन वेदान्त दर्शन हुआ। किन्तु षड्दर्शनों में हम जिस वेदान्त-दर्शन की गणना करते हैं वह केवल उपनिषदों का दर्शन नहीं है। वस्तुतः उपनिषदों को आधार बनाकर इसे प्रस्तुत किया गया है, इसलिए यह वेदान्त-दर्शन कहलाता है।

वेदान्त-दर्शन का एक अन्य नाम—उत्तर-मीमांसा

वेदान्त-दर्शन को उत्तर-मीमांसा दर्शन भी कहा जाता है। षड्दर्शनों में एक दर्शन पूर्व-मीमांसा भी है। वस्तुतः ये दोनों मीमांसा दर्शन वेद के दो पक्षों से सम्बन्धित हैं।

वेदों के प्रसंग में हम देख चुके हैं कि वेदों के प्रारम्भिक भाग अर्थात् संहिता तथा ब्राह्मण में कर्मकाण्ड पर जोर है, जबकि अन्तिम भाग अर्थात् आरण्यक तथा उपनिषद् में ज्ञानकाण्ड महत्त्वपूर्ण है। दोनों मीमांसा में से पूर्व-मीमांसा कर्मकाण्ड पर जोर देने वाला दर्शन है, जबकि उत्तर-मीमांसा ज्ञान पर जोर देता है। चूँकि ज्ञानकाण्डी उपनिषद् बाद के अर्थात् वेदों के उत्तर के भाग हैं, इसलिए उनकी विवचेना करने वाला दर्शन उत्तर-मीमांसा कहलाया।

वेदान्त-दर्शन का मुख्य प्रयोजन—वेदान्त-दर्शन का मुख्य प्रयोजन वस्तुतः उपनिषदों की शिक्षा में एकरूपता दिखलाना तथा उनका वास्तविक मन्तव्य प्रगट करना है। हम प्रारम्भ में देख चुके हैं कि उपनिषदों की रचना विभिन्न कालों में विभिन्न ऋषियों के द्वारा हुई है, अतः इनमें समानता का अभाव स्वाभाविक है किन्तु समानता का यह अभाव वस्तुतः ऊपरी है, मूलतः सभी उपनिषदों का मन्तव्य एक ही है। इसे ही प्रतिपादित करने

के लिए वेदान्त-दर्शन के प्रसिद्ध आचार्य **'बादरायण व्यास,'** जो वस्तुतः वेदान्त-दर्शन के पितामह हैं, ने **'ब्रह्मसूत्र'** की रचना की थी।

वैसे यह उल्लेख मिलता है कि बादरायण व्यास के पूर्व कुछ और आचार्यों जैसे, **बादरि, कार्ष्णाजनि, आत्रेय, औडुलोमि, आश्मरथ्य, जैमिनि, काश्यप** आदि ने इस तरह का प्रयास किया था, किन्तु इनमें से किसी के ग्रन्थ नहीं मिलते।

इस तरह बादरायण व्यास का 'ब्रह्मसूत्र' वेदान्त-दर्शन का प्रथम ग्रन्थ है। वस्तुतः यह इस दर्शन का मूल ग्रन्थ है।

चूँकि इसकी रचना छोटे-छोटे-सूत्रों में हुई है तथा 'ब्रह्म' इस ग्रन्थ का प्रमुख प्रतिपाद्य विषय है, इसलिए यह **'ब्रह्मसूत्र'** कहा गया।

ब्रह्मसूत्र के अध्याय—ब्रह्मसूत्र को सूत्रकार बादरायण ने चार अध्यायों में विभक्त किया है। प्रत्येक अध्याय चार-चार पादों में विभक्त हैं। प्रथम अध्याय **समन्वयाध्याय** है। इसमें बताया गया है कि सभी वेदान्त-वाक्यों का एकमात्र लक्ष्य ब्रह्म के प्रतिपादम में ही अन्वय है। दूसरा **अविरोधाध्याय** है। इसमें सब प्रकार के विरोधाभासों का निराकरण किया गया है। तीसरा **साधनाध्याय** है। इसमें ब्रह्म की प्राप्ति या साक्षात्कार की साधनभूत ब्रह्मविद्या के विषय में चर्चा है। इस तरह यह मुक्ति से समबन्धित है। अन्तिम **फलाध्याय** है। इसमें विभिन्न विद्याओं के अनुरूप साधकों को प्राप्त होने वाले फल के विषय में चर्चा है।

ब्रह्मसूत्र की टीकाएँ—'ब्रह्मसूत्र' वेदान्त-दर्शन को प्रस्तुत करने का एक महान् प्रयास है। किन्तु अत्यन्त संक्षेप में इसके सूत्रों की रचना होने के कारण आगे चलकर इसके वास्तविक अर्थ के विषय में विद्वानों में मतभेद होने लगा। इसी कारण वेदान्त-दर्शन में अनेकानेक वादों और सम्प्रदायों की निर्मिति हुई। किन्तु फिर भी मूल ग्रन्थ बादरायण का ब्रह्मसूत्र ही रहा। इसकी लोकप्रियता इसी से समझ में आती है कि वेदान्त-दर्शन के परवर्ती सभी आचार्यों ने इस ग्रन्थ पर टीका (भाष्य) लिखी है। सच तो यह है कि इस ग्रन्थ पर जितनी टीकाएँ लिखी गई हैं, उतनी किसी अन्य मूल ग्रन्थ पर नहीं लिखी गईं। शंकर, रामानुज, भास्कर, निम्बार्क, मध्व, वल्लभ आदि इसके प्रसिद्ध भाष्यकार हैं। इन आचार्यों के भाष्यों तथा सिद्धान्तों के नाम निम्नानुसार हैं—

आचार्य	भाष्य	सिद्धान्त
शंकराचार्य	शारीरक भाष्य	अद्वैत
रामानुजाचार्य	श्रीभाष्य	विशिष्टाद्वैत
भास्कराचार्य	भास्कार भाष्य	भेदाभेद
निम्बार्काचार्य	वेदान्त पारिजात	द्वैताद्वैत
मध्वाचार्य	पूर्णप्रज्ञाभाष्य	द्वैत-वेदांत
वल्लभाचार्य	अणुभाष्य	शुद्धाद्वैत

प्रस्थानत्रयी—यहाँ उल्लेखनीय है कि वेदान्त दर्शन के आचार्यों ने अपने-अपने विशिष्ट दर्शन-प्रणयन में मूल-ग्रन्थ तो ब्रह्मसूत्र को स्वीकार कर इस पर अनिवार्य रूप से भाष्य लिखा ही है, इसके साथ ही प्रमुख उपनिषदों और भगवद्गीता को भी प्रमाण रूप में स्वीकार किया और इन पर भी भाष्य लिखे। चूँकि ये तीनों उनके दर्शन के प्रस्थान बिन्दु हैं, इसलिए ये **'प्रस्थानत्रयी'** भी कहे जाते हैं।

अब हम वेदान्त-दर्शन के प्रमुख आचार्यों के दर्शन पर क्रमशः विचार करेंगे।

शंकराचार्य

परिचय—शंकराचार्य न केवल भारतीय दार्शनिकों में, वरन् विश्व के महान् दार्शनिकों में अपना महत्त्वपूर्ण स्थान रखते हैं। अलौकिक प्रतिभा-सम्पन्न इस दार्शनिक का जन्म केरल प्रान्त के कालडी नामक ग्राम में प्रतिष्ठित नम्बुदरि ब्राह्मण कुल में हुआ था, किन्तु कब हुआ था, यह विवादास्पद है। वैसे अधिकांश विद्वान उन्हें आठवी शताब्दी के उत्तरार्द्ध तथा 9वीं शताब्दी के पूर्वार्द्ध में उपस्थित मानते हैं।[1] हाँ, इस बात के प्रमाण अवश्य मिलते हैं कि शंकर दीर्घायु नहीं थे। करीब 32 वर्ष की अवस्था में ही उनकी जीवन-लीला समाप्त हो गई थी। इस सम्बन्ध में एक लोकोक्ति मिलती है—

"अष्टवर्षे चतुर्वेदी, द्वादशे सर्वशास्त्रविद्।
षोडशे कृतवान् भाष्यं, द्वात्रिंशे मुनिर्भ्यगात्"॥

अर्थात् आठ वर्ष की उम्र में वे चारों वेदों से परिचित हो गये थे। बारह वर्ष की अवस्था में समस्त शास्त्रों के ज्ञाता हो गये थे। सोलह वर्ष की उम्र में उन्होंने भाष्य लिखे और बत्तीस वर्ष की आयु में देह-त्याग किया।

किन्तु शंकराचार्य अध्ययन, मनन एवं लेखन करने वाले कोरे दार्शनिक ही नहीं थे। वे एक बहुत बड़े समाज-सुधारक, धर्म-सुधारक एवं भारत को एकता के सूत्र में बाँधने वाले देशभक्त भी थे। शंकर के समय में हिन्दू-धर्म अनेकानेक संकटों से ग्रस्त था। जैन और बौद्ध धर्म के अतिरिक्त हिन्दू-धर्म स्वयं अपने ही अंधविश्वासी अनुयायियों यथा, कापालिकों, वामाचारियों, कर्मकांडियों आदि के कारण खतरे में पड़ गया था। शंकर ने सबका डटकर मुकाबला किया। घूम-घूमकर उन्होंने अपने विरोधियों को शास्त्रार्थ में पराजित किया और वेदान्त-मत की प्रतिष्ठा की। उन्होंने सारे भारत की पैदल यात्रा की थी। उनके द्वारा भारत की चार दिशाओं में स्थापित चार मठ; उत्तर में ब्रदीनाथ, दक्षिण में शृंगेरी, पूर्व में पुरी और पश्चिम में द्वारका आज भी उनकी विजय पताका फहरा रहे हैं।

साहित्य—शंकराचार्य ने प्रमुख उपनिषदों, भगवद्गीता एवं ब्रह्म-सूत्र तथा मांडुक्य कारिका पर भाष्य लिखे हैं। उनका ब्रह्म-सूत्र भाष्य शारीरक-भाष्य कहा जाता है। इसके अतिरिक्त उनकी प्रमुख रचनाएँ हैं—तत्त्वबोध, आत्मबोध, दशश्लोकी, उपदेशसहस्त्री, वाक्यवृत्ति, अपरोक्षानुभूति, आनन्दलहरी, सौन्दर्यलहरी, दक्षिणा-मूर्तिस्रोत आदि।

दार्शनिक विचार

अद्वैत दर्शन—शंकराचार्य अद्वैत-दर्शन के पोषक दार्शनिक हैं। वे एकमात्र ब्रह्म को परम तत्त्व कहते हैं, इस तरह अद्वैत मत का समर्थन करते हैं।

अद्वैत का अर्थ होता है जहाँ सत्ता दो या दो से अधिक न हो। किन्तु तब इसे 'एक' ही क्यों नहीं कहा गया? इसे नकारात्मक शब्द अद्वैत क्यों कहा गया?

इसके उत्तर में कहा जाता है कि ब्रह्म पूर्ण है और जो पूर्ण है उसे संख्या की सीमा में नहीं बाँधा जा सकता। यही कारण है कि शंकर अपने दर्शन को 'अद्वैत' कहते हैं दो नहीं, या द्वैत के न होने का सिद्धान्त।[2]

---

1. अनेक विद्वान शंकर का समय 788-820 ई० बताते हैं
2. टी० एम० पी० महादेवन, *शंकराचार्य*, पृ० 42

एक तर्क यह भी दिया जाता है कि शब्द अथवा संख्या 'एक' दो से सापेक्षित होता है। बिना दो के हम 'एक' की कल्पना नहीं कर सकते। यदि एक है, तो दो भी होगा, किन्तु अद्वैत दर्शन में जिस परम सत्ता की कल्पना की गई है वह निरपेक्ष है, इसलिए इसे अद्वैत कहा गया।[1]

जहाँ तक अन्य सत्ताओं, जैसे, जगत् एवं आत्मा का प्रश्न है, शंकर कहते हैं कि जगत् पारमार्थिक दृष्टि से मिथ्या है तथा आत्मा ब्रह्म का ही रूप है। इस तरह एकमात्र ब्रह्म ही सत्य सिद्ध होता है।

शंकर के दर्शन का यह सार इस प्रसिद् अर्धश्लोक में स्पष्टत व्यक्त हुआ है—

"ब्रह्म सत्यं जगन्मिथ्या, जीवो ब्रह्मैव नापरः।

अर्थात् ब्रह्म सत्य है, जगत् मिथ्या है तथा जीव (आत्मा) ब्रह्म ही है, अन्य नहीं है। शंकर कहते हैं, इन तत्त्वों याने ब्रह्म, जगत् और आत्मा का वास्तविक ज्ञान ही मनुष्य को समस्त दुःखों और सन्देहों से मुक्त कराने वाला है अर्थात् यही मोक्षदाता है।

आगे हम इन तत्त्वों पर पृथक्-पृथक विचार करेंगे।

ब्रह्म

शंकराचार्य के दर्शन में एकमात्र ब्रह्म ही परमसत्य है[2] जो अनादि, अनन्त, सर्वव्यापक, सर्वशक्तिमान अद्वैत एवं देश-काल से परे सत्ता है। यही मूल तत्त्व है। यह समस्त जगत् का आधार है। साथ ही यह सर्वोच्च ज्ञान भी है। इसके ज्ञान से ही हमारा अज्ञान नष्ट होता है। यह सच्चिदानन्द स्वरूप है।

ब्रह्म शब्द का अर्थ—ब्रह्म को समझने के लिए इसके शाब्दिक अर्थ की विवेचना करना उपर्युक्त होगा।

'ब्रह्म' शब्द 'बृह' धातु से बना है, जिसका अर्थ है—'बढ़ना' या 'विस्तार को प्राप्त होना'। परमतत्त्व को इसलिए 'ब्रह्म' कहा गया है क्योंकि यह सर्वाधिक विस्तृत अर्थात् सबसे महान् सत्ता है, **'बृहत्तमत्वाद् ब्रह्म'**।

इस तरह शाब्दिक अर्थ से भी स्पष्ट होता है कि ब्रह्म सर्वोच्च सत्ता है। यह सर्वत्र व्याप्त है, इसीलिए इसे देशकाल से भी परे कहा गया है।

अद्वैत-तत्त्व—जैसा कि प्रारम्भ में ही उल्लेख किया गया है, शंकर अद्वैत दर्शन के पोषक हैं अर्थात् वे एक ही तत्त्व को परम्-सत्ता कहते हैं और वह तत्त्व ब्रह्म ही हैं। इस तरह उनके अनुसार ब्रह्म अद्वैत है। उपनिषदें भी कहती हैं, **'न तु तद् द्वितीयं अस्ति'**[3] अर्थात उसका कोई द्वितीय नहीं है तथा **'नेह नानस्ति किंचन'**[4] अर्थात् यहाँ अनेकता नहीं है।

यदि सत्ता याने ब्रह्म दो होंगे या ब्रह्म के अतिरिक्त अन्य सत्ता होगी तो उसमें पूर्णता, सर्वोच्चता, सर्वव्यापकता आदि गुण नहीं रह सकते, चूँकि ब्रह्म में ये सब गुण हैं अतः स्पष्टतः वह अद्वैत है।

---

1. सुरेन्द्र वर्मा, *भारतीय दर्शन, सम्प्रदाय एवं समस्याएँ*, पृ०, 113
2. एकमेव हि परमार्थसत्यं ब्रह्म।—*तैत्तिरीय उप० शां० भा०*, 2/6
3. *बृहदारण्यक उप.*, 4/3/23
4. वही, 4/4/19

ब्रह्म के दो रूप (पारमार्थिक एवं व्यावहारिक सत्ता)

उपनिषदों में ब्रह्म का दो रूपों में वर्णन किया गया है—(1) निर्गुण ब्रह्म, (2) **सगुण ब्रह्म**। इसे ही **पर** एवं **अपर** ब्रह्म भी कहा गया है। शंकर भी ब्रह्म के इन दोनों रूपों को स्वीकार करते हैं किन्तु उनके अनुसार ये दोनों रूप समान रूप से वास्तविक नहीं हैं। ये दो रूप दृष्टिकोण के भेद से हैं। वास्तव में तो निर्गुण निराकार ब्रह्म ही सत्य है। यह पारमार्थिक है। व्यावहारिक दृष्टि से वही ब्रह्म सगुण साकार रूप में प्रतीत होता है। अब हम ब्रह्म के इन दोनों रूपों पर अलग-अलग विचार करेंगे।

निर्गुण ब्रह्म

पारमार्थिक सत्य—शंकर के अनुसार निर्गुण अर्थात् निराकार एवं निर्विशेष ब्रह्म ही एकमात्र सत्य है। यह अपरिभाषेय, अवर्णनीय तथा अचिन्त्य सत्ता है। उपनिषदों में इसे ही **'नेति-नेति'** कहा गया है। यह सारे जगत् का और हमारे अस्तित्व का भी आधार है। इसी ब्रह्म के ज्ञान से मोक्ष की प्राप्ति होती है। यह अद्वैत ब्रह्म पारमार्थिक सत्य है।

निर्गुण ब्रह्म का स्वरूप—यद्यपि निर्गुण ब्रह्म को शंकर ने अज्ञेय, अपरिभाषेय, अवर्णनीय कहा है किन्तु फिर भी वे कहते हैं कि इसके एक लक्षण की ओर अवश्य श्रुति संकेत करती है, वह है **'सच्चिदानन्द'**। किन्तु सच्चिदानन्द होना निर्गुण ब्रह्म का कोई विशेषण नहीं है। शंकर इस बात पर जोर देते हैं यह ब्रह्म का स्वरूप है, इसीलिए वे इसे ब्रह्म का **स्वरूप-लक्षण** कहते हैं।

इस 'सच्चिदानन्द' के तीन रूप हो सकते हैं—**सत्** (Existence), **चित्** (Conciousness) और **आनन्द** (Bless), किन्तु वस्तुतः ये तीनों अलग-अलग नहीं हैं। तीनों एक ही हैं। जो सत् है वह चित् है और जो चित् है वह आनन्द है। समझने के लिए हम तीनों पर पृथक्-पृथक् विचार करेंगे।

सत् स्वरूप—शंकर कहते है एकमात्र निर्गुण ब्रह्म ही परम सत् है। किन्तु सत् का क्या अर्थ है? सत् का अर्थ होता है, अस्तित्व रखना। वैसे तो सांसारिक वस्तुएँ भी अपना अस्तित्व रखती हैं किन्तु इनका अस्तित्व अस्थाई होता है, जबकि परम सत् को **'त्रिकालाबाध्यम्'** अर्थात् तीनों कालों में अबाधित् (अनश्वर) होना चाहिए। इसलिए सांसारिक वस्तुएँ परम सत् नहीं हो सकतीं। चूँकि ब्रह्म अनश्वर है, अतः तीनों कालों में अबाधित् होने के कारण वह सत्-स्वरूप अथवा परम सत् हुआ। उसे **'सत्यस्य सत्यं'** भी कहा गया है।

चित् स्वरूप—चित् स्वरूप का अर्थ है, चेतन स्वरूप। सत् होने के कारण ब्रह्म चित्त भी है। जड़ (अचित्) असत् (अनश्वर) होता है। किन्तु ब्रह्म जड़ नहीं हो सकता क्योंकि जड़ परिवर्तनशील तथा नश्वर होता है जबकि ब्रह्म अपरिवर्तनशील तथा अनश्वर है (क्योंकि वह सत् है)। इस तरह सत् ब्रह्म चित् स्वरूप भी है। उपनिषदों में जो ब्रह्म को **'प्रज्ञानघन'** तथा **'चिदात्मकम्'** कहा गया है, उसका तात्पर्य यही है कि ब्रह्म चित् स्वरूप है।

आनन्दस्वरूप—चित् होने के कारण ब्रह्म आनन्द स्वरूप भी है। आनन्द चेतना में ही होता है जड़ में नहीं होता। चूँकि ब्रह्म चित् है अतः वह आनन्द स्वरूप है। उल्लेखनीय है कि उपनिषदों में ब्रह्म के इस आनन्द स्वरूप को अत्यन्त महत्त्व दिया गया है। तैत्तिरीय उपनिषद् कहती है **आनंदैव ब्रह्म** अर्थात आनन्द ही ब्रह्म है।

इस तरह सत् ब्रह्म चित् और चित् ब्रह्म आनन्द है। किन्तु हमें स्मरण रखना चाहिए कि ये तीनों ब्रह्म के अलग-अलग लक्षण नहीं है। इसीलिए तीनों के लिए एक ही शब्द सच्चिदानन्द का प्रयोग किया गया है।

यहाँ उल्लेखनीय है कि सच्चिदानन्द को शंकर ब्रह्म का लक्षण अवश्य कहते हैं किन्तु वे यह भी कहते हैं कि यह ब्रह्म की सर्वथा निर्दोष परिभाषा नहीं है, यद्यपि यह यथार्थ सत्ता को जहाँ तक सम्भव हो सबसे उत्तम रीति से प्रगट करती है। डा॰ राधाकृष्णन् यहाँ टिप्पणी करते हैं कि **मानव मस्तिष्क की शक्ति इतनी महान अवश्य है कि वह अपनी सीमाओं को समझ सकें।**[1] इसे **'सत्यं ज्ञानं अनन्त ब्रह्म'** भी कहा गया है।

भेदों से परे—ब्रह्म भेदों से परे भी हैं। भेद तीन प्रकार के हैं—सजातीय भेद, विजातीय भेद और स्वगत भेद।

सजातीय भेद—सजातीय भेद का अर्थ है एक जाति अर्थात् प्रकार की वस्तुओं में भेद, जैसे, एक गाय और दूसरी गाय में भेद।

विजातीय भेद—इसका अर्थ है एक जाति और दूसरी जाति के पदार्थों में भेद, जैसे गाय और शेर में भेद।

स्वगत भेद—इसका अर्थ है एक ही वस्तु के विभिन्न अंगों में भेद। जैसे, एक गाय की पूँछ और सींग में भेद।

शंकर ब्रह्म को सजातीय भेद से परे इसलिए कहते हैं क्योंकि ब्रह्म अद्वैत सत्ता है। अब जहाँ कोई अन्य न हो तो सजातीय भेद कैसे हो सकता है?

वे ब्रह्म में विजातीय भेद भी नहीं मानते क्योंकि अद्वितीय होने के कारण कोई अन्य है ही नहीं जो उससे अलग प्रकार का कहा जा सके।

ब्रह्म को वे स्वगत भेद से परे इसलिए कहते हैं क्योंकि वह निर्गुण निराकार है, अतः उसके अंग प्रत्यंग नहीं है। इस तरह शांकर-दर्शन में ब्रह्म **भेदानाम्** परे है। वह **सजातीयविजातीयस्वगतभेदरहितम्** है।

यहाँ उल्लेखनीय है कि रामानुज ब्रह्म को सजातीय विजातीय भेद से तो परे कहते हैं किन्तु स्वगत भेद से युक्त मानते हैं। उनके दर्शन में चेतन और अचेतन जगत् ये दोनों भी सत्य है और दोनों ही ब्रह्म के अंश है। किन्तु मध्वाचार्य ब्रह्म को तीनों प्रकार के भेद से युक्त मानते हैं।

ब्रह्म अज्ञेय है—शंकर ब्रह्म को अज्ञेय कहते हैं। इसके कुछ कारण हैं, जैसे—

—हम किसी भी पदार्थ को भेदों के माध्यम से ही जानते हैं। उसका उसके समान अन्य वस्तु से भेद करके, अन्य जाति की वस्तु से भेद करके अथवा उसके ही अंग प्रत्यंगों में भेद करके। ब्रह्म इन तीनों से परे हैं, अतः अज्ञेय है।

—देश काल की सीमाओं के परे होने के कारण भी वह अज्ञेय है। हम जब भी किसी वस्तु को जानते हैं देश और काल के मध्य ही जानते हैं।

—निर्गुण होने के कारण भी वह अज्ञेय है क्योंकि किसी वस्तु को गुणों के माध्यम से ही जाना जा सकता है। इसीलिए वे इसे अपरिभाषेय एवं अवर्णनीय एवं अनिर्वचनीय भी कहते हैं।

नेति नेति—उपनिषदें ब्रह्म को 'नेति नेति' कहती है अर्थात् 'वह यह नहीं है यह नहीं

---

1. राधाकृष्णन्, *भारतीय दर्शन*, भाग 2, पृ॰ 467

है', जैसे, वह मोटा नहीं है, दुबला नहीं है, छोटा नहीं है, बड़ा नहीं है। शंकर के अनुसार भी ब्रह्म का केवल नकारात्मक वर्णन सम्भव है अर्थात् हम यह तो बता सकते हैं कि ब्रह्म क्या नहीं है किन्तु यह नहीं बता सकते कि ब्रह्म क्या है।

क्या ब्रह्म पूर्णतः अज्ञेय है?—यहाँ प्रश्न उठता है कि तब क्या ब्रह्म से हम नितान्त अपरिचित रह जायेंगे? किन्तु तब तो ब्रह्म-जिज्ञासा व्यर्थ हुई। तब यह कहना भी व्यर्थ हुआ कि ब्रह्मज्ञान मोक्ष देने वाला है। उल्लेखनीय है कि शंकर ज्ञानमार्गी हैं तथा मोक्ष हेतु एकमात्र ब्रह्मज्ञान को ही आवश्यक मानते हैं। अतः ब्रह्मज्ञान तो मानव जीवन का चरम लक्ष्य है।

ब्रह्म की अपरोक्षानुभूति संभव—शंकर ब्रह्म को नितान्त अज्ञेय नहीं कहते। वस्तुतः जब वे ब्रह्म को अज्ञेय कहते हैं तो इसका तात्पर्य यह है कि उसे हम अपनी इन्द्रियों और बुद्धि के द्वारा नहीं जान सकते। तर्क के द्वारा उसका ज्ञान प्राप्त नहीं किया जा सकता। न ही वाणी के द्वारा वर्णन कर सकते हैं। किन्तु इसका मतलब यह नहीं कि हम किसी तरह उसे जान ही नहीं सकते। हम उसे अपरोक्षानुभूति के द्वारा जान सकते हैं। यह अपरोक्षानुभूति वस्तुतः आत्मज्ञान के द्वारा सम्भव है। यह आत्मानुभूति ही है। इसके फलस्वरूप सभी द्वन्द्व समाप्त हो जाते हैं और अद्वैत ब्रह्म का साक्षात्कार होता है।

उल्लेखनीय है कि शंकर ब्रह्मज्ञान हेतु श्रुति-प्रमाण को बहुत महत्त्व देते हैं किन्तु इसके साथ-साथ वे अनुभव को भी महत्त्व देते हैं। केवल श्रुति-प्रमाण धर्म-जिज्ञासा हेतु है जबकि ब्रह्म-जिज्ञासा में अनुभूति भी प्रमाण है क्योंकि ब्रह्मज्ञान की परिणति अनुभूति में होती है।[1]

आत्मा और ब्रह्म की एकता—आत्मज्ञान के द्वारा ब्रह्मज्ञान इसलिए सम्भव है, क्योंकि आत्मा ब्रह्म ही है। उपनिषदों के महावाक्य, जैसे **'अहं ब्रह्मास्मि'** (मैं ब्रह्म हूँ), **'तत्त्वमसि'** (वह ब्रह्म तू ही है) आदि इसी बात को प्रगट करते हैं कि आत्मा ब्रह्म ही हैं। इसलिए उपनिषदों में आत्म-विद्या सर्वाधिक महत्त्वपूर्ण विद्या बताई गई है। शंकर कहते हैं कि **ब्रह्म** के समान आत्मा भी **सच्चिदानन्द** स्वरूप है। इस तरह शंकर के दर्शन में आत्मा और ब्रह्म एक ही है।

ब्रह्मज्ञान और मोक्ष—शंकर निर्गुण ब्रह्म को इतना महत्त्व इसलिए देते हैं क्योंकि इसका ज्ञान मनुष्य को समस्त दुःखों, द्वन्द्वों और सन्देहों से मुक्त करता है। वस्तुतः ब्रह्मज्ञानी ब्रह्म के समान ही 'सच्चिदानन्द स्वरूप' हो जाता है, तब उसे किसी भी प्रकार के कष्ट कैसे सता सकते हैं? उपनिषदें भी तो कहती हैं, **'ब्रह्मविद् ब्रह्मैव भवति'** अर्थात् ब्रह्मज्ञानी ब्रह्म ही हो जाता है।

इस तरह हम देखते हैं कि शांकर-दर्शन में निर्गुण ब्रह्म सर्वाधिक महत्त्वपूर्ण तत्त्व है।

सगुण ब्रह्म (ईश्वर)

शंकर के दर्शन में 'ईश्वर' ब्रह्म का ही एक रूप है। यह सगुण ब्रह्म अर्थात् गुणों से युक्त ब्रह्म है।

शंकर दो रूपों में ब्रह्म का वर्णन करते हैं, एक निर्गुण ब्रह्म और दूसरा **सगुण ब्रह्म।** किन्तु इसका मतलब यह नहीं कि ब्रह्म दो हैं। अपने शारीरक भाष्य में वे स्पष्ट कहते हैं कि **द्विरूपं हि ब्रह्म अवगम्यते....एकमपि ब्रह्म**[2] अर्थात् ब्रह्म दो रूपों में जाना जाता है....यद्यपि एक ही है।

---

1. *ब्रह्मसूत्र भाष्य* 1/1/2
2. वही, 1/1/11

ब्रह्म जिन दो रूपों में जाना जाता है, उनमें एक नामरूप-जनित विकारों के भेद से उपाधियुक्त है। यह सगुण ब्रह्म है और दूसरा उपाधियों से रहित है, यह निर्गुण ब्रह्म है। इसे शंकर अविद्या और विद्या से युक्त होने के कारण भी दो रूपों वाला कहते हैं। पहले को वे **अपर ब्रह्म** और दूसरे को **पर ब्रह्म** कहते हैं। इन्हें **व्यावहारिक** एवं **पारमार्थिक ब्रह्म** भी कहा गया है।

निर्गुण ब्रह्म का स्वरूप लक्षण जहाँ **सच्चिदानन्द** है वहाँ सगुण ब्रह्म का तटस्थ लक्षण है **जगत् का उत्पत्ति, पालन और संहारकर्त्ता** होना। यही भक्तों का उपास्य भी है।

आगे हम विस्तार से ईश्वर के गुणों पर चर्चा करेंगे—

1. व्यावहारिक सत्ता—ईश्वर की सत्ता केवल व्यवहारिक है। वह इस व्यवहारिक जगत् का कारण है अतः उसकी सत्ता भी व्यवहारिक है। पारमार्थिक दृष्टि से वही ब्रह्म है।

2. जगत् का कारण—ईश्वर जगत् का उपादान और निमित दोनों कारण है। वह जगत् का निमित्त कारण है क्योंकि सर्वज्ञ और सर्वशक्तिमान ही इस विशाल एवं सुव्यवस्थित रचना अर्थात् जगत् का निमित्त हो सकता है और वह ऐसा है। ईश्वर जगत् का उपादान कारण भी है क्योंकि उसके अतिरिक्त किसी अन्य तत्त्व को जगत् का उपादान कारण माने तो ईश्वर अन्य पर निर्भर कहलायेगा और फिर ईश्वर के अतिरिक्त उसकी भी सत्ता स्वीकार करनी पड़ेगी जिससे अद्वैतवाद खण्डित होगा।

3. ईश्वर जगत् का उत्पन्नकर्ता के साथ पालनकर्त्ता और संहारकर्त्ता भी है—शंकर अपने **ब्रह्मसूत्र-भाष्य** में इस बात को अनेकानेक उदाहरणों द्वारा समझाते हैं।

जिस प्रकार सोना गहनों का और मिट्टी घड़े का कारण होती है उसी तरह वह जगत् का उत्पन्नकर्त्ता है।

उत्पन्न हुए जगत् की स्थिति का भी वही कारण है क्योंकि वह उसका नियन्ता है।

प्रसारित हुए जगत् को वह पुनः अपने में समेट लेता है, जैसे चारों प्रकार के भूतों को पृथ्वी समेट लेती है।[1]

यदि कोई यह कहे कि चेतन ब्रह्म से जड़ जगत् की सृष्टि कैसे सम्भव है तो यह कोई आश्चर्य नहीं है। जीवित शरीर से जड़ बाल नाखून आदि की उत्पत्ति सभी देखते हैं।

4. ईश्वर जगत् में तथा उससे परे भी—ईश्वर विश्वमय है। वह जगत् के कण कण में हैं, जैसे पानी में घुला नमक पूरे पानी में व्याप्त रहता है। किन्तु साथ ही वह इससे परे भी है। इसीलिए उसे विश्वातीत भी कहा जाता है।

5. सर्वज्ञ—शंकर कहते हैं कि ईश्वर के प्रसाद से जब योगियों को भी अतीत और भविष्य की बातों का ज्ञान होता है तब क्या यह कहने की आवश्यकता है कि उसे जगत् की सृष्टि—स्थिति और संहार के विषय का नित्य ज्ञान है?[2]

6. ईश्वर पूर्ण है—जीव और ईश्वर में मुख्य भेद यही है कि ईश्वर पूर्ण है जबकि जीव अपूर्ण है।

---

1. *ब्रह्मसूत्र भाष्य*, 2/1/1
2. वही, 1/1/5

7. मायाधीश—ईश्वर की वह शक्ति जिससे वह नामरूपात्मक जगत् की रचना करता है माया है। माया उसकी उपाधि है। वस्तुतः इसी उपाधि को धारण कर ब्रह्म ईश्वर बनता है। माया के कारण ही जीव धोखे में पड़ता है और ब्रह्म के स्थान पर जगत् को देखता है। ईश्वर माया का अधिपति है। इसीलिए उसे मायाधीश कहा गया है।

8. माया से अप्रभावित—यह माया ईश्वर को जरा भी प्रभावित नहीं करती। जिस तरह कोई जादूगर अपने द्वारा फैलाये जादू से तीनों कालों में अप्रभावित रहता है उसी तरह ईश्वर भी अपनी माया से प्रभावित नहीं होता।[1]

9. कर्मफलदाता—ईश्वर जगत् के साथ-साथ जीवों का भी कारण है। वह उनका सृष्टा है, उनका भाग्यविधाता है। किन्तु शंकर यहाँ ईश्वर को इस विषय में मनमानी करने वाला नहीं कहते। वे ईश्वर को जीव का **साधारण कारण** कहते हैं। जीवों में जो भिन्नता होती है है वह उनके अपने कर्मों के कारण है। जिस प्रकार वर्षा, धान, जौ आदि की उत्पत्ति का **साधारण कारण** होती है किन्तु **असाधारण कारण** उनमें स्वयं में निहित सामर्थ्य होता है, उसी प्रकार देव, मनुष्य आदि के बीच जो वैषम्य पाया जाता है वह उनके अपने असाधारण कर्म होते हैं।[2] इस तरह ईश्वर जीवों को उनके कर्मों का समुचित फल देने वाला है।

10. ईश्वर का अवतारग्रहण—ईश्वर यद्यपि अजन्मा, अव्यय और स्वभाव से नित्य शुद्ध, बुद्ध और मुक्त है किन्तु अपना कोई प्रयोजन न रहने पर भी प्राणियों की भलाई के लिए अपनी माया से देह धारण करता दिखाई देता है।[3]

11. श्रद्धा, भक्ति और ध्यान का केन्द्र—ईश्वर हमारी श्रद्धा और भक्ति का केन्द्र भी है। वह हमारा उपास्य है। हम सांत जीव उसकी उपासना द्वारा शांति की प्राप्ति करते हैं। यह हमारे ध्यान का केन्द्र भी है। निर्गुण ब्रह्म पर ध्यान केन्द्रित करना कठिन होता है।

शंकर यद्यपि मोक्ष के लिए एकमात्र 'ज्ञानमार्ग' के समर्थक हैं, किन्तु फिर भी वे भक्ति के महत्त्व से इनकार नहीं करते। वे स्वीकार करते हैं कि मनुष्य पर से माया का प्रभाव सरलता से समाप्त नहीं होता। अतः सगुण ब्रह्म के प्रति श्रद्धा और भक्ति, जो निर्गुण के ज्ञान से अधिक सहज है, के सहारे व्यक्ति निर्गुण ब्रह्म तक पहुँच सकता है।

किन्तु शंकर यह भी कहते हैं कि निर्गुण ब्रह्म तक पहुँच जाने के बाद सगुण ब्रह्म का जीवात्मा के लिए प्रयोजन नहीं रहता। जिस तरह ब्रह्मज्ञानी के लिए जगत् स्वप्नवत् हो जाता है उसी तरह ईश्वर भी हो जाता है।

कहने का मतलब है कि शंकर के दर्शन में सगुण ब्रह्म की सत्ता केवल व्यावहारिक दृष्टि से है। पारमार्थिक दृष्टि से एकमात्र निर्गुण ब्रह्म ही सत्य है।

लीला के लिए सृष्टि—प्रायः यह प्रश्न पूछा जाता है कि ईश्वर सृष्टि की रचना क्यों करता है? शंकर कहते हैं सृष्टि ब्रह्म का एक खेल है, उसकी लीला है। इस प्रकार उनके अनुसार लीला के लिए ही ईश्वर सृष्टि रचता है। श्रुतियों में इस बात का उल्लेख है।

---

1. *वही*, 2/1/9
2. *वही*, 2/1/34
3. *भगवद्गीता की भूमिका*

निर्गुण एवं सगुण ब्रह्म की एक उदाहरण द्वारा व्याख्या

हमें इस बात का स्मरण रखना चाहिए कि शंकर के अनुसार सगुण और निर्गुण, ब्रह्म के दो अलग-अलग अस्तित्व नहीं हैं। ब्रह्म तो वस्तुतः एक ही है, निर्गुण ब्रह्म। उसका सगुण रूप वास्तविक नहीं है। शंकर अपने **'ब्रह्मसूत्र-भाष्य'** में इस बात को एक उदाहरण द्वारा समझाते हैं।

मान लीजिए एक चरवाहा रंगमंच पर राजा का अभिनय करता है। यहाँ 'राजा होना' चरवाहे का वास्तविक स्वरूप नहीं है, उसका वास्तविक स्वरूप तो उसका 'चरवाहा होना' ही है। इसी तरह ब्रह्म का वास्तविक स्वरूप तो 'निर्गुण ब्रह्म' ही है, 'सगुण ब्रह्म' उसका वास्तविक स्वरूप नहीं है।

जगत् विचार (माया)

शंकर के दर्शन में जगत् के साथ-साथ माया का प्रत्यय भी जुड़ा है क्योंकि जगत् का निर्माण माया के द्वारा ही हुआ है।

सबसे पहले हम जगत् की सत्ता पर विचार करेंगे।

जगत् क्या है?—सामान्यतया जगत् से हमारा तात्पर्य हमारे चारों ओर बिखरे जड़-जगत् से होता है किन्तु शंकर के दर्शन में जगत् एक विस्तृत सत्ता है, वे जगत् को परिभाषित करते हैं, **'जगतोनामरूप क्रिया कारका फलजातस्य** अर्थात् समस्त नामरूप, क्रिया-कारक और उनके फल-जगत् के अंतर्गत आते हैं।

नामरूप से तात्पर्य उन सभी पदार्थों से हैं जिन्हें हम अपने आसपास देखते सुनते हैं। इसके अन्तर्गत हमारा शरीर तथा शरीर के भीतर स्थित प्राण, अंतःकरण आदि भी आते हैं। अंतःकरण में उत्पन्न अहंकार वृति भी जगत् का ही एक अंश है। उसी में कर्त्ता भाव उत्पन्न होता है। कर्त्ता द्वारा किये गये कर्म भी जगत् के अंतर्गत आते हैं। इसके अतिरिक्त संचित कर्मों द्वारा उत्पन्न सुख-दुःख रूप फल भी शंकर के अनुसार जगत् ही है।

क्या जगत् असत् है?—जहाँ तक जगत् के अस्तित्व की सत्यता का प्रश्न है, शंकर ने यद्यपि कई स्थानों पर जगत् को मिथ्या, मायिक, रस्सी में साँप के समान भ्रामक, कहा है, किन्तु कहीं भी उसे 'आकाश-कुसुम' के समान असत् नहीं कहा है।

इस प्रकार जगत् शंकर के दर्शन में नितान्त असत् नहीं है, उसका अस्तित्व है, किन्तु यह भी सत्य है कि वह पूर्ण सत्य नहीं है।

जगत् की व्यावहारिक सत्ता है—शंकर कहते हैं कि जगत् पूर्ण सत् नहीं है; उसकी केवल व्यवहारिक सत्ता है। जिस तरह जब तक हम जाग नहीं जाते तब तक स्वप्न असत्य नहीं प्रतीत होते, सत्य ही लगते हैं, उसी तरह जब तक हम पारमार्थिक सत्य 'ब्रह्म' को नहीं पा लेते, तब तक जगत् सत्य रहता है। इस तरह इसकी व्यावहारिक सत्ता है। इससे हमारे व्यावहारिक जीवन का काम चलता है।

यहाँ उल्लेखनीय है कि शंकर ने सत्ता के तीन प्रकार बताये हैं—

(1) **परमार्थिक सत्ता**—जो एकमात्र नित्य ब्रह्म की है।

(2) **व्यावहारिक सत्ता**—जो जगत् की है अर्थात् समस्त व्यवहार-गोचर पदार्थों की है।

(3) **प्रातिभासिक सत्ता**—जो स्वप्न, भ्रम आदि की है।

जगत् का निर्माता—जब जगत् है, तब उसके निर्माता का प्रश्न उठना भी स्वाभाविक है। जगत् का निर्माता सगुण ब्रह्म (जिसे शंकर 'व्यावहारिक ब्रह्म' भी कहते हैं।) अर्थात् ईश्वर है। प्रश्न उठता है कि ईश्वर जगत् का निर्माण क्या किसी उपादान की सहायता से करता है, जैसा कि नैयायिक कहते हैं कि ईश्वर परमाणुओं की सहायता से जगत् का निर्माण करता है। उत्तर में शंकर कहते हैं कि ईश्वर को जगत् का निर्माण करने के लिए किसी बाह्य उपादान की आवश्यकता नहीं पड़ती। उसमें स्वयं में इतनी शक्ति है कि वह बिना किसी की अपेक्षा के जगत् रच सकता है। फिर, यदि ईश्वर किसी बाह्य तत्त्व की सहायता से जगत् की रचना करेगा तो वह निरपेक्ष एवं अद्वैत नहीं रह जायेगा। जगत् रचने की ईश्वर की शक्ति को ही शंकर **माया** कहते हैं।

आगे हम माया पर सविस्तार चर्चा करेंगे।

सत्ता के तीन स्तर (त्रिविध सत्ता)

अद्वैत सत्ता ब्रह्म—शंकराचार्य के अद्वैत दर्शन में सत्ता केवल एक ही है, और वह है ब्रह्म। इसीलिए इसे वे अद्वैत ब्रह्म कहते हैं तथा अद्वैतवादी कहलाते हैं।

आत्मा भी उनके अनुसार ब्रह्म ही है।

किन्तु एकमात्र ब्रह्म को सत् कहने का मतलब यह नहीं है कि बाकी सब कुछ को वे असत् कहते हैं। जीवरूप में हमारा अस्तित्व, हमारी इच्छाएँ, आकांक्षाएँ, हमारे कर्म और यह सारा दृश्य जगत् ये सब आकाश कुसुम या बांझ औरत के पुत्र के समान नितान्त असत् नहीं है।

किन्तु ब्रह्म के समान ये पूर्ण सत् भी नहीं हैं।

वस्तुतः शंकर मानते हैं कि सत् वह है जो तीनों कालों में अबाधित हो। किन्तु ब्रह्म के अतिरिक्त और कुछ ऐसा नहीं है जो तीनों कालों में अस्तित्व रखे। प्रत्येक सांसारिक वस्तु जो जन्म लेती है कभी-न-कभी नष्ट होती है। इसीलिए वे केवल ब्रह्म को ही परमसत् कहते हैं। किन्तु अनुभूत पदार्थों के अस्तित्व के लिए वे सत्ता के अन्य स्तर बताते हैं।

1. प्रातिभासिक *(Apparent existence)* प्रातिभासिक सत्ता का अर्थ है ऐसी सत्ता जिसका हमें केवल आभास हो। जिसकी सत्यता पर हमें स्वयं अविश्वास हो, जैसे स्वप्न के पदार्थों की सत्ता अथवा भ्रम के पदार्थों की सत्ता।

हम जानते हैं कि स्वप्न के पदार्थ सत्य नहीं होते क्योंकि जाग जाने पर उनका कहीं कोई अस्तित्व नहीं रहता है। इसी तरह भ्रम, जैसे, रस्सी में साँप का भ्रम भी सत्य नहीं होता है क्योंकि प्रकाशादि के कारण ज़ब भ्रम टूटता है तो साँप कहीं नजर नहीं आता है, केवल रस्सी का अस्तित्व रहता है। प्रातिभासिक सत्ता सभी के लिए नहीं होती, केवल व्यक्तिविशेष उसका अनुभव करता है।

2. व्यावहारिक *(Practical existence)*—व्यावहारिक सत्ता इस जगत् के पदार्थों की सत्ता है, जैसे कुर्सी, घर आदि की सत्ता। इनका अनुभव सबको होता है। यह हमारे व्यवहार में काम आती है। भ्रम की चाँदी से हम गहने नहीं बना सकते किन्तु व्यवहारिक जगत में जो चाँदी होती है उससे गहने बनाये जा सकते हैं। प्रातिभासिक सत्ता से व्यवहारिक सत्ता का अन्तर मुख्य इसी बिन्दु पर है।

शंकर के अनुसार प्रातिभासिक सत्ता तभी हमारे लिए भ्रामक सिद्ध होती है जब हम व्यवहारिक जगत में आते हैं। स्वप्न हमें तब तक सत्य लगते हैं जब तक कि हम जाग नहीं जाते। भ्रम के साँप से हम तब तक डरते हैं जब तक कि रस्सी की वास्तविकता से

परिचित नहीं हो जाते। कहने का मतलब कि प्रातिभासिक सत्ता की तुलना में व्यवहारिक सत्ता में कहीं अधिक सत्यता है। इस तरह यह सत्ता न तो पूर्णतः सत् है न असत्।

उल्लेखनीय है कि शंकर केवल भौतिक जगत् को ही व्यवहारिक सत्ता नहीं प्रदान करते, वे ईश्वर अर्थात् सगुण ब्रह्म को भी व्यवहारिक रूप में सत् कहते हैं और उसे व्यवहारिक ब्रह्म कहते हैं। इसी तरह वे जीव की भी व्यवहारिक सत्ता कहते हैं।

3. **पारमार्थिक** (*Supreme existence*)—पारमार्थिक सत्ता उसकी है जिसका तीनों कालों में बाध (नाश) नहीं होता अर्थात् जो अनश्वर, नित्य सत्ता है। और यह, जैसा कि हमने ऊपर देखा, एकमात्र परब्रह्म की सत्ता है जिसे शंकर निर्गुण ब्रह्म कहते हैं।

शंकर के अनुसार जिस तरह प्रातिभासिक सत्ता तब तक सत्य प्रतीत होती है जब तक कि हम व्यवाहारिक स्तर पर नहीं पहुँच जाते अथवा जैसे स्वप्न हमें तब तक सत्य प्रतीत होते हैं जब तक हम जाग नहीं जाते उसी तरह जगत के पदार्थ हमें तब तक सत्य प्रतीत होते हैं जब तक हम पारमार्थिक स्तर पर नहीं पहुँच जाते। इसीलिए उनके दर्शन में ब्रह्म का ज्ञान हो जाने पर सारा जगत् ब्रह्मज्ञानी के लिए मिथ्या हो जाता है।

पंचीकरण का सिद्धान्त (सृष्टि का विकास)

अद्वैत दर्शन में जगत् को ब्रह्म पर विवर्त कहा गया है। इसका सृष्टा सगुण ब्रह्म है जो माया के द्वारा जगत् को प्रस्तुत करता है। यहाँ विस्तार से जगत् के प्रस्तुति का ब्योरा भी दिया गया है अर्थात् यह भी बताया गया है कि सृष्टि का विकास किस तरह हुआ है। यह विचार ही **पंचीकरण** का सिद्धान्त कहलाता है।

अपंचीकृत पंचभूत—पंच भूत अर्थात् आकाश, वायु, अग्नि, जल और पृथ्वी उत्पत्ति के पूर्व जिस अवस्था में रहते हैं उन्हें **तन्मात्र** कहते हैं। यही पंचभूतों की अपंचीकृत अवस्था है। इसका अर्थ है कि पंचभूतों का निर्माण पंचतन्मात्रों से होता है। किन्तु विशेष तन्मात्र जैसे आकाश तन्मात्र, से विशेष भूत जैसे, आकाश भूत की उत्पत्ति होती हो, ऐसी बात नहीं है। इन पाँच तन्मात्राओं का पाँच प्रकार से संयोग होता है तब पंचमहाभूतों की उत्पत्ति होती है। इनका संयोग ही पंचकीरण की प्रक्रिया है।

पंचीकरण की प्रक्रिया—(पंचभूतों की उत्पत्ति) पंचभूतों के निर्माण में सबसे पहले पाँचों तन्मात्राएँ दो-दो समान भागों में बँटती है। फिर प्रत्येक तन्मात्र के अर्धभाग के चार भाग होते हैं। इस तरह प्रत्येक तन्मात्र की स्थिति इस प्रकार होती है—

1/2 भाग तथा 1/4 + 1/4 +/ 1/4 + 1/4

अर्थात् प्रत्येक तन्मात्र के कुल पाँच भाग होते हैं। एक अर्धांश और चार अष्टमांश।

अब प्रत्येक तन्मात्र के अपने अर्धांश के साथ अन्य तन्मात्राओं के अष्टमांश संयोग होता है।

और तब वह भूत के रूप में प्रगट होता है। यही पचीकरण की क्रिया है।

स्पष्ट है कि प्रत्येक भूत में स्वयं का आधा भाग होगा तथा अन्य सभी भूतों का आठवाँ अंश होगा।

इस प्रकार पंचीकृत पाँचों भूतों से सम्पूर्ण प्राणियों के शरीरादि का निर्माण होता है।

स्थूल शरीर के चार प्रकार—

1. **जरायुज**, जैसे, मनुष्य, पशु, आदि
2. **अण्डज** जैसे, पक्षी, सर्पादि

3. **स्वेदज** जैसे जूं, कीट आदि

4. **उद्भिज्ज** जैसे, लता वृक्षादि।

इस प्रकार यह अद्वैत वेदान्त द्वारा प्रस्तुत **पंचीकरण का सिद्धान्त** अथवा **क्रमिक सृष्टि-विकास** है।

पंचीकरण प्रक्रिया

तन्मात्र	आकाश	वायु	अग्नि	जल	पृथ्वी	स्थूलभूत
आकाश	(1/2)	1/4	1/4	1/4	1/4	1 आकाश
वायु	1/4	(1/2)	1/4	1/4	1/4	1 वायु
अग्नि	1/4	1/4	(1/2)	1/4	1/4	1 अग्नि
जल	1/4	1/4	1/4	(1/2)	1/4	1 जल
पृथ्वी	1/4	1/4	1/4	1/4	(1/2)	1 पृथ्वी

माया

'माया' शंकर के दर्शन का एक महत्त्वपूर्ण प्रत्यय है। जैसा कि हमने ऊपर देखा, माया ईश्वर की रहस्यमयी शक्ति है, जिसके द्वारा ईश्वर जगत् का निर्माण करता है।

माया के द्वारा जगत् की प्रस्तुति—माया अपनी दो शक्तियों के द्वारा जगत् का यह सारा पसारा प्रस्तुत करती है। ये दो शक्तियाँ हैं—

आवरण शक्ति (*Concealment power*)—आवरण का अर्थ होता है **पर्दा**, जो सत्य को ढँकता है अथवा छिपाता है। आवरण-शक्ति के द्वारा माया सर्वप्रथम ब्रह्म को छिपा देती है। उस पर पर्दा डाल देती है। जैसे, रस्सी-सर्प भ्रम में, रस्सी के सत्य स्वरूप पर आवरण पड़ जाता है। इसी से वह हमें नहीं दिखाई देती।

विक्षेप (*Projection power*)—विक्षेप-शक्ति के द्वारा माया ब्रह्म के आवरण पर जगत् को प्रस्तुत करती है। विक्षेप का अर्थ ही होता है, वास्तविक वस्तु के स्थान पर अवास्तविक को प्रस्तुत करना, जैसे—रस्सी-सर्प भ्रम में रस्सी के स्थान पर सर्प की प्रतीति कराना। माया का यह भावात्मक कार्य है, जबकि 'आवरण' निषेधात्मक कार्य है।

विवर्तवाद—शंकर का यह, माया के द्वारा ब्रह्म के स्थान पर जगत् की प्रस्तुति का सिद्धान्त, 'विवर्तवाद' के नाम से प्रसिद्ध है।

विवर्तवाद को ठीक से समझने के लिए हमें 'सत्कार्यवाद' को समझना होगा।

शंकर सत्कार्यवादी हैं, इसका मतलब यह है कि वे कार्य उत्पत्ति से पूर्व कारण में अंतर्भूत रहता है तथा कार्य (जगत्) कारण से प्रगट होता है, इस मत के समर्थक हैं। किन्तु शकर के अनुसार कार्य स्वयं कारण रूप में परिवर्तित नहीं होता है, जैसा कि ब्रह्म-परिणामवादी एवं प्रकृति-परिणामवादी कहते हैं। उनके अनुसार जगत् ब्रह्म में **विवर्तित** होता है। जिस तरह साँप रस्सी में विवर्तित होता है। इसे ही हमने ऊपर विक्षेप शक्ति के कार्य में स्पष्ट किया है। यही विर्वतवाद है।

शंकर का यह सिद्धान्त **'अनिर्वचनीय ख्यातिवाद'** के नाम से भी जाना जाता है।

माया और अविद्या—शंकर के दर्शन में 'माया' शब्द से मिलते-जुलते अर्थ में

'अविद्या' शब्द का भी प्रयोग हुआ है। शंकर ने यद्यपि दोनों में स्पष्ट भेद नहीं किया है किन्तु उनके कुछ अनुयायियों द्वारा दोनों में अन्तर किया गया है। उनके अनुसार माया ईश्वर की शक्ति है, जबकि अविद्या जीव की उपाधि है।

दूसरे शब्दों में कहा जा सकता है कि वैयक्तिक स्तर पर जो अविद्या है सार्विक स्तर पर वही माया है। अथवा ब्रह्म के अद्वैत स्वरूप का सार्विक अज्ञान माया है जबकि व्यक्तिगत अज्ञान अविद्या है। अविद्या के कारण ही जीव माया के बन्धन में फँसता है और ब्रह्म के स्थान पर जगत् तथा विशुद्ध आत्मा के स्थान पर शरीरबद्ध जीव को देखता है।

इस तरह शंकर के दर्शन में माया जगत् को प्रस्तुत करती है। शंकर कहते हैं कि जिस तरह दीपक के प्रकाश से रस्सी में सर्प का भ्रम दूर हो जाता है, और रस्सी अपने वास्तविक रूप में प्रकट होकर हमारा सर्प के कारण उत्पन्न भय का हरण करती है, उसी तरह जब व्यक्ति के ज्ञान के द्वारा अज्ञान का परदा हटता है और वह ब्रह्म के वास्तविक रूप को जान जाता है, तब माया उसके लिए बेअसर हो जाती है। ऐसे ही व्यक्ति के लिए जगत् मिथ्या हो जाता है। तब फिर जगत् के सुख-दुख उसे प्रभावित नहीं करते। ऐसा ही व्यक्ति मुक्त तथा माया से परे कहा जाता है। किन्तु इसका मतलब नहीं कि माया एवं उसका कार्य यह जगत् सार्विक रूप से समाप्त हो जाता है। वस्तुतः यहाँ जीव की सापेक्ष अविद्या समाप्त होती है। माया चूँकि, ब्रह्म की शक्ति है, अतः वह कभी समाप्त नहीं होती।

माया शब्द का अर्थ—शंकर के दर्शन में 'माया' का जो प्रत्यय (विचार) है, वह माया शब्द के अर्थ के अनुकूल है। माया शब्द के अनेक अर्थ हैं, कुछ प्रमुख अर्थ निम्नलिखित हैं—

(1) माया शब्द में 'मा' का अर्थ होता है 'मोह' और 'या' का अर्थ है 'जो'। अतः माया का अर्थ हुआ **'जो मोह को प्राप्त कराये'** या **'जो जीव को मोहित करे'** वह माया है। **(यया मोहितं जगत)**

(2) 'मा' का एक अर्थ 'नहीं' भी होता है। इसके अनुसार माया का अर्थ हुआ, जो नहीं है। यहाँ 'नहीं होने' का तात्पर्य **पारमार्थिक दृष्टि से नहीं होना है**। **(या ना विद्यते)**

(3) 'मा' का एक अन्य अर्थ **'मापना'** भी है। इसके अनुसार माया **अपरिमित ब्रह्म को मापकर परिमित जगत् के रूप में प्रस्तुत** करती है। **(मापयति इति)**

शंकर के दर्शन में माया का उपरोक्त तीनों अर्थों में प्रयोग हुआ है। शंकर ने माया को जीव का अज्ञान कहा है और बताया है कि माया के कारण ही जीव मोहित होता है और इस तरह बन्धन में पड़ता है। (पहला अर्थ)

शंकर यह भी कहते हैं कि पारमार्थिक दृष्टि से माया एवं उसके द्वारा निर्मित इस जगत् का कोई अस्तित्व नहीं है। (दूसरा अर्थ)

शंकर के अनुसार यह माया ही है जो अपरिमित परब्रह्म को परिमित जगत् के रूप में प्रस्तुत करती है। (यही माया का तीसरा अर्थ है।)

यहाँ उल्लेखनीय है कि शंकर के विरोधी उन पर प्रायः 'मायावादी' होने का आरोप लगाते रहे हैं किन्तु शंकर ने इस शब्द का प्रयोग पहली बार नहीं किया है और न ही किसी विशिष्ट अर्थ में किया है। शंकर के पूर्व वेदों, उपनिषदों और भगवद्गीता में अनेक स्थानों पर इस शब्द का प्रयोग हुआ है। इस तरह यह वैदिक सिद्धान्त है।

माया के गुण—वैसे तो माया के उपरोक्त वर्णन से ही माया के गुण स्पष्ट होते हैं, तथापि माया को स्पष्टतः समझने के लिए हम उसके गुणों को निम्नलिखित रूप से प्रस्तुत करेंगे;

1. **रहस्यमयी शक्ति**—माया ईश्वर की वह रहस्यमयी शक्ति है, जिसकी सहायता से ईश्वर जगत् की उत्पत्ति करता है। यह ईश्वर की इच्छा-शक्ति (will power) है।
2. **अनादि शक्ति**—अनादि ईश्वर के समान उसकी शक्ति माया भी अनादि है।
3. **व्यावहारिक सत्ता**—व्यावहारिक ब्रह्म (सगुण ब्रह्म) की शक्ति होने के कारण माया की सत्ता भी व्यावहारिक है, पारमार्थिक दृष्टिकोण से माया का कोई अस्तित्व नहीं है।
4. **अनिर्वचनीय**—माया को अनिर्वचनीय भी कहा गया है। अनिर्वचनीय का मतलब होता है जिसका वर्णन सम्भव न हो। चूँकि माया व्यावहारिक दृष्टि से सत् है और पारमार्थिक दृष्टि से असत् है, इस तरह न सत् है न असत् इसलिए वह अनिर्वचनीय है।
5. **माया की दो शक्ति**—माया की 'आवरण' और 'विक्षेप' ये दो शक्तियाँ हैं, जिसके द्वारा वह ब्रह्म के स्थान पर जगत् को प्रस्तुत करती है।
6. **माया भावरूप**—यद्यपि माया रस्सी में सर्प-वत् भ्रमात्मक जगत् को प्रस्तुत करती है किन्तु यह शून्यवत् नहीं है यथार्थ न होते हुए भी वह अभावरूप नहीं भावरूप है।
7. **ईश्वर पर प्रभाव डालने में असमर्थ**—माया केवल जीव को मोहित करने का सामर्थ्य रखती है, ईश्वर को नहीं। जिस तरह कोई जादूगर अपने जादू से प्रभावित नहीं होता उसी तरह ईश्वर भी माया से प्रभावित नहीं होता।

अध्यास

शंकराचार्य के दर्शन में अध्यास एक अत्यंत महत्त्वपूर्ण विचार है। उन्होंने अपने ब्रह्मसूत्र भाष्य की प्रस्तावना में ही इस पर विस्तार से विचार किया है। उल्लेखनीय है कि शांकर-दर्शन में आत्मा एक नित्य मुक्त, अजर-अमर और आनन्द स्वरूप तत्त्व है। किंतु यदि ऐसा है तब हम क्यों संसार के पचड़े में पड़कर तरह-तरह से दुःख उठाते हैं? क्यों संसार एक पागलखाना बना हुआ है जहाँ मनुष्य अत्यंत दीन-हीन सा व्यवहार करता है? संसार में इतना दुःख क्यों है? क्यों मनुष्य मृगमरिचिका के भुलावे में पड़ा हुआ है?

उत्तर में शंकर कहते हैं कि यह सब अध्यास के कारण होता है। अर्थात् अध्यास के कारण ही हम अपने वास्तविक रूप को भूले रहते हें और जो हम नहीं हैं उसे स्वयं समझते हैं। इस तरह अनात्मा को आत्मा समझते हैं।

इसे विस्तार से समझने के लिए हम अध्यास शब्द की व्याख्या करेंगे।

अध्यास का अर्थ और परिभाषा—अध्यास दो शब्दों से बना है अधि + आस। 'अधि' का अर्थ है 'ऊपर' और 'आस' का अर्थ है 'बैठना'। इस तरह अध्यास आरोपण है। किंतु यह मिथ्या आरोपण है जिसमें 'जो है' उस पर 'जो नहीं है', उसका आरोपण हम करते हैं, जैसे रस्सी पर साँप का मिथ्या आरोपण है। यह भी एक अध्यास है।

अपने ब्रह्मसूत्र भाष्य की प्रस्तावना में शंकर पूछते हैं, **कोऽयं अध्यासो नामेति**। और उत्तर में कई प्रकार से इसकी व्याख्या करते हैं, जैसे—

1. **स्मृतिरूप परत्र पूर्वदृष्टाभासः** अर्थात् जो कुछ पहले देखा जा चुका है उसका स्मृति के रूप में कहीं और आरोपण करना अध्यास है।
2. **अन्यत्र अन्यधर्माध्यासः** अर्थात् अन्य में अन्य के धर्म का आरोप अध्यास है।
3. **यत्र यदध्यासः तद् विवेकाग्रहनिबंधनो भ्रमः** अर्थात् अध्यस्त और अधिष्ठान के भेद को ग्रहण न करने के कारण उत्पन्न भ्रम अध्यास है।
5. **यत्र यदध्यासः तस्यैव विपरीतधर्मत्वकल्पनाम्** अर्थात् अधिष्ठान में विरुद्ध धर्म की कल्पना ही अध्यास है।

आगे शंकर कहते हैं कि इन सभी परिभाषाओं में समानता यह है कि सबमें **अन्य में अन्य की प्रतीति** मान्य है। इस प्रकार हम कह सकते हैं कि अध्यास वह है जहाँ होता कुछ और है तथा हमें दिखाई कुछ और देता है।

यहाँ अध्यास के संबंध में वाचस्पति मिश्र की परिभाषा उल्लेखनीय है—**अवसन्न अवमतो वा भासः अवभासः** अर्थात् अवभास (अध्यास) किसी वस्तु का विकृत आभास है।

आत्मा और अनात्मा—अध्यास में आत्मा पर अनात्मा (देहादि) का और अनात्मा पर आत्मा का अध्यारोप होता है। शंकर अध्यास-प्रकरण में मुख्य रूप से इसी की विवेचना करते हैं। इनमें आत्मा विषय है और अनात्मा विषयि है। प्रकाश और अंधकार के समान ये सर्वथा एक-दूसरे के सर्वथा विरोधी हैं। इन्हें शंकर अस्मद् (मै) औरद युष्मद् (तुम) प्रत्यय भी कहते हैं। इनमें से आत्मा चेतन और नित्य तत्त्व है और अनात्मा अचेतन और अनित्य तत्त्व है।

इस तरह आत्मा और अनात्मा के सर्वथा भिन्न स्वभाव रखने के कारण आत्मा पर अनात्मा का अध्यास नहीं हो सकता फिर भी हम अनात्मा अर्थात् शरीरादि को आत्मा समझकर 'यह मैं' और 'यह मेरा' ऐसे मिथ्या ज्ञान को लेकर लोक-व्यवहार करते हैं।

अविषय आत्मा में अध्यास कैसे सम्भव? शंकर आत्मा को अविषय कहते हैं। किन्तु ऐसी स्थिति में उस पर अध्यास कैसे हो सकता है? अध्याय के लिए तो दो विषय आवश्यक हैं—एक वह जिस पर अध्यास किया जा रहा है और दूसरा वह, जिसका अध्यास किया जा रहा है, जैसे—रज्जू-सर्प भ्रम तब तक सम्भव नहीं है जब तक रज्जू एवं सर्प (भले ही काल्पनिक सर्प) की सत्ता न हो। इस पर शंकर कहते हैं आत्मा सर्वथा अविषय नहीं है। वह अस्मत् प्रत्यय (अहम्) का विषय है। इसका हमें अपरोक्ष बोध होता है।

शंकर आगे यह भी कहते हैं कि यह बहुत आवश्यक नहीं हैं कि पुरोवर्ती विषय में ही अध्यास सम्भव हो। आखिर अप्रत्यक्ष आकाश में तलमलीनता (जैसे, नीलिमा) का अध्यास हम कैसे करते हैं?[1]

आत्म बोध नामक अपने ग्रन्थ में भी शंकर ने यही बात कही है—

जिस प्रकार आकाश के तत्त्व को न जानने वाले अविवेकी पुरुष को नीलिमा आदि का आकाश पर अध्यास हो जाता है उसी प्रकार मनुष्य को सच्चिदानन्द

1. *ब्रह्मसूत्र, शारीरक भाष्य,* उपोदघात्

शुद्ध आत्मा में इन्द्रिय और इन्द्रिय आदि के गुणों तथा कर्मों का अविवेक के कारण अध्यास होता है।[1]

यहाँ शंकराचार्य अन्य उदाहरणों के द्वारा भी आत्मा पर शरीरादि के अध्यास को समझाते हैं—

जिस प्रकार जलगत् चन्द्रमा में जल की चंचलता के कारण चंचलता का भ्रम से भान होता है, उसी प्रकार अज्ञान से ही आत्मा में अंत:करण-रूप उपाधि से कर्तृत्वादि की कल्पना होती है।[2]

जिस प्रकार भागते हुये बादलों में चन्द्रमा भागता हुआ प्रतीत होता है उसी तरह अविवेकी जनों को कार्य करती हुई इन्द्रियों के माध्यम से आत्मा भी कार्य करती हुई-सी प्रतीत होती है।[3]

अध्यास की विशेषता

शंकर ने अध्यास की निम्नलिखित विशेषता बताई है—

1. **अध्यास अनादि**—इसका मतलब है कि अध्यास का कोई प्रारम्भ नहीं है। यह बस है।
2. **अध्यास नैसर्गिक**—जिस प्रकार बीज से अंकुर और अंकुर से पुनः बीज उत्पन्न होने की क्रिया नैसर्गिक है वैसे ही प्राणी नैसर्गिक रूप से अध्यास करता है।
3. **मिथ्या रूप**—मायामय होने से अध्यास मिथ्या प्रतीति है।
4. **कृर्तत्व भोक्तृत्व का प्रवर्तक**—जीवात्मा में कर्तापन एवं भोक्तापन के भाव अध्यास के कारण ही आते हैं। इसीलिए शंकराचार्य इसे कृर्तत्व एवं भोक्तृत्व का प्रवर्तक कहते हैं।
5. **सर्वव्यापी**—अध्यास न केवल मनुष्यों को वरन् पशुओं को भी व्यापता है अर्थात् पशु भी अध्यास करते हैं, इसीलिए शंकर इसे सर्वव्यापी कहते हैं।

अध्यास के रूप

अनात्म तत्त्व में आत्म तत्त्व का अध्यास जीवात्मा अनेक रूपों में करती है, जैसे—

1. **बाह्य धर्मों का अध्यास**—जीवात्मा द्वारा अपने प्रियजनों, यथा, स्त्री, पुत्र आदि पर 'मैं' अर्थात् स्वयं पर अध्यारोप करना बाह्य धर्मों का अध्यास है। इसके फलस्वरूप ही प्रियजनों के सुखी या दुःखी होने पर जीवात्मा भी सुखी या दुःखी होती है।
2. **देह-धर्मों का अध्यास**—देह को स्वयं मान बैठना देह धर्म का अध्यास है। इसके फलस्वरूप आत्मा देह के कृश या स्थूल (दुबला या मोटा) होने पर स्वयं को कृश या स्थूल मान कर दुःखी होती है।
3. **इन्द्रिय-धर्मों का अध्यास**—हम अपनी इन्द्रियों को भी अध्यास-वश 'मैं'

---

1. *आत्मबोध*, 21
2. *वही*, 22
3. *आत्मबोध*, 19

समझ बैठते हैं। फलस्वरूप इन्द्रिय के हानिग्रस्त होने पर, यथा आँख के फूटने पर स्वयं को अंधा समझ भारी दुःख की अनुभूति करते हैं।

4. **अंतःकरण के धर्मों का अध्यास**—हम अपने अंतःकरण अर्थात् मन के धर्म, काम, संकल्प, संशय, निश्चय आदि को भी अध्यास-वश ही स्वयं के अर्थात् आत्मा के धर्म मान बैठते हैं और इसके कारण स्वयं तरह-तरह के कष्ट एवं दुख उठाते हैं।

अध्यास एवं अविद्या—शंकराचार्य ने यद्यपि अध्यास को अनादि एवं नैसर्गिक कहा है पर वे यह भी कहते हैं कि अध्यास का कारण अविद्या है अर्थात् अध्यास अविद्या का परिणाम है। शंकर अविद्या और जीव दोनों को अनादि कहते हैं, इसलिए वे अध्यास को भी अनादि कहते हैं। किंतु वे इसे अनंत नहीं कहते। इसका नाश संभव है।

अध्यास के नाश का उपाय—अध्यास यद्यपि अनादि कहा गया है किन्तु अध्यास जिस कारण से उत्पन्न होता है, यदि उस कारण को हटा दिया जाये तो, अध्यास भी समाप्त हो जायेगा। शंकर अंध्यास का कारण अविद्या को बताते हैं, अतः स्पष्ट है कि अविद्या के नाश से अध्यास भी नष्ट हो जायेगा।

अविद्या का नाश विद्या से सम्भव है। यह विद्या आत्मविद्या अथवा ब्रह्मविद्या है। वस्तुतः यह ब्रह्म एवं आत्मा की एकता का ज्ञान है। यही वेदान्त दर्शन का प्रयोजन है। शंकर के शब्दों में **'अनर्थ के हेतु भूत अध्यास की समूल निवृत्ति के लिए ही ब्रह्म एवं आत्मा के एकत्व ज्ञान प्राप्ति के लिए सब वेदान्तों का प्रारम्भ होता है।'** अपने शारीरक-भाष्य का वे यही प्रयोजन बताते हैं।

अपनी रचना 'आत्म बोध' में शंकराचार्य ने अनेकानेक उदाहरणों के द्वारा आत्मविद्या अर्थात् ब्रह्म एवं आत्मा की एकता के ज्ञान को अध्यास के नाश एवं मोक्ष की प्राप्ति में सहायक बताया है। जैसे—

(i) अज्ञान के कारण ही आत्मा परिच्छिन्न प्रतीत होती है। जिस प्रकार बादलों के हट जाने पर सूर्य स्वयं ही प्रकाशित होता है उसी प्रकार अज्ञान का नाश हो जाने पर केवल आत्मा स्वयं ही प्रकाशित हो जाती है। (आत्मबोध, 4)

(ii) जिस प्रकार कतक (फिटकरी) का चूर्ण गंदले जल को साफ करने के बाद स्वयं भी बैठ जाता है उसी प्रकार ज्ञान का निरन्तर अभ्यास अज्ञान से कलुषित जीव को शुद्ध करके स्वयं भी नष्ट हो जाता है। (आत्मबोध, 5)

(iii) राग द्वेष इत्यादि से परिपूर्ण यह संसार स्वप्न के समान है जो अपने समय में सत्य की भाँति प्रगट होता है किन्तु आत्मबोध होने पर वही संसार असत् हो जाता है। (आत्मबोध, 6)

(iv) रज्जू में सर्प की भाँति आत्मा को जीव मानकर व्यक्ति भयभीत होता है। यह जानकर कि मैं जीव नहीं परमात्मा ही हूँ, व्यक्ति निर्भयता को प्राप्त होता है। (आत्मबोध, 27)

अनिर्वचनीय ख्यातिवाद

शंकराचार्य का अध्यास संबंधी सिद्धान्त ही **अनिर्वचनीय ख्यातिवाद** कहलाता है। उल्लेखनीय है कि भारतीय दर्शन में **ख्यातिवाद भ्रमात्मक ज्ञान की व्याख्या के**

लिए प्रयुक्त सिद्धान्त को कहते हैं। सत्य ज्ञान की प्राप्ति हेतु मिथ्या का ज्ञान प्राप्त करना आवश्यक है क्योंकि यह मिथ्या ज्ञान ही है जो सत्य की प्राप्ति में बाधक होता है।

विभिन्न भारतीय दार्शनिकों सम्प्रदायों ने अलग-अलग ढंग से इसकी व्याख्या की है। शंकर के अनिर्वचनीय ख्यातिवाद के अतिरिक्त इस विषय में निम्नलिखित सिद्धान्त और हैं—

1. **अख्यातिवाद**—यह **प्रभाकर** का मत है। प्रभाकर यहाँ कहते हैं कि भ्रम वास्तव में एक प्रकार का ज्ञान ही है। इसमें दोष केवल यह है कि यह अपूर्ण ज्ञान है। प्रमा समग्र ज्ञान है जबकि भ्रम आंशिक और अपूर्ण ज्ञान हैं। इस तरह वे भ्रम को मिथ्या ज्ञान नहीं अपूर्ण ज्ञान कहते। जिसका कारण हमारा स्मृतिदोष और भेदज्ञान का अभाव है।

2. **विपरीत ख्यातिवाद**—मीमांसा के कुमारिल भट्ट विपरीतख्यातिवाद को अज्ञान की व्याख्या के लिए प्रस्तुत करते हैं। उनके अनुसार यह विपरीतग्रहण है अर्थात् प्रत्यक्ष वस्तु के स्थान पर अन्य वस्तु का ग्रहण (दर्शन) है। जैसे, शुक्ति—रजत भ्रम में शुक्ति का रजत के रूप में विपरीतग्रहण होता है। इसका कारण नेत्र-दोष है। इसका बोध सम्यक्ज्ञान से हो जाता है।

3. **अन्यथाख्यातिवाद**—यह न्यायवैशेषिकों का सिद्धान्त है। विपरीतख्यातिवाद के समान इसके अनुसार भी भ्रांति का कारण यह है कि हम वस्तु-विशेष की त्रुटिपूर्ण अनुभूति करते हैं, उसका उचित प्रत्यक्ष नहीं करते हैं।

4. **आत्मख्यातिवाद (विज्ञानख्यातिवाद)**—यह विज्ञानवादी बौद्धों का सिद्धान्त है। इस दर्शन के अनुसार जिसे हम बाह्य जगत कहते हैं और जिन वस्तुओं को हम भौतिक रूप में अस्तित्ववान मानते हैं वह वास्तव में भौतिक रूप में अस्तित्व नहीं रखते।

5. **असत्ख्यातिवाद (शून्यख्यातिवाद)**—यह शून्यवादी बौद्धों का सिद्धान्त है। इसके अनुसार न तो बाह्य जगत में कोई पदार्थ है और न ही कोई विज्ञान है। सभी वस्तुएँ तत्वतः अभाव रूप ही है। अब जो वस्तु न आदि में है न अंत में वह मध्य में कैसे रह सकती है? अतः सभी पदार्थ शून्य रूप ही हैं। अब जब सब कुछ असत् है तब भ्रम भी असत् होगा। अतः शुक्ति के स्थान पर दिखने वाली रजत भी असत् ही होगी।

6. **सत्ख्यातिवाद**—यह सांख्य एवं रामानुज द्वारा प्रस्तुत भ्रम की व्याख्या है। सभी ज्ञान सत्य है मिथ्या नाम की कोई वस्तु नहीं है। यहाँ भी भ्रम को मिथ्या अनुभूति न कहकर अपूर्ण अनुभूति कहा गया है। यह पूर्ण सत्य के स्थान पर अपूर्ण सत्य की उपलब्धि है। किन्तु ऐसा होता क्यों है? रामानुज कहते हैं कि शुक्ति में रजत का अंश होता है अतः वह रजत के रूप में प्रतीत होती है।

7. **अनिर्वचनीय ख्यातिवाद**—इस सिद्धान्त के प्रतिपादक शंकराचार्य है। अनिर्वचनीय का अर्थ होता है जिसका निर्वचन न हो सके अर्थात् जिसके विषय में स्पष्टतः कुछ कहा न जा सके, अतः जो अभिव्यक्ति से परे हो। जैसे, रज्जू-सर्प भ्रम का निर्वचन सम्भव नहीं है। अर्थात् इस भ्रम में सर्प सत् है या असत् यह नहीं कहा जा सकता। इसे सत् इसलिए नहीं कहा जा सकता क्योंकि ज्ञान होने पर वह बाधित हो जाता है। उसे असत् भी नहीं कहा जा सकता क्योंकि भ्रमावस्था में वह दिखाई पड़ता है, अतः आकाश कुसुम या शशशृंग के समान हम उसे नितान्त अस्तित्वहीन नहीं कह सकते। यदि कोई इसे सत् और असत् दोनों कहें तो भी यह ठीक नहीं है क्योंकि सर्प में सत् अंश कुछ भी नहीं है तथा दिखाई

पड़ने के फलस्वरूप इसे असत् भी नहीं कहा जा सकता। अतः इसे सत् असत् से विलक्षण अनिर्वचनीय कहना ही उचित है। (**विस्तृत व्याख्या के लिए देखिये, परिशिष्ट II, भारतीय दर्शन में ख्यातिवाद**)

आत्म-तत्त्व

आत्म-तत्त्व का महत्त्व—वेदान्त दर्शन में आत्म-तत्त्व अत्यन्त महत्त्वपूर्ण सत्ता है। उपनिषदों में आत्म विद्या को सर्वाधिक महत्त्वपूर्ण विद्या बतलाया गया है, क्योंकि यही मनुष्य को मोक्ष (समस्त दुःखों से मुक्ति) प्राप्त कराती है। छांदोग्य उपनिषद् में नारद सनतकुमार के पास जाकर उनसे विनती करते हैं कि वे उन्हें आत्मज्ञान दें क्योंकि उन्होंने विद्वानों से सुना है कि 'शोकं तरति आत्मविद्' अर्थात् आत्मज्ञानी शोक को पार कर जाता है। इसी कारण कठोपनिषद् में बालक नचिकेता, आत्मज्ञान की प्राप्ति के लिए यम द्वारा प्रस्तुत विश्व के सारे वैभव ठुकरा देता है। इसीलिए मैत्रेयी उपनिषद् कहती है, "**आत्मा ही वह तत्त्व है, जिसका दर्शन करना चाहिए, श्रवण करना चाहिए, मनन करना चाहिए।**"

वस्तुतः आत्मज्ञान को समस्त भारतीय दर्शनों ने महत्त्व दिया है।

शंकराचार्य भी अपने दर्शन में आत्मज्ञान को अत्यन्त महत्त्व देते हैं। वे कहते हैं, '**आत्मज्ञान प्राप्त करने से महान् और कोई सफलता नहीं है।**'

किन्तु यह आत्म तत्त्व है क्या?

आत्मा ब्रह्म ही है—शंकर के अनुसार 'आत्मा', जिसका हम सब 'अहम्' (मैं) के रूप में अनुभव करते हैं, और कुछ नहीं, **पर-ब्रह्म परमात्मा** ही है। आत्मा और ब्रह्म में 'अभेद-सम्बन्ध' है। (क्योंकि दोनों में कोई भेद नहीं है।)

जैसा कि हमने प्रारम्भ में देखा है, शंकर अद्वैतवादी चिन्तक हैं। उनके दर्शन में एकमात्र ब्रह्म ही सत्ता रखता है, ऐसी स्थिति में ब्रह्म के अतिरिक्त दो ही तत्त्व रह जाते हैं, एक जड़-जगत् और दूसरा चेतन आत्मा।

जड़-जगत् को तो शंकर मिथ्या कहते हैं किन्तु आत्मा को मिथ्या नहीं कहा जा सकता। यह विशुद्ध चेतन तत्त्व शंकर के अनुसार ब्रह्म ही है, ब्रह्म से पृथक् उसकी सत्ता नहीं है।

शंकर कहते हैं, उपनिषदें भी आत्मा और ब्रह्म की इस एकता का समर्थन करती हैं; जैसे, '**अहं ब्रह्मास्मि**'[1] (मैं ब्रह्म हूँ), '**अयमात्मा ब्रह्म**'[2] (यह आत्मा ब्रह्म है), '**तत्वमसि**'[3] [वह ब्रह्म तू (आत्मा) ही है] ये सब उपनिषदों के महावाक्य इसी एकता के प्रतिपादक हैं।

आत्मा सच्चिदानन्द स्वरूप—आत्मा ब्रह्म-स्वरूप होने के कारण उसी के समान 'सच्चिदानन्द' स्वरूप भी है अर्थात् ब्रह्म के समान ही वह सत्-स्वरूप है, चित्-स्वरूप है और आनन्द-स्वरूप है। **आत्म बोध** में शंकर कहते हैं—**जिस प्रकार सूर्य का स्वभाव प्रकाश, जल का शीतलता और अग्नि का उष्णता है, उसी प्रकार आत्मा का स्वभाव सच्चिदानन्द, नित्यता और निर्मलता है।**

1. बृह॰ उप॰, 1/4/10
2. बृह॰ उप॰, 2/5/19
3. छांदो॰ उप॰, 6/8/7

आत्मा : सत् स्वरूप—इसका अर्थ है कि आत्मा अस्तित्ववान है। आत्मा का निषेध नहीं किया जा सकता। 'मैं हूँ' यह बोध हर एक को होता है, कोई यह नहीं कहता कि 'मैं नहीं हूँ'। यह आत्मा नित्य तथा अविनाशी है।

आत्मा : चित् स्वरूप—शंकर कहते हैं **चेतना** आत्मा का स्वरूप है, कोई आगंतुक गुण नहीं। ब्रह्म के समान आत्मा विशुद्ध चेतना है। आत्मा का यह चित् स्वरूप, प्रत्येक अवस्था, जैसे जाग्रत, स्वप्न, सुषुप्ति, में विद्यमान रहता है। जाग्रत-अवस्था में तो अपने चेतन-स्वरूप का हम सब अनुभव करते हैं, स्वप्नावस्था में भी स्वप्न देखने की क्रिया आत्मा में चेतना की उपस्थिति सिद्ध करती है। जहाँ तक 'सुषुप्ति-अवस्था' (स्वप्नरहित निद्रावस्था) का प्रश्न है, शंकर कहते हैं, इस अवस्था में भी आत्मा सचेत रहती है, तभी सोकर उठने के बाद हमें यह अनुभूति होती है कि हम खूब सोय थे। इस प्रकार स्पष्ट होता है कि आत्मा नित्य चैतन्य है।

आत्मा : आनन्द-स्वरूप—आत्मा परब्रह्म के समान ही आनन्द स्वरूप भी है। यदि यह आनन्द की प्रकृति की नहीं होती तो कोई जीना नहीं चाहता, परन्तु सब जीना चाहते हैं, इसका मतलब है कि आत्मा आनन्द स्वरूप है।

किन्तु सांसारिक सुख आनन्द नहीं है। वास्तविक आनन्द स्थाई होता है, जबकि सांसारिक सुख क्षणिक होता है।

दुःख का कारण—यहाँ प्रश्न उठता है कि यदि आत्मा नित्य आनन्द-स्वरूप है तो हम दुःख क्यों उठाते हैं? शंकर का उत्तर है कि अविद्या अथवा अज्ञान के कारण ही हम दुःख उठाते हैं।

किन्तु वह अज्ञान क्या है? यह अज्ञान है, अपने वास्तविक स्वरूप को अर्थात् स्वयं को 'ब्रह्मरूप' में न जानना अर्थात् यह न जानना कि 'मैं' मूलतः परब्रह्म हूँ तथा उन्हीं के समान सच्चिदानन्द स्वरूप हूँ।

आत्मा और जीव—शंकर कहते हैं कि इसी अज्ञान के कारण आत्मा अपने को 'जीव' रूप में पाती है और सुख-दुःख, हानि-लाभ, धर्म-अधर्म आदि द्वन्द्वों से ग्रस्त हो, कर्म-बन्धन में बंधकर आवागमन के चक्र में फँस जाती है। वस्तुतः यह आत्मा ही है जो अज्ञानवश जीव रूप में कर्त्ता और भोक्ता बन जाती है किन्तु जीवन की सत्ता भी केवल व्यवहारिक दृष्टि से ही है।

इस तरह शंकर के दर्शन में 'जीव' के अस्तित्व का कारण 'अविद्या' या 'अज्ञान' ही है।

अविद्या का कारण—यहाँ पुनः प्रश्न उठता है कि यदि आत्मा नित्य चैतन्य स्वरूप है, तो फिर इस 'अविद्या' अथवा 'अज्ञान' का कारण क्या है? उत्तर में शंकर कहते हैं कि ईश्वर की शक्ति 'माया', जो कि इस जगत को प्रगट करती है, के कारण ही हम शरीरबद्ध होकर अविद्या-ग्रस्त हो जाते हैं।

अपने शरीरक-भाष्य के प्रारम्भ में ही शंकर कहते हैं कि आत्मा अध्यास (माया) के कारण शरीर, इन्द्रिय, अंतःकरण तथ अपने प्रियजनों को 'मैं' समझने लगती है तथा उनके सुखी-दुखी होने पर स्वयं भी सुखी-दुःखी होती है, जैसे, शरीर के अंधे या लँगड़े होने पर यह सोचकर दुःखी होना कि 'मैं' अंधा अथवा 'लँगड़ा' हो गया हूँ। किन्तु, यह स्थिति भ्रामक है, उसी तरह भ्रामक जैसे कि रस्सी में सर्प होता है। आत्मा कभी अंधी या लंगड़ी नहीं होती, यह शरीर है जिसमें इस तरह का विकार होते रहता है।

यह सब अज्ञान का खेल होने के कारण ही जब व्यक्ति को अपने वास्तविक स्वरूप का ज्ञान हो जाता है, अर्थात् जब वह यह जान लेता है कि 'वह' शरीर, इन्द्रिय आदि से पृथक् है, तब उनके सुख-दुःख उसे प्रभावित नहीं करते, जैसे कि रस्सी की वास्तविकता जान लेने पर उसमें आरोपित सर्प व्यक्ति को भयभीत नहीं करता। इस तरह व्यक्ति अपने वास्तविक स्वरूप नित्य सच्चिदानन्द रूप में अर्थात् ब्रह्म-रूप में स्थित हो जााता है। यही मोक्ष है।

एक उदाहरण—आत्मा का समस्त बन्धनों से छूटकर अपने वास्तविक स्वरूप में लय होना अद्वैत दर्शन में एक सुन्दर उदाहरण द्वारा भी समझाया गया है। यहाँ कहा गया है कि जिस तरह घटाकाश (घट में स्थित आकाश जो शरीर में बद्ध जीवात्मा का प्रतीक है), घट के टूटने पर महाकाश में लीन हो जाता है, उसी तरह ज्ञान-प्राप्ति के अनन्तर आत्म ब्रह्म में लीन हो जाती है।

मोक्ष

मोक्ष का महत्त्व—भारतीय दार्शनिक चिन्तन की एक मुख्य विशेषता यह रही कि यहाँ चिन्तन, बौद्धिक चिन्तन के लिए नहीं वरन् ऐसे तत्त्व के साक्षात्कार के लिए किया गया है जो मनुष्य को सभी प्रकार के दुःख, भय, सन्देह, मोह आदि से छुटकारा दिलाये, जो मनुष्य को आवागमन के बन्धन से मुक्त कराये। यही मोक्ष है। 'मोक्ष' शब्द का अर्थ ही होता है, **'विमुच्यते इति मोक्षः'** अर्थात् 'जो मुक्ति दिलाये वह मोक्ष है।'

शंकर के अद्वैत दर्शन में भी चिन्तन का लक्ष्य 'मोक्ष' की प्राप्ति ही है।

बन्धन का कारण—'मोक्ष' पर चिन्तन करने के पूर्व हमें सबसे पहले यह जान लेना आवश्यक है कि हमारे बन्धन का अर्थात् हमारे दुःखों, कष्टों, भय, संदेह और मोह का तथा सम्पूर्ण जन्म-मरण के चक्र का कारण क्या है?

शंकर कहते हैं कि (जैसा कि हम पूर्व में भी देख चुके हैं) हमारे बन्धन का कारण हमारा अज्ञान है जो कि अध्यास के रूप में होता है, इसी के कारण हम विशुद्ध सच्चिदानन्द स्वरूप आत्मा पर शरीर, इन्द्रिय, अन्तःकारण आदि आरोपित कर उन्हें ही 'मैं' मानकर, उनके सुखी-दुःखी होने पर स्वयं भी सुखी-दुःखी होते हैं, और इस तरह बन्धन में फँसते हैं।

बन्धन की इस व्याख्या से स्पष्ट है कि अगर हम अपना अज्ञान दूर कर लें तो बन्धन समाप्त हो जाये, और मोक्ष की प्राप्ति हो जाये। किन्तु यह अज्ञान दूर कैसे हो?

अज्ञान की निवृति ज्ञान द्वारा—श्रुति कहती है, ज्ञान के बिना मुक्ति नहीं। शंकर भी कहते हैं 'जिस प्रकार रोग की निवृति होने पर स्वास्थ्य की प्राप्ति होती है उसी प्रकार दुखी व्यक्ति को ज्ञान के द्वारा द्वैत प्रपंच का शमन होने पर स्वास्थ्य की प्राप्ति होती है।[1]

इस तरह शंकर ज्ञान मार्ग के समर्थक हैं। यहाँ पुनः प्रश्न उठता है कि वह ज्ञान कौन-सा है, किसका है, जो मोक्षप्रदाता है?

मोक्ष प्रदाता, आत्मज्ञान—शंकर के अनुसार मात्र आत्मा का ज्ञान प्राप्त कर लेने पर अर्थात् आत्मा के वास्तविक स्वरूप का साक्षात्कार कर लेने पर व्यक्ति मोक्ष प्राप्त कर लेता है। यही पूर्णज्ञान है।

---

1. *माडूक्यकारिका भाष्य, भूमिका*

केनापनिषद् भाष्य[1] में वे लिखते हैं, यहीं इस जन्म में आत्मा का ज्ञान होना ही चाहिए। जो जानने का है वह यदि यहीं जान लिया तो पारमार्थिक तत्त्वरूप सत्यप्राप्त हो गया अर्थात् उसका जन्म सफल हो गया। यदि यहाँ उसे नहीं जाना तो जीवन वृथा ही गया। तब तो महान विनाश होगा। और जन्म मरण के चक्र में जीव फँसा ही रहेगा। अतः उसे भंग करने के लिए आत्मा को जानना ही है।'

इसीलिए शंकर मोक्ष की परिभाषा करते हैं—**स्वात्मन्यवस्थानं मोक्षः** अर्थात् आत्मा की अपने स्वरूप में अवस्थिति ही मोक्ष है।[2]

किन्तु आत्मा में ऐसी क्या विशेषता है कि उसका ज्ञान मनुष्य को मोक्ष-प्रदान करने का सामर्थ्य रखता है? दूसरे शब्दों में आत्मा का स्वरूप क्या है?

आत्मा ही परमात्मा है—शंकर कहते हैं कि आत्मज्ञान इसलिए मोक्ष प्रदान करता है क्योंकि आत्मा साक्षात् परमात्मा ही है। इसीलिए आत्मज्ञानी ब्रह्म-रूप को प्राप्त कर लेता है। श्रुति भी कहती है, **'ब्रह्मविद् ब्रह्मैव भवति'** 'ब्रह्म-ज्ञानी ब्रह्म ही हो जाता है' तथा **'तत्र को मोहः कः शोक एकत्वं अनुपश्यत्'** अर्थात उस अद्वैत तत्त्व को जान लेने के बाद शोक और मोह के लिए स्थान कहाँ रह जाता है?

कहने का मतलब कि आत्मा और ब्रह्म की अभेदता के कारण ही आत्मज्ञानी ब्रह्म रूप में अवस्थित हो पाता है, और इस तरह उसी के समान सच्चिदानन्द स्वरूप को प्राप्त होता है।

यहाँ उल्लेखनीय है कि शंकर ने मुक्तावस्था में 'आनन्द की प्राप्ति' पर अधिक जोर दिया है। वे कहते हैं कि मोक्ष की अवस्था में व्यक्ति न केवल समस्त दुःखों, कष्टों और बन्धनों से मुक्त होता है, वरन् चरम आनन्द की प्राप्ति भी करता है। कहने का मतलब है कि अद्वैत-दर्शन में मोक्ष का केवल निषेधात्मक उल्लेख ही नहीं, वरन् विधेयात्मक उल्लेख भी है। चित् सुखाचार्य कहते हैं, "**मोक्ष, नित्य आनन्द की प्राप्ति है।**" मुक्तात्मा का नित्य आनन्द की अवस्था में रहना निश्चय ही बड़ा आकर्षक विचार है।

प्राप्ति की प्राप्ति—यहाँ एक महत्त्वपूर्ण बात उल्लेखनीय है कि शांकर-दर्शन में मोक्षावस्था में जीवात्मा द्वारा आनन्द-स्वरूप की उपलब्धि कोई नई उपलब्धि नहीं है, दूसरे शब्दों में कहें तो मोक्ष-प्राप्ति कोई नई प्राप्ति नहीं है, क्योंकि आत्मा तो नित्य मुक्त ही है। मुक्ति में व्यक्ति केवल अपने भूले स्वरूप को पहचान लेता है, इसीलिए इसे प्राप्ति की प्राप्ति कहा गया है।

शंकर इसी बात को एक सुन्दर उदाहरण द्वारा स्पष्ट करते हैं। उदाहरण इस प्रकार है—एक राजकुमार बचपन में दुर्भाग्यवश अपने माता-पिता से बिछुड़कर एक व्याध द्वारा पाला जाता है। बड़ा होने पर वह अपने को व्याध-पुत्र ही समझता है। किन्तु एक दिन एक मुनि उसके लक्षणों को देखकर उसे बताते हैं कि तुम व्याध-पुत्र नहीं, राज-पुत्र हो। इस तरह राजकुमार अपने वास्तविक स्वरूप से अवगत होता है।

यहाँ पर राजकुमार को किसी नई वस्तु की प्राप्ति नहीं होती, वह तो पहले से राजकुमार था, अज्ञानवश वह अपने स्वरूप को भूल चुका था, ठीक इसी तरह हम भी

2. केनापनिषद *शांकर-भाष्य*, 2/5
3. तैत्तिरीय उप. भाष्य, 1\11

पहले से ही ब्रह्मस्वरूप, सच्चिदानन्द आत्मा हैं, अज्ञानवश शरीर को 'मैं' मानकर हम नाना प्रकार के दुःख उठाते हैं। मोक्ष की प्राप्ति होने पर हम पुनः अपने वास्तविक स्वरूप को प्राप्त कर लेते हैं।

इसी बात को एक अन्य उदाहरण द्वारा भी समझाया गया है। स्वर्ण में लगी हुई मलिनता को हटाने पर स्वर्ण चमकने लगता है। यहाँ पर सवर्ण में चमक आना कोई नये गुण की प्राप्ति नहीं है, चमक तो स्वर्ण का स्वरूप ही है, बस मैल के कारण वह स्वरूप ढँक गया था। इसी तरह अज्ञानवश ही हम अपने मुक्त स्वरूप को भूल जाते हैं। आत्मा नित्य मुक्त हैं। अतः मोक्ष कोई नई उपलब्धि नहीं है।

मुक्ति के साधन (साधन चतुष्टय)—यद्यपि शंकर विशुद्ध ज्ञानमार्गी हैं अर्थात् ज्ञान को ही मुक्ति का एकमात्र साधन बताते हैं किन्तु वे आत्मा का ब्रह्म रूप में साक्षात्कार करने के पूर्व ज्ञानी को निम्नलिखित 'साधन चतुष्टाय' अर्थात् चार साधनों से सम्पन्न होना आवश्यक बतलाते हैं।

तत्त्वबोध नामक अपने ग्रन्थ में शंकराचार्य इन चारों साधनों के विषय में लिखते हैं—

नित्यानित्यवस्तुविवेकः इहमुत्रार्थभोग विरागः।
शमादि-षट्क-सम्पत्तिः मुमुक्षुत्वं चेति।।3।।

अर्थात् नित्य और अनित्य वस्तु का पृथक्-पृथक् विवेक हो जांना, इस लोक तथा परलोक में भोगों की इच्छा का न होना, शम दमादि छः सम्पत्ति तथा मुमुक्षत्व, ये साधन चतुष्टय हैं।

आगे शंकराचार्य ने इनकी विस्तृत व्याख्या की है।

1. विवेक—मोक्ष हेतु पहली आवश्यक शर्त्त हैं, साधक को **'नित्यानित्य वस्तु विवेक'** होना चाहिए। यह विवेक क्या है? इसके उत्तर में वे कहते हैं, इस सम्पूर्ण जड़-चेतन सृष्टि का मूलतत्त्व एक ही है, जिससे इस सम्पूर्ण दृश्य-जगत् का विस्तार हुआ है। यह एक तत्त्व 'ब्रह्म' नित्य है अर्थात् सदा से है, सदा रहेगा। उसका कभी नाश नहीं होता, न उसका रूप परिवर्तित होता है। वह अनादि है, इसलिए वही एकमात्र सत्य है। उसके अतिरिक्त अन्य सब वस्तुएँ, जो जगत् में दिखाई देती हैं वे सब अनित्य हैं, विनाशी हैं। वस्तुतः जिनका निर्माण एवं विध्वंस होता है, जिनका रूप परिवर्तित होता है ऐसे सभी पदार्थ अनित्य हैं। इन्हें सत्य नहीं कहा जा सकता।

इस प्रकार क्या नित्य है और क्या अनित्य है इसका स्पष्ट रूप से निश्चय हो जाना ही **नित्यानित्य वस्तुविवेक** है।

2. विराग—विराग क्या है? इस प्रश्न के उत्तर में शंकर कहते हैं, **इह स्वर्गभोगेषु इच्छाराहित्यम्'** अर्थात् इस लोक और परलोक में भोगों की इच्छा का न होना। वस्तुतः भोग और मोक्ष एक साथ सम्भव नहीं है। भोग न केवल इस लोक के, वरन् परलोक के भी, मोक्ष के मार्ग में बाधक होते हैं। अतः सभी प्रकार के भोगों के प्रति मन में किसी भी प्रकार की इच्छा जागृत न होना मोक्ष-कार्मा के लिए आवश्यक है। यही वैराग्य है।

यहाँ एक शंका उठती है। इस लोक के भोगों से वैराग्य की बात तो ठीक है परलोक के भोगों से परहेज क्यों? स्वर्गलोक तो आनन्ददायक होता है! श्रुतियाँ कहती है कि वहाँ

न भूख-प्यास लगती है न वृद्धावस्था होती है।[1] उत्तर में शंकर छांदोग्य उप॰ को उद्धृत करते हुए कहते हैं कि **स्वर्गलोक के सुख भी अन्ततः अनित्य ही होते हैं। जैसे यहाँ कर्मों से उपार्जित अन्न आदि भोग्य पदार्थ क्षीण हो जाते हैं, वैसे ही परलोक में पुण्य कर्मों से सम्पादित स्वर्ग आदि भोग भी नष्ट हो जाते हैं।**[2] गीता में भी कहा गया है कि ''**ब्रह्मलोक पर्यन्त सब लोक पुनरावृति स्वभाववाले होते हैं। वे उस विशाल स्वर्गलोक को भोगकर पुण्यक्षीण होने पर मृत्यु लोक को प्राप्त होते हैं।**[3]

3. षट् सम्पत्ति—मोक्ष साधना के लिए इच्छुक को छः सम्पत्तियों की साधना आवश्यक है—ये हैं, **शम, दम, उपरति, तितिक्षा, श्रद्धा** और **समाधान**। इन्हें ही शंकर 'षट् सम्पत्ति' कहते हैं। तत्त्व बोध में शंकराचार्य इनकी अलग-अलग व्याख्या करते हैं—

I. शम—शमः कः? यह प्रश्न रखते हुए आचार्य उत्तर देते हैं—**मनोनिग्रहः** अर्थात् शम मन को वश में रखना है। वस्तुतः यह हमारा मन ही होता है जो हमें अच्छे-बुरे कर्मों की ओर प्रेरित करता है। यदि यह नियन्त्रित रहता है तब तो अच्छे मार्ग की ओर हम बढ़ते हैं पर यदि यह अनियन्त्रित रहता है तो बिना लगाम के घोड़ों के समान मनमानी भागदौड़ करते हैं।

यद्यपि 'मन' मनुष्य की विशेषता है किन्तु यह विशेषता नियंत्रित मन होने पर सम्भव होती है अन्यथा मनुष्य पशु ही रहता है। अतः मन का संयम, उस पर नियन्त्रण मनुष्य बने रहने की पहली आवश्यक शर्त्त है। फिर, यदि मोक्ष की इच्छा हो तब तो यह नियन्त्रण और भी आवश्यक हो जाता है। शम की साधना मन को व्यर्थ भागदौड़ से बचाकर एक ध्येय की ओर लगाती है—अतः इसका अत्यन्त महत्व है। गीता में भी मनोनिग्रह अत्यंत आवश्यक बताया गया है।यहाँ स्थित-प्रज्ञ उसे कहा गया है **जिसका मन दुःखों से आक्रान्त नहीं होता, जो सुखों के प्रति विगत-स्पृह (अनिच्छुक) रहता है तथा जो राग, द्वेष और क्रोध से मुक्त हो गया है।**[4]

II. दम—दमः कः? के उत्तर में आचार्य कहते हैं—**चक्षुरादिबाह्येन्द्रिय निग्रहः** अर्थात् चक्षु आदि बाह्य इन्द्रियों को वश में करना ही दम है।

हमारे मन को उत्तेजित करने वाली वस्तुतः हमारी बाह्य इन्द्रियाँ होती हैं। यदि ये नियंत्रित रहे तो मन में किसी प्रकार की वासना का उदय ही न हो। अतः मन पर नियन्त्रण के लिए इन्द्रियों पर नियन्त्रण आवश्यक है। वस्तुतः विषयों की ओर भागना इन्द्रियों का स्वभाव ही होता है। वे स्वभावतः बहिर्मुखी होती है। जैसा कि कठोपनिषद् में कहा गया है कि **परमात्मा ने समस्त इन्द्रियों के द्वार बाहर की ओर जाने वाले बनाया है, इसीलिए मनुष्य बाहर की वस्तुओं को ही देखता है अंतरात्मा को नहीं।**[5] अतः मोक्ष-कामी को अपनी इन्द्रियों पर नियन्त्रण रखना अत्यन्त आवश्यक है। गीता में कृष्ण

---

1. *कठोपनिषद्*, 1/12
2. *ब्रह्मसूत्र, शांकर भाष्य*, 1/1/1
3. *भगवद्गीता*, 9/2
4. *भगवद्गीता*, 2/56
5. *कठोपनिषद्*, 2/1/1

अर्जुन से कहते हैं, **इन्द्रियाणि प्रमाथीनि हरन्ति प्रसभं मनः**[1] अर्थात् प्रबल इन्द्रियाँ मन को बलपूर्वक विचलित कर देती है तथा **'वशे हि यस्यन्द्रियाणि तस्य प्रज्ञा प्रतिष्ठिता'**[2] अर्थात् जिसकी इन्द्रियाँ वश में है उसकी बुद्धि दृढ़तापूर्वक स्थित रहती है। अतः दम आवश्यक है।

III. **उपरति—उपरति** शंकराचार्य के शब्दों में **स्वधर्मानुष्ठानमेव** अर्थात् अपने धर्म का पालन करना ही है। अपने धर्म में जो शास्त्रों द्वारा नियम, संयम, कर्त्तव्य, आचरण बताये जाते हैं, मोक्षकामी को उनका निष्ठापूर्वक पालन करना चाहिए। इससे मन और इन्द्रियाँ वश में रहती है, भटकती नहीं। और इस तरह जीव मन को विक्षेप करने वाले (चंचल बनाने वाले) कार्यों से विरत हो जाता है।

IV. **तितिक्षा**—तितिक्षा का तात्पर्य है **शीतोष्णसुख दुःखादि सहिष्णुत्वम्** अर्थात् सर्दी, गर्मी, सुख, दुःख आदि सहन करने का सामर्थ्य। ये द्वन्द्व मन को चंचल बनाते है जिससे ध्यान में निश्चय ही बाधा होती है, अतः साधक को निश्चय ही इन्हें समान भाव से सहन करना चाहिए।

V. **श्रद्धा**—शंकराचार्य के शब्दों में **'गुरुवेदान्त वाक्ये विश्वासः श्रद्धा'** अर्थात् गुरु और वेदान्त के वाक्यों पर विश्वास रखना ही श्रद्धा है।

गीता भी कहती है **'श्रद्धावांल्लभते ज्ञानं'** अर्थात् श्रद्धावान व्यक्ति ही ज्ञान की प्राप्ति करता है।

यह श्रद्धा तत्त्वदर्शी गुरु में और वेदान्त के वाक्यों में होना चाहिए। गुरु ही सच्चा पथ-प्रदर्शक होता है, अतः गुरु पर श्रद्धा प्रथम आवश्यकता है। सम्पूर्ण भारतीय संस्कृति में गुरु का स्थान महत्त्वपूर्ण माना है। गुरु ही हमारे अज्ञानरूपी अंधकार को दूर करता है। गुरु के साथ ही 'वेदान्त-वाक्य' भी हमारे पथ-प्रदर्शक होते हैं। अतः मोक्ष के इच्छुक को इनमें भी श्रद्धा रखनी चाहिए।

VI. **समाधान-समाधानं किम्** के उत्तर में शंकराचार्य कहते हैं—**चित्तैकाग्रता** अर्थात् चित्त की एकाग्रता ही समाधान है।

इन्द्रियों और मन पर नियन्त्रण के साथ ही चित्त पर नियन्त्रण भी आवश्यक है। यहाँ नियन्त्रण का तात्पर्य उसे ब्रह्म में एकाग्र करना है। इसके बिना परम तत्त्व की उपलब्धि असम्भव है।

इस तरह शम, दम, उपरति, तितिक्षा, श्रद्धा, समाधान, इन षट् सम्पत्तियों से मोक्ष के इच्छुक व्यक्ति को युक्त होना चाहिए। इसके पश्चात् साधन-चतुष्टय का अंतिम साधन 'मुमुक्षत्व' आता है।

4. मुमुक्षुत्व-'मोक्षो मे भूयादितीच्छा' अर्थात **मेरा मोक्ष हो यह इच्छा मुमुक्षुत्व है।**

यह मनोवैज्ञानिक सत्य है कि व्यक्ति वही प्राप्त करता है, जिसकी हार्दिक कामना करता है। मोक्ष-प्राप्ति के लिए भी मोक्ष प्राप्ति की हार्दिक दृढ़ इच्छा का होना आवश्यक है। इसके बिना मोक्ष सम्भव नहीं है।

मोक्ष मनुष्य को दूर की चीज प्रायः प्रतीत होती है क्योंकि सामान्यतया उसे सांसारिक चीजें इतनी लुभाती है कि वह इन्हीं में उलझा रहता है, मोक्ष की कामना ही उसके मन में

1. *भगवद्गीता*, 2/60
2. वही, 2/61

नहीं जगती। ऐसी स्थिति में मोक्ष की प्राप्ति हो ही नहीं सकती। अतः जगत की नश्वर और अंततः दुःखदायी वस्तुओं से मन हटाकर मोक्ष की इच्छा मन में रहना मोक्ष की प्राप्ति के लिए आवश्यक है। इसी से मोक्ष प्राप्ति का संकल्प मन में जागता है।

अंत में शंकराचार्य कहते हैं—

एतत्साधन चतुष्टयम्
ततस्तत्त्वविवेकस्याधिकारिणो भवन्ति।[1]

अर्थात् विवेक, वैराग्य, षट्सम्पत्ति और मुमुक्षुत्व, ये चार साधन हैं। इनके सम्पन्न होने पर ही मुमुक्ष तत्त्वविवेक के अधिकारी होते हैं।

अंततः तत्त्वविवेक (एक आत्मा सत्य है उससे भिन्न अन्य सब मिथ्या है यह ज्ञान)[2] मनुष्य को मुक्ति प्रदान करता है।

इस ज्ञान को हृदय में सदैव धारण करने पर आत्मा अपने स्वरूप में दीप्तमान होती है। किन्तु अभी मुक्तात्मा की देह बनी रहती है। प्रारब्ध कर्मों के नाश के बाद देह त्याग के पश्चात् मुक्तात्मा को पुनर्जन्म नहीं धारण करना पड़ता।

मुक्ति के प्रकार—भारतीय दर्शन में, और शंकराचार्य के अनुयायियों में भी इस बात पर विवाद रहा है कि मुक्ति की प्राप्ति जीवितावस्था में अर्थात् देह के धारण के साथ सम्भव है अथवा देह त्याग के पश्चात् ही होती है। इस आधार पर मुक्ति के **जीवन मुक्ति** और **विदेह मुक्ति** ये दो प्रकार बताये गये हैं।

भारतीय दार्शनिकों में शंकराचार्य तथा सांख्य, योग, जैन, बौद्ध आदि दार्शनिक जीवन मुक्ति को स्वीकार करते हैं जबकि न्याय, वैशेषिक, मीमांसा, विशिष्टाद्वैत आदि सैद्धान्तिक रूप से इसे स्वीकार नहीं करते।

जीवन मुक्ति—शांकर-दर्शन में मोक्ष, आत्मा का परमात्मा से अभेद ज्ञान है और यह ज्ञान मनुष्य जीवितावस्था में ही प्राप्त करता है। तब उसे निश्चय ही जीवन मुक्ति की प्राप्ति होगी। कहने का मतलब कि शंकर के अनुसार जीवन-मुक्ति सम्भव है।

यहाँ प्रतिपक्षी कहते हैं कि आत्म-ज्ञान और शरीर की उपस्थिति एक साथ कैसे सम्भव है? शरीर अविद्या या कर्म का परिणाम है तथा मोक्ष ब्रह्म का ज्ञान है। अतः यह कैसे संभव है कि मोक्ष की प्राप्ति हो जाये, अर्थात् ब्रह्म का ज्ञान हो जाये और अविद्या का परिणाम शरीर भी बना रहे। प्रकाश और अंधकार एक साथ कैसे रह सकते हैं?

इसके समाधान में कहा जाता है कि ब्रह्म ज्ञान से सभी प्रकार के कर्म-फल नष्ट नहीं होते। उसके 'प्रारब्ध-कर्म' जब तक भोग नहीं लिए जाते तब तक बने रहते हैं, अतः इस हेतु उसे देह धारण करना आवश्यक है। जिस प्रकार दंडिका के हटा लेने पर भी कुम्हार का चक्र, जब तक उसमें वेग है, तब तक धूमते रहता है उसी प्रकार जीवन-मुक्त प्रारब्ध कर्मों के भोगे जाने तक देहधारण किये रहता है।

प्रारब्ध-कर्म पूर्वकाल के वे कर्म हैं जिनका फलभोग वर्तमान में जारी है। इसके अतिरिक्त संचित और क्रियमान, ये दो प्रकार के कर्म और बताये गये हैं। संचित कर्म पूर्वकाल के वे कर्म हैं जो जमा है और क्रियमान कर्म वे नये कर्म हैं जो इस जीवन में जमा

---

1. *शंकराचार्य, तत्त्वबोध*, 14
2. वही, 15

हो रहे हैं। तत्त्वज्ञान से संचित कर्म का क्षय तथा क्रियमाण कर्म का निवारण होता है और इस तरह पुनर्जन्म के बंधन से छुटकारा मिल जाता है पर प्रारब्ध कर्मों का बिना भोग के क्षय नहीं हो सकता, अतः इस हेतु मोक्ष प्राप्ति के अनन्तर भी आत्मा को तब तक शरीर धारण करना पड़ता है जबतक कि उनका क्षय नहीं हो जाता। इसी बात को समझाने के लिए शंकराचार्य कुम्हार और चाक का उदाहरण देते हैं जिसका हमने ऊपर उल्लेख किया।

जीवन-मुक्त की व्यवहारिक उपयोगिता भी है। जीवन मुक्त संसार के अन्य मनुष्यों के लिए लाभकारी होते हैं। यदि जीवन-मुक्त नहीं होते तो संसार का पथ प्रदर्शन कौन करता? स्वयं शंकर का जीवन इस बात का प्रमाण है।

अनेक उपनिषदों में भी जीवन-मुक्ति को स्वीकारा गया है, जैसे—

बृहदारण्यक उपनिषद् में कहा गया है, **जो इस संसार से ब्रह्म को बिना जाने चला जाता है उसकी दशा अत्यन्त शोचनीय है। वह अत्यन्त कृपण है।**[1]

केनोपनिषद् में उल्लेख है, **इस मनुष्य शरीर में पर-ब्रह्म को जान लिया तब तो बहुत कुशल है, अन्यथा महान विनाश निश्चित है।**[2]

कठोपनिषद् में यम नचिकेता से कहते हैं, **'मनुष्य के हृदय में स्थित सम्पूर्ण कामनाएँ जब समूल नष्ट हो जाती है तब वह मरण-धर्मा अमर हो जाता है और यहीं पर ब्रह्म-भाव को प्राप्त कर लेता है।'**[3]

शंकराचार्य के परवर्ती अद्वैतियों में जीवन-मुक्ति को लेकर मतभेद रहा है। कुछ अद्वैती, जैसे, सर्वज्ञात्ममुनि एवं प्रकाशानन्द आदि मानते हैं कि मुक्ति सशरीर सम्भव नहीं है जबकि अन्य सम्भव मानते हैं। प्रत्यग्रूप कहते हैं कि अविद्या से निवृत्ति जीवन काल में ही होती है, क्योंकि मृत्योपरान्त ज्ञानोत्पत्ति के साधन इन्द्रियादि के न रहने से ज्ञान उत्पन्न नहीं हो सकता। इस तरह यदि मुक्ति है तो वह जीवन्मुक्ति है और यदि जीवन्मुक्ति नहीं है तो मुक्ति भी नहीं है।[4]

वस्तुतः मोक्ष की सार्थकता भी तभी है जब यह सशरीर प्राप्त किया जाये। अंधकार में भटकती मानव-जाति के लिए जीवन-मुक्तों का आचरण ही वास्तव में मशाल का काम करता है। साथ ही ऐसे गुरु के रहने पर ही गुरु-शिष्य परम्परा से तत्त्वज्ञान का आरोहण होता है। यदि मोक्ष की प्राप्ति के बाद जीवात्मा शरीर धारण न करे तो तत्त्वज्ञान का सम्प्रदाय (शिष्य को प्रदान करना) कैसे सम्भव है?

विदेह मुक्ति—जीवन-मुक्त के प्रारब्ध कर्मों का जब क्षय हो जाता है तब, जैसे कुम्हार का चाक पूर्व वेग के शांत होने पर अपने आप रूक जाता है, वैसे ही उसका शरीर भी शांत हो जाता है। यही **विदेह मुक्ति** है।

एक अन्य उदाहरण में शंकर कहते हैं कि ब्रह्मवेत्ता को जीवनादि का प्रयोजन न होने पर भी प्रवृत्त कर्मों का फलोपभोग अवश्य होता है, इसलिए छोड़े हुए बाण के समान उसे तभी तक विलम्ब है जब तक कि देह बंधन से नहीं छूट जाता।

---

1. *बृहदाण्यकोपनिषद्*, 3/8/10
2. *केनोपनिषद्* 3/8/10
3. *कठोपनिषद्*, 2/3/14
4. *चित्सुखी नयन प्रसादिनी टीका*, पृ० 604

अंत में शरीर या पंचभूतों के विखण्डित होने पर तथा वाणी, मन आदि के **'पर देवता'** में लय होने पर विदेह मुक्ति हो जाती है। जैसे, वाणी की वृत्ति मन में लय होती है, मन की वृत्ति प्राण में, प्राण की तेज में और तेज परमात्मा में लीन हो जाता है। और फिर, **न हि विदुषो मृतस्य भावान्तरा पत्तिः** अर्थात् ऐसे मरे हुए विद्वान को भवान्तर की प्राप्ति नहीं होती। वह अपने सत्स्वरूप में स्थित होकर आकाश के समान पूर्णत्व और अनन्तत्व का अनुभव करता है और इस तरह 'विदेह मुक्ति' प्राप्त करता है।

यहाँ एक प्रश्न उठता है जीवन-मुक्त के उन कर्मों का क्या होगा जो वह जीवन-मुक्ति के बाद तथा विदेह-मुक्ति के पूर्व करता है? इसके उत्तर में शंकर कहते हैं कि ऐसे कर्म वस्तुतः आत्मा के लिए किसी भी प्रकार के फल उत्पन्न नहीं करते। जीवन-मुक्त गीता के शब्दों में **'स्थित प्रज्ञ'** होता है जिसके **कर्म समग्रं प्रविलीयते** अर्थात् समस्त कर्म नष्ट हो जाते हैं। उसके कर्म **कृत्वापि न निबध्यते** लिए जाने पर भी उसे नहीं बाँधते।

जीवन-मुक्त के लिए अब कर्म इसलिए बंधनकारी नहीं होते क्योंकि वह उन्हें निष्काम भाव से करता है। अतः कीचड़ में रहते हुये भी उससे निर्लिप्त रहने वाले कमलपत्र के समान वह जगत में सक्रिय रहते हुये भी उससे प्रभावित नहीं होता।

मुक्तात्मा का संसार के प्रति दृष्टिकोण—शंकर के दर्शन में मोक्ष-प्राप्ति का अर्थ भौतिक संसार को छोड़कर किसी अन्य लोक में जाना अथवा संन्यास लेना नहीं है। संसार मुक्तात्मा की आँखों के सामने पूर्ववत् बना रहता है.....बस अब उसके प्रति मुक्तात्मा की दृष्टि बदल जाती है। यह एक प्रकार की अंर्तदृष्टि है जो जगत के चित्र को ही बदल देती है और सब वस्तुओं का नये सिरे से निर्माण करती है। यह अंर्तदृष्टि जीवन तथा इसकी घटनाओं के प्रति इस प्रकार का परिवर्तित दृष्टिकोण, मोक्ष की अवस्था नहीं, साक्षात् मोक्ष है। संसार की अंत न होने वाली यह श्रृंखला अपने ऊँच-नीच के साथ बराबर चलती रहेगी, किन्तु उसके प्रति मुक्तात्मा की जो आसक्ति है, वह समाप्त हो जाती है।[1]

उपसंहार—शंकराचार्य के शिष्यों की लम्बी परम्परा होने के बाद भी उनके आलोचकों की संख्या कम नहीं रही है। वेदान्त के अन्य आचार्यों जैसे रामानुज, भास्कर, मध्व, निम्बार्क, वल्लभ आदि ने शंकर के निर्गुण ब्रह्म, जगत् के मिथ्यात्व, ज्ञानमार्ग आदि की आलोचना की है किन्तु फिर भी वेदान्त दर्शन में और समूचे भारतीय दर्शन में शंकर का स्थान सर्वोप्ररि है। टी॰एम॰पी॰ महादेवन के अनुसार, **भारतीय दर्शन के इतिहास में शंकर का स्थान स्थाई भी है और उच्च भी। यद्यपि उन्होंने मौलिकता का कोई दावा नहीं किया फिर भी मनुष्यों के चित्त में उन्होंने एक क्रान्ति उत्पन्न कर दी, जिसके हितकारी परिणाम आज तक दिखाई पड़ रहे हैं। शाश्वत सत्य का मार्ग खोज निकालने में शंकर का स्थान बहुत ही ऊँचा है।**[2] डा॰ राधाकृष्णन् के अनुसार **शंकर का दर्शन महान कल्पनात्मक साहस और तार्किक सूक्ष्मता का दर्शन है।.....शंकर के दर्शन को पढ़ते समय यह असम्भव है कि पाठक के मन में इस प्रकार का भाव न उत्पन्न हो कि वह एक ऐसे मस्तिष्क के सम्पर्क में आ गया है जो अत्यन्त सूक्ष्मता के साथ गहराई में जानेवाला तथा अगाध आध्यात्मिक ज्ञान से परिपूर्ण है।**[3] **उनके दर्शन से हम सहमत हो या न हो, यह मानना ही पड़ेगा कि**

1. राधाकृष्णन्, *भारतीय दर्शन*, भाग 2, पृ॰ 558
2. टी॰एम॰पी॰ महादेवन, *शंकराचार्य*, पृ॰ 41
3. एस॰ राधाकृष्णन्, *भारतीय दर्शन*, पृ॰ 382

कि उनके दर्शन का प्रकाश हमें कभी भी जहाँ का तहाँ ही नहीं छोड़ता।[1] वे व्यक्ति भी जो जीवन के प्रति उनकी सामान्यवृत्ति से सहमत नहीं है, उनको अमर महापुरुषों का पंक्ति में स्थान देने के लिए अनिच्छा प्रगट नहीं करेंगे।[2]

रामानुज

परिचय—वेदान्त दर्शन के प्रसिद्ध आचार्यों में शंकराचार्य के बाद रामानुजाचार्य का ही नाम आता है। रामानुज भी दक्षिण भारत (जन्म श्री पेरुम्बुटूर) के दार्शनिक हैं किन्तु ये शंकर के करीब 200 वर्ष बाद 1027 ईसवी में हुए।

शंकर के समान रामानुज भी अद्वैत मत के अर्थात् मूल सत्ता को एक ही मानने के समर्थक हैं। उन्होंने भी गीता, उपनिषद् और ब्रह्मसूत्र (प्रस्थान-त्रयी) की प्रामाणिकता स्वीकार कर अपने दर्शन को प्रस्तुत किया। रामानुज का ब्रह्मसूत्र पर लिखा भाष्य **'श्रीभाष्य'** कहलाता है। श्रीभाष्य के अतिरिक्त रामानुज ने **वेदान्त सार, वेदान्त संग्रह, वेदान्त दीपिका** आदि ग्रन्थ तथा गीता पर भाष्य भी लिखा।

रामानुज वैष्णव धर्म के प्रचारक थे। वस्तुतः रामानुज के कारण ही वैष्णव धर्म में नया प्राण-संचार हुआ था। उनका 'श्रीभाष्य' वैष्णव धर्म का महत्त्वपूर्ण ग्रन्थ स्वीकार किया जाता है।

विशिष्टाद्वैत दर्शन—रामानुज का दर्शन विशिष्टाद्वैत दर्शन कहलाता है। विशिष्टाद्वैत शब्द दो शब्दों से बना है—विशिष्ट और अद्वैत। अद्वैत का मतलब है जहाँ द्वैत का अभाव हो। जहाँ एक ही सत्ता हो। इस तरह रामानुज भी शंकर की भाँति अद्वैत विचारों के पोषक हैं तथा उन्हीं के समान अद्वैत ब्रह्म को जगत् का निमित्त एवं उपादान कारण स्वीकार करते हैं। किन्तु उनका यह अद्वैत ब्रह्म विशिष्ट प्रकार है, इसलिए उनका दर्शन विशिष्टाद्वैत कहा जाता है।

किन्तु रामानुज के ब्रह्म की विशिष्टता क्या है?

रामानुज के ब्रह्म की विशिष्टता यह है कि वह शंकर के ब्रह्म के समान निर्गुण निराकार नहीं है वरन् कुछ विशेषणों से युक्त है।

रामानुज के ब्रह्म के विशेषण दो हैं—(1) चित् (conscious) तत्त्व, (2) अचित् (unconscious) तत्त्व। ये ही चेतन आत्मा तथा जड़ जगत् के रूप में प्रगट होते हैं।

यहाँ उल्लेखनीय है कि रामानुज ब्रह्म के समान इन्हें भी तत्त्व ही कहते हैं। इस तरह रामानुज के दर्शन में तीन तत्त्व हैं, किन्तु परम तत्त्व वे ब्रह्म को ही कहते हैं, बाकी दोनों तत्त्व उस परम तत्त्व पर आश्रित तत्त्व हैं, इस तरह उनका दर्शन अंततः अद्वैत दर्शन ही ठहरता है।

ब्रह्म अथवा ईश्वर

जैसा कि हमने ऊपर देखा, रामानुज भी शंकर के समान अद्वैत मत के पोषक हैं अर्थात् वे भी मानते हैं कि एक ही सत्ता विश्व के मूल में है, यही ब्रह्म अथवा ईश्वर है।

किन्तु रामानुज का ब्रह्म विशिष्ट प्रकार का है। इसे समझने के लिए हमें रामानुज द्वारा शंकर के ब्रह्म की आलोचना पर ध्यान देना होगा।

शंकर की आलोचना—शंकराचार्य के अनुसार दृष्टिभेद से ब्रह्म के दो रूप दिखाई

1 वही, पृ० 384
2. वही, पृ० 577

पड़ते हैं—सगुण और निर्गुण ब्रह्म। शंकर निर्गुण-ब्रह्म को पारमार्थिक सत्य तथा सगुण-ब्रह्म को व्यावहारिक सत्य कहते हैं, उनका सगुण-ब्रह्म ही ईश्वर है जो जगत् की उत्पत्ति, स्थिति और लय-कर्त्ता है।

रामानुज को शंकर द्वारा ब्रह्म का इस तरह दो रूपों में बाँटा जाना पसन्द नहीं आया। इसी से वे ब्रह्म और ईश्वर में कोई भेद नहीं करते। उनके अनुसार दोनों एक ही हैं। रामानुज कहते हैं, शंकर ईश्वर को निम्न सत्ता प्रदान कर हमारी भावानाओं पर आघात करते हैं। मानव की ईश्वर-भक्ति, प्रेम, पूजा तथा उपासना से सम्बद्ध सारे भाव सत्य न होकर झूठे हैं, वे केवल व्यावहारिक सत्य हैं, ये मानव बुद्धि को स्तब्ध और व्याकुल करने वाले विचार हैं।

शंकर पारमार्थिक निर्गुण-ब्रह्म को परम सत्य कहते हैं। यहाँ रामानुज कहते हैं कि, **हर तरह से कोई अलंकृत व सुन्दर हो किन्तु निष्प्राण हो, तो जैसा वह निष्प्रयोजन होता है वैसा ही शंकर का निर्गुण-निराकर-अज्ञेय ब्रह्म है। हम ऐसे निष्ठुर एवं निर्मम ब्रह्म को लेकर क्या करेंगे जो हमारे दुःख-दर्द से विचलित न हो, जिस तक हमारी आहें न पहुँचे तथा जो हमारी प्रार्थना न सुन सके?**

निर्गुण और सगुण की व्याख्या—यहाँ एक प्रश्न यह भी उठता है कि यदि ब्रह्म के निर्गुण व सगुण, ये दो रूप समान रूप से सत्य नहीं हैं (जैसा कि शंकर कहते हैं) तो उन श्रुति वाक्यों का क्या अर्थ है जहाँ ब्रह्म को निर्गुण और सगुण दोनों बताया गया है।

यहाँ रामानुज कहते हैं कि श्रुतियाँ तो वस्तुतः ब्रह्म को सगुण अर्थात् महान् गुणों से युक्त ही कहती हैं (जैसे, तैत्तिरीय उपनिषद् के अनुसार ब्रह्म सत् चित् व अनन्त हैं) और जहाँ कहीं भी उसे निर्गुण कहा गया है वहाँ निर्गुण का तात्पर्य प्रकृतिजन्य अशुद्ध गुणों का अभाव है। इस तरह परब्रह्म रामानुज के अनुसार सगुण ब्रह्म ही है। यही ईश्वर है।

. **ईश्वर के गुण**—रामानुज के अनुसार ईश्वर सर्वगुण सम्पन्न है। वह नित्य, सर्वज्ञ, सर्वशक्तिमान, असीम, अनन्त एवं अमर है। साथ ही वह व्यक्तित्ववान भी है। उसकी देह षडैश्वर्यों से अर्थात् अनन्त ज्ञान, असीम शक्ति, अखण्ड प्रेम, वीर्य तथा तेज से परिपूर्ण है।

ब्रह्म शब्द का अर्थ—रामानुज कहते हैं 'ब्रह्म' शब्द का अर्थ 'ब्रह्मत्व' है, जो ऐसे पुरुष की ओर निर्दिष्ट करता है, जो स्वभाव से ही सभी अशुभ गुणों से रहित और सभी शुभ गुणों का स्वामी है। यही ईश्वर है।

स्वगत भेद से युक्त

शंकर ने ब्रह्म को सजातीय, विजातीय तथा स्वगत भेदों से शून्य माना था। उनके अनुसार ब्रह्म अद्वैत होने से सजातीय-भेद-शून्य हैं, उसके अतिरिक्त अन्य किसी की सत्ता के न होने से वह विजातीय-भेद-शून्य है तथा उसके अंग-प्रत्यंग न होने से वह स्वगत-भेद-शून्य भी है। रामानुज ब्रह्म में सजातीय और विजातीय भेद तो नहीं मानते किन्तु वे ब्रह्म को 'स्वगत भेद' से युक्त अवश्य कहते हैं। उनके अनुसार चित् (चेतन आत्मा) और अचित् (जड़ जगत), ये दो तत्त्व एक तरह से ईश्वर के दो अंग हैं। इन्हें हम ईश्वर की आत्मा और ईश्वर का शरीर कह सकते हैं।

जगत का कारण—रामानुज कहते हैं कि ईश्वर चित् व अचित्, अपने इन दो अंशों से जड़-चेतनमय इस जगत् की सृष्टि करता है, इस तरह वह जगत् का निमित्त और उपादान दोनों कारण हैं।

कार्य-ब्रह्म, कारण-ब्रह्म—इसी प्रसंग में रामानुज ब्रह्म की दो अवस्थाओं का भी उल्लेख करते हैं। उनके अनुसार जब ब्रह्म सृष्टि रूप में प्रगट होता है तो वह **'कार्य-ब्रह्म'** है तथा जब प्रलय होने पर पुनः अपने सूक्ष्म रूप अर्थात् शुद्ध चित् व अचित् अंगों से युक्त हो जाता है तो यह **कारण-ब्रह्म** है।

रामानुज के अनुसार जगत् ईश्वर का बाह्य शरीर है।

भक्ति का केन्द्र—ईश्वर मनुष्य की भक्ति का केन्द्र है। वह हमारा उपास्य है। इसीलिए रामानुज ईश्वर तक पहुँचने के लिए भक्ति को सर्वश्रेष्ठ साधन कहते हैं।

कर्माध्यक्ष—जड़ होने के कारण कर्म अपना फल स्वयं नहीं दे सकते। अतः कर्मफलदाता भी ईश्वर ही है।

ईश्वर के पाँच रूप—वैसे तो ईश्वर एक ही है किन्तु भक्तों की मुक्ति के लिए अपने को अग्रलिखित पाँच रूपों में व्यक्त करता है—

1. **पर**—यह बैकुण्ठवासी भगवान् वासुदेव का रूप है। यह अपरिणामी रूप है।
2. **व्यूह**—अपने इस रूप को सृष्टि की उत्पत्ति, संचालन व संहार के लिए ईश्वर कुछ व्यूहों में व्यक्त करता है, ये व्यूह हैं—(अ) संकर्षण, (ब) प्रद्युम्न, (स) अनिरुद्ध। ये तीनों ही क्रमशः सृष्टि की उत्पत्ति, पालन व संहार करने वाले हैं।
3. **विभव**—विशेष कार्य हेतु अवतार रूप लेकर ईश्वर का धरती पर प्रगट होना विभव रूप है।
4. **अन्तर्यामी**—इस रूप में ईश्वर जीवों के अन्तःकरण में प्रविष्ट रहता है।
5. **अर्चावतार**—कभी-कभी ईश्वर भक्त की रुचि के अनुसार मूर्तियों में भी प्रगट होता है। यह उसका अर्चावतार है।

अब हम चित् और अचित् तत्त्व पर क्रमशः विचार करेंगे।

चित्-तत्त्व (जीवात्मा)

जैसा कि हमने ऊपर देखा रामानुज के दर्शन में चित् और अचित्, ये दो तत्त्व ईश्वर के दो अंश हैं जो ब्रह्म की कार्यावस्था में, अर्थात् सृष्टि की उत्पत्ति के समय प्रगट होते हैं।

जीवात्मा ईश्वर का चित् अंश—इस तरह जीवात्मा ईश्वर के चित् अंश का व्यक्त रूप है। अतः जीवात्मा ईश्वर पर आश्रित है किन्तु ईश्वर जीवात्मा पर आश्रित नहीं है।

जीवात्मा की विशेषता

रामानुज के अनुसार जीवात्मा की निम्नलिखित विशेषताएँ हैं—

1. **आत्मा नित्य है**—आत्मा की उत्पत्ति नहीं होती, वह नित्य है। सृष्टि के पूर्व वह ईश्वर में निष्क्रिय अवस्था में रहती है। सृष्टि की रचना होने पर सक्रिय अवस्था में आ जाती है।

2. **जीवात्मा अनेक है**—रामानुज शंकर के समान आत्मा को एक नहीं कहते। उनके अनुसार आत्मा अनन्त है।
3. **जीवात्मा का बन्धन**—आत्मा का बन्धन कर्म है। कर्म के फलस्वरूप ही आत्मा को शरीर प्राप्त होता है।
4. **जीवात्मा अणु रूप है**—शंकर के अतिरिक्त अन्य सभी आचार्यों ने जीव को अणु-रूप कहा है। रामानुज कहते हैं कि अणु रूप होते हुए भी आत्मा शरीर के प्रत्येक भाग को चैतन्ययुक्त करती है, जैसे कि एक दीपक पूरी कोठरी का प्रकाशमान करता है।
5. **जीवात्मा शरीर से पृथक्**—शरीर में रहते हुए भी जीवात्मा शरीर, मन, इन्द्रिय, प्राण आदि से पृथक् हैं। जीव नित्य है जबकि शरीर अनित्य है, हाँ इसे लक्ष्य तक पहुँचाने में वह सहायक अवश्य होता है।
6. **जीवात्मा के दो धर्म**—जीवात्मा के धर्म दो प्रकार के हैं—(1) स्वाभाविक धर्म, (2) सांसारिक धर्म।

जीवात्मा का **स्वाभाविक धर्म** 'ज्ञान' है। इसीलिए वह विशुद्ध ज्ञाता है। यह नित्य चैतन्य द्रव्य है। ज्ञान इसका गुण है।

सांसारिक धर्म इसका 'कर्त्ता' और 'भोक्ता' होना है। उसमें ये धर्म शरीर के कारण आते हैं। ईश्वर की कृपा से जब उसके सांसारिक धर्म समाप्त हो जाते हैं तो वह केवल ज्ञान स्वरूप में अवस्थित रहता है।

आनन्द स्वरूप—रामानुज कहते हैं कि मूलतः आत्मा आनन्द स्वरूप है।

जीवात्मा तथा ईश्वर में सम्बन्ध

शंकर के दर्शन में आत्मा और ब्रह्म दोनों एक ही हैं, दोनों में अभेद सम्बन्ध है किन्तु रामानुज के अनुसार ऐसा नहीं है, दोनों पूर्णतः एक नहीं हो सकते।

जीवात्मा और ब्रह्म अर्थात् ईश्वर में अभेद के साथ भेद सम्बन्ध भी है।

रामानुज कहते हैं कि जहाँ तक 'चेतना' की बात है, ईश्वर और जीवात्मा दोनों ही चेतन द्रव्य हैं। इस दृष्टि से दोनों में अभेद है किन्तु दोनों की चेतना में अन्तर है। ईश्वर सर्वज्ञ हैं जबकि जीव अल्पज्ञ है। इसके अतिरिक्त भी दोनों में अनेक दृष्टि से भेद है, जैसे ईश्वर विभु (व्यापक) है जबकि जीव अणु है, ईश्वर पूर्ण है जबकि जीवात्मा उसका एक क्षुद्र अंश मात्र है। अतः दोनों में पूर्ण तादात्म्य हो ही नहीं सकता।

जहाँ तक उपनिषदों के उन वाक्यों का प्रश्न है, जिन्हें शंकर ने आत्मा और ब्रह्म में अभेद बतलाने वाले कहा है, जैसे **'तत्त्वमसि'** (वह ब्रह्म तुम हो), **'अयमात्मा ब्रह्म'** (यह आत्मा ब्रह्म है) आदि, यहाँ रामानुज कहते हैं कि ये केवल इतना ही संकेत करते हैं कि आत्मा और ब्रह्म की प्रकृति एक-सी है।

जीवात्मा के प्रकार—रामानुज जीवात्मा के तीन प्रकार बताते हैं—

1. **बद्ध जीव**—अर्थात् ऐसे शरीरबद्ध जीव जिनकी सांसारिक यात्रा चल रही है।
2. **मुक्त जीव**—ऐसे जीव जो मुक्त हो चुके हैं।
3. **नित्य जीव**—गरुड़ादि ऐसे जीव जो कभी बन्धन में नहीं आते, जो नित्य ईश्वर की सेवा में रहते हैं।

अचित्-तत्त्व (जगत्-विचार)

रामानुज के विशिष्टाद्वैत दर्शन में चित्-तत्त्व (आत्मा) और अचित्-तत्त्व (जड़-तत्त्व) दोनों ही ईश्वर के विशेषण अथवा अंग हैं। एक ओर चित्-तत्त्व से जहाँ समस्त जीवात्माएँ निकलती हैं वहाँ अचित्-तत्त्व से जड़-जगत् उत्पन्न होता है। इस तरह अचित-तत्त्व जगत् की उत्पत्ति का कारण हैं। अब हम जगत् की विशेषताओं का वर्णन करेंगे।

जगत् ब्रह्म का परिणाम है (ब्रह्मपरिणामवाद)

रामानुज सत्कार्यवाद के समर्थक हैं। उनके अनुसार जगत् अव्यक्त रूप में अपने कारण ईश्वर में छिपा रहता है और इसी से उद्भूत होता है। इस तरह जगत् ब्रह्म का परिणाम है, (उसके अचित् अंश का), वैसे ही जैसे दूध का परिणाम दही होता है। यह सिद्धान्त **'ब्रह्म परिणामवाद'** कहा जाता है। इस तरह ईश्वर जगत् का उपादान और निमित्त दोनों कारण है। (विस्तृत व्याख्या के लिए देखिए, परिशिष्ट III, भारतीय दर्शन में कारण-कार्यवाद)

जगत् सत्य है—रामानुज शंकर द्वारा जगत् को मिथ्या घोषित करने की आलोचना करते हैं। उनके अनुसार जब ईश्वर सत्य है तब उसका कार्य जगत् भी सत्य होगा।

जगत् का विकास—रामानुज के अनुसार जगत् का विकास कैसे होता है, यह समझने के पूर्व हम यह जान लें कि रामानुज ईश्वर के अचित् अंश के तीन भेद बतलाते हैं—

1. **शुद्ध तत्त्व**—केवल सतोगुण से युक्त यह एक तरह से जड़ तत्त्व है। मुक्त-आत्माएँ इसी से बनती हैं।
2. **मिश्र सत्व**—यह सतोगुण, तमोगुण तथा रजोगुण से युक्त प्रकृति है।
3. **सत्व शून्य**—यह काल है।

प्रकृति से सृष्टि की उत्पत्ति—सृष्टि की रचना 'प्रकृति' से होती है। ईश्वर की इच्छा से ही प्रकृति, तेज (अग्नि), जल और पृथ्वी में बँट जाती है जिनमें क्रमशः सत्, रज और तम् गुण रहता है। ये तीन सूक्ष्म द्रव्य ही समस्त स्थूल द्रव्यों को उत्पन्न करते हैं।

माया—रामानुज शंकर के मायावाद के कट्टर आलोचक हैं। उनका मत है कि उपनिषदों एवं गीता में जिस 'माया' का प्रयोग हुआ है, वह केवल ईश्वर की उस विचित्र शक्ति का नाममात्र है, जिससे यह जगत् उत्पन्न होता है, उसकी ऐसी कोई विशेषता नहीं है जिससे कि रस्सी में सर्प के समान भ्रामक जगत् की उत्पत्ति हो सके। रामानुज ने शंकर के मायावाद का अपने प्रसिद्ध 'सप्त तर्क' द्वारा खण्डन किया है।

ये 'सप्त तर्क' अथवा 'सप्त अनुपपत्ति (असिद्धि) निम्नलिखित हैं—

1. आश्रयानुपपत्ति—यह माया का आश्रय सिद्ध न होने के कारण उत्पन्न अनुपपत्ति (असिद्धि) है। माया का आश्रय न तो जीव हो सकता है न ही ब्रह्म हो सकता है। जीव इसलिए नहीं हो सकता क्योंकि वह स्वयं ही माया का कार्य है और ब्रह्म इसलिए नहीं हो सकता क्योंकि वह ज्ञान-स्वरूप है जबकि माया अज्ञान-स्वरूप है।

2. तिरोधानुपपत्ति—शंकराचार्य माया को ब्रह्म पर आवरण डालने वाली अर्थात् उसका तिरोधान करने वाली बताते हैं। यहाँ रामानुज का कहना है कि ज्ञान-स्वरूप एवं

ज्योति-स्वरूप ब्रह्म पर माया कदापि आवरण नहीं डाल सकती। इस प्रकार तिरोधान में असमर्थ होने के कारण भी माया की असिद्धि होती है।

3. स्वरूपानुपपत्ति—शंकर माया को न तो सत् कहते हैं न असत्। किन्तु ऐसी स्थिति में तो उसका स्वरूप स्पष्ट नहीं होता है। अतः उसकी सिद्धि नहीं होती है।

4. अनिर्वचनीयानुपपत्ति—शंकराचार्य माया को अनिर्वचनीय कहते हैं। इस पर रामानुज का कहना है कि माया को ऐसा कहना माया के स्वभाव को अस्पष्ट करना ही है। यह तो प्रश्न से बचना भर है। वस्तुतः कोई भी पदार्थ या तो सत् होता है या असत्। इन दो कोटियों के अतिरिक्त और कोई तीसरी कोटि नहीं होती।

5. प्रमाणानुपपत्ति—माया किसी प्रमाण से सिद्ध नहीं की जा सकती, क्योंकि वह कोई सत् पदार्थ नहीं है, अतः इससे भी माया की अनुपपत्ति होती है।

6. निवर्तकानुपपत्ति—माया का निवर्तन अर्थात् निराकरण संभव नहीं है। शंकराचार्य माया का निराकरण अभेद ज्ञान से सम्भव मानते हैं, इस पर रामानुज का कहना है कि अभेद ज्ञान स्वयं ही मिथ्या ज्ञान है, अतः इस मिथ्या ज्ञान से अविद्या की अर्थात् माया की समाप्ति कैसे हो सकती है?

7. निवृत्यानुपपत्ति—इस अंतिम तर्क में रामानुज कहते हैं कि माया की निवृत्ति इसलिए भी असंभव है, क्योंकि शंकराचार्य ने माया को अनादि एवं अनंत कहा है, ऐसी स्थिति में उसकी निवृत्ति संभव ही नहीं है।

इस तरह रामानुज उपर्युक्त सात तर्कों द्वारा शंकर के मायावाद की आलोचना करते हैं।

शंकर के अनुयायियों द्वारा उत्तर—उल्लेखनीय है कि शंकराचार्य के अनुयायियों ने रामानुज के उपर्युक्त सातों तर्कों का प्रत्युत्तर देते हुए उन्हें अनुचित बताया है।

पहली आपत्ति के विरोध में वे कहते हैं कि माया न तो सत् है न असत्। रामानुज ने माया को सत् मानकर ही यह प्रश्न किया है कि उसका आश्रय क्या है। फिर भी माया का आश्रय ब्रह्म को मानने में कोई कठिनाई नहीं है। माया सत् नहीं है अतः उसका आश्रय होने पर ब्रह्म उससे अप्रभावित रहता है, जैसे, रज्जू-सर्प भ्रम में सर्प का आश्रय रस्सी सर्प से अप्रभावित रहती है।

दूसरी आपत्ति तिरोधानुपत्ति के विरोध में वे कहते हैं कि ज्योतिर्स्वरूप ब्रह्म पर माया वैसे ही आवरण डाल पाती है जैसे, बदली का टुकड़ा ज्योतिर्मय सूर्य को ढाँक लेता है। जैसे, बदली सूर्य को व्यापती नहीं है, वैसे ही माया ब्रह्म को नहीं व्यापती है।

तीसरी आपत्ति स्वरूपानुपपत्ति के विरोध में वे कहते हैं कि माया सत् असत् से विलक्षण है, यही उसकी विशेषता है। माया की प्रतीति होती है, अतः वह आकाश-कुसुम के समान असत् नहीं मानी जा सकती। पुनश्च, कालान्तर में वह अनुभव से बाधित हो जाती है, अतः वह ब्रह्म या आत्मा के समान सत् भी नहीं मानी जा सकती। इसीलिए माया को सत् और असत् इन दो कोटियों से विलक्षण कहा गया है।

चौथी आपत्ति अनिर्वचनीयतानुपपत्ति के प्रत्युत्तर में वे कहते हैं कि जब तक जीव माया के प्रभाव में रहता है, तब तक वह उसके लिए सत् होती है, जैसे ही उसका प्रभाव समाप्त हो जाता है, वह असत् हो जाती है, इसीलिए उसे अनिर्वचनीय कहना गलत नहीं है।

पाँचवीं आपत्ति के प्रमाणनुपपत्ति के प्रत्युत्तर में वे कहते हैं कि माया अनिर्वचनीय ख्यातिवाद से सिद्ध है। अनुभव से हमें वस्तुओं का कई बार मिथ्या ज्ञान (भ्रम) प्राप्त होता है।

छठवीं आपत्ति निवर्त्तकानुपपत्ति और **सातवीं आपत्ति** निवृत्यानुपपत्ति के विरोध में वे कहते हैं कि जैसे, स्वप्न या भ्रम की जागने पर निवृत्ति होती है, उसी तरह ज्ञान होने पर माया की निवृत्ति भी हो जाती है।

अपृथकसिद्धि

रामानुज के दर्शन में **अपृथकसिद्धि** ईश्वर तथा जीवात्माओं (चित्त तत्त्व) और जगत् (अचित् तत्त्व) में सम्बन्ध बतलाने वाला सिद्धान्त है।

ईश्वर और उसके चित् अचित् विशेषण—जैसा कि हमने ऊपर देखा रामानुज के दर्शन में ईश्वर मूलतत्त्व है किन्तु उसके साथ ही चित् तथा अचित् ये दो तत्त्व भी अपना अस्तित्व रखते हैं। शंकराचार्य ने ब्रह्म को सजातीय, विजातीय और स्वगत् इन तीनों भेदों से परे कहा था किन्तु रामानुज ब्रह्म को स्वगत्भेद से युक्त बताते हैं। चित् और अचित् तत्त्व ब्रह्म में उसी तरह रहते हैं जैसे कि एक ही गाय में सींग भी रहते हैं, और पूँछ भी रहती है। ईश्वर और इनमें अनेक प्रकार से सम्बन्ध बताया गया है, जैसे—

—ईश्वर विशेष्य हैं और ये दोनों ईश्वर के विशेषण हैं।

—ईश्वर अंगी हैं और ये दोनों ईश्वर के अंग हैं।

—ईश्वर द्रव्य हैं और ये दोनों ईश्वर के गुण हैं।

—ईश्वर आत्मा है और ये दोनों ईश्वर के शरीर हैं।

यहाँ प्रश्न उठता है कि इनका यह सम्बन्ध कैसा है? ईश्वर से इनका भेद है अथवा अभेद अर्थात् ये ईश्वर से पृथक् या अपृथक्?

भेद, अभेद और अभेदाभेद—रामानुज न तो ईश्वर और इनमें भेद मानते हैं और न ही अभेद। अर्थात् ये न तो ब्रह्म से सर्वथा अलग हैं (भेद) और न ही पूर्णतः एक हैं (अभेद)। तब क्या इनमें भेद और अभेद अर्थात् भेदाभेद दोनों हैं जैसा कि निम्बार्क मानते हैं?

अपृथक्सिद्धि—भेदाभेद से अलग प्रकार का एक अभिनव सम्बन्ध रामानुज ईश्वर और दोनों में बताते हैं। उनके अनुसार जीव और जगत् ईश्वर से अपृथक् रूप से जुड़े हुए हैं। अर्थात् दोनों को ईश्वर से पृथक् नहीं किया जा सकता। जीव जगत् के प्रगट होने के पूर्व चित् और अचित् कारणब्रह्म में बीजावस्था में रहते हैं। इनके प्रगट होने को अथवा स्थूलरूप में आने को रामानुज कार्यब्रह्म कहते हैं। इस प्रकार जीव एवं जगत् स्थूल एवं सूक्ष्मरूप से ईश्वर से अपृथक् है।

न्यायदर्शन से अन्तर—रामानुज का यह सिद्धान्त न्याय के समवाय सम्बन्ध से कुछ समानता रखता है किन्तु दोनों में कुछ अन्तर है। समवाय सम्बन्ध का तात्पर्य नित्य सम्बन्ध है। समवाय सम्बन्धयुक्त वस्तुओं को पृथक् नहीं किया जा सकता जैसे कपड़ा और तंतु। इन दोनों में समवाय संबंध है। यदि कपड़े को तंतु से पृथक् करते हैं तो कपड़े का अस्तित्व समाप्त होता है। किन्तु न्याय का यह सम्बन्ध बाह्य सम्बन्ध है जबकि रामानुज जीवजगत्

और ईश्वर में अंतर सम्बन्ध मानते हैं। रामानुज के दर्शन में जीवजगत् ईश्वर पर सर्वथा आश्रित और उससे अपृथक् है।

मोक्ष

मोक्ष का अर्थ है, संसार के समस्त दुःखों और बंधनों से, यहाँ तक कि आवागमन के चक्र से भी हमेशा के लिए छुटकारा प्राप्त करना।

रामानुज का मोक्ष विचार क्या है, वे मोक्षावस्था में जीवात्मा की क्या स्थिति बतलाते हैं तथा मुक्ति के कौन-कौन से साधन बतलाते हैं, यह जानने के पूर्व हम देखेंगे कि बन्धन का क्या तात्पर्य है तथा आत्मा बन्धनग्रस्त होती कैसे है?

बन्धन का कारण—आत्मा द्वारा शरीरबद्ध होकर जगत् में रहना ही बन्धन है।

रामानुज कहते हैं कि अपने भूतकाल के कर्मों के कारण ही आत्मा बन्धन में बँधती है।

शरीर में बँधने पर आत्मा सम्पूर्ण शरीर को व्याप्त करती है तथा अज्ञान-जन्य अहंकारवश शरीर को अपना यथार्थ रूप मानने लगती है और फिर नाना प्रकार के दुःख उठाती है।

रामानुज कहते हैं कि यह अज्ञान विशुद्ध आत्मा में कैसे आया, यह कहना मानव बुद्धि के लिए कठिन है, यहाँ इतना ही कहा जा सकता है कि यह अज्ञान अनादि (जिसका प्रारम्भ न हो) है, किन्तु अनन्त नहीं है अर्थात् ऐसी बात नहीं है कि इसका अन्त नहीं हो सकता है। मुक्ति का प्रयत्न इसी हेतु तो मनुष्य करता है।

मोक्ष का उद्देश्य—यहाँ उल्लेखनीय है रामानुज शंकर के समान केवल आत्मज्ञान को मोक्ष का उद्देश्य नहीं मानते। उनके अनुसार मोक्ष का मुख्य उद्देश्य ईश्वर-प्राप्ति है। दूसरे शब्दों में, जीवात्मा ईश्वर को पाकर ही मुक्त हो सकती है। अज्ञान के निवारण का भी रामानुज के अनुसार मुख्य उद्देश्य यही है।

मोक्ष के साधन—आचार्यों ने मुक्ति के प्रायः तीन साधन बताये हैं—कर्म, ज्ञान और भक्ति। रामानुज वैसे तो तीनों को महत्त्वपूर्ण बतलाते हैं किन्तु उनके अनुसार तीनों में 'भक्ति' मोक्ष का सर्वाधिक महत्त्वपूर्ण साधन है। उनके अनुसार कर्मकाण्ड यदि निष्काम भाव से किये जायें तो वे मुक्ति में सहायक होते हैं। 'ज्ञान' का उद्देश्य हमें ईश्वर, आत्मा व जगत् का तात्विक 'ज्ञान' करना प्राप्त होना चाहिए। यह ज्ञान अहं अर्थात् जीवात्मा को ईश्वर का प्रकार, उसका एक अंश, समझना है। इससे ईश्वर के प्रति प्रेम बढ़ता है। वस्तुतः ऐसा ही ज्ञान 'भक्ति' की उत्पत्ति करता है, और फिर भक्ति द्वारा मोक्ष साध्य होता है; तब, जैसा कि डॉ॰ राधाकृष्णन् कहते हैं, **''जीवात्मा नये सिरे से शांति-लाभ प्राप्त करती है।''**

भक्ति का अर्थ—रामानुज के अनुसार भक्ति का अर्थ ईश्वर के प्रति शुद्ध प्रेम, उसकी उपासना, उसका ध्यान है। इसमें भक्त संसार से अपना ध्यान हटाकार ईश्वर के चरणों में लगाता है, उसके दर्शन का लाभ प्राप्त करता है, उससे एकाकारता की अनुभूति करता है।

प्रपत्ति—भक्ति के अतिरिक्त प्रपत्ति भी, जो वस्तुतः भक्ति का ही एक रूप है, मोक्ष दिलाने में सहायक होती है। प्रपत्ति का अर्थ है, शरणागति अथवा आत्मसमर्पण। इसके निम्नांकित छः अंग हैं—

(1) ईश्वर के अनुकूल विचार, संकल्प अथवा कर्म करना।

(2) ऐसे विचार, संकल्प अथवा भाव न करना, जो ईश्वर के प्रतिकूल हों।

(3) ईश्वर द्वारा रक्षा किये जाने पर विश्वास रखना।

(4) दया और रक्षा के लिए ईश्वर से प्रार्थना करना।

(5) ईश्वर के प्रति पूर्ण आत्मसमर्पण।

(6) ईश्वर के प्रति दैन्य।

रामानुज कहते हैं कि भक्त की भक्ति और प्रपत्ति से प्रसन्न होकर ईश्वर स्वयं मोक्ष प्रदान करते हैं।

किन्तु सब कुछ अन्ततः भगवद्कृपा पर निर्भर करता है। रामानुज ईश्वर साक्षात्कार अथवा मोक्ष को ईश्वर का प्रसाद कहते हैं, जो पूर्णतः ईश्वरेच्छा पर निर्भर करता है।

प्रपत्ति में मनुष्य की भूमिका—(मार्जर-न्याय और मर्कट-न्याय)—यहाँ उल्लेखनीय है कि मोक्ष-प्राप्ति में मनुष्य के प्रयत्न (पुरुषार्थ) तथा ईश्वरीय कृपा के महत्त्व को लेकर विशिष्टाद्वैत दर्शन के दो परवर्ती वैष्णव सम्प्रदायों, दक्षिणी सम्प्रदाय **नेंगलार्द** (टेंकलै) तथा उत्तरी सम्प्रदाय **बड़गलायी** (बड़कलै) में विवाद रहा है। दक्षिणी सम्प्रदाय, जो आलावरों की परम्परा का अनुसरण करता है, मानता है कि प्रपत्ति अर्थात् ईश्वर के प्रति पूर्ण आत्मसमर्पण ही मोक्ष प्राप्ति का एकमात्र उपाय है—भक्त को अपनी ओर से सिवाय आत्मसमर्पण के और कुछ करने की आवश्यकता नहीं है। यह सम्प्रदाय **मार्जर न्याय** को मानता है। जिसके अनुसार जैसे मार्जर (बिल्ली) का बच्चा माँ के मुँह में दबा रहता है, अपनी से से कुछ प्रयत्न नहीं करता और माँ उसे अपने हिसाब से यहाँ-वहाँ ले जाती है, वैसे ही भक्त अपने को भगवान को सौंप देता है, अपनी ओर से कुछ नहीं करता है, जो कुछ करता है ईश्वर ही करता है।

दूसरी ओर उत्तरी सम्प्रदाय बड़गलायी मानता है कि शरणागति तो महत्त्वपूर्ण है किन्तु केवल इसी से काम नहीं चलता। मोक्ष हेतु अपनी ओर से भी कुछ (पुरुषार्थ) करना पड़ता है। ये अपनी बात को **मर्कट न्याय** से समझाते हैं। मार्जर (बिल्ली) के समान मर्कट (बंदर) का बच्चा भी अपनी माँ के द्वारा इधर-उधर ले जाया जाता है किन्तु इस हेतु वह केवल माँ पर निर्भर नहीं होता, अपनी ओर से भी प्रयत्न करता है। यह प्रयत्न, माँ के पेट को पकड़े रहना है। ठीक इसी तरह अंततः ईश्वर ही हमारी शरण है, पर इस हेतु हमें भी पुरुषार्थ करना होता है।

जहाँ तक रामानुज का प्रश्न है जैसा कि हमने ऊपर देखा रामानुज मुक्ति हेतु, ईश्वरीय कृपा और मानवीय प्रयत्न दोनों को महत्त्व देते हैं। इसी तरह भक्ति के साथ-साथ वे ज्ञान और कर्म को भी महत्त्वपूर्ण बताते हैं।

नेंगलार्द और बड़गलायी इन दो सम्प्रदायों में एक अंतर यह भी है कि नेंगलार्द जहाँ केवल तमिल वेदों को ही प्रामाणिक मानता है वहाँ दूसरा अर्थात् बड़गलायी संस्कृत ग्रंथों में भी आस्था रखता है।

मोक्ष का स्वरूप—रामानुज को शंकर के समान ब्रह्म से अभिन्न हो जाने की अवस्था नहीं कहते हैं। उनके अनुसार मुक्तावस्था में आत्मा, यद्यपि ईश्वर के समान 'अनन्त-चेतना' से युक्त हो जाती है किन्तु ईश्वर नहीं बन जाती, दोनों में भेद रहता ही है।

किन्तु इस द्वैत के बावजूद और ईश्वर में भक्ति, जो एक प्रकार की एकता स्थापित कर देती है, उससे मुक्तावस्था ईश्वरमय हो जाती है। उसे फिर अपनी कोई सुध-बुध नहीं रहती। ऐसी मुक्तावस्था फिर जन्म-मरण के चक्कर में नहीं पड़ती। वस्तुतः उसे मृत्योपरान्त फिर नित्य ईश्वर का सान्निध्य लाभ मिलता है।

जीवनमुक्ति का खंडन—जीवनमुक्ति का अर्थ है देह रहते हुए ही मुक्ति की प्राप्ति। इसके विपरीत विदेह मुक्ति होती है जो देह त्याग के बाद अर्थात् मृत्यु के बाद मिलती है। उल्लेखनीय है कि शंकराचार्य ने विदेहमुक्ति के साथ जीवनमुक्ति को भी स्वीकार किया है। सांख्य और बौद्ध दर्शन में भी जीवनमुक्ति को सम्भव माना गया है। किन्तु रामानुज इसे नहीं मानते क्योंकि जब तक शरीर है तब तक कर्मों का आत्यान्तिक क्षय नहीं हो सकता अतः शरीर रहते हुए मुक्ति सम्भव नहीं है।

यहाँ उल्लेखनीय है कि रामानुज ने भक्ति द्वारा मुक्ति का द्वार सबके लिए खुला माना था, चाहे वह किसी भी वर्ण का हो। उस समय रामानुज द्वारा रखा गया यह मत निश्चय ही भारतीय धर्म एवं समाज के लिए एक बड़ी उपलब्धि थी।

मध्वाचार्य

परिचय—वेदान्त-दर्शन के प्रमुख आचार्यों में मध्वाचार्य का नाम भी उल्लेखनीय है। आपका जन्म दक्षिण प्रान्त के 'उडुपी' नामक स्थान में सन् 1199 ई० में हुआ था तथा सन् 1268 आपका अवसान काल माना जाता है। । आप 'आनन्दतीर्थ' अथवा 'पूर्णप्रज्ञ' के नाम से भी जाने जाते हैं।

मध्वाचार्य का दर्शन 'द्वैतवाद' कहा जाता है। इनके गुरु 'श्री अच्युतप्रेज्ञ' थे। वे शंकराचार्य के अद्वैतवाद के अनुयायी थे। पर तब शिष्य द्वैतवादी कैसे हुए? वस्तुतः मध्व ने अपने गुरु से वाद-विवाद करके अपने दर्शन का विकास किया था। इनके अनेक अनुयायी भी हुए। इन्होंने 'उडुपी' में कृष्ण-मन्दिर की स्थापना की थी, जो उनके अनुयायियों के मिलन का केन्द्र था। मध्व ने यज्ञों में पशु-हिंसा का विरोध कर एक उल्लेखनीय कार्य किया था। उनका सम्प्रदाय 'ब्रह्म-सम्प्रदाय' कहा जाता था।

कृतियाँ—मध्व ने प्रस्थानत्रयी अर्थात् उपनिषद् गीता और ब्रह्मसूत्र के अतिरिक्त भागवत् तथा ऋग्वेद की प्रथम चालीस ऋचाओं पर भी भाष्य लिखा है। इसके अतिरिक्त 'भारत तात्पर्य निर्णय' (महाभारत का सार), 'तन्त्रसार संग्रह', 'प्रपंचमिथ्यातत्व निर्णय' आदि उनकी कुछ प्रसिद्ध कृतियाँ हैं।

द्वैतवाद का सार

शंकर के अद्वैतवाद के विरुद्ध मध्व का दर्शन द्वैतवादी है। उनके अनुसार सत्ता दो प्रकार की है—(1) **स्वतन्त्र सत्ता,** (2) **परतन्त्र सत्ता।**[1]

स्वतन्त्र सत्ता एक ईश्वर (विष्णु) की है। जबकि **परतंत्र सत्ताएँ** अनेक हैं। जीव और जगत् भी परतन्त्र सत्ता में आते हैं। मध्व परतन्त्र सत्ताओं को अनेक मानते हैं इसलिए उन्हें **अनेकतत्ववादी** भी कहा जाता है।

1. ''द्विविधतत्वं स्वतन्त्रास्वतन्त्र भेदात्।''— *'सर्वदर्शन संग्रह'*, 5/1।

शंकर जहाँ अभेदवादी हैं, मध्व भेदवादी हैं। मध्व उपर्युक्त दो सत्ताओं के मध्य कुछ भेदों को स्वीकार करते हैं।

मध्व के अनुसार संसार अपने सब भेदों के साथ यथार्थ एवं अनादि है।

ब्रह्म (ईश्वर)

निर्गुण-सगुण का अर्थ—मध्व का दर्शन रामानुज के दर्शन से कई अर्थों में साम्यता रखता है। परमसत्ता को वे भी रामानुज के समान, ईश्वर कहते हैं। रामानुज के समान वे भी शंकर द्वारा ब्रह्म के सगुण एवं निर्गुण दो रूपों में विभाजन का विरोध करते हैं। उनके अनुसार ब्रह्म सगुण ही है। वह स्वातन्त्र्य, ज्ञान, शक्ति, आनन्द आदि गुणों से सम्पन्न है। वह पूर्णतः दोषरहित है। शास्त्र जब उसे निर्गुण कहते हैं, तब इसका अर्थ उन्हें दुर्गुणों तथा दुर्बलताओं से अछूता बतलाना है।

सर्वोपरि यथार्थ सत्ता—ईश्वर, मध्व के अनुसार सर्वोपरि यथार्थ सत्ता है। सत्ताएँ तो अन्य भी हैं किन्तु ईश्वर सर्वोपरि है तथा अन्य सब उस पर आश्रित हैं। ईश्वर में सब प्रकार की पूर्णता है, वह असीम है।

विष्णु ही ईश्वर है—मध्व के अनुसार वैदिक देवता 'विष्णु' ही ब्रह्म हैं। उनकी देह अतिप्राकृतिक है। वे संसार से ऊपर भी हैं उसमें अन्तर्निहित भी हैं, क्योंकि वे जीवात्माओं के अन्तर्यामी हैं।

लक्ष्मी—लक्ष्मी परमात्मा की शक्ति है किन्तु उससे भिन्न है। नित्य मुक्त, नाना रूपधारिणी यह परमात्मा की भार्या है, उसी के समान अप्राकृत देहधारिणी है किन्तु उसके अधीन है। यह ज्ञानसम्पन्न है।

जगत् का कारण—मध्व के अनुसार ईश्व जगत् का कारण है। अपनी इच्छा से वह जगत की रचना करता है किन्तु वह जगत का केवल निमित्त कारण है, उपादान कारण प्रकृति है। मध्व ईश्वर को जगत का उपादान कारण इसलिए स्वीकार नहीं करते क्योंकि वह ज्ञान सम्पन्न है, उससे जड़ की उत्पत्ति नहीं हो सकती।

ईश्वर का जीव और जगत् से भेद—मध्व यद्यपि जीव और जगत् को ईश्वर के अधीन कहते हैं तथा ईश्वर को इनका निर्माता कहते हैं किन्तु उनके अनुसार जीव और जगत् दोनों ही ईश्वर से भिन्न अपनी स्वतन्त्र सत्ता रखते हैं। मुक्तावस्था में भी जीव का ईश्वर से भेद बना रहता है। तीनों की सत्ता नित्य है।

जीवात्मा

अणुरूप—शंकर के विरुद्ध मध्व जीव को अणुरूप कहते हैं। अपने ज्ञान रूप के कारण यह सम्पूर्ण शरीर को व्याप्त करता है। जीवन अनेक हैं।

जीव की प्रकृति—मध्व कहते हैं कि संसारी जीव मोह, दुःख, भय आदि दोषों से युक्त होते हैं किन्तु यह उनकी स्वाभाविक प्रकृति नहीं है, यह बन्धनजन्य प्रकृति है। स्वभावतः जीव ईश्वर के समान ज्ञान एवं आनन्द से युक्त होते हैं और मुक्तावस्था में वे पुनः इस प्रकृति को प्राप्त कर लेते हैं।

जीव और ईश्वर में भेद—मध्व शंकर के इस विचार का भी डटकर विरोध करते हैं कि जीवात्मा और परमत्व ईश्वर एक ही है अर्थात् दोनों में अभेद है। यदि जीव तथा ब्रह्म में भेद न हो तो ब्रह्म के स्वरूप की जिज्ञासा करने का कोई अर्थ ही नहीं है।

जीव न केवल बन्धन की अवस्था में ईश्वर से भेद रखता है वरन् मोक्ष की अवस्था में भी भेद रखता है। उपनिषदों के वे वाक्य जो ईश्वर और जीव की एकता घोषित करते बताये जाते हैं केवल यही तात्पर्य रखते हैं कि **मोक्षावस्था में जीव ईश्वर की महानता में से कुछ प्राप्त कर लेता है।**

जीव, कर्त्ता और भोक्ता—जीव, कर्त्ता और भोक्ता है। केवल बन्धन की अवस्था में नहीं वरन् मुक्तावस्था में उसमें यह विशेषता रहती है।

बन्धन का कारण—जीव के बन्धन का कारण वेदान्ती प्रायः अविद्या को कहते हैं। मध्व कहते हैं कि बन्धन का यह गौण कारण है। मुख्य कारण ईश्वर की इच्छा है। मध्व इस बात पर भी बल देते हैं कि यह बन्धन काल्पनिक नहीं है, यह वास्तविक है। यदि काल्पनिक होता तो शास्त्र उसे दूर कर मोक्ष प्राप्ति का आदेश नहीं देते।

जीवों में भेद—मध्व जीव को अनेक मानते हैं। इन अनेक जीवों में आपस में भी भेद है। इस तरह जीवों में न केवल संख्यात्मक वरन् गुणात्मक भेद भी होता है। हर जीव की ब्रह्मानन्द प्राप्त करने की क्षमता अलग-अलग होती है।

जीवों के प्रकार—मध्व-दर्शन में जीव तीन प्रकार के बताये गये हैं—

1. नित्य मुक्त—जो कभी बन्धन-ग्रस्त नहीं होते, जैसे, लक्ष्मी।

2. संसार मुक्त—जिन्होंने अपने को इस संसार से मुक्त कर लिया है, जैसे, देवता, ऋषि, मुनि आदि।

3. बद्ध—इसमें मुक्ति पाने के योग्य और अयोग्य दोनों जीव आते हैं। जो मुक्ति पाने के अयोग्य होते हैं, वे नरकवासी होते हैं।

जगत्

जगत् सत्य है—मध्व के अनुसार ईश्वरकृत यह जगत् पूर्णतः सत्य है। शंकर द्वारा इसे मिथ्या कहना हर तरह से अनुचित है।

जगत् का कारण—जगत् का निमित्त कारण ईश्वर है तथा उपादान कारण प्रकृति है, जैसे—घड़े का निमित्त कारण कुम्हार तथा उपादान कारण प्रकृति होती है। यहाँ उल्लेखनीय है कि वेदान्तियों में केवल मध्व ही ऐसे आचार्य हैं जो ईश्वर को जगत् का केवल निमित्त कारण न बतलाकर ईश्वर के अतिरिक्त अन्य तत्त्व को उपादान कारण बतलाते हैं। शेष सभी वेदान्ती ईश्वर को ही जगत् का उपादान तथा निमित्त, दोनों कारण कहते हैं।

प्रकृति क्या है?—मध्व के अनुसार प्रकृति भी एक द्रव्य है जिससे समस्त भौतिक पदार्थ उत्पन्न होते हैं तथा समायान्तर से उसी में लौट जाते हैं। ईश्वर इसी में से अनेक आकृतियों को गढ़ता है और स्वयं नाना आकृतियों में निवास भी करता है। प्रकृति का पदार्थ तक का परिवर्तन, 24 पदार्थों में से होकर गुजरता है, ये चौबीस पदार्थ; महत्, अहंकार, बुद्धि, मन, दस इन्द्रिय, पाँच इन्द्रियों के विषय, पंच महाभूत हैं। विकास के पूर्व ये प्रकृति में सूक्ष्म रूप में स्थित रहते हैं।

अविद्या—अविद्या प्रकृति का ही एक रूप है। यह दो प्रकार की है—

1. जीवाच्छादिका—वह जो जीव की आध्यात्मिक शक्तियों को आच्छादित करती है।

2. परमाच्छादिका—वह ईश्वर को जीव की दृष्टि से दूर रखती है।

भेदवाद

मध्वाचार्य भेदवादी है। भेदवाद का मतलब है भेदों को सत्य स्वीकार करना। उनका भेदवाद शंकर के अभेदवाद के विरुद्ध है।

शंकराचार्य ब्रह्म में किसी भी प्रकार का भेद न स्वीकार करते हुए ब्रह्म को तीनों भेदों (सजातीय भेद, विजातीय भेद, स्वगत् भेद) से परे कहते हैं तथा जगत् को पारमार्थिक रूप से मिथ्या करते हैं। मध्वाचार्य ब्रह्म, जीव और जगत् तीनों को सत्य कहते हैं तथा ब्रह्म का जीव और जगत् से अभेद नहीं, भेद स्वीकार करते हैं। जीव और जगत् के प्रसंग में हम मध्व के विचारों को देख चुके हैं, किन्तु यहाँ विशेष विवेचन इसलिए आवश्यक है क्योंकि मध्व और भी अन्य भेदों की चर्चा करते हैं। यह भेदज्ञान अत्यन्त महत्त्वपूर्ण है क्योंकि मध्व-दर्शन में यह ज्ञान मुक्ति में सहायक है।

भेद वास्तविक है—माध्व-दर्शन में भेद को वास्तविक माना गया है। यहाँ भेद के उतने ही रूप बताये गये हैं जितने रूपों में वस्तु का सम्बन्ध दूसरी वस्तु से ज्ञात होता है। यह पदार्थ का स्वरूप है। न्यायमृत में कहा गया है, **सत्यं भेदस्तु वस्तूनां स्वरूपं नात्र संशयः।** किन्तु वैशेषिक दर्शन के समान मध्व इसे न तो एक अलग पदार्थ मानते हैं और न ही एक अलग गुण बल्कि इसे पदार्थ का स्वरूप कहते हैं।

पाँच प्रकार के भेद—मध्वाचार्य पाँच प्रकार के भेद बताते हैं—

1. ईश्वर और जीव के मध्य भेद—जीव और ईश्वर स्वरूपतः भिन्न है यद्यपि दोनों सत् हैं। ईश्वर स्वतन्त्र है जबकि जीव परतन्त्र है। अतः दोनों के बीच भेद है। श्रुतियाँ जब कहती है कि **तत्वमसि** अथवा **अयमात्मा ब्रह्म** तो उसका तात्पर्य दोनों के बीच अभेद बतलाना नहीं है, जैसा कि शंकर कहते हैं। इसका तात्पर्य यही है आत्मा के अंदर अपने सारभूत गुण ऐसे हैं जो ईश्वर के गुणों के समान हैं। इसका तात्पर्य जीव की तात्विक स्वतन्त्रता और महत्ता बतलाना है। वे मंडकोपनिषद् के प्रसिद्ध श्लोक **'द्वा सुपर्णा'** को उद्धृत करते हैं, जिसका तात्पर्य है कि शरीररूपी एक ही वृक्ष पर ईश्वर और जीव परस्पर मिलकर रहते हैं। इनमें से एक, जीव, फलों का भोग करता है जबकि दूसरा ईश्वर केवल दृष्टा रहता है। जीव दुःखी और पीड़ित होता है जबकि ईश्वर नहीं।

2. ईश्वर और भौतिक पदार्थ के मध्य भेद—ईश्वर और भौतिक पदार्थ के मध्य भी अभेद नहीं हो सकता, यद्यपि भौतिक पदार्थ को भी मध्वाचार्य ईश्वर के समान सत् कहते हैं। श्रुति—वचन **एकमेवाद्वितीय** अथवा **सर्व खलु इदं ब्रह्म** दोनों के मध्य अभेद बतलाने के लिए नहीं है बल्कि जगत् की सत्ता और प्रवृत्ति ब्रह्म के अधीन है, यह बतलाने के लिए है।[1]

3. जीव और जीव के मध्य भेद—मध्व के अनुसार प्रत्येक जीव अपना पृथक् अस्तित्व बनाये रखते हैं। प्रत्येक जीव दूसरे से भिन्न है। न केवल संसार दशा में भेद है वरन् मुक्तावस्था में भी भिन्नता विद्यमान रहती है।[2] डा॰ राधाकृष्णन् के शब्दों में, **कोई भी दो जीव स्वरूप में एक समान नहीं होते। जीवन की तराजू में सबका अपना-अपना मूल्य और स्थान है।**[3]

---

1. एन॰ के॰ देवराज, *भारतीय दर्शन*, पृ॰ 617
2. बलदेव प्रसाद उपाध्याय, *भारतीय दर्शन*, पृ॰ 403
3. राधाकृष्णन्, *भारतीय दर्शन*, भाग 2, पृ॰ 653

4. जीव और भौतिक पदार्थ के मध्य भेद—मध्व के अनुसार जीव और भौतिक पदार्थ दोनों में एक समानता है कि दोनों ईश्वर के ऊपर आश्रित है किन्तु दोनों के मध्य पूर्णतः भेद है। भौतिक पदार्थ जड़ है जबकि जीव चेतन है।

5. भौतिक पदार्थ और भौतिक पदार्थ के मध्य भेद—प्रत्येक भौतिक पदार्थ भी दूसरे भौतिक पदार्थ से भेद रखता है।

इस तरह मध्वाचार्य के दर्शन में प्रत्येक तत्त्व दूसरे से भेद रखता है। उनके अनुसार भेद ही सत्य है।

मोक्ष

मध्व के अनुसार मुक्ति जीव की वह अवस्था है जिसमें जीव जन्म-मरण के चक्र से छूटकर ईश्वर का सान्निध्य प्राप्त कर ब्रह्मानन्द की प्राप्ति करता है।

किन्तु इस अवस्था में वह ब्रह्म में लीन नहीं हो जाता जैसा कि शंकराचार्य कहते हैं। उसका अपना अस्तित्व बना रहता है। जिस तरह सागर में गिरने वाली नदियाँ अपना नाम और रूप खो नहीं देतीं, हालाँकि अज्ञानी उनका नाम व रूप नहीं देख पाते, उसी तरह मुक्तात्मा भी विष्णु में वास करते हुए अपना अस्तित्व बनाये रखती है।

मुक्ति के साधन (भक्ति + ज्ञान)—मुक्ति के साधन के रूप में मध्व-दर्शन में भक्ति के साथ ज्ञान भी महत्त्वपूर्ण बतलाया गया है। भक्ति ईश्वर के प्रति ऐसा अचल प्रेम है जो समस्त सांसारिक प्रेम से ऊँचा है। इस तरह ईश्वर के प्रति आसक्ति ही भक्ति है किन्तु यह भक्ति 'ज्ञान' से रहित नहीं है।

पर यह 'ज्ञान' क्या है? मध्व के अनुसार यह ज्ञान आत्मा और परमात्मा के बीच अभेद का नहीं वरन् भेद का ज्ञान है। इस भेद का ज्ञान कि **परमात्मा विष्णु अनन्त श्रेष्ठ गुणों एवं दिव्यता की मूर्ति हैं, तथा मैं (आत्मा) अत्यन्त दीन हूँ, उस पर पूर्ण रूप से आश्रित हूँ।** मध्व इसे 'अपरोक्ष ज्ञान' कहते हैं।

भगवत्कृपा—अन्य वैष्णव आचार्यों के समान मध्व भी मुक्ति हेतु भगवत् कृपा को अत्यन्त महत्त्व देते हैं। किन्तु वल्लभाचार्य के समान मध्व भगवान् की कृपादृष्टि को पूर्णतः स्वेच्छाचारी नहीं कहते। वे कहते हैं कि जीव अपनी भक्ति से अपने को इस योग्य बना सकता है कि ईश्वर उस पर कृपा करें।

निम्बार्काचार्य

परिचय—ग्यारहवीं शताब्दी के वैष्णव वेदान्ती आचार्य निम्बार्क का **भेदा-भेदवाद** के नाम से प्रसिद्ध दर्शन भी वेदान्त दर्शन में अपना महत्त्वपूर्ण स्थान रखता है। ये रामानुज से कुछ समय पश्चात् हुए थे। इनका जन्म दक्षिण भारत के एक तैलंग ब्राह्मण परिवार में हुआ था। नारद इनके गुरु माने जाते हैं। इनके नियमादित्य तथा निम्बादित्य नाम भी मिलते हैं।

कृतियाँ— 'वेदान्त पारिजात सौरभ', 'दशश्लोकी', 'श्रीकृष्णस्वराज' आदि निम्बार्काचार्य की कुछ प्रसिद्ध रचनाएँ हैं।

भेदाभेद दर्शन का सार—निम्बार्क के अनुसार तीन द्रव्य नित्य हैं—(1) **ब्रह्म** (ईश्वर), (2) **चित् तत्त्व** (जीवात्मा), (3) **अचित् तत्त्व** (जड़ पदार्थ)। इनमें से ब्रह्म का चित् और अचित् तत्त्व के साथ भेद भी है और अभेद भी हैं। यह भेद और अभेद दोनों

ही समान रूप से सत्य एवं स्वाभाविक हैं। इसलिए श्रुतियाँ दोनों का समान रूप से प्रतिपादन करती हैं। इनमें से ब्रह्म नियन्ता है, जीव भोक्ता और कर्त्ता हैं तथा जड़ पदार्थ भोग्य हैं।

भेद और अभेद दोनों को समान रूप से महत्त्व देने के कारण यह सिद्धान्त **भेदाभेदवाद** कहा जाता है। इसका अन्य नाम **द्वैताद्वैतवाद** भी है।

यहाँ उल्लेखनीय है कि यह सिद्धान्त निम्बार्क से पूर्व कुछ आचार्यों, जैसे, आश्मरथ्य, औडुलोमि, भास्कर आदि द्वारा प्रतिपादित किया जा चुका है।

ब्रह्म (ईश्वर)

सर्वोपरि तत्त्व—निम्बार्क ईश्वर, चित् तत्त्व तथा अचित् तत्त्व तीनों की सत्ता नित्य कहते हैं किन्तु उनके अनुसार इनमें से ईश्वर सर्वोपरि है। वह महानतम् आत्मा है। समस्त प्राकृत दोषों (अविद्यादि) से रहित है तथा अशेष ज्ञान, बल आदि कल्याणकारी गुणों का निधान है।[1]

कृष्णरूप—निम्बार्क ईश्वर का कृष्णरूप प्रमुख मानते हैं। यहाँ उल्लेखनीय है कि रामानुज एवं मध्व विष्णु को पूज्य मानते थे जबकि निम्बार्क तथा वल्लभ कृष्ण-भक्त थे। निम्बार्क कहते हैं कि राधा, कृष्ण की साथी है, यह उनकी शक्ति है।

विश्व का कारण—ईश्वर विश्व का उपादान एवं निमित्त दोनों कारण है। उसमें अनन्त सामर्थ्य है। जगत् की सृष्टि उसकी इच्छा का विलास मात्र है।

ईश्वर की स्थिति—ईश्वर इस विश्व में व्याप्त भी है तथा इससे परे भी है। विश्व उसका केवल एक पाद है, तीन पाद इससे परे हैं।

कर्माध्यक्ष—ईश्वर जीव को उनके कर्मों के अनुसार फल देता है। अपने शरणागत भक्तों की रक्षा करता है तथा उन्हें मुक्ति प्रदान करता है।

जीवात्मा

जीवन का स्वरूप—निम्बार्क के अनुसार जीव ज्ञाता और ज्ञान दोनों है, अर्थात् वह ज्ञान-स्वरूप भी है और ज्ञान को धारण करने वाला भी है।

अणुरूप—जीव अणुरूप है। ज्ञान स्वरूप होने के कारण वह समस्त शरीर को व्याप्त करता है। इसी के कारण वह शरीर के भीतर के सुख, दुःख का अनुभव करता है।

अनेक—जीव अनेक हैं, यद्यपि इन सबको एक ईश्वर धारण करता है।

कर्त्ता-भोक्ता—जीव कर्मों को करता है तथा उसके फलों को भोगता है।

जीव की दशा—जीव की दो दशाएँ—(1) बद्ध, (2) मुक्त।

बद्ध दशा वह है जब जीव सांसारिक बन्धन में बँधा रहता है। मुक्त दशा वह है जब जीव ईश्वर की कृपा से मुक्त हो जाता है।

जीव का ईश्वर से सम्बन्ध—निम्बार्क के अनुसार उपर्युक्त दोनों ही दशाओं में जीव का ब्रह्म से सम्बन्ध भिन्न और अभिन्न दोनों हैं। शंकर ने ब्रह्म और जीव में केवल अभिन्न (अभेद) सम्बन्ध माना था, मध्व दोनों में केवल भिन्न (भेद) सम्बन्ध मानते थे,

1. ''स्वभावतोऽपास्तसमस्तदोषमशेषकल्याण गुणैकराशिम्।''— *'दशश्लोकी'*।

निम्बार्क मध्यमार्गी हैं। वे कहते हैं कि जीव और ब्रह्म के मध्य भिन्न और अभिन्न दोनों ही सम्बन्ध समान रूप से सत्य हैं।

वे इसे विभिन्न उदाहरणों द्वारा भी समझाते हैं; जैसे, सूर्य से उसकी किरणें, सागर से उसकी लहरें, सर्प से उसकी कुण्डली न तो भिन्न है, न अभिन्न अर्थात् भिन्न और अभिन्न दोनों हैं; उसी तरह जीव ब्रह्म से भिन्न भी हैं, अभिन्न भी। दूसरे शब्दों में, जीवात्मा का ब्रह्म से भेद और अभेद दोनों है।

निम्बार्क कहते हैं कि श्रुतियाँ भी दोनों के मध्य भेद और अभेद दोनों का प्रतिपादन करती है; जैसे, **'मैं ब्रह्म हूँ'**[1], **'तू वह है'**[2] आदि श्रुतिवाक्य जहाँ अभेद के प्रतिपादक है, वहीं 'वह, महान से महान दिव्य से महान् पुरुष के पास जाता है'[3] 'फिर वह उसे ध्यान में अविभाज्य रूप में देखता है'[4] आदि श्रुति-वाक्य दोनों में भेद के प्रतिपादक हैं। एक स्थान पर 'उसे' सब प्राणियों का अन्तर्यामी[5] भी कहा गया है। निम्बार्क कहते हैं कि यदि हम दोनों में केवल अभेद सम्बन्ध मानें तो श्रुतिवाक्य जो भेद का प्रतिपादन करते हैं, व्यर्थ हो जायेंगे।

जगत् (अचित् तत्त्व)

जगत् सत्य है—निम्बार्क भी शंकर द्वारा जगत् को भ्रामक कहे जाने का विरोध करते हैं। उनके अनुसार जगत् पूर्णतः सत्य है क्योंकि यह जो कुछ ईश्वर के स्वरूप में सूक्ष्म रूप में विद्यमान है, उसी का अभिव्यक्त रूप है।

जगत् का कारण—निम्बार्क भी सत्कार्यवादी हैं, अर्थात् उनके अनुसार कार्य अपने कारण में पहले से रहता है, तभी निकलता है। जगत् को निम्बार्क ब्रह्म की अचित् शक्ति की अभिव्यक्ति बतलाकर सत्कार्यवाद का समर्थन करते हैं। ईश्वर जगत् का उपादान और निमित्त दोनों कारण हैं।

जगत् और ब्रह्म में सम्बन्ध—जगत् और ब्रह्म में वैसा ही सम्बन्ध है जैसा जीव और ब्रह्म में है अर्थात् ब्रह्म जगत् में, भेद तथा अभेद, दोनों सम्बन्ध है। जगत् जड़ है, अतः ईश्वर से भिन्न है किन्तु वह सूक्ष्म रूप में अचित् तत्त्व के रूप में ईश्वर में रहता है इसलिए उससे अभिन्न है। इस तरह वह ईश्वर पर निर्भर रहता है। प्रलयकाल में वह ईश्वर में लीन हो जाता है। इस तरह निम्बार्क के अनुसार ईश्वर मकड़ी के सदृश जगत् की रचना और संहार अपनी विभूति के प्रसार और संकोच द्वारा करता है।

निम्बार्क ईश्वर तथा जगत् के मध्य सम्बन्ध को नियामक तथा नियन्त्रित का सम्बन्ध कहते हैं। नियामक होने के कारण ईश्वर स्वतन्त्र सत्व है जबकि नियन्त्रित होने के कारण जगत् परतन्त्र है।

---

1. ''यच्चकिंचिज्जगत्यस्ति दृश्यते श्रूयतेऽपि वा।
   अन्तर्वहिश्च तत् सर्वं व्याप्त नारायणः स्थितः॥'' — *'सिद्धान्तजाह्वी'*, पृ॰ 53
2. *'बृहदारण्यक उपनिषद्॰'*, 1/4/10
3. *'केन उपनिषद्'*, 6/8/7
4. *'मुण्डक उपनिषद्'*, 3/2/8
5. *'मुण्डक उपनिषद्'*, 3/1/8

यहाँ उल्लेखनीय है कि रामानुज के दर्शन से निम्बार्क का दर्शन काफ़ी साम्य रखता है। उन्होंने भी ईश्वर के साथ ही जीवात्मा तथा जड़-जगत् का सत्य अस्तित्व माना था, किन्तु जहाँ उनके जीव व जगत् (चित् व अचित् तत्त्व), ईश्वर के विशेषण हैं तथा ईश्वर उनका विशेष्य है, वहाँ निम्बार्क के अनुसार ईश्वर आश्रय है तथा चित्त और अचित् ये दोनों तत्त्व ईश्वर के आश्रित हैं।

मुक्ति

स्वरूप—अन्य वैष्णव वेदान्तियों के समान निम्बार्क भी मुक्ति का अर्थ सांसारिक बन्धनों से छुटकारा पाकर देह-त्याग के पश्चात् परमात्मा के साथ रहकर परमानन्द-लाभ प्राप्त करना मानते हैं। निम्बार्क कहते हैं कि इसमें जीवात्मा का नाश नहीं होता वरन् पूर्ण विकास होता है।

साधन—निम्बार्क भी **भक्ति** को मुक्ति का सर्वोच्च साधन कहते हैं। उनके अनुसार भक्ति ईश्वर से एक विशेष प्रकार का प्रेम है। यह जीव तथा ईश्वर के बीच मधुर मैत्री सम्बन्ध है।

किन्तु निम्बार्क कोरी भक्ति में विश्वास नहीं रखते हैं। भक्ति द्वारा ईश्वर तक पहुँचने वाले मोक्षार्थी को निम्न पाँच साधनों से भी सम्पन्न होना चाहिए—

1. **कर्म**—इसका अर्थ है स्वधर्मों का निष्काम भाव से पालन।
2. **ज्ञान**—ब्रह्म के स्वरूप का तथा उससे जीव व जगत् के वास्तविक सम्बन्धों का ज्ञान।
3. **उपासना**—अष्टांग योग आदि का पालन।
4. **प्रपत्ति**—ईश्वर को आत्मसमर्पण।
5. **गुरुपसत्ति**—गुरु को आत्मसमर्पण। (क्योंकि वही जीव को ईश्वर तक ले जाता है)

भगवत्कृपा—उपर्युक्त सभी साधनों के अतिरिक्त भगवत्कृपा भी मोक्ष हेतु आवश्यक है। उसके बिना किसी तरह मुक्ति सम्भव नहीं है।

वल्लभाचार्य

परिचय—श्रीमद्वल्लाभाचार्य, श्री रामानुज, मध्व, निम्बार्क आदि की परम्परा के वैष्णव धर्म के प्रचारक वेदान्त दार्शनिक हैं। मध्ययुगीन कृष्ण-भक्ति के अमर कवि 'अष्टछाप' के नाम से प्रसिद्ध सूर आदि उसी पुष्टिमार्गीय भक्ति के गायक थे जो वल्लभाचार्य द्वारा प्रतिपादित की गई थी।

मूलतः वल्लभाचार्य दक्षिण भारतीय थे, यद्यपि इनका जन्म (सन् 1479) मध्य भारत (चम्पारण, जिला रायपुर, छत्तीसगढ़) में हुआ था तथा इनकी शिक्षा-दीक्षा एवं धर्म तथा दर्शन के प्रचार का केन्द्र उत्तर भारत (काशी) था। उन्होंने भारत के विभिन्न तीर्थ-स्थलों की यात्रा की थी और सारे भारत में इन यात्राओं के दौरान अपने 'शुद्धाद्वैत' दर्शन तथा 'पुष्टिमार्गीय' भक्ति' का प्रसार किया एवं अन्य मतों का खण्डन किया। इसी बीच अनेकानेक जन उनके अनुयायी हुए। सन् 1531 में जलसमाधि द्वारा उन्होंने देह-त्याग किया।

कृतियाँ—वल्लभाचार्य ने अनेक ग्रन्थों की रचना की जिसमें अणुभाष्य (ब्रह्मसूत्र पर भाष्य), सुबोधिनी, तत्वदीप-निबन्ध, जैमिनी-सूत्र-भाष्य, पुरुषोत्तम सहस्रनाम, कृष्णाश्रय आदि प्रमुख हैं।

यहाँ उल्लेखनीय है कि अन्य आचार्य जहाँ प्रस्थानत्रयी अर्थात् उपनिषद्, गीता और ब्रह्मसूत्र का प्रामाण्य स्वीकार कर आगे बढ़ते हैं वहाँ वल्लभ इनके अतिरिक्त श्रीमद्भागवत् को भी इन्हीं के सामन प्रामाणकि मानते हैं। इस तरह वे **प्रस्थानचतुष्टय** के समर्थक हैं।

शुद्धाद्वैत दर्शन का सार—वल्लभाचार्य वेदान्त दर्शन की प्रमुख विचारधारा अद्वैत-मत के पोषक हैं, अर्थात् वे भी मानते हैं कि परम सत्ता एक ही है और वह है 'ब्रह्म'।

वल्लभाचार्य का दर्शन **शुद्धाद्वैत** कहा जाता है। यहाँ अद्वैत के साथ शुद्ध शब्द भी जुड़ा हुआ है। इसका मतलब है कि अद्वैत ब्रह्म शुद्ध है अर्थात् माया की उपाधि से रहित है।[1]

जहाँ तक जीव और जगत् का प्रश्न है, इस सिद्धान्त के अनुसार ये दोनों ही ब्रह्म के परिणाम हैं। चूँकि इन दोनों को वल्लभ ब्रह्म का अविकृत परिणाम कहते हैं, इसलिए उनका सिद्धान्त **अविकृत परिणामवाद** के नाम से भी जाना जाता है। यहाँ जीव और जगत् दोनों ब्रह्म रूप ही हैं। इसीलिए इसे **ब्रह्मवाद**[2] भी कहा जाता है।

स्पष्ट है कि वल्लभ दर्शन में जीव और जगत् दोनों ब्रह्म के समान सत्य हैं। अब हम इन तत्त्वों पृथक्-पृथक् विचार करेंगे।

ब्रह्म

परमतत्त्व—वेदान्त के अन्य आचार्यों के समान वल्लभाचार्य भी मानते हैं, कि सर्वोच्च सत्ता अर्थात् परमतत्त्व ब्रह्म ही है।

मुख्य विशेषता—इस परमतत्त्व ब्रह्म की वल्लभ निम्नलिखित विशेषताएँ बताते हैं—

1. अद्वैत सत्ता—यह अद्वैत अर्थात् एक ही सत्ता है। जड़ जगत् और चेतन जीव इसी के अंश हैं। वल्लभ ने इसे ही श्रीकृष्ण कहा है।

2. शुद्ध—यह अद्वैत ब्रह्म शुद्ध है, अर्थात् माया की उपाधि से रहित है।

3. विरुद्ध धर्माश्रय—उपनिषदों ने ब्रह्म को निर्गुण और सगुण दोनों कहा है। शंकर इनमें से निर्गुण को परमार्थ सत्य और सगुण को व्यावहारिक सत्य कहते हैं। वल्लभ के अनुसार वह व्याख्या गलत है। परब्रह्म की यह विशेषता है कि इसमें दोनों परस्पर विरुद्ध धर्म साथ-साथ रह सकते हैं।[3]

वैसे, वल्लभ कहते हैं कि ब्रह्म सगुण ही है, ब्रह्म को निर्गुण कहने का तात्पर्य उसका सत् रज और तम् गुणों से हीन होना है।

4. सच्चिदानन्द ब्रह्म—श्रुतियों द्वारा प्रतिपादित ब्रह्म के सच्चिदानन्द रूप को वल्लभ भी स्वीकार करते हैं। वल्लभ के अनुसार **जड़-जगत्** के रूप में **ब्रह्म** का सत् रूप अभिव्यक्त होता है, **जीव रूप** में उसके सत् एवं चित् दोनों रूप अभिव्यक्त होते हैं। उसका **अन्तर्यामी** रूप सत्, चित्, आनन्द तीनों गुणों को रखता है।

1. ''माया सम्बन्ध रहित शुद्धमित्युच्यते बुधौ।
   कार्यकारण रूपं हि शुद्ध ब्रह्म न मायिकम्।।'' —गिरधरजी, *'शुद्धाद्वैत मार्तण्ड'*, 28
2. ''सर्व ब्रह्म इति वादः ब्रह्मवादः तेन।
3. ''विरुद्धधर्मणाश्रयं युक्तगोचरम्।'' — *'तत्वदीप निबन्ध'*, पृ॰ 24/6

5. अविकारी—ब्रह्म के जीव और जगत् परिणाम हैं, फिर भी ब्रह्म अविकारी ही रहता है, जैसे स्वर्ण के विभिन्न आभूषण बनने पर भी उसमें विकार नहीं आता है।

6. भेदों से परे—वल्लभ के अनुसार ब्रह्म सजातीय, विजातीय तथा स्वगत भेदों से परे हैं।[1] इसका तात्पर्य है कि जो कुछ दिखाई दे रहा है, वह सब ब्रह्ममय है, तथा ब्रह्म के समान ही सत्य है।

7. तर्कों से परे—वल्लभ-दर्शन में ब्रह्म तर्कों से भी परे कहा गया है। इसका ज्ञान केवल शब्द-प्रमाण से अर्थात् शास्त्रों से हो सकता है।[1]

परब्रह्म के रूप—वल्लभ ने ब्रह्म के तीन रूप बतलाये हैं—

(1) पुरुषोत्तम ब्रह्म, (2) अक्षर ब्रह्म, (3) क्षर ब्रह्म

इनमें **पुरुषोत्तम ब्रह्म** सर्वश्रेष्ठ है। यही श्रीकृष्ण हैं। यह पूर्ण आनन्द-स्वरूप है। **अक्षर ब्रह्म** सृष्टि की उत्पत्ति, पालन व संहार करता है। **क्षर ब्रह्म** जगत् है। भक्तों को प्रसन्न करने के लिए पुरुषोत्तम **अवतार** भी लेता है।

जीवात्मा

जीवात्मा का स्वरूप—वल्लभ के अनुसार जीवात्मा की निम्नलिखित विशेषता है—

अंशी जीव—**जीव ब्रह्म** का अंश है, जैसे, स्फुलिंग अग्नि का अंश होता है। वह ईश्वर के **चिदांश** से उत्पन्न होता है। इस तरह ईश्वर के समान ही वह सत्य है किन्तु वह ईश्वर नहीं है, वह ससीम है जबकि ईश्वर असीम है, उसमें ईश्वर के समान ऐश्वर्यादि छः गुणों का अभाव होता है इसी से वह दीन-दुःखी हो जाता है।

अणुजीव—शुद्धाद्वैत दर्शन में जीव को 'अणु'[2] भी कहा गया है अर्थात् आकार में वह आणविक है किन्तु इसकी चेतना समस्त शरीर को व्याप्त करती है[3], जैसे, चन्दन शरीर के किसी एक अंग में लगाने पर भी उसकी ठण्डक का अनुभव सारे शरीर को होता है।

जीव की तीन अवस्थाएँ

किन्तु जीव का यह अणुरूप शाश्वत नहीं है। मुक्तावस्था में जब उसे पूर्ण आनन्द की अनुभूति होती है, उसका स्वरूप व्यापक हो जाता है। वल्लभ जीव की तीन अवस्था बतलाते हैं—

1. शुद्ध जीव—यह ब्रह्म से निर्गमन से पूर्व की अवस्था है।

2. संसारी जीव—जो संसार में अविद्या के जाल में जकड़े हुए होते हैं।

3. मुक्त जीव—भगवद्कृपा से संसारी जीव की अविद्या जब नष्ट होती है, उसमें आनन्द की उत्पत्ति होती है, तब वही मुक्त जीव हो जाता है। ऐसा जीव ब्रह्मभाव को प्राप्त होता है।

जीव की स्वतन्त्रता—वल्लभ के अनुसार जीव कर्म करने में स्वतन्त्र है किन्तु उसकी स्वतन्त्रता ईश्वराधीन है। उसके भाग्य का निर्धारण उसके कर्म-फल से नहीं वरन् ईश्वर की सर्वोपरि इच्छा द्वारा होता है।

---

1. तत्वार्थदीप और उस पर टीका, प॰ 106
2. *'अणुभाष्य'*, 1/1/20
3. *'अणुभाष्य'*, 2/3/19

जगत्

जगत् का कारण—वल्लभ के अनुसार जगत् का कारण ब्रह्म है। ब्रह्म के सत् अंश से जगत् प्रगट होता है। ब्रह्म जगत् का निमित्त और उपादान कारण दोनों हैं,[1] अर्थात् वह जगत का रचयिता भी है और स्वयं विश्वरूप भी है।

अविकृत परिणामवाद—वल्लभ सत्कार्यवादी हैं। वे रामानुज के समान ब्रह्म परिणामवाद के समर्थक हैं, किन्तु उनका मत है कि इससे ब्रह्म में किसी प्रकार का विकार नहीं होता, वह अविकृत ही बना रहता है, जैसे, सोने के विभिन्न आभूषण बनने पर भी सोना अविकृत रहता है। यही **अविकृत परिणामवाद** है।

जगत् नित्य है—यहाँ उल्लेखनीय है कि जगत् के निर्माण की चर्चा करने के बाद भी वल्लभ कहते हैं कि जगत् नित्य है। उनका मत है कि जगत् की उत्पत्ति वास्तव में जगत् का प्रगटीकरण मात्र है। इसे वल्लभ जगत् का **आविर्भाव** कहते हैं तथा उनके अनुसार प्रलयावस्था में जगत् का नाश नहीं केवल **तिरोभाव** होता है। इस तरह जगत् नित्य है।

जगत् सत्य है—यह जगत् वल्लभ के अनुसार उतना ही सत्य है जितना कि इसे प्रगट करने वाला परमात्मा। वल्लभ शंकर द्वारा जगत् को मिथ्या कहे जाने की कड़ी आलोचना करते हैं। उनके अनुसार जगत् ईश्वर की लीला है, पर पूर्ण सत्य है।

माया—माया का प्रयोग वल्लभ ने भी किया है। उनके अनुसार ईश्वर की शक्ति है जिससे वह जगत् प्रकट करता है, किन्तु जगत् मायिक (मिथ्या) नहीं है, न ही माया की कोई स्वतन्त्र सत्ता है।

जगत् और संसार—वल्लभ ने जगत् और संसार में अन्तर किया है। संसार का अर्थ सांसारिक वस्तुओं के प्रति 'मैं' और 'मेरे-पन' की भावना है। यह भावना अज्ञानजन्य है। वल्लभ संसार को मिथ्या कहते हैं, किन्तु जगत् मिथ्या नहीं है। संसार का नाश अवश्य जीव ज्ञान, वैराग्य आदि से कर सकता है, पर जगत् का लय ईश्वर की इच्छा से ही होता है। वल्लभ कहते हैं कि पुराणों में जहाँ कहीं जगत् को मिथ्या या असत्य कहा गया है, वहाँ उसका उद्देश्य वैराग्य उत्पन्न करना है।[2]

मोक्ष

भारतीय दर्शन में मोक्ष को सर्वोच्च स्थान प्राप्त है। मोक्ष सांसारिक दुःखों से, बन्धन से मुक्ति है। मोक्ष की यह निषेधात्मक अवस्था प्रायः सभी भारतीय दार्शनिकों द्वारा स्वीकार की गई है किन्तु मोक्ष प्राप्ति में क्या होता है?

नित्यानन्द की प्राप्ति—मोक्ष नित्यानन्द की प्राप्ति है। सर्वश्रेष्ठ मुक्ति 'स्वरूपानन्द' की अवस्था है, जिसमें जीव पूर्ण पुरुषोत्तम की लीला में प्रविष्ट होकर उस लीला का आनन्द लाभ प्राप्त करता है।

मुक्ति का साधन—वल्लभ के अनुसार मोक्ष प्राप्ति का एकमात्र मार्ग 'भक्ति' है।

---

1. ''ज़ीवस्य ही चैतन्यं गुणः स सर्वशरीर व्यापी।''—'अणुभाष्य टीका,' सूत्र 25 तथा 26, अध्याय 2, पाठ 3
2. ब्रह्म को जगत का निमित्त और उपादान कारण शंकर, रामानुज और निम्बार्क ने भी माना है। केवल मध्व ब्रह्म को सिर्फ निमित्त कारण कहते हैं।

पुष्टि मार्ग—वल्लभ द्वारा मोक्ष हेतु प्रतिपादित भक्ति मार्ग 'पुष्टि मार्ग' के नाम से प्रसिद्ध है। पुष्टि का अर्थ होता है पोषण अर्थात् कल्याण। वल्लभ कहते हैं कि जीव की पुष्टि एकमात्र प्रभु के अनुग्रह या कृपा से हो सकती है।[1] अतः पुष्टि-मार्गी को केवल ईश्वर के अनुग्रह की कामना करनी चाहिए।

भगवद् अनुग्रह—प्रश्न उठता है कि भगवान अनुग्रह किस जीव पर करते हैं? उत्तर में वल्लभ कहते हैं कि यह भगवान् की इच्छा पर निर्भर करता है कि वह किस पर अनुग्रह करें। **जैसे लोक में राजा चाहे तो चांडाली को राजमहिषी बना सकता है, वैसे ही ईश्वर अपनी स्वतन्त्र इच्छा से कृपा प्रदान करता है।** अतः हमें उसके शरणागत होकर उसके अनुग्रह की कामना करनी चाहिए। इसके लिए आचार्य ने विषय त्याग[2] अर्थात् भोग-विलास का त्याग करना आवश्यक माना है।

पुष्टिमार्गीय दीक्षा—पुष्टिमार्ग में दीक्षा अत्यन्त महत्त्वपूर्ण है, जो गुरु द्वारा ली जाती है। यह दो सोपानों में पूर्ण होती है—(1) कंठीधारण, (2) ब्रह्म-सम्बन्ध।

'कंठीधारण' में गुरु 'श्रीकृष्णशरणं मम्' इस 'अष्टाक्षर मंत्र' का तीन बार उच्चारण करवाकर शिष्य के गले में तुलसी की माला कंठी पहनाता है।

'ब्रह्म-सम्बन्ध' भी गुरु ही शिष्य को कराता है। इसमें गुरु शिष्य को चौरासी अक्षरों का एक गद्यमंत्र उच्चारित करवाते हैं जिसमें शिष्य कहता है कि कृष्ण के वियोग से वह अत्यन्त दुःखी है, अब अपना सब कुछ कृष्ण को वह अर्पित करता है।

दीक्षा के बाद प्रत्येक पुष्टिमार्गी अपना कर्त्तव्य समझता है कि वह जो कुछ भी करे, भगवान् को अर्पित करते हुए करे।[3]

सेवा—पुष्टिमार्ग में कृष्ण की पूजा नहीं 'सेवा' की जाती है, यह सेवा स्नेहपूर्वक की जानी चाहिए, यही पुष्टिमार्ग में भक्ति का मर्म है। यहाँ 'प्रार्थना' का भी प्रावधान नहीं है क्योंकि आचार्य कहते हैं कि पूजा प्रार्थना आदि भक्त स्वार्थ के लिए, ईश्वर से कुछ माँगने के लिए करता है, किन्तु हमारे कल्याण की चिन्ता हमसे अधिक 'उसको' होती है, अतः हमें क्या चाहिए, यह उसे बताने की आवश्यकता नहीं है। हमें तो केवल ईश्वर की कृपा की याचना करनी चाहिए। हालांकि वह भी ईश्वर की इच्छा पर निर्भर है।

पुष्टिमार्ग में कृष्ण के किस रूप की, किस समय, किस प्रकार, सेवा की जानी चाहिए इसका विस्तार से वर्णन है।

मुक्ति से भक्ति श्रेष्ठ—वल्लभ कहते हैं कि मुक्ति से भी अधिक श्रेष्ठ कृष्ण की भक्ति है, क्योंकि मुक्ति में जो आनन्द मिलता है, वही भक्ति में भी मिलता है। भक्त को जो आनन्द मिलता है उसके सामने उसे त्रैलोक्य के सुख फीके लगते हैं।

यहाँ उल्लेखनीय है कि वल्लभ के इस पुष्टिमार्ग के द्वार सबके लिए समान रूप से खुले थे, चाहे वह किसी भी वर्ण का हो, स्त्री हो या पुरुष हो।

❑

1. ''मायिकत्त्वम् पुराणेषु वैराग्यार्थ मुदीर्यते।''— *'तत्वदीप निबन्ध'*।
2. ''कृष्णानुग्रहरूपाहि पुष्टिः।''— 'तत्वदीप निबन्ध' तथा 'पुष्टिमार्गेऽनुग्रहैक साध्यः।— *'अणुभाष्य'* 4/4/9
3. ''समस्त विषय त्यागः सर्वभावेनयत्रहि।
समर्पणं च देहादेः पुष्टिमार्गः स कथ्यते।।''— *'प्रमेय रत्नार्णय*, 4/19

परिशिष्ट I

बौद्धों एवं नैयायिकों में ज्ञानमीमांसीय प्रश्नों पर विवाद

(Debate Between Buddhists and Naiyayiks on Epistemological Problems)

भारतीय दर्शन में बौद्धों और नैयायिकों के मध्य ज्ञान सम्बन्धित प्रश्नों पर हुए वाद-विवाद अत्यन्त प्रसिद्ध हैं। वस्तुतः ये भारतीय दर्शन की एक अप्रतिम परम्परा है। वैसे तो सामान्यतया भारतीय दार्शनिकों की प्रवृत्ति विपक्षी का खण्डन करने के बाद ही आगे बढ़ने की रही है किन्तु शताब्दियों तक (लभगभ 1200 वर्ष तक) वाद-विवाद करते हुए, एक-दूसरे का खण्डन करते हुए आगे बढ़ते जाने का सिलसिला केवल बौद्धों और नैयायिकों के मध्य ही रहा है। निश्चय ही इससे भारतीय न्यायशास्त्र अत्यन्त समृद्ध हुआ है।

आगे हम ज्ञान के स्वरूप (Natue of cognition) प्रमाण (Means) और प्रामाण्य (Validity) के प्रश्न पर बौद्धों और नैयायिकों के मध्य हुए विवाद पर प्रकाश डालेंगे।

ज्ञान का स्वरूप

ज्ञान के स्वरूप पर प्रकाश डालने के पूर्व भारतीय-दर्शन में ज्ञान के महत्त्व की चर्चा करना आवश्यक है।

ज्ञान के महत्त्व को सभी भारतीय दार्शनिकों ने स्वीकार किया है। 'ऋते ज्ञानं की मुक्ति' अर्थात् बिना ज्ञान के मुक्ति सम्भव नहीं है, इस से सभी भारतीय दार्शनिक सहमत हैं।

न्याय और बौद्ध-दर्शन भी इसी आदर्श को लेकर आगे बढ़ते हैं। गौतम बुद्ध ने दुःखों की जड़ अविद्या को बतलाया था जिसे दूर करने में विद्या अर्थात् ज्ञान को ही समर्थ बतलाया था। इसी तरह न्याय-दर्शन के प्रतिपादक महर्षि गौतम, पहले सूत्र में कहते हैं कि प्रमाणादि सोलह पदार्थों का ज्ञान मुक्ति दिलाने वाला है। कहने का मतलब है कि बौद्ध और न्याय दोनों ही दर्शन ज्ञान को मुक्ति का हेतु कहते हैं, किन्तु यह ज्ञान क्या है, ज्ञान का कार्य क्या है, क्या ज्ञान से बाह्य जगत् की वस्तुओं की सिद्धि होती है, आदि प्रश्नों पर नैयायिक और बौद्धों में विवाद है।

नैयायिकों के अनुसार ज्ञान का स्वरूप

न्याय-दर्शन में ज्ञान[1] की निम्नलिखित विशेषताएँ बताई गई हैं, जिससे न्याय के अनुसार ज्ञान के स्वरूप पर पर्याप्त प्रकाश पड़ता है—

1. जीवात्मा का विशेष गुण—न्यायदर्शन के अनुसार, ''ज्ञान आत्मा का विशेष गुण है जो ज्ञान की सामग्री उपस्थित होने पर जीवात्मा में उत्पन्न होता है।''

---

1. न्याय-दर्शन में बुद्धि, ज्ञान और उपलब्धि को समानार्थक माना गया है।

2. ज्ञान का कार्य, विषय की अभिव्यक्ति—न्याय-दर्शन के अनुसार ज्ञान विषय को अभिव्यक्त (प्रगट) करता है। वह किसी विषय को उत्पन्न नहीं करता। दीपक के समान विषय को प्रकाशित करता है। चाक्षुष (नेत्र), रसना, श्रौत्, घ्राण और त्वक् इन पाँच ज्ञानेन्द्रियों और मन की सहायता से आत्मा में ज्ञान की उत्पत्ति होती है। पाँच ज्ञानेन्द्रियों से क्रमशः रूप, रस, शब्द, गन्ध और स्पर्श का ज्ञान होता है।

3. ज्ञान के दो प्रकार—नैयायिक ज्ञान के दो प्रकार बताते हैं—(1) यथार्थ ज्ञान, (2) अयथार्थ ज्ञान। जो वस्तु जैसी है उसको वैसा ही जानना, यथा, रस्सी को रस्सी जानना यथार्थ ज्ञान है।[1] इसके विपरीत जो वस्तु जैसी है उसको वैसा ही न समझकर कुछ और समझना; यथा, रस्सी को रस्सी न समझकर साँप समझना, अयथार्थ ज्ञान है। इन्हें ही **प्रमा** और **अप्रमा** कहते हैं—प्रमा में अनुभवात्मक ज्ञान होता है, स्मृति नहीं आती। अप्रमा में संशय, विपर्यय और तर्क आते हैं।

4. ज्ञान यथार्थ सत्ता का सूचक—न्याय-दर्शन का विश्वास है कि ज्ञान यथार्थ सत्ता का सूचक है। यथार्थ सत्ता बाह्य जगत् में होती है और हम उसका ज्ञान प्राप्त करते हैं। इस तरह न्याय-दर्शन **वस्तुवादी** है।

बौद्ध मत

बौद्ध दर्शन के चार सम्प्रदाय हैं—(1) वैभाषिक, (2) सौत्रान्तिक, (3) विज्ञानवादी, (4) माध्यमिक। इनमें से वैभाषिक और सौत्रान्तिक तो बाह्य जगत् की सत्ता किसी तरह मानते हैं किन्तु विज्ञानवादी और माध्यमिक (शून्यवादी) बाह्य जगत् की सत्ता नहीं मानते।

किन्तु इस तरह बाह्य जगत् की सत्ता न मानने पर तो 'ज्ञान' का महत्त्व समाप्त हो जावेगा। इसीलिए नैयायिक बौद्धों के उक्त विचार की आलोचना करते हैं।

नैयायिकों द्वारा आलोचना—बौद्धों के विरुद्ध नैयायिक बाह्य जगत् की सत्ता में पूर्ण विश्वास रखते हैं। उनका मत है कि बाह्य जगत् की सत्ता को न मानने पर तो पदार्थ के तत्त्वज्ञान द्वारा मुक्ति का विचार ही व्यर्थ हो जायेगा। बौद्धों के विरुद्ध नैयायिक निम्नलिखित तर्क देते हैं—

1. विचार और यथार्थ सत्ता एक दूसरे पर आश्रित—नैयायिक कहते हैं कि प्रत्येक व्यक्ति को विचार प्रारम्भ करते ही विचार की क्रिया को स्वीकार करना पड़ता है और जो विचार की क्रिया को स्वीकार करता है उसे यथार्थ जगत को भी स्वीकार करना होता है क्योंकि विचार तथा यथार्थ सत्ता एक-दूसरे पर आश्रित हैं। जैसा कि उद्योतकर कहते हैं, ''विचार द्वारा पदार्थ का विश्लेषण हो सकता है, तो पदार्थ असत् नहीं हो सकते और यदि पदार्थों की सत्ता नहीं है तो विचार द्वारा पदार्थों का विश्लेषण सम्भव नहीं है।''

2. स्वप्न का कारण बाह्य जगत्—विज्ञानवादी बौद्ध केवल आन्तरिक जगत् को सत्य कहते हैं, बाह्य जगत् उनके अनुसार असत् है।

यहाँ नैयायिक कहते हैं कि यदि बाह्य जगत् नहीं है तो स्वप्न भी नहीं होना चाहिए। हमें विविध प्रकार के स्वप्न आते हैं, इससे सिद्ध होता है कि विविध प्रकार की वस्तुओं से युक्त जगत् है।[2]

3. भ्रम और सत्य में अन्तर—यदि जगत् सत्य नहीं होकर भ्रामक होता तो हम भ्रम

1. ''वस्तुओं की यथार्थ प्रतीति ही प्रमा है।'—*वात्स्यायन*
2. *'न्यायभाष्य'*, 4/2/33-34

और सत्य में अन्तर नहीं कर सकते थे, किन्तु हम सब दोनों में अन्तर करते हैं, इससे भी जगत् की सत्यता सिद्ध होती है।[1]

पदार्थ क्षणिक नहीं होता—वैभाषिक बौद्ध बाह्य पदार्थों के अस्तित्व को तो मानते हैं, पर उन्हें क्षणिक कहते हैं। नैयायिक इस विचार का भी निराकरण करते हैं।

पदार्थ को क्षणिक मानने का मतलब है कि हम जो भी ज्ञान प्राप्त करते हैं वह भूतकाल की वस्तुओं का ही प्राप्त करते हैं (कारण कि ज्ञान प्राप्त करते ही क्षणिक वस्तु बदल गई है), किन्तु इस तरह वर्तमान काल की वस्तुओं के ज्ञान को असम्भव बताना सर्वथा अनुचित एवं अव्यावहारिक है।

किन्तु, जैसा कि हमने ऊपर देखा, सभी बौद्ध बाह्य एवं मानसिक जगत् को असत् नहीं कहते, अतः, वे ज्ञान के महत्त्व को स्वीकार करते हैं। वैभाषिकों के अनुसार बाह्य जगत् के सम्पर्क में आकर इन्द्रियों में एक प्रकार का संस्कार उत्पन्न होता है। इन संस्कारों से चित्त प्रबुद्ध होता है और उसमें चैतन्य की अभिव्यक्ति होती है। इससे चित्त में भिन्न-भिन्न प्रकार का ज्ञान उत्पन्न होता है।

वैभाषिक मत में किसी भी अर्थ की प्राप्ति के लिए उसका सम्यक् ज्ञान होना आवश्यक है। वैभाषिक यथार्थ ज्ञान अथवा प्रमा को ही सम्यक् ज्ञान कहते हैं। आचार्य धर्मकीर्ति के अनुसार, **''सम्यक् ज्ञान से ही सभी पुरुषार्थों की सिद्धि होती है।''**

वैभाषिक बौद्ध ज्ञान की विशेषता किसी नवीन अर्थ को प्रकाशित करना भी बताते हैं।

प्रमाण

किसी भी ज्ञान का अस्तित्व तीन वस्तुओं की अपेक्षा रखता है—(1) प्रमाता, (2) प्रमेय, (3) प्रमाण।

1. प्रमाता (*Subject of Congnition*)—प्रमाता 'ज्ञाता' को कहते हैं जो वस्तु का ज्ञान प्राप्त करता है।

2. प्रमेय (*Object of Congnition*)—प्रमेय 'ज्ञेय' पदार्थ को कहते हैं जिसका ज्ञान प्राप्त किया जाता है।

3. प्रमाण (*Means of Congnition*)—ज्ञाता भी रहे और ज्ञेय भी रहे, पर ज्ञान का साधन न रहे तो ज्ञान कैसे प्राप्त होगा? प्रमाण का तात्पर्य इस प्राप्ति के साधन से ही है।

प्रमाण के इस तात्पर्य को नैयायिक और बौद्ध दोनों ही स्वीकार करते हैं। वात्स्यायन के अनुसार, ''जिस साधन से प्रमाता को प्रमेय का ज्ञान हो वह प्रमाण है, इसीलिए इसे प्रमा का करण (साधन) कहा जाता है।'' ('प्रमा करणं प्रमाणम्')। धर्मकीर्ति के अनुसार, ''ज्ञान के अर्थसारूप्य को प्रमाण कहते हैं।''

प्रमाण का महत्त्व—न्याय दर्शन में प्रमाण को सर्वाधिक महत्त्व दिया गया है। इसे ज्ञान का मापक तुलादण्ड कहा गया है। न्यायशास्त्र में इसका महत्त्व इसी में समझ में आता है कि कई बार न्यायशास्त्र को प्रमाणशास्त्र ही कह दिया जाता है।

शून्यवादियों ने यद्यपि प्रमाण की आलोचना की है (जिसका खण्डन गौतम ने न्यायसूत्र में किया है) किन्तु अन्य बौद्धों ने प्रमाण को महत्त्वपूर्ण माना है।

---

1. वही, 4/2/26

बौद्ध मुनि धर्म कीर्ति के अनुसार **प्रमाण वह ज्ञान है जो अज्ञात अर्थ को प्रकाशित करता है तथा वस्तुस्थिति के कभी विपरीत नहीं जाता।**

इस तरह बौद्ध न्याय में भी 'प्रमाण' महत्त्वपूर्ण है। तभी तो दिग्नाग ने अपने ग्रन्थ का नाम '**प्रमाणसमुच्चय**' और धर्मकीर्ति ने अपने ग्रन्थ का नाम '**प्रमाणवार्तिक**' रखा।

प्रमाण के प्रकार—न्याय दर्शन में प्रमाण के चार प्रकार माने गये हैं—

प्रत्यक्ष, अनुमान, उपमान और शब्द

बौद्ध दर्शन में प्रमाण के दो प्रकार स्वीकार किये गये हैं— **प्रत्यक्ष** और **अनुमान**।[1] बौद्ध दार्शनिक 'उपमान' और 'शब्द' को प्रमाण नहीं मानते।

अब हम इन प्रमाणों को लेकर नैयायिकों और बौद्धों के मध्य हुए विवादों को देखेंगे।

प्रत्यक्ष प्रमाण (Perception)

जैसा कि हमने ऊपर देखा, प्रत्यक्ष प्रमाण को बौद्ध और नैयायिक दोनों स्वीकार करते हैं किन्तु दोनों के प्रत्यक्ष सम्बन्धी विचार में मतभेद है।

न्याय-दर्शन के अनुसार—इन्द्रिय और अर्थ (वस्तु) के सन्निकर्ष (समीपता) से सन्देहरहित एवं अव्यभिचारी ज्ञान उत्पन्न करने के साधन को प्रत्यक्ष-प्रमाण कहते हैं।

बौद्ध-मत में—कल्पनारहित निर्भ्रान्त-ज्ञान का प्रत्यक्ष कहते हैं। इससे वस्तु का स्वलक्षण मात्र ज्ञात होता है।

प्रत्यक्ष के प्रकार—बौद्ध दार्शनिक प्रत्यक्ष के चार प्रकार मानते हैं—

(1) इन्द्रिय-प्रत्यक्ष, (2) मानस-प्रत्यक्ष, (3) स्वसंवेदन-प्रत्यक्ष, (4) योगि-प्रत्यक्ष।

न्याय-दर्शन में प्रत्यक्ष के दो प्रकार[2] बताये गये हैं—(1) निर्विकल्प-प्रत्यक्ष, (2) सविकल्प-प्रत्यक्ष।

न्याय मत में निर्विकल्प प्रत्यक्ष, प्रत्यक्ष की प्रारम्भिक अवस्था है। इसमें हम वस्तु का प्रत्यक्ष तो करते हैं पर स्पष्टतः समझ नहीं पाते कि वस्तु क्या है? इसमें केवल इन्द्रिय और वस्तु में सन्निकर्ष होता है, बुद्धि की क्रिया नहीं होती।

सविकल्प प्रत्यक्ष में इन्द्रियों से प्राप्त प्रत्यक्ष में अर्थ भी जुड़ जाता है और वस्तु का नाम आदि स्पष्ट हो जाता है।

बौद्धों द्वारा आलोचना—बौद्धों की नैयायिकों के उपर्युक्त प्रत्यक्ष के इस तरह दो प्रकारों के विभाजन पर कड़ी आपत्ति रही है। विशेषकर सविकल्प प्रत्यक्ष को वे प्रत्यक्ष ही नहीं मानते।

कारण—बौद्धों के अनुसार प्रत्यक्ष कल्पनारहित ज्ञान है; अतः प्रत्यक्ष में कल्पना बिल्कुल नहीं होना चाहिए जबकि नैयायिकों का 'सविकल्प प्रत्यक्ष' **कल्पना पौढ़** होता है अर्थात् यह कल्पना से युक्त होता है।

---

1. धर्मकीर्ति के अनुसार समस्त पुरुषार्थों की सिद्धि 'प्रत्यक्ष' और 'अनुमान' इन दो प्रमाणों के सम्यक् ज्ञान से होती है।
2. प्रत्यक्ष के ये दो प्रकार न्याय-दर्शन में वाचस्पति मिश्र ने सर्वप्रथम प्रतिपादित किये थे। वैसे तो प्रत्यक्ष के और भी अन्य प्रकार बताये गये हैं पर चूँकि बौद्ध भी इन दोनों का स्वीकार करते हैं अतः यहाँ हम केवल इन्हीं की चर्चा कर रहे हैं।

कल्पना का अर्थ—धर्मकीर्ति के अनुसार कल्पना वह प्रकृति है जिसमें किसी पदार्थ को नाम दिया जाता है। नैयायिकों के सविकल्प प्रत्यक्ष में ज्ञाता, मन और इन्द्रिय द्वारा जाति आदि का विवेचन करके ही विषय को ग्रहण करता है। इसीलिए इसे बौद्ध 'कल्पना पौढ़' कहते हैं।

बौद्धों के अनुसार प्रत्यक्ष द्वारा हम वस्तु के केवल **स्वलक्षण** (अर्थात् वस्तु का अपना रूप जो शब्द आदि के बिना ही ग्रहण किया जाये), का ही ज्ञान कर पाते हैं। इसके द्वारा हमें वस्तु के **सामान्य लक्षण** (अनेक वस्तुओं के साथ गृहीत वस्तुओं का सामान्य रूप) का ज्ञान नहीं होता है। वस्तुतः वस्तु के सामान्य लक्षण के ज्ञान में कल्पना की आवश्यकता होती है, अतः यह अनुमान का विषय है, प्रत्यक्ष का नहीं।

अतः बौद्धों के अनुसार वस्तु मात्र का जो प्रथम ग्रहण होता है वही शुद्ध प्रत्यक्ष है।

नैयायिकों द्वारा खण्डन—किन्तु नैयायिकों ने बौद्धों के उपर्युक्त विचार का खण्डन किया है। वे निर्विकल्प के साथ सविकल्प को भी प्रत्यक्ष प्रमाण कहते हैं। नैयायिक उद्योतकर के अनुसार नाम गुण आदि के सम्मिश्रण के बिना प्रत्यक्ष असम्भव है।

नैयायिकों का कहना है कि बौद्ध बाह्य जगत् की सत्ता को क्षणिक से ज्यादा स्वीकार करना नहीं चाहते, इसीलिए वे सविकल्प प्रत्यक्ष का खण्डन करते हैं।

इन्द्रिय और वस्तु के सन्निकर्ष पर बौद्धों की आपत्ति—नैयायिक प्रत्यक्ष को इन्द्रिय और वस्तु के सन्निकर्ष से उत्पन्न ज्ञान की प्राप्ति का प्रमाण कहते हैं किन्तु बौद्धों को इस पर आपत्ति है। वे कहते हैं कि कुछ इन्द्रियाँ; जैसे—चक्षु, श्रोत, ऐसी हैं जो अपने विषयों के प्रत्यक्ष सन्निकर्ष में नहीं आतीं। वे दूर से ही अनुभूति करती हैं। इसके अतिरिक्त इसमें और भी दोष हैं। बौद्ध दार्शनिक दिग्नाग ने इस संदर्भ में निम्नलिखित दोषों की ओर संकेत किया है—

(1) चक्षु, इन्द्रिय (आँख की पुतली) तो शरीर का अवयव है फिर वह वस्तुओं के सम्पर्क में कैसे आ सकती है? इसके लिए तो उसे शरीर से बाहर निकलना होगा, जो असम्भव है।

(2) यदि चक्षु इन्द्रिय बाहर आ जाती है तब निकट की वस्तुओं का प्रत्यक्ष तुरन्त और दूर की वस्तुओं का प्रत्यक्ष देर से होना चाहिए, किन्तु ऐसा होता तो नहीं है। नेत्र खोलते ही हमें समीपवर्ती वृक्ष और दूरवर्ती चन्द्रमा एक साथ ही दिखाई देते हैं।

(3) यदि इन्द्रियाँ वास्तव में पदार्थ के सम्पर्क में आती हैं तो नेत्र जैसी छोटी इन्द्रिय विशाल पर्वत के सम्पर्क में किस प्रकार आ सकती है।

(4) नेत्र अभ्रक अथवा काँच के उस पार भी देख सकते हैं किन्तु अभ्रक अथवा काँच के बीच में रहने से नेत्र और वस्तु में सन्निकर्ष कैसे हुआ?

नैयायिकों द्वारा प्रत्युत्तर—दिग्नाग की उपर्युक्त आपत्तियों के प्रसिद्ध नैयायिक उदयन ने निम्नलिखित प्रत्युत्तर दिये हैं—

(1) चक्षु इन्द्रिय का तात्पर्य नेत्र की पुतली नहीं है, नेत्र में स्थित् तेजस् है। वस्तुतः यही तेजस् नेत्र से निकलकर वस्तु के सन्निकर्ष में जाता है।

(2) तेजस् की गति इतनी तीव्र होती है कि उसे चन्द्रमा तक पहुँचने में क्षणमात्र भी देर नहीं लगती। इसीलिए नेत्र के खोलते ही वृक्ष और चन्द्रमा के दर्शन में समय का अन्तर नहीं जान पड़ता है।

(3) नेत्र इसलिए विशाल पर्वत का ज्ञान प्राप्त कर लेता है क्योंकि उससे निकला तेजस् फैलकर सारे पर्वत को आच्छादित कर लेता है।

(4) काँच या अभ्रक के उस पार की वस्तु का प्रत्यक्ष इसलिए सम्भव है क्योंकि ये पदार्थ तेजस् की गति का अवरोध नहीं कर सकते हैं। इसी से इनके पार की वस्तु का भी चक्षु इन्द्रिय से सन्निकर्ष सम्भव है।

अभाव के विषय में विवाद—न्याय-दर्शन में **अभाव** को भी एक पदार्थ माना गया है, जिसका प्रत्यक्ष होता है।[1]

यहाँ बौद्ध कहते हैं कि यदि प्रत्यक्ष को इन्द्रिय और वस्तु के सन्निकर्ष से उत्पन्न ज्ञान माना जाये तो **अभाव** का प्रत्यक्ष नहीं होना चाहिए क्योंकि अभाव कोई वस्तु नहीं है। जिसका इन्द्रिय से सन्निकर्ष हो।

इस पर नैयायिकों का उत्तर है कि अभाव के प्रत्यक्ष में हमारी नेत्रेन्द्रिय का सन्निकर्ष अभाव से युक्त आधार से होता है; जैसे, घड़े के अभाव के प्रत्यक्ष में हमारे नेत्रों का सन्निकर्ष उस जमीन से होता है जिस पर घड़ा पहले था अब नहीं है।

अनुमान प्रमाण (Inference)

अनुमान प्रमाण न्यायशास्त्र का सर्वाधिक महत्त्वपूर्ण प्रमाण है। चार्वाक को छोड़कर शेष सभी दर्शनों ने इसे स्वीकार किया है।

नैयायिक और बौद्ध दोनों ही अनुमान प्रमाण को स्वीकार करते हैं।

अनुमान का अर्थ—अनुमान का शाब्दिक अर्थ है, **पश्चात् ज्ञान** (अनु = पश्चात् मान = ज्ञान) अर्थात् पूर्व ज्ञान के पश्चात् होने वाला ज्ञान 'अनुमान' है।

न्यायमत—न्याय-दर्शन के अनुसार यहाँ पूर्वज्ञान से तात्पर्य **प्रत्यक्ष ज्ञान** से है; जैसे, दूर पहाड़ पर धुएँ का प्रत्यक्ष कर यह अनुमान करना कि वहाँ आग है, 'अनुमान प्रमाण' है।

बौद्ध मत—बौद्ध दर्शन के अनुसार अनुमान का उद्देश्य वस्तु के सामान्य लक्षण का ज्ञान प्राप्त करना है। प्रत्यक्ष में वस्तु के केवल स्वलक्षण का ज्ञान प्राप्त होता है। अनुमान द्वारा वस्तु के सामान्य लक्षण का ग्रहण होता है।

किन्तु इसके ग्रहण के लिए कल्पना आवश्यक है। यही अनुमान है। धर्मकीर्ति अनुमान की परिभाषा देते हैं—**किसी सम्बन्धी के धर्म से धर्मी के विषय में जो ज्ञान होता है उसे अनुमान कहते हैं।**

यह अनुमान व्याप्ति ज्ञान पर पर निर्भर करता है। यहाँ व्याप्तिज्ञान का अर्थ है, दो वस्तुओं में उपाधिरहित सम्बन्धों की सदैव विद्यमानता, जैसे धुएँ के साथ आग का सदा रहना। इसी कारण धुएँ को देखकर हम अनुमान करते हैं कि वहाँ आग है।

त्रिरूपात्मक लिंग—बौद्धों के अनुसार अनुमान में लिंग त्रिरूपात्मक होता है। जैसे उपर्युक्त उदाहरण में लिंग अर्थात् चिह्न धुआँ है, वह पक्ष, सपक्ष और विपक्ष तीनों से सिद्ध

1. यहाँ उल्लेखनीय है कि मीमांसा और वेदांत दर्शन 'अभाव' के ज्ञान के लिए एक स्वतन्त्र प्रमाण 'अनुपलब्धि' का आश्रय लेते है।

होना चाहिये। पक्ष अर्थात् पर्वत पर, एवं सपक्ष अर्थात्, रसोईघर में उसका भाव होना चाहिए और विपक्ष, जैसे तालाब में उसका अभाव होना चाहिये। नैयायिक केवल पक्ष और सपक्ष में सिद्धि को महत्त्व देते हैं।

अविनाभाव सम्बन्ध—इसके साथ ही हेतु और साध्य के बीच **अविनाभाव सम्बन्ध** भी बौद्ध आवश्यक बताते हैं जिसका अर्थ है एक के अभाव में दूसरे का न होना, ऐसा सम्बन्ध, जैसे आग के अभाव में धुएँ का न होना।

अनुमान के प्रकार—अनुमान के प्रयोजन की दृष्टि से किये गये भेद स्वार्थानुमान और परार्थानुमान को बौद्ध और नैयायिक दोनों ही स्वीकार करते हैं। दोनों के अनुसार स्वार्थानुमान अपने लिए होता है और परार्थानुमान अन्य को समझने के लिए होता है। स्वार्थानुमान **ज्ञानात्मक** होता है जबकि परार्थानुमान **शब्दात्मक** होता है। इसमें व्यवस्थित भाषा और सुगठित वाक्य-रचना का प्रयोग किया जाता है। न्यायशास्त्र में अनुमान के वाक्यों को ही **अवयव** कहा जाता है।

अवयव को लेकर विवाद—नैयायिक और बौद्धों में अनुमान प्रमाण के अवयवों की संख्या को लेकर विवाद रहा है।

न्याय-दर्शन के अनुसार **स्वार्थानुमान** में तीन अवयवों (प्रतिज्ञा, हेतु, उदाहरण) से काम चल जाता है पर **परार्थानुमान** के लिए पाँच अवयवों (प्रतिज्ञा, हेतु, उदाहरण, उपनय और निगनम) का होना आवश्यक है। उदाहरण के लिए हम न्याय-दर्शन के प्रसिद्ध अनुमान को देखें—

(1) प्रतिज्ञा—पर्वत पर आग है।
(2) हेतु (चिह्न)—क्यों वहाँ धुआँ है।
(3) उदाहरण—जहाँ-जहाँ धुआँ है, वहाँ-वहाँ आग है।
(4) उपनय—पर्वत पर धुआँ है।
(5) निगमन—इसलिए पर्वत में आग है।

न्याय-दर्शन के इस पंचावयव अनुमान को बौद्ध दार्शनिक अस्वीकार करते हैं। उनके मत से परार्थानुमान में भी प्रारम्भ के तीन अवयवों से काम चल जाता है। धर्मकीर्ति तो तृतीय अवयव (उदाहरण) को भी आवश्यक नहीं कहते। उनके अनुसार इतना ही कहना पर्याप्त है कि पर्वत अग्नि वाला है, क्योंकि उसमें धुआँ है।

किन्तु नैयायिकों ने परार्थानुमान में अवयवों की संख्या घटाने का विरोध किया है।[1] वे यह स्वीकार करते हैं कि अन्तिम दो अवयवों में पुनरुक्ति है तथा तर्क की दृष्टि से ये अनावश्यक हैं, किन्तु विवाद के लिए ये उपयोगी हैं, क्योंकि इनसे तर्क की पुष्टि होती है। इनसे 'प्रतिज्ञा' की निश्चयपूर्वक स्थापना भी होती है, इसलिए भी इनका महत्त्व है।

अनुमित वस्तु के ज्ञान के स्वरूप और स्थिति को लेकर विवाद

अनुमित वस्तु, जैसे, उपर्युक्त उदाहरण में धुएँ से आग का अनुमान, नैयायिकों के अनुसार एक नया ज्ञान है जबकि बौद्धों (दिग्नाग) के अनुसार यह कोई नवीन ज्ञान नहीं है क्योंकि हम पहले से जानते हैं कि धुआँ अग्नि से सम्बन्धित है।

1. 'न्यायभाष्य', 1/1/39; 'न्यायवार्तिक', 1/1/39

इसी तरह बौद्धों के अनुसार 'अग्नि वाला पर्वत' यह अनुमान केवल विचार मात्र है (क्योंकि हमें तो केवल पर्वत का प्रत्यक्ष होता है), इसके विपरीत नैयायिक कहते हैं कि यह विचारमात्र नहीं है, उसका वास्तविक अस्तित्व है। नैयायिक समान्य को वस्तुभूत और सम्बन्धों को यथार्थ कहते हैं।

वस्तुतः बौद्ध हर तरह से अपने विज्ञानवाद की रक्षा करना चाहते हैं और नैयायिक उसका खण्डन। उपर्युक्त विवाद का उद्देश्य भी यही है।

आभासों को लेकर विवाद

कई बार अनुमान में त्रुटि या भ्रांति होती है। यह आभास अर्थात् मिथ्या ज्ञान के कारण होती है।

बौद्धों के अनुसार यह आभास हेतु, पक्ष अथवा दृष्टान्त, तीनों में से किसी के कारण भी हो सकता है अर्थात् अनुमान में हेतु का आभास भी हो सकता है अथवा पक्ष या दृष्टान्त का आभास भी हो सकता है।

किन्तु नैयायिक केवल हेतु आभास (हेत्वाभास) को ही स्वीकार करते हैं।

हेत्वाभास की **संख्या** को लेकर भी दोनों में विवाद है। बौद्ध केवल तीन ही हेत्वाभास माने हैं (विरुद्ध, असिद्ध, सव्यभिचार), जबकि नैयायिक इसमें **बाधित** और **सत्प्रतिपक्ष**, इन दो हेत्वाभासों को और जोड़ देते हैं। इस तरह उनके अनुसार हेत्वाभास पाँच है। (विस्तृत विवरण के लिए देखिये अध्याय 9, न्याय दर्शन में हेत्वाभास)

उपमान प्रमाण (Analogy)

सादृश्य अथवा तुलना के आधार पर किसी पदार्थ के ज्ञान की प्राप्ति करना उपमान प्रमाण है; जैसे, गाय के सादृश्य के आधार पर जंगल में नीलगाय को जान लेना।

नैयायिक इसे स्वतन्त्र प्रमाण मानते हैं किन्तु बौद्ध इसे स्वतन्त्र प्रमाण नहीं मानते। बौद्ध दार्शनिक दिग्नाग का कहना है कि **इस प्रमाण में सादृश्य में प्रत्यक्ष का एक विशेष भाग है, अतः वह इसे प्रत्यक्ष की कोटि में ही रखते हैं।**[1]

शब्द प्रमाण (Verbal Testimony)

शब्द प्रमाण न्याय दर्शन द्वारा प्रस्तुत चौथा प्रमाण है। यह भी उसके अनुसार प्रत्यक्ष, अनुमान और उपमान के समान एक स्वतन्त्र प्रमाण है। महर्षि गौतम के अनुसार, **'आप्तोपदेशः शब्दः'**, अर्थात् आप्त का उपदेश ही शब्द है। यहाँ आप्त का अर्थ है, **जो सत्य को प्राप्त कर चुका हो।** यह कोई ग्रन्थ अथवा व्यक्ति भी हो सकता है।

बौद्ध दार्शनिक नैयायिकों के इस प्रमाण को भी स्वतन्त्र प्रमाण नहीं मानते। उनके अनुसार यह प्रमाण प्रत्यक्ष और अनुमान में ही अन्तर्भूत है।

बौद्ध यह भी कहते हैं कि शब्द किसी वस्तुभूत पदार्थ का निर्देशन नहीं करते बल्कि अभाव का निर्देशन करते हैं ताकि वास्तविक अनुमित वस्तु का ज्ञान हम प्राप्त कर लें।

---

1. राधाकृष्णन्, *'भारतीय दर्शन'*, भाग 2, पृ० 103

जैसे, वे कहते हैं कि जब हम 'गाय' कहते हैं तो यह केवल उन वस्तुओं का अभाव (अपोह) ही दिखाता है जो गायें नहीं हैं और इस तरह हम निगमन करते हैं कि शब्द 'गाय', वस्तु 'गाय' की ओर ही संकेत करता है।

शब्द प्रमाण को स्वीकार करने के कारण नैयायिक वेदों को प्रामाणिक मानते हैं किन्तु बौद्धों के मत में ऐसा स्वीकार करना मनुष्य की जड़ता का लक्षण है। इसके अतिरक्ति बौद्धों का आरोप है कि असत्यता, विरुद्ध बातें तथा पुनरुक्तियों से वेद भरे हुए हैं, अतः इन्हें प्रामाणिक नहीं माना जा सकता।

बौद्धों के इन आरोपों को अतर्कसंगत बताते हुए वात्सायन ने सबका अपने न्याय भाष्य में विस्तारपूर्वक खण्डन किया है। उन्होंने वेदों को पूर्णरूप से प्रामाणिक बताया है।

यहाँ उल्लेखनीय है कि स्वयं बौद्ध आचार्यों ने बुद्ध के वचनों को वेद के समान ही प्रामाणिक स्वीकार किया है, अतः उनके द्वारा शब्द प्रमाण की आलोचना करना उचित नहीं है।

प्रमाण सम्प्लव—बौद्धों और नैयायिकों में इस बात पर भी विवाद रहा है कि कोई विषय एक से अधिक प्रमाणों से ग्रहण किया जा सकता है अथवा नहीं। जो दर्शन इसे सम्भव मानता है उसे **प्रमाण सम्प्लववादी** कहते हैं। न्याय दर्शन इस मत का समर्थक है। जबकि बौद्ध इस मत को अस्वीकार करता है। इस तरह न्याय प्रमाण सम्प्लववादी है।

न्याय के अनुसार कई बार जिस ज्ञान की प्राप्ति एक प्रमाण से होती है उसकी प्राप्ति अन्य प्रमाणों से भी होती है। जैसे, पर्वत पर धुएँ को देखकर हमें अनुमान से ज्ञात होता है कि पर्वत पर आग है। पर यह ज्ञान हमें प्रत्यक्ष से भी हो सकता है। यही प्रमाण सम्प्लव है।

प्रमाण व्यवस्था—प्रमाण व्यवस्था बौद्धों का मत है जिसके अनुसार प्रत्यक्ष और अनुमान ये दो अलग-अलग प्रमाण है और दोनों के क्षेत्र भिन्न-भिन्न है, अतः प्रत्यक्ष का विषय प्रत्यक्ष का ही होगा, अनुमान का नहीं, इसी तरह अनुमान का विषय अनुमान का ही होगा।

उल्लेखनीय है कि प्रारम्भ में बौद्ध भी प्रमाण सम्प्लव के समर्थक थे किन्तु बाद में वे इसके आलोचक हुए। बौद्ध आचार्य दिङ्नाग ने सर्वप्रथम यह कहा कि प्रत्येक प्रमाण का अपना एक निश्चित क्षेत्र होता है जिसमें किसी अन्य प्रमाण का संक्रमण नहीं हो सकता। इस प्रकार दिङ्नाग ने प्रमाण-व्यवस्था स्थापित की।

अपोहवाद—बौद्ध विज्ञानवादी अपोहवाद के समर्थक हैं। अपोह का अर्थ है **अभाव**। अपोहवाद का अभिप्राय है कि प्रत्येक शब्द वस्तुतः किसी वस्तुभूत पदार्थ का निर्देश नहीं करते वरन् अभाव का निर्देश करते हैं ताकि हम वास्तविक अनुमित वस्तु का ज्ञान प्राप्त कर सके। जैसे जब हम 'गाय' कहते हैं तो यह केवल उन वस्तुओं का अभाव (अपोह) ही दिखाता है है जो गायें नहीं हैं। और इस तरह हम निष्कर्ष निकालते हैं कि शब्द गाय वस्तु गाय की ओर ही संकेत करता है। इस तरह अपोहवाद के अनुसार प्रत्येक वस्तु अपने से भिन्न वस्तु का अपोह है।

उल्लेखनीय है कि नैयायिक इस कार्य हेतु 'सामान्य' या 'जाति' की सहायता लेते हैं। इसका अर्थ है कि उस प्रकार की सभी वस्तुओं में उपस्थित सामान्य गुण। किन्तु जाति जहाँ भावात्मक सत्ता है वहाँ अपोह अभावात्मक सत्ता है। इस तरह नैयायिक अपोहवाद के विरोधी हैं। वस्तुतः बौद्ध अनित्यवादी होने के कारण सामान्य या जाति की सत्ता नहीं मानते। इसीलिए वे अपोहवादी हैं।

ज्ञान की प्रामाणिकता

भारतीय दार्शनिकों ने ज्ञान की प्रामाणिकता पर भी गम्भीर विचार किया है, किन्तु ज्ञान की प्रामाणिकता कैसे सिद्ध हो, इस प्रश्न को लेकर उनमें अत्यन्त मतभेद है।

प्रामाणिकता का अर्थ—ज्ञान की प्रामाणिकता का तात्पर्य है, प्रमाण के द्वारा हमने जो ज्ञान प्राप्त किया है, उसकी यथार्थता अथवा सत्यता का निर्णय।

निश्चय ही यह जानना आवश्यक भी है कि प्रमाणों के द्वारा हमने जो ज्ञान प्राप्त किया है, वह सत्य है अथवा नहीं। सत्य नहीं होने पर हमारा ज्ञान प्राप्त करना व्यर्थ हो जायेगा। ज्ञान की प्रामाणिकता का प्रश्न उठाकर हम वस्तुतः इसी पर विचार करते हैं।

भारतीय दर्शन में इसे ही **प्रामाण्यवाद** कहा गया है। इस तरह यह प्रश्न ज्ञान के प्रामाण्य का प्रश्न है।

ज्ञान के प्रामाण्य को लेकर, जैसा कि हमने ऊपर लिखा है, भारतीय दार्शनिकों में मतभेद है।

वस्तुतः यह मतभेद इस प्रश्न को लेकर है कि ज्ञान की यथार्थता अपने आप सिद्ध होती है अथवा वह अन्य साधनों द्वारा प्रमाणित की जाती है।

जो दार्शनिक प्रथम मत के अर्थात् इस मत के समर्थक हैं कि ज्ञान की यथार्थता अपने आप सिद्ध होती है, उनका सिद्धान्त **स्वतः प्रामाण्यवाद** कहलाता है। (स्वतः का अर्थ है 'आपने आप')

इसके विपरीत जो दार्शनिक इस मत के समर्थक हैं कि ज्ञान की सत्यता अपने आप सिद्ध नहीं होती, उसकी सिद्धि के लिए अन्य साधनों अर्थात् प्रमाणों की आवश्यकता पड़ती है, उनका सिद्धान्त **परतः प्रामाण्यवाद** कहलाता है। (परतः का अर्थ है 'दूसरे के द्वारा')।

जहाँ तक नैयायिकों और बौद्धों की स्थिति है, यहाँ दोनों **परतः प्रामाण्यवाद** के समर्थक हैं।

यहाँ उल्लेखनीय है कि भारतीय दर्शन में ज्ञान के प्रामाण्य के साथ ही, ज्ञान के **अप्रामाण्य** पर भी विचार हुआ है। ज्ञान के अप्रामाण्य से तात्पर्य ज्ञान की अयथार्थता से है। दूसरे शब्दों में 'अप्रामाण्यवाद' ज्ञान की असत्यता अथवा अयथार्थता की जाँच का सिद्धान्त है।

प्रामाण्यवाद के समान यहाँ भी प्रश्न उठता है कि ज्ञान के अप्रामाण्य की जाँच अपने आप हो जाती है अथवा इसके लिए अन्य साधनों की आवश्यकता पड़ती है। भारतीय दार्शनिक इस विषय पर भी **स्वतः** और **परतः**, इन दो भागों में बँटे हुए हैं। कुछ के अनुसार स्वतः ही ज्ञान का अप्रामाण्य सिद्ध हो जाता है, कुछ के अनुसार इसकी सिद्धि के लिए अन्य साधन आवश्यक हैं।[1]

---

1. प्रामाण्यवाद और अप्रामाण्यवाद के सम्बन्ध में भारतीय दर्शन
   (1) *न्याय-दर्शन*—परतः प्रामाण्य, परतः अप्रामाण्य।
   (2) *सांख्य दर्शन*—स्वतः प्रामाण्य, स्वतः अप्रामाण्य।
   (3) *बौद्ध दर्शन*—परतः प्रामाण्य, स्वतः अप्रामाण्य।
   (4) *मीमांसा दर्शन*—स्वतः प्रामाण्य, परतः अप्रामाण्य।

जहाँ तक बौद्धों और नैयायिकों का इस सम्बन्ध में मत है, यहाँ दोनों विपरीत जाते हैं। नैयायिक जहाँ **परतः अप्रामाण्यवाद** के समर्थक हैं, वहाँ बौद्ध **स्वतः अप्रामाण्यवाद** को मानते हैं।

न्याय-दर्शन में प्रामाण्यवाद

जैसा कि हमने ऊपर देखा, न्याय-दर्शन प्रामाण्य और अप्रामाण्य दोनों ही सन्दर्भ में 'परतः' है। इस तरह उसके अनुसार प्रमाणों के द्वारा प्राप्त ज्ञान की यथार्थता अथवा अयथार्थता दोनों का निर्णय स्वयं ज्ञान में निहित नहीं होता, इसके लिए हमें किसी अन्य प्रमाण का सहारा लेना पड़ता है।

उदाहरण—जैसे, सामने घड़े में भरे जल का हम प्रत्यक्ष करते हैं। किन्तु यह कैसे तय हो कि सामने घड़े में भरा जल, जल ही है।

स्वतः प्रामाण्यवादी यहाँ कहेंगे कि 'जल' के प्रत्यक्ष ज्ञान के साथ ही यह सिद्ध हो जाता है कि वह यथार्थ में जल ही है।

प्रामाण्य की कसौटी—किन्तु, परतः प्रामाण्यवादी यहाँ कहते हैं कि इस तरह प्रत्यक्ष द्वारा प्राप्त 'जल' के ज्ञान को हम तभी प्रामाणिक मानेंगे जब किसी अन्य प्रमाण द्वारा इस बात की पुष्टि कर लेंगे कि वह जल ही है। जैसे, उक्त जल को ही पीकर देखेंगे कि इससे प्यास बुझती है अथवा नहीं। यदि प्यास बुझती है तो वह निश्चय ही 'जल' ही है। इस तरह नैयायिक प्रामाण्य की जाँच के लिए प्रवृत्ति साफल्य या वैफल्य (सफलता या विफलता मिलना) को आधार मानते हैं। यदि प्रवृत्ति सफल होती है (जैसे जल से प्यास बुझती है) तो ज्ञान प्रामाणिक है और यदि प्रवृत्ति असफल होती है (अर्थात् जल से प्यास नहीं बुझती है) तो ज्ञान अप्रामाणिक है।

लोक समर्थन—नैयायिकों का यह सिद्धान्त लोक में भी प्रचलित देखा जाता है। सामान्यतया लोग किसी भी ज्ञान की यथार्थता की जाँच उसके फल से ही करते हैं। दूसरे शब्दों में ज्ञान की **अर्थक्रियाकारित्व** ही उसका प्रामाण्य है।

स्वतः प्रामाण्य में कठिनाई—नैयायिक कहते हैं कि ज्ञान को स्वतः प्रामाण्य मानने में दोष यह है कि ऐसी स्थिति में किसी भी ज्ञान में भ्रांति की सम्भावना नहीं होना चाहिए (क्योंकि वह अपने आप में सत्य है) जबकि हमें कई बार प्रमाणजन्य ज्ञान में भी भ्रांति होती है; जैसे, हम प्रत्यक्ष करते हैं सीप का, पर वास्तव में वहाँ चाँदी होती है। यदि इस प्रत्यक्ष की हुई सीप की प्रामाणिकता की जाँच अन्य साधन (परतः) से कर ली जाये तो फिर भ्रांति न हो।

परतः प्रामाण्य की आलोचना—यहाँ आलोचकों का कहना है कि यदि ज्ञान की प्रामाणिकता के लिए अन्य प्रमाण अपेक्षित है तब तो इस अन्य प्रमाण द्वारा प्राप्त ज्ञान की प्रामाणिकता के लिए भी किसी अन्य प्रमाण की आवश्यकता होगी, किन्तु फिर यह सिलसिला कभी समाप्त नहीं होगा।

समाधान—उत्तर में नैयायिक कहते हैं कि यह कोई बड़ी आपत्ति नहीं है। यह आपत्ति वस्तुतः काल्पनिक है। व्यवहार में एक प्रमाण से दूसरे प्रमाण को निरन्तर सिद्ध करने की आवयश्यकता नहीं है। अधिक से अधिक इस प्रकार के एक या दो परीक्षण इस हेतु पर्याप्त होंगे।[1]

---

1. हिरियन्ना, *'भारतीय दर्शन के मूल तत्त्व'*, पृ० 203

यहाँ उल्लेखनीय है कि नैयायिक यह भी स्वीकार करते हैं कि सभी प्रकार के प्रामाणजन्य ज्ञान के पुनर्परीक्षण की आवश्यकता नहीं होती। वाचस्पति और उदयन जैसे परवर्ती नैयायिक प्रामाणिक ज्ञान के कुछ रूपों का स्वतः प्रमाण होना स्वीकार करते हैं।[1]

बौद्ध मत में प्रामाण्य—बौद्धों के अनुसार, जैसा कि हमने ऊपर देखा, ज्ञान की प्रामाणिकता परतः है; जैसे कि नैयायिकों के मत में है, किन्तु बौद्धों का ज्ञान की अप्रामाणिकता का सिद्धान्त नैयायिकों से बहुत अन्तर रखता है। बौद्धों के अनुसार सभी ज्ञान स्वतः अयथार्थ ही होता है और जब तक उसकी प्रामाणिकता का कोई संतोषजनक प्रमाण नहीं मिलता तब तक हम उसे यथार्थ नहीं मान सकते। बौद्ध दार्शनिक धर्मकीर्ति के अनुसार ज्ञान की प्रमाणिकता व्यवहार से होती है। यहाँ व्यवहार का मतलब **प्रयोग** और **अर्थक्रिया** से है।[2] पूर्व में हम देख चुके हैं कि इस प्रकार नैयायिक भी प्रामाण्य की जाँच के लिए प्रयोग और अर्थक्रिया को महत्त्व देते हैं।

❑

1. राधाकृष्णन्, 'भारतीय दर्शन', भाग 2, पृ॰ 129
2. राहुल सांस्कृत्यायन, 'बौद्ध दर्शन', पृ॰ 147

परिशिष्ट II

भारतीय दर्शन में ख्यातिवाद (भ्रम-निरूपण)

(Theory of Error in Indian Philosophy)

परिचय—**'ख्यातिवाद'** भारतीय दर्शन में भ्रम की व्याख्या के लिए अथवा हमारे मिथ्याज्ञान के कारण और स्वरूप निर्धारण के लिए प्रस्तुत किया गया सिद्धान्त है। इसीलिए इसे **'भ्रम-निरूपण का सिद्धान्त'** भी कहा जाता है। प्रायः सभी दर्शनों ने इस पर विचार किया है।

ख्याति शब्द का अर्थ—ख्याति का शाब्दिक अर्थ यद्यपि 'ज्ञान' है किन्तु दार्शनिक भाषा में यह हमारे 'अज्ञान' अर्थात् 'भ्रम-ज्ञान' के अर्थ में रूढ़ हो गया है। अतः शाब्दिक अर्थ के विपरीत यह हमारे अज्ञान की व्याख्या करने वाला सिद्धान्त है।

ख्यातिवाद का महत्त्व—भ्रम, जिसे मिथ्याज्ञान कहते हैं, से हम सभी परिचित है। इसका अर्थ है जो वस्तु जैसी है उसे वैसा नहीं समझना, अन्य समझना, जैसे रस्सी को सांप समझना। यह मिथ्या ज्ञान व्यवहार में तो बाधक होता ही है परमार्थ में अर्थात् तात्विक सत्य के ज्ञान में भी बाधक होता है। पर सत्यज्ञान की प्राप्ति तो हर तरह से आवश्यक होती है।

अतः इस सत्य ज्ञान की प्राप्ति में जो बाधक है अर्थात् मिथ्या, उसका ज्ञान तथा उसके कारण का ज्ञान भी हमारे लिए आवश्यक है। वस्तुतः तभी हम सत्य से परिचित्त हो सकते हैं। इसीलिए भारतीय दार्शनिकों ने मिथ्याज्ञान पर भी विचार किया है। इसे ही **ख्यातिवाद** कहा जाता है। इसका महत्त्व इसलिए भी है क्योंकि इससे किसी दर्शन के तात्विक स्वरूप पर प्रकाश पड़ता है।

भारतीय दर्शन में विभिन्न दर्शनों द्वारा प्रस्तुत ख्यातिवाद सम्बन्धित निम्नलिखित प्रमुख सिद्धान्त है।

1. अख्यातिवाद—अख्यातिवाद मीमांसकों का मत है। उल्लेखनीय है कि मीमांसक वस्तुवादी है। वे ज्ञान को स्वतःप्रामाण्य मानते हैं किन्तु तब तो भ्रम होना ही नहीं चाहिए। किन्तु भ्रम होता है इससे इनकार नहीं किया जा सकता। रस्सी में सर्प और सीप में चाँदी का भ्रम लोगों को कई बार होता है। यदि जो कुछ दिखाई देता है वह सत्य है तब तो रस्सी में सांप का दिखना भ्रम नहीं कहा जा सकता। इसकी व्याख्या कैसे हो? इसे लेकर मीमांसकों में दो मत है। प्रभाकर का मत और कुमारिल भट्ट का मत।

अख्यातिवाद **प्रभाकर** का मत है। प्रभाकर यहाँ कहते हैं कि भ्रम वास्तव में एक प्रकार का ज्ञान ही है। इसमें दोष केवल यह है कि यह अपूर्ण ज्ञान है, आंशिक ज्ञान है। वस्तुतः सारा ज्ञान यथार्थ होता है पर पूर्ण नहीं होता। इस तरह उनके अनुसार प्रमा और अप्रमा में भेद तात्विक नहीं मात्रात्मक है। प्रमा समग्र ज्ञान है जबकि अप्रमा (भ्रम) आंशिक और अपूर्ण ज्ञान है। इस तरह वे भ्रम को मिथ्या ज्ञान नहीं कहते, अपूर्ण ज्ञान कहते हैं।

भ्रम की उत्पत्ति का कारण—यहाँ प्रश्न उठता है कि आखिर यह होता क्यों है? प्रभाकर के अनुसार भ्रम एक ज्ञान नहीं दो ज्ञान है, एक प्रत्यक्ष ज्ञान और दूसरा स्मृति ज्ञान। इसमें विषय भी दो होते हैं। भ्रम में वस्तुतः इन अलग-अलग विषयों का भेद नहीं होता बल्कि दोनों का सम्मिश्रण हो जाता है। जैसे, शुक्ति-रजत भ्रम में शुक्ति और रजत ये दो विषय है। शुक्ति (सींप) में रजत का भ्रम इसलिए होता है क्योंकि कहीं, कभी देखी गई चाँदी (स्मृति) का सम्मिश्रण हम अभी प्रत्यक्ष दिखने वाली सींप में कर रहे हैं। यह गड़बड़ी हमारे स्मृति-दोष के कारण होती है। दूसरे शब्दों में, भ्रम स्मृति-दोष के कारण उत्पन्न भेद-ज्ञान का अभाव (विवेकाग्रह) है। यह हमारा अविवेक है। भ्रम वस्तुतः सत्य ज्ञान का अभाव है, यह अख्याति (अज्ञान) है, मिथ्या ख्याति नहीं।

इस तरह प्रभाकर के अनुसार हमें मिथ्या ज्ञान होता ही नहीं है। हमारी अनुभूति मिथ्या नहीं होती, वह अपूर्ण हो सकती है।

आलोचना—(i) इस सिद्धान्त की प्रमुख आलोचना यह की जाती है कि भ्रमात्मक ज्ञान ऐकिक ज्ञान है। यह कहना अनुचित है कि भ्रम में हमें दो ज्ञानों, प्रत्यक्ष और स्मृति, का सम्मिश्रण होता है। **इदं रजतम्** में यह रजत है, यह प्रत्यक्ष का विषय है। इसमें स्मृति का कुछ भी अंश नहीं होता। यदि इदं रजतं एकाकार ज्ञान नहीं होता तो यह रजत है यह कहने के स्थान पर मैं रजत देख रहा हूँ और रजत का स्मरण कर रहा हूँ, ऐसा कहा जाता।

(ii) इस सिद्धान्त की एक आलोचना यह भी की जाती है कि प्रभाकर 'अभाव' को पदार्थ नहीं मानते तब वह अख्यातिवाद में कैसे विश्वास कर सकते हैं?

2. विपरीत ख्यातिवाद—मीमांसा के **कुमारिल भट्ट**, जिनका सम्प्रदाय **भाट्ट सम्प्रदाय** कहलाता है, **विपरीतख्यातिवाद** को अज्ञान की व्याख्या के लिए प्रस्तुत करते हैं। उल्लेखनीय है कि न्याय-वैशेषिक द्वारा इस संदर्भ में जो सिद्धान्त प्रस्तुत किया जाता है, वह **अन्यथा ख्यातिवाद** कहलाता है। विपरीतख्यातिवाद इस सिद्धान्त से समानता रखता है जबकि मीमांसा के ही प्रभाकर द्वारा प्रस्तुत **अख्यातिवाद** से अन्तर रखता है।

कुमारिल प्रभाकर के समान यह नहीं कहते कि भ्रम अज्ञानमात्र है उनके अनुसार यह विपरीतग्रहण है अर्थात् प्रत्यक्ष वस्तु के स्थान पर अन्य वस्तु का ग्रहण (दर्शन) है। जैसे, शुक्ति—रजत भ्रम में शुक्ति का रजत के रूप में विपरीतग्रहण होता है। **'इंद रजतं'** यह रजत है, के स्थान पर **'इयं शुक्ति'** यह सीपी है, का अनुभव विपरीत अनुभव है। यह एक तरह से मिथ्या अनुभूति है। यहाँ सींप का चाँदी की तरह त्रुटिपूर्ण प्रत्यक्ष किया गया है। भ्रमात्मक ज्ञान किसी एक वस्तु को दूसरी वस्तु के रूप में, जो वह नहीं है, देखना है।

भ्रम की उत्पत्ति का कारण—कुमारिल के अनुसार भ्रम के दो कारण है—

1. **सादृश्य प्रतीति**, जैसे शुक्ति और रजत में चमकीलेपन की समानता।

2. **नेत्र-दोष**, जिसका बाध सम्यक्ज्ञान से हो जाता है। (प्रभाकर के अनुसार भ्रम का कारण स्मृतिदोष है) वैसे सादृश्य प्रतीति नेत्र दोष के कारण ही होती है अतः भ्रम की उत्पत्ति का यही मुख्य कारण है।

कुमारिल के अनुसार जितनी देर तक हम त्रुटिपूर्ण अनुभूति का अनुभव करते हैं, वह अनुभव वैध अर्थात् प्रामाण्य होता है।

उल्लेखनीय है कि इस सिद्धान्त से ठीक विपरीत माध्यमिक बौद्धों का सिद्धान्त है जिसके अनुसार भ्रम असद् वस्तु का सद् ज्ञान है।

आलोचना—आलोचकों का कहना है कि भ्रम में रजत की स्मृति नहीं होती है वह तो हमारे समक्ष वर्तमान में प्रत्यक्ष है। भ्रम के निराकरण से भी इस बात की पुष्टि होती है। **'नेदं रजतं'** यह रजत नहीं है कहने का तात्पर्य केवल यह है कि यह वर्तमान के रजत को बाधित कर रहा है—अन्य देश और काल के रजत को बाधित नहीं कर रहा है।

3. अन्यथाख्यातिवाद—यह **न्यायवैशेषिकों** का सिद्धान्त है। विपरीत ख्यातिवाद के समान इसके अनुसार भी भ्रांति का कारण यह है कि हम वस्तु विशेष की **त्रुटिपूर्ण अनुभूति** करते हैं, उसका उचित प्रत्यक्ष नहीं करते हैं।

यहाँ **अन्यथा** दो अर्थों में प्रयुक्त हुआ है। **अन्यत्र** और **अन्य रूप में**। दोनों ही अर्थ शुक्ति-रजत भ्रम में चरितार्थ होते हैं। सीप का रजत के रूप में 'अन्य रूप में' ग्रहण है और रजत की सत्ता 'अन्यत्र' अर्थात् बाजार में विद्यमान है। कहने का मतलब की सीप और चाँदी दोनों ही अलग-अलग सत्ता है, भ्रम में उनका जो सम्बन्ध स्थापित हो जाता है, केवल यह मिथ्या है। विपरीतख्यातिवाद के समान यहाँ भी अख्यातिवाद के विरोध में कहा जाता है कि यहाँ दो ज्ञान न होकर ऐकिक ज्ञान ही है अर्थात भ्रम के प्रत्यक्ष और स्मृति ये दो अलग-अलग ज्ञान नहीं होते—हाँ, दोनों के अंश अवश्य विद्यमान रहते हैं किन्तु अलग-अलग नहीं बल्कि संलिष्ट रूप में।

अन्यथाख्यातिवाद और विपरीतख्यातिवाद में अन्तर—जैसा कि ऊपर हमने देखा दोनों में काफी समानता है किन्तु कुछ अन्तर भी है। नैयायिक भ्रम की व्याख्या में **ज्ञान लक्षणा प्रत्यक्ष** को प्रस्तुत करते हैं जिसके अनुसार शुक्ति और रजत के समान धर्मों, जैसे सफेदी, चमकीलापन, आदि के कारण हमें शुक्ति के स्थान पर रजत का असाधारण प्रत्यक्ष होता है। उल्लेखनीय है कि इस मत की प्रस्तुति द्वारा नैयायिक अपने मत 'वस्तुवाद' की भी रक्षा करते हैं।

कुमारिल (विपरीतख्यातिवाद) भ्रम में किसी ऐसे प्रत्यक्ष को स्वीकार नहीं करते हैं और वस्तुवाद का त्याग करते हैं। दूसरे शब्दों में हम कह सकते हैं कि नैयायिकों के अनुसार शुक्ति और रजत का पृथक्-पृथक् ज्ञान वास्तविक है दोनों का संयोग अवास्तविक है जबकि कुमारिल के अनुसार प्रत्यक्ष-तत्त्व की स्मृतिरूप में विपरीत कल्पना होती है।

आलोचना—अन्यथाख्यातिवाद का यह विचार उचित नहीं है कि शुक्ति-रजत भ्रम में रजत अन्य देश में अन्य रूप में उपस्थित रहता है जबकि सत्य तो यह है कि रजत हमारे समक्ष वर्तमान में उपस्थित रहता है।

यही बात विपरीतख्यातिवाद के सम्बन्ध में की जा सकती है। भ्रम में रजत की स्मृति नहीं होती है वह तो हमारे समक्ष वर्तमान में प्रत्यक्ष है। भ्रम के निराकरण से भी इस बात की पुष्टि होती है।

फिर भी प्रभाकर के अख्यातिवाद की तुलना में कुमारिल सिद्धान्त अधिक व्यावहारिक और तर्कसंगत लगता है। प्रभाकर जहाँ भ्रम को अभावरूप मानते हैं वहीं कुमारिल इसे भावरूप कहते हैं। भ्रम की अवस्था में भावरूपता स्पष्ट दृष्टिगोचर होती है क्योंकि उस वक्त हमारा व्यवहार तदनुकूल होता है, जैसे, शुक्ति में रजत देखकर उसे प्राप्त करने की चेष्टा अथवा रज्जू-सर्प भ्रम में सर्प से भयभीत हो भागना।

4. आत्मख्यातिवाद (विज्ञानख्यातिवाद)—यह विज्ञानवादी बौद्धों का सिद्धान्त है। इस दर्शन के अनुसार जिसे हम बाह्य जगत कहते हैं और ज़िसे हम भौतिक रूप में अस्तित्ववान मानते हैं, वह वास्तव में भौतिक रूप में अस्तित्व नहीं रखता। बाह्य संसार तो शशशृंग (खरगोश का सींग) अथवा आकाशकुसुम के समान नितान्त असत् है। संसार बिल्कुल स्वप्न के समान है। जैसे स्वप्न में हमें नानाविध पदार्थों का जगत् दिखता है पर वे सब पदार्थ हमारे भीतर ही होते हैं, सत्य केवल आलय-विज्ञान अर्थात् हमारी चेतना में निरन्तर चलने वाले विचार ही होते हैं जो हमें बाह्य पदार्थों का आकार लेते प्रतीत होते हैं। इस तरह संसार कोई वस्तु नहीं है। घट और घट के ज्ञान में कोई अंतर नहीं है। इस तरह विज्ञानवाद के अनुसार नाना उपचारों से युक्त यह संसार मन का विलास मात्र है।

अब जब सब कुछ आत्मस्थित है तब भ्रम के विषय, जैसे साँप, भी हमारे मन के प्रत्यय ही है। मन के भीतर प्रत्यय को ही हम बाहरी जगत् में प्रक्षेपित कर रहे हैं, अतः बाहरी दुनिया में साँप न होते हुए भी हमें साँप दिखाई देता है।

आलोचना—इस सिद्धान्त की मुख्य आलोचना यह की जाती है कि यहाँ भ्रम के लिए कोई निमित्त नहीं है जबकि बिना निमित्त के मिथ्या विकल्प की सिद्धि होना सम्भव नहीं है। आधुनिक मनोविज्ञान भी यही कहता है बिना अधिष्ठान के भ्रम सम्भव नहीं है।

फिर यदि भ्रम का सर्प और सचमुच का सर्प एक ही है तो दोनों को समान यथार्थता क्यों नहीं प्रदान की जाती? फिर भ्रम की अलग और सत्य की अलग श्रेणियाँ भी नहीं मानी चाहिए। किन्तु हम सब ऐसा करते हैं।

5. असत्ख्यातिवाद (शून्यख्यातिवाद)—यह, जैसा कि नाम से ही स्पष्ट है, शून्यवादी बौद्धों का सिद्धान्त है। इसके अनुसार न तो बाह्य जगत में कोई पदार्थ है और न ही कोई विज्ञान है। सभी वस्तुएँ तत्वतः अभाव रूप ही है। अब जो वस्तु न आदि में है न अंत में वह मध्य में कैसे रह सकती है? अतः सभी पदार्थ शून्य रूप ही हैं। शून्यता ही परमार्थ सत्य है।

अब जब सब कुछ शून्य है, असत् है तब भ्रम भी असत् होगा। अब जब शुक्ति ही असत् है तो उसके स्थान पर दिखने वाली रजत भी असत् ही होगी। भ्रम को असत् कहने के कारण यह सिद्धान्त असत्ख्यातिवाद कहलाता है।

आलोचना—इस सिद्धान्त की आलोचना में कहा जाता है कि भ्रम आकाशकुसुम के समान नितांत असत् नहीं होता, इसका भाव होता है, यदि इसका अभाव होता तो हमें इसकी उपलब्धि किसी भी तरह नहीं होती जबकि भ्रम में, जैसे शुक्ति-रजत भ्रम में, शुक्ति में रजत की उपलब्धि होती है तभी हम उसे पाने की चेष्टा करते हैं।

6. सत्ख्यातिवाद—यह सांख्य एवं रामानुज द्वारा प्रस्तुत भ्रम की व्याख्या है। (वैसे उत्तरवर्ती सांख्य ने सत्ख्यातिवाद का त्याग कर कुमारिल के विपरीतख्यातिवाद को अपना लिया था।) सांख्य दर्शन एवं रामानुज के अनुसार सभी ज्ञान सत्य है, मिथ्या नाम की कोई वस्तु नहीं है। प्रभाकर के अख्यातिवाद के समान यहाँ भी भ्रम को मिथ्या अनुभूति न कह कर अपूर्ण अनुभूति कहा गया है। यह पूर्ण सत्य के स्थान पर अपूर्ण सत्य की उपलब्धि है। हमें जो भी ज्ञान होता है वह सत्य ही होता है। शुक्ति में रजत का दिखना भी सत्य ही है।

भ्रम का कारण—किन्तु ऐसा होता क्यों है? हम शुक्ति के स्थान पर रजत देखते क्यों है? इस अपूर्ण अनुभूति की व्याख्या में रामानुज प्रभाकर से हटकर कहते हैं कि **शुक्ति में रजत का अंश** होता है अतः वह रजत के रूप में प्रतीत होती है। (इस सिद्धान्त के अनुसार पृथ्वी, जल आदि सभी भौतिक पदार्थों में सभी महाभूतों का मेल रहता है) कहने का तात्पर्य हुआ कि शुक्ति इसलिए रजत के रूप में प्रतीत होती है क्योंकि उसमें रजततत्व का अंश उपस्थित है। जबकि प्रभाकर के अनुसार शुक्ति में रजत का भ्रम इसलिए होता है क्योंकि कहीं कभी देखी गई चाँदी (स्मृति) का सम्मिश्रण हम अभी प्रत्यक्ष दिखने वाली सीप में कर रहे हैं। यह गड़बड़ी हमारे **स्मृति-दोष** के कारण होती है।

उल्लेखनीय है कि सत्ख्यातिवाद शून्यवादियों के असत्ख्यातिवाद के बिल्कुल विपरीत सिद्धान्त है।

7. अनिर्वचनीय ख्यातिवाद—इस सिद्धान्त के प्रतिपादक शंकराचार्य है। अनिर्वचनीय का अर्थ होता है जिसका निवर्चन न हो सके अर्थात् जिसके विषय में वचनविन्यास के द्वारा स्पष्टतः कुछ कहा न जा सके, अतः जो अभिव्यक्ति से परे हो।

यहाँ अनिर्वचनीयता भ्रम के सिद्धान्त के विषय में नहीं है वरन् जो भ्रम होता है उसके विषय में है। जैसे रज्जू-सर्प भ्रम अथवा शुक्ति-रजत भ्रम में जो भ्रम हो रहा है उसका निर्वचन सम्भव नहीं है। शंकर कहते हैं कि इस भ्रम में सर्प सत् है या असत् यह नहीं कहा जा सकता।

इसे सत् इसलिए नहीं कहा जा सकता क्योंकि ज्ञान होने पर वह बाधित हो जाता है। उसे असत् भी नहीं कहा जा सकता क्योंकि भ्रमावस्था में वह दिखाई पड़ता है, अतः आकाश कुसुम या शशश्रृंग के समान हम उसे नितांत अस्तित्वहीन नहीं कह सकते। यदि कोई इसे सत् और असत् दोनों कहे तो भी यह ठीक नहीं है क्योंकि सर्प में सत् अंश कुछ भी नहीं है तथा दिखाई पड़ने के कारण इसे असत् भी नहीं कहा जा सकता। अतः इसे सत् असत् से विलक्षण अनिर्वचनीय कहना ही उचित है।

उल्लेखनीय है कि शांकर-दर्शन में भ्रम, अविद्या, अध्यास, मिथ्यारोपण, अध्यारोप के नाम से भी जाना जाता है।

भ्रम का कारण—भ्रम का कारण **अविद्या** है, जो दो रूपों में अपना कार्य करती है—आवरण और विक्षेप।

आवरण—रज्जू-सर्प भ्रम में अविद्या पहले रस्सी पर आवरणशक्ति से एक परदा डाल देती है जिसके कारण रस्सी का सत्य स्वरूप छिप जाता है और प्रत्यक्ष होते हुए भी हमें रस्सी का दर्शन नहीं होता।

विक्षेप—विक्षेप शक्ति से अविद्या रस्सी पर साँप का आरोप कर उसकी प्रतीति हमें साँप के रूप में कराती है। यह रस्सी का सर्प के रूप में अन्यथाज्ञान या मिथ्याज्ञान है अथवा सर्प का अध्यारोप या अध्यास है। इस तरह विक्षेप का कार्य है सत्य के स्थान पर मिथ्या वस्तु को प्रस्तुत करना।

इस सिद्धान्त के अनुसार शांकर-दर्शन में कहा गया है कि माया ब्रह्म के वास्तविक स्वरूप पर अज्ञान का आवरण डाल देती है और विक्षेप शक्ति के द्वारा ब्रह्म के स्थान पर आकाशादि प्रपंच को प्रस्तुत करती है। जगत् की प्रस्तुति के संबंध में यही शंकर का **विवर्तवाद** है।

यहाँ उल्लेखनीय है कि अध्यास का मिथ्यारोपण आत्मा पर अनात्मा के रूप में भी होता है और हम आत्मा को शरीरादि समझकर तरह-तरह के दुख उठाते हुए संसार सागर में गोते खाते रहते हैं।

यहाँ कोई पूछ सकता है कि ब्रह्म (अथवा आत्मा) जैसी असीम सत्ता पर माया आवरण कैसे डाल सकती है? उत्तर में अद्वैत दर्शन कहता है कि यह उसी तरह संभव है जिस तरह विशाल अग्निपुंज सूर्य को बदली का एक छोटा सा टुकड़ा आवरण डालकर हमसे छिपा लेता है।

यहाँ भी यह भी आरोप लगाया जाता है कि भ्रम के लिए साकार आश्रय की आवश्यकता होती है जबकि ब्रह्म (अथवा आत्मा) निराकार है अतः उस पर जगत् (जीव) का भ्रम कैसे हो सकता है? इसके उत्तर में शंकर कहते हैं कि यह उसी तरह सम्भव है जैसे निराकार होते हुए भी आकाश में अविवेकीजन तलमलीनता का आरोप करते हैं अर्थात् आकाश को तल याने कढ़ाई की तरह गोल और मलीनता, जैसे, नीलिमा आदि रंगों में भासित कहते हैं।

भ्रम के तीन घटक—इस तरह शंकराचार्य भ्रम के तीन घटक बताते हैं, अधिष्ठान, अध्यस्त और अध्यास। रज्जू-सर्प भ्रम में इनकी स्थिति इस प्रकार है—

अधिष्ठान अर्थात् रस्सी, जो सत् है।

अध्यस्त अर्थात् सर्प, जो असत् है।

अध्यास अर्थात् रस्सी पर सर्प का मिथ्यारोप। यह न सत् है न असत् यह अनिर्वचनीय है।

यहाँ उल्लेखनीय है कि शंकर भ्रम को सदसत् अर्थात् सत् और असत् दोनों एक साथ नहीं कहते क्योंकि ये दोनों प्रकाश और अंधकार के सामान एक साथ नहीं रह सकते। इसे केवल अनिवर्चनीय ही कहा जा सकता है।

यहाँ यह भी उल्लेखनीय है कि शंकर के दर्शन में भ्रम के दो प्रकार देखने मिलते हैं—

व्यक्तिगत भ्रम—शुक्ति-रजत भ्रम 'व्यक्तिगत भ्रम' है जो केवल व्यक्ति विशेष अर्थात् दृष्टा को ही होता है।

समष्टिगत भ्रम—लौकिक पदार्थ 'समष्टिगत भ्रम' है अर्थात् जो सबको होने वाले भ्रम हैं। 'व्यक्तिगत भ्रम' को **प्रतिभास** कहते हैं और 'समष्टिगत भ्रम' को **'व्यवहार'** कहते हैं। प्रतिभास का बाध लौकिक ज्ञान से अर्थात् अधिष्ठान के ज्ञान से, जैसे सींप के ज्ञान से, हो जाता है किन्तु व्यवहार का बाध सहज नहीं है। इसका बाध परमार्थ से अर्थात् परमसत्ता ब्रह्म के ज्ञान से ही सम्भव है।

शंकराचार्य का अनिवर्चनीयख्यातिवाद वस्तुतः उनके मायावाद को सिद्ध करने का प्रयास है।

अन्य ख्यातिवाद से अन्तर—शंकर का सिद्धान्त अन्य ख्यातिवादों से अंतर रखता है।

यह **अख्यातिवाद तथा असत्ख्यातिवाद** से इसलिए भिन्न है कि इनके समान यह नहीं कहता कि भ्रम का विषय असत् है या उसका ग्रहण नहीं होता।

यह **अन्यथाख्यातिवाद** से इसलिए भिन्न है क्योंकि इसमें किसी का अन्यथा ग्रहण भी नहीं है। यह नवीन अनुभव है, स्मृति नहीं।

यह **आत्मख्यातिवाद** से भी पृथक् है क्योंकि इसके अनुसार यहाँ सर्प का अथवा चाँदी का अध्यास या मिथ्या ग्रहण न होकर विषयगत् सत्ता का ग्रहण है।

आलोचना—यह सिद्धान्त भ्रम के लिए सत् और असत् से परे अनिर्वचनीय शब्द का प्रयोग करता है किन्तु व्यवहार में हम सत् अथवा असत् इन दो कोटियों का प्रयोग ही करते हैं। इसके अतिरिक्त यह भी कहा जाता है कि शंकर एक ओर तो भ्रम को अनिर्वचनीय कहते हैं और दूसरी ओर इसकी व्याख्या भी करते हैं किन्तु जो अनिवर्चनीय है उसकी व्याख्या कैसे सम्भव है?

फिर भी, अधिकांश विद्वानों के अनुसार तार्किक दृष्टि से यह सिद्धान्त बुद्धि का सर्वाधिक सन्तुष्ट करता है। जैसे कि डा० मिश्र कहते हैं यद्यपि दर्शन में कोई भी सिद्धान्त पूर्णतया निर्दोष नहीं माना जा सकता किन्तु तुलनात्मक दृष्टि से इस सिद्धान्त को अधिक तर्कसंगत कह सकते हैं।[1]

❑

1. अर्जुन मिश्र एवं हृदयनारायण मिश्र, अद्वैत वेदान्त, पृ० 136

परिशिष्ट III

भारतीय दर्शन में कारण-कार्य सिद्धान्त

(THEORY OF CAUSE AND EFFECT IN INDIAN PHILOSOPHY)

परिचय—कारण-कार्यकवाद अथवा कारणतावाद कारणता की खोज का सिद्धान्त है। इसके अनुसार प्रत्येक कार्य का कोई-न-कोई कारण अवश्य होता है। बिना कारण के कोई भी कार्य उत्पन्न नहीं हो सकता। जैसे घड़ा एक कार्य है जिसका कारण मिट्टी, कुम्हार आदि है। भारतीय दर्शन में यह सिद्धान्त मुख्य रूप से जगत् के कारण की खोज में प्रयुक्त हुआ है।

महत्त्व—सामान्यतया हम यह देखते हैं कि कारणता की खोज ही किसी भी ज्ञान की जननी होती है। विज्ञान का आधार कारण की खोज से ही तैयार होता है। कारण-कार्य के नियम की जानकारी से ही हम प्रकृति पर विजय प्राप्त कर अपना जीवन आरामदायक और सुखद बनाने में समर्थ हुए हैं। दर्शन का जन्म भी विश्व के कारण की जिज्ञासा से हुआ है। विश्व के मूल कारण की खोज से प्रायः सभी दर्शन प्रारम्भ हुए हैं। भारतीय दर्शन में विश्व के कारण की खोज तो महत्त्वपूर्ण रही ही है, स्वयं कारणता का सिद्धान्त भी महत्त्वपूर्ण रहा है। उल्लेखनीय है कि भारतीय दर्शन में विभिन्न दार्शनिक सम्प्रदायों के अपने विशिष्ट कारणता के सिद्धान्त हैं जो उनके विशिष्ट दर्शन के आधार हैं। इसलिए भारतीय दर्शन में इस सिद्धान्त का विशेष महत्त्व है।

कारण के प्रकार—पाश्चात्य दर्शन में भी कारणता के प्रश्न पर विचार हुआ है। अरस्तू ने कारणता पर गहन अध्ययन किया था। उसने किसी भी कार्य के चार कारण बताये थे। उपादान कारण, निमित्त कारण, स्वरूप कारण और लक्ष्य कारण।

उपादान कारण—वह द्रव्य जिससे कार्य बनता है, जैसे, घड़े के प्रसंग में मिट्टी।

निमित्त कारण—वह जीवन शक्ति जो कार्य को सम्पन्न करती है, जैसे, घड़े के प्रसंग में कुम्हार।

स्वरूप कारण—वह रूप जो घड़े के निर्माण के पूर्व कुम्हार के दिमाग में रहता है।

लक्ष्य कारण—वह उद्देश्य जिसकी सिद्धि के लिए कुम्हार घड़ा बनाता है।

अरस्तू ने इस अंतिम तीन कारणों को द्वितीय कारण में समेटते हुए दो कारणों को किसी भी कार्य के पीछे निहित बताया था, उपादान कारण, निमित्त कारण। इन दो कारणों को प्रायः सभी ने स्वीकार किया।

भारतीय दर्शन में भी उपादान और निमित्त इन दो कारणों को प्रायः सभी ने स्वीकार किया है किन्तु वैशेषिक न्याय दर्शन में समवायि, असमवायि और निमित्त ये तीन कारण बताये गये हैं। वस्तुतः यहाँ समवाय को भी एक पदार्थ माना गया है इसीलिए यहाँ ये तीन कारण माने गये हैं।

समवायि, असमवायि और निमित्त कारण

1. समवायि कारण—समवाय एक सम्बन्ध है जो नित्य होता है तथा जो दो ऐसे पदार्थों के मध्य होता है जिन्हें पृथक नहीं किया जा सकता। जैसे घड़े और मिट्टी के मध्य सम्बन्ध। यहाँ समवायि कारण वह द्रव्य है जिसमें समवाय सम्बन्ध से कार्य उत्पन्न हो। जैसे उपरोक्त उदाहरण में मिट्टी समवायि कारण है।

2. असमवायि कारण—समवायि कारण के साथ सम्बन्ध रखने वाले कारण को **असमवायिक कारण** कहते हैं। जैसे पट (कपड़ा) कार्य में तंतुओं का रंग।

असमवायि कारण और समवायि कारण में भेद—केवल द्रव्य ही समवायि कारण होता है जबकि असमवायि कारण केवल गुण और कर्म होते हैं।

3. निमित्त कारण—जो किसी कार्य की उत्पत्ति में सहायक हो तथा आवश्यक हो उसे निमित्त कारण कहते है। घड़े के प्रसंग में कुम्हार तथा उसका चाक, दंड आदि निमित्त कारण हैं। किन्तु वैशेषिक दर्शन केवल इन्हें ही निमित्त कारण नहीं कहता है। इन्हें वह **असाधारण निमित्त** कारण कहता है जो किसी एक विशेष कार्य की उत्पत्ति में सहायक होते हैं जबकि कुछ और निमित्त भी होते हैं जिन्हें वह **साधारण निमित्त कारण** कहता है। इनकी संख्या वह नौ बताता है। इनकी अपेक्षा प्रत्येक कार्य की उत्पत्ति में रहती है।

1. बुद्धि 2. इच्छा 3. कृति 4. कार्य का प्राग्भाव और जीवात्मा का अदृष्ट 5. धर्म 6. अधर्म 7. काल 8. दिक और 9. प्रतिबंधक का अभाव

अकारणवाद—दर्शनशास्त्र में सभी विचारक कारणता के सिद्धान्त में विश्वास रखते हो ऐसी बात नहीं है। भारतीय दर्शन में चार्वाक दर्शन स्त्रभाववाद तथा अकस्मात्वाद का समर्थन करता है जिसके अनुसार वस्तु का जैसा स्वभाव होता है वैसी ही वह होती है। जैसे अग्नि का स्वभाव जलना है। इसके पीछे किसी अप्रत्यक्ष कारण को मानने की आवश्यकता नहीं है। प्रकृति की घटनाएँ अकस्मात् होती है अतः इसके पीछे किसी कारण को ढूंढ़ना व्यर्थ है।

चार्वाक के अतिरिक्त कुछ अन्य श्रमण सम्प्रदाय, जैसे, नियतिवादी, अकृतिवादी, अदृच्छावादी, स्वभाववादी भी कार्यकारण के सिद्धान्त में विश्वास नहीं रखते थे तथा मानते हैं कि प्रत्येक वस्तु का अपना धर्म होता है जिसके अनुसार वह बनती या बिगड़ती है अथवा संयोग या नियतिवश ही वस्तुएँ और घटनाएँ अस्तित्व में आती है।

किन्तु इस अकारणवाद को भारतीय दर्शन में बहुत कम प्रश्रय मिला है। इन दर्शनों को हेय दृष्टि से देखा गया है।

कुल मिलाकर भारतीय दार्शनिकों ने इस सिद्धान्त पर गहन चिन्तन किया है। हालांकि कारणता को लेकर परस्पर विरोधी मत प्रस्तुत हुए हैं किन्तु प्रत्येक कार्य का कारण होता है, इससे समस्त षडदर्शन तथा बौद्ध जैसे अवैदिक दर्शन भी सहमत है, अतः आगे हम कारणकार्य वाद की विशेष चर्चा करेंगे।

कारण-कार्य वाद के मूल प्रश्न—कारणकार्यवाद कार्य की उत्पत्ति के प्रश्न पर दो ढंग से विचार करता है—

1. क्या कार्य अपने कारण में पहले से छिपा रहता है?
2. कार्य क्या कारण से स्वतन्त्र एक नई उत्पत्ति है?

सत्कार्यवाद और असत्कार्यवाद—इन प्रश्नों को लेकर भारतीय दर्शन में कारण-कार्य वाद के दो विरोधी सिद्धान्त प्रस्तुत हुए हैं—सत्कार्यवाद और असत्कार्यवाद।

कारण-कार्य में विश्वास रखने वाले सभी भारतीय दर्शनों को इन दो कोटियों में रखा जा सकता है। जैसे, सांख्य और वेदान्त तथा शून्यवादी और विज्ञानवादी बौद्ध दर्शन सत्कार्यवाद के समर्थक हैं, जबकि न्याय, वैशेषिक, और हीनयानी बौद्ध दर्शन तथा कुछ मीमांसक असत्कार्यवादी हैं।

सदासत्कार्यवाद—यहाँ उल्लेखनीय है कि भारतीय दर्शन में कुछ विचारक ऐसे भी हुए हैं जिनके अनुसार कार्य सत् और असत् दोनों है। उत्पत्ति के पूर्व अव्यक्त रूप में होने के कारण कार्य, कारण से अभिन्न है, अतः सत् है और व्यक्त रूप में न होने से असत् भी है। जैन मत तथा कुमारिल का मीमांसा सम्प्रदाय इस मत का समर्थक है। तथापि इनका झुकाव परिणामवाद की ओर है।

अस्तु, सत्कार्यवाद और असत्कार्यवाद में भी आपस में अनेक बिन्दुओं पर मतभेद है। आगे हम इनकी विस्तार से व्याख्या करेंगे।

सत्कार्यवाद—जैसा कि इसके नाम से ही स्पष्ट है, इसके अनुसार कार्य अपनी उत्पत्ति के पूर्व अपने कारण में छिपा रहता है और तभी वह प्रगट हो पाता है। जैसे, तेल उत्पत्ति के पूर्व तिल में छिपा रहता है या घड़ा निर्माण के पूर्व मिट्टी में छिपा रहता है। इससे दो निष्कर्ष निकलते हैं—

1. **कार्य उत्पत्ति के पूर्व भी सत् है।**
2. **कारण कार्य की अव्यक्तावस्था है और कार्य कारण की व्यक्तावस्था है।**

असत्कार्यवाद—इसके अनुसार कार्य उत्पत्ति के पूर्व कारण में छिपा नहीं रहता बल्कि यह एक नई उत्पत्ति है, एक नूतन कृति है। जैसे घड़ा अथवा तेल एक नई उत्पत्ति है। इस मान्यता के कारण असत्कार्यवाद **आरम्भवाद** भी कहा जाता है। इससे निष्कर्ष निकलते हैं—

1. **कार्य उत्पत्ति के पूर्व असत् है।**
2. **कार्य असत् से सत् की उत्पत्ति है।**

असत्कार्यवाद के तर्क—असत्कार्यवाद के समर्थक नैयायिक अपने पक्ष के समर्थन में निम्नलिखित तर्क देते हैं—

3. प्रयत्न की व्यर्थता—यदि कार्य पहले से कारण में विद्यमान है तो कार्य की उत्पत्ति का प्रयत्न करने की कोई आवश्यकता नहीं है। यदि दही दूध में विद्यमान है तो हमें दही जमाने की क्या आवश्यकता अथवा यदि घड़ा मिट्टी में विद्यमान है तो कुम्हार को चाक घुमाने का परिश्रम करने की क्या आवश्यकता?

4. नया नाम देने की व्यर्थता—यदि कार्य कारण में पहले से विद्यमान है तब फिर कार्य को नया नाम देने की क्या आवश्यकता है? तब मिट्टी को ही घड़ा क्यों नहीं कहा दिया जाता?

5. प्रयोजन में भिन्नता—यदि कार्य कारण से अलग नहीं है तब दोनों का प्रयोजन भी एक ही होना चाहिए। किन्तु व्यवहार में हम ऐसा नहीं देखते। यदि ऐसा होता तो मिट्टी का वही प्रयोजन होता जो घड़े का है, तब हम मिट्टी में ही पानी भरकर रख सकते हैं

अथवा कपड़े के बजाय तंतु से ही उसका काम ले सकते हैं किन्तु तंतु से तो गठरी नहीं बनाई जा सकती है?

6. कार्य की उत्पत्ति की बात व्यर्थ—यदि कार्य कारण में पहले से विद्यमान है तो उसे 'उत्पन्न हुआ' कहना कोई मायने नहीं रखता है। यह उसकी दोबारा उत्पत्ति होगी, जो अनावश्यक होगी।

7. रूपादि में भिन्नता—कार्य और कारण में वस्तुतः बहुत अन्तर होता है। मिट्टी और घड़े का रूप, आकार, प्रयोजन आदि का अन्तर यह स्पष्ट बताता है कि दोनों बिल्कुल अलग-अलग चीजें हैं।

सत्कार्यवाद के पक्ष में तर्क—सत्कार्यवाद के समर्थक (सांख्य दार्शनिक) इसके पक्ष में निम्नलिखित तर्क देते हैं—

1. असत् से सत् की उत्पत्ति असम्भव—कार्य का पहले से सत् होना आवश्यक है क्योंकि यदि वह असत् है तो उसकी उत्पत्ति हो ही नहीं सकती। असत् से सत् की उत्पत्ति सम्भव नहीं है। असत् होने से वह आकाश कुसुम के समान होगा जिसकी उत्पत्ति किसी भी प्रकार नहीं हो सकती। इसका तात्पर्य हुआ कि कार्य कारण में छिपा हुआ रहना चाहिए। (असदकरणात्)

2. उपादान कारण की आवश्यकता—उपादान कारण वह होता है जिससे कार्य का निर्माण होता है, जैसे घड़े के प्रसंग में मिट्टी उपादान कारण है। प्रत्येक कार्य की उत्पत्ति में उपादान कारण आवश्यक होता है। इसके बिना कार्य की उत्पत्ति सम्भव नहीं होती। बिना दूध के दही नहीं बनाया जा सकता और बिना तंतु के कपड़ा नहीं बन सकता। इससे सिद्ध होता है कि कार्य उत्पत्ति के पूर्व उपादान कारण से अभिन्न है, अतः उत्पत्ति के पूर्व सत् है। (उपादानग्रहणात्)

3. प्रत्येक कार्य सभी कारणों से अनुत्पन्न—यदि कार्य आवश्यकरूप से उपादान कारण में न हो तो सभी कार्य सभी कारणों से उत्पन्न हो जायेंगे, किन्तु व्यवहार में हम देखते हैं कि विशेष कार्य विशेष कारणों से ही उत्पन्न होता है। जैसे गेहूँ का पौधा गेहूँ के बीज से ही निकलता है, जौ के बीज से नहीं निकलता। (सर्वसंभवाभात्)

4. सामर्थ्य होने पर उत्पत्ति—कार्य तभी उत्पन्न होता है जब कारण में उसे उत्पन्न करने का सामर्थ्य हो, जैसे तेल तिल से ही निकलता है क्योंकि तिल में तेल पैदा करने का सामार्थ्य होता है। ऐसा नहीं होता तो रेत से भी तेल निकल आता। इसका मतलब है कि कार्य, कारण में पूर्व से विद्यमान रहता है। (शक्तस्यशक्यकरणात्)

5. कार्य और कारण में अभेद—वस्तुतः कार्य और कारण में अभेद होता है। अर्थात् दोनों में एकता होती है। कार्य व कारण एक ही वस्तु की दो अवस्थएँ हैं, पहली व्यक्त अवस्था है जबकि दूसरी अव्यक्त अवस्था है। इस तरह दोनों में केवल अवस्था भेद है। पूर्व अवस्था, जैसे तिल की अवस्था, अविकसित है तथा तेल की अवस्था (कार्य) विकसित है। इससे भी सिद्ध होता है कि कार्य तात्विक रूप से कारण से अभिन्न होता है, दोनों में केवल व्यवहारिक भेद है। अतः इससे भी सत्कार्य सिद्ध होता है। (कारणभावात्)

यहाँ उल्लेखनीय है कि उपरोक्त तर्क सांख्य दर्शन ने दिये हैं किन्तु अन्य सत्कार्यवादियों ने भी इसे कमोबेश स्वीकार किया है।

सत्कार्यवाद के भेद—सत्कार्यवादियों में इस बात को लेकर मतभेद रहा है कि

कारण का कार्य-रूप में परिवर्तन के वास्तविक है (तात्विक) है अथवा अवास्तविक (अतात्विक) है? इस प्रश्न के दो उत्तर दिखाई देते हैं, एक भावात्मक और दूसरा निषेधात्मक क्योंकि एक मत परिवर्तन को वास्तविक मानता है और दूसरा अवास्तविक। इस आधार पर सत्कार्यवादियों में दो भेद दिखाई देते हैं—

1. परिणामवादी

2. विवर्तवादी

परिर्वतन को वास्तविक मानने वाले **परिणामवादी** कहलाते हैं क्योंकि ये परिणाम को सत्य मानते हैं। इनके अनुसार कार्य कारण का वास्तविक परिणाम है। दूसरे शब्दों में कारण ही कार्य में परिणत हो जाता है। जैसे मिट्टी घट के रूप में और तिल तेल के रूप में परिणत हो जाती है। इस तरह यहाँ वास्तविक परिवर्तन होता है। इसके विपरीत परिवर्तन को अवास्तविक मानने वाले **विवर्तवादी** कहलाते हैं।

परिणामवादियों में **सांख्य रामानुज** तथा **वल्लभ** का दर्शन आता है जबकि विवर्तवादियों में **शून्यवाद, मूलविज्ञानवाद** और शंकर का **अद्वैतदर्शन** आता है।

परिणामवाद में भेद—परिणामवादियों में भी मतभेद रहे हैं। 1. प्रकृतिपरिणामवाद 2. ब्रह्मपरिणामवाद

1. प्रकृतिपरिणामवाद—यह सांख्य दर्शन का जगत् के निर्माण के सम्बन्ध में स्वीकृत सिद्धान्त है। इसके अनुसार प्रकृति ही जगत् के रूप में परिणत होती है।

2. ब्रह्मपरिणामवाद—यह रामानुज, वल्लभ आदि वेदान्तियाँ द्वारा जगत् की रचना हेतु स्वीकृत सिद्धान्त हैं। इनके अनुसार जगत् के मूल में ब्रह्म है। ब्रह्म कारण है और जगत् उसका कार्य है।

किन्तु यहाँ भी रामानुज और वल्लभचार्य में अन्तर है। रामानुज के अनुसार जगत् ब्रह्म का वैसे ही परिणाम है जैसे कि दूध दही का परिणाम होता है। इसका मतलब है कि जगत् ब्रह्म का वास्तविक विकार है। वैसे इसे वे ब्रह्म की कार्यावस्था कहते हैं। कारणावस्था में ब्रह्म अविकृत रहता है।

यहाँ वल्लभाचार्य कहते हैं कि सृष्टि ब्रह्म की परिणति नहीं हो सकती क्योंकि ऐसी स्थिति में ब्रह्म विकारग्रस्त हो जायेगा। जैसे दूध से दही बनने पर दूध विकारग्रस्त हो जाता है। अतः वे इस संदर्भ में **अविकृतपरिणावाद** नामक सिद्धान्त प्रस्तुत करते हैं जिसके अंनुसार सृष्टि ब्रह्म का **आविर्भाव** है और प्रलय **तिरोभाव**। ऐसी स्थिति में ब्रह्म अविकृत ही बना रहता है। जैसे—स्वर्ण के आभूषण बनने में स्वर्ण अविकृत रहता है, वैसे ही जगत् के निर्माण में ब्रह्म अविकृत बना रहता है।

विवर्तवाद—इस सिद्धान्त के अनुसार जगत् मूल कारण का परिणाम न होकर उसका विवर्त है। विवर्त का अर्थ,है आभास या मिथ्या। इसका मतलब हुआ कि कार्य सत्य नहीं है विवर्त है। वास्तव में कारण कार्यरूप में परिणत नहीं होता जैसा कि परिणामवाद कहता है बल्कि परिवर्तन का अर्थात् कार्य का केवल आभास होता है।

विवर्तवाद के तीन भेद—भारतीय दर्शन में विवर्तवाद के तीन प्रकार दिखाई देते हैं—

1. शून्यवादी बौद्ध का शून्यताविवर्तवाद

2. मूलविज्ञानवादी बौद्ध का विज्ञानविवर्तवाद

3. शांकर-वेदान्त का ब्रह्मविवर्तवाद

ब्रह्मविवर्तवाद—शंकराचार्य द्वारा प्रस्तुत कारण-कार्य का सिद्धान्त ब्रह्मविवर्तवाद कहलाता है। शंकर **सांख्य के प्रकृतिपरिणामवाद** की आलोचना करते हैं। उनके अनुसार कार्य को कारण का परिणाम मानना अनुचित है। चूँकि कार्य का आकार कारण में अंतर्भूत नहीं होता अतः कार्य की निर्मिति का अर्थ होगा असत् से सत् का निकलना किन्तु इससे तो सत्कार्यवाद का खण्डन होता है।

शंकर ब्रह्मपरिणामवाद की भी आलोचना करते हैं। यदि जगत् ब्रह्म का परिणाम हुआ तब तो ब्रह्म को परिवर्तनशील होना होगा किन्तु तब वह यथार्थ नहीं रह जायेगा क्योंकि सत् का लक्षण ही है **जो तीनों कालों में अबाधित हो**। शंकर यह भी कहते हैं कि ब्रह्म यथार्थ है वह इस अयथार्थ जगत् में रूपांतरित होगा तो यह सत् से असत् में गमन होगा अतः शंकर ब्रह्मपरिणामवाद को भी कमजोर बताते हैं।

शंकर के अनुसार यह जगत केवल व्यावहारिक सत्ता रखता है। पारमार्थिक रूप से एकमात्र ब्रह्म सत्य है और यह जगत् ब्रह्म में विवर्तित हो रहा है। जिस प्रकार रस्सी में सर्प का हमें अज्ञानवश आभास होता है और हम उससे भयभीत होते हैं अथवा जैसे सीप में चाँदी का आभास होता है और हम उसे उठाने को लालायित हो जाते हैं, उसी प्रकार ब्रह्म में विवर्तित यह जगत् हमें मोहित करता है। यहाँ कार्य तो सत् है इसीलिए यह सत्कार्यवादी सिद्धांत कहा गया है किंतु कारण अर्थात् जगत् यहाँ मिथ्या है, विवर्त है, इसलिए इसे विवर्तवाद कहा गया। यहाँ उल्लेखनीय है कि विवर्तवाद शंकर के दर्शन का मुख्य बिन्दु है क्योंकि इसी के आधार पर शंकर मायावाद और जगत के मिथ्यात्व का सिद्धान्त प्रस्तुत कर अपने अद्वैतवाद को पुष्ट करते हैं।

विवर्त की प्रस्तुति में माया की भूमिका—शंकर के अनुसार माया दो रूपों में अपना कार्य करती है, आवरण और विक्षेप।

आवरण के द्वारा वह ब्रह्म पर अज्ञान का परदा डाल कर उसे छिपा देती है।

विक्षेप के द्वारा वह ब्रह्म के स्थान पर नानारूपात्मक जगत को प्रस्तुत करती है।

विवर्तवाद के निष्कर्ष—शंकर के विवर्तवाद से निम्नलिखित निष्कर्ष निकलते हैं—

1. कारण परिणाम में बदलता नहीं है जैसा कि सांख्य के सत्कार्यवाद में बदलता है। कारण अपने निज स्वरूप में जैसा था वैसा ही बने रहता है। शांकर-दर्शन में इसीलिए ब्रह्म जगत् से असंपृक्त है।

2. शांकर-दर्शन में कारण सत्य है जबकि कार्य विवर्त होने के कारण भ्रामक है। वह केवल व्यवहारिक सत्यता रखता है। ब्रह्म परमसत् है जबकि जगत केवल व्यवहारिक सत्यता रखता है। सांख्य के सत्कार्यवाद में कार्य और कारण दोनों ही समान रूप से सत्य है। ब्रह्मपरिणामवाद में भी कारण और कार्य अर्थात् ब्रह्म और जगत् दोनों सत्य है।

3. कारण का ज्ञान होने पर कार्य की सत्ता की भ्रामकता स्पष्ट हो जाती है। शंकर के अनुसार ब्रह्मज्ञान होने पर जगत् हमारे लिए वैसे ही भ्रामक हो जाता है जैसे कि रस्सी की वास्तविकता का ज्ञान होने पर साँप हमारे लिए भ्रामक हो जाता है और तब वह हमारे लिए सुख-दुख जैसे द्वन्द्वों का कारण नहीं रह जाता। शंकर के दर्शन में यह ज्ञान मुक्ति का हेतु है।

इस तरह हम देखते हैं कि भारतीय विचारकों ने तात्विक सत्य की खोज में कारणकार्यवाद पर गहन विवेचन किया है। तार्किक रूप से शंकर का विवर्तवाद बुद्धि को सर्वाधिक संतुष्ट करता है हालाँकि इस सिद्धान्त की आलोचना भी कम नहीं हुई है। वस्तुतः इसी सिद्धान्त के आधार पर शंकर ने जगत् के मिथ्यात्व का मायावादी सिद्धान्त प्रस्तुत किया है।

कारणकार्यवाद

1. **सदासत्कार्यवाद** → (अ) जैन मत
   (ब) कुमारिल मत
   (स) मीमांसा मत
2. **सत्कार्यवाद** → **परिणामवाद**
   - → **अ. प्रकृतिपरिणामवाद**
     सांख्य मत
   - → **ब. ब्रह्मपरिणामवाद**
     रामनुज मत
     वल्लभ मत
     (अविकृतपरिणामवाद)

   विवर्तवाद
   - → **अ. शून्यताविवर्तवाद**
     शून्यवादी मत
   - → **ब. विज्ञानविवर्तवाद**
     मूलविज्ञानवादी मत
   - → **स. ब्रह्मविवर्तवाद**
     शांकर मत
3. **असत्कार्यवाद** → (अ) न्याय वैशेषिक मत
   (ब) हीनयानी बौद्ध
   (स) मीमांसा मत।

❑